HUMA

RESOURCE

MANAGEMENT

 人力资源管理译丛

人力资源管理

赢得竞争优势

第 **12** 版

[美]

雷蒙德·诺伊（Raymond A. Noe）

约翰·霍伦贝克（John R. Hollenbeck）

巴里·格哈特（Barry Gerhart）

帕特里克·赖特（Patrick M. Wright）

著

刘 昕 译

Human Resource
Management
Gaining a Competitive Advantage
(Twelfth Edition)

中国人民大学出版社
·北京·

总 序

　　自我和我的同事们于 1993 年在中国人民大学创办中国的第一个人力资源管理本科专业以来，已经过去了很多年，在这期间，无论是中国的人力资源管理教学与研究，还是中国的人力资源管理实践，都有了长足的发展。全国越来越多的高校开始开设人力资源管理方面的本科专业和研究生专业或方向，与此同时，与人力资源管理有关的各种译著、论著以及教材可以说层出不穷。此外，中国企业对于人力资源在企业中的重要性以及人力资源管理对于企业竞争力的影响也有了越来越深刻的认识。可以说，中国已经开始进入一个真正重视人的价值的时代。

　　1999 年，鉴于当时国内的人力资源管理教学用书还比较匮乏，人力资源管理本身对于绝大多数中国人来说还是一个新生事物，甚至很多从事相关课程教学的学者也知之甚少，因此，在一批美国学者，特别是在美留学和工作的人力资源管理专业博士的帮助下，我们精心挑选了涉及人力资源管理各主要领域的比较成熟的图书，作为一套译丛介绍到中国来。在几位译者的辛勤努力下，这套丛书终于自 2001 年开始在国内陆续面世，成为国内第一套比较完整的、成体系的、原汁原味的人力资源管理教学用书。这套丛书对于从事人力资源管理教学、科研以及实践的中国读者系统地了解人力资源管理的概念、体系、框架以及理念、技术和工具等产生了很大的影响，获得了一致的好评，一再重印。在 2005年前后，我们对这套丛书进行了第二次大规模的全面再版更新，得到了广大读者的认可。很多大学的本科生、硕士生甚至博士生，以及企业的人力资源管理从业人员，都将这套译丛作为学习人力资源管理知识的教学用书或参考书。

　　在这套丛书上一版出版时，大家广泛讨论的还是新经济、网络泡沫、"9·11"恐怖袭击以及中国加入 WTO 等重大事件，如今，以美国金融危机为起源的全球经济不景气以及由此引发的一系列政治、经济和社会问题，对于人力资源管理领域中的很多问题都产生了深远的影响，在这种情况下，本套丛书的原著大都重新修订，将这些新的内容和主题纳入新的版本之中。原著的新版本增加了人力资源管理领域中的一些新的理论、工具和方法，同时调整了原来的很多案例，从而使这些人力资源管理图书既保持了理论、框架、体系等的连贯性，又使得原本就来自实践的人力资源管理理论和教学体系得以保持一种鲜活的时代特色。

　　我们在这些新版的重译过程中，一方面，立足于吸收中国学术界近年在人力资源管理领域的许多新认识以及中国人力资源管理实践的新发展，对原版本中的个别译法进行全面的修正；另一方面，将新版本所要传达的理念、方法和工具等忠实地传达给广大中国读者。

　　很多人对我们花费如此巨大的力量做这种翻译工作感到不理解，他们认为，中国已经跨过了知识引进阶段，完全可以创建自己的人力资源管理体系了。然而，我们却并不这样认为。人力资源管理作为一门科学，在西方国家已经有几十年的发展历史，而在中国，无论是人力资源管理研究还是人力资源管理实践，都还处于发展的初期阶段。我国企业中的很多人力资源管理者对于人力资源管理的理解都还不是很到位，尽管他们已经能够说出很多人力资源管理的概念、理论甚至工具和方法，但是在实际运用时，却由于对这些概念、理论、工具和方法的理解不深，结果导致无法达到西方很多企业的人力资源管理职能所能够达到的那种状态。因此，我们认为，在没有真正从根本上理解西方人力资源管理的理论起源、发展以及核心内涵之前，我们最好不要武断地说，西方的东西已经没有用了。就好比是一位没有任何武功基础的外国年轻人，仅仅看了两本少林寺的拳术图谱，跟着少林寺的和尚偷学了一招半式，便觉得自己可以创立美式或英式少林拳一样幼稚可笑。如果不进行反复的练习和长期的揣摩，没有扎实的基本功和一定程度的悟性，人们学到的任何武功都只能是花拳绣腿，中看不中用。同样道理，中国企业及其人力资源管理人员要想真正掌握人力资源管理的精髓，就必须继续加强自己的理论基础和综合修养，充分领悟人力资源管理的核心精神，从而在练就扎实基本功的基础上真正做到"形变而神不变"，只有这样，才能找到通过人力资源管理来帮助中国企业赢得竞争优势的机遇。在这一点上，我们非常欣赏深圳华为技术有限公司总裁任正非先生在引进西方管理系统和管理技术时所持的一种观点：要先僵化，再固化，最后再优化。也就是说，在没有真正学懂别人的管理系统和管理方法之前，先不要随意改动，否则会把人家有用的东西变成没用的东西，反过来还骂人家的东西没有用。总之，我们认为，对待西方的管理理论、管理思想、管理工具以及技术等应当坚持这样一个基本态度：既不妄自菲薄，也不盲目追随，但首先要做到充分理解，只有这样才能做到取舍有道，真正实现洋为中用。

翻译工作无疑是艰苦的，但也是充满乐趣的，我们愿意为中国人力资源管理事业的发展贡献我们的心血和汗水，同时也衷心地希望广大读者能够从中汲取对自己有用的知识，培养专业化的技能，从而使本套丛书能够为广大读者个人的职业发展以及中国企业人力资源管理水平的提高产生应有的作用。

最后，感谢广大读者长期以来对本套丛书的热情支持和厚爱，我们有信心让这套丛书成为一套人力资源管理领域中的经典译丛。如果您有什么样的要求和意见，请随时与我们联系。

我的联系方式：
中国人民大学公共管理学院
北京市海淀区中关村大街 59 号
100872
电子信箱：dongkeyong@mparuc.edu.cn

董克用

中国人民大学公共管理学院院长、教授、博士生导师

中国人民大学人力资源开发与管理中心主任

译者序

经过大半年的紧张工作，《人力资源管理：赢得竞争优势》（第12版）中文版的翻译和校阅全部完成，每到这个时候，总是有一种难得的轻松感。从读博士到今天的20多年时间里，有三本国外的教学用书是我一直坚持跟踪最新版本并不断翻译的，其中一本是伊兰伯格等编写的《现代劳动经济学：理论与公共政策》（第6版、第10版、第12版、第14版），另一本是加里·德斯勒的《人力资源管理》（第6版、第9版、第12版、第14版、第16版），还有一本就是雷蒙德·诺伊等编写的这本《人力资源管理：赢得竞争优势》（第3版、第5版、第7版、第9版和第12版）。这三本书的每一版翻译出来都多达百万字以上，把中文版读一遍也是个不小的工程，何况要一字一句地翻译出来，个中甘苦恐怕只有译者本人知道了。

外行可能不知道，翻译这些书虽然工作量巨大，但回报很低，而且不算学术成果，因此，翻译工作可以说基本上是依靠译者的牺牲和奉献精神。而我之所以在手头工作非常繁重的情况下坚持翻译十几年，主要有两个方面的原因：一方面是因为已经发生了经济学上所谓的沉没成本，从第一次翻译开始就付出了太多的心血，实在不忍心就此放弃；另一方面是因为受到很多读者的鼓励，很多人是通过这本书了解人力资源管理的，甚至从此进入人力资源管理专业领域，可以说，经过十几年的积累，这本书已经形成了很大的社会价值和影响力。

《人力资源管理：赢得竞争优势》的前四版中文版在出版之后得到很多大学商学院的认可，很多著名大学的MBA、EMBA项目都将之作为学生的学习用书，这使我有更大的动力持续翻译这本优秀著作的最新版本。本书的四位作者都是美国人力资源管理领域的知名学者，个人研究成果都非常丰富，他们共同完成的这本书内容完整，篇章结构分布合理，知识点很全面，能够理论联系实际，案例不断更新，同时写作风格又比较时尚，读起来令人非常愉悦。事实上，此类人力资源管理著作往往很注重规范性和前沿性，在书中出现的理论、概念等，通常在理论或实践领域已经达成共识，被大家广泛接受。书中通常都会引用大量的实证研究成果作为支撑，所以每一章都有很多研究论文或书籍作为参考文献。

本书的第12版一如既往地站在战略性人力资源管理的高度，结合当今世界发生的一些重大经济、社会和技术变化，传授人力资源管理的理论和实践进展。全书一直保留着知识点全面、管理实践反映及时、案例丰富、视野全球化、可读性强的写作风格，并且在其中穿插了"循证人力资源管理""通过环境、社会和公司治理实践开展竞争""通过全球化开展竞争""通过科技开展竞争""诚信行动"等小专栏，同时在每章末还提供了小结和讨论题。

在本书第 12 版的翻译过程中，薛楠、魏小冲、秦楠、林高泽帮助我整理出了本版与上一版之间的差异并进行了初译，全书最后由我做了总校阅。尽管我们力图尽可能准确严谨地再现原书的知识点，讲解清楚其中涵盖的各种人力资源管理理论、实践以及案例，但由于水平所限，疏忽和纰漏在所难免。广大读者发现任何翻译不当或不容易理解之处，请与我们联系，我们会尽快加以完善和更正。我们希望为读者提供更为准确、优雅和可读的人力资源管理译著，为提高中国整体人力资源管理水平、帮助中国从人口大国向人力资源强国转变尽自己的绵薄之力。

我的联系方式：

单位：中国人民大学公共管理学院组织与人力资源研究所

地址：北京市海淀区中关村大街 59 号

办公电话：010 - 62519357

邮政编码：100872

电子信箱：lxin@ruc.edu.cn

刘　昕

前　言

　　本书的目的是为读者提供成为成功的人力资源管理专业人士所需的背景知识，让他们学会如何有效地管理人力资源，同时成为各种人力资源管理产品的熟练用户。管理人员必须能够识别哪些人力资源管理实践是有效的，然后从咨询顾问那里去购买这些服务，同时还必须学会如何与人力资源管理部门开展合作，或者亲自设计和实施这些人力资源管理实践。第12版的《人力资源管理：赢得竞争优势》着重讨论了管理人员如何才能更为有效地管理人力资源，并且揭示了当前人力资源管理实践中的一些重要问题。

　　《人力资源管理：赢得竞争优势》展示了一种非常有用的讲授人力资源管理的方法，理由如下：

　　●本书从四位作者的多样化研究、教学和咨询经验中汲取了精华，他们都曾分别面向本科生、以必修课和选修课的形式学习的全日制工商管理硕士（MBA）以及在周末和晚间学习工商管理硕士课程的更有经验的管理人员和专业人士讲授人力资源管理课程。这种团队合作的方式为本书提供了其他同类图书所不具备的广度和深度。

　　●本书强调人力资源管理对于一家企业取得成功而言是至关重要的。本书着重讨论了企业的人力资源管理职能以及人力资源管理实践怎样能够帮助其赢得竞争优势。

　　●本书讨论了当前的一些热点问题，比如人工智能和机器人技术、非传统雇佣关系的运用、大数据、人才管理、员工队伍多元化以及员工体验等，这些问题都对企业及其人力资源管理实践有着重要影响。

　　●战略性人力资源管理在本书一开始就被引入，并且贯穿全书。

　　●本书提供了大量关于新技术如何被用于提高人力资源管理实践的效率和效果的例子。

　　●本书提供了一些例子来说明很多公司是如何对人力资源管理实践做出评价并确定其价值的。

本书的组织

　　本书包括导论（第1章）和五篇。

　　第1章详细讨论了会对企业成功满足股东、客户、员工和其他利益相关者需要产生影响的全球化、经济、可持续性和科技等方面的挑战。此外，我们还讨论了人力资源管理如何帮助企业应对这些竞争性挑战。

　　第Ⅰ篇主要讨论了企业在有效利用人力资源赢得竞争优势时所需要面对的各种环境力

量。这些环境力量包括企业的战略方向、需要完成的工作类型以及这些工作的具体安排。

第2章的重点是战略性人力资源管理，它主要揭示了员工配置、绩效管理、培训与开发以及薪酬等在不同类型的经营战略中发挥的作用。

第3章围绕工作分析与设计，着重强调了工作系统如何通过减轻员工的工作压力和提高员工的工作积极性以及满意度等方式帮助企业增强竞争力。

第Ⅱ篇内容涉及人力资源的获取与准备，其中包括人力资源规划与招募、甄选与配置以及培训。

第4章讨论了人力资源规划与招募，描述了人力资源规划的制订过程。分析了不同员工配置方式，比如外包、使用临时工和裁员等的优缺点。本章还强调了一些可以用于招募有才干的员工的战略。

第5章的主题是甄选与配置，主要讨论了企业可以通过哪些方式减少在员工甄选与配置方面可能犯的一些错误，从而帮助企业提高竞争力。本章用浅显易懂、不掺杂技术复杂性的方式讨论了信度和效度等与甄选方法需要满足的标准有关的内容。本章还讨论了面试和各种类型的测试（包括人格测试、诚实性测试和药物测试）等多种甄选方法，同时基于信度、效度、效用以及合法性等衡量标准对这些甄选方法进行了比较。

第6章讨论了有效培训系统的组成部分以及管理者在确定员工是否做好接受培训的准备、创造积极的学习环境、确保培训在实际工作中得到应用等方面所能够起到的作用。本章讨论了不同培训方法的优点和缺点，这些培训方法包括电子化学习、严肃游戏（注：非纯粹用于娱乐的游戏）、微学习、虚拟现实和增强现实技术以及移动培训等。

第Ⅲ篇主要探讨了企业如何通过员工保留和开发战略确定员工的价值以及有效利用他们的才干。

第7章的主题是绩效管理，主要讨论了绩效管理系统的一个发展演变方向是鼓励设定短期和长期目标的更具持续性的绩效管理过程、管理人员和下属员工之间经常进行绩效对话以及同事提供反馈。本章还介绍了等级评价、目标和行为等各种绩效管理方法的优点和缺点。

第8章是员工开发，介绍了如何通过评价、工作体验、正式课程以及导师关系等来对员工进行开发。

第9章是员工的离职与留任，主要讨论了管理人员如何通过最大限度地提高员工的生产力和满意度来避免出现缺勤和离职的情况。这一章强调了使用员工调查来监控那些会对员工满意度及其后续留任产生影响的工作特征和组织特征。

第Ⅳ篇涉及报酬和薪酬等方面的问题，其中包括设计薪资结构（第10章）、对员工个人贡献的认可（第11章）。

本篇探讨了管理人员应当如何根据企业的薪酬战略以及职位的价值确定不同职位的薪资水平，同时讨论了绩效薪资、收益分享以及技能薪资的优缺点。

第Ⅴ篇涵盖了人力资源管理领域的一些特定主题，其中包括全球性人力资源管理以及战略性人力资源职能管理。

第12章讨论了社会和政治方面的变化（包括英国脱欧等）可能对全球性人力资源管理带来的影响，同时还讨论了应当如何完成外派人员的选拔、培训以及薪酬等方面的工作。

最后一章是第13章，着重讨论了应当如何通过保持人力资源管理实践之间的一致性来帮助企业实现经营目标。这一章强调了人力资源管理职能只有以客户为中心才能变得真正有效。

本书的特点

本书的特点就在于，通过开篇案例、文中的各个专栏以及各章讨论题，学生们有机会将人力资源管理的概念应用到更为广泛的问题中，其中包括战略性人力资源管理，小企业的人力资源管理，通过环境、社会和公司治理实践帮助企业实现可持续性发展，接受和使用技术，适应全球化，以及道德和诚信等多个领域。这种设计能够使人力资源管理的课堂变得更具有互动性，增强学生对这些概念及其应用方式的理解。

● "进入企业世界"开篇情境案例提供了很多关于真实企业难题或相关议题的例子，这些例子为各章讨论的问题提供了一个背景。

● "循证人力资源管理"专栏强调了以循证方式实施人力资源管理的方法，主要聚焦人、员工以及人力资本等领域。

● "通过环境、社会和公司治理实践开展竞争"专栏展示了企业可以怎样在不浪费人力、社区或环境资源的情况下通过人力资源管理实践获得利润。

● "通过全球化开展竞争"专栏重点介绍了企业应当如何运用人力资源管理实践提高自己在国际市场上的竞争力以及如何为员工承担全球性的任务做好准备。

● "通过科技开展竞争"专栏描述了企业如何运用社交网络、人工智能、机器人技术、人力资源管理信息系统、云计算、仪表盘以及其他一些工具来提高人力资源管理实践、员工以及工作场所的效率并改善其效果。

● "诚信行动"专栏展示了企业的领导者和管理人员在人力资源相关决策上所做的一些好的或坏的决策，这些决策要么强化了企业道德行为的重要性，要么起到了破坏作用。

● 在每章末尾的"开篇案例分析"部分鼓励读者回顾这一章的开篇案例中描述的情况，然后帮助他们利用在该章中学到的内容去回答案例后面的问题。

目 录

第1章　人力资源管理：赢得竞争优势 ································ 001
　1.1　本章介绍 ··· 002
　1.2　人力资源部门的职责与角色 ····························· 004
　1.3　人力资源管理职能的战略角色 ··························· 006
　1.4　影响人力资源管理的竞争性挑战 ························· 015
　1.5　通过人力资源管理实践迎接竞争性挑战 ··················· 053
　1.6　本书的组织 ··· 056

第Ⅰ篇　人力资源环境

第2章　战略性人力资源管理 ································· 061
　2.1　本章介绍 ··· 062
　2.2　什么是商业模式 ······································· 063
　2.3　什么是战略管理 ······································· 065
　2.4　战略制定 ··· 069
　2.5　战略执行 ··· 073
　2.6　人力资源在提供战略竞争优势方面的角色 ················· 089

第3章　工作分析与设计 ····································· 094
　3.1　本章介绍 ··· 095
　3.2　工作流分析与组织结构 ································· 098
　3.3　工作分析 ··· 110
　3.4　工作设计 ··· 120

第Ⅱ篇　人力资源的获取与准备

第4章　人力资源规划与招募 ································· 131
　4.1　本章介绍 ··· 132
　4.2　人力资源规划过程 ····································· 133
　4.3　人力资源招募过程 ····································· 154

第 5 章　甄选与配置 ································ 165

5.1　本章介绍 ····································· 166

5.2　甄选方法需要达到的标准 ························ 167

5.3　甄选方法的类型 ······························· 185

第 6 章　培　训 ································ 200

6.1　本章介绍 ····································· 201

6.2　培训在持续学习和竞争优势方面的作用 ·············· 202

6.3　设计有效的正式培训活动 ························ 205

6.4　评价培训项目 ································· 235

6.5　一些特殊的培训问题 ···························· 238

第Ⅲ篇　人力资源的评价与开发

第 7 章　绩效管理 ································ 251

7.1　本章介绍 ····································· 251

7.2　绩效管理过程 ································· 253

7.3　绩效管理的目的 ······························· 257

7.4　绩效衡量系统应达到的标准 ······················ 258

7.5　绩效衡量的方法 ······························· 263

7.6　绩效信息来源的选择 ···························· 284

7.7　高科技在绩效管理中的运用 ······················ 289

7.8　绩效反馈 ····································· 294

7.9　管理者应如何诊断绩效问题及管理员工绩效 ·········· 298

7.10　按照法律指南设计和实施绩效衡量系统 ············· 301

第 8 章　员工开发 ································ 304

8.1　本章介绍 ····································· 305

8.2　开发、培训与职业之间的关系 ····················· 306

8.3　职业发展规划系统 ····························· 308

8.4　员工开发的方法 ······························· 312

8.5　员工开发中的特殊问题 ·························· 333

第 9 章　员工离职与留任 ························ 342

9.1　本章介绍 ····································· 343

9.2　非自愿流动管理 ······························· 345

9.3　自愿流动管理 ································· 359

第Ⅳ篇　人力资源的薪酬

第 10 章　薪酬结构决策 ························ 379

10.1　本章介绍 ···································· 380

10.2　公平理论与公正 ·· 383

10.3　设计薪酬水平 384

10.4　过程的重要性：参与和沟通 ······················ 401

10.5　当前面临的薪酬挑战 ·································· 403

10.6　与员工的薪酬有关的法律法规 ·················· 413

第 11 章　绩效薪酬 421

11.1　本章介绍 ··· 422

11.2　薪酬如何影响员工个人 ······························ 423

11.3　薪酬的分类效应将会如何影响劳动力队伍的构成 ·········· 427

11.4　绩效薪酬方案 ·· 428

11.5　管理人员和高层管理人员的薪酬 ··············· 445

11.6　薪酬管理过程与背景问题 ··························· 449

11.7　企业战略与薪酬战略：匹配问题 ··············· 450

第 V 篇　人力资源管理的特殊主题

第 12 章　全球性人力资源管理 457

12.1　本章介绍 ··· 458

12.2　当前的全球变革 ··· 460

12.3　影响全球市场人力资源管理的因素 ············ 461

12.4　在全球背景下管理员工 ······························ 470

第 13 章　战略性人力资源职能管理 488

13.1　本章介绍 ··· 489

13.2　人力资源管理的各种活动 ··························· 489

13.3　人力资源管理职能的战略管理 ··················· 490

13.4　制定人力资源战略 ······································· 492

13.5　人力资源管理有效性的衡量 ······················ 496

13.6　提高人力资源管理的有效性 ······················ 503

13.7　通过新科技——人力资源管理信息系统——提高人力资源
管理的有效性 514

13.8　人力资源管理专业人员的未来 ··················· 516

13.9　首席人力资源官的角色 ······························ 518

第 1 章
人力资源管理：赢得竞争优势

学习目标

在阅读完本章后，你应当能够：

1. 说明一家公司的人力资源管理职能扮演的角色和从事的主要活动。
2. 说明经济形势、劳动力队伍构成以及社会道德规范对公司可持续性发展的影响。
3. 说明人力资源管理会怎样影响一家公司的平衡计分卡。
4. 说明准备在全球市场上参与竞争的企业应当做些什么。
5. 解释社交网络构建、人工智能、机器人技术等对人力资源管理实践产生的影响。
6. 描述使用人工智能和机器人技术的自动化将会怎样改变人们所从事的工作。
7. 说明能够对高绩效工作系统提供支持的人力资源管理实践有哪些。
8. 对企业的人力资源管理实践加以简要概括。

进入企业世界

IBM人力资源管理实践的演变

IBM已经从一家主要从事计算机硬件制造和销售以及管理客户自建数据中心的企业，转变为云服务、基于人工智能的产品以及区块链（一种用于比特币和加密货币的安全系统）市场上的关键参与者。进入21世纪以来，在完成这种转型的过程中，IBM的营业收入曾经出现连续22个季度的下降。如今，IBM有50%以上的营业收入来自其在21世纪才新进入的业务领域，50%的员工是在过去的五年中刚刚加入公司的。今天，IBM的业务重点是速度、创新以及以客户体验为中心。

为了吸引和留住有才华的员工，为了对变革提供支持，也为了激发IBM向新业务领域转型所必需的那些创造性和创新性思维，必须采用新的人力资源管理实践。为此，IBM的首席人力资源官戴安娜·格森（Diane Gherson）与员工、管理人员、人力资源职能人员和技术专家开展合作，听取他们的建议，向他们提出问题，对各种新的想法和观点采取开放的态度。她还需要找到能够支持将这些新的人力资源管理实践付诸实施的领导者。例如，IBM的新型绩效管理系统（名为Checkpoint）为其管理人员和员工提供一个应用软件，这个应用软件有助于大家提供更及时和更具有连续性的反馈。这就促使员工和管理者根据业务或团队的需要"实时"地改变自己的行为以及修订绩效目标，而不是非要等到在年中或年底进行绩效审查时才做调整，而那会儿显然为时已晚。Checkpoint 系统是根据10 多万名 IBM 员工的想法和建议不断完善的，员工可以通过博客对这套系统发表自己的评论，指出自己喜欢这套系统中的哪些方面以及哪些方面需要继续改进。

创新性的产品和服务通常来自在一起共同工作但具有多元化背景的员工。IBM 不仅认识到了这一点，而且希望自己能够成为一家具有包容性的企业，它采取多种方式来开发一支具有高技能和多元化特点的技术型员工队伍。公司的"新领"（New Collar）计划可以帮助公司识别出并雇用那些虽然来自非传统性背景但具有掌握相关技能的潜力的人，这些人在通常情况下很容易被忽视，因为他们不具备必要的教育背景，比如没上过大学。2017 年，IBM 在美国雇用的员工中，有 15% 来自"新领"计划。IBM 还为长时间未工作的女性提供了开发从事技术性工作所需的那些技能的机会。此外，该公司还长期坚持从具有招收黑人学生传统的学院和大学中雇用毕业生，这方面的做法也受到了社会的认可。

许多新的人力资源管理实践需要用到最先进的人工智能应用程序和数据分析工具。IBM 的传统学习管理系统提供了许多培训和开发机会。新的学习管理系统同样具有此前的功能，但已根据员工的兴趣和需要进行了客户化定制。人工智能被用于审查员工所掌握的技能、当前所在的岗位以及职业发展路径，同时为他们提供个人学习建议，其中包括特定的课程、网络研讨会、YouTube 视频以及 TED 演讲等。各种学习机会是按照频道在学习管理系统中加以组织的，就与在奈飞（Netflix）或亚马逊（Amazon）上的体验类似。员工可以与实时聊天顾问进行联系，以得到关于各种学习机会问题的答案。他们还可以看到自己的同事对各种学习机会所做出的评价。自从重新设计了公司的学习管理系统，员工使用这一系统的次数超过往年 1/3，课程完成率也上升了。IBM 的"蓝色匹配"（Blue Matching）工具可以帮助员工发现在公司可以得到的新的学习机会。它会确定哪些岗位与员工的技能、工作经验、当前工作地点或工作地点偏好以及他们的历史工作绩效相匹配。根据IBM 的估计，"蓝色匹配"通过降低员工流动率以及提高生产率的方式，为公司节约了 1亿多美元的成本。

有效的领导是实现成功业务转型的一个重要组成部分。IBM 明确了其领导者为帮助员工应对业务转型所需具备的 36 个特征。IBM 的领导者还必须接受 360°反馈来评估和发现自己在领导特征方面的优势以及可以有所改善的领域。公司还为领导者提供教练辅导，以帮助他们改善自己需要开发的那些领域。对于那些正在经历重大转型的业务部门的领导者来说，这一计划尤其重要。

资料来源：Based on A. McIlvaine, "Transforming Big Blue," *Human Resource Executive* (October 2018), pp. 14 - 16; L. Burrell, "Co-Creating the Employee Experience," *Harvard Business Review* (March-April 2018), pp. 54 - 58; O. Louissaint, "Diversity Without Inclusion Is a Missed Opportunity," *TD* (December 2018), pp. 32 - 37; T. Bingham and P. Galagan, "AI is Coming for Everyone," *TD* (December 2018), pp. 26 - 31.

■ 1.1　本章介绍

IBM 的案例很好地说明了人力资源管理在决定美国企业的生存、有效性以及竞争力方面发挥的关键作用。**竞争力**（competitiveness）是指一家企业在其所在行业中维持和获得市场份额的能力。IBM 的人力资源管理实践正在助力公司实现自己的经营战略，同时为客户提供他们认为重要的那些服务。一种产品或服务的价值取决于其质量的高低以及在多大程度上能够满足客户的需求。

　　竞争力与企业的有效性是联系在一起的，而企业的有效性取决于它能否满足利益相关者（即受到企业经营实践影响的各个群体）的需要。比较重要的企业利益相关者包括希望自己投资能够得到回报的股东、希望获得高质量产品或服务的客户，还包括希望得到一份自己感兴趣的工作，同时本人提供的服务能够得到合理回报的员工。此外，社区也是企业的重要利益相关者之一，它希望企业能够对自己的一些活动和项目做出贡献，同时希望企业将对环境的污染控制在最低水平。在与同行业中的其他企业进行竞争时，那些不能满足利益相关者需要的企业是不大可能获得竞争优势的。

　　人力资源管理（human resources management，HRM）是对员工的行为、态度以及绩效产生影响的各种政策、管理实践以及制度的总称。许多公司将人力资源管理视为一种"涉及人的管理实践"。图 1-1 指出了几种重要的人力资源管理实践。要想使人力资源管理实践对企业的绩效产生最大的影响，就需要认真考虑隐藏在这些人力资源管理实践背后的战略。如图所示，这些人力资源管理实践包括：工作分析与设计、确定人力资源需要（人力资源规划）、吸引潜在的员工（招募）、挑选新员工（甄选）、教会员工如何完成工作以及如何为未来做好准备（培训与开发）、为员工提供报酬（薪酬管理）、对员工的工作绩效进行评价（绩效管理）以及营造一种积极的工作环境（员工关系）。在本章开篇部分讨论的 IBM 的人力资源管理实践为我们揭示了有效的人力资源管理实践是如何为企业的长期和短期目标提供支持的。换言之，有效的人力资源管理实践是战略性的！有效的人力资源管理实践必须能够展示出自己是如何通过对员工满意度和客户满意度、创新、生产率以及企业在社区中的良好声誉等做出贡献来强化企业绩效的。[1]

图 1-1　各种人力资源管理实践

　　首先让我们讨论一下，任何一家希望有竞争力的企业的人力资源部门和（或）人力资源专业人员需要扮演的角色以及需要具备的技能。本章第 2 节将分析美国企业在当前面临的各种竞争性挑战——这些挑战会影响企业满足股东、客户、员工及其他利益相关者需要的能力。我们还将讨论这些竞争性挑战怎样影响企业的人力资源管理实践。本章在结束时将会对本书中讨论的各种人力资源管理实践以及它们帮助企业进行竞争的方式进行总体描述。

■ 1.2　人力资源部门的职责与角色

　　表1-1展示了人力资源部门的主要职责。公司应为人力资源安排多少预算？公司应雇用多少人力资源专业人员？根据一项研究的估计，每位员工的人力资源预算平均为2 936美元。[2]

表1-1　人力资源部门的主要职责

职能	职责
工作分析与设计	工作分析、工作描述
招募与甄选	招募、发布工作描述、面试、测试、协调临时性用工
培训与开发	新员工上岗培训、技能培训、管理能力开发项目、职业发展
绩效管理	绩效指标、绩效评价的准备与实施、反馈与辅导、惩戒
薪酬与福利	工资与薪金管理、奖励性薪酬、保险、带薪休假管理、退休计划、利润分享计划、身心健康计划、股权计划
员工关系/劳动关系	员工态度调查、员工手册、劳工法律遵从、员工异地调动以及重新谋职服务
人事政策	政策制定、政策沟通
员工数据与信息系统	人事记录、人力资源信息系统、劳动力队伍分析、社交媒体、内网和互联网
法律遵从	确保行为合法的政策、安全检查、无障碍设施、隐私政策、道德规范
经营战略支持	人力资源规划与预测、人才管理、变革管理、组织发展

　　资料来源：Based on Bureau of Labor Statistics, U. S. Department of Labor, "Human Resources Specialists," *Occupational Outlook Handbook*, from www. bls. gov/ooh/business-and-financial/human-resources-specialists. htm, accessed February 17, 2019；SHRM-BNA Survey No. 66, "Policy and Practice Forum：Human Resource Activities, Budgets, and Staffs, 2000—2001," *Bulletin to Management*, Bureau of National Affairs Policy and Practice Series, June 28, 2001 (Washington, DC：Bureau of National Affairs).

　　在具有高影响力的人力资源管理团队中，每64名员工配备一名专职人力资源管理者，在每位员工身上支出的人力资源预算（每位员工平均4 434美元）要高于平均值，所雇用的人力资源专业人员的比例也要高于合规驱动型的和基本型的人力资源管理团队。

　　具有高影响力的人力资源管理职能会与经营更紧密地联系在一起，能更熟练地帮助各级管理者吸引、培养、凝聚和留住那些有才华的员工。它们能够快速适应经营的需要和员工队伍所发生的变化，从公司内部识别和选拔人才，并且能够持续不断地努力寻找能够激励员工的因素，从而帮助他们获得成长和发展。此外，具有高影响力的人力资源管理职能还能确保持续性地对人力资源专业人员进行培养，以确保他们具备帮助公司迎接新的竞争性挑战所需要的那些才干与技能。在具有高影响力的人力资源职能部门中，员工的人均成本更高一些，但是它们能够通过降低员工流动率以及提升员工敬业度为企业带来更多的成本节约，从而予以抵消。

　　人力资源部门单独负责的工作包括员工重新谋职服务、劳工法律遵从、人事记录保持、甄选测试、失业保险及福利管理等方面。而雇佣面试、绩效管理、员工奖惩以及改进质量和生产率等方面的职责则通常是由人力资源部门与其他职能部门合作完成的。大公司比小公司更有可能雇用人力资源专业人员，其中最为明显的就是福利管理方面的专业人员。其他一些比较普遍的由人力资源专业人员承担的职责包括招募、薪酬管理以及培训与开发等。[3]

人力资源部门可能需要承担多种不同的角色和职责，这主要取决于公司规模、员工队伍的特征、行业特点及公司管理层的价值观。在有些公司中，人力资源部门可能会承担起全部的人力资源管理职责；而在另一些公司中，人力资源部门则需要与其他部门（比如财务部门、运营部门或者信息技术部门）的管理者共同分担人力资源管理职责。在有些公司中，人力资源部门可以直接向企业高层管理人员提建议；而在另一些公司里，人力资源部门只能在高层管理人员做出相关经营决策之后，才能进行员工配置、培训、薪酬等方面的决策。

有些公司希望各部门的管理人员对员工承担起更多的责任，它们认为，传统的人事部门是没必要存在的，因为该部门创建的一些不必要且低效率的政策和程序会抑制创新。[4]在这些公司中，薪酬发放、福利管理以及其他人力资源管理流程都实现了自动化处理或外包。此外，在一些规模较小的公司中，人力资源管理的责任通常是由企业的所有者自己来承担的。他们这样做的原因有很多，其中包括不想承担因为雇用人力资源管理者或将人力资源服务外包而产生的成本，也包括不愿意或无法将人力资源管理的职责授权给他人或与他人分享这方面的信息。然而，无论如何，企业有自己的人力资源专业人员和人力资源部门还是会有很多优势。在理解与雇用相关的法律、挖掘潜在员工、确定岗位所需的技能及其应得的薪酬以及对现有的员工进行开发等方面，管理人员往往缺乏一些必要的特定知识。人力资源专业人员可以通过创建一些系统来帮助企业避免违反相关法律，为员工提供各种咨询服务，同时指导管理人员如何识别、留住人才以及对人才进行开发。例如，一家营销公司的所有者在意识到试图自行处理各种人力资源管理事务的弊端之后，就雇用了一位人力资源专业人士。[5]此前，她是自己承担招募、雇用、薪酬发放以及其他人力资源管理方面的职责，但这些事情挤占了她本来可以用于发展业务的时间，直接导致了公司的经营收入下降。此外，她还意识到，要想发展业务，就需要雇用一名人力资源专业人员，此人应当懂得如何找到最合格的人才去填补公司中出现的空缺职位。

在思考人力资源部门扮演的角色及其承担的主要职责时，方法之一是把人力资源管理视为企业内的一种包含三条产品线的业务。图 1-2 展示了人力资源管理的这三条产品线。第一条产品线是行政服务与事务性工作，这是人力资源管理提供的传统产品。另外两条是人力资源管理的新产品线，即业务伙伴服务和战略伙伴角色，这两条产品线也是企业高层管理人员迫切期望人力资源部门能够提供的人力资源管理职能。

为了确保人力资源部门以业务为中心，沃尔格林公司（Walgreens）将自己的人力资源专业人员与各个职能的领导者进行了配对。[6]人力资源部门中负责业务现场者致力于为每个业务单元制订战略性人才规划，并帮助实施继任计划、变革管理、组织设计以及文化和领导力发展等重要的计划。TAMKO 建筑产品公司的人力资源总监则帮助公司实现了人力资源管理职能与业务需要之间的一致化。[7]她注意到，很多没有经验的人力资源专业人员把大量的时间都花在了诸如薪酬计算与发放以及福利管理之类的事务性工作上。她希望这些人力资源专业人员能够将重心放在为管理人员提供高技能且训练有素的员工以及有意

行政服务与事务性工作： 薪酬、雇用与人员配置 ● 重点：资源使用效率和服务质量	业务伙伴服务： 开发有效的人力资源管理系统，帮助执行各项经营计划，实施人才管理 ● 重点：了解经营活动并施加影响——解决问题，设计有效的系统确保公司得到所需的各种胜任能力	战略伙伴： 基于人力资本、业务能力、准备度等方面的考虑为企业战略做出贡献，将人力资源管理实践作为区别于竞争对手的一种手段加以设计 ● 重点：人力资源、经营、竞争、市场以及经营战略等方面的知识

图 1-2　人力资源管理：一种拥有三条产品线的业务

资料来源：Adapted from Figure 1, "HR Product Lines," in E. E. Lawler, "From Human Resource Management to Organizational Effectiveness," *Human Resource Management* 44（2005），pp. 165 - 69.

义的数据等方面。她修改了针对他们的培训内容，以确保他们了解整个行业以及公司为持续取得成功需要哪些方面的技能。她敦促自己的下属积极主动（而不是被动地）为管理人员提供人力资源管理方面的解决方案，以帮助他们避免或解决在工作场所发生的一些问题。人力资源管理团队对此做出的反应包括确定并实施了一套新的考勤跟踪系统、一套虚拟的新员工入职培训和定位系统以及一套领导力发展计划。

▊ 1.3　人力资源管理职能的战略角色

人力资源管理职能在行政管理类任务方面耗用的时间总量正在减少，而在战略伙伴、变革推动者以及员工支持者三个方面的角色在逐步增强。[8]人力资源管理者面临着两个方面的重要挑战：一是把他们的工作重点从目前的操作层次向未来的战略层次转移；二是帮助非人力资源管理者做好制订和执行人力资源管理方案的准备。[9]为了确保人力资源管理职能帮助企业赢得竞争优势，很多公司的人力资源管理都以共享服务模型为基础进行了重组。共享服务模型能够帮助削减企业的成本，同时提高人力资源管理实践业务之间的关联性和时效性。**共享服务模型**（shared service model）是一种人力资源管理职能的组织模式，其中包括专家中心、服务中心和业务合作伙伴。[10]专家中心包括在全公司范围内提供服务的人事和培训等领域的人力资源管理专家。服务中心指的是提供诸如培训登记、员工福利变更等行政类或事务类工作的中心，员工和管理者可以通过在线的方式办理这些事务。业务合作伙伴是指通过与业务部门管理者的合作去解决一些战略性问题的人力资源管理专业人员，这方面的一个例子就是设计一些新的薪酬计划以及为有潜力成为高层的管理者设计职业发展规划。沃尔格林公司通过一个共享服务团队来提供员工关系、招募以及人力资源数据分析等方面的服务。[11]沃尔格林公司还推出了一个名为 myHR 的网站，公司员工可以通过这个网站获得与公司福利、人力资源政策以及人才管理等有关的问题的答案。它提供了便于员工访问的保密的个性化信息。我们将在后面的章节更加详细地探讨共享服务模型。

随着各种技术在行政管理领域中的多方面应用——比如管理员工的人事记录，让员工获得关于培训、福利及其他各种人力资源管理项目的信息，到这些项目中去注册登记等，人力资源管理职能扮演的行政管理角色趋于淡化。在互联网等新技术上取得的进展，已经使人力资源管理职能在保持各种人事记录以及为员工提供自助服务等方面扮演的角色大大弱化。[12] **自助服务**（self-service）是指让员工通过在线方式或者应用软件获得有关培训、福利、薪酬以及合同等方面的人力资源事务信息，以在线注册方式参加一些项目以及获得服务，完成在线的员工态度调查等。向自助服务的转变意味着人力资源管理者可以将更多的时间用于针对一些重要员工问题为管理人员提供咨询上，而将更少的时间耗费在处理人力资源管理的各种日常事务。例如，美国合众银行（U. S. Bancorp）就上线了仁科公司（PeopleSoft）的人力资本管理系统，该系统使管理人员可以通过在线的方式审查或批准一些基本的人事操作，例如解雇员工、人员调配以及薪酬变动等。[13] 随着管理人员对该系统的适应程度越来越高，他们进一步获得了对审批奖金、审查简历以及对求职者进行评价等人事工作的控制权。管理者最初并不愿承担以前由人力资源专业人员承担的这些工作职责，但最终还是接受了这种变革，因为这使他们能够以更快的速度处理相关事务，同时赋予了他们对更多有助于做出决策的劳动力队伍数据进行访问的权限。人力资源专业人员现在有更多时间与各级管理者开展合作，以确保制订了正确的员工发展计划，根据员工的退休或成长情况评估企业对员工队伍的需要，同时确保组织结构不仅是有效的，而且是高效的。

很多公司会与人力资源管理服务供应商签订合同，委托它们来完成一些虽然重要但属于行政事务性的人力资源管理职能，比如薪酬的计算与发放等，同时还会在人员招募等具有战略性的重要领域寻求它们的专业支持。**外包**（outsourcing）是指获得其他公司（服务销售商、第三方服务提供者或咨询顾问）提供的相关服务的做法。在各项人力资源管理职责中，最常见的外包项目包括福利管理（比如弹性支出账户管理、医疗健康计划资格管理等）、人员调配以及薪酬计算与发放等。企业选择外包的主要原因包括节约成本、增强招募和管理人才的能力、改善人力资源服务质量、通过使招募与甄选等流程的标准化来避免公司遭受潜在的法律诉讼。[14] ADP 公司、翰威特咨询公司（Hewitt，现更名为怡安翰威特咨询公司）、IBM、埃森哲（Accenture）都是顶级的外包服务供应商。

固特异公司（Goodyear）通过将其人员招募工作外包出去，重组了自己的人员招募和雇用实践。[15] 在了解固特异公司的文化、历史以及在员工招募方面的主要做法后，招募外包服务供应商帮助它精简和优化了招募过程，使需要雇用新员工的部门经理可以通过在线的方式创建新的工作要求、提供面试反馈、安排面试日程、定制入职邀请函，并且在整个招募过程中了解候选人的进展情况。固特异公司通过招募外包获得了多方面的收益，其中包括改善了入职邀请函发出的时效性、提高了新雇用人员的多元性和质量，此外，还降低了员工离职率。

传统上，人力资源管理部门（也称"人事部"或"员工关系部"）主要扮演的是行政管理专家和员工支持者的角色。这个部门负责处理涉及员工的各种问题，确保员工能够得到正确的报酬，管理劳动合同，同时注意避免各种可能的法律问题。人力资源管理部门努力确保与员工相关的一些问题不会对企业产品或服务的生产或销售产生干扰。这时的人力资源管理在很大程度上是被动反应式的；也就是说，只有当人力资源管理问题直接影响企业经营的时候，它才会受到关注。尽管这种情况在许多尚未认识到人力资源管理的竞争价值的公司中继续存在，其他一些公司却坚信，人力资源管理对于企业经营的成功是非常重要的，因此这些公司将人力资源管理的角色扩展到变革推动者和战略伙伴。

　　一个由公司人力资源总监和学术界的思想领袖组成的讨论团体发现，企业为了培育一支保证自己取得成功所必需的全球员工队伍，越来越期待自己的人力资源专业人员更多地关注人才管理和绩效管理领域。[16]同时，人力资源专业人员必须能够利用数据和分析数据为某种业务情景提供思路和解决问题的方法。在很多公司中，人力资源总监直接向首席执行官、总裁或董事会汇报工作，他们需要回答这样一个问题，即公司的人员战略是如何驱动公司的价值实现的。例如，劳森产品公司（Lawson Products）是一家分销工业维护和维修产品的企业，该公司的人力资源副总裁每周参加公司运营委员会的会议，而在运营委员会中包括首席执行官、首席财务官、总法律顾问以及公司的几位副总裁。[17]她还与首席执行官每月举行一次会议，并且参与劳森公司的年度预算制定过程以及一些战略会议。

　　这也意味着人力资源专业人员必须做好在所有的业务领域中运用其人员管理技能的准备。例如，霍尼韦尔国际公司（Honeywell International）的最高经营领导者就授权其首席人力资源官负责制定公司的降低成本战略。[18]为了完成这一任务，首席人力资源官与财务部门以及其他部门的业务领导一起找到了100多种降低成本以及提高运营效率的办法。由于成功地领导了降低成本战略的制定和实施，他受命管理霍尼韦尔国际公司的采购部门，该部门一共有10万多名员工，为公司盈利400多亿美元。与此同时，他仍然在履行着管理人力资源部门和内外部沟通的职责。他发现自己的人力资源管理技能对制定相关战略来招募和培训负责采购业务的管理者非常有用。在一次公司重组之后，他不再承担采购方面的职责，但是在安全管理领域又被赋予了新的角色。

　　现在来看一看人力资源管理是如何支持瞻博网络公司（Juniper Networks）和雅培公司（Abbott）的业务经营的。[19]瞻博网络公司是一家网络技术公司，它发明了一种新的路由器从而获得了成功，是计算机网络行业中的一个主要创新者。但是瞻博网络公司发现，尽管自己已经取得了成功，但仍然需要重塑经营业务战略并有所发展。为了帮助公司重塑经营战略和组织结构，瞻博网络公司的人力资源团队与150位公司高层领导者进行了多次对话，这个高管团队包括公司董事长以及分布于全球各地的100位管理人员。在这些对话中，人力资源团队向公司的这些领导者或管理人员询问了公司面临的重要环境挑战，以及这些挑战会如何对领导团队或管理团队产生影响，在公司的经营战略以及战略执行过程中有哪些因素让他们感到兴奋，还包括公司在业务经营方面的主要关注点是什么，等等。通过这些对话发现，瞻博网络公司的业务优先事项过多，领导者总是想回避冲突，工作过于复杂，结果导致很难为客户提供最佳解决方案。这些对话产生的结果就是，公司精简了自己的产品线，采纳了更为简单但更具集成特点的经营结构。例如，在整个公司中，任何决定都可以由六个人做出。

　　雅培公司分拆出来一家名为AbbVie的新公司，这家新公司专注于药物研发，同时保留一些以消费者为导向的保健产品，如"恩雪"（Ensure）牌营养奶昔。这家公司是由母公司创建的专门关注业务市场中的某个细分领域的新公司。雅培公司估计，将其作为一家独立的新公司运营对于自己的价值要大于作为大公司的一个部分。人力资源方面的问题，比如留住人才、让员工充满热情和积极性以及确保员工在新公司中扮演正确的角色等，对于公司分拆成功至关重要。在雅培公司工作的AbbVie首席人力资源官（CHRO）在帮助建立新公司方面面临着极具挑战性的复杂任务。具体来说，他需要与公司的其他高管一起创建新的组织结构、徽标，并开展品牌宣传活动。此外，他还需要解决人员方面的一些问题，例如确保大家都能了解分拆出一家新公司的理由，从而缓解员工的恐惧感和焦虑感；确定哪些员工将会加入新公司，同时决定他们的工作分配；制订新的薪酬和福利计划。

管理者可以利用表 1-2 中列举的这些问题来判断人力资源管理在本企业中是否扮演着战略性的角色。如果一家公司从来都没有考虑过表中的这些问题，那么以下情况出现的可能性就很小：第一，这家公司已经做好了迎接竞争性挑战的准备；第二，这家公司正在利用人力资源管理来帮助自己赢得竞争优势。在评估一家公司的人力资源管理与其经营战略之间的关系时，一个必须考虑的根本性问题是："为了确保拥有正确技能的正确的人在那些对公司经营战略的执行非常重要的职位上做正确的事情，一家公司在人力资源管理方面正在做些什么？"[20]我们将在第 2 章更为详细地讨论战略性人力资源管理的问题。

表 1-2　确定人力资源管理在企业中是否扮演战略性角色的几个问题

1. 人力资源管理在向组织内的客户提供增值服务方面正在做些什么？
2. 人力资源管理所采取的行动是否支持经营重点并与其保持一致？
3. 公司是怎样衡量人力资源管理的有效性的？
4. 我们怎样才能对员工进行再投资？
5. 我们应当运用何种人力资源战略使企业从 A 点到达 B 点？
6. 从人力资源管理的角度来看，我们应该做些什么来改善自己的市场地位？
7. 为做好迎接未来的准备，我们可以发起的最优变革是什么？
8. 我们对经营难题做出正确的回应或者提前预见到经营难题的出现了吗？

资料来源：Based on D. Ulrich, D. Kryscynski, M. Ulrich, and W. Brockbank, *Victory Through Organization* (New York：McGraw-Hill Education，2017)；P. Wright，*Human Resource Strategy：Adapting to the Age of Globalization* (Alexandria，VA：Society for Human Resource Management Foundation，2008).

接下来再看一看人力资源部门的结构和职责是如何通过不断变化来确保自己扮演战略性角色的。许多公司重点关注的战略领域之一是改善员工和客户的体验。爱彼迎公司（Airbnb）意识到员工的体验对保持他们的快乐和对公司的承诺而言至关重要。感到更快乐的员工更有可能通过努力工作来使客户感到满意，而这有助于公司成长和繁荣。[21]为了使得员工体验达到最优化，爱彼迎公司将三个独立的人力资源小组（人才组、招募组以及"地面控制"组）整合为一个小组。爱彼迎的最高人力资源管理岗位的名称是首席员工体验官（CEEO）。在爱彼迎公司中，人力资源管理的内容涉及营销、传播、房地产、社会责任以及传统的人力资源管理职能。首席员工体验官的职责远远超出了人才管理和薪酬管理等传统的人力资源管理职能，还包括工作场所设计和相关设施、食品、全球公民以及每天与公司员工进行互动的社区管理者网络。例如，在爱彼迎公司通风的、开放的工作场所中设置了一些供员工给各种电子设备充电的小储物柜，还布置了更多的会议室、沙发、午睡空间、公用桌以及方便员工与同事进行交谈的小型空间。公司办公场所中还有许多咖啡馆，员工可以在那里用餐或开展项目合作。此外，人力资源部门还帮助员工回馈公司开展业务经营的那些社区，鼓励每位员工每个月贡献四小时的志愿服务时间，或者是参与一些大型的项目，比如粉刷收容无家可归者的场所或帮助住院患者的家人做饭。

在 Adobe 公司，首席人力资源官同时也是公司的第一位首席客户服务官，她需要负责监督与客户体验相关的所有职能。[22]她一直致力于将薪酬和奖金更为紧密地与服务和建立客户关系相关的指标挂钩，而不是与销售额等传统的指标挂钩。其目标在于确保对每位员工都有一种基于客户体验的奖励。员工可以在 Adobe 公司的内网上找到一些教他们如何去改善客户体验的例子。公司还提供了在线的或实体的收听站，方便员工收听 Adobe 公司与自己客户之间的对话，从而了解他们到底喜欢或不喜欢 Adobe 公司产品的哪些方面。

人力资源管理可能是公司获得超越国内外竞争对手的竞争优势的最为重要的手段。我们认为，这是因为人力资源管理实践与公司能否成功应对竞争性挑战直接相关。关于这些挑战及其对人力资源管理造成的影响，我们将在本章后面的内容中加以讨论。

1.3.1 证实人力资源管理的战略价值：人力资源分析与循证人力资源管理

为了证实人力资源管理对企业目标的实现做出了贡献，一个越来越被普遍接受的观点就是，应当用数据来回答这样一些问题："哪些人力资源管理实践是有效的？""哪些人力资源管理实践的性价比更高？"同时，还应当用数据来预测人力资源管理实践的变化对于员工的态度、行为以及公司的利润和成本等产生的影响。这有助于证明在人力资源管理项目上投入的时间和经费都是值得的，以及人力资源管理对于企业而言就像财务管理、市场营销以及会计等职能一样是非常重要的。**循证人力资源管理**（evidence-based HR）就是要证实人力资源管理实践对一家公司的盈利状况或其关键利益相关者（员工、客户、社区、股东）产生了积极的作用。循证人力资源管理要求运用人力资源分析或劳动力队伍分析。**人力资源分析或劳动力队伍分析**（HR or workforce analytics）是指采用定量的方法以及科学的方法对数据（有时也称大数据）进行分析，从而搞清楚人才在实现企业战略以及达成经营目标方面所起的作用。[23]

大数据（big data）是指将来自人力资源数据库、公司财务报表、员工意见调查以及其他数据来源的信息加以合并之后形成的信息，这些信息一方面可以被用于做出循证人力资源管理决策，另一方面也可以用来表明人力资源管理实践是如何对一家公司的盈利状况，其中包括利润和成本等产生影响的。[24]有几家公司已经使用劳动力队伍分析来对大数据进行分析，从而帮助自己优化人力资源管理实践。[25]谷歌是最早运用人力资源分析来优化其员工队伍的公司之一。谷歌设计出了算法或公式来确定哪些候选人最有可能在公司中取得成功。它还设计了算法来重新审查那些曾经被自己拒绝掉的求职者。这种做法帮助谷歌雇用了一些可能会被其常规求职者甄选程序过滤掉的工程师。

索尼克汽车公司（Sonic Automotive）是一家汽车零售商，它利用大数据来确定哪些培训计划的投资回报率是正的，能够帮助公司实现战略目标。大数据可以被用于多种目的。索尼克大学以单个学习者为单位，对其数百个学习模块的使用率进行了跟踪。其招募信息面板则会提供关于申请某个职位的求职者人数、接受过甄选和面试的求职者人数等方面的信息，还有职位空缺以及已经得到填补的职位的信息。培训团队还可以运用这些信息发现哪些部门正在苦苦寻找求职者来填补职位空缺，而这可能表明这些部门需要得到关于公司使用的招募工具以及招募流程等方面知识的培训。通过对新雇用人员以及离职人员所做的调查获得的数据也已经被用于确定哪些管理人员需要得到教练辅导方面的技能培训。

瑞士信贷银行（Gredit Suisse）建立了一个专门的人力资源分析师部，其职责就是利用劳动力队伍数据来帮助公司减少员工离职。而离职的减少会给公司带来大量的成本节约。例如，如果公司 46 600 名员工的离职率每年降低 1 个百分点，就可以节约 1 亿美元！每一年，这个分析团队都会使用八种不同的数据（其中包括员工的绩效评价等级、其上级的绩效评价等级、员工薪酬水平的年度变化情况以及他们在未获得晋升的情况下持续工作的年限等）来确定哪些员工可能会离开公司。分析团队会为各级管理人员提供报告，表明他们手下员工的离职风险，这样就便于管理者做出如何防止这些员工离开公司的决策。例如，管理人员可以利用这些信息为他们不想失去的那些高绩效员工提出加薪、晋升的建议，或者是推荐他们去参加那些有利于个人发展的培训或获得其他机会。

正是由于循证人力资源管理和人力资源分析证明了人力资源管理实践的价值以及它们是如何对企业战略和经营目标的达成起到重要作用的，因此，在本书的每一章中，我们都将提供一些案例，展示这些公司是如何通过人力资源分析来进行循证人力资源管理，或者是对人力资源管理实践进行评价的。

1.3.2　人力资源管理专业：岗位和工作

人力资源管理专业中有许多不同类型的工作。表 1-3 列出了各种人力资源管理岗位以及它们的年薪水平。为了更好地了解人力资源管理专业人员都在做些什么，美国人力资源管理协会（SHRM）做了一项调查。结果发现，人力资源管理专业人员大多数扮演的是人力资源综合职能管理者的角色（即提供各种各样的人力资源管理服务），只有很少的人力资源管理专业人员涉足公司高层人力资源管理职能、培训与开发、人力资源管理咨询以及一些行政活动。[26] 据估计，2014—2024 年，在与人力资源管理有关的岗位上就业的人员数量增长了 9%，这比美国各种岗位上的就业平均增长水平要高。[27]

表 1-3　人力资源管理岗位的年薪中值　　　　　　　　　　　　单位：美元

岗位	年薪
首席人力资源官（CHRO）	238 710
全球人力资源经理	127 800
管理能力开发经理	123 543
健康与安全经理	102 162
员工福利经理	100 901
人力资源经理	102 162
中级劳动关系专员	89 030
校园招募专员	68 590
初级人力资源信息系统专员	56 590
人力资源综合职能管理员	55 283
初级薪酬分析师	59 855
初级员工培训专员	40 590

资料来源：Based on data from Salary.com, www1.salary.com, accessed February 13, 2019.

人力资源管理专业人员的年薪高低因所从事的具体岗位、个人的工作经验、受过的培训、工作地点以及企业规模等因素而存在差异。正如从表 1-3 中能够看到的那样，有些岗位涉及人力资源管理领域中一些专业化要求较高的工作内容，比如招募、培训或劳动关系等。而人力资源综合职能管理者（HR generalist）的年薪通常在 4.9 万~6.3 万美元之间，具体水平取决于他们的工作经验和受教育水平。人力资源综合职能管理者通常需要完成人力资源管理领域的各种活动，其中包括招募、甄选、培训、员工关系和福利管理。人力资源专项职能管理者（HR specialist）则专门从事某一特定人力资源管理职能领域的工作，例如培训或薪酬管理等。人力资源综合职能管理者在小企业里最为常见，很多大中型企业会在其工厂或下属企业中雇用人力资源综合职能管理者，而在公司总部、产品或区域层面则雇用人力资源专项职能管理者。大多数人力资源管理专业人员之所以选择人力资源管理作为自己的职业，要么是因为他们发现这个职业很有吸引力，要么是因为他们愿意与人打交道，也或者是因为他们只不过是很偶然地被要求去承担人力资源管理方面的任务和职责。[28]

1.3.3　教育和经验

人力资源管理专业在不久的将来很可能还会继续转型。[29]即将退休的大量人力资源管理专业人员过去主要承担的是一些行政事务类工作，他们很少受到人力资源管理方面的正规教育。而正如目前许多人力资源管理专业人员的情况一样，新一代人力资源管理专业人员很可能上过四年大学，甚至拿到硕士学位。他们学习的专业通常是企业管理方面的（人力资源管理或劳动关系），尽管也有一些人力资源管理专业人士获得的是社会科学（经济学或心理学）、人文或法律方面的学位。那些读完研究生的人力资源管理专业人士通常获得的是人力资源管理、企业管理、工业组织心理学或类似学科的学位。企业往往期望自己的人力资源管理专业人员可以同时扮演好战略和战术两个层面的角色。例如，高级人力资源管理方面的角色可能包括培育和支持公司文化、员工招募、员工保留及其敬业度维持、继任计划以及设计公司的整体人力资源战略。初级人力资源管理方面的角色则需要处理与文案工作、福利和薪酬的计算与发放、回答员工提出的问题以及与数据管理等方面有关的事务性工作。

一个人可以通过获得人力资源认证机构（HRCI）或美国人力资源管理协会提供的专业资格认证来表明自己已经获得了人力资源管理方面的基本知识。[30]然而，只有12%的美国人力资源管理专业人员获得了这些认证。这种认证的比例之所以不高，原因之一在于许多公司在为人力资源管理岗位雇用人员时，都更为看重候选人的教育背景以及（或者）工作经验。结果，参加人力资源管理专业认证反而不如加入人力资源管理专业协会那样普遍。较全面的教育背景很可能会帮助一个人在人力资源管理岗位上做得更好。正如一位人力资源管理专业人士指出的那样："对人力资源管理的最大误解之一就是，认为它的工作内容仅仅是与员工进行热情洋溢的沟通，或者是认为它是主要目的在于为员工营造一种更加适宜的工作氛围的创造性工作。然而事实上，尽管有时人力资源管理包括上述所有这些内容，但在大多数时候，人力资源管理工作是与成堆的文件打交道，而要处理这些文件，除了要具备与'人'有关的技能，还要具备其他各种技能。人力资源管理是法律、会计、哲学、逻辑以及心理、灵性、宽容和谦逊的综合体。"[31]

1.3.4　胜任素质和行为

许多专家都承认，顶级的人力资源管理专业人员都是一些在员工福利、薪酬和劳动关系等方面有一定专长的人力资源综合职能管理者，他们会重点关注员工敬业度和公司文化管理等重要领域。[32]然而，他们缺乏业务敏锐度，也不具备将人力资源管理与企业的实际经营需要联系起来的专长。也就是说，他们不知道如何制定关键决策，也不明白为什么员工或公司的某些部分未能达到绩效目标的要求。很多公司的高层人力资源管理领导者有同样的看法，认为对在人力资源管理领域工作的专业人员进行多种技能的培养已经迫在眉睫。[33]只有不到10％的人力资源管理领导者认为自己的人力资源管理职能团队具有帮助公司迎接当前面临的竞争性挑战所需要的技能。我们可以来看一看奈飞公司在寻找新的人力资源总监时对候选人所提出的要求。[34]奈飞希望候选人能够将经营放在第一位，客户放在第二位，人才放在第三位。它所需要的不是一位变革推动者、组织发展实践者、美国人力资源管理协会资格证书的持有者或者一个跟人打交道的人。人力资源管理专业人员应将自己视为一位经营者，而不是一位鼓舞士气的人。他们需要考虑的是下面这样一些关键问题："哪些事情是对公司有好处的？""我们如何就这些事情与员工进行沟通？""我们怎样才能帮助每一位员工了解高绩效到底意味着什么？"

人力资源管理专业人员需要具备图1-3中所示的九种胜任素质。这些胜任素质是美国人力资源管理协会根据已有文献，基于1 200多名人力资源管理专业人员的意见以及对32 000多名受访者所做的调查开发出来的新的胜任素质。[35]完整版的胜任素质模型可以在美国人力资源管理协会网站（www. shrm. org）上找到，这套模型提供了关于人力资源管理专业人员在初级、中级、高级以及进入企业高层等不同职业发展阶段所需具备的胜任素质、行为及其熟练水平等方面的详细信息。展现出这些胜任素质有助于人力资源管理专业人员向各级管理者表明，自己有能力帮助公司的人力资源管理职能创造价值，为经营战略做出自己的贡献，同时塑造公司文化。它们还有助于人力资源部门高效率且富有成效地提供我们在前面讨论过的如图1-2所示的那三种人力资源管理产品。这些胜任素质和行为表明，尽管人力资源管理专业人员在所处的不同职业发展阶段需要的专业能力可能存在差异，但所有的人力资源管理专业人员都需要掌握战略性企业管理、人力资源规划、员工发展、薪酬和福利、风险管理（安全、质量等）、劳动关系、人力资源技术、循证决策以及全球人力资源等方面的工作知识。人力资源管理专业人员还必须能与员工和管理人员进行互动并给他们提供教练辅导，同时还要通过保护隐私和保持诚信来采取符合伦理道德的做法。研究表明，人力资源管理专业人员在美国人力资源管理协会总结的这个胜任素质模型上的专业水平越高，他们在工作中的表现就越好。这一点可以证明美国人力资源管理协会的这套胜任素质模型不仅确实有用，而且具有较高效度。[36]

很多高层管理者和人力资源管理专业人员认为，要想使员工具备有效完成人力资源管理工作所需的那些胜任素质，最好的方式之一就是对他们进行培训，或者是让他们在岗位上积累相关工作经验，从而帮助他们理解企业以及人力资源管理在企业中扮演的角色。例如，Rivermark社区信贷合作社的人力资源领导者就通过与公司首席财务官之间的交流，提高了自己阅读和解释财务数据的技能。[37]而这使她可以在公司的高层领导人会议上做出更多的贡献。

花园城市集团（Garden City Group）和通用汽车公司（General Motors）都利用积累工作经验的方式，来确保自己的现任人力资源管理专业人员以及愿意成为人力资源管理专业人员的员工，具备为满足员工和各级管理者需要而应有的胜任素质。[38]此外，这些积累工作经验的机会还有助于在人力资源部门以及不同办公地点之间建立起关系。花园城市集团在其每个办公地点轮换人力资源管理专业人员，并鼓励员工学习从事不同人力资源管理职能领域的工作。为了培养未来的人力资源管理领导者，通用汽车公司设计了两条专门的人力资源管理职业发展道路：一条是在制造领域的职业发展道路，另一条是在公司层面的

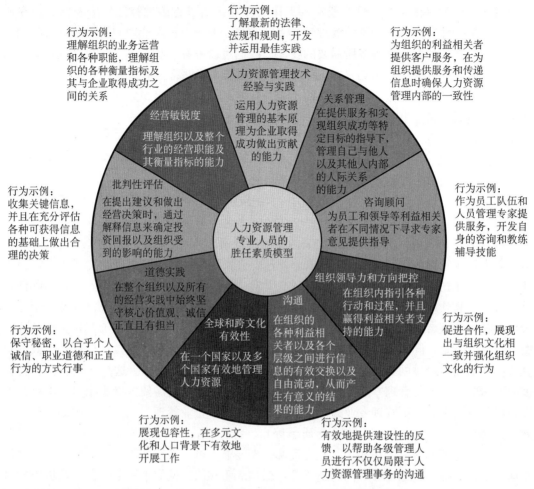

图1-3　人力资源管理专业人员的胜任素质和行为示例

资料来源：Based on SHRM Competency Model, Society for Human Resource Management, 2012, www. shrm. org, accessed February 9, 2017.

发展道路。在制造领域的发展道路中，那些已经在通用汽车公司工作却想从事人力资源管理工作的员工，每人可以用一年的时间来从事劳动关系领域的工作，担任人力资源业务伙伴以及在某个生产团队中工作。同样，公司还会为人力资源实习生提供一些特定的职业发展安排，其中包括完成在劳动关系领域、全球薪酬和福利领域以及人才获取或人才管理领域等的任务。公司为这种两种职业发展道路的参与者都配备了导师，这些导师可以为他们提供个人的看法和建议。此外，这两种职业发展道路的参与者都有机会参加培训、聆听公司外部人士的演讲以及参加有高层领导者参与的论坛等。

美国在人力资源管理领域的主要专业组织是美国人力资源管理协会，该协会是世界上最大的人力资源管理专业协会，在全球拥有30万名专业会员和学生会员。如果你对人力资源管理感兴趣，可以加入美国人力资源管理协会。美国人力资源管理协会提供教育和信息服务，举办各类会议和研讨会，会在媒体和政府中发声，提供认证以及一些在线服务，会发布一些出版物［比如《人力资源杂志》（*HR Magazine*）］。你可以登录美国人力资源管理协会的网站（www. shrm. org）来了解相关内容。

1.4 影响人力资源管理的竞争性挑战

当今企业面临的以下三大竞争性挑战会强化人力资源管理实践的重要性程度：可持续性的挑战、全球化的挑战以及科技的挑战。这三种挑战如图 1-4 所示。

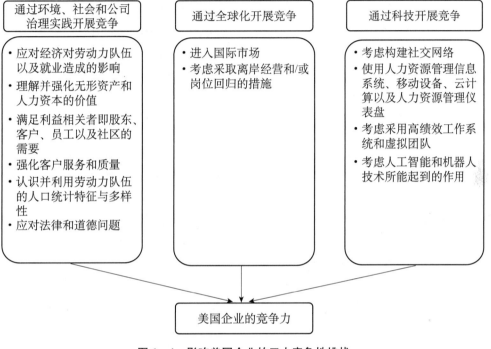

图 1-4　影响美国企业的三大竞争性挑战

正如我们将在下面的讨论中看到的，这些竞争性挑战与企业正面临的下列人力资源管理挑战存在直接联系：开发、吸引和留住有才干的员工；寻找具备必备技能的员工；打破不利于建成一家全球性公司的文化障碍。[39]

1.4.1 通过环境、社会和公司治理实践开展竞争

可持续性（sustainability）是指企业在不牺牲子孙后代满足自身需要的能力的情况下，满足自己需要的能力。[40]其中包括以下几个方面的能力：应对经济和社会变化；履行对环境的责任；采取负责任且符合伦理道德的商业行为；提供高质量的产品和服务；采用适当的方法确定公司是否满足了利益相关者的需要。公司关注可持续性的结果通常被称为"三重底线"，即同时在人类、地球和利润三个方面达成积极的成果。

为了对"三重底线"产生积极影响，很多公司都需要关注自己的环境、社会和公司治理（ERG）实践。环境、社会和公司治理实践应当作为公司经营模型的一个组成部分来帮助其赢得竞争优势并降低法律风险。[41]环境方面的实践包括公司对能源、水和天然气等有形资源的使用以及在此过程中产生的废物和污染等。社会方面的实践与公司和其他企业以及经营所在地社区之间的关系有关。公司治理实践则包括公司与其利益相关者之间的关

系。利益相关者是指股东、社区、客户、员工以及乐于看到公司取得成功的所有其他各方。实际上，很多公司的利益相关者都越来越关注其在环境、社会和公司治理方面的做法。[42]股东和潜在投资者认为一家公司在环境、社会和公司治理方面的做法是竞争优势的一种潜在来源。对于当前以及未来的员工、客户和消费者来说，一家公司在环境、社会和公司治理方面的做法会有助于大家对公司及其产品和服务留下良好的印象。高盛（Goldman Sachs）等许多公司都会在年度报告中重点介绍自己在环境、社会和公司治理方面的主要做法及取得的成就。例如，高盛在这方面取得的一项成就与清洁能源有关。[43]该公司与新纪元能源公司（NextEra Energy Resources）达成了一项协议来开发一种使用可再生能源的新风能项目。这个风能项目将会每年减少 20 万吨温室气体的排放。该公司的另外一项成就是向 Sixup 提供 1 000 万美元的资助，这是一个向来自低收入家庭但有天赋的青年提供上大学的贷款的组织，这些家庭通常没有资格获得银行贷款。

从人力资源的角度来看，这意味着要通过创建人力资源管理系统以及采取一些做法来培育相应的技能、动机、价值观和文化，从而对公司提供帮助，同时使组织的利益相关者的长期利益得到保证。如果一家公司的人力资源管理或其他做法对环境、社会和公司治理方面的因素产生不利影响，则利益相关者通常会提起法律诉讼并要求得到经济补偿。例如，大众汽车公司（Volkswagen）就支付了数十亿美元来应对因其气体排放污染环境而引发的丑闻。

应对经济对劳动力队伍和就业产生的影响

经济对人力资源管理具有重要的影响。表 1-4 列出了一些有关经济和劳动力队伍的关键统计数据，我们将对这些数据做更为详细的讨论，其中包括经济结构、劳动力队伍的老化以及专业和服务性职业的增长等。专业和服务性职业的增长意味着社会对工作技能的需求已经发生了变化，知识的价值变得越来越高。在社会的技能需求发生变化的同时，要想在全球经济中保持竞争力，还需要满足更为苛刻的工时数量要求，改变传统的雇佣模式。由于新工作被创造出来、老龄员工离开劳动力队伍、人口缓慢增长以及具备执行高要求工作所需技能的员工缺乏等，公司需要更加重视会对其吸引和留住员工的能力产生影响的人力资源管理实践。

表 1-4　关于 2026 年美国就业情况的预测重点

- 预计整个劳动力队伍将会增加 1 150 万，达到大约 1.68 亿人。
- 如今，美国有 93％的工作是非农业的、领取工资和薪金的工作；12％的工作在产品生产行业（采矿业、建筑业和制造业）；81％的工作在服务业；农业、林业、渔业和狩猎业中的工作占 1.3％。预计到 2026 年，各行业中的工作分布情况会跟现在大体类似。
- 预计将会有 4 650 万个职位空缺，其中 3/4 以上的空缺由退休或离职员工去填补。
- 劳动力队伍的年龄中值将会增加到 42.3 岁，达到历史最高值。
- 卫生保健行业从业人员及其支持类职业预计将会成为增长速度最快的职业群体，该职业将会贡献最多的新工作岗位（每四个新工作岗位中的一个）。

资料来源：Bureau of Labor Statistics, U. S. Department of Labor, "Employment Projections：2016—2026," News Release, October 24, 2017, from www.bls.gov/emp, accessed January 5, 2019; Bureau of Labor Statistics, U. S. Department of Labor, "Employment Projections, Table 3.4, Civilian Labor Force by Age, Sex, Race, and Ethnicity 1996, 2006, 2016, and Projected 2026," from www.bls.gov, accessed January 5, 2019; T. Alan Lacey, Mitra Toossi, Kevin S. Dubina, and Andrea B. Gensler, "Projections Overview and Highlights, 2016—26," *Monthly Labor Review*, U. S. Bureau of Labor Statistics, October 2017, from www.bls.gov, accessed January 5, 2019.

如今，美国经济正在蓬勃发展。[44]股票市场已达到历史新高：2018 年的道琼斯工业平均指数已经超过 20 000。经济产出的年增长率接近 3%。基于对经济的信心，许多美国企业都正在增加就业机会并扩大规模。劳动力市场正处于或接近充分就业，失业率已经达到历史上较低的 4% 以下的水平。一些劳动者的工资水平已经随着经济增长而上升，失业率在下降，公司的劳动力短缺情况增加。例如，零售业员工的薪酬在 2018 年第二季度增长了 3.8%。在像信息技术等这样一些对技能要求较高的领域中，高技能求职者获得录取函越来越具有竞争力，薪酬水平在不断提高。虽然工资在增长，但消费价格的通胀水平仍然很低，这就意味着员工的薪酬因产品和服务的成本上涨而导致的损失更少了。很重要的一点是要认识到，无论当前所处的经济周期如何，人力资源管理实践已被证明对一家公司的绩效有着积极的贡献。例如，在 2009 年的经济衰退出现之前就在员工配置和培训方面做了精挑细选的那些公司，在衰退出现之前的产量和绩效就优于竞争对手，并且在衰退之后恢复得也更快。[45]

然而，美国的经济增长面临着几个方面的威胁。[46]当失业率和经济增长率回到其历史水平时，美联储面临着一个挑战，即应当将利率提高多少来避免出现通货膨胀或刺激衰退的发生。美国政府对从中国进口的商品加征关税，以试图减少美国的贸易逆差。而这种贸易逆差一直被归咎于"贸易的不公平"。美国的贸易逆差在 2016 年超过 5 020 亿美元，在四年中达到最大。美国政府还与加拿大和墨西哥重新就《北美自由贸易协定》（NAFTA）进行了谈判。美国存在贸易逆差意味着美国进口的产品要多于出口到世界其他地区的产品。时任总统特朗普认为，对贸易采取行动将持续刺激经济增长并且支持美国增加工作岗位，特别是对美国劳动阶层比较有利。然而，贸易、经济增长和就业之间的关系是很复杂的，还会受到货币汇率、政府支出和税收等其他各种因素的影响。实际上，无论是在经济增长时期还是衰退时期，也无论是在就业水平高还是就业水平低的时期，一直都存在贸易逆差。许多公司都感受到了贸易战带来的影响，而小企业受到的影响尤其大。[47]例如，由于对钢铁和铝加征关税，田纳西州大烟山拖车公司（Smokey Mountain Trailers）购买并出售给消费者的拖车价格上涨了 7%。这意味着公司要么自己承担相应的成本，要么提高产品的价格，而提价很可能会导致对拖车的需求下降。拜尔斯钢铁公司（Byers Steel）是一家位于俄亥俄州的家族企业，拥有 130 名员工，由于美国对中国的钢铁产品加征关税，其销售额比上年增加了 30%。但由于对美国贸易政策以及加征关税带来的长期影响的不确定性的担心，拜尔斯钢铁公司并不计划对有助于改善产品质量、生产率以及员工安全的系统进行投资。

当前经济中的失业率低所产生的影响之一是，很多公司无法找到具有所需技能的员工来满足经营扩张的需要，替换即将退休的员工，或者跟上公司的产品和服务需求的增长。[48]不仅如此，有价值的高绩效员工可能正在寻找通过换工作获得更高的工资或更好的职业发展的机会。

劳动力队伍和就业方面的特征　表 1-4 揭示了对美国到 2026 年时的就业情况所做的预测。我们在这里对就业预测情况所做的讨论依据的是美国劳工统计局的数据。[49]人口是决定劳动力队伍的规模和构成的最为重要的因素。预计到 2026 年，美国的劳动力人数将增长到近 1.68 亿人。劳动力的规模将会增加，但其增长速度会比过去几十年更慢，这主要是人口增长率下降导致的。随着越来越多"婴儿潮"一代的人（出生于 1946—1964 年）进入退休年龄或已经离开劳动力队伍，美国的劳动力将会继续老化。

由于预计美国人口将会变得越来越多样化，因此美国的劳动力队伍也将变得多样化。女性在劳动力队伍中的增长率将快于男性。移民是美国人口和劳动力增长与多样化的重要力量。在传统上，西班牙裔和亚裔男子的劳动参与率很高。预计到 2026 年，除了非西班牙裔的白人，其他所有种族和族裔群体的人数都将增加；非西班牙裔白人的比例预计会有所下降。在所有种族和族裔群体的人口增长速度最快的情况下，预计西班牙裔人在劳动力队伍中占比会接近 20%（本章稍后将详细讨论劳动力的多样性和老龄化）。

考虑到不同行业和职业的就业率以及对未来情况的预测，服务业在美国经济中的重要性显得更为突出。总的来说，大约 80% 的工作是在服务部门。当前，在所有工作中，占比最高的工作主要在卫生保健和社会救助、休闲和度假、州政府和地方政府、专业和商业服务以及零售业中。预计从 2016 年到 2026 年，卫生保健行业从业者及其支持类职业会成为增长最快的职业群体，会贡献最多的新工作岗位（四个新工作岗位中的一个）。除了生产行业、林业、农业和渔业，其他所有各类职业预计在 2016—2026 年间都会带来工作机会的增加。[50]

表 1-5 提供了从 2016 年到 2026 年间增长的百分比最大的工作类别。在 30 个增长最快的职业中，有 16 个是从事卫生保健及相关职业（例如家庭护理、个人护理、医生助理和护士等），其他职业是与能源相关或计算机和信息技术领域的。卫生保健类职业的增长反映了美国人口老龄化需要更多的院内和院外医疗服务。随着对人工智能、机器人和其他技术的需求上升，预计计算机类的职业也将会出现工作岗位的增加。预期出现的能源价格上涨也将推动能源行业的增长，尤其是与石油和天然气开采以及太阳能相关的行业。

表 1-5　数量增长速度最快的若干职业的例子

职业	就业人数变化 2016—2026 年		大多数从业者的受教育程度或培训情况	2016 年 5 月的年薪中位数（美元）
	增长数量（千人）	增长百分比（%）		
太阳能光伏安装工	12	105	高中文凭或同等学力	39 240
风力发电机维修技术人员	6	96	中学后教育但无学位；长期岗位培训	52 260
家庭护理	431	47	高中文凭或同等学力；短期岗位培训	22 600
个人护理	778	39	高中文凭或同等学力；短期岗位培训	21 920
医生助理	40	37	硕士学位	101 480
护士	56	36	硕士学位	100 910
统计学家	13	34	硕士学位	80 500
理疗师	27	31	副学士学位	56 610
软件开发人员	255	31	学士学位	100 080
数学家	1	30	硕士学位	105 810

资料来源：Based on Bureau of Labor Statistics, U. S. Department of Labor, "Employment Projections: 2016—2026," News Release, October 24, 2017, from www.bls.gov/emp, accessed February 9, 2019.

除了生产行业以及农业、渔业和林业，所有其他主要职业预计在 2016—2026 年间都将出现更多的工作机会。预计有几个行业中的就业将会减少，其中包括制造业，农业，林业、渔业和狩猎业，信息以及公用事业。这些行业出现工作机会和员工流失的原因是多种多样的，其中包括：技术进步，这意味着需要的员工人数更少；全球竞争；行业整合、成本削减以及效率更高的工作流程；想从事这些职业的劳动者人数有所减少。

教育在满足职业或工作的要求方面以及员工的薪酬决定方面发挥着重要作用。[51]在美国，只有大约 31％ 的工作是没有最低学历要求的。22％ 的工作要求接受过某种形式的培训，例如获得证书或执照。此外，在 15 个数量增长最快的职业中，有 11 个职业要求劳动者在中学毕业之后继续接受一定程度的教育，并且这些职业的每周收入中位数要高于全国平均水平。如今，需要有高中毕业文凭才能从事的工作平均每周的薪酬水平为 730 美元，而那些上过几年大学但没有拿到学位的人平均周薪为 802 美元，需要副学士学位、学士学位以及专业学位的职业平均每周的薪酬水平分别为 862 美元、1 198 美元和 1 884 美元。预计不同职业之间的薪酬差距在将来还会继续存在。

低失业率和业务增长的并存导致许多行业中的企业，例如建筑业和制造业中的企业，尤其是小企业，很难招到合格的员工。那些对技能水平要求较低的流水线上的工作将会被高级的制造工作取代，而这些工作需要雇用的都是那些难以找到的劳动者，他们需要掌握计算机、信息技术或其他方面的技术知识和技能。当今的许多工作，尤其是服务行业中的一些工作，已经将很多日常性的任务加以自动化处理或实施外包。位于俄亥俄州的京瓷 SGS 精密工具公司（Kyocera SGS Precision Tools）现在雇用的员工只有 20 年前员工总数的一半左右，但由于采用了计算机辅助的制造工具和高技能的员工，产量却翻了一番。[52]该公司目前想要雇用的维修技师必须具有维持设备运行所需的电气和机械方面的技能。

有几项研究表明，很多美国公司都正面临技能短缺。[53]技能短缺的情况不仅局限于某一个部门、行业或工作。将近一半的美国公司的首席执行官认为，明显的技能差距的存在将会导致业务损失、收入损失、客户满意度下降、新产品或服务的延迟。美国制造业研究所（Manufacturing Institute）发现，有 80％ 的制造企业都报告称，那些要求员工具有一定技能或很高技能的生产岗位，正面临着合格求职者短缺或严重短缺的情况。据估计，由于缺乏具有必要技能的员工，在未来的十年中，大约 60％ 的制造业职位空缺很可能无法得到填补。经济合作与发展组织（OECD）发现，美国人在数学能力方面在 35 个国家中排第 28 位，在解决问题的能力方面在 35 个国家中排第 16 位。但是技能短缺的问题并不仅仅是美国公司面临的问题。这种情况在世界各地都在发生。例如，在意大利和西班牙的成年人中，3/10 的人在识字能力和数字能力方面处于或低于最低熟练水平。一项研究发现，在考虑新员工的受教育程度的情况下，接受调查的公司中只有一半左右认为新员工已经充分做好承担工作的准备。

具有科学、技术、工程和数学等方面（STEM）技能的员工更是特别短缺。科学、技术、工程和数学等方面的技能简称 **STEM 技能**（STEM skills）。许多具备这方面技能的员工缺乏一些"软技能"，其中包括沟通能力、积极主动性、解决问题的能力、与同事相处的能力，以及与客户互动的能力等。[54]此外，许多公司提供的产品和服务所具有的多样性和客户定制化特征，也要求员工具有创造力和良好的解决问题的能力。另外，持续创新还需要具备一定的学习能力。

合格劳动者短缺就意味着企业不得不面临无奈的选择，即让职位处于空缺状态，这会限制它们的生产和业务增长。包括酒店业、零售业和制造业在内的大多数行业中的很多公司都在吸引、寻找和留住具有所需技能的优秀员工方面遇到问题。许多公司把包括员工配置、薪酬管理、培训和开发等在内的人力资源管理实践作为解决问题的方案之一。[55]例如，很多公司都正在招募、雇用在传统上被忽视或不被考虑的残疾人，并且为他们提供相应的便利性安排。SAP公司和微软公司都发现，自闭症患者非常注重细节，而且具备一定的分析能力，这种特点使他们在软件测试岗位上能够取得成功。还有一些公司正在寻找那些可能已经从过去的岗位上退休或者已经结束了职业生涯的人。高盛公司的工作回归计划就为职业生涯中断时间已经超过两年的人提供了为期8周的培训和导师指导。在完成了该计划的350人中，大约有一半的人获得了高盛公司的永久性雇用。此外，该公司还正在审查对求职者提出的最低学历和工作经验要求，降低或者是取消了原来对某些工作的候选人提出的要求，而这有助于更快地填补空缺职位。孩之宝公司（Hasbro）将以前专为拥有工商管理硕士（MBA）学位的毕业生设计的四种营销工作划分成八种无需大学文凭就能从事的较低级别的岗位。这些较低级别的岗位主要是为该部门中的高级职员提供日常性工作方面的支持。亚马逊还将自己支付给全体员工的最低工资提高到每小时15美元。

沃尔玛为避免员工为寻找更好的职业发展机会而离职，在为期两年的时间里投入超过27亿美元来增加员工的工资，同时提供更多的培训。沃尔玛的培训既针对新员工，也针对有经验的老员工，旨在为他们提供取得职业成功所需的人际关系能力和商业技能，分享员工可能会追求的职业发展道路，帮助他们理解零售行业的经营模式，向他们说明为什么需要完成某些工作任务。美国的旅馆业正在采取的计划之一是提供学费资助，以吸引、留住新员工，并为他们走上管理岗位做好准备。美国酒店住宿业协会和培生集团（Pearson PLC）正在面对酒店业员工测试一项新的计划，这项计划包括对获得两年制在线副学士学位的学费资助以及对获得学士学位的大部分学费的资助。包括红顶酒店（Red Roof Inns）和温德姆酒店集团（Wyndham Hotels and Resorts）在内的数十家公司中的5万多名员工参加了该计划。

有些公司甚至将培训扩展到了当前员工队伍之外，以确保将来有员工可用。[56]位于佛蒙特州的GW塑料制品公司（GW Plastics）就在其工厂中为高中生提供高级制造方面的学分课程。该公司还设立了奖学金计划，用于支付学生的学费，并为那些在佛蒙特技术学院获得机械工程技术学位的学生提供带薪的实习机会。

了解并增加无形资产和人力资本的价值

如今，越来越多的企业开始关注如何凭借无形资产和人力资本赢得竞争优势。一家公司的价值包括对该公司提供产品和服务至关重要的三种类型的资产：金融资产（现金和各类证券）、实物资产（财产、工厂和设备）和无形资产。表1-6提供了一些无形资产的例子。这些**无形资产**（intangible assets）包括人力资本、客户资本、社会资本以及智力资本。无形资产和金融资产、实物资产具有同等的重要性，甚至更为重要，因为它们更加难以复制或模仿。[57]根据一项估计，一家企业75%的价值来源于无形资产。[58]

表 1-6 无形资产举例

人力资本	客户资本
• 隐性知识 • 教育 • 工作相关知识 • 工作相关胜任素质	• 客户关系 • 品牌 • 客户忠诚度 • 分销渠道
社会资本	智力资本
• 公司文化 • 管理理念 • 管理实践 • 非正式网络系统 • 教练辅导/导师指导关系	• 专利 • 版权 • 商业机密 • 知识产权

资料来源：Based on L. Weatherly，*Human Capital*：*The Elusive Asset*（Alexandria，VA：SHRM Research Quarterly，2003）；E. Holton and S. Naquin，"New Metrics for Employee Development，"*Performance Improvement Quarterly* 17（2004），pp. 56-80；M. Huselid，B. Becker，and R. Beatty，*The Workforce Scorecard*（Boston：Harvard University Press，2005）.

无形资产已经被视为企业竞争优势的来源之一。像培训、甄选、绩效管理和薪酬管理这样一些人力资源管理实践，都会通过影响客户服务、工作相关知识和胜任素质以及工作关系等对人力资本和社会资本产生直接影响。

蓝围裙公司（Blue Apron）是一家为需要准备美味饭菜的客户提供新鲜食材和烹饪方面的指导的公司，该公司在开发人力资本、社会资本和客户资本方面投入了大量的精力。[59]公司会举办葡萄酒欢乐时光聚会，将客户召集在一起帮助大家建立友谊，便于大家建立人际关系网络，并且会介绍公司当月正在销售的作为其送餐服务一部分的葡萄酒。公司的全职员工还能参加年度的野营旅行，通常包括参观农场以了解原料产地的内容。蓝围裙公司还为公司中不同级别的管理者提供领导力培训计划。这种培训计划侧重于让管理人员理解如何才能成长为领导者，如何才能帮助员工成长，以及如何在整个组织中发挥领导作用。

无形资产与公司的财务绩效有着密切的联系。[60]美国培训与开发协会针对 500 多家总部位于美国的上市公司所做的一项研究发现，与那些在培训与开发投资方面排名靠后的企业相比，在培训与开发方面投资最多的企业所实现的股东回报率要高 86%，比市场平均回报率高出 46%。

企业增加无形资产的途径之一是吸引、开发和留住知识型员工。**知识型员工**（knowledge workers）是指那些利用自己掌握的客户知识或其他某类知识，而不是利用自己的体力来为企业做贡献的员工。知识型员工不能被简单地命令去完成某项任务，而必须通过分享知识和合作来找到解决方案。知识型员工往往能够为企业贡献他们的上级管理者所没有的某些特定知识，比如客户信息。因此，管理人员往往需要依赖他们来分享信息。知识型员工拥有许多工作机会，如果让他们自己去做选择，则很有可能会离开一家公司，将自己的知识贡献给公司的竞争对手。目前，劳动力市场对知识型员工的需求很旺盛，这是因为很多企业需要他们的技能，而需要他们承担的工作量也在不断增长（见表 1-5）。

授权和持续学习 要想充分利用员工掌握的知识来帮助企业赢得竞争优势，就必须有一种重视员工开发以及鼓励对员工赋能的管理风格。**赋能**（empowering）意味着赋予员工做出与产品开发和客户服务有关的各方面决策的责任和权力。[61]这样，员工就需要对生产和服务负责；反过来，他们也必须分享经营取得的成果或者是分担经营的损失。为了确保赋能取得成功，公司必须培训管理人员学会以下几件事情：第一，将员工与公司内外部的各种资源（人、网络等）联系在一起；第二，帮助员工与全公司的同级员工和管理者进行交流和互动；第三，确保员工及时了解一些重要问题的最新信息，同时在彼此之间开展合作。此外，公司必须对员工进行培训，让他们知道如何使用互联网、电子邮件以及其他一些能够用来交流、收集和共享信息的工具。

随着越来越多的公司成为知识型企业，对它们来说很重要的一点就是，必须在员工个人、团队以及整个公司层面明确学习要求。**学习型组织**（learning organization）中都有一种终身学习文化，这种文化促使所有的员工持续不断地学习和分享知识。对产品和服务质量的改进不会在正式培训结束之后就停止。[62]员工需要得到资金、时间和内容资源（课程、工作经验和开发机会）来增长自己的知识。在挖掘员工的培训需求以及帮助员工把学到的知识运用到工作中等方面，管理者应当扮演更为积极的角色。同样，企业也应该积极鼓励员工发现问题、做出决策、进行试验并持续改进。

凯勒威廉姆斯房地产公司（Keller Williams Realty）是一家专门从事住宅和商业地产买卖的公司，它强调要通过不断学习来吸引新的房地产经纪人，并且帮助所有的房地产经纪人增加销售额，这样公司才能够获利，赚更多的钱。[63]该公司的房地产经纪人可以通过一个名为 KW Connect 的学习平台随时随地进行学习，在这个学习平台上有公司的所有培训项目和培训材料，还包括一些顶级房地产专业人士提供的用户生成内容。例如，在 KW Connect 学习平台上有视频、音频文件和各种链接，这使得学习者可以跟踪高层管理人员和房地产经纪人，在他们发布新的学习内容时能够收到通知，可以参加问答论坛，对所有的培训内容进行评价和打分，以确定哪些属于最佳创意。同时，该平台还为用户提供了可用于搜索的日历，从而使房地产经纪人可以注册收听 25 万多个由培训讲师引领的培训课程。那些顶级的房地产经纪人会通过视频来说明自己是如何应对常见的房地产领域的挑战的。此外，管理者还可以为新的房地产经纪人或其他员工群组创建客户化定制的培训内容。

适应变化 变革（change）是指一家公司接受了一种新的想法或行为。技术进步、劳动力队伍或法律法规出现的变化、全球化以及新竞争者的出现等都是要求公司实施变革的众多因素之一。随着产品、公司和整个行业的生命周期缩短，变革在很多公司中已经是不可避免。[64]

人力资源管理在帮助公司及其员工通过变得更加敏捷来管理变革方面发挥着重要的作用。**敏捷**（agility）是指预见、引发、适应并采取特定的行动来支持变革。[65]例如，希尔顿全球酒店集团（Hilton Worldwide）就面临着一项经营挑战，即如何采用技术来提高运营效率，在客人从预订住宿到退房的整个过程中增强与客人的互动。[66]在该集团的4 400 家酒店中工作的 8 万多名前台员工和管理人员都需要熟悉数字入住系统（Digital Check-in）这个应用程序，客户可以通过这个应用程序自行进行酒店预订、选择房间，并且使用他们自己的移动设备办理入住。为了促使这一变革取得成功，希尔顿全球酒店集团将重点放在了培训上。在该集团使用的一种培训方法中包括一套通过电脑或智能手机就能够获得的短视频、工作助手以及快速参考指南。这种方法使员工可以很方便地参加培训，同时使学习变得很有趣。正因为如此，员工完成培训的积极性很高，而这有助于该集团更为容易地转换到客户驱动型入住系统，从而使客户更加满意。

变革在重塑雇佣关系中也发挥着重要作用。[67]这些变革以及因这些变革而催生的新的经营战略，可能会导致公司通过合并和收购新公司的方式实现发展壮大，而在某些情况下也有可能导致公司精简和重组。而这些情况都会导致雇佣关系出现变化。公司需要提供卓越的客户服务和达成更高的生产率水平。在从寻求培训机会到实现工作和家庭之间平衡的各个方面，员工也都需要对自己的职业发展承担更多责任。鉴于企业希望员工能够达成高绩效，同时还能在不为他们提供就业保障的情况下完成更长的工时，员工希望公司能够提供更为灵活的工作时间安排、舒适的工作条件、在完成工作方面的更多自主权、培训和发展的机会以及以公司绩效为基础的经济奖励。员工意识到公司是无法给他们提供就业保障的，因此他们需要获得就业能力，也就是说，他们希望公司能够提供培训和积累工作经验的机会，从而确保他们能够在其他地方获得就业机会。人力资源管理所面临的挑战是如何在下面这种情况下帮助企业建立起一支忠诚的、高生产率的员工队伍：经济形势既为企业提供了取得经济成功的机会，同时又很可能迅速转入衰退，结果使每一位员工都成为牺牲品。

使员工敬业度实现最大化　**员工敬业度**（employee engagement）是指员工充分投入工作的程度以及对工作和公司的承诺强度。[68]那么，我们如何才能知道员工是否敬业呢？一位敬业的员工会对自己从事的工作充满热情，对公司及其使命有很高的承诺度，并且会努力为组织做出自己的贡献。员工敬业度调查的相关结果显示，只有34％的美国员工在工作中是敬业的，53％的员工不够敬业，13％的员工更是主动不敬业。[69]员工主动不敬业的情况使美国每年损失高达数十亿美元。

理解敬业度的最佳方式也许就是考虑一下企业应当如何测量员工敬业度。很多公司通常采用员工态度调查或员工意见调查的方式来对员工敬业度加以测量。尽管每一家公司在员工敬业度调查中提出的问题类型各有不同，但研究表明，这些调查通常都会涉及表 1 - 7 中列举的 10 类通用主题。浏览表 1 - 7 中的内容之后你或许会发现，员工的敬业度受到管理者对待下属的方式以及招募、甄选、培训与开发、绩效管理、工作设计、薪酬管理等各种人力资源管理实践的影响。

表 1 - 7　员工敬业度调查中的一些常见主题

- 为公司感到自豪
- 对公司感到满意
- 对工作感到满意
- 执行有挑战性工作的机会
- 因做出贡献而得到认可以及积极的反馈
- 上级对本人的支持
- 付出的努力超出最低水平的程度
- 理解本人从事的工作与公司使命之间的联系
- 对企业在未来的增长前景所做的估计
- 继续留在公司的意愿

资料来源：Based on R. Vance, *Employee Engagement and Commitment*（Alexandria, VA: Society for Human Resource Management, 2006）; T. Lytle, "The Engagement Challenge," *HR Magazine*, October 2016, pp. 52 - 58.

许多公司现在已经不再仅仅局限于关注员工敬业度，而是着眼于创造更为积极的员工体验。[70]**员工体验**（employee experience）是指在工作场所内部和外部存在的对员工的日常生活会起作用的各种影响因素。员工体验受公司文化、情感体验、个人成长机会以及劳动空间等多种因素的影响。[71]一些有助于形成积极的员工体验的因素包括从事能够为更大的目标做出更大贡献的重要工作、开放和诚实的公司领导、灵活的工作时间表以及有更大的私人空间和社会工作空间等。此外，采用有助于提高生产率的应用程序之类的技术、协作、清晰而透明的绩效目标、得到认可以及公平和具有包容性的环境等，都有助于形成积极的员工体验。

例如，太阳信用公司（SunTrust）是一家提供银行和金融服务的公司，该公司一直致力于通过多种不同方式创造积极的员工体验。[72]太阳信用公司的使命是帮助客户和社区实现经济幸福，这一使命同样拓展到了其员工身上。该公司为客户提供的在线财务贴身资金管理项目现在已经提供给员工。这一项目涵盖的主题包括债务管理、保险、住宅购置或租赁以及预算编制等。参加该项目的员工可以通过享受带薪休假去购置住宅或编制预算。完成该项目的员工都会从公司获得 1 000 美元的个人应急管理基金。对完成该项目的员工所做的调查表明，将近 3/4 的项目参与者采取了行动来提高自己的信用得分，一半以上的被调查者表示自己的财务压力有所减轻。太阳信用公司的员工敬业度调查结果显示，员工希望有更灵活的工作选择和工作时间表，以缩短通勤时间以及更好地实现工作与生活之间的平衡，公司直接根据这项员工敬业度调查结果采取了积极的行动。公司在设置了办公室的多个城市中都开设了联合办公场所。公司还延长了员工的产假和育儿假。生孩子的女员工可以选择为期 10 周的带薪休假，只要按周申请即可。孩子的父亲、生活伴侣以及养父母可以享受 6 周的带薪育儿假。

为了吸引和留住那些有才能的员工，很多公司通常会运用员工价值主张向员工传达在本公司中可以期待获得什么样的体验。**员工价值主张**（employee value proposition，EVP）是一项战略性声明，它对外表明了公司的价值观、公司的价值观如何对员工产生影响以及员工体验如何体现这些价值观。[73]例如，在戴尔公司的员工价值主张中强调的就是创新文化、在某种职能内部或以跨职能的方式实现职业发展的自由、多元化和包容性，以及对社区和环境的承诺等。

管理人才　**人才管理**（talent management）是指一家公司为了吸引、留住、开发以及激励高技能的员工和管理者，运用一揽子的人力资源管理实践付诸实施的系统性、计划性战略措施，这些人力资源管理实践包括获取和评价员工、学习和开发、绩效管理、薪酬管理等。这就意味着要认识到，所有的人力资源管理实践都是具有内在联系的，都要与经营活动保持一致，并且能够帮助组织通过管理人才实现组织目标。例如，总部位于圣迭戈的高通公司（Qualcomm）的人才管理工作就是围绕着其核心价值观进行组织的，其核心价值观强调招募聪明的、内驱力强的员工，同时培育一种有利于他们进行创新、执行、合作和引领的工作环境。[74]当高通公司想要为其绩效管理流程引入新技术时，公司的人力资源专家与组织发展专家和信息技术专家展开合作，以确保员工被评价的内容（绩效管理）和他们得到的薪酬和奖励（薪酬以及其他报酬等）是挂钩的。公司还对管理人员进行如何使用绩效管理系统的培训，而现在重点关注的则是培训管理人员学会如何发现下属存在的技能差距，并且找到帮助他们提高绩效的机会。

职业成长机会、学习、发展以及从事激动人心的和富有挑战性的工作的机会等都是确定员工对当前雇主的敬业度以及承诺度的最重要因素。[75]如果高绩效员工认为自己在组织内没有足够的发展机会或调动到可以最好地利用其技能的岗位上去，那么，他们就会想办法离开公司。

下面我们看看万事达卡公司（Mastercard）和 BNSF 公司是如何管理人才的。[76]万事达卡公司强调提拔现有的员工。它通过为员工提供工作轮换的机会来开发他们的技能，拓宽他们的职业发展道路，同时还让员工可以利用在线工具来研究各类工作及其所需的技能。北美最大的货运铁路公司 BNSF 公司认识到，由于工作技术性较强的性质、运营环境的复杂以及保持自身强大文化的愿望，在公司内部发展和提拔人才对于取得经营成功是至关重要的。BNSF 公司通过运用各种项目和流程来开发其内部人才，其中包括针对从大学和研究生院刚毕业的学生实施的实习生和管理培训生计划，在部门层面定期围绕顶级人才和人才流动问题展开讨论，以及制订与每一位员工的发展需要和理想职业道路相匹配的发展计划。该公司对人才的重视得到了回报：公司中 38% 的顶尖人才获得了职业发展或晋升，而其 500 个最高领导层职位中的 96% 是由内部人才填补的。

考虑非传统雇佣方式和零工经济　现在，越来越多的公司逐渐放弃以全职员工为基础的传统雇佣模式，越来越多地依靠非传统雇佣方式。**非传统雇佣方式**（nontraditional employment）包括使用独立承包商、自由职业者、随时待命劳动者、临时工以及合同公司的员工。很多研究估计，在美国的总劳动力队伍中，有 20%～35% 的人接受的是非传统性就业方式，其中包括那些从事全职工作的人［称为"夜间兼职"（moonlighting）]。[77]那些主要依靠非传统雇佣方式来满足服务和产品需求的公司实际上正在参与**零工经济**（gig economy）的竞争。[78]尽管许多公司将继续依靠全职员工和兼职员工的传统雇佣模式，但仍有 40% 的公司认为，它们在接下来的十年中将会使用非传统雇佣模式（独立承包商、以项目为基础的雇佣或以需求为基础的自由职业者）。

非传统雇佣是什么样子的呢？通常情况下，会有一个网站或手动应用程序来分配工作，然后由劳动者自己来确定工作日程安排。由于这些劳动者不是为一家公司工作，因此他们无须因为获得收入而被预扣税，他们也不会得到最低工资或加班工资，没有资格获得工伤保险和失业保险。依赖零工经济的公司包括优步（Uber）和 Lyft 这样的公司以及 Caviar 这样的送餐服务公司。非传统雇佣方式对劳动者个人和雇主均有利有弊。[79]

很多处于非传统雇佣关系中的劳动者是自己主动选择这种安排的。非传统雇佣模式可以使劳动者个人和雇主双方都受益。越来越多的劳动者不希望自己属于任何一家公司。他们希望在选择工作时间和工作地点方面自己能有足够的灵活性。他们可能希望工作更少的时间，以更好地平衡自己的工作责任和家庭责任。此外，那些被裁员的劳动者更有可能在积极寻找全职工作的同时，暂时选择非传统的雇佣方式。从公司的角度来看，这种雇佣方式使企业在需要临时增加人手时更容易雇到临时工，而在不需要临时工时又更容易终止雇佣。非全职员工可能是企业当前的员工不具备的技能的一个宝贵来源，这种技能对于某些有确定结束日期的具体项目来说又是需要的。非全日制员工的成本可能比固定员工的成本更低，因为他们不享受雇主的卫生保健福利计划或不参与养老金计划。雇用诸如实习生之类的非全日制员工可以使公司有机会辨别员工是否满足自己的绩效要求以及是否与公司文化相匹配，如果员工满足这些要求，公司就可以决定为员工提供一个永久性的岗位。例如，Ammacore 公司的员工主要从事的工作是为公司的客户安装电缆并执行电子故障排除任务。[80]Ammacore 公司使用第三方供应商来甄选和验证自己使用的技术人员的专业资质。社区经理会在项目开始之前、实施过程中以及完成之后与这些技术人员保持沟通，以确保他们能够获得自己所需的信息。该公司通过使用第三方供应商提供的服务来对这些技术人员的工作及时性、绩效及其可靠性进行评价。而这些技术人员也会对 Ammacore 公司针对他们的服务付酬的及时性以及在项目期间的沟通情况做出评价。工作表现出色的技术人员还会获得少量的奖金。Ammacore 公司依靠这些技术人员给出的好评来吸引更多有才干的技术人员。霍尼韦尔等技术公司也已经通过众包的方式，依靠 Topcoder 以及亚马逊的 Mechanical Turk 等软件系统提供的服务来寻找科学家和软件工程师，这些人具有本公司员工所不具备的解决问题、创建应用程序或编写代码等方面的技能。谷歌的母公司 Alpha-bet 雇用的临时性员工和合同制员工的数量与其全职员工的数量是大体相同的，这些非全日制员工从事的是自动驾驶汽车测试、管理相关项目、审查法律文件以及其他方面的一些工作。非传统雇佣方式也存在潜在的不利之处。其中包括可能无法保证工作质量、无法维持公司文化或团队氛围以及需要承担某些法律责任等方面。[81]

提供一定的灵活性帮助员工满足工作和生活的需要　世界经济的全球化和电子商务的发展已经使每周工作 40 小时的观念变得过时了。调查结果显示，46％的员工每周的工作时间超过了 45 小时。[82]因此，公司就需要每周 7 天、每天 24 小时为员工提供服务。在制造行业以及服务呼叫中心工作的员工每天工作的时间长达 8～12 小时，或者在下午或午夜去轮班。同样，很多专业技术类员工也要面对每天工作很长时间的要求，而这会导致他们的个人生活受到影响。笔记本电脑、智能手机以及智能手表都在用各种信息和各种工作要求对员工进行轰炸。无论是在汽车上、度假时、飞机上，甚至在浴室中，员工都有可能因工作要求而被打断。要求更高的工作会导致员工的压力更大，满意度下降，生产率下降，流动率上升，而所有这些对于公司而言都是代价高昂的。

一项研究发现，75％的员工报告说他们由于工作需要而没有足够的时间陪孩子，61％的员工称陪伴自己爱人的时间根本就不够。在美国，仅一半的员工认为他们拥有足够的灵活性来应对工作以及个人或家庭生活的要求。[83]如今，很多公司认识到，通过提供灵活的工作时间安排、允许在家办公、保证员工的休息时间以及更有效率地利用员工的工作时间等，公司和员工都有可能从中受益。[84]由此带来的好处包括：能够吸引和留住有才干的员工，压力的减轻使员工变得更健康，得到充分休息的员工能够更充分地利用他们的技能。据估计，43％的员工在家中完成大部分或全部工作，这就意味着他们是在远离自己同事的地方完成工作的。[85]从事管理、业务、财务运营以及专业技术类工作的员工最有可能在家中完成部分或全部工作。

例如，在 Automattic 公司，几乎所有的工作都是通过远程方式完成的。[86]Automattic 公司在 50 多个国家和地区拥有 500 多名员工，于是提供了一种可在网站上使用的内容管理系统。这家公司正在出手自己在旧金山的办公室，因为只有很少的员工在那里办公。取而代之的是，员工依靠多种工具，如 Slack、Zoom 以及公司内部的电子讨论板来记录工作、展开讨论和进行视频会议。这些工具的使用意味着每个人都可以访问和搜索内部沟通渠道，形成一种透明和包容的感觉。在戴尔公司，58％的员工采用远程工作的方式，尤其是在涉及业务支持功能（如人力资源、法务、数据科学以及市场营销等）的那些工作中。

非常规工作安排和在家办公的广泛使用使得"联合办公地点"（co-working sites）得

以发展——在这里，设计师、艺术家、自由作家、顾问以及其他独立承包商等多元化的工作者通过日付或月付的方式获得有保证的工作空间。[87]联合办公地点有办公桌、无线网，有的还提供打印机、传真机和会议室等。联合办公地点为独立承包商以及那些在家办公的、旅行中的、使用电子通信设备工作的或喜欢独处工作的员工提供了便利——使这些工作者有了合作和互动的机会，为他们营造了一种比咖啡店更职业化的工作场所氛围，同时还有助于缓解交通和污染问题。

满足利益相关者即股东、客户、员工和社区的需要

正如我们在前面提到过的，一家公司的有效性及其竞争力取决于它能否满足利益相关者的需要。利益相关者包括股东（他们希望自己的投资能够得到回报）、客户（他们希望自己能够得到高质量的产品或服务）、员工（他们希望做自己感兴趣的工作，同时能够因自己提供的服务而得到合理的报酬）。此外，社区也是一个非常重要的利益相关者，它一方面希望企业能够对各种社区活动及项目做出贡献，另一方面希望企业能够将环境污染程度降到最低。

向利益相关者展示绩效：平衡计分卡 平衡计分卡（balanced scorecard）为管理人员提供了一种根据企业满足利益相关者需要的程度来对企业绩效进行评价的工具，它从内部和外部客户、员工及股东的视角对公司的整体绩效进行了描述。[88]平衡计分卡之所以重要，是因为它集中了企业为增强自身竞争力而必须具备的大多数特征。这些特征包括以客户为中心、改善质量、强调团队合作、缩短新产品和新服务的开发周期，以及着眼于长期管理，等等。

与对企业绩效进行评价的传统衡量指标不同，平衡计分卡强调关键绩效指标的选择一定要建立在企业的经营战略和竞争需要基础之上。企业必须根据不同的市场状况、产品以及竞争环境来定制自己的平衡计分卡。

平衡计分卡可以应用于以下两个方面：第一，将人力资源管理活动与公司的经营战略联系在一起；第二，评价人力资源管理职能在多大程度上帮助企业实现各项战略目标。就平衡计分卡的内容与员工进行沟通，有助于他们建立起一个认识到以下几方面问题的整体性框架：第一，企业的长期目标和战略；第二，企业是怎样对这些目标和战略进行衡量的；第三，企业的目标和战略会对这些关键绩效指标产生怎样的影响。对人力资源管理实践进行评价的指标主要涉及生产率、人员以及流程等几个方面。[89]对生产率方面的衡量涉及确定员工的人均产出（比如员工的人均收益）；对人员的衡量主要包括对员工的行为、态度以及知识水平等的评价；对流程的衡量则主要集中于评价员工对组织内与人有关的各种管理系统的满意度。人员管理系统可以包括绩效管理系统、薪酬福利管理系统、人力资源开发系统等。为了表明人力资源管理活动能够帮助一家企业获取竞争优势，管理人员必须考虑表1-8提出的这些问题，并且能够确认与人力资源管理活动相关的一些衡量指标。正如表1-8最后一列所示，人力资源管理实践的关键指标主要与人员、生产率和流程有关。

表 1-8 平衡计分卡

层面	需要回答的问题	关键业务指标举例	关键人力资源管理指标举例
客户	客户怎样看我们？	时间、质量、绩效、服务、成本	员工对人力资源部门提供的服务的满意度，员工对公司作为一位雇主的看法

续表

层面	需要回答的问题	关键业务指标举例	关键人力资源管理指标举例
内部业务流程	我们必须在哪些方面追求卓越？	影响客户满意度的各种流程，与服务和（或）制造流程相关的信息的可获得性	员工人均培训成本、流动率、填补职位空缺所需的时间
创新与学习	我们能继续改善和创造价值吗？	提高运营效率、开发新产品、持续改善、员工队伍赋能、员工满意度	员工的技能或胜任素质水平、员工敬业度调查结果、变革管理能力
财务	股东怎样看我们？	盈利性、成长性、股东价值	员工人均薪酬福利、离职成本、员工人均利润、员工人均经营收入

资料来源：Based on K. Thompson and N. Mathys, "The Aligned Balanced Scorecard," *Organizational Dynamics* 37 (2008), pp. 378 - 393；B. Becker, M. Huselid, and D. Ulrich, *The HR Scorecard：Linking People，Strategy，and Performance* (Boston：Harvard Business School Press，2001).

比如，在康菲石油公司（ConocoPhillips），高层管理人员的平衡计分卡中包括了成本、健康与安全、生产以及资源置换等内容。[90]康菲石油公司还针对安全等运营层次的活动开发了计分卡。俄亥俄州医疗公司（OhioHealth）是一家医院集团，它会根据包括质量、服务、财务绩效和员工敬业度等在内的平衡计分卡来将其雇用的医生的薪酬最高上调10%。[91]

展现社会责任感　现如今，很多公司越来越清楚地意识到，社会责任有助于提升企业在客户心目中的形象，有助于企业进入新的市场以及吸引和留住人才。正因为如此，许多企业都在试图通过让自己变得更加具有社会性、遵守道德规范和对环境负责来满足股东以及普通公众的需求。例如，强生公司（Johnson & Johnson）就积极参与孕妇及胎儿的保健工作。mMitra是一种移动消息传递程序，它向生活在印度低收入城市社区的准妈妈和新妈妈发送重要的健康信息，从而对数百万妇女及其子女的生活产生了积极的影响。[92]下面这个"通过环境、社会和公司治理实践开展竞争"专栏重点介绍了几家公司的可持续商业实践。

➡ **通过环境、社会和公司治理实践开展竞争**

社会责任项目增加了所有利益相关者的收益

可持续发展是许多公司经营战略的重要组成部分。苹果公司参与了ConnectED计划，为美国100多家服务能力不足的学校提供1亿美元的教学解决方案。苹果公司为每位学生提供了一台平板电脑，为每位老师提供了笔记本电脑和平板电脑，为每个教室提供了苹果电视机。在肯尼亚，微软公司首次与M-KOPA Solar展开合作，利用微软云开发一个"现收现付"模型，帮助那些每天生活费不足2美元的家庭建立起自己的信用记录。微软在推动用户保护，防止他们受到网络攻击方面，也一直走在前列。微软和Intuit、脸书（Facebook）、戴尔以及SAP等其他34家技术公司共同发起制定了《网络安全技术协议》（Cybersecurity Tech Accord），呼吁推进全球的在线安全。

盖璞公司（Gap）作为孟加拉国工人安全联盟的一员，致力于改善制衣工人的生活状况。该联盟为工人和管理人员提供了消防安全培训，并为制衣工人提供了免费的保密热线电话，让他们发表自己关心的工作场所中的相关问题的看法。盖璞公司还承诺采取行动应对气候变化问题，并且设定了到 2020 年年底将全球设施的碳排放减少一半的目标。

火星大使计划让员工可以有长达 6 周的时间去支持由雨林联盟或世界野生动物联盟等组织管理的项目，或者是在当地社区做一些相关的工作，从而有机会分享自己的经验以及开发自己的技能。例如，一个火星大使团队在波多黎各度过了一个星期，重建了一个动物收容所。由于能够为动物提供更好的照顾和更高的生活质量，因此会使当地社区受益。员工学会了如何在一种面临挑战的情况下开展团队合作。还有一个团队与罗马尼亚首都布加勒斯特的学生一起，为他们的学校设计和实施能源审计计划，从而降低了成本并节约了能源。

讨论题

一家公司的可持续发展努力会怎样帮助公司吸引、留住和开发员工？请解释你的答案。

资料来源：www. apple. com, accessed February 10，2019；"Taking Action：1. 3＋ Million Workers Trained," from www. gap. com, accessed February 10，2019；"Dawn of a New Era in Safety：Accelerating Progress in the Alliance's Final Year," Alliance for Bangladesh Worker Safety Annual Report（November 2017）from http://www. bangladeshworkersafety. org, accessed February 10，2019；"Microsoft 2018 Corporate Social Responsibility Report," from www. microsoft. com, accessed February 10，2019；B. Smith, "34 Companies Stand Up For Tech Security With Cyber Accord," April 17，2018，from https://blogs. microsoft. com, accessed February 10，2019；D. Moss, "One Sweet Job," *HR Magazine*, October 2016，pp. 43－45；"Mars Ambassador Program," www. mars. com, accessed February 5，2019.

重视客户服务和质量

客户是对质量和绩效做出评价的人。要想在客户服务方面做到优秀，就必须关注产品和服务的特性以及与客户之间的互动。要在服务客户方面做到优秀，就要求企业能够理解客户的需要并且预测他们的需要，减少缺陷和差错，满足特定的标准，同时减少客户的抱怨等。对于留住和吸引客户而言，企业如何弥补缺陷和改正差错也非常重要。

由于获得知识越来越容易，再加上竞争越来越激烈，消费者的知识和经验都很丰富，他们期望得到优质的服务。这对那些需要与客户打交道的员工提出了挑战。公司的办公室文员、销售人员、前台接待人员以及服务人员与客户之间进行互动交流的方式，将会直接影响公司的声誉和财务绩效。员工需要掌握产品知识和相应的服务技能，还需要清楚地知道自己在与客户打交道时能够做出哪些类型的决策。

要想在当今的经济中开展竞争，无论是在本地竞争还是在全球竞争，企业都需要提供高质量的产品和服务。如果企业不能坚持达到质量标准，那么它向批发商、供应商或客户销售产品和服务的能力就会受到限制。一些国家甚至专门制定了在国内生产经营时必须达到的质量标准。**全面质量管理**（total quality management，TQM）是为在整个公司范围内持续不断地改善员工、机器以及系统完成工作的方式而开展的一系列活动。[93]全面质量管理的核心价值观包括如下几点[94]：

- 设计各种方法和流程来满足内外部客户的需要。
- 公司每一位员工都要接受质量方面的培训。

● 质量问题在产品和服务设计阶段就应当加以考虑，从一开始就避免出错，而不是在差错发生之后再去检查和纠正。

● 公司倡导通过与批发商、供应商以及客户合作来改善质量和降低成本。

● 管理人员基于数据向员工反馈在质量改善方面取得的进步。

马尔科姆·波多里奇国家质量奖 企业对质量的重视可以从**马尔科姆·波多里奇国家质量奖**（Malcolm Baldrige National Quality Award）的设立以及 ISO 9000：2015 质量体系的标准制定中看出来。马尔科姆·波多里奇质量奖是通过公法创立的一个奖项，也是美国企业能够获得的代表国家对其质量认可的最高奖项。要想获得申请马尔科姆·波多里奇国家质量奖的资格，企业必须填写一份包括公司基本信息在内的详细申请表，同时还要深入分析本公司是怎样强化与质量改善有关的那些特定标准的。[95] 表 1-9 描述了马尔科姆·波多里奇国家质量奖的评审项目及其分值。这个奖项并不是专门针对某些特定的产品或者服务的。马尔科姆·波多里奇国家质量奖可以授予以下行业的企业：制造业、服务业、教育业以及医疗健康业和非营利行业，奖项最多为 18 个。所有申请马尔科姆·波多里奇国家质量奖的企业都要接受 300～1 000 小时的严格审查。所有的申请材料都要接受由主要来自私营部门的 400 位审查人员组成的独立委员会的评审。每家申请这一奖项的企业都能得到的一个主要好处就是，评审委员会会给它们提供一份报告，指出该公司在质量管理方面有哪些优点，同时还需要在哪些方面有所改进。[96]

表 1-9　马尔科姆·波多里奇国家质量奖的评审项目及其分值分布

项目	分值
领导力 高层管理人员以何种方式创建和维护愿景、价值观和使命；鼓励合法和合乎道德的行为；促进企业的可持续发展，与员工进行沟通，提高员工敬业度。	120
测量、分析和知识管理 公司如何选择、收集、分析、管理以及改进数据、信息和知识资产。	90
战略规划 公司怎样确定战略方向，怎样确定行动计划，如何在必要的情况下改变战略和行动计划，如何衡量在战略达成方面取得的进展。	85
员工队伍 公司在开发和利用员工队伍以达成高绩效方面做了哪些努力；公司如何按照组织目标的要求来凝聚、管理员工队伍并开发他们的潜力。	85
运营 公司如何设计、管理和改进工作系统和业务流程，以更好地传递客户价值、实现组织目标及可持续发展。	85
结果 公司的经营状况及其在关键业务领域（产品、服务和供给质量；生产率；运营有效性及其相关财务指标；环境、法律和管制规范的遵从）中取得的进步；公司达到的道德和社会责任水平。	450
客户 公司的客户知识、客户服务系统、当前以及潜在客户的关注点、客户满意度和忠诚度。	85
总分	1 000

资料来源：Based on National Institute of Standards and Technology（NIST），"2017—2018 Criteria for Performance Excellence and Point Values," Baldrige Excellence Framework, January 2017, www.nist.gov/baldrige.

马尔科姆·波多里奇国家质量奖的获得者通常在人力资源管理实践方面的表现也很出色。例如，我们可以来看一看 2016 年获得马尔科姆·波多里奇国家质量奖的小企业奖的唐·查默斯·福特公司（Don Chalmers Ford）的例子。[97]唐·查默斯·福特公司是福特汽车公司（Ford Motor）的一个独立经销商，在新墨西哥州里奥兰乔市拥有 182 名员工。在过去的 17 年中，该公司因其客户满意度和市场份额两项指标而被福特汽车公司在全国范围内表彰了 13 次。能获此殊荣的美国福特汽车公司经销商只有 4%。在过去的四年中，该公司的经营利润增长了 13%，比福特汽车公司的全国经销商的基准水平高出 8% 以上。除了通过每天、每周和每月分析自己的服务和销售流程以发现改进机会，该公司的人力资源管理实践也支持了经销商对质量的承诺。为了留住销售顾问，高层领导者会对新员工提供指导，以确保他们理解公司的经营战略，并且确保他们所承担的角色与公司的核心价值观保持一致。这使公司在 2015 年的员工保留率达到 71%，这比福特汽车公司非奢侈品牌经销店的全国平均水平高出 45%。为了帮助满足多元化员工队伍的需要，公司还为员工及其家人提供免费的办公地点健康诊所，并配备了一名执业护士。为了凝聚员工，该公司的管理层向员工提供关于公司运营情况以及经营计划的每月状态报告，高层领导团队也会定期讨论客户满意度问题，并提供相应的绩效反馈。公司鼓励员工提出改善的想法，高层领导者则会对这些建议进行审查、讨论和实施。

ISO 9000 标准　ISO（国际标准化组织）是总部设在瑞士日内瓦的一家覆盖 160 多个国家的国际标准化机构，是全世界最大的开发并推广国际标准的组织。[98]国际标准化组织开发的标准涵盖管理、教育、音乐、船舶甚至保护儿童等领域。ISO 标准是自愿遵循的，但是很多国家都接受了 ISO 标准，这样它就成为企业进行市场竞争的必备条件。

ISO 9000 是与质量相关的一系列标准（包括 ISO 9000、ISO 9001、ISO 9004 和 ISO 19011）。ISO 9000 质量标准强调了一家公司为满足法规监管的要求以及客户的质量要求所做的工作，其目的在于努力提高客户满意度和持续改进。这些标准代表了国际社会关于质量管理实践的共识。ISO 9000：2015（2015 年的版本为最新版本）已在近 170 个国家和地区被接受为质量标准，这意味着一家公司要想在这些国家和地区开展经营活动，就必须满足这些标准的要求。ISO 9000 质量标准的基础是八项质量管理原则，其中包括以客户为中心、领导力、员工敬业度、流程法、系统管理法、持续改进、基于事实的决策以及与供应商建立起互惠关系。ISO 9001：2008 是最全面的标准，因为它为所有的私有部门和公共部门的组织建立了一套通用的质量管理体系要求。ISO 9001：2015 已被全球 100 万个以上的组织执行。ISO 9004 则为想要改进的公司提供了指南。

那么，为什么说质量标准是有用的呢？客户可能想检查一下自己从一个供应商那里订购的产品是否达到了当初的要求，而进行这种检查的最有效方式之一就是要求这种产品的说明书按照国际标准来撰写。在这种情况下，即使供应商和客户处于不同的国家，它们也能够相互了解，因为它们使用的是同样的标准。当今的许多产品在被投放到很多市场之前，都需要检测产品是否与说明书上的内容相一致，或者它们是否遵守了安全或者其他方面的一些规定。即使是一些比较简单的产品，也会要求提供包括检测数据在内的一些支持性技术文件。由于很多贸易发生在不同的国家之间，因此，这些测试工作让供应商和客户来完成似乎不大合适，相反，由中立的第三方来做这件事情更妥当一些。另外，一些国家的立法也可能会要求这种测试由第三方完成，尤其是当产品对人的健康或环境会产生一定的影响时。ISO 质量标准的一个例子可以在本书以及几乎所有图书的封底上找到。在图书的封底上印有一种 ISBN 数字，它所代表的含义是"国际标准书号"。图书出版商和销售商都很熟悉 ISBN 数字，因为它们正是通过这种方式订购图书的。你可以试一试在互联网上购买一本图书，你很快就会明白 ISBN 数字的价值——你想购买的图书拥有一个独一无二的书号！而这个书号就是建立在 ISO 质量标准基础之上的。

六西格玛　除了努力获得各种质量奖以及获得 ISO 质量认证，许多公司还采用六西格玛流程和精益思维。**六西格玛流程**（Six Sigma process）是指当各种流程进入狭窄的六西格玛质量误差或标准范围之内，对这些流程进行衡量、分析、改善以及控制的一个系统。六西格玛的目标是创建一个全面关注客户服务的企业；也就是说，在客户需要时为他们提供真正想要的东西。六西格玛涉及一批高度训练有素的员工，其中包括冠军、黑带大师、黑带和绿带，他们负责领导专注于数量不断增长的高质量项目的团队并向团队成员传授相关知识。各种质量项目聚焦于提高效率并减少产品和服务中的差错。六西格玛质量行动已为通用电气公司（General Electric）带来了 50 多亿美元的收益。例如，在通用电气公司推行六西格玛质量行动所产生的效果体现在公司经营需要完成的每一个流程中的每一个构成要素上——从制造一个机车零部件到维修一台喷气发动机，或者是重新发明在医疗保健领域使用的透视技术等，过去每百万次操作大约会出现 3.5 万个缺陷（对于包括通用电气公司在内的大多数公司来说相当于平均水平），而现在只有不到 4 个缺陷。[99]

精益思维和流程改进　培训是质量改进项目的重要组成部分，因为它教会员工统计过程控制以及如何养成精益思维习惯。**精益思维**（lean thinking）是用更少的精力、时间、设备和空间来做更多事情，但同时仍然能够为客户提供他们需要的和想要的东西的一种方法。在精益思维的组成中包括对员工进行新技能的培训，或者是教会他们如何用新的方式来应用已有的技能，从而使他们可以快速承担新的职责或者是使用新的技能来满足客户的订单需要。世纪互联公司（CenturyLink）是一家面向家庭、企业、政府以及批发客户提供通信和数据服务的电信公司。[100]该公司的精益计划包括通过培训员工来帮助他们识别和减少业务流程中的一些不必要步骤。培训包括讲座、各种活动、业务流程映射分析以及致力于减少浪费的跨职能项目开发等。结果，作为跨职能项目一个组成部分的某个流程的完成时间缩短了 45 分钟，从而节约了成本，同时减少了员工和客户产生的挫败感。

除了开发产品、提供服务以满足客户的需要，另一种重要的提升客户满意度的方法是改善员工的工作体验。研究表明，感到满意的员工更有可能向客户提供更高质量的服务，而获得高质量服务的客户更容易成为回头客。正如表 1-10 展示的那样，那些被认为提供卓越客户服务的公司往往都会强调人力资源管理实践方面的艺术，比如严格的员工甄选、员工忠诚度、培训以及通过提供慷慨的福利保持员工满意度等。

表 1-10　有助于改善客户服务的人力资源管理实践举例

韦格曼斯公司（Wegmans）
已向 3.2 万多名员工提供了 1 亿美元的奖金。高层管理人员与员工并排坐在公司的呼叫中心接听电话。
Asana 公司
给员工提供 1 万美元的电脑和办公室装饰津贴，员工可用这笔钱来购买迷你冰箱、耳机和人体工学椅。公司还提供免费的瑜伽课，并且在办公地点聘请了厨师准备一日三餐。

谷歌公司

为员工提供餐饮服务、健身中心、自行车维修和午睡吊舱。

联合利华公司（Unilever）

敏捷工作计划允许员工根据个人的情况随时随地工作。原来的办公室隔间已经被带有小型共享工作舱的协作式工作空间取代。新的工作区域旨在提供一个令人感到舒适的环境，摆放了电视机、桌上足球台以及跑步机等。

特拉华北部公司（Delaware North Companies）

使用各种测试来对求职者的个性和工作风格进行测量，以确保他们是友好的、有好奇心的并且具备完成多项任务的能力，这些都是作为客户服务代表的员工在帮助客户规划他们的假期时需要具备的能力。

凯迪拉克公司（Cadillac）

维修技师的绩效受到严格的监控，以确保他们在维修工作中不会重复犯错误。在公司所做的客户调查中能够保持优良的客户服务评级的经销商可以获得现金奖励。

理光美国公司（Ricoh USA）

从事服务工作的员工参加几项以沟通技巧和倾听技巧、电话礼节以及印刷技术为主要内容的培训计划。这些培训计划是通过电子化学习、面对面培训以及虚拟指导等多种方式完成的。

资料来源：Based on Ricoh USA, Inc., "Services Team Annual Recognition Program," *Training*, January/February 2017, pp. 98 - 99; "Learn and Grow," www. wegmans. com, accessed March 1, 2017; www. asana. com, accessed Match 1, 2017; L. Weber, "To Get a Job, New Hires Are Put to the Test," *Wall Street Journal*, April 15, 2015, pp. A1, A10; R. Feintzeig, "Meet Silicon Valley's Little Elves," *Wall Street Journal*, November 21, 2014, pp. A1, A10; W. Bunch, "Unleashing the Workforce," *Human Resource Executive*, November 2012, pp. 14 - 17; J. McGregor, "Customer Service Champs," *Bloomberg Businessweek*, March 5, 2007, pp. 52 - 64.

认识并利用劳动力队伍的人口统计学特征及其多元化

　　在平衡计分卡上显示出来的公司绩效会受到员工队伍特点的影响。一家公司现有的员工通常称为**内部劳动力**（internal labor force）；企业还可以通过招募和甄选过程从外部劳动力市场寻找并挑选新员工。**外部劳动力市场**（external labor market）包括那些积极寻求就业的人。因此，一家公司内部劳动力的技能和工作动机必然会受到可能的劳动力市场（外部劳动力市场）构成的影响。一家公司内部劳动力的技能和工作动机决定了企业的培训和开发需求，同时也决定了企业的薪酬及报酬系统的有效性。

　　在人口结构以及劳动力队伍的多元化方面发生的三大变化是可以预见到的：第一，劳动力队伍的平均年龄会上升。第二，劳动力队伍在性别和种族构成方面变得越来越多元化。第三，移民的进入会持续影响劳动力队伍的规模和多元化水平。

　　劳动力队伍的老化　美国的劳动力队伍将继续老化，到 2026 年，55 岁及以上年龄的劳动者的比例将会从 23％增长到 25％。[101] 到 2026 年，劳动力队伍的平均年龄将达到 42.3 岁，这将会是有记录以来的最高水平。图 1 - 5 将 2016 年的劳动力队伍年龄分布与 2026 年的预计年龄进行了比较。55 岁及以上年龄的劳动者的劳动力参与率预计会上升，这是因为现在年龄较大的人比过去身体更健康、寿命更长，所以会有机会工作更多的年头；而健康保险的高成本以及健康福利的下降，也会导致许多员工愿意持续工作更长的时间以保住其雇主提供的健康保险，或者是在退休之后重返工作岗位，从而通过雇主获得健康保险；最后，养老金计划的一个发展趋势是，根据个人的缴费而不是工作年限确定可以享受到的福利，这种情况也会激励年龄较大的员工继续工作下去。劳动力队伍的老化意味着很多公司雇用的年龄较大的员工所占的比例会越来越大——他们中的很多人处于第二段或第三段职业生涯。年纪大的劳动者想继续工作，许多人表示退休后也要出来工作。跟过去人们的一些想法相反，人的年龄增大并不会对他们的工作绩效和学习能力造成不利影响。[102]年龄较大的员工愿意并且有能力学习新的技术。一种新兴的发展趋势是，合格的年龄较大的员工要求从事非全日制的工作或者是一次只工作几个月的时间，以这种方式过渡到完全退休。员工和公司双方都正在重新定义退休，将处于第二段职业生涯以及从事非全日制和临时性工作的情况也包括在内。劳动力队伍的老化意味着企业将越来越多地面临人力资源管理问题，比如职业生涯高原、退休规划以及通过对年龄较大员工进行再培训以避免他们的技能变得过时。很多公司都将在如何控制不断增长的福利和医疗保健成本方面苦苦挣扎。与此同时，企业还面临着为了雇用年龄较大的劳动者而与竞争对手展开竞争的挑战。企业将必须确保年纪较大的员工在雇用、培训和裁员等方面不受歧视。与此同时，企业还将鼓励员工退休，并且使退休计划在财务和心理两个方面都是可以被接受的。

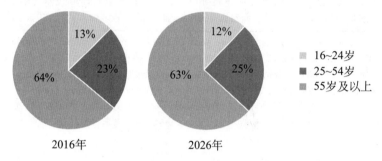

图 1 - 5   2016 年和 2026 年劳动力年龄的分布

资料来源：Bureau of Labor Statistics, U. S. Department of Labor, "Employment projections：2016—2026," News Release, October 24，2017，from www.bls.gov/emp, accessed January 5，2019.

很多公司还实施了一些特殊的项目来充分利用年纪较大员工的技能并满足他们的需要。[103]英格索兰公司（Ingersoll Rand Plc）和超级机加工公司（Ultra Machining Company）都试图通过缩短工作时间来留住老员工。CVS 医药公司（CVS Pharmacy）在美国的不同地区都有自己的药店。该公司实行了一项"雪鸟计划"（Snowbirds Program），允许年龄较大的员工根据自己的喜好搬迁到不同的地方去。这对那些习惯了在南方各州过冬天而在北方各州过夏天的年纪较大的员工来说极其重要。包括售货员、药剂师和管理人员在内的 1 000 多名员工参与了该计划。

斯克利普斯健康公司（Scripps Health）还为病房配备了升降机，以方便所有的员工尤其是年龄较大的员工帮助患者从床上移动到轮椅上，帮助病人从床上坐起来并且改变他们在床上的位置。美国国立卫生研究院（NIH）有两种分阶段的退休计划，允许员工先减少工时然后逐步过渡到退休状态，或者是参与一项退休尝试计划，允许已经退休的员工在退休后的一年之内重新恢复工作，以防他们在退休之后才发现自己并没有做好退休的准备。这种做法不仅有助于他们从工作和工作场所退出来的这个转换过程更为容易，而且为他们提供了与其他员工分享知识的时间，还能培训其他员工接替自己的工作。

多代际劳动力 由于员工的工作年限更长，美国的劳动力队伍中一共有五代人，每一代人的性格都各具特色，同时又有相似之处。表 1-11 显示了每一代员工的出生年份、代际以及年龄。每一代员工都被认为具有某些自己的特征。[104] 例如，在 1995 年之后出生的Z 一代已经大学毕业了，开始加入劳动力队伍。随着婴儿潮一代逐渐退休，Z 一代将拥有许多的工作和职业发展机会。他们是数字时代的原住民，与千禧一代相比，他们更多地依赖手机和平板电脑进行学习和与他人进行联系。Z 一代可能比其他几代人更具创新精神，与其他代际的人相比更具竞争力，对有意义的工作感兴趣，但希望获得财务稳定性。Z 一代希望有一个能够即时沟通并获得答案的工作环境。多样性是 Z 一代的常态，他们希望参与政治和社会运动并有所作为。

表 1-11 劳动力队伍中的几个代际人群

出生年份	代际	年龄（到 2019 年）
1925—1945 年	传统主义者 沉默的一代	>74 岁
1946—1964 年	婴儿潮一代	55～74 岁
1965—1980 年	X 一代	39～54 岁
1981—1995 年	千禧一代 Y 一代 回声潮一代	24～38 岁
1996 年至今	Z 一代	<23 岁

千禧一代在上学的时候就在一个多元化的环境中长大，婴儿潮一代的父母往往指导、表扬以及鼓励他们去参与而不要求取得成就。千禧一代的特点是乐观、愿意工作和学习、渴望得到认可、自力更生、有全球意识，并且珍视多样性和团队合作。他们也被认为具有很强的自尊心。千禧一代受过良好的教育，并且通过技术建立起群体之间的联系，他们带着"这对我来说有什么好处？"的心态进入工作场所。他们是最有可能换工作并且寻找新机会的一代人。千禧一代想要了解自己如何才能适应工作、团队和公司。他们想要寻找的是那种能够激发他们的目标感，并且让他们感觉重要的工作。他们对一般的工作或自己需要花钱去购买的品牌并没有太多的热情。

X 一代在离婚率翻倍的时代长大，那时候，工作的女性人数增加了，个人计算机也已经被发明出来。他们常常在放学后独自一人待在家里（带钥匙的孩子）。他们重视怀疑主义、非正式性和实用性，寻求工作与生活之间的平衡，不喜欢受到严密的监督。他们一般缺乏耐心，愤世嫉俗。他们在整个一生中都在经历各种变化（父母、家庭和城市等方面）。

婴儿潮一代是"我"的一代（"Me" generation），这一代人为争取平等权利和终止越南战争而走上街头，反对"权力机构"。他们看重社会责任感和独立性。他们富有竞争意识，努力工作，关心对所有员工给予公平对待。他们通常被认为是工作狂，并且严格遵守规则。

传统主义者在大萧条时期长大，并且生活在第二次世界大战期间。他们通常重视节俭、爱国和忠诚、遵守规则、忠于雇主，愿意为公司的利益承担责任和做出牺牲。

不同代际的成员之间有可能会对彼此存在错误的知觉，从而在工作场所中造成紧张和误解。[105]例如，管理 Z 一代员工的 X 一代很可能会因为不得不回答 Z 一代员工提出的这样一类问题而感到恼怒：你为什么要求他们以某种特定的方式来完成工作？此外，让他们感到恼火的还包括这些员工在完成工作之后总是想要自己立即提供反馈以及给予表扬。千禧一代的员工可能会认为 X 一代的管理人员愤世嫉俗、无聊、粗鲁，对他们这些员工不感兴趣，并且很不愿意授权。反过来，X 一代则认为千禧一代太需要得到关注、要求过高且过于自信。千禧一代的员工则认为婴儿潮一代的管理者过分死板，过于严格遵守公司的规定。他们认为老一辈员工在采用社交媒体工具方面的步伐过于缓慢，过分重视资历而不是知识和绩效。传统主义者和婴儿潮一代则认为，千禧一代缺乏强烈的职业道德，因为他们过分关注工作与生活之间的平衡。此外，千禧一代可能会厌恶婴儿潮一代和传统主义者，因为他们在退休之前工作的时间更长了，而这阻碍了自己这一代人的晋升和职业进步。

一方面，代际之间很可能是存在差异的；另一方面，即使是在同一代人中，他们之间的相似性也不会比相同性别或相同种族的人之间的相似性更高。这就意味着，千万不要轻易将员工的行为和态度的差异归因于代际差异，或者期望同一代的所有员工都具有相似的价值观。有研究表明，在几代员工之间既有相似之处，也有不同之处。[106]尽管在婴儿潮一代、X 一代和千禧一代之间发现存在职业道德差异，但千禧一代的员工在工作信念、工作价值观和性别观念方面与其他几代人的相似之处也是多于不同之处。大多数员工都将工作视为一种能够更为充分地发挥自己的技能和能力、满足自己的兴趣以及能让自己过上理想生活的一种手段。他们还重视工作与生活之间的平衡，这意味着企业有必要制定一些灵活的工作政策，从而使他们能够自己选择工作地点和工作时间。

安永公司（EY）的前身是安永会计师事务所（Ernst and Young），这家从事会计和专业服务的公司正采取行动来满足千禧一代和 Z 一代员工在以下几个方面的需求：持续性的技术支持性学习、工作灵活性、更频繁的反馈以及获得开发社会需求度高的技能的机会等。[107]安永的绩效评价系统为管理人员和团队提供了每天进行数字对话的机会。在安永徽章计划中，员工可以通过展示自己掌握了与人工智能和机器人相关的高技能而获得资格证书，还可以通过发表论文、帮助同事或在社区中做志愿者来获得徽章。安永的员工可以通过在脸书或领英（LinkedIn）页面上发布他们获得的徽章来公开展示自己的成就。这些行动有助于安永吸引并留住有才干的千禧一代和 Z 一代的员工。

性别、种族和国别混合的劳动力队伍　如图 1-6 所示，到 2026 年，美国的劳动力队伍中估计将会有 76% 的白人、13% 的非洲裔美国人、7% 的亚裔美国人以及 4% 的其他族裔或文化群体，其中包括来自多个种族的人。[108]2016—2026 年，由于移民、少数族裔劳动力参与率的提高以及少数族裔生育率的提高，美国的劳动力将继续在族裔和种族方面变得更加多样化。例如，2016—2026 年，西班牙裔（2.7%）和亚裔（2.5%）的年增长率预计将会高于非洲裔美国人和其他群体。到 2026 年，53% 的劳动力将会是男性，47% 的劳动力将会是女性。

移民促进了美国人口和劳动力的多样性。美国的许多行业——包括高科技、肉类包装、建筑、农业和服务业等——都依赖移民完成需要体力劳动的工作，或者是那些美国劳动力不具备相关技能而无法完成的工作。尽管通常认为，大多数移民都具有基本的技能，但高技能移民的比例现在已经超过低技能移民的比例。

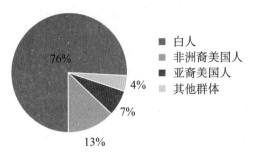

图 1-6　2026 年美国的劳动力

资料来源：Bureau of Labor Statistics，U. S. Department of Labor，"Employment Projections：2016—2026," News Release，October 24，2017，from www. bls. gov/emp，accessed January 5，2019.

美国政府正在就合法移民和非法移民在恐怖主义中起到的作用以及减少美国本土公民的就业机会等问题进行辩论。居住在美国的 4 000 多万人是在其他国家和地区出生的，这些人的父母中也有多达 4 000 万是在其他国家和地区出生的。每年有超过 100 万的移民来到美国，其中 4/10 是美国公民的亲属。[109]墨西哥、中国和古巴是合法永久居民或"绿卡"获得者的主要出生国，他们可能居住和工作于美国的任何地方。另外还有 12% 的签证是与工作有关的，其中的一些签证仅适用于具有科学、商业或艺术方面的特殊资格的人。美国政府还向数量有限的受过良好教育的劳动者提供临时签证，使他们可以在美国工作一段固定的时间，但不能继续作为移民留在美国。自 2016 年以来，进入美国的难民人数已经达到了每年的最高限额（8.5 万人）。其中包括来自刚果民主共和国、缅甸、伊拉克、索马里和叙利亚的难民（受迫害者）。一旦通过审查并在美国定居，他们就有资格找工作。

一个关键问题是：为了满足经济需求，美国到底需要多大数量的合法移民？一项研究表明，移民在长期中对美国的经济起到了积极作用，但对在美国出生的员工的工资或就业水平却影响不大。[110]近年来，美国移民和海关执法局（ICE）将重点放在对雇主进行审计方面，以确保他们没有雇用非法移民。随着各州和地方执法部门的更多参与，对发现和驱逐非法移民的关注度可能会继续增强。[111]无论如何，如果许多公司被迫不再依赖移民填补工作岗位，他们将会面临严峻的困难。对能够工作的移民发放的签证要么供给不足，要么很难获得。[112]签证困难再加上低失业率，使许多雇主不得不为如何填补全日制的和季节性的技术性和非技术性岗位空缺感到发愁。[113]例如，塞尔万园林景观公司（Sylvan Gardens Landscape）不得不取消 8 万美元的园林绿化合同，因为低失业率和企业界对 H-2B 季节性工人签证的需求增加，它无法雇用足够的工人。[114]公司申请了 8 个签证，却没有得到。在 H-2B 签证计划下，美国每 12 个月允许给 6.6 万名劳动者发放签证，但在 2018 年的前三个季度中，美国雇主提出申请的签证数量就已经达到了 16.7 万份。美国国会不允许对再次来美国工作的外国工人给予豁免，而在此前失业率低的其他年份中这样做是允许的。美国国土安全部选择在其获准发放的 6.9 万签证的基础上仅仅增加 1.5 万个签证。美国雇主需要成千上万的墨西哥工人和其他移民到佛罗里达来采摘柑橘类作物以及在旧金山的 Tacoliscious 等餐厅中工作。苹果、谷歌和其他高科技公司也同样依靠美国的签证计划获得外国员工，这些人掌握了设计软件和新产品所需的专业技能，而这些技能是美国劳动者所缺乏的。

劳动力市场的变化对人力资源管理的影响是非常深远的。对多元化的管理涉及许多不同的活动，包括：创建一种看重多元化的组织文化；确保企业的人力资源管理系统没有偏见；为女性实现更高层次的职业发展提供便利；推广文化差异方面的知识，提高对文化差异的接受度；确保员工有机会参与企业内外部的各种多元化教育活动；处理好员工对多元化的抵触等。[115]表1-12展示了通过管理文化多元化为企业带来竞争优势的各种途径。如何对多元化问题进行管理对创造性的发挥、各种问题的解决、优秀员工的保留、企业产品和服务市场的开发等都有着十分重要的影响。要想成功管理一支多元化的劳动力队伍，管理者必须培养和开发一整套新的技能，包括：

1. 与来自各种文化背景的员工进行有效沟通的能力。

2. 对年龄、受教育程度、族裔、身体状况以及种族等不同的员工进行指导和开发的能力。

3. 根据客观的结果而不是对女性、少数族裔及残疾人有偏见的价值观来向员工提供绩效反馈的能力。

4. 培育一种能使来自不同背景的员工发挥创造性和创新力的舒适的工作环境的能力。

5. 认识并对代沟问题做出合理回应的能力。[116]

表1-12　管理文化多元化如何为企业赢得竞争优势

1. 成本方面	随着很多企业的员工队伍日益多元化，因员工整合工作做得不到位而产生的成本将会进一步上升。而那些能够很好地处理这方面问题的企业就能获得一种相对于其他企业的成本优势。
2. 吸引和留住员工方面	企业如果能够成为女性和少数族裔劳动者心目中的理想雇主，就能够获得有利的市场声誉。那些在管理多元化问题上获得最佳声誉的企业更有能力争夺最优秀的人才。随着劳动力供给的萎缩及其构成的变化，这种竞争优势越来越重要。
3. 市场营销方面	员工将独特的洞察力以及文化敏感性带到企业的市场营销工作之中，会帮助企业进入新的市场并开发针对不同人群的产品和服务。
4. 创造力方面	视角的多元化以及不强调对过去规范的遵从，将会提高创造力水平。
5. 解决问题方面	制定决策以及解决问题的群体的异质性，将会通过更为开阔的视野以及对问题进行更彻底的批判性分析而产生质量更高的决策。
6. 系统灵活性方面	流动性的上升会增强企业针对环境变化做出更为灵活反应的能力（比如，反应的速度更快，而成本却更低）。

资料来源：A. C. Homan, C. Buengeler, R. A. Eckhoff, W. P. van Ginkel, and S. C. Voelpel. "The Interplay of Diversity Training and Diversity Beliefs on Team Creativity in Nationality Diverse Teams," *Journal of Applied Psychology* 100 (2015), pp. 1456 - 67; M. E. Mor Barak, *Managing Diversity: Toward a Globally Inclusive Workplace*, 3rd ed. (Thousand Oaks, CA: Sage, 2013); T. H. Cox and S. Blake, "Managing Cultural Diversity: Implications for Organizational Competitiveness," *Academy of Management Executive*, 5 (1991), pp. 45 - 56; N. Lockwood, *Workplace Diversity: Leveraging the Power of Difference for Competitive Advantage* (Alexandria, VA: Society for Human Resource Management, 2005).

多元化对激发所有员工的创造性、文化和沟通技能以及利用这些技能产生如表1-12所示的竞争优势来说十分重要。

下面来看一看微软公司针对员工、文化、供应商和客户实施的促进多元化的做法。[117]

为了找到最优秀和最聪明的员工，微软在原来作为自己的新员工招募来源的大学、研讨会和各种重要事件的基础上，将美国非洲裔 MBA 协会、美国西班牙裔 MBA 协会、出柜与平等组织（Out and Equal）以及征兵博览会等也纳入其中。为了对大学和高中设置的信息技术课程提供支持，并为女性和少数族裔创造机会，微软与传统的女子学校、历史悠久的黑人学院和大学以及为西班牙裔提供服务的机构建立了合作伙伴关系。此外，微软还通过其数字女孩计划（DigiGirlz program）和微软少数族裔学生开放日黑人专题日（Blacks at Microsoft Minority Student Day），让多元化的高中学生有机会接触高科技工作世界。公司对多元化的文化以多种方式提供支持。微软目前的员工可以参与各个资源小组，其中包括为已经成为父母的员工、亚裔员工、非洲裔员工、西班牙裔员工和拉丁裔员工、女性员工、LBGTQ 员工（同性恋、双性恋、跨性别者和疑性恋者）以及残障员工设立的资源小组。所有的员工和管理人员都可以参加有关如何管理多元化、如何建立包容性文化和理解无意识偏见等主题的培训课程。微软提供了灵活的工作政策来帮助员工实现工作和生活的平衡，其中包括各种资源、推荐服务以及宽松的产假和陪产假等政策。在客户方面，微软已经从由少数族裔、女性或退伍军人或残疾人所有的供应商处采购了 20 亿美元以上的产品和服务。此外，微软正在开发通过消除人与人之间的障碍来促进多样性的技术。例如，Kinect 手语翻译器就可以通过启用从语音到手语的翻译来消除人们之间的沟通障碍。

对企业来说，说到底还是要有硬的竞争优势，因此，公司必须利用多元化劳动力队伍所具有的潜力。企业需要的不仅是能够满足员工需求的这些实践，同时还需要降低员工流动率并确保客户获得最佳服务。我们在本书从头到尾都将重点介绍多元化对人力资源管理实践产生的影响。例如，从员工配置的角度来看，很重要的一点是一定要确保员工甄选测试不能对少数群体员工产生偏见。从工作设计的角度来看，员工需要有一张灵活的工作时间表，这样才能满足他们在工作之外的一些需要。从培训的角度来看，很明显的一点是需要让所有的员工都意识到刻板印象所具有的潜在破坏作用。从薪酬的角度来看，老年人福利和日托福利等新的福利需要被纳入报酬体系之中，从而为多元化的劳动力队伍提供便利。下面的"循证人力资源管理"专栏介绍了专门为女性担任关键领导角色而设计的开发计划的重要价值。

➡ 循证人力资源管理

Sanfoli 公司是一家拥有超过 10 万名员工的全球性医疗保健公司，该公司发现，在自己的各个不同业务线中，女性员工的比例都很高。然而，担任高层管理职务的女性却明显少于男性。Sanfoli 公司对多元化和包容性、人才管理和员工队伍规划等几个职能模块都进行了内部和外部分析。在公司内部，他们发现女员工在公司中的职业发展处于停滞状态。他们还发现，在公司的继任计划实施过程中，并没有对女性担任关键领导角色的问题给予足够的关注。在外部，他们将其他公司为帮助女性员工获得高层职位所做的工作作为自己的对标基准。公司基于自己的分析设计了 ELEVATE 计划。ELEVATE 计划面向所有业务线中担任高级职位的女性领导者，公司根据人才盘点情况点名让她们参加。这些女性管理人员以每 20～25 人为一组，一起参加一个为期六个月的项目。ELEVATE 计划的参与者需要参加旨在培养领导能力的课程，并完成一个为期六个月的行动学习项目，该项目要求参加者在有高层管理人员指导和教练的前提下，以小团队的形式去解决某个业务问题。她们还能得到一位高层管理者的一对一指导，以帮助她们反思和应用通过参与该计划学到的知识。这些参与者的直接上级也会被邀请参加一些高管辅导课程，以了解在该开发项目结束之后应当怎样促进这些参与者的持续开发。

迄今为止，已有80名女性管理者完成了此项计划，其中60%的人已经得到晋升或担任了新职务。定性的数据表明，完成了这一计划的女性认为，自己通过该计划的学习变成了更好的领导者。她们在完成了该计划之后，还会与其他计划参与者进行互动，提供同伴之间的相互辅导和支持。ELEVATE计划在目前主要关注女性员工，而Sanfoli公司希望将来为中层和高层管理职位中的代表性不足的其他有色人种员工（例如有色女性）制订类似的计划。

资料来源：Based on C. Patel, "Sanfoli's ELEVATE Program Supports Women Leaders," January 8, 2018, from www. massbio. org, accessed February 17, 2019; J. London, "ELEVATE: Sanfoli's Leadership Development Program," May 9, 2017, from www. diversitybestpractices. com, accessed Februrary 17, 2019.

考虑法律和道德问题

法律问题 新的和现行的与雇佣有关的法律法规可能都会有所发展以及引起争论，并且越来越引起关注的是现行法律和法规的某些特定方面——例如与移民的就业相关的方面——的执行问题。[118]性别歧视和种族歧视可能会面临更多的挑战，这是因为这些歧视会导致有些员工缺乏培训和发展机会，而这些是晋升到薪酬更高或级别更高管理职位上所需的。对退伍军人和残疾人的歧视很可能会消除，尤其是在联邦政府的承包商那里。这种情况之所以很可能会出现，是由于《美国残疾人法案》将残疾的定义扩展到癌症、糖尿病、癫痫以及智力残疾。

MeToo运动的开展将会持续提高人们对工作场所中的性骚扰和性侵犯问题的关注。"Me Too"一词起源于2006年的塔拉纳·伯克（Tarana Burke），她曾遭受性侵犯，因而希望能够帮助到其他遭受性侵犯的女性幸存者。[119]这些克服了恐惧和尴尬的勇敢女性大胆地将自己的遭遇讲出来，结果推动了MeToo运动的发展。MeToo运动为全球数百万女性提供了在社交媒体上公开分享自己受到性侵犯或性骚扰的经历的机会。如今，由于涉及体育、媒体、娱乐和商业领域的知名男性的性侵犯事件，我们对女性遭遇的性骚扰和暴力有了更加深刻的认识。谷歌的员工就曾举行了一系列的抗议活动，反对公司提拔和保护那些有性骚扰行为的人，这些员工越来越愿意出来发声，要求公司做出必要的改变。[120]因此，很多公司都正在审查自己的政策和管理实践，以确保自己没有忽略或以某种方式鼓励在工作场所发生的性骚扰或性侵犯行为。我们很愿意看到对仲裁协议的范围所做的越来越多的审查，这些协议要求员工在接受雇佣的时候自愿签署，以阻止他们以各种与雇佣关系有关的原因（其中包括性骚扰）起诉公司。[121]

由于零工经济的发展，涉及员工是否被误划为独立承包商而不是全职员工（有资格获得加班费、失业保险和工伤保险）的法律问题可能会更多。有一个案件是针对加利福尼亚州和马萨诸塞州的乘车共享服务提供者优步和Lyft公司提起的，只不过在法院之外和解了。但这种案件在其他州也很可能会出现。[122]然而，鉴于当前的政治环境，政府的法规也有可能会放宽全日制工作与独立承包商之间的区别，从而创造一个中间立场，例如，可以使公司能够为员工缴纳医疗保险费用但无须向他们支付加班费。

关于全民医疗保险的辩论在国会依然会持续下去。国会决定实施的计划将会影响员工能否获得医疗保健、医疗保险的享受条件和覆盖的家属范围，员工需要自己承担的费用以及雇主需要承担的成本。无论如何，为了降低员工的医疗保险成本，很多公司将继续鼓励员工参加身心健康修炼计划，如果员工不参加的话，还会受到处罚。身心健康修炼计划通常包括戒烟、运动锻炼、节食，还包括接受生物特征筛查测试（例如血液检查），以检测他们的疾病或存在的疾病风险，例如心脏病发作的风险等。但是，这些身心健康修炼计划也正在接受政府审查。平等就业机会委员会已经发布了一些基本的规则来确定哪些与参加身心健康修炼计划有关的处罚或奖励措施超过合理限度，因而可能违反《美国残疾人法案》。

在特朗普当政期间，为保护美国的国家安全和美国人的就业，移民持续受到越来越严格的审查。雇用非法移民或虐待劳工的公司在被审查之后将面临重大处罚。如果移民和海关部门的官员能够证明这些公司是故意雇用无证和非法的移民，则公司将会面临刑事指控。在过去的几年中，被美国移民局审查过的公司数量已经有所增加，罚款的金额也超过了1 000万美元。

美国可能会重新考虑有资格通过各种不同的签证计划进入美国的劳动力数量，雇主可能会因为雇用外国劳动者而支付罚款或缴纳关税。禁止从涉嫌窝藏恐怖分子的国家引入移民的规定也有可能出台。对移民问题会产生影响的法律将会继续面临激烈的争论，因为这些法律对企业员工以及整个美国的多样性具有潜在的影响。例如，许多公司的领导人，特别是苹果、微软和脸书等科技企业的领导人，强烈地批评了政府的这样一种意图，即为降低恐怖袭击的可能性，准备通过立法禁止来自七个穆斯林占多数国家（伊朗、伊拉克、利比亚、索马里、苏丹、叙利亚和也门）的移民进入美国。[123]他们的这种批评当然是基于他们个人的观点、经营需求和经营价值观。这些领导者都认为，移民在美国一直发挥着而且必将继续发挥重要作用。许多企业，甚至包括那些不一定属于技术行业的企业，都需要熟练的外国人才来从事工程技术类工作、帮助公司设计创新的产品和服务以及创建新的创业公司。最后，在可口可乐和福特汽车等大多数公司的核心价值观中，都包括尊重所有的人以及对多元化和包容性的承诺等内容，这些价值观都是与上述的移民禁令背道而驰的。

随着维基解密（WikiLeaks）发布了一系列的机密文件、政府对华尔街的内部交易展开调查以及员工数据泄露等问题的出现，很多公司现在都更加仔细地审查自己的数据安全管理实践，并提高了对知识产权保护问题的重视。例如，波音公司（Boeing）的一名员工因为不会对电子表格进行格式化处理而将其发送给自己的配偶去寻求帮助，结果导致了安全漏洞的出现，这种做法显然违反了数据安全规定，很有可能暴露了3.6万名员工的个人身份代码、会计代码和社会保障号码。[124]实际上，由于《通用数据保护条例》（General Date Protection Regulation）已于2018年5月在欧盟生效，因此需要在欧盟处理个人数据的公司现在都必须做好数据安全和保护工作。[125]类似的法律法规在美国的州一级很可能也会被纳入考虑范围之内。与数据安全和隐私相关的问题很可能会影响与绩效管理相关的人力资源管理实践，例如，对知识型员工实施的电子监控和监视。由于很多公司会因员工违反数据安全规定、在社交媒体上讨论公司的雇佣实践以及为了获得个人利益而分享或窃取组织机密等解雇员工或对他们采取惩戒措施，可以预料，我们可能会看到更多与员工的隐私权和知识产权等相关的法律诉讼。此外，随着很多公司将可穿戴设备（例如Fitbits）和应用程序等作为身心健康修炼计划的一部分提供给员工，以跟踪员工的饮食、心率和体育锻炼情况，与员工医疗信息的机密性和安全性有关的问题也将会受到更多关注。根据健康隐私方面的法律法规，将可穿戴设备作为健康计划一部分提供给员工的雇主不得查看任何单个员工的健康统计信息。

道德问题 许多组织都存在严重的道德不端行为，其中包括艾可菲（Equifax）（未能将数据泄露情况通报给投资者和客户）、富国银行（Wells Fargo）（员工创建了虚假信用卡账户）和高田（Takata）（安装了错误的安全气囊）等。与人力资源管理有关的许多决策都具有不确定性。**伦理道德**（ethics）可以作为判断员工与公司之间互动中的对与错的基本原则。[126] 在做出业务决策以及与客户和顾客进行互动时都应考虑到这些原则。在伦理道德方面做得很好的公司都能够满足图 1-7 中所示的四项基本原则的要求。[127] 首先，这些公司在与客户、供应商和顾客打交道的时候都强调互惠互利。其次，这些公司的员工都对公司的行为承担责任。再次，此类公司都明确了员工在日常工作中重视并践行的使命或愿景。最后，这些公司都强调公平。也就是说，另一个人的利益与自己的利益是同样重要的。人力资源管理决策和经营决策都应符合伦理道德规范，但在很多情况下事实并非总是如此。最近所做的一项员工调查发现，只有 21% 的员工认为他们是在具有强烈的伦理道德文化的公司中工作。[128] 这可能有助于解释公众对商业道德的这样一种看法：32% 的人将企业高层管理人员的诚实性和道德标准评价为低或非常低。[129] 需要指出的非常重要的一点是，伦理道德是指那些没有非常清晰的是非标准的行为。合规只是意味着公司没有违反法律法规。但完全有可能出现这样一种情况，即公司本身是合规的，但员工有不道德的行为。

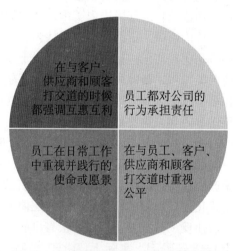

图 1-7 伦理道德型公司的四项基本原则

2002 年《萨班斯-奥克斯利法案》（Sarbanes-Oxley Act of 2002）为公司的行为设定了严格的规则，并规定了对违规行为的重罚和监禁条件。组织每年都需要花费数百万美元来遵守《萨班斯-奥克斯利法案》的相关规定，这一法案对公司在内部治理和会计方面的违法行为实施刑事处罚，其中包括对举报公司违反美国证券交易委员会（SEC）规则的举报人实施报复的行为。[130] 由于《萨班斯-奥克斯利法案》和美国证券交易委员出台的规定对公司高管薪酬披露制定了更为严格的标准，因此这些公司的董事会越来越重视高管薪酬以及诸如领导力发展和继任计划等方面的问题。[131]越来越多的人力资源高层管理人员以及具有人力资源专业经验的人被公司董事会要求提供数据及其分析服务。例如，对公司财务状况提供虚假陈述的首席执行官（CEO）或首席财务官（CFO）有可能被处以最高可达 100万美元的罚款和（或）面临最高 10 年的监禁。对蓄意违规行为的处罚最高可达 500 万美元和（或）20 年监禁。《萨班斯-奥克斯利法案》要求公司的首席执行官和首席财务官对公司的财务报告进行核验，禁止公司向高层管理人员和董事提供私人贷款，并禁止在养老金管制期间进行内幕交易。[132]这里的"管制"（blackout）是指公司在连续三个以上的工作日中，暂时停止 50％及以上养老金计划参与者或受益人购买、出售或转让养老金计划中的公司股权证券权益。法律还要求企业保留与政府调查有关的所有文件。由于《萨班斯-奥克斯利法案》给公司带来了很大的负担，因此该法案将会受到仔细的审查，有可能被国会或总统修改。

　　《萨班斯-奥克斯利法案》中有许多对雇主和员工之间的关系产生直接影响的规定。[133]告密者是指那些因公司或公司的一名或多名管理者存在违法行为而告密的人。该法案禁止公司对举报人和向政府提供信息的人进行报复。该法案还要求上市公司披露自己是否制定了伦理道德规范。[134]联邦政府发布的其他指南（例如《联邦政府采购条例》）也通过提出相关要求或提供某些激励措施，鼓励所有的企业采纳这类行为规范，对员工进行这些行为规范的培训，并创建有效的途径来审计和报告公司中存在的道德行为和不道德行为。这就意味着那些由人力资源管理部门引领这方面工作的公司应当制定关于伦理道德行为的规范以及需要承担相应的专业责任。人力资源管理专业人员以及公司的其他高层管理人员在对公司的道德行为进行审查、制定道德行为规范以及应对违反伦理道德的行为中发挥着关键作用。公司还需要针对员工的不道德行为以及需要倡导的道德行为等制定规则。管理人员和员工都需要接受伦理道德政策方面的培训，以确保大家能够正确遵循企业的业务流程和程序。人力资源管理专业人员需要记录以下事实：员工已接受这些政策，并且已经参加了培训，以确保他们能够遵守相关法律规定。由于在存在歧视和骚扰的情况下有可能发生报复行为，因此在政策中应包括这样的内容，即公司要确保员工不会因为提出申诉或担任证人而遭受报复。公司还需要对高管薪酬计划进行监控，以确保该计划符合有关个人贷款等的规定。

　　下面让我们来看一看公司采用了哪些政策和实践来确保形成一个有道德的工作场所。[135]维度数据公司（Dimension Data）的员工参加了一项为期半天的伦理道德培训项目，其间讨论了他们应当如何应对在工作中出现的各种道德困境。南方公司（Southern Company）邀请了一名被判有重罪的罪犯来与员工讨论一个好人是怎样违反道德行为规范的。这名犯有重罪者在被定罪并判处五年徒刑之前，是一家医疗保健公司的首席财务官。伊顿公司（Eaton Corporation）在其网站上阐明了自己的伦理道德原则，包括遵守法律、避免利益冲突、诚信行事、保护资产和信息以及尊重人权等。伊顿公司的员工定期接受关于如何在日常工作中应用道德原则的培训。公司的全球道德与合规办公室提供与伦理道德相关的培训计划，要求通过沟通确保伊顿公司的道德和价值观在全球范围内被一致性地融入其经营实践之中。施乐公司（Xerox）定期进行道德调查，询问员工是否存在违反道德规范的行为。管理人员要想获得晋升，就必须在支持施乐公司的道德战略中发挥积极作用。各级管理人员要回顾自己在上一年中的表现，制订关于如何完善道德政策的行动计划

（例如通过提供更多的培训或进行更好的沟通），公司还期待他们去担任本领域道德委员会的主席。公司鼓励全体员工通过面对面、拨打伦理道德热线或发送电子邮件的方式，向负责伦理道德工作的部门报告发生的违反道德操守的情况或提出相关问题。施乐公司奉行的高道德标准已经为其赢得了社会的高度认同，被视为全世界最讲伦理道德的公司之一。这种荣誉帮助施乐公司招募到了高素质的员工，特别是在那些经营决策对员工不够透明并且经常存在违反伦理道德规范的某些地区中招募员工。

在满足三个基本标准的条件下，人力资源管理人员的做法才会被视为符合道德规范。[136]第一，人力资源管理实践必须为最大数量的人带来最大的好处。第二，雇佣实践必须尊重个人隐私、正当程序、真实意图以及言论自由等基本人权。第三，管理人员必须公平、公正地对待员工和客户。

为了引起人们对法律问题和伦理道德规范问题在工作场所中的重要作用的关注，我们在本书各章都开设了"诚信行动"专栏，重点解释公司领导者和管理人员在与法律和道德规范相关的人力资源管理实践方面做出的好的（或坏的）决定。本章的"诚信行动"专栏就介绍了安德玛公司（Under Armour）是如何尝试创建一种对性骚扰说不的工作文化的。

➡ 诚信行动

安德玛公司努力避免遭遇 MeToo 时刻

安德玛公司的总部位于马里兰州的巴尔的摩市，它是运动服装行业中的领先公司之一。你可能已经在大学或专业运动队的球员所穿的服装上看到了这家公司的徽标，也可能拥有这个品牌的 T 恤、短裤或运动鞋。安德玛公司拥有 1.4 万多名员工，每年创造数十亿美元的收入。女性在安德玛公司员工队伍中占相当大的比例，在高层管理职位中所占的比例也不小。

最近，为了兑现公司对多元化、包容性领导以及创新和尊重文化所做的承诺，安德玛公司审查并改变了公司的几项政策和做法。对于这家公司的高管和员工来说，长期以来的一种习惯性做法是，每当公司的一些活动和体育赛事结束之后，他们要么自己单独去俱乐部，要么是带上运动员和其他重要人物一起去。位于安德玛公司总部附近的一家有表演的俱乐部是一个很受大家欢迎的去处。现在，安德玛公司的新政策不再允许员工使用公司信用卡支付在俱乐部的消费。以前，公司负责举办活动的经理经常邀请女性员工参加公司举办的一些大型活动［有时候首席执行官凯文·普兰克（Kevin Plank）也会参加这些活动］。凯文·普兰克每年都会在举办 Preakness Stakes 赛马会之前，在自己位于马里兰州的马场举行一场年度派对，参加这个派对的一些员工和客人对派对上出现的衣着暴露的舞者表达了自己的担忧。这个派对在 2018 年就没有再举行了。

除了过去的一些政策和做法，安德玛公司近年来还发生过其他几起事件，这些事件都表明该公司对于工作文化对女性产生危害的可能性没有引起足够的重视。例如，安德玛公司的一位联合创始人在被曝违反公司政策，与女下属发生不当情感关系之后，放弃了首席产品官的岗位。凯文·普兰克的兄弟在 2012 年因受到行为不端的指控而离开了公司。此外，一些女性员工也抱怨说，她们认为自己没有得到公平的晋升机会，还有几位担任领导职务的女性离开了公司。

讨论题

你认为改变公司的一些政策和做法会帮助安德玛公司吸引和留住有才华的女性吗？请详细加以解释。

资料来源：Based on K. Safdar, "Under Armour Ends Strip Club Perk," *Wall Street Journal*, November 6, 2018, pp. B1, B5; "About Under Armour," from www.underarmour.com, accessed February 9, 2018; E. Sherman, "Under Armour's Latest Decision to Stop Spending on Strip Clubs Is an Example of Corporate 'Me-Too' Tone Deafness," www.inc.com, November 6, 2018, accessed February 9, 2019.

1.4.2　通过全球化开展竞争

每一家企业都必须做好应对经济全球化的准备。很多美国公司发现，要想生存下来，就必须在国际市场上开展竞争，并顶住外国公司进入美国带来的压力。为了应对这些挑战，美国企业必须开发全球市场，采取各种办法提高自己的全球竞争力，并让员工做好接受全球任务安排的充分准备。

全球化的影响不仅仅局限于经济中的某个特定部门、特定产品市场或某种特定规模的企业。[137]即使是那些没有开展国际经营的公司也可能会购买或使用国外生产的产品，雇用具有海外背景的员工，或者与在美国本土经营的外国公司展开竞争。

全世界的企业都在努力通过全球扩张来提高自己的竞争力和价值，而这通常是通过兼并和收购的方式实现的。

进入国际市场

很多公司通过各种方式在国际市场上开展竞争，其中包括将产品出口到海外，在其他国家建立制造工厂或服务中心，进入某些合作联盟，收购外国公司或与之进行合并，采用电子商务手段，等等。一种估计是，全球80%的经济体都位于新兴市场，其中包括中国、印度和俄罗斯，这些国家面积大、人口多。[138]同样被视为新兴市场的其他一些国家还包括巴西、哥伦比亚、智利、波兰和印度尼西亚。如果想要被视为新兴市场，一个国家通常需要拥有不断壮大的中产群体、强大的基础设施、有利于从事商业经营的法律法规以及接受外部投资的能力等。尽管从经济的角度来看，新兴市场具有很强的吸引力，但新兴市场经常受到政治动荡、自然灾害以及食品和石油价格波动等因素的影响。全球对新兴市场提供的产品和服务的需求是在不断增长的。例如，一项预测指出，到2025年时，新兴市场将占全球制造产品——包括汽车、建筑产品和机械——的2/3。

中国是增长速度最快的新兴市场。[139]例如，中国占到了全球奢侈品市场的1/3，同时占到全球纺织品和服装消费市场的40%。中国是全球最大的汽车和智能手机市场（2017年的智能手机出货量为4.44亿部）。下面我们来看一看一些公司是如何将其业务扩展到中国和其他新兴市场的。[140]亚马逊和阿里巴巴拥有数百万的第三方卖家。麦当劳在30多个国家和地区拥有3万多家餐厅。星巴克在75个国家和地区拥有2.6万多家门店。百事可乐已将土豆片引入泰国和印度等市场，提供了辣椒鱿鱼和魔幻马萨拉等对当地人有吸引力的风味食品。德国品牌奥迪（Audi）、宝马（BWM）和梅赛德斯-奔驰（Mercedes-Benz）是中国最畅销的豪华品牌，但美国汽车制造商正试图夺走部分市场份额。通用汽车公司在上海开设了凯迪拉克工厂，这是该公司为在中国支持该品牌发展而建设的第一家工厂。这家工厂每年可生产超过 15 万辆凯迪拉克汽车。特斯拉（Tesla）和大众汽车估计中国将会对电动汽车有较高的需求，因而在上海建造了生产电动汽车的工厂。

全球性公司都在努力寻找和留住有才能的员工，尤其是在新兴市场，因为其产品在这些市场上供不应求。此外，很多公司通常会安排有过成功经验的美国管理人员去负责海外业务，但这些管理人员往往缺乏吸引、激励和留住有才干的员工所必需的文化理解力。为了解决这些问题，很多公司都在采取行动，以更好地为管理人员及其家属做好承担海外工作的准备，并确保为全球员工提供培训和发展的机会。跨文化培训使员工及其家属能够了解他们将要移居的那些国家的文化和规范，并为完成外派工作后返回本国做好准备。跨文化培训的问题我们将在第 6 章加以讨论。例如，麦当劳将俄罗斯确定为其高增长市场，在西伯利亚地区的城镇开了十几家门店，并计划开设更多。[141] 当麦当劳在托木斯克开业时，第一天就接待了 6 000 名客户。麦当劳在 2016 年的全球销售额是五年来最强劲的，而其美国市场却步履维艰。为了对未来的餐厅管理人员进行培训，使他们具备成功进行全球扩张所需的餐厅运营能力、领导才能以及员工管理技能，麦当劳在美国和国外设立了七所汉堡包大学，地点在美国伊利诺伊州奥克布鲁克、悉尼、慕尼黑、伦敦、东京、圣保罗和上海。这七所大学以不同的语言和文化提供培训材料和培训工具。波音公司的员工遍布全球 20 多个国家，即将接受国际任务的员工及其家属都会得到相应的培训，公司会为他们提供一对一的文化敏感性培训和指导。波音公司还提供"午餐和学习"文化讲座和岗位轮换计划，使海外的员工能够到美国来工作最长 9 个月的时间。[142]

下面的"通过全球化开展竞争"专栏显示了思科公司（Cisco）是如何为全球的残疾人提供找到工作开启职业生涯的机会的。思科公司自己也通过获得新的有才能的员工而受益。

➡ 通过全球化开展竞争

思科公司为全球的残疾人提供工作

据世界银行集团估计，全球人口的 15% 即 10 亿人患有某种形式的残疾。仅在美国，残疾人的失业率就略低于 10%，相当于非残疾人的两倍多。大多数残疾人受过教育，愿意去工作，同时也拥有公司急需的技能。但是，许多残疾人都面临着雇佣偏见、通勤方面的挑战以及使用技术方面的困难，这些问题使他们无法找到工作和追求自己的职业发展。

思科公司的"生活改变者"（LifeChanger）项目使用语音、视频和协作技术来指引残障员工去走雇佣流程并取得了成功。该项目是思科公司与其他技术公司、关注残疾人所面临问题的政府和各州的机构以及本公司员工志愿者共同努力的结果。思科已经在美国加利福尼亚州、印度和巴西的机构中试用了这一程序。思科面临的问题之一是，许多潜在员工拥有取得成功所需的大多数人际交往能力，但他们缺乏一些关键性的技术能力，而且他们从未在公司环境中工作过。为了克服这些就业障碍，思科公司为他们提供了一项为期 6 个月的培训，内容主要是技术能力以及关系建立技能的培养。

已经被雇用的员工也可以使用思科的技术来帮助自己完成工作。此外，公司还将他们与专门指导残障员工的思科员工资源小组中的导师加以配对，从而建立残障员工知觉联通网络。该资源小组还会与员工的直接上级开展合作，以帮助他们更好地了解残障员工的需要及其职业发展目标和理想。

自 2015 年以来，思科公司通过"生活改变者"项目在全球范围内雇用了约 100 名员工。到目前为止，该项目已经取得了成功。与没有残疾的同龄人相比，通过该项目雇用的员工的保留率更高，缺勤率更低，生产率也是其他人的两倍以上。该项目正在帮助思科公司加强其员工队伍的多元化并培养大量的人才。思科还计划将该项目扩展到其他一些机构，使其成为自己的全球管理实践的重要组成部分之一。

讨论题

你认为管理人员在雇用残疾人方面有什么顾虑？你建议管理人员考虑采用哪些人力资源管理实践减少他们的担忧？

资料来源：Based on C. Patton, "Chance to Succeed," *Human Resource Executive*，September 2018，pp. 20 - 22；"Cisco LifeChanger," from www. cisco. com, accessed February 10, 2019；"Cisco Project LifeChanger," from www. diversityjournal. com, February 27，2017, accessed February 10，2019；"Cisco 2018 Corporate Social Responsibility Report," from www. cisco. com, accessed February 10，2019；"Disability Inclusion," from www. worldbank. org, accessed February 10，2018.

离岸经营和回岸经营

离岸经营（offshoring）是指从美国等发达国家向劳动力成本和其他成本较低的国家输出工作。印度、加拿大、中国、俄罗斯、墨西哥、巴西和菲律宾都是离岸经营的一些目的地国家。**回岸经营**（reshoring）或工作回流美国的情况也变得越来越普遍。是否需要采取离岸经营或者回岸经营，确实是一个比较复杂的决策，它取决于多种因素，其中包括劳动力成本和运输成本、熟练劳动力的可获得性以及自然灾害和政治动荡等原因可能造成的供应链中断等。此外，需要考虑质量问题以及当地的安全、健康和工作条件等标准，还需要考虑对进口产品征收的关税以及客户对美国制造产品的偏爱程度。[143]

例如，哈内斯（Hanes）就已经在北卡罗来纳州的一家工厂中增加了工人。[144]工人在那儿编织袜子，然后送到萨尔瓦多的一家工厂进行缝制、染色和包装。尽管萨尔瓦多在劳动力成本上具有优势，但北卡罗来纳州的电费却要低得多。同样，在两个地方都有工厂，便可以在一家工厂出现问题时将另一家作为备份。派子长袜公司（Peds Legwear）也在北卡罗来纳州生产袜子，这能使该公司避开进口税，降低运输成本，并对需求的变化做出更快的反应。另外，能销售在美国制造的袜子也是沃尔玛与该公司签约的主要原因。俄勒冈州的一家按合同定制的小型电子制造商瑞莱丝公司（RelianceCM）的总裁估计，由于材料成本较高，公司的客户很可能会将生产合同转给中国的制造商。[145]这家中国公司使用与瑞莱丝公司相同的零部件，瑞莱丝公司担心自己难以与之竞争，而这会使本公司 30 名员工的工作受到威胁，这导致有些人提议对中国的进口产品征收关税。

1.4.3　通过科技开展竞争

科技已经改变了我们娱乐、购物、沟通以及规划生活的方式，也影响着我们在何处以何种方式完成工作。让我们来看一看下面这些统计数据：大约 84% 的美国家庭有电脑（台式电脑、笔记本电脑、平板电脑），75％的家庭可以上网。在一周中大约有60％的人会访问谷歌的网页，43％的人有脸书账号。[146]我们中的大多数人（尤其是美国人）非常依赖用智能手机来访问应用程序、社交媒体和互联网，这些设备从早到晚都与我们在一起：41％的人每小时都会看几次手机，而40％的人表示，如果自己的智能手机丢失一天时间，他们就会感到非常焦虑。人们可以使用互联网上的脸书、推特（Twitter）、领英以及其他社交网络工具，并且可以通过智能手机、笔记本电脑或个人电脑等工具来进行访问，公司可以借此与求职者建立联系，而雇主也可以与员工的朋友、家人和同事建立起联系。

人工智能和机器人技术正在改变我们的生活方式和工作方式。[147]人工智能为我们提供了像苹果的Siri或亚马逊的Alexa这样一些私人助手，我们可以通过这些私人助手发布指令，例如购物、播放喜欢的音乐或打开厨房的灯。[148]

考虑社交网络、人工智能和机器人技术的应用

复杂的技术所取得的进步以及技术成本的下降正在改变人力资源管理的许多方面。具体来说，很多公司都正在使用或正在考虑使用社交网络、人工智能和机器人技术。

社交网络　电子和通信软件领域的技术进步使诸如个人数字助理（PDA）、iPad和iPod等移动技术成为可能，并且通过发展增强社交网络的能力进一步增强了互联网的功能。**社交网络**（social networking）是指像脸书、推特和领英等这样一些网站，还包括方便有共同兴趣的人们进行交流的维基和博客。一般而言，社交网络可以为交流、分散决策和协作提供方便。[149]社交网络还可用于与客户建立联系。对于整天忙碌的员工来说，分享知识和想法并从同事和管理人员那里获得反馈、认可、指导和辅导也是很有价值的，因为同事和上级可能每天没有那么多的时间与员工进行面对面的交流。公司还可以使用社交网络识别潜在的求职者并与之取得联系。

尽管社交网络具有潜在优势，许多公司仍然不确定是否应该接受社交网络。[150]它们担心社交网络会导致员工浪费时间或冒犯、骚扰同事。还有一些公司则认为，将社交网络用于人力资源管理实践并允许员工在工作中访问社交网络所带来的收益要大于风险。它们相信员工可以有效地使用社交网络，积极制定有关个人使用社交网络的政策，并对员工进行隐私设置和社交网络礼仪等方面的培训。虽然这些公司也意识到员工可能会去访问自己的脸书、推特和领英账号，除非员工的行为妨碍了工作的完成，否则就选择忽视。社交网络这种电子替代品已经以某种方式取代了在办公桌前做个白日梦，或者是步行到休息室与同事进行传统社交的活动。

人工智能和机器人技术　**人工智能**（artificial intelligence）是一种模拟人类思维的技术。它通过查询的方式来工作，随着时间延续从数据中进行学习，识别出可能会影响未来搜索和建议的各种趋势和模式。由于人工智能和机器人技术的进步，在未来十年中，以前由员工完成的工作以自动化方式完成的情况有望迅速增加。一项调查发现，机器人和人工智能目前正在完成12％的工作，但受访者认为，在未来的三年之内，它们的使用率将会增加到22％！[151]如今，60％以上的公司并不用自动化方式来完成工作。相反，它们用机器人和人工智能来帮助员工避免犯错误和出差错，同时将一些可以实现自动化的任务以自动化方式完成，将员工的时间腾出来去从事更为重要的高价值工作。表1-13重点介绍了自动化对工作的潜在影响。

表 1-13 自动化对工作的潜在影响

到 2030 年，在采用自动化技术之后，全球劳动力中的 15%（大约 4 亿劳动者）可能会被自动化替代。3%（大约 7 500 万）的劳动者将需要改变自己的职业。
到 2030 年，美国和德国多达 1/3 的劳动力以及日本将近 50% 的劳动力可能需要学习新的技能，并且要在新的职业中去寻找工作。

资料来源：Based on J. Manyika, S. Lund, M. Chui, J. Bughin, J. Woetzel, P. Batra, R. Ko, and S. Sanghvi, "Jobs Lost, Jobs Gained: Workforce Transitions in a Time of Automation," McKinsey Global Institute, December 2017, from www.mckinsey.com, accessed February 6, 2019.

人工智能和机器人的使用会以几种不同的方式对工作产生影响。一种方式是，它们可以提供难以获得的技能。[152] 例如，砌砖承包商无法找到足够的砌砖工。而半自动泥工（SAM）可以帮助执行部分但不是全部泥工的工作。半自动泥工无法读取蓝图，无法在角落或曲线上铺设砖块，并且需要其他员工在机器中加载并重新填充砂浆和砖块，清理已经铺设的砖块上的接缝。半自动泥工有助于缓解砌砖工短缺的问题，但每一个这样的设备需要花费 40 万美元。

机器人对工作产生影响的另一种方式是完成一些以前由员工承担的工作任务。这些任务可能包括机器人能够以与人类相同甚至更高的精度和一致性来执行的任务（例如某些手术）、可能对人类有害的工作任务（例如喷漆和焊接机器人）以及那些简单的重复性任务，这样员工就能够将更多的时间花在具有更高价值的任务上了。机器人也可以与人类进行协作。[153] 例如，碧海克斯公司（BeeHex Inc.）就正在制造可以装饰饼干或蛋糕的 3D 食品打印机。这就意味着糕点师傅可以将时间和精力投入到开发新口味的甜品上去，而不用花费相同的时间去为数十个甜品加糖。人们仍然需要监管机器人，以确保它们能按预期运行，对它们提供必要的维护，并且通过重新编程来提高它们的技能。拥有高度敏感的"手"的机器人可以在 Just Born 公司的生产线上抓取 Peeps 糖果，从而加快生产速度，或者在零售服装店中找到商品并将其交付给在线订购的购物者。在南卡罗来纳州的梅赛德斯-奔驰汽车工厂中，机械臂的作用就像人类肢体的伸展一样，为员工提供了拾起和放置重物所需的力量。

最后，机器人可以让一些工作岗位消失。[154] 一些工作涉及在可预测环境中进行操作设备和机械以及准备食物等这样一些体力活动，这些工作将来很可能会变成自动化的。而且，与收集和处理银行、金融、会计和法律工作中产生的数据（例如准备抵押和计算税收等）有关的工作，也可以通过自动化来更为有效地完成。例如，一项针对俄亥俄州的员工所做的研究发现，在他们现在从事的工作中，几乎有一半的内容在未来很可能会以自动化的方式处理，其中包括收银员、卡车司机、快餐工、仓库工、簿记员、会计师和审计员。[155] 自动化将会导致 250 万个工作岗位消失。但是，有些活动无法用自动化的方式来代替人类的作用，其中包括工作活动无法预测的、需要管理他人的、需要发挥创造力的、需要运用知识经验的以及需要进行社交互动的工作，例如水管工、儿童看护工、艺术家、表演者、建筑工人、工程师和科学家等从事的工作。

使用人工智能和机器人技术的自动化正在影响人力资源管理实践。[156] 大约 1/3 的人力资源职能部门已经开始改变工作活动，通过识别新的技能要求并为之配备相应的人才，为自动化的使用日益增多做好准备。有 25% 的人计划去发现在未来可能出现的那些技能差距。有 38％的人报告说他们还没有做好准备，不知道该怎样去帮助那些受自动化影响的员工获得技能的升级。下面的"通过科技开展竞争"专栏揭示了戴耐美克公司（Dynamic Group）是如何通过让员工与机器人一起工作来获益的。

➡ 通过科技开展竞争

人与机器人可以组成一个伟大的团队

戴耐美克公司是一家专门为医疗、电子和技术行业使用的电子产品提供模塑注塑零件的制造商。该公司开始使用机器人之前，需要四名员工共同操作一台注塑机来制造导管。一名员工将导管插入框架，另一名员工将框架放到模具上，将其插入注塑机，然后将其取下。第三名员工从框架上取下成品管并切掉多余的塑料。第四名员工对生产出来的导管进行检查。现在，使用机器人以后，整个过程可以在不到 45 秒的时间内完成。只需要一名员工检查已经生产好的导管并将其插入框架之中。这需要员工和机器人协调。这种机器人易于移动和重新编程，并且是一个很安全的工作伙伴（如果撞到人，它将停止工作而不会对人造成伤害）。通过提高注塑机的使用效率以及不出废品，公司在两个月的时间内就收回了机器人的成本。在刚开始安装机器人时，生产力实际上确实是出现了下降，因为员工喜欢看机器人工作。戴耐美克公司的首席执行官认为，未来的制造系统将会单独完成从获取原材料到转化为产品的整个过程。他相信，这样的系统将创造更多（而不是更少）的工作，机器操作员可以利用自己的知识来对机器人进行编程，使机器人的效率和有效性都变得更高，这样他们就不用自己亲自去执行工作。在这种情况下，操作员就可以投入更多的精力去找到更有创意的和创新的方法来生产产品。

讨论题

1. 你认为机器人最终将在许多工作中取代人类吗？为什么？
2. 员工如果与机器人共同完成工作，他们需要掌握哪些方面的技能？

资料来源：Based on "About Us", from www.dynamicgroup.com, accessed February 6，2019；A. Nusca, "Humans vs. Robots：How to Thrive in an Automated Workplace," *Fortune*, June 30，2017, from www.fortune.com, accessed February 6，2019；K. Tingley, "Learning to Love Our Robot Co-Workers," *The New York Times*，February 23，2017, from www.nytimes.com, accessed April 15，2018；"Working with Robots：The Future of Collaboration," from www.siemens.com, accessed April 15，2018.

考虑高绩效工作系统和虚拟团队

使用人工智能、机器人和其他技术来使工作自动化的做法为创建高绩效工作系统提供了机会。**高绩效工作系统**（high-performance work systems）最大限度地提高了公司的社会系统（员工）与其技术系统之间的契合度。[157]例如，计算机集成制造使用机器人和计算机来实现制造过程的自动化。在使用计算机集成制造的情况下，只要对计算机进行重新编程便可生产出不同的产品。由此产生的结果是，粗工、物料搬运员、操作员或装配员以及维护工等的工作就可以被合并成一个岗位了。计算机集成制造要求员工监控设备，使用复杂的设备去排除故障，与其他员工共享信息，同时了解制造过程中的所有组件之间的关系。[158]

支持高绩效工作系统的人力资源管理实践如表 1-14 所示。这些人力资源管理实践包括员工甄选、工作设计、培训、薪酬以及绩效管理等。这些人力资源管理实践的设计目的是为员工提供技能、工作动力、知识以及自主权。有研究表明，高绩效工作实践通常与生产率的提高以及长期财务绩效改善联系在一起。[159]研究还表明，与仅仅改善一两项相互独立的人力资源管理实践（比如薪酬体系或甄选体系）相比，将人力资源管理实践作为一个整体去完善的做法更为有效。[160]尽管可能存在某种最优的人力资源管理系统，但无论一家公司怎样做，要想使人力资源管理系统对公司的绩效产生积极的影响，其各项人力资源管理实践之间都必须相互匹配，而且必须与总的人力资源管理系统保持一致。[161]我们将在后面的第 2 章和第 13 章更为详细地讨论这种匹配性问题。

表 1-14　人力资源管理实践如何支持高绩效工作系统

员工甄选	• 员工参与新员工的甄选，比如由同事来进行面试。
工作设计	• 员工理解本人的工作对最终产品或服务做出的贡献。 • 员工参与设备、工作布局以及工作方法的变革规划过程。 • 以团队的方式完成工作。 • 通过工作轮换来开发员工的技能。 • 在设备和工作流程的组织安排以及技术使用方面鼓励灵活性以及员工之间的互动。 • 工作设计方式使员工可以运用多种不同的技能。 • 分权化决策，减少等级差别，共享信息。 • 增加安全性。
培训	• 持续性的培训受到重视并获得回报。 • 开展财务及质量控制方法的培训。
薪酬	• 以团队为基础的绩效薪酬。 • 员工的部分薪酬与公司或部门的财务绩效挂钩。
绩效管理	• 员工能够获得绩效反馈并积极参与绩效改善过程。

资料来源：Based on K. Birdi, C. Clegy, M. Patterson, A. Robinson, C. Stride, T. Wall, and S. Wood, "The Impact of Human Resource and Operational Management Practices on Company Productivity: A Longitudinal Study," *Personnel Psychology* 61 (2008), pp. 467-501; A. Zacharatos, J. Barling, and R. Iverson, "High Performance Work Systems and Occupational Safety," *Journal of Applied Psychology* 90 (2005), pp. 77-93; S. Way, "High Performance Work Systems and Intermediate Indicators of Performance within the U. S. Small Business Sector," *Journal of Management* 28 (2002), pp. 765-85; M. A. Huselid, "The Impact of Human Resource Management Practices on Turnover, Productivity, and Corporate Financial Performance," *Academy of Management Journal* 38 (1995), pp. 635-72.

员工常常需要承担雇用和解雇团队成员的责任，并且能够做出会对利润产生影响的决策。因此，员工还必须接受与员工甄选、质量、客户服务等相关的基本原则的培训。此外，他们还需要理解财务信息，因为只有这样才能看清楚自己的绩效和公司绩效之间的关系。

在高绩效工作系统中，过去在管理者与员工之间、员工与客户之间、员工与供应商之间以及在公司内部的各种职能之间划定的界限都被取消了。员工、管理者、客户和供应商通过共同努力来改善服务和产品质量，同时创造新的产品和服务。直线员工在接受完成多项工作的培训之后，便可以直接与供应商和客户进行沟通，还可以经常与工程师、质量专家和其他职能部门的员工展开互动。

下面让我们来看一看人力资源管理实践是如何对汉都电力公司（HindlePower）的高绩效工作系统提供支持的。[162]汉都电力公司是一家电池充电器的制造商。在该公司的80名员工中，大多数人都是在工厂的流水线上担任装配工。公司没有时钟，员工上下班也无须打卡，对上下班时间也没有明确的规定。尽管如此，员工并不会滥用公司的这种宽松政策——工厂的工作时间始终达到全日制工作的97%～100%。汉都电力公司设立了一个名为"专业制造团队"的项目，该项目将培训与员工参与更有效的流程设计结合在一起。培训内容包括为每条生产线定制25～30门课程。员工完成所有的课程之后被认定为制造专家。员工还可以参与超出他们的培训内容范围的决策。例如，员工重新设计了一条生产线，结果使每周的产量增加了15万个单位。

除了改变公司内部的产品制造方式或提供服务方式，技术还使很多公司可以与一家或多家其他公司建立起合作伙伴关系。**虚拟团队**（virtual teams）是指团队成员虽然被时间、地理距离、文化以及组织边界等因素分隔开来，但可以在几乎完全依赖技术手段（电子邮件、互联网、视频会议）的情况下进行交互工作并最终完成项目的团队。经营机构遍布全国或世界各地的公司可以在内部组建虚拟团队。很多公司还可以与供应商或竞争对手合作建立虚拟团队，以聚集必要的人才来完成某些项目或加快产品向市场的交付。例如，艺术逻辑软件公司（Art & Logic）的软件开发人员都是在美国和加拿大的各地进行远程工作，他们的工作地点可以是家中的书房、租用的办公空间，也可能是协同工作场所。[163]他们的客户多种多样，业务涉及教育、航空航天、音乐技术、消费电子、娱乐和金融服务等。这些项目团队致力于解决那些其他公司的软件开发人员无法解决的不常见的难题。艺术逻辑软件公司努力去适应这些软件开发人员的独特工作时间表和工作风格要求，但是在各个项目团队内部，大家是高度协作的。每个项目至少有一位项目经理或开发人员，最多有5～7位开发人员。这些团队使用谷歌企业应用程序（Google Apps for Business）来共享文档以及（在团队内部/与客户）进行交流。

使用人力资源管理信息系统、移动设备、云计算和人力资源管理仪表盘

很多公司继续使用人力资源管理信息系统来存储大量的员工数据，其中包括个人信息、培训记录、技能、薪酬水平、缺勤记录以及福利的使用情况及其成本。**人力资源管理信息系统**（human resource information system，HRIS）是一种用于获取、存储、检索和发送与公司人力资源相关信息的计算机系统。[164]人力资源管理信息系统的作用在于：对公司的战略决策提供支持；帮助公司避免陷入诉讼；提供用于政策评估和规划的数据；对日常的人力资源管理决策提供支持；等等。希尔顿全球酒店集团就赋予了管理人员访问公司人才数据库的权限，以便他们可以将人才数据与业务数据加以集成，从而就人才和绩效问题做出更为有效的战略决策。[165]在这种情况下，管理人员就可以通过对不同的情况进行建模，考察未来的劳动力需求与可能的员工供给或预计的员工流失之间的差距，从而做好劳动力队伍的规划工作。

移动设备（mobile devices）是指智能手机和平板电脑。很多企业越来越多地为员工提供便利，使他们可以使用移动设备随时随地访问人力资源管理应用程序和其他与工作相关信息。例如，在莱客空间公司（Rackspace），员工可以使用自己的移动设备查阅自己的工资单、奖金报告、考勤卡以及共享知识。[166]在渤健公司（Biogen），销售人员可以访问自

己平板电脑上的电子化学习模块。百事拥有一个可移动访问的职业发展网站。在使用招募应用程序的第一年中，公司就找到了每个月都会发一份求职申请表的 150 位候选人。

云计算使很多公司可以去租赁软件和硬件。**云计算**（cloud computing）是指一种借助网络，以自助服务、可修改和按需定制模式提供信息技术基础设施的计算系统。[167]实际上，许多公司已将自己的人力资源管理信息系统迁移到云上了，还有一些公司正在考虑在未来的几年中这样做。[168]这些云既可以通过互联网（公共云）来按需交付，也可以由单个公司专门使用（私有云）。云计算使公司及其员工可以从移动设备访问相关应用程序和信息，而不仅仅是依靠个人电脑。它还使员工小组以新的方式开展合作，通过让员工更轻松地共享文档和信息来提高工作效率，并且使他们有访问大型公司数据库的权限。这就意味更容易访问和使用基于流动、缺勤和绩效等指标的劳动力队伍分析工具，也更容易访问和使用推特、博客、谷歌文档、YouTube 视频等社交媒体和协作工具。云计算还可以使员工更为轻松地访问来自各家供应商和教育机构的培训计划。西门子公司（Siemens）为其在全球190 个国家和地区工作的 40 多万名员工提供了云计算系统。这使该公司能够通过云将其全球招募和开发流程形成一个单一的标准系统。[169]

更为复杂的系统还可以将管理应用程序扩展到薪酬和绩效管理等领域的决策过程。管理人员可以在系统的指导下通过提供必要的信息并遵循程序所要求的每一个步骤，完成工作面试或绩效评价安排。[170]互联网技术最重要的用途之一就是人力资源管理仪表盘的开发。**人力资源管理仪表盘**（HR dashboard）是管理人员和员工可以在公司内网或人力资源管理信息系统中访问的一系列指标或衡量指标。人力资源管理仪表盘使管理者和员工可以访问做员工队伍规划所需的一些重要人力资源管理指标。人力资源管理仪表盘对于确定人力资源实践的价值及其对业务目标的达成所做的贡献至关重要。因此，人力资源管理仪表盘的使用对于本章前面讨论的循证人力资源管理至关重要。例如，思科公司将人才培养作为优先事项，它在自己的人力资源管理仪表盘中增加了一项衡量指标来追踪员工流动的数量及其原因。[171]这还使思科公司能够确定哪些部门正在开发新的人才。

■ 1.5　通过人力资源管理实践迎接竞争性挑战

到目前为止，我们已经讨论了美国公司面临的可持续发展、全球化和科技方面的挑战。我们也强调指出，人力资源管理在决定企业能否成功迎接这些挑战方面扮演着关键的角色。过去，很多公司并不认为人力资源管理实践能够为它们提供经济价值。那时的经济价值通常是与设备、技术以及厂房设施等联系在一起的。然而，人力资源管理实践已经向企业表明了自己的价值。薪酬管理、员工配置、培训与开发、绩效管理以及其他人力资源管理实践实际上都是一种投资，而这些投资会直接影响员工在提供客户看重的产品和服务方面的动机以及能力。有研究表明，那些试图通过投资新技术以及开展质量管理运动来增强自身竞争力的公司，往往也会同时在员工配置、培训以及薪酬管理实践等方面进行投资。[172]图 1-8 展示了一些可以帮助企业应对上述三大挑战的人力资源管理实践的例子。例如，为了应对环境、社会和公司治理方面的挑战，很多公司需要通过自己的甄选流程来确定潜在的员工是否具有这样一些特点，即很重视客户关系以及具有与团队中的其他同事一起工作所必需的人际交往能力。为了迎接这三个方面的挑战，企业还需要充分利用工作场所中的这些员工的多元化价值观、能力以及视角。

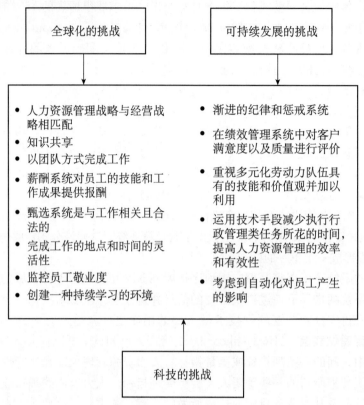

图 1 - 8 人力资源管理实践帮助企业迎接竞争性挑战的例子

有助于企业应对各种竞争性挑战的人力资源管理实践可以被划分为图 1 - 9 中的四大维度。这四大维度分别是人力资源环境的管理、人力资源的获取与准备、人力资源的评价与开发以及人力资源的薪酬。此外，在有些企业中，还有一些与劳动关系、国际人力资源管理以及人力资源职能管理等有关的特定问题。

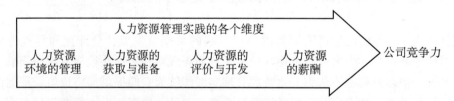

图 1 - 9 有助于提升公司竞争力的人力资源管理实践的主要维度

1.5.1 人力资源环境的管理

对人力资源的内外部环境进行管理有助于员工为公司生产率和竞争力的提升做出最大的贡献。塑造一个积极的人力资源管理环境涉及以下三个方面：

● 将人力资源管理实践与公司的经营目标联系在一起，也就是说，要实现战略性人力资源管理。

● 确保人力资源管理实践遵守美国联邦政府、州政府以及地方政府的法律法规。

● 以一种既能够激励员工、让员工满意，同时又能实现客户服务、质量和生产率最优的方式对工作进行设计。

1.5.2　人力资源的获取与准备

客户对新产品或服务的需要会直接影响企业为取得经营成功所需雇用的员工人数及其类型。终止雇佣合同、晋升以及退休等方面的做法也会影响企业的人力资源需求。因此，管理人员必须根据客户对产品和服务的需要来预测企业应当雇用的员工人数及类型。管理人员还必须辨识出现有以及潜在员工中的哪些人能够成功地为客户提供产品和服务。人力资源管理的这一领域涉及以下两个方面：

● 确定对人力资源的要求，也就是人力资源规划以及员工的招募和甄选。
● 对员工进行培训使他们掌握完成工作所必备的技能。

1.5.3　人力资源的评价与开发

管理人员必须确保员工具有完成当前以及未来工作必需的各种技能。正如我们在前面讨论的那样，由于新技术以及质量管理运动的兴起，许多企业都对工作进行了重新设计，以使这些工作能够以团队的方式来完成。因此，管理人员和员工可能都需要开发成功地在团队环境中工作所必需的一些新技能。企业也需要塑造一种能够对员工的工作活动和非工作活动都产生支持作用的工作环境。人力资源管理的这一领域涉及以下三个方面：

● 衡量员工的绩效。
● 帮助员工做好适应未来工作角色的准备，确认员工的工作兴趣、目标、价值观以及其他与职业有关的问题。
● 培育一种对企业和员工双方都有利的雇佣关系和工作环境。

1.5.4　人力资源的薪酬

除了有意义的工作，企业能够用来激励员工对组织的生产率、质量以及客户服务做出贡献的最为重要的因素莫过于薪酬和福利。此外，薪酬和福利可以作为员工留在企业中的一种报酬，同时也是吸引新员工的一种手段。如果员工对薪酬和福利水平感到不满，或者认为企业的薪酬与福利分配不公平，那么新的工作设计、新技术以及质量管理运动等对生产率的积极作用都有可能受到破坏。人力资源管理的这一领域涉及以下三个方面：

● 创建薪酬体系。
● 针对员工贡献提供报酬。
● 为员工提供福利。

1.5.5　人力资源管理中的特殊问题

在有些公司，员工是由工会来代表的。要在一个有工会的环境中从事人力资源管理，就要求管理人员必须具备相关的法律、合同管理以及集体谈判等方面的特定知识。

目前，许多企业都在通过合资、兼并、收购以及建立新的经营机构等方式在全球范围内进行扩张。成功的全球扩张有赖于企业的人力资源管理实践与文化因素的一致程度，同时也取决于对派驻国外的员工进行有效管理的程度。人力资源管理实践必须对组织的有效性做出贡献。

直线管理人员和人力资源职能部门的人力资源管理实践必须保持一致，同时对企业战略目标的实现做出自己的贡献。本书的最后一章将探讨如何对各种人力资源管理实践进行有效的整合。

■ 1.6　本书的组织

本书中的各个主题都是根据人力资源管理的四大领域以及几个特殊的人力资源管理问题加以组织的。表1-15列举了本书各章的标题。

表 1-15　本书各章涵盖的主题

1　人力资源管理：赢得竞争优势
Ⅰ.人力资源环境
2　战略性人力资源管理
3　工作分析与设计
Ⅱ.人力资源的获取与准备
4　人力资源规划与招募
5　甄选与配置
6　培训
Ⅲ.人力资源的评价与开发
7　绩效管理
8　员工开发
9　员工离职与留任
Ⅳ.人力资源的薪酬
10　薪酬结构决策
11　绩效薪酬
Ⅴ.人力资源管理的特殊主题
12　全球性人力资源管理
13　战略性人力资源职能管理

每章的内容都建立在学术研究以及有效的企业管理实践基础之上。我们在每章都举了一些例子来说明在该章中讲述的那些人力资源管理实践是如何通过应对可持续性挑战、全球化挑战以及科技挑战来帮助企业赢得竞争优势的。不仅如此，每章都用案例来说明人力资源管理实践是如何给企业带来价值增值的（循证人力资源管理）。

小　结

本章介绍了一家公司的人力资源管理职能扮演的角色以及开展的活动，并且强调了人力资源的有效管理有助于公司实现经营战略以及赢得竞争优势。人力资源管理可以被视为三条产品线：行政服务与事务性工作、业务伙伴服务以及战略伙伴。一个人要想成功地管理人力资源，不仅需要具有可信度，而且需要具备经营知识、了解公司的经营战略、掌握相关技术知识，同时还需要具备提供人力资源服务的能力。人力资源管理实践应该建立在循证基础之上，也就是说，人力资源管理实践应当建立在一些数据基础上，这些数据能够表明人力资源管理实践与涉及公司关键利益相关者（客户、股东、员工和社区）的组织结果之间的关系。人力资源管理实践不仅有助于公司经营战略的实现，而且对帮助公司应对环境、社会和公司治理（ESG）的挑战、全球化挑战以及科技挑战也很重要。在环境、社会和公司治理方面所面临的挑战是指与经济、劳动力队伍的特征及其期望、工作方式和工作地点、无形资产和人力资本的价值以及满足利益相关者的需求（道德实践、优质的产品和服务、回报股东以及承担社会责任）等相关的各种挑战。全球化挑战包括进入国际市场、移民和离岸经营等。科技挑战包括使用新的技术手段支持灵活和虚拟的工作安排，开发高绩效工作系统，建立和利用社交网络、可穿戴设备、人力资源管理信息系统、移动设备并考虑在工作中引入人工智能和机器人技术。

本章最后展示了本书的组织方式。本书一共包括四大主题：人力资源环境（战略性人力资源管理、工作分析与设计）、人力资源的获取与准备（人力资源规划与招募、甄选与配置、培训）、人力资源的评价与开发（绩效管理、员工开发、员工离职与留任）、人力资源的薪酬（薪酬结构决策、绩效薪酬）以及人力资源管理的特殊主题（全球性人力资源管理、战略性人力资源职能管理）。所有这些主题对于企业应对竞争性挑战和实现经营战略而言都是非常重要的。

讨论题

1. 在传统上，人力资源管理实践是由公司人力资源管理部门负责实施和管理的。而现在的一些公司正在放弃甚至根本就不设置人力资源部门。为什么会出现这种情况？对于那些没有人力资源部门或人力资源专业人员的公司来说，这是一个好的选择吗？请解释你的答案。

2. 员工配备、培训、薪酬和绩效管理都是非常重要的人力资源管理职能。这些职能中的每一项是如何帮助公司成功地应对环境、社会和公司治理方面的挑战、全球化挑战和科技挑战的呢？

3. 什么是无形资产？它们是如何受到一家公司的人力资源管理实践影响的？

4. 什么是循证人力资源管理？人力资源部门为什么可能会不愿意接受循证人力资源管理？

5. 你将收集和分析哪些类型的大数据来了解一家公司为何正在经历高员工流失率？

6. 哪些人力资源管理实践可以通过使用推特、脸书等社交协作工具而使自己受益？找到这样一些人力资源管理实践并解释它们从中获得的收益。

7. 你是否同意"员工敬业度只是公司在赚钱的时候才应关注的事情"这样的说法？请说明。

8. 员工敬业度与员工体验存在何种关系？请加以说明。

9. 本书涵盖了人力资源管理的四大实践领域：人力资源环境的管理、人力资源的获取与准备、人力资源的评价与开发以及人力资源的薪酬。你认为哪个领域最有助于公司赢得竞争优势？你认为哪个领域在这方面的贡献最少？为什么？

10. 什么是平衡计分卡？请说明平衡计分卡包含的四个维度。人力资源管理实践会如何影响这四个维度？

11. 人力资源管理变得更具战略性了吗？解释你的答案。

12. 什么是可持续性？人力资源管理实践如何帮助一家公司使其社会意识和环境意识越来越强？

13. 解释以下每种劳动力队伍发展趋势对人力资源管理产生的影响：（1）劳动力队伍老化；（2）劳动力队伍多元化；（3）劳动力的技能缺陷。

14. 人力资源管理实践在将业务扩展到国际上去这样的决策中扮演什么角色？

15. 从人力资源管理实践的角度来看，质量目标和高绩效工作系统之间可能存在哪些共同点？

16. 人力资源管理外包的做法可能会带来哪些不利影响？从员工自助服务的角度来看呢？从直线经理越来越多地参与人力资源管理实践的设计和使用的角度来看呢？

17. 企业在考虑采取离岸经营的做法之前需要考虑哪些方面的因素？离岸经营的优点和缺点分别是什么？

18. 讨论一下采用人工智能和机器人技术实现自动化可能会对工作产生影响的几种不同方式。

开篇案例分析

IBM 的人力资源管理

IBM 的业务经历了重大变化，过去的经营重点是计算机硬件和客户数据的现场管理，现如今转变为云计算、人工智能和区块链技术。

问题

1. IBM 的人力资源管理实践是否支持公司的经营重点并与之保持一致？请解释你的答案。

2. 在人力资源管理专业人员需要掌握的各种能力中，哪些是对 IBM 的首席人力资源官管理其人力资源管理实践转型过程最为重要的？

3. IBM 的人力资源管理实践在制造业或医疗保健行业等其他行业的企业中是否仍然有效？请解释你的答案。

注 释

第 I 篇

人力资源环境

第 2 章　战略性人力资源管理

第 3 章　工作分析与设计

第 2 章
战略性人力资源管理

学习目标

在阅读完本章后，你应当能够：
1. 描述战略制定和战略执行之间的区别。
2. 列举战略管理过程的构成要素。
3. 讨论人力资源管理在战略制定过程中扮演的角色。
4. 描述人力资源管理和战略制定之间的联系。
5. 讨论较为常用的一些总体战略模型以及与之相配套的人力资源管理实践。
6. 描述与各种方向性战略相联系的人力资源管理问题及管理实践之间的差异。

进入企业世界

通用电气：一家标志性公司的衰落

通用电气（GE）是由托马斯·爱迪生（Thomas Edison）创立的，该公司前首席执行官杰克·韦尔奇（Jack Welch）使其成为全世界最受尊敬的公司之一，这家公司似乎永远没有衰落的可能……但它最后还是衰落了。通用电气曾经是在财务上最为成功的公司之一，但其股价从 2016 年的略低于 33 美元一路下跌到 2019 年年初的还不到 9 美元。此外，这家曾以向股东派发高额股息而闻名的公司也将股息减至 1 美分。这家公司曾以向家得宝（Home Depot）、3M 和波音等公司输送首席执行官而闻名，但在从公司内部提拔上来的首席执行官约翰·弗兰纳里（John Flannery）任职仅仅 14 个月之后，公司就将其解雇了，转而从公司外部引入了拉里·卡尔普（Larry Culp）。

那么到底是什么原因导致了这家公司的衰落呢？是战略和财务方面的糟糕决策。从战略上讲，通用电气长期以来的动力一直都来自通用电气金融公司（GE Capital），这家银行一度被视为美国的第七大银行，它通过向各种各样的企业提供贷款获得的收入和利润流可以弥补通用电气在其他领域的亏损。然而，为了摆脱 2009 年金融危机后的政府监管限制，通用电气的首席执行官杰夫·伊梅尔特（Jeff Immelt）试图出售通用电气金融公司，其部分目的是为收购法国工业集团阿尔斯通公司（Alstom SA）提供资金。此外，通用电气在将其保险业务剥离给通用价值金融公司（Genworth Financial）时，同意承担其在长期护理保险方面产生的任何损失，其中包括在辅助居家生活以及养老院等方面产生的费用。然而，这些损失很快就上升到 30 亿～60 亿美元。最后，收购阿尔斯通虽然成为帮助通用电气在电力业务领域扩大规模的一种手段，但最终造成的结果却是，通用电气的电力业务在整个电力行业萎缩之际逆向扩张。

造成这种结果的核心原因似乎是通用电气内部存在的一种文化，即很少有人会对公司的战略决策提出质疑或反驳。尽管事实证明通用电气内部的许多人都不同意这些决定，但这种文化已被描述为"成功剧场"，即奖励那些没有摇摆不定、坚定地为首席执行官的决策鼓掌的人。然而，这些糟糕的决定却带来了麻烦，随着通用电气开始削减成本和出售业务，人才开始逃离到那些更稳定的公司中去。通用电气的故事为讨论战略性人力资源管理提供了一个平台，特别是企业需要怎样在战略、文化和人之间保持一致性。

资料来源：Gryta, T. and Mann, T.（Dec 14, 2018），"GE Powered the American Century—Then It Burned Out," https://www.wsj.com/articles/ge-powered-the-american-centurythen-it-burned-out-11544796010, accessed December 14, 2018.

■ 2.1　本章介绍

正如通用电气的例子描绘的那样，商业组织都是在竞争环境中生存的。它们可以利用各种资源与其他公司进行竞争。这些资源既可以是物质资源（例如厂房、设备、技术以及地理位置等）、组织资源（例如结构、规划、控制、协调系统以及群体关系等），也可以是人力资源（例如员工的经验、技能以及智力）。正是企业能够控制的这些资源为它们提供了竞争优势。[1]

一个组织的战略管理的目标是以一种能够为自己带来竞争优势的方式配置和使用这些资源。正如你看到的，在这三类资源中，有两类资源（组织资源和人力资源）与人力资源管理职能存在直接的紧密联系。正如我们在第 1 章中指出的，人力资源管理扮演的角色就是确保一家公司的人力资源为其带来竞争优势。我们在第 1 章中也指出了当今企业面临的一些重要的竞争性挑战。这些挑战要求企业在市场上采取一种积极主动的战略性的应对方法。

人力资源管理职能要想实现最大限度的有效性，就必须全面参与企业的战略管理过程。[2] 这就意味着人力资源管理人员应当：第一，参与到企业的战略规划制定过程之中，一方面在与人有关的一些问题上发挥作用，另一方面在判断企业的人力资源储备是否有能力执行某种特定战略上发挥作用。第二，掌握与组织的战略目标有关的一些具体知识。第三，知道哪些类型的员工技能、行为及态度对于支持组织的战略规划是必需的。第四，设计方案来确保公司员工具备这些技能、行为以及态度。

因此，在这一章中，我们从讨论商业模式和战略的概念以及描述战略管理过程进入主题。接下来，我们将讨论人力资源管理职能和战略管理过程在战略制定阶段的整合水平。然后，我们会考察一些比较常见的战略模型，并且在这些战略模型的框架下讨论不同类型的员工技能、行为和态度以及人力资源管理实践帮助企业实施战略规划的各种方式。最后，我们还会讨论人力资源管理在创造竞争优势方面扮演的角色。

2.2　什么是商业模式

商业模式描述的是企业如何为客户创造价值，其中更为重要的是，企业如何实现盈利。我们经常会听到或读到很多公司通过某种方式"实现商业模式转型"的说法，但对其具体内容却并没有很清晰的理解。为了理解商业模式，我们需要了解几个基本的会计学概念。

第一，固定成本通常被认为是与所生产的产品数量无关的一笔成本。例如，如果你在工厂里生产一些小部件，你就必须支付工厂租金、机器折旧、公用设施、财产税等方面的费用。此外，你通常还会雇用一定数量的员工，这些员工完成既定时数的工作就可获得特定的薪酬福利待遇。尽管你可以在不同时期对这些内容加以调整，但在正常情况下，无论你的工厂实际开工率达到 70％还是 95％，你需要支付的总的劳动力成本却是相对固定的。

第二，你还会有一些变动成本，这些是会随着产出的数量而变化的成本。比如，生产一个小部件需要花费的各种原料成本是 10 美元，这意味着你每卖出一个小部件就必须至少把价格定在 10 美元，否则你就无法弥补变动成本。

第三个概念是"贡献毛利"或毛利。毛利是你确定的产品价格与变动成本之间的差额。之所以称为贡献毛利，是因为这一差额为你弥补固定成本的能力做出了贡献。例如，如果每个小部件卖 15 美元，那么贡献毛利就是 5 美元（15－10）。

第四，总毛利是指你获得的所有毛利的总和，它等于你售出的所有产品数量乘以每件产品的毛利。如果你卖了 100 万件产品，那么你的总毛利就是 500 万美元。这时候你有利润吗？还不一定！利润是看你在支付了固定成本和变动成本之后还剩下什么。如果你的总毛利是 500 万美元，你的固定成本是 600 万美元，那么你实际上还亏损 100 万美元。

2.2.1　通用汽车的生存之战

让我们来观察一下商业模式是如何应对通用汽车所面临的挑战的。对通用汽车的批评涉及一个事实，这就是与外国竞争者相比，通用汽车的劳动力成本更高。这种说法固然是正确的，但容易产生误导。通用汽车现有员工的平均小时工资率具有较为合理的竞争力。但其他两个方面的成本却使通用汽车失去了竞争力：一个是福利（特别是医疗保健福利）成本，另一个也是最为重要的成本，即公司付给遗留员工的成本。

所谓遗留员工，是指企业到现在仍然需要对其承担经济责任的那些曾经在公司工作过（现在不再为公司工作）的员工。多年前，通用汽车和美国汽车工人联合会通过谈判签订了一份合同，这份合同规定，通用汽车应当给为自己工作过的员工提供高额退休福利。更具体地说，已经退休的通用汽车员工有一项收益确定的福利计划，根据这一计划，只要退休员工没有去世，公司就必须按照员工退休前最后领取的薪资的一定百分比向他们支付退休金，与此同时，公司还要为他们提供健康保险。通用汽车签订的这份合同还特别规定，只要员工在公司工作满 30 年，就有资格在退休后拿到百分之百的退休金。

如果通用汽车的销售额和利润能够保持增长，这个方案似乎可以继续执行下去。但是，自 20 世纪 70 年代以来，国外竞争者不断蚕食通用汽车的市场份额，使该公司的市场占有率从原来的 50% 锐减到现在的 20%。自 2008 年经济危机以来，市场本身一直在萎缩，这使得通用汽车在不断萎缩的市场中所占的比例不断下降。例如，2005 年 12 月，通用汽车在全球市场上销售了 26% 的汽车，但到 2015 年，这一市场份额已缩水至 11.2%。[3] 因此，除了遗留员工，考虑到通用汽车能够生产和销售的汽车数量，有大量的工厂以及数千名员工都是完全不需要的。[4]

请看图 2-1，图中的实线代表通用汽车过去的商业模式，这种商业模式建立在这样一种基本假设的基础之上：公司可以在一个较为合理的高毛利水平下销售 400 万辆汽车，这样就能完全弥补其固定成本并获得较高的利润。然而，现实情况却是，通用汽车的产品并没有卖出那么高的价格，同时，为了达到 400 万辆的销售量，公司对汽车采取了打折销售的做法，这就降低了其毛利水平。当通用汽车最终仅仅销售出去 350 万辆汽车，而这些汽车的毛利水平又较低时，它就很难弥补其固定成本，结果是公司在 2008 年出现 90 亿美元的亏损（如图中斜的虚线所示）。这样，当通用汽车说自己要"重新设计商业模式"时，它的意思是通过大幅削减固定成本（通过关闭工厂和裁员来实现）将公司的固定成本基数（水平的虚线）降到足够低的水平上，从而达到即使是以较低的毛利销售较少数量的汽车（斜的虚线）也同样能够实现盈利的目的。

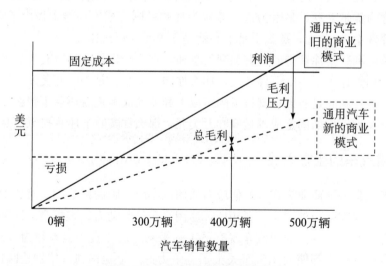

图 2-1　通用汽车商业模式的说明

很容易看出来，由于劳动力成本是大多数公司的总成本中比重较大的部分，因此，关于商业模式的讨论几乎总是不可避免地会引发关于劳动力成本的讨论。这种较高的劳动力成本可能与北美或欧洲发达国家的员工加入工会有很大的关系，在某些情况下，这种较高的成本也会与遗留员工有关。举例来说，美国的三大汽车制造商都有大量的退休员工或被解雇员工，但公司仍然有义务向他们支付退休金和提供医疗健康福利。这些成本在这些汽车公司的固定成本中占了很大的比重，这样就使得它们很难与那些退休员工人数较少或者由于政府提供养老和医疗健康保险而没有相应成本压力的汽车制造商开展竞争。事实上，通用汽车的商业模式驱使它把更多的制造业务转移到美国以外的地区。

■ 2.3 什么是战略管理

许多人指出，在今天的竞争市场上，企业必须制定好战略规划才能生存和繁荣发展。"战略"（strategy）的概念来自希腊语中的"strategos"，这原本是一个军事术语，是指隐藏在一场战争或者战斗背后的宏大构想。实际上，《韦氏新美语大词典》将"战略"界定为"各种策略的高超运用和协调"以及"巧妙规划和管理"。

战略管理是应对组织面临的各种竞争性挑战的过程和方法。战略需要管理的是"能够将组织的重要目标、政策以及行动顺序整合为一个有机整体的模式或规划"。[5]这些战略既可以是总体的竞争方法，也可以是针对某种特定的情况做出的具体调整和相应行动。

首先，各种商业组织通常都会为自己制定可以划归到某些战略类型之中的总体战略。这种总体战略的例子包括低成本战略、差异化战略或集中战略[6]，或者防守者战略、分析者战略、探索者战略或反应者战略。[7]即使在同一个行业，不同的企业往往也会采取不同的总体战略。这些总体战略的类型实际上描述了企业将会以怎样的一贯方式来确定自己相对于竞争对手的位置。

然而，总体战略仅仅是战略管理过程中一个很小的部分。战略管理的第二个方面是企业根据当前的环境制定战略以实现各种目标的过程。因此，商业组织不仅需要制定总体战略，而且需要在以下几方面做出选择：如何吓退竞争对手；如何使竞争对手处于弱势；如何对即将出台的法律做出反应以及施加自己的影响；如何与各种利益相关群体以及特殊利益群体打交道；如何降低生产成本；如何增加收益；应当采用何种技术；应当雇用多少数量以及何种类型的员工等。所有这些决策都代表了企业必须考虑的竞争性挑战。

战略管理并不仅仅是将各种类型的战略汇集在一起。实际上，它是一个需要完成以下任务的过程：分析一家企业的处境；确定企业的战略目标；设计出最有可能帮助企业实现战略目标的行动计划以及资源（人力资源、组织资源和物质资源）配置方式。这种战略管理方法在人力资源管理中也应当加以强调。人力资源管理者应当接受相关的培训，从而认识到企业在人力资源方面遇到的一些竞争性问题，并且能够战略性地考虑对这些问题做出反应。

战略性人力资源管理（strategic human resource management，SHRM）可以被视为"为使一个组织实现其目标而确定的有计划的人力资源运用模式及其相关的各种管理活动"。[8]比如，许多企业为强化自己的竞争地位设计实施了集成制造系统，比如先进制造技术、零库存控制以及全面质量管理等。然而，这些系统仍然必须由人来操控。在这些情况下，战略性人力资源管理需要承担的任务主要包括两个方面：一是对员工具备的运行这些系统的技能水平进行评价；二是通过甄选和培训等人力资源管理实践开发员工运行这些系统的技能。[9]要想用战略性的方法来实施人力资源管理，我们就必须首先理解人力资源管理在战略管理过程中扮演的角色。

2.3.1 战略管理过程的构成要素

战略管理过程具有两个相互区别但又相互依赖的阶段：战略制定阶段和战略执行阶段。在**战略制定**（strategy formulation）阶段，战略规划团队需要通过界定企业的使命和目标、外部的机会和威胁以及内部的优势和劣势来确定企业的战略方向。接下来，他们还需要发现各种可能的战略方案，并且对这些战略方案实现组织目标的能力进行比较。在**战略执行**（strategy implementation）阶段，组织的主要任务就是执行自己选择的那种战略。它包括设计组织结构、分配资源、确保组织获得高技能的员工、设计出能够使员工的行为与组织的战略目标保持一致的报酬系统。战略管理的这两个阶段都必须得到非常有效的实施。需要指出的非常重要的一点是，战略管理过程的这两个阶段并不总是按照"先制定战略，再执行战略"这样一种先后顺序发生的。正如我们在后面将要讨论的涌现战略一样，战略管理过程往往包含着在信息和决策之间的持续循环。图 2-2 是对战略管理过程的描绘。

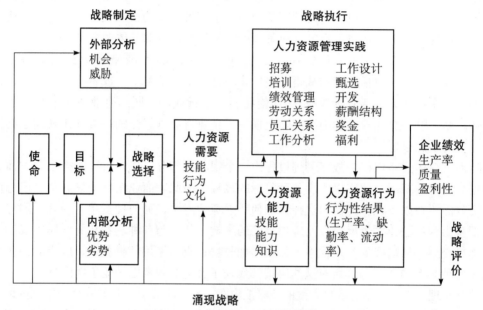

图 2-2　战略管理过程模型

近几年来，许多企业已经认识到，战略管理过程的成功与否在很大程度上取决于人力资源管理职能的参与程度。[10]

2.3.2　人力资源管理和战略管理过程之间的联系

在进行战略选择时，实际上需要回答与竞争有关的各种问题——也就是说，企业怎样通过竞争来达成自己的使命和目标。为回答这一问题需要做出的决策包括：到哪里进行竞争？如何进行竞争？依靠什么进行竞争？关于这些决策我们在图 2-3 中做了描述。

---

1. 到哪里进行竞争？
   我们将要到哪个或哪些市场（行业或产品市场等）上进行竞争？
2. 如何进行竞争？
   我们将依据何种标准或差异化特征进行竞争？是成本、质量、可靠性，还是产品或服务的提供？
3. 依靠什么进行竞争？
   哪些资源会帮助我们打败竞争对手？
   我们将如何获取、开发以及运用这些资源进行竞争？

图 2-3　战略——关于竞争的决策

尽管这些决策都非常重要，但是战略决策者常常很少关注"依靠什么进行竞争"这一问题，这导致他们往往做出很糟糕的战略决策。例如，20 世纪 80 年代，百事公司为了扩大自己的顾客基础，收购了肯德基、塔可钟以及必胜客等快餐连锁企业（这是关于"到哪里进行竞争"的决策）。然而，该公司既没有充分认识到现有的员工队伍（大部分是专业技术人员）与快餐行业的员工队伍（大部分是技能水平比较低的人员以及高中生）之间的差别，也没有充分认识到公司是否具备管理好这样一支员工队伍的能力。这正是百事公司在 1998 年不得不重新将这些快餐连锁企业出售的原因之一。从本质上来说，百事公司在没有充分理解要想在快餐市场上进行竞争必须具有何种资源的情况下就做出了"到哪里进行竞争"的决策。

波音公司的例子也很好地说明了一家企业如果不能很好地解决"依靠什么进行竞争"这一问题，在后面的"如何进行竞争"决策中就会遇到麻烦。当波音公司的消费者产品事业部同空中客车公司（Airbus Industrie）展开价格大战时，波音公司被迫放弃了自己过去一直坚持的客户服务战略，转而强调降低成本。[11] 这种战略在销售方面取得了很大的成功，因为波音公司从许多航空公司——例如达美航空（Delta Airlines）、大陆航空（Continental Airlines）、西南航空（Southwest Airlines）以及新加坡航空（Singapore Airlines）等——得到了大量的订单。但是，波音公司一方面在大规模裁员（这样它就没有足够的员工来完成这些订单了），另一方面又不具备提高生产率所必需的生产技术。正是因为在决定"如何进行竞争"时未能充分考虑到"依靠什么进行竞争"，波音公司最后根本无法按期完成订单，结果不得不向客户支付大笔违约金。波音公司的这种失误带来的最终结果是，2003 年，空中客车公司的飞机销量在该行业中第一次超过了波音公司。幸运的是，波音公司后来还是跨过了这道坎，这在很大程度上是因为它的主要竞争对手空中客车面临比波音更多的麻烦。然而，在新的梦幻客机因电力系统着火而迫降时，波音又遇到了难题。

2.3.3　人力资源管理在战略制定过程中的作用

正如前面的例子描述的那样，"依靠什么进行竞争"这一问题常常为人力资源管理影响战略管理过程提供了一条理想途径。人力资源管理对战略管理过程的影响主要通过两条途径来实现：一是帮助企业缩小战略选择的范围；二是迫使企业高层团队考虑这样一个问题，即企业怎样才能获得或开发确保这种战略取得成功所必需的人力资源（人）以及做到这一点的成本是多少。例如，百事公司的高层人力资源管理者本来应该提前告知高层决策者，本公司并不具备管理快餐行业劳动力队伍所需的专业技能和经验。百事公司高层人力资源管理者在这里可以扮演的一个有限角色是：以缺乏这方面的资源为由，反对公司实施此次收购。此外，百事公司高层人力资源管理者对公司这一战略决策施加影响的方式还可以表现为，让百事公司高层决策者认识到，为获得具备管理这样一支劳动力队伍的必要技能的人员，公司需要付出多少成本（如招募、培训等方面的费用）。

一家企业的战略管理决策过程通常发生在它的高层，即一个由首席执行官、首席财务官、总裁以及各分管副总裁等组成的战略规划团队。然而，战略管理决策过程的每一个步骤都会涉及与人有关的商业问题，因此，人力资源管理职能需要参与到战略决策的每一个步骤之中。最近的一项研究考察了《财富》（Fortune）500 强公司中的 115 个战略经营单位，结果发现，在 49%～69% 的公司中，企业的人力资源管理和战略规划过程之间存在某种联系。[12]不过，这种联系的紧密程度在不同的公司存在差异，而理解这些联系的不同紧密程度是非常重要的。

在人力资源管理职能和战略管理职能之间存在四种不同层次的整合程度：行政管理联系、单向联系、双向联系以及一体化联系。[13]我们将根据战略管理的不同构成要素对这些不同层次的联系分别加以讨论。图2-4描述了这些联系的情况。

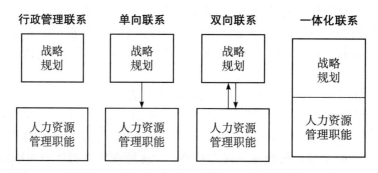

图2-4　战略规划与人力资源管理之间的联系

资料来源：Adapted from K. Golden and V. Ramanujam, "Between a Dream and a Nightmare: On the Integration of the Human Resource Function and the Strategic Business Planning Process," *Human Resource Management* 24 (1985), pp. 429-51.

行政管理联系

在行政管理联系（最低层次的整合）这一层次上，人力资源管理职能部门的注意力集中在日常管理活动上。高层人力资源管理者没有时间或机会从战略的高度来考虑人力资源管理问题。人力资源部门完全不参与企业的战略经营规划职能。因此，在这种整合水平上，人力资源部门与企业战略管理过程是完全分离的，无论是在战略制定阶段还是在战略执行阶段，人力资源部门都不参与。人力资源部门从事的仅仅是与公司核心经营需要没有什么联系的日常行政事务工作。

单向联系

在单向联系这一层次上，企业的战略经营规划职能部门会首先制订出战略规划，然后再将规划结果告知人力资源管理职能部门。在战略性人力资源管理的早期阶段，人们一度认为这种整合水平就已经构成了战略性人力资源管理——也就是说，人力资源管理职能在这种情况下扮演的角色就是设计实施战略规划的各种系统或者方案。尽管这种单向联系承认了人力资源在执行战略规划方面的重要性，但它在战略制定阶段却没有将人力资源问题考虑在内。仅仅停留在这一层次的整合上往往会导致企业制订出根本不可能成功执行的战略规划。

双向联系

双向联系使企业在整个战略制定过程中都将人力资源问题考虑在内。这种整合按照以下三个有先后顺序的步骤发生：首先，战略规划团队把企业正在考虑的各种战略选择告知人力资源管理职能部门。其次，高层人力资源管理者分析各种战略对人力资源的不同要求，并把分析结果展示给战略规划团队。最后，战略决策一经做出，战略规划就会被传达给高层人力资源管理者，由他们来设计实施战略规划的具体方案。因此，在双向联系中，战略规划职能与人力资源管理职能之间是一种彼此相互依赖的关系。

一体化联系

一体化联系建立在持续的而不是有既定先后顺序的互动的基础之上，它是一种动态的、多方面的联系。在大多数情况下，高层人力资源管理者是企业高层管理团队中不可或缺的成员。在形成一体化联系的企业中，人力资源管理职能直接扎根于企业的战略制定和战略执行过程之中，而不仅仅是一种以交换信息为目的的互动过程。在本章下面的内容中，我们将讨论人力资源管理职能扮演的这种角色。

因此，在战略性人力资源管理中，人力资源管理职能不仅参与战略制定过程，而且参与战略执行过程。高层人力资源管理者负责向战略规划者提供关于企业的人力资源能力的信息，而这些人力资源能力恰恰是企业人力资源管理实践产生的一个直接结果。[14]人力资源能力方面的信息之所以能够帮助企业的高层管理者做出最佳战略选择，是因为它们能够使高层管理者充分考虑到每一种战略选择最终得到执行的情况。一旦战略选择已经做出，人力资源管理的角色就转变为开发和协调企业的各项人力资源管理实践——这些管理实践能够为企业提供具备战略执行能力的员工。[15]此外，设计出来的这些人力资源管理实践还必须确保引导员工采取相应的行动。[16]最近的一项研究发现，战略性人力资源职能确实是与企业的绩效正相关，只不过这种相关性只有在这些企业有恰当的结构和制度来利用其员工投入时才存在。[17]在本章下面两节中，我们将会展示人力资源管理职能如何在战略管理过程中为企业提供竞争优势。

■ 2.4　战略制定

战略管理过程的五个重要组成部分都与战略制定具有相关性。[18]战略管理过程的这五个重要组成部分在图 2-5 中描绘出来。第一个重要的组成部分是组织的使命。使命是对组织存在的理由所做的一种陈述，它通常明确界定了组织所要服务的客户对象、可以满足的客户需要以及（或）客户能够获得的价值，还包括企业使用的技术。通常情况下，对组织使命的描述会伴随着对组织的愿景以及（或）价值观的陈述。例如，表 2-1 就描绘了默克公司（Merck & Co.）的使命和价值观。

一个组织的中长期**目标**（goals）是指组织希望在中期或长期实现的成就，它们反映了组织的使命是如何履行的。在美国，大多数营利性企业的最高目标就是实现股东财富的最大化。为了实现股东财富的最大化，企业还必须设定其他一些长期目标。

外部分析（external analysis）是指通过对组织的运营环境进行考察来分析企业的各种战略机会以及受到的各种战略威胁。战略机会的例子包括尚未开发的客户市场、对企业有帮助的技术进步、尚未挖掘利用的潜在劳动力资源等。战略威胁的例子则包括潜在的劳动力短缺、进入市场的新竞争对手、可能会对公司产生负面影响的即将出台的法律法规、竞争对手的技术创新。目前，大多数公司使用所谓的 PESTEL 分析。这就需要关注可能影响公司或行业发展趋势的六大领域，即政治、经济、社会文化、技术、环境和法律。

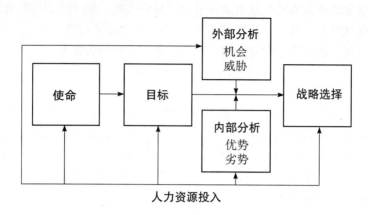

图 2-5 战略制定

资料来源：Adapted from K. Golden and V. Ramanujam，"Between a Dream and a Nightmare，" *Human Resource Management* 24 （1985），pp. 429-51.

表 2-1 默克公司的使命和价值观

发现、开发并提供能够拯救和改善全世界人的生活的创新性产品和服务。

价值观：

改善生活

我们拥抱应对健康挑战的呼唤，因为我们受到让全世界人的生活变得有所不同的激励。

道德与诚信

我们承诺致力于达成最高的道德和诚信标准。

我们对我们的客户、默克员工、我们居住的环境以及我们服务的全球社会负责。

创新

我们在科学方面致力于达成最高水平的卓越。

我们努力确定消费者和客户最为关键的需要，并且通过不断的创新进行自我挑战，从而满足这些需要。

获得健康

我们渴望通过增加全世界人获得我们的药品和疫苗的机会来改善全世界人的健康和福祉。

多元化和团队合作

我们的卓越能力取决于我们员工的正直、知识、想象力、技能、多元化以及团队精神。

资料来源：Courtesy of Merck.

内部分析（internal analysis）是一个分析组织自身的优势和劣势的过程。它集中考察组织可能获得的各种资源——财务、资本、技术以及人力资源——的数量和质量。企业需要诚实而精确地对自己的每一种资源进行评估，以确定这些资源对企业来说到底是一种优势还是一种劣势。如今，许多公司通过价值链来审视自己的优势和劣势。这种分析方法需要将公司从研发到售后服务的整个过程分解为一系列的"核心能力"，然后对这些核心能力进行考察，从而确定这些核心能力在目前或在未来可能提供的竞争优势。我们将在本章后面关于人才的部分对此进行更深入的探讨。

外部分析和内部分析组合在一起就构成了所谓的 SWOT（优势、劣势、机会、威胁）分析。表 2-2 展示了谷歌的 SWOT 分析。在完成 SWOT 分析以后，战略规划团队就掌握了产生一系列战略选择所需要的所有信息。战略管理者会对各种战略选择实现企业战略目标的能力进行对比，然后做出企业的**战略选择**（strategic choice）。战略选择实际上也就是组织的战略，它描述了一个组织实现使命以及达成长期目标的方式。

表 2 - 2　谷歌的 SWOT 分析

优势	劣势
流动性扩张 运营效率高 服务组合范围广	依赖广告 在 YouTube 上的损失
机会	**威胁**
在线视频需求上升 网络广告市场增长 外延式增长	经济前景差 无效点击多 微软和雅虎之间的交易

资料来源：GlobalData.

外部环境中的许多机会和威胁都与人有关。随着进入劳动力市场的高素质人才越来越少，企业不仅需要为争取客户展开竞争，而且要为得到员工进行竞争。人力资源管理职能扮演的角色之一就是密切关注外部环境中与人力资源有关的各种机会和威胁，尤其是那些与人力资源管理职能直接有关的机会和威胁：潜在的劳动力短缺，竞争对手的薪酬水平，对雇用员工产生影响的法律法规，等等。例如，正像我们在第 1 章中讨论过的那样，许多美国公司发现，越来越多的高中毕业生缺乏从事工作所需的基本技能，这就是"人力资本短缺"的一个来源。[19] 然而，由于没有意识到这种环境威胁的存在，许多企业还在鼓励年龄较大但技能水平较高的员工退出企业，同时雇用那些虽然年轻但是技能水平较低，因而需要接受最基本技能培训的员工。[20]

此外，许多公司对工作性质在零工经济崛起背景下可能发生巨大变化所带来的威胁有些反应过度。这里的"诚信行动"专栏描述了最初预测到这一点的经济学家现在是如何纠正自己的观点的，他们现在认为，朝零工经济的方向发展是经济糟糕的一种表现，因为人们其实并不想从事零工工作。

➡ **诚信行动**

摆脱关于零工经济的炒作

让一个人承认自己犯了错，往往很难，如果这个人恰巧是一位知名的学术研究人员，那就更难了。但两位曾预言零工经济将会崛起的经济学家最近却承认，他们的预测是基于糟糕的数据做出的。

在过去的五年多时间里，人力资源管理领域一直在担心零工经济的兴起，也就是说，人们不想在一个组织的全日制岗位上工作，而是宁愿与多个雇主一起工作。许多人警告说，企业应当考虑如何通过调整工作设计来管理"临时工"，而不是那些全职员工。"天要塌下来了"之类的论调都源自经济学家艾伦·克鲁格（Alan Krueger）和劳伦斯·卡茨（Lawrence Katz），他们提出了一套对美国劳动力市场进行评估的方法论。他们在 2015 年的调查中发现，从事非传统性工作安排的劳动者的人数增加了 5 个百分点。

尽管他们指出，这一增长在很大程度上是由于优步公司的影响，但他们仍然对希望从事零工工作的员工人数增加提出了警告。然而，现在他们注意到，原来的数字大大高估了这一现象。克鲁格说："在筛选了新的证据之后，卡茨和我现在得出的结论是，在过去的十年中，从事非传统性工作的劳动者的比例有了适度上升，可能上升了 1 到 2 个百分点，而不是我们最初报告的 5 个百分点。"

因为 2015 年是美国经济增长停滞不前、失业率居高不下的时期，他们现在认识到，许多人只是把这看作尝试零工工作的一种体验机会。这并不意味着零工工作在未来不会比过去更多，但它确实表明了，早先发出的关于零工工作将会是工作的未来这样一种警告可能言重了。

讨论题

1. 你认为想从事零工工作的员工比例会继续增长呢，还是大多数员工仍然只想为一个组织工作？

2. 你认为研究人员在犯错时愿意承认错误有多重要？为什么？

资料来源：J. Zumbrun, "How Estimates of the Gig Economy Went Wrong," *Wall Street Journal*, January 8, 2019, from https://www.wsj.com/articles/how-estimates-of-the-gig-economy-went-wrong-11546857000? mod = hp _ lead _ pos4.

对一家公司内部的优势和劣势进行分析同样需要人力资源管理职能的参与。现如今，许多公司越来越清醒地意识到，人力资源是它们最为重要的资产之一。如果一家公司未能考虑到自己的劳动力队伍具有的优势和劣势，那么它很可能会选择自己本来没有能力实现的那些战略。[21]尽管如此，一些研究表明，能够在人力资源管理职能和战略管理过程之间达到上述联系水平的企业为数不多。[22]举例来说，一家公司选择了通过改进技术降低成本的战略。这家公司围绕计算机一体化制造系统建立了一家运用统计过程进行控制的工厂。尽管这种战略选择看上去非常好，但是这家公司很快就发现事实并非如此。它发现自己的员工根本就不会操作这些新设备，原因是在该公司的员工队伍中，25％的人基本上是文盲。[23]

因此，当一家企业的人力资源管理职能与战略管理职能具有一体化联系时，战略规划者在做出一项战略选择前会考虑到所有与人有关的经营问题。在根据企业的使命、目标、机会、威胁、优势和劣势等确定了与人有关的问题之后，就可以引导企业的战略规划团队做出更为明智的战略选择。尽管这一过程本身并不能确保企业的战略最终取得成功，但关注与人有关的问题却更有可能使企业的选择最终获得成功。

最新的研究为高层人力资源管理者全面参与战略制定过程的必要性提供了支持。一项对美国石化冶炼行业进行的研究发现，人力资源管理职能参与战略制定的程度，与该行业中的管理人员对人力资源管理职能有效性的评价结果是正相关的。[24]另一项对一些制造企业进行的研究发现，当高层管理者把员工视为一种战略性资产的时候，人力资源管理职能参与战略制定过程的水平是最高的，并且这种情况与员工流动率的下降联系在一起。[25]然而，这两项研究都表明，人力资源管理职能参与战略制定的程度与经营单位的财务绩效并没有什么关系。

　　研究表明，能够真正将人力资源管理融入企业战略制定过程之中的企业为数不多。[26] 正如我们在前面提到的那样，许多企业已经开始认识到，在竞争激烈的环境中，战略性地管理人力资源能够为企业提供竞争优势。因此，那些人力资源管理和战略管理之间仍然处在行政管理联系这一层次上的企业只会有两个结果：一个是将这种联系提高到更一体化的层次上来，另一个就是逐渐消亡。此外，如果企业想要从战略的高度来对人力资源进行管理，也必然会向人力资源管理与战略决策的一体化联系这一层次过渡。

　　在战略制定的过程中，将所有与人有关的经营问题都考虑在内是至关重要的。而这些与人有关的问题都在人力资源管理职能的范围之中。将人力资源管理职能融入战略制定过程之中的机制或结构可以帮助战略规划团队制定出最为有效的战略决策。一旦战略选择确定下来，人力资源管理就必须在战略执行过程中扮演积极的角色。关于这一角色，我们将在下一节中讨论。

2.5　战略执行

　　一旦组织选定了自己的战略，它就必须实施这种战略，即将这种战略落实到组织的各项日常工作中去。一家公司追求的战略决定了它必然会有某些特定的人力资源需要。这家公司如果想拥有良好的战略基础，它就必须通过完成某些特定的任务来实现组织目标，而组织中的个人也必须具备完成这些工作任务所必需的某些特定技能，同时还必须有足够的动力来有效地运用这些技能。

　　战略执行中隐含的一个基本前提是："一个组织在实施某种既定战略时，可以从多种不同的组织结构以及组织流程中做出选择"，而这些选择在经济方面会存在很大的差别。[27]一个组织的战略能否得到成功贯彻，主要取决于五个方面的重要变量：组织结构；工作任务设计；人员的甄选、培训与开发；报酬系统；信息的类型。

　　正如我们在图 2-6 中看到的那样，在战略执行的这五个重要变量之中，人力资源管理对其中的三个变量负有主要责任：工作任务设计，人员的甄选、培训与开发，以及报酬系统。此外，人力资源管理还能够直接影响其他两个变量：组织结构和信息的类型。首先，要想使战略得到成功执行，就必须以一种效率高且效果好的方式来设计工作任务，同时将这些工作任务组合为一个个职位。[28]在第 3 章中，我们将考察如何通过工作分析和工作设计过程来达到这一目的。其次，人力资源管理职能还必须确保组织有适当的人员配备，这些人必须具备在战略执行过程中为完成各自承担的工作所必需的知识、技能以及能力。这一目标主要是通过招募、甄选与配置、培训、开发以及职业管理——这些主题我们会在第 4 章、第 5 章、第 6 章以及第 8 章中讨论——等来实现的。此外，人力资源管理职能还必须设计组织的绩效管理系统以及报酬系统，以引导员工为战略规划的实现而努力工作并提供支持。关于绩效管理系统的具体类型，我们会在第 7 章中加以讨论，而围绕报酬系统构建产生的各种问题，我们会在第 10 章和第 11 章中讨论。换言之，人力资源管理职能扮演的角色就变成了下列两者之一：第一，确保企业获得适当数量的员工，同时这些员工具备战略规划要求的各种层次和类型的技能[29]；第二，建立起各种控制系统，确保这些员工的行为方式有利于推动战略规划中确定的那些目标的实现。[30]

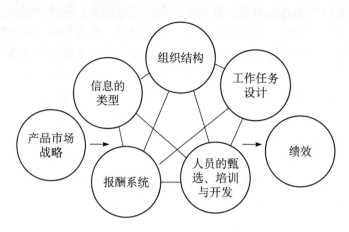

图2-6 在战略执行过程中需要考虑的变量

在探讨企业如何实施战略时，我们需要关注两个主要组成部分：组织文化和人才。

2.5.1 组织文化

组织文化可以定义如下："……一家公司如何开展业务的一组复杂的价值观、信念、假设和符号。"[31]文化界定了一家企业的利益相关者（员工、客户、供应商和竞争对手）是谁以及企业如何与他们进行互动。只要你去商店购物、在餐馆吃饭或者住酒店，都能体验到组织文化。在这些场景下，你与员工的互动就可以反映出这些组织希望怎样与你和其他客户打交道的价值观和信念。最近发生的一些丑闻——比如富国银行开设虚假客户账户或者优步公司发生性别歧视——已经对这些公司的声誉产生了严重损害，从而促使这些公司的首席执行官和董事会对文化给予更多的关注。根据最近一项面向首席人力资源官所做的调查，文化已经上升为首席执行官要求他们交付的第三大成果。[32]此外，美国企业董事协会最近还为董事会成员编制了一份报告。这些丑闻虽然表明了一种功能失调的文化可能带来的严重后果，但并不能充分展示文化对推动组织成功所具有的全部潜力。

在前面我们曾经提到过，战略需要回答的一个关键问题是，从我们为客户提供的价值的角度来看，"如何进行竞争"。因为文化有助于定义公司与客户互动的方式，所以当文化中的价值观与客户的价值一致时，公司就有更好的机会实际向客户提供价值。[33]如果一家像万豪集团（Marriott）这样的公司试图通过客户服务使自己变得与众不同，如果服务确实代表了公司文化中最为重要且最为明确的价值观之一，那么它就能够更为有效地做到这一点。

此外，"依靠什么进行竞争"是另一个重要的战略问题，它关注的是培育为客户提供价值的能力所需的人员、技术和流程。对于吸引和留住有利于企业形成这种能力的正确的人，以及通过引导他们的行为帮助企业最大限度地提供客户价值而言，文化是一个重要的渠道。

人力资源管理领域的知名专家戴维·尤里奇（Dave Ulrich）认为，有效的文化是公司的价值观与客户从该公司寻求的价值存在直接内在联系的文化。[34]例如，他提到了

《纽约时报》（*New York Times*）上刊登的关于亚马逊的一些做法的负面报道（其中的一些做法如果属实的话，确实是不道德的）以及该公司苛刻、严格和驱使性的文化。他接着问大家为什么要从亚马逊购物？大家提到了低成本、可预测的短交货期以及与之合作的便利性。在阐述自己的观点时，他向听众提了一个问题：亚马逊需要一种什么样的文化才能为客户提供这些有价值的成果。很显然，亚马逊需要一种具有纪律性、标准化、严谨性和精确性的文化才能满足客户的期望，使他们愿意到亚马逊而不是其他地方去购物。

因此，为了使公司能够最大限度地提高效率和有效性，公司的战略和文化都需要与它将提供给客户的价值保持一致。

2.5.2　人才

在开始讨论其他问题之前，很重要的一点是首先要界定人才的含义。人才是一个经常被用到的术语，但是当人们用这个词来描述与人有关的问题时，大家说的却未必是一个意思。例如，有些公司将人才视为公司在当前以及未来的领导者。有些公司则认为人才就是在广义上能够对公司的业绩产生积极影响的人。还有些公司将人才视为那些对公司有很大的（正面或负面）影响的人。虽然所有这些定义都是没问题的，但我们想要强调的还是后一种定义，这样才能为我们提供一种更为清晰的方法来说明如何实施战略性人力资源管理方法。

在战略性人力资源管理领域的早期阶段，许多人都试图开发与不同战略相关的不同类型的人力资源管理实践划分方法。而将人力资源管理与战略联系起来的近期尝试则主要集中在通过理解组织的价值链来对战略、核心能力和人员加以整合。这就需要确定公司希望在哪里寻求创造最大的价值以及创造价值需要哪些人才。大家或许还记得，我们在本章前面提到的主要战略问题包括"到哪里进行竞争?""如何进行竞争?"以及"依靠什么进行竞争?"而要把人才和战略联系起来，就需要把重点放在"如何"以及"依靠什么"的问题上来。

价值链是一个将组织的各个不同部分——比如研发、供应链、制造、分销和服务等——分解为各种能力的模型（如图 2-7 所示）。对于决策者来说，第一步是要确定他们寻求在价值链的哪个环节上为客户创造最大的价值。我们在本章前面提到了"如何进行竞争"的问题，也就是说我们的产品或服务在哪些方面是与众不同的，从而使客户愿意从我们这里而不是到竞争对手那里去购买。我们可以把两个问题联系起来考虑，如果一家公司试图通过创新来提供价值，那就意味着该公司的研发能力必须是世界一流的。如果这家公司想成为成本最低的公司，那么它可能需要在供应链或制造能力方面达到世界一流的水平。同样，我们还可以通过理解为客户提供战略价值所需的能力将"如何进行竞争"的问题与"依靠什么进行竞争"的问题联系起来。例如，许多人想拥有一辆特斯拉轿车。一些人指出，特斯拉最好像苹果公司那样将汽车制造外包给一家更擅长制造汽车的公司，自己则专注于技术设计方面的创新。[35] 这里的"通过科技开展竞争"专栏描述了本田公司（Honda）是如何从其他公司"购买"能力的，因为它无法在内部以一种让自己能够具有竞争力的方式来获得这些能力。

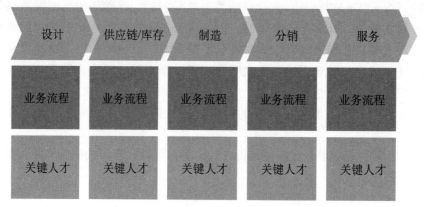

图 2-7 供应链、制造、分销和服务

➡ **通过科技开展竞争**

技术迫使本田去"购买"能力

本田公司作为全球最成功的汽车公司之一而闻名于世。它的成功在很大程度上得益于在摩托车、割草机和休闲车等多个行业应用其核心竞争力和制造发动机的工程能力。自20世纪60年代成立以来，它一直以能够设计本田产品所需的几乎所有技术而感到自豪，这已成为本田文化的一部分。事实上，公司创始人本田宗一郎曾经说过："我们拒绝依赖任何人。"

然而，公司的变革正在酝酿之中。随着传感系统和电动发动机等各种技术的迅速发展，所有的汽车制造商都在努力跟上能够使汽车变得更安全和更高效的潜在技术进步。本田根本没有足够的规模继续尝试在内部创造一切。本田现在已经从罗伯特·博世股份有限公司（Robert Bosch GmbH）购买现成的驱动感应系统。最令人惊讶的是，尽管历史上在发动机方面具有竞争力，但本田目前仍然与日立有限公司（Hitachi Ltd.）开展合作，在一家合资企业中开发电机，而后者拥有该合资公司的多数股权。

本田的首席工程师安井裕司将公司目前的想法描述为："汽车制造商专注于开发某些东西，而供应商则专注于开发其他东西。我们没有改变。发生改变的是，如果本田所有的事情都靠自己来做，那一定是低效率的。"

讨论题

为什么一家公司必须依赖其他公司的技术，而这些技术很可能对本公司的产品非常重要？公司是如何决定自己生产还是从其他公司那里购买的？

资料来源：S. McLain, "Honda Took Pride in Doing Everything Itself：The Cost of Technology Made That Impossible," *Wall Street Journal*, August 5, 2018, from https://www.wsj.com/articles/honda-took-pride-in-doingeverything-itself-the-cost-of-technology-madethat-impossible-1533484840.

其次，由于核心能力是由人员、系统和流程组成的，因此企业需要确定，为了能培育或保持这种核心能力，自己的哪些关键人才池（工作或工作族）必须是世界一流的。请注意，尽管所有的员工都具有内在价值，他们的绩效对于公司取得成功都是非常必要的，但某些员工却提供了更多的战略价值。前者必须是好员工，但后者必须是最好的员工。保诚公司（Prudential）的首席人力资源官卢西恩·阿尔齐亚里（Lucien Alziari）对此的解释是，要了解哪些员工群体必须达到世界一流水平，而哪些员工群体只需要达到"好就足够了"的水平。例如，如果一家公司寻求培育创新能力，它就需要有最优秀的研发科学家或最优秀的软件开发人员在配备了最优技术系统的最佳业务流程中工作。虽然它的制造团队也需要达到优秀的水平，但因为这种能力并不能使本公司变得与众不同，所以对这个团队来说，达到优秀的水平就足够了。因此，尽管像苹果这样的公司会努力雇用最优秀的软件开发人员来开发易于被客户使用的操作系统，但如前所述，它们会将生产外包给其他公司去完成。

这种方法将人才视为在价值链中推动向客户提供价值的关键员工群体。需要再次提醒的是，关键战略问题之一是要回答一家公司准备向客户提供什么样的价值，从而使客户愿意从自己这里购买产品或服务。正如我们在上一节中看到的，文化的关键方面之一是必须确保文化价值观与公司提供给客户的价值保持一致。最后，我们通过界定对公司创造客户价值的核心能力最为重要的群体来定义人才。因此，最佳状态是使公司的战略、文化和人才完全围绕客户价值来加以组织调整，如图 2-8 所示。

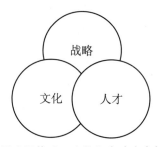

图 2-8 最佳状态是确保战略、文化和人才完全与客户价值保持一致

这从本质上看就是人力资源管理与战略之间的垂直一致性。垂直一致性意味着人力资源管理实践和流程是旨在满足企业战略需要的。而战略和人力资源管理实践之间的联系主要是通过人来实现的。这就意味着要像前面描述的那样对人才进行战略管理，同时还要管理好更大的员工队伍，使之与公司如何为客户创造价值保持一致。例如，随着 IBM 从个人电脑制造商转变为完全的集成服务提供商，它所需要的人员类型就发生了重大变化。IBM 越来越需要软件工程师来帮助自己编写新的"中间件"程序，而不是在制造厂或装配厂雇用成千上万的工人以及一支能够帮助公司客户操作这些系统的顾问队伍。此外，随着 IBM 日益成为"集成解决方案"提供商（这意味着它可以通过销售硬件、软件、咨询和服务来满足其他公司的全部信息技术需要），它也变得越来越与众不同，而员工也需要一种新的心态，即重视跨业务部门的合作，而不是自己独立运作。IBM 最近开始向"更智能的星球"转型，越来越依赖于使用大数据提供洞察。因此，随着战略的每一次变化，有效执行战略所需的技能、员工及其行为都会发生变化。

人力资源管理职能部门如何通过获得合适的人才和支持合适的文化来实施战略？如图 2-9 所示，它是通过管理下列人力资源管理实践来实现的：工作分析与工作设计、招募与甄选、培训与开发、绩效管理、薪酬结构以及劳动关系等。这里的每一种人力资源管理实践的细节都是本书所要讨论的重点。

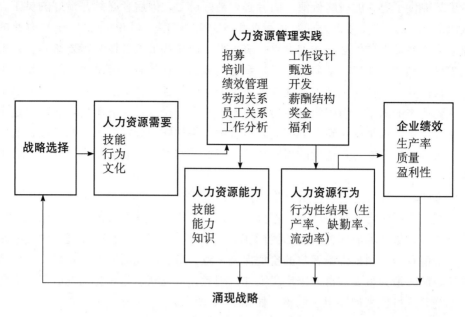

图 2-9 战略执行

不过，在这里，我们需要就人力资源管理实践及其在战略执行过程中扮演的角色做一个总体概览。然后我们讨论企业可能会选定的各种战略以及与这些战略相一致的不同类型的人力资源管理系统。下面，我们首先集中讨论各种类型的战略是如何付诸实施的，随后再来讨论与各种方向性战略相联系的人力资源管理实践。

2.5.3 人力资源管理实践

人力资源管理职能可以视为六份备选的人力资源管理实践菜单，企业可以从这些菜单中选择最适合执行自己的战略的人力资源管理实践。在这六份菜单中，每一份代表的是人力资源管理中的一个特定职能领域：工作分析与工作设计；招募与甄选；培训与开发；绩效管理；薪酬结构、奖金及福利；劳动关系与员工关系。[36]这些菜单如表 2-3 所示。

表 2-3 人力资源管理实践备选菜单

工作分析与工作设计		
少量任务	↔	多种任务
简单任务	↔	复杂任务
要求少量技能	↔	要求较多技能
具体的工作描述	↔	笼统的工作描述

招募与甄选		
外部来源	↔	内部来源
有限社会化	↔	完全社会化
评价特定技能	↔	评价一般技能
狭窄的职业发展通道	↔	宽阔的职业发展通道

培训与开发

集中在当前工作技能上	↔	集中在未来工作技能上
个人导向	↔	群体导向
培训少数员工	↔	培训全体员工
随机的、无计划的	↔	有计划的、系统性的

绩效管理

行为标准	↔	结果标准
开发导向	↔	管理导向
短期标准	↔	长期标准
个人导向	↔	群体导向

薪酬结构、奖金及福利

偏重固定薪酬和福利	↔	偏重奖金
短期奖励	↔	长期奖励
强调内部公平	↔	强调外部公平
奖励个人	↔	奖励群体

劳动关系与员工关系

集体谈判	↔	个人谈判
自上而下的决策	↔	参与式决策
有正规的预定程序	↔	无预定程序
将员工视为费用	↔	将员工视为资产

资料来源：Adapted from R. S. Schuler and S. F. Jackson, "Linking Competitive Strategies with Human Resource Management Practices," *Academy of Management Executive* 1 (1987), pp. 207 - 19; and C. Fisher, L. Schoenfeldt, and B. Shaw, *Human Resource Management*, 2nd ed. (Boston: Houghton Mifflin, 1992).

工作分析与工作设计

企业总是要生产或提供某种特定的产品或服务（或者是一系列产品或服务），而要生产这些产品或提供这些服务，就需要完成许多工作任务。将这些工作任务加以分类组合就可以形成不同的工作。**工作分析**（job analysis）就是一个获取关于工作的各种详细信息的过程。**工作设计**（job design）所要决定的则是哪些工作任务应当划归到某个特定的工作中。工作设计的方式与一个组织的战略之间存在紧密的联系，这是因为战略要么要求完成一些新的以及与过去不同的工作任务，要么要求以某种新的方式完成与过去相同的工作任务。此外，由于许多战略本身包含着引进新技术的要求，因此会对完成工作的方式产生影响。[37]

总的来说，在设计工作时，既可以让一个工作只包括范围非常狭窄的一些任务（大多数任务都是非常简单的，并且完成这些工作任务只需要具备非常有限的技能），也可以让一个工作包括范围比较大、内容比较复杂且要求完成者具有多种技能的任务。过去，企业常常利用任务范围狭窄的工作设计来提高效率，而任务范围较大的工作设计方式则往往与创新活动联系在一起。然而，随着全面质量管理（TQM）方法以及质量圈等不同类型的员工参与计划的引入，许多工作的设计都朝着任务范围扩大的方向发展。[38]

招募与甄选

招募（recruitment）是指企业为了雇用潜在的员工而寻找求职者的过程。**甄选**（selection）是指企业试图确认哪些求职者具有帮助企业达到目标所需的知识、技能、能力以及其他性格特征的过程。采取不同战略的企业需要不同类型和不同数量的员工。因此，一家企业选定的战略类型对于其需要招募和甄选的员工类型会有直接的影响。[39]

培训与开发

企业可以通过培训与开发使员工获得大量技能。**培训**（training）是指企业为了给员工学习与工作有关的知识、技能以及行为提供便利而开展的一种有计划的活动。**开发**（development）则是指企业为了使员工能够应对各种现有职位或当前尚不存在的职位需要面对的各种挑战，帮助他们获得相应的知识、技能和行为的过程。由于战略的改变往往要求员工掌握技能的类型、水平及其组合随之发生变化，因此，获取与战略相关的技能就成为战略执行过程中的一个必备要素。例如，许多公司都在强调产品质量，并且开始实施全面质量管理计划，这些计划要求企业对全体员工进行有关全面质量管理理念、方法以及其他质量保证技能的培训。[40]

通过招募、甄选、培训和开发，企业可以获得一批能够实施某种既定战略的人力资源储备。[41]

绩效管理

绩效管理（performance management）是一种用来确保员工的工作活动及其结果都与组织的目标保持一致的手段。它具体指出了哪些活动和结果能够使企业战略成功实施。例如，那些处于稳定状态（而没有采取多元化经营）的企业倾向于采用对管理人员的绩效进行主观评价的绩效评价系统。这种做法源于这样一个事实，即那些位居一线的各级管理人员对应当如何完成工作有非常充分的了解。相反，那些采取多元化经营的企业在对管理人员的绩效进行评价时，更倾向于采用量化的绩效评价指标。这是因为，企业的高层管理者对那些级别在其之下的管理人员应当如何完成工作并不是很清楚。[42]

类似地，当企业的高层管理人员非常了解什么样的行为会导致较高水平的绩效时，他们往往倾向于采用重点评价下属管理人员的行为的绩效管理系统。然而，当高层管理人员并不清楚哪些行为会导致高绩效时，他们往往更倾向于对下属管理人员的某些客观绩效结果进行评价。[43]

我们在图 2-10 中举例说明了绩效管理是怎样与战略相匹配的。这张图来自医疗保健行业中的一家公司，该公司的战略包括五个战略要点，或者说是需要努力达成的五个方面的目标。在这家公司中，每一位员工每年都必须确定自己的绩效目标，而且每一项目标都至少与其中的一个战略要点相关。该公司的人力资源副总裁会利用公司的技术系统去检测每个业务单位或每个职能部门对这些战略要点的关注程度。图 2-10 描述了在这家公司的各个部门中，与各个战略要点相联系的业务目标在全部目标中所占的百分比。这些数据可以帮助企业判断整个公司范围内的目标组合以及每一个业务单位或职能部门内部的目标组合是否正确。

战略要点	A业务单位	B业务单位	国际部	投资部	财务部	法律部	信息技术部	人力资源部	企划部
达成卓越的医疗业绩	10.5%	12.5%	2.7%	7.6%	3.1%	2.7%	11.4%	2.1%	10.0%
有效服务我们的顾客	24.7%	27.2%	36.7%	12.2%	10.3%	27.2%	18.9%	19.5%	23.7%
创建更好的产品或服务	5.6%	6.1%	10.1%	9.8%	5.0%	10.1%	15.3%	8.9%	6.9%
创建一个获胜的环境	27.7%	29.7%	30.1%	29.9%	30.3%	33.7%	22.4%	39.4%	27.7%
形成成本优势	31.5%	24.5%	20.5%	40.5%	51.3%	26.3%	32%	30.0%	31.7%
合计	100%	100%	100%	100%	100%	100%	100%	100%	100%

图 2 - 10　个人绩效计划中与每个战略要点保持一致的目标所占的百分比

薪酬结构、奖金及福利

薪酬系统在战略执行方面扮演着非常重要的角色。首先，支付比竞争对手更高的薪酬以及（或）福利，通常能够确保公司吸引和留住高质量的员工，但这种做法会对企业的总体劳动力成本产生不利的影响。[44]其次，企业可以通过把薪酬与绩效挂钩来引导员工完成某些特定的活动以及达成一定的绩效水平。

在一项关于薪酬管理实践是如何与战略联系在一起的研究中，研究者对 33 家高科技企业和 72 家传统企业进行了考察。他们根据企业所处的成长阶段将这些企业划分为两类，一类是成长期企业（年销售额在经过通货膨胀调整后仍然能够达到 20％以上的企业），另一类是成熟期企业。研究者发现，处在成长期的高科技企业采用的薪酬系统特别偏重奖励性薪酬，而固定薪酬以及福利所占的比重很小；那些处于成熟期的企业（其中既有高科技企业，也有传统企业）采用的薪酬系统则倾向于将薪酬总额中的一个很小百分比分配给奖励性薪酬，而福利部分所占的比重却很大。[45]

劳动关系与员工关系

无论企业是否已经工会化，它们与员工打交道的总体方式都会对企业赢得竞争优势的潜力产生强烈的影响。

企业既可以把员工视为需要利用各种资源对其进行投资的资产，也可以将他们视为必须努力控制在最低水平上的费用支出。[46]企业必须做出这样的选择，即到底有多少员工可以而且应当参与决策，员工应当拥有哪些权利，企业对员工应当承担哪些责任。一家公司在进行这些决策时所采取的方法，要么会帮助企业成功地实现其短期和长期目标，要么会导致企业走向灭亡。

最近的一项研究开始考察企业到底是如何设计出能够实现组织绩效和生产率最大化的成套人力资源管理实践的。比如，一项对全世界的汽车装配厂所做的研究发现，那些生产率和产品质量都很高的企业采用了最佳人力资源管理实践。比如，它们极为强调员工的招募和雇用；薪酬与绩效挂钩；较小的身份和地位差异；无论是对新员工还是对有一定工作经验的老员工都提供高水平的培训；通过工作团队以及问题解决小组等形式来实现员工参与。[47]另一项研究发现，包括甄选测试、培训、浮动薪酬、绩效评价、员工态度调查、员工参与以及信息共享等在内的人力资源管理系统，往往会帮助企业达到较高的生产率水平和财务绩效，同时实现较低的员工流动率。[48]最后，最近的一项研究发现，那些被评为"最佳工作场所（或最佳雇主）"的公司比那些没能上榜的公司有更好的财务业绩。[49]类似的对比结果在其他很多研究中也有所体现。[50]

除了人力资源管理实践和业绩之间存在总体联系，在今天这种快速变化的环境中，企业还必须实现快速变革，而这要求员工的技能和行为必须随之发生变化。在一项研究中，研究者发现，人力资源管理实践、员工技能以及员工行为所具有的灵活性都与公司的财务业绩存在正相关关系，但只有员工技能的灵活性与企业在成本方面的效率相关。[51]尽管研究发现存在这些方面的关系，但是这些变量之间的因果关系并没有得到证明。举例来说，虽然有效的人力资源管理实践有助于公司达成更好的绩效，但盈利水平高的公司在人力资源管理实践方面投入的资源更多也是一个不争的事实。[52]研究结果似乎表明，尽管在人力资源管理实践和组织绩效之间总是存在正相关关系，但我们也无法得出这样一种偏激的论断，即更多地采用人力资源管理实践就能自动实现企业盈利水平的提高。[53]

2.5.4 战略的类型

正如我们在前面讨论过的，可以根据企业采用的总体战略来对它们进行分类。需要指出的很重要的一点是，这些总体战略并不是我们所说的某一项战略规划。它们是若干家企业在某个行业中开展竞争时，在竞争方式上存在的相似性。我们在前面曾经提到多种类型的总体战略，不过在这里，我们将集中讨论迈克尔·波特（Michael Porter）提出的两种总战略：一是低成本战略；二是差异化战略。[54]

根据波特的理论，企业竞争优势的来源是一家公司在生产过程中创造价值的能力。价值可以通过以下两种方式创造出来：一是企业可以通过降低成本创造价值；二是企业可以通过使自己的某种产品或服务与其他企业的产品或服务有所不同，借此确定比竞争对手更高的价格，从而创造价值。这样就导致了两种不同的基本战略。根据波特的观点，低成本战略强调的是企业努力成为本行业中成本最低的生产者。实现这种战略的途径主要有以下几种：建设规模更大因而效率更高的工厂；利用经验曲线来降低成本；控制一般管理费用以及在研发、服务、销售队伍和广告等方面的成本支出。这种战略能够给企业带来高于行业平均水平的收益，并且有助于阻止其他公司进入本行业，这是因为，采用这种战略的企业有能力将自己的产品或服务价格降到比竞争对手更低的水平上。

根据波特的观点，差异化战略的目的是给人们造成这样一种印象，即本企业的产品或服务与同行业中其他企业的产品或服务是不同的。这种感觉上的差别可以来自企业创造出的某个品牌形象，可以来自企业采用的技术，也可以来自企业的产品或服务的某些特性，还可以来自企业提供的独特的客户服务。如果一家企业成功地使自己的产品与其他公司的产品区分开来，那么它就能获得高于平均水平的收益，并且这种差别还会保护该企业不会受到价格敏感性的影响。例如，戴尔公司曾经利用其供应链和直销模式赢得了成本最低的电脑供应商的声誉。然而，如今该公司的利润正在受到侵蚀，这是因为，尽管消费者市场在不断增加，但是惠普公司（HP）却通过零售店出售很多与众不同而且看起来更时尚的电脑，消费者在这些零售店里还可以直接接触和体验产品。此外，苹果公司也借助自主研发的操作系统将自己与其他同行区别开来，这些操作系统能够很好地与诸如苹果视频播放器和苹果手机等这样一些外围设备进行整合。在上面的两个例子中，惠普公司和苹果公司都可以获得比戴尔公司更高的溢价（相比之下，苹果公司的溢价更高一些）。[55]

2.5.5 各种不同战略类型的人力资源管理需要

尽管从一般意义上来讲，任何一种类型的战略都需要有能力的人来执行，但每一种战略所需要的员工类型，即对员工的行为和态度的要求是不同的。正如我们在前面指出的，不同的战略不仅对员工需要具备的特定技能有不同要求，同时还要求他们能表现出不同的"角色行为"。[56]所谓**角色行为**（role behaviors），就是指任职者在一个特定的社会工作环境中按照自己扮演的角色的要求表现出来的各种行为。这些角色行为在许多维度上都存在差异，并且不同的战略要求员工表现出不同的角色行为。举例来说，那些采取低成本战略的企业通常都要求员工高度关注数量和短期成果，乐于接受稳定的状况，同时对风险采取规避态度。企业期望这些员工表现出来的角色行为通常具有相对重复性，并且能够独立完成或自动完成。追求低成本战略的公司把重点放在了高效率生产方面，通常倾向于明确地界定自己需要的那些员工技能，同时会在这些技能领域中对员工进行培训投资。此外，它们还非常依赖行为绩效管理系统，并且会将薪酬的很大一部分与绩效挂钩。这些公司往往采取内部晋升的做法，同时会设计和实施具有内部一致性的薪酬系统——在这种薪酬系统中，直接上级和下属人员之间的薪酬差距会比较大。这类公司往往通过员工参与以及听取员工提出的关于如何提高生产率的意见来达到更高的效率。

相比之下，那些在追求差异化战略的公司中工作的员工则需要具有较高的创造性和合作性，对数量只要适度关注就可以了，他们应当重视长期结果，对模糊性有一定的容忍度，愿意承担风险。这类企业期望员工表现出来的角色行为包括与他人合作、提出新的观点，以及采用能够在工作过程和工作结果之间适当保持平衡的工作方法，等等。

因此，那些追求差异化战略的公司通常会采用较为笼统的职位描述将职位内容界定得比较宽泛，以获得员工更多的创造力。这些公司可能会更多地从外部招募员工，对新进的员工只进行有限的社会化，为员工提供更宽的职业发展通道。这类公司的培训和开发活动非常注重强化员工的合作能力，同时它们的薪酬系统更多地关注薪酬的外部公平性，因为这种公司的招募需求非常旺盛。最后，这种公司通常会建立基于结果的绩效管理系统，并且通过对部门以及整个公司的绩效进行评价来鼓励管理者勇于承担风险。[57]这里的"循证人力资源管理"专栏描述的一些研究就对承诺型与控制型人力资源管理系统做了比较。

➡ 循证人力资源管理

承诺抑或控制？还是承诺加控制？

一项专门以美国小型钢铁企业的人力资源管理实践为对象的研究发现，采取不同战略的小型钢铁企业采用的人力资源管理系统也是不同的。那些希望成为成本领袖的钢铁厂更倾向于采用控制型人力资源管理系统，这种系统的主要特征是高集权、低参与、少培训、低薪酬、低福利，并且浮动薪酬所占比重较大。而那些选择采用差异化战略的钢铁厂则采用承诺型人力资源管理系统，这种系统的主要特征在以上各个方面都与控制型人力资源管理系统完全相反。后来的一项以相同样本作为对象的研究揭示，与那些采用控制型人力资源管理系统的钢铁厂相比，采用承诺型人力资源管理系统的钢铁厂不仅生产率更高、缺陷率更低，而且员工流动率也更低。

　　然而，最近的研究表明，承诺与控制的区别可能是错误的。一项研究发现，增加控制措施（纪律程序、监控员工等）可以解释公司业绩的额外差异。另一项研究发现，在同时实施承诺和控制措施的公司中，绩效最高。

资料来源：Z. Su and P. Wright, "Human Resource Management System and Firm Performance: A Study Based on the Chinese Context," *International Journal of Human Resource Management*, 23 (10), 2012, pp. 2065-86; Z. Su, P. Wright, and M. Ulrich, "Beyond the SHRM Paradigm: Four Approaches to Governing Employees," *Journal of Management*, (in press) DOI: 10.1177/0149206315618011.

2.5.6　方向性战略

　　正如我们在本章前面讨论过的，战略类型的划分有助于区分不同的企业在同一行业中开展竞争的方式。然而，我们还有必要理解企业规模的扩大（成长）或缩小（精简）对人力资源管理职能产生的影响。例如，企业的高层管理团队可能会做出这样的决定：公司需要在产品开发方面加大投资，或将多元化经营作为实现增长的一种途径。企业战略的确定有助于人力资源管理职能帮助企业对各种备选方案的可行性进行评价，同时制订出能够支持这些战略选择的各种方案。

　　企业通常采用以下四种可能的方向性战略来达到上述目的。[58]强调市场份额或者运营成本的战略称为集中战略。采用这种战略时，企业会重点关注在已经占有的市场上做到最好，这种做法可以称为"管好自己的事情"。而那种重点关注市场开发、产品开发、创新或者合资等内容的战略则称为内部成长战略。采用内部成长战略的企业往往会将其所有资源组织起来以强化现有的优势。而那些努力实现纵向一体化或横向一体化或者多元化经营的战略则属于**外部成长战略**（external growth strategy），这种战略常常是通过企业兼并付诸实施的。采用这种战略的企业一般会通过兼并或创建一家新的企业来拓展自身的资源或者是强化其市场地位。最后，还有一种剥离战略或精简战略。这种战略通常包括裁员、剥离或清算等。这种战略可以在那些由于面临严重经济困难而希望缩小经营范围的企业中见到。上述这些战略对人力资源管理所产生的影响各不相同。

集中战略

　　集中战略（concentration strategy）要求企业维持组织中目前已经具有的技能。这就要求企业的培训方案能够提供一种途径，使组织中的现有员工可以维持所掌握的技能。与此同时，企业的薪酬计划应当将重点放在留住那些拥有这些技能的员工方面。实施这种战略时，企业的绩效评价往往更为重视员工的行为，因为这时候企业所处的环境较为确定，达成有效绩效所必需的那些行为建立在员工广泛的工作经验基础之上。

内部成长战略

内部成长战略（internal growth strategy）在人员配备方面会遇到较为独特的难题。企业成长要求持续不断地雇用、调动以及晋升员工，而向不同市场进行扩张的结果又有可能会改变与此相关的员工所必须具备的技能。此外，采用这种战略的企业在绩效评价系统中常常会同时包括行为和结果两个方面的内容。其中，行为评价强调的重点取决于员工在某一特定产品市场上的哪些行为是有效的，而结果评价强调的则是实现增长目标。采用这种战略的企业在薪酬系统设计方面非常重视对增长目标的达成给予奖励，这类企业的培训需要则因企业寻求内部成长方式的不同而有所不同。比如，如果企业希望扩大市场，那么培训的重点就是关于每个特定市场的知识，尤其是当企业向国际市场扩张的时候。相比之下，当企业追求的是创新或者产品开发时，培训内容的技术性会更强一些，同时它也会强调像团队建设这样一些人际关系技能。合资成立的新企业往往需要在解决冲突的技能等方面对员工进行大量培训，这是因为在合资的情况下，企业面临的主要难题是如何将来自两种不同组织文化的人员进行整合。

兼并

今天，我们越来越多地看到在各个行业内部出现的企业合并以及跨行业兼并的情况。比如，宝洁公司（Procter & Gamble）同意收购吉列公司（Gillette）就属于行业内部的企业合并，或者说是同一行业内部企业数量减少的情况。再如，花旗银行（Citicorp）和旅行者集团（Travelers Group）通过合并组建花旗集团（Citigroup）则代表了来自不同行业（纯粹的金融服务业和保险业）的两家企业通过合并增强双方发展动力的一种努力。然而，无论兼并属于何种类型，有一件事是确定无疑的，这就是兼并案件的数量正在增长，而人力资源管理需要参与其中。[59]此外，主动开展兼并活动的往往是一些全球性的超大型公司——尽管有些人警告说这样的兼并并不一定有效。

根据美国经济咨商会提供的一份报告，"人的问题"是导致许多兼并活动不能取得预期成功的主要原因之一。当前，一些公司在实施兼并之前非常重视对企业文化的权衡。例如，美国快捷药方公司（Express Scripts）在兼并 Value Rx 公司之前，其高层管理人员就专门与作为兼并对象的 Value Rx 公司的中高层管理人员进行了会谈，以了解和感受该公司的文化。[60]尽管如此，在接受调查的企业高层人力资源管理者中，只有不到 1/3 的人说他们对本公司的兼并方案制订产生了重要的影响，虽然他们中有 80% 的人认为，在兼并交易最终达成之后，人的问题会对兼并的成功产生重大影响。[61]

人力资源管理除了应当在评价某一并购机会方面扮演重要角色，在某一并购计划的实际执行过程中同样应充当重要角色。当企业采用外部成长战略时，在解决冲突的技能方面进行培训就非常必要。外部成长战略中的各项选择都会涉及兼并其他企业或者创建新的企业，而这些企业往往与原来的企业有着不同的文化。因此，企业的许多人力资源管理方案都面临这样一个问题，即如何将一家公司内部各业务单位之间的人力资源管理实践进行整合和标准化处理。当然，在对不同业务单位之间的人力资源管理实践进行标准化处理时，企业还需要权衡一下在考虑以下两种情况之后这种标准化具有的相对价值：一是每个业务单位可能会面临自己独特的环境要求；二是两家企业之间的理想整合程度是怎样的。例如，从薪酬管理实践的角度来说，一家公司可能愿意采用一种具有内部一致性的薪酬结构，以维护员工在一个规模较大的组织中需要产生的公平感。在IBM新组建的一家公司中，员工就向公司施加压力，要求公司维持与IBM的主要业务单位相同的薪酬结构。然而，另一些企业所处的经营环境却决定了，它们的薪酬管理实践在相当大程度上应当由市场力量驱动。在这种情况下，如果要求这些企业也采取在其他经营环境中通行的一些薪酬管理实践，那么很可能会导致一种无效薪酬结构的出现。

组织精简

在当今的竞争性环境中，人力资源管理对于一个组织的重要性还体现在它在**组织精简**（downsizing）（也称裁员）或"瘦身"的过程中所扮演的角色上。正在经历组织精简的企业数量大幅上升。从2008年的第三季度到第四季度，大规模裁员的数量剧增，尽管后来此趋势有所减缓，但裁员数量仍然十分明显（见图2-11）。[62]事实上，有些裁员是公司突然破产导致的，而公司破产仅仅是因为公司没有可持续的商业模型。此外，即使是在经济增长的背景下，面临挑战性环境的公司仍然可能继续裁员。例如，在2016年中期，梅西百货公司（Macy's）就裁员4 350人，微软裁员4 700人，英特尔（Intel）裁员12 000人，哈里伯顿（Halliburton）裁员15 200人，沃尔玛裁员17 500人。[63]最近对裁员的相关文献所做的回顾指出，裁员往往达不到公司的财务目标和组织目标，而且会对员工士气和生产力产生负面影响。[64]

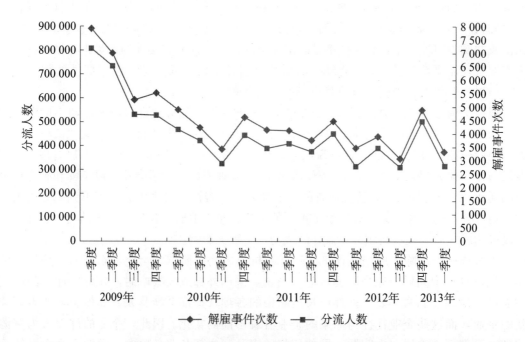

图2-11 2009—2013年的解雇事件和人员分流数量

资料来源：U. S. Department of Labor, Bureau of Labor Statistics, "Mass Layoffs Summary," May 13, 2013, www. bls. gov/news. release/mslo. nr0. htm.

人们可能很难忘记在 20 世纪 90 年代末，尤其是在著名的网络公司狂潮中爆发的那场大规模的"人才战争"。那时，每家公司都在努力成为最佳雇主，建立雇主品牌，同时形成自己的员工价值主张，以此作为吸引并留住优秀人才的重要途径。这里的"通过环境、社会和公司治理实践开展竞争"专栏介绍了面向全球的 400 多名首席执行官所做的一项调查的结果，以及他们是如何将人才和文化作为本职工作的关键部分的。

➡ 通过环境、社会和公司治理实践开展竞争

首席执行官关注文化和人才

成为首席执行官（CEO）就代表着高管到达职业生涯发展的顶峰了。这个职位扮演着监管整个组织的角色。但这项工作也暗含着风险，据估计，首席执行官的平均任期大约为四年。这就意味着，如果首席执行官不能从一开始就成功地管理好自己的角色中最为重要的部分，他就不太可能在这个位置上待很久。

搜索公司亿康先达公司（Egon Zehnder）最近对全球的 408 位首席执行官进行了调查，以评估他们认为最为困难的工作任务是什么，尤其是在他们觉得在升职时自己准备还不足的部分。有趣的是，这项调查的结果支持了我们在本章中讨论的主题，即协调和有效管理战略、人才和文化的重要性。

首先，当被问及首席执行官这个角色的各方面与他们的期望的相符程度时，他们发现的最为困难的三个方面是"推动文化变革""为自己以及反思留出时间""打造自己的高层领导团队"。关于文化，首席执行官提供的例子包括"更好地理解高绩效文化的建设"以及"文化是如何抵制变革的，否则我就会以更快的速度去推进变革"。关于人才，尤其是高级人才团队，一位首席执行官这样写道："培养、雇用、培训、信任一个强大的团队使我能够将大部分工作委托给其他人。能够让别人果断地做决定和采取行动是我最重要的能力。"

此外，当被问及除了打造一个强大的企业，还有哪些工作目标对他们来说最重要时，62％的人希望"有目的地创造一种以价值为基础的文化"。一位首席执行官说："作为首席执行官，我真诚地希望公司成长为一家对我们的社会至关重要和不可或缺的公司。我想把我所有的精力都投入到思考如何为此做出贡献和采取行动上。"

讨论题

1. 你认为首席执行官为什么必须高度重视身边的人才？
2. 你认为首席执行官为什么很重视公司的文化？

资料来源：K. Najipoor-Schette and D. Patton, "The CEO: A Personal Reflection," 2018, from https://ceostudy. egonzehnder. com/The-CEOreport-Egon-Zehnder. pdf.

动态的经济环境要求企业不断地调整自己的员工队伍，这就意味着企业会面临一个重要问题：在公司解雇了相当大一部分员工的情况下，怎样才能享有"最佳雇主"的声誉，怎样才能使员工兢兢业业地去实现公司的目标？企业回答这一问题的方式将会决定它们怎样通过满足作为利益相关群体的员工的需要来进行竞争。

尽管组织精简的频率提高了，但有研究揭示，许多组织精简计划远远没有达到在提高生产率以及增强企业盈利能力方面取得全面成功的目标。比如，表2-4中描述的美国管理学会（AMA）的这项调查结果显示，在完成组织精简的企业中，只有1/3的企业确实达到了提高生产率的目标。美国管理学会所做的另一项调查发现，2/3以上的实施了组织精简计划的企业在一年之后又做了同样的事情。[65]另外，Mitchell & Company 咨询公司的研究发现，那些在20世纪80年代实施过组织精简计划的公司在1991年的股票价格要低于行业的平均股票价格。[66]因此，很重要的一点就是要理解对组织的精简过程进行管理的最佳方式是什么，特别是要从人力资源管理的角度来认识这一问题。

表 2-4　组织精简达到理想效果的情况

期望达到的效果	达到理想效果的企业所占百分比（%）
降低费用	46
增加利润	32
改善现金流	24
提高生产率	22
提高投资回报率	21
增强竞争优势	19
削弱官僚主义	17
改善决策质量	14
提高客户满意度	14
增加销售额	13
扩大市场份额	12
改善产品质量	9
实现技术进步	9
增强创新能力	7
避免公司被接管	6

资料来源：From *Wall Street Journal* by News Corporation；Dow Jones & Co，June 6，1991.

组织精简既对人力资源管理提出了诸多挑战，同时也提供了许多机会。[67]从挑战的角度来说，人力资源管理职能必须通过裁掉那些绩效价值不大的员工来对公司的员工队伍实施"外科手术"式的精简。然而要做到这一点却十分困难，这是因为最优秀的员工一般都是最有能力（常常也是最愿意）去寻找其他就业机会的，因此他们很有可能在裁员开始之前就主动离开企业。比如，1992年，通用汽车公司就与美国汽车工人联合会达成了一项提前退休计划协议，这项计划针对的是那些在通用汽车公司工作了10年或10年以上且年龄在51~65岁之间的工人。这项计划为那些同意退休的工人提供全额养老金福利，即使他们在退休之后到其他公司继续工作。此外，公司还给他们提供一笔用于购买一辆通用汽车的1.3万美元的奖励。[68]正如本章开篇提到的那样，这是通用汽车公司面临的劳动力成本问题之一。

尽管提前退休计划是一种比较人道的做法，但它实质上是一种采用"手榴弹"轰炸的方式来精简劳动力队伍的做法。这种组织精简方式对于绩效优秀的员工和绩效较差的员工不加区分，而是将某个员工群体整体精简掉了。事实上，最近的一项研究揭示，那些借助提前退休计划精简劳动力队伍的企业，往往在一年之内又不得不重新雇用人员去替代那些被自己精简掉的人才。这类企业往往难以实现降低成本的目的，这是因为它们在招募和留住新员工方面所支出的成本常常达到那些被精简员工的薪酬总额的 50％～150％。[69]

人力资源管理面临的另一个挑战是：如何提高那些在裁员之后仍然留在企业的员工的士气？关于这一点，我们将在第 4 章进行更为详细的讨论。一方面，这些裁员中的幸存者可能会有一种负疚感，因为他们的朋友被解雇了，而自己却保住了工作。另一方面，他们又有可能会羡慕那些拿着诱人的遣散费和养老金福利退休的朋友。他们对组织的满意度和忠诚度的下降可能会影响他们的工作绩效。因此，人力资源部门必须通过与留下来的员工进行开诚布公的沟通来培养他们对企业的信任感和归属感，而不是对员工隐瞒信息。[70]企业应当告知全体员工实施组织精简的目的、需要削减的成本、组织精简的时间长短以及企业采用的战略。此外，那些裁员的企业往往还会构建将员工个人薪酬与组织成功度挂钩的薪酬系统。员工所有权计划通常是裁员的一个衍生品，而像斯坎伦计划（Scanlon plan）（我们将会在第 11 章讨论）这样的收益分享计划则是用来激励员工降低成本的方式之一，因为降低成本会使他们在经济上受益。

尽管人力资源管理面临上述种种挑战，但组织精简也给人力资源管理提供了一些机会。首先，它使企业得以摆脱原来的不良习气，给企业带来新鲜的思想。其次，组织精简还能为企业改变组织文化提供难得的机会。在那些以劳动关系双方对立为特征的企业中，裁员可能会迫使双方学会合作，从而建立起一种新型的、积极的劳动关系。[71]最后，组织精简可以让企业的高层决策者明白人力资源对企业的最终成功具有的价值。人力资源管理扮演的角色之一，就是以一种不会使这种价值流失的方式对组织精简过程进行有效管理。我们将在第 4 章讨论作为一种劳动力队伍管理战略的组织精简所具有的含义。

2.5.7　战略评价与控制

战略管理过程的最后一个组成部分是战略评价与控制。到目前为止，我们一直在集中讨论战略规划和战略执行问题。然而，经常性地对战略本身以及战略执行过程的有效性进行监控也极为重要。这种监控有可能使企业找出存在问题的领域，然后对现有的组织结构和战略进行修正，或者重新设计新的组织结构和战略。在这一过程中，我们可以看到涌现战略的出现以及人力资源在获取竞争优势中的关键作用。

■ 2.6　人力资源在提供战略竞争优势方面的角色

到目前为止，我们已经分步骤对战略管理过程做了一个完整的描述，指出了人力资源的问题在战略决策之前是如何提出来的，企业如何通过设计人力资源管理实践来执行战略。然而，在这里我们必须指出，人力资源还能够通过涌现战略以及增强企业竞争力这两条途径为企业提供战略竞争优势。

2.6.1　涌现战略

　　在讨论了战略管理过程之后，我们还必须区分预设战略和涌现战略。大多数人把战略看成是为了实现某些预定目标而采取的有目的的、积极的和理性的决策。我们到目前为止讨论的战略观实际上指的都是预设战略。**预设战略**（intended strategies）是指企业的高层管理人员在制订一项战略规划的时候，通过理性决策过程得出的结果。这与战略的如下定义是相符的："能够将组织的重要目标、政策及行动顺序整合为一个有机整体的模式或规划。"[72]关于涌现战略的思想，我们可以用图 2-2 中的反馈回路展现出来。

　　企业采用的大多数战略都属于预设战略。例如，当霍华德·舒尔茨（Howard Schultz）创立星巴克的时候，他的一个想法就是创建介于工作场所和家之间的第三种地方，让人们可以在这里享受到传统的意大利风味咖啡。他确信这种咖啡的味道及其更浓、更苦、更强烈的口感可以吸引一个新的顾客群，然后使这些顾客按照他设想的方式去享用这些咖啡。他的这种想法最终实现了。不过，随着星巴克经营规模的扩大，顾客开始提出星巴克能否在他们的拿铁咖啡中加入脱脂牛奶，或者能否在咖啡中放些自己喜欢的东西。舒尔茨认为往咖啡里添加其他东西的做法将从根本上影响咖啡的口味，因而予以拒绝。然而，各个门店的经理总是能听到顾客提出此类要求，于是向舒尔茨反复提出申请，舒尔茨最终还是做了妥协。[73]

　　涌现战略（emergent strategies）则是一些从组织的基层演变而来的战略，它可以被视为企业实际执行的战略，而不是企业的预设战略。因此，战略也可以被视为"由一系列决策或行动最终形成的模式"。[74]例如，本田公司于 1959 年第一次将其 250cc 型和 305cc 型摩托车引入美国市场的时候，认为公司生产的型号更小一些的 50cc 型摩托车在美国没有什么市场。然而，本田公司的大型摩托车在美国的销售额增长得十分缓慢，反倒是那些骑着本田 50cc 型摩托车在洛杉矶跑来跑去的日本高层管理人员吸引了众多的目光，并引起了西尔斯-罗巴克公司（Sears Roebuck）一位采购员的关注。本田公司发现了一个原来没有发现的市场以及计划内没有的新分销渠道（百货零售店）。这种涌现战略使得本田公司到 1964 年为止占据了美国 50％的市场份额。[75]

　　预设战略和涌现战略之间的区别对于人力资源管理来说具有十分重要的意义。[76]由于战略性人力资源管理关注的重点是预设战略，因此，人力资源管理扮演的角色就是，在战略制定过程中确认并提醒高层管理人员可能存在的与人有关的一些经营问题，同时通过建立各种人力资源管理系统来帮助企业执行这种战略。

　　然而，大多数涌现战略都是由那些在组织中级别较低的员工首先认识到的。通常都是由普通员工向企业提出关于新市场、新产品以及新战略的设想。这时，人力资源管理在促进整个组织内的沟通方面就扮演着非常重要的角色，因为只有这种沟通才能使有效的涌现战略迅速传达到企业高层管理人员那里。例如，星巴克的星冰乐咖啡（Frappuccino）就是由一位在加利福尼亚门店上班的员工发明的，而星巴克的领导者（包括舒尔茨在内）当时都认为这是一个糟糕的想法。他们开了多次会议争论这种咖啡，但是这位员工通过收集越来越多的信息来支持自己的想法，同时表明了顾客对这一饮品有多么喜爱。在这种情况下，公司的领导者才同意投产试试看。而星冰乐咖啡现在已经成为星巴克年销售额 10 亿美元的产品，对星巴克的品牌做出了很大的贡献。[77]

2.6.2 增强企业竞争力

要想使人力资源成为企业竞争优势的一个来源，还可以通过另一种途径来实现，即通过建立一个人力资本库为企业提供一种适应不断变化的环境的独特能力。最近，很多管理人员对"学习型组织"的理念非常感兴趣，这种组织中的人总是在不断地提高自己达成理想结果的能力。[78]这就要求企业必须通过监控环境、收集信息、做出决策以及对组织进行灵活重组等持续学习，从而在所处环境中开展竞争。那些能够开发这种学习能力的企业往往具有某种竞争优势。尽管某些特定的组织信息处理系统能够为企业提供一定的帮助，但在一个学习型组织中，能够为企业提供最原始信息的最终还是组成企业的那些人（人力资本）。[79]

因此，人力资源在帮助企业赢得竞争优势方面会扮演越来越重要的角色，这是因为快速变化已经成为当今经营环境的显著特点之一。越来越清楚的一点是，虽然美国汽车制造商为了与日本企业进行竞争，提高了自己生产的汽车的质量，但它们的这些竞争对手又开发出了能够对客户需要做出更快反应的、具有更高灵活性和适应性的制造系统。[80]日本汽车制造商的制造流程所具有的较大灵活性使它们的涌现战略可以直接来源于市场，它们可以准确地掌握客户的需要和期望并快速做出反应。然而，这又要求企业员工必须具有实现类似的快速调整的能力。[81]正如星巴克前首席执行官霍华德·舒尔茨所说的那样："如果人们与他们所就职的公司紧密相连，如果他们与企业有一种亲密的情感联系，并且相信企业的梦想终究会实现，那么他们会全心全意地投入工作，从而把工作做得更好。当员工有了自尊和自信，他们会为公司、为家庭乃至为整个世界做出更多的贡献。"[82]他的话充分彰显了人力资源在培育和维持企业竞争优势方面所具有的越来越突出的重要作用。[83]

小 结

人力资源管理的战略性方法寻求通过企业最重要的资产，即人力资源，积极主动地为企业提供竞争优势。一方面，人力资源是最重要的资产；另一方面，它通常是公司的商业模式中最大的一项可控成本。人力资源管理职能需要全面参与企业的战略制定过程，以帮助企业发现它所面临的与人有关的经营问题。一旦企业战略确定下来，人力资源管理就会对战略计划的执行产生重大影响，即它将负责制定和协调人力资源管理实践以确保公司能够得到具有必要技能且工作动力十足的员工。最后，人力资源管理职能在涌现战略中扮演的角色要求未来的人力资源管理专业人员努力开发自己的经营能力、专业技能、变革管理能力以及整合能力。大家在后面的章节中会更加清楚地看到，这种战略性人力资源管理方法要求的绝不仅仅是建立起一套有效的甄选程序，或者是某种新的绩效管理系统。人力资源管理专业人员只有具备了这些方面的胜任能力，才有可能采用这种战略性人力资源管理方法。

1. 请在你们大学中选出一支主要的体育运动队（比如足球队或篮球队），你认为这支队伍的总体战略有什么特点？这支队伍的团队成员构成（从规模、速度、能力等方面来考虑）与其战略之间存在何种联系？这个团队的优势与劣势分别是什么？它的这些优势和劣势是怎样决定这支队伍的总体战略以及在某一场特定比赛中采取的战术的？

2. 在你看来，把人力资源管理与战略管理过程联系在一起的想法是在大企业中更容易做到，还是在小企业中更容易做到？为什么？

3. 请考虑一个你曾经为之工作的组织。请举一些例子来说明与这个组织的战略相一致的人力资源管理实践有哪些，与这个组织的战略不一致的人力资源管理实践又有哪些。

4. 人力资源部门内部的战略管理如何才能确保人力资源管理在企业战略管理过程中扮演有效角色？

5. 在你看来，人力资源管理专业人员需要掌握哪些类型的特定技能才能具备在未来所必需的经营能力、专业技能、变革管理能力以及整合能力？他们在哪里能够开发这些方面的技能？

6. 在你看来，在当今企业界，有哪些比较关键的环境变量正在发生变化？这些变化对企业的人力资源管理职能又会产生怎样的影响？

通用电气的未来挑战

正如本章所阐明的，企业需要将自己的战略、文化和人员清晰地联系起来。战略定义了公司到哪里进行竞争、如何进行竞争以及依靠什么进行竞争的问题。文化则定义了关于适当行为的共同规范，可以鼓励员工采取支持战略的行为。战略是由人来执行的，而文化则可以吸引和引导他们去执行战略。

虽然通用电气多年来一直被认为是其他公司的榜样，但随着时间的推移，通用电气的地位也发生了变化。该公司战略提出是要成为行业中的佼佼者，如果不是行业中最好的企业，公司领导者就会修正、关闭或出售其业务。这一战略得到了纪律严明的竞争文化的支持，这种文化吸引并留住了那些聪明的和雄心勃勃的人。然而，随着战略的转变，该公司的文化逐渐演变成了强化服从的类型。通用电气当前面临的困境似乎源于一种压制不同意见的文化。没有不同意见导致公司做出了一系列最终使公司面临风险的战略决策。公司目前的财务状况已经威胁到其吸引和留住人才的能力。约翰·弗兰纳里于 2017 年接任公司的首席执行官，同时也接手了一系列严峻的挑战。尽管他试图应对这些挑战，但无奈他面对的压力太大，在掌舵公司 14 个月后便被解雇了。接替他的是拉里·卡尔普，他是通用电气的一名董事会成员，曾担任达纳赫公司（Danaher）的首席执行官。可悲的是，这家以打造最伟大领袖而闻名的公司不得不从外部雇用自己的下一任首席执行官。

问题

1. 你认为是什么原因导致通用电气公司做出了糟糕的战略决策？人力资源高层管理人员可以怎样通过影响这些决策而使之变得更好？

2. 你认为文化对企业的成功有多重要？正确的文化在哪些方面会对企业做出贡献，而错误的文化又会怎样损害企业？

3. 为什么你认为人才或人是企业成功的关键？他们需要以何种方式与战略保持一致？

注 释

第 **3** 章
工作分析与设计

学习目标

在阅读完本章后，你应当能够：

1. 分析一个组织的结构与工作流，确认在一种产品或服务的生产或提供过程中分别有哪些产出、活动以及投入。
2. 理解工作分析在战略管理以及人力资源管理中的重要性。
3. 为各种人力资源管理活动选择恰当的工作分析技术。
4. 确定在承担某一既定工作时需要完成的任务以及要求任职者具备的技能。
5. 了解各种不同的工作设计方法。
6. 全面理解各种工作设计方法的优缺点。

▼ 进入企业世界

无劳动者经济：永远不会到来的未来

1964 年，由于自动化正在兴起，一群科学家致函当时的美国总统林登·约翰逊（Lyndon Johnson），称"网络革命"正在对劳动者造成日益扩大的威胁。他们担心机器人将会取代几乎所有的劳动者，而这会导致国家出现没有办法养活自己的大批失业公民。然而到了 2017 年，人们看到，虽然机器人技术在过去的 50 年中确实有了很大的发展，机器人完成的任务无论是在数量上还是在种类上都比以往任何时候更多，但是与此同时，2018 年 7 月，美国失业率处于历史最低水平，大多数雇主都面临着全面的劳动力短缺问题，无论是技术工人还是非技术工人。

为了反思科学家在 50 年前所做的预测是对的还是错的，我们必须了解自动化是如何补充而不是取代企业对人工的需要的。例如，在住宅建筑行业，现代制造技术已经越来越多地使用机器人建造模块化的住房单元。这些机器人在室内、室外以及恶劣的天气条件下都能工作，它们可以制造出"乐高玩具"般的房屋，然后再运到现场去组装。当这些组件到达工作现场时，住宅就完成了 60%。尽管人们可能担心这种情况会减少大量的工作岗位，但事实上，在工厂中，人是和机器人一起工作的。正如一位建设工作者所说的："机器人可以去挖洞，但仍必须有人把电箱和管道放在正确的位置上。"事实上，通过自动化完成的工作往往是行业中最乏味和最不被人喜欢的工作，比如钻孔、钉板和两个金属件之间的紧固等。

　　自动化对于建筑行业来说是有意义的，但是运输这些产品的卡车呢？卡车会不会变成自动化和无人驾驶的？这里的答案同样是既肯定又否定。一方面，人们已经开发出人工智能的大型无线电惯性制导系统，使卡车可以在公路上基本上实现自动驾驶。所有卡车司机都会告诉你，在公路上开卡车是最无聊、对身体健康最不好、最不用动脑子和最危险的事情。然而，规划行程、在卡车上装载货物、把卡车开到高速公路上、从高速公路驶入地方公路并到达最终目的地，这些工作仍然需要人来操作。此外，即使是自动驾驶的卡车在公路上行驶，也会有几十个人（有些人年纪很大了，很快就要退休了）坐在中央指挥部里看着一排排的监视器，当卡车沿着州际公路行驶时，每个人都会跟踪从3~5辆卡车上传过来的显示在仪表板上的实时信息。在一天的工作结束时，所有这些人都会回到自己的家里跟家人在一起，避免连续几个星期在路上睡在自己的卡车里。

　　那这些人还得停下来吃午饭对吧？快餐业的低技能工作怎么办？这些工作也会保不住了吗？一方面，自助服务亭和大型工业洗碗机已经接管了许多曾经由人执行的任务。事实上，有一个新的名为"flippy"的机器人已经面市了，它可以把汉堡包放在烤架上，在合适的时间翻转，然后在汉堡包完全烤熟的时候把它放在托盘上。然而，所有这些任务的自动化并没有完全消除需要人工的工作，只不过是让他们把精力放在餐桌服务、食物递送以及更像一门手工艺的工作（比如沙拉和特色食品准备）上，同时将工作中最不让人喜欢的方面取消了。

　　显然，预测未来是很困难的一件事，也许有一天机器人会接管我们所做的所有任务，而不仅仅是人们不喜欢的那些任务。然而，面对我们有生以来可能失业率最低的当下，那一天的到来似乎还很远，要比科学家在1964年的想象远得多。

资料来源：P. Coy, "The Robots Are Coming: But You Still Need to Work," *Bloomberg Businessweek*, June 26, 2017, pp. 8-10; E. Morath, "Jobless Rates for Hispanic and Black Workers Fall to Historic Lows," *The Wall Street Journal Online*, July 10, 2017; P. Ghopal and H. Perlberg, "Robots Will Build Your Next House," *Bloomberg Businessweek*, April 24, 2017, pp. 43-45; M. Chafkin and J. Eidelson, "Changing Lanes," *Bloomberg Businessweek*, June 26, 2017, pp. 60-65; J. Jargon and E. Morath, "Short of Workers, Fast Food Restaurants Turn to Robots," *The Wall Street Journal Online*, June 25, 2018.

3.1　本章介绍

　　在第2章中，我们讨论了战略制定和战略执行过程。战略制定是公司决定如何在市场上进行竞争的过程，它常常对企业所做的任何事情起到激励和指导作用。战略执行是战略规划通过组织成员的活动得到贯彻和实施的过程。我们曾经指出，在战略制定过程的五个构成要素中，三个要素与人力资源管理职能有着直接的关系，我们在本章中要讨论的就是其中一个要素——工作任务或者工作。

　　例如，正如我们在本章开头的情景案例中看到的，一个组织需要做出的选择之一是如何将各种不同的任务分配给机器人和人类。例如，依靠质量和差异化开展竞争的组织很可能倾向于在提供某些服务时保持"人类接触"，但依靠成本竞争的公司很可能会将工作转给机器人。战略决策也可能取决于外部环境，即组织可能会对劳动力短缺现象做出反应，就像我们在2018年看到的那样，从人类转向机器人。正如美国联邦储备银行（Federal Reserve Bank）

经济学家约翰·费尔纳尔德（John Fernald）指出的那样，"你可以通过雇用更多的劳动者来满足一段时间的需求，但随着失业率降至 3.8%，最终你将耗尽容易找到的"员工。[1]

战略制定过程中的很多核心方面都强调了工作的完成方式，其中包括如何设计单个工作以及将这些工作联系在一起，如何设计使组织作为一个整体出现的组织结构。一家企业的竞争方式对工作设计方式以及各个工作通过组织结构联系在一起的方式都会产生深刻影响。反过来，一家公司的组织结构和环境之间的匹配性又会对公司在竞争中能否取得成功产生重要影响。

如果一家公司决定通过低成本战略来进行竞争，因此需要雇用低成本的海外劳动力，那么在设计工作时就必须确保几乎没有经过训练的、低技能的员工能胜任这些工作。这样，组织就需要一个集中的组织结构，从而使低层级的员工不需要做太多的决策，并且员工需要独立完成工作，以防止错误通过系统不断累积。相反，如果一家公司要靠产品差异化来开展竞争，因而需要雇用高薪员工，那它就必须有区别地进行工作设计。

例如，当葡萄牙的制鞋商看到它们在销售上正在输给价格更便宜的竞争对手时，完全改变了自己的工作流程，强调生产更高质量的鞋子，以支持更高的价格。它们的训练有素且薪酬优厚的员工利用昂贵的、更先进的技术，如高速喷水切割机等，生产出了小批量的高端鞋，卖给奢侈品设计师。在出口价格方面，葡萄牙的鞋目前仅次于意大利鞋，一双为32 美元。[2]

我们将在本章中列举几个需要做出不同决策的例子，并且会提到在做决策时需要考虑如何设计组织结构和工作。你可以了解这些决策将如何对一系列结果产生影响——这一系列结果不仅是产品数量和质量，同时也包括合作、创新、对员工的吸引力、员工激励和员工保留等内容。在很多情况下，做选择时需要权衡利弊，你对这种权衡了解得越多，做的决策就越好，也就能让团队或组织更有竞争力。

从本章一开始我们就清楚地看到，在工作设计和组织结构设计方面并不存在所谓的"唯一最佳途径"。企业需要在以下两个方面实现很好的匹配：一方面是它所处的环境以及它的竞争战略和经营理念；另一方面是它的工作设计以及组织结构设计。如果没有设计出有效的组织结构和工作，就会对企业的竞争力产生重大影响。多年前，有人认为美国汽车制造商和外国竞争者的差别可以归因于美国的工人。然而，当丰田和本田这样一些汽车公司来到美国，并且证明了它们用美国工人生产出来的汽车也能盈利时，大家的关注点随之转移到流程和组织上来。在某些情况下，被引入美国的工作流程在效率方面远优于传统美国公司的工作流程。然而，在另外一些情况下，正如这里的"通过环境、社会和公司治理实践开展竞争"专栏揭示的那样，这些从外部引入的流程却是以牺牲劳动者的安全为代价实现效率提升的。[3]

➡ 通过环境、社会和公司治理实践开展竞争

美国南部的就业机会和伤害事件

"这是你们的耻辱。美国消费者不会心甘情愿地购买沾有美国工人鲜血的汽车。"这是美国职业安全与健康管理局（OSHA）局长戴维·迈克尔斯（David Michaels）在向现代汽车公司（Hyundai Motor Company）和起亚汽车公司（Kia Motors Company）的高层管

理人员展示了一些令人震惊的统计数据后，向他们发出的严厉警告。所有这些数字都与向这些大型汽车制造商提供零部件的美国工厂中发生的严重安全违规和伤害事件有关。这些工厂大多位于亚拉巴马州等南部各州，统计数据令人非常不快。例如，与整个行业相比，位于亚拉巴马州的汽车用品厂工人受伤的可能性要高50％，其中超过50％的受伤者来自韩国工厂。

当这些非美国制造商在20世纪90年代进入美国时，南方各州最初向它们敞开了大门，这种合作似乎是一种双赢。现代和起亚等公司为美国工人创造了数千个新的就业岗位，作为回报，这些公司也获得了优惠的税收待遇，并得到了一大批具有强烈职业道德、基本上没有加入工会的工人。在与美国本土的公司竞争时，这些劳动力显然是这些公司的竞争优势来源，因为许多美国汽车公司都位于美国北部各州。然而，在20年后，由于担心血汗工厂的恶劣工作条件也被输入美国南部，南部的许多州重新考虑它们原来达成的协议。

例如，雷科·艾伦（Reco Allen）在亚拉巴马州马祖工厂担任保管员，其工资仅为每小时9美元，由于害怕机器设备，他特地避免选择那些工资更高的工作。他所受过的唯一训练基本上就是在哪里能找到拖把和桶。尽管如此，在刚刚轮班了12小时之后的一个晚上，他被要求去操作一台金属压力机，因为经常做这项工作的员工没来上班。糟糕的是，这台机器当时出了故障，当艾伦试图去修理时，机器自己又启动了，砸在他的双臂上。紧急救援人员花了一个多小时才把艾伦解救出来。随后的调查显示，这件事情绝非孤立事件。有证据显示，这家工厂经常强迫未经培训的员工操作危险的机器，而这些机器的生产速度往往超过了制造商的建议。

公平地说，美国职业安全与健康管理局能够记录下来的大多数问题并没有直接指向这些大型汽车制造商本身。现代和起亚两家公司的员工安全记录并不比整个行业更差。然而，美国职业安全与健康管理局认为，问题的根源在于大公司向规模较小的供应商施压，由于这些小公司的利润率很低，需要与亚洲和墨西哥的工厂去竞争，因此要在不违反规则的情况下达到大公司的要求是不可能的。这种做法的可持续性是非常值得怀疑的，现在，许多曾经为现代和起亚公司的供应商工作的员工已经辞职，转而去那些给美国本土的汽车公司供货的工厂中工作。科德尼·克鲁彻（Cordney Crutcher）就是这样一位员工，他离开了马祖工厂，加入了一家由美国汽车工人联合会充当工人代表的美国工厂。

讨论题

1. 大多数地方政治家都迫不及待地要把就业机会引入本地区。在地方层面或国家层面做些什么才能既吸引雇主，同时又保护纳税人和当地劳动力呢？

2. 美国职业安全与健康管理局实施的经济处罚是否足以阻止雇主采用不安全的工作实践？如果这样做还不足以阻止，还可以采取哪些措施来保护员工并让他们更清楚地知道与特定雇主相关的工作风险？

资料来源：P. Waldman, "Don't Let the Monster Eat You Up," *Bloomberg Businessweek*, April 2, 2017, pp. 46-51；K. Bo-gyung, "U. S. Authorities Warn Hyundai, Kia Motors Over Worker Safety," *The Korea Herald Online*, January 16, 2017；J. Little, "Auburn Auto Parts Supplier for Hyundai, Kia Fined 106, 020 for Safety Violations," *Opelika-Auburn News Online*, September 29, 2018.

本章讨论的是对工作进行分析和设计的问题，在这一讨论过程中，我们会列举一些需要考虑到的有助于我们在创建工作以及将不同的工作联系在一起时做出明智决策的问题。本章一共分为三节，第一节讨论的是与工作流分析以及组织结构有关的系统性问题。剩下的两节则分别讨论与工作分析和工作设计有关的更为详细的下一层次的问题。

工作分析和工作设计在内容上存在大量的交叉和重叠，尽管过去很多人一直将它们作为两个不同的概念区别对待。工作分析主要集中在对现有工作进行分析上，它的主要目的是为其他一些人力资源管理实践（比如甄选、培训、绩效评价以及薪酬管理等）收集信息。工作设计则主要集中在对现有工作进行重新设计方面，其目的在于使这些现有工作的效率变得更高，或者能够对任职者产生更大的激励。因此，工作设计在改变工作方面有着更为积极的导向性，而工作分析则相对被动，它是以收集信息为导向的。

3.2 工作流分析与组织结构

工作流设计是指在将工作任务分配或委派给某一特定类型的工作或人之前，对为生产某种产品或服务必须完成的各项工作任务进行前期分析的过程。只有在对工作流设计有了充分理解之后，我们才能明智地决定应当如何把需要完成的各种工作任务落实到不同的工作上去，而每个工作都可以由一个人来单独承担。

组织结构是指构成组织的各工作之间存在的相对稳定的、正式的纵向和横向连接网络。只有当我们充分了解一个工作与位于其上的工作（直接上级）、位于其下的工作（下级）以及虽然处于不同职能领域（比如市场营销和生产）但属于同一层面的其他工作之间到底是如何联系在一起的，才能明智地决定如何通过对工作进行再设计或改善来实现整个组织的利益最大化。

最后，对工作流设计以及组织结构的理解必须放在组织决定如何竞争这样一个大背景下。无论是工作流设计，还是组织结构设计，都必须能够帮助企业赢得竞争优势，但是一家企业如何做到这一点，则取决于公司的战略及其所处的竞争环境。

3.2.1 工作流分析

所有的组织都必须清楚地认识到工作的产出是什么，并对这些产出设立具体的质量和数量标准。同时，为使产出符合质量标准，组织还要对生产流程和必要的投入进行分析。工作流程的概念对于全面质量管理来说是非常有用的，这是因为，它为管理人员理解以下两个方面的问题提供了一种有效的方法：第一，为生产出高质量的产品，需要完成哪些任务；第二，为完成所有这些工作任务，工作者需要具备哪些技能。我们在图 3-1 中描绘了这种工作流的整个过程。

工作产出分析

每个工作单元——无论是一个部门、一个团队，还是一个人——都会试图生产出其他人可以使用的产出。产出是一个工作单元的产品，这种产品通常是可识别的，比如喷气发动机叶片、叉车或足球服。从战略上来讲，一个组织可能会决定改变其产出，而这将对工

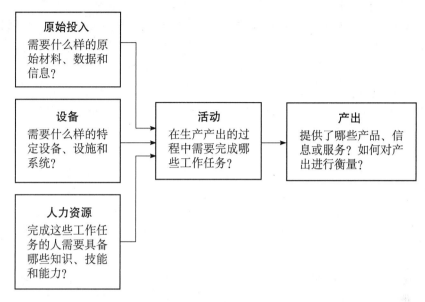

图 3-1　对一个工作单位的活动进行的分析

作流的所有下游环节产生影响。例如，在 2017 年时，丰田汽车公司得出了这样一个结论，即自己生产的凯美瑞（Camry）和阿瓦隆（Avalon）品牌的轿车太多了，而在更多消费者需要的运动型多用途汽车（SUV）和更宽敞的皮卡汽车领域，自己却错过了大把的机会。它决定通过改变产出来弥补与市场之间的差距——而这导致该公司下游工作流成本超过8 000 万美元。[4] 然而，产出也并不总是一种实物产品，也可以是一种服务，例如将你运送到某个目的地的航空公司提供的服务、帮你维护房间整洁的清扫服务，或者是一个保姆照看你的孩子的服务。

由于我们通常仅仅根据一个组织生产出来的产品而对其加以描绘，因此往往只把产品看成产出。然而，仅仅确定组织的一种产出或者一整套产出还远远不够。一旦这些产出确定下来，还需要确定这些产出应当达到的数量或质量标准。在许多情况下，选择产出的数量和性质会给如何高效率地将投入转化为产出带来挑战。从战略上讲，一家提供服务的公司需要决定提供多少种不同的服务，这同样会对工作流的下游部分产生影响。例如，为了吸引更多的消费者，麦当劳的各家餐厅最近在菜单上增加了许多新的项目，其中包括燕麦片、零食包装和拿铁等。事实上，在 2014 年时，麦当劳菜单上的项目数量已经增至 121种，而在 2007 年时还只有 85 种。这样，麦当劳的服务速度变慢就不足为奇了，在这一年，麦当劳的服务速度这一绩效指标表现也是最差的。很多管理人员通常把麦当劳卷饼（McWrap）专门称为"演出中止器"（showstopper），意思是它要求很多员工必须查找一系列的指令才能执行一份订单。[5]

一旦选择了提供何种产品或服务，组织就必须决定是生产全部的产品或服务，还是只生产其中的一部分。例如，尽管许多政治家关注创造制造业的就业机会所具有的价值，但研究表明，企业从制造之前或之后的就业机会中获得的投资回报要高得多。也就是说，最大的价值和最高的工资与制造活动之前的研究、开发和设计以及制造活动后的品牌、销售服务和支持等活动相关。这种情况有时被称为"微笑曲线"，微笑的基础是制造业及其相关工作。

例如，我们可以来看看像苹果手机这样的产品，苹果公司会设计产品，然后提供销售和售后服务，但它不会制造一部手机。这是一个明智的决定，因为制造成本只占手机成本的 3%，其余 97% 的成本来自设计、销售和服务环节。因此，苹果公司在 2016 年的净收入占总收入的 21%，其股票市盈率为 18 倍。我们可以将这种情况与在中国制造苹果手机的鸿海精密工业进行比较。该公司的净收入只占总收入的 3%，其股票市盈率为 12 倍。正是专注于设计、销售和服务而不是制造这样的战略决策，使得苹果公司仅在美国就可以创造 8 万个就业岗位，并计划到 2020 年扩大到 10 万个就业岗位。[6]

工作流程分析

一旦一个工作单元的产出确定下来，就有了对生产产出的工作流程进行考察的可能。工作流程是指一个工作单元的成员为了生产某种既定的产出而从事的各种活动。每个工作流程都包括明确说明在产品形成的每个阶段，人们应当如何做事的各种操作程序。这些操作程序包括在生产产出的过程中必须完成的各项工作任务。而这些工作任务通常又会被分解为许多任务单元，这些任务单元是由工作单元的每个人分别承担的。需要完成的工作可能是非常复杂的，没有哪一个人具备完成工作所需的所有技能。在这种情况下，工作就可以设计成团队的形式，基于团队的工作设计在组织中越来越普遍。除了能够提供更为宽泛的技能，团队成员还可以相互作为后援，在其他团队成员工作负担比较重时分担一部分工作，同时还能发现其他团队成员出现的错误。

例如，尽管驾驶卡车的工作在过去是一项由个人单独完成的工作，但现在越来越多的司机团队被分配到卡车上，以确保这个大家伙——卡车是一个重大资本投资——每天 24 小时保持运转。美国法规将卡车司机每天的工作时间限制为 11 小时，但采用轮班制更换司机，车队运送货物的距离是单独工作的司机的两倍以上。[7]

团队的运用同样可以在医学领域中看到，团队护理正日益成为一种常态。许多医疗服务都不是一对一的医患关系，而是由一个团队来提供的，在这个团队中可能包括一名执业护士、一名医生助理、一名临床药剂师以及与主治医生一起工作的各种技术人员。这种情况出现的部分原因是《平价医疗法案》（Affordable Care Act）造成的工作量增加以及医学院培养的全科医生的数量减少。克斯汀·梅辛格（Kirsten Meisinger）作为一名督导医生，需要负责监管一个由 11 人组成的医疗团队。"我一个人不可能为我们所有的患者做他们需要做的所有事情。"[8]让所有的工作都集中在一个以患者为中心的团队中，也消除了从一个独立的科室向另一个科室进行病人"交接"的过程中所产生的非人性化问题——这是在传统结构的医院中发生错误的主要来源之一。避免出现由于错误的工作流程导致的错误之所以至关重要，是因为在美国，常规性的医疗错误是导致死亡的第三大原因，仅次于心脏病和癌症。[9]

学习工作流程有很大的价值，这一点在私募股权组织那里得到了很好的印证，它们以很低的价格买入一个即将倒闭的公司，改进工作流程，然后再以很高的价格卖出。私募股权组织雇用效率专家来消除公司生产运营过程中的一点点浪费。当效率专家来到一家新的公司时，主要寻找三种不同类别的浪费：（1）无价值创造的行动；（2）工作量负载过大的个人和机器；（3）导致库存过多的生产不连续的情况。效率专家通常带着秒表、写字板和流程图，在工厂的生产现场来回搜寻大多数管理者注意不到的浪费。通常，这个过程会导致员工数量减少，因为改进的生产使操作精简。正如 Monomoy Capital Partners 的高层管理人员贾斯汀·希伦布兰德（Justin Hillenbrand）所说："你可能有世界上最好的首席执行官，但是对于制造商来说，利润只能来自生产现场。"[10]

组织通常通过精益生产技术来减少冗员。精益生产是一种首先在日本设计出来，随后被全世界广泛接受的流程，这种流程强调用最少的时间、材料、资金以及——最为重要的——最少的人来制造商品。精益生产试图利用技术，再加上数量虽少但灵活且训练有素的高技能人才，以更低的成本生产出更多的以客户为导向的产品。这与传统的"批量作业"方法形成了鲜明的对比——在批量作业中，大量的低技能员工长期重复生产大批量完全相同的产品，这些产品生产出来之后会放在仓库等待以后慢慢销售。而在精益生产体系中，从一开始就只需要少量的员工，但是这些员工的技能水平都很高，所以企业通过裁员降低成本的想法基本上不可行。

事实上，最近一次经济衰退的一个悖论是，尽管生产水平大幅下降了，但是制造业的许多企业裁员规模却非常小。例如，在 2000 年经济衰退的 14 个月里，制造商削减了 9.5% 的员工，以应对 2% 的减产。相比之下，在 2009 年，减产规模达到了 12%，但被裁掉的员工同样只有 9.5%。如果 2000 年时因成本削减而导致的裁员比例到 2009 年的时候还是一样的话，那么制造业企业的裁员比例将会达到惊人的 50% 以上。许多观察人士认为，在最近的这次经济衰退中，之所以出现了较低的"裁员-减产"比，正是由于企业对工作进行了重新设计，更加重视精益生产方式而非传统的生产方法。

尽管精益设计对雇主来说很好，但对劳动者来说就并不总是很好的了。例如，这种效率水平提高的一个副作用是，即使在经济复苏时，企业也不会雇用太多的新人。这可能会对美国制造业的就业岗位数量造成永久性的影响，因为更高效率的工作流程设计使得许多就业岗位再也回不来了。[11]

工作投入分析

工作流分析的最后一个步骤是确定在一个工作单元的产品生产过程中需要使用的投入。正如我们在图 3-1 中展示出来的那样，这些投入可以被分解为原材料、设备以及完成这些任务的人所需要具备的技能。原材料包括会被转化为一个工作单元的产出的各种材料。

尝试通过精益生产技术提升效率的组织通常采用即时库存控制程序来减少投入的库存。确实，在某些情况下，库存被完全消灭了，一些将精益生产做到极致的公司直到客户订货后才开始制造产品。比如，手术仪器制造商康美公司（CONMED）过去提前一两个月预测产品需求，当预测不准确时，要么流失了销量，要么增加了库存。现在，由于生产仪器的时间从 6 周缩短到 48 小时，公司不需要在交易达成之前生产产品。通过康美公司在纽约尤蒂卡的工厂就能看到这种影响，它消除了过去占据工厂 3 300 平方英尺空间、价值 9.3 万美元的存货。这让它能从竞争者那里夺回失去的销量，尽管其竞争者的劳动力成本更低，但是它们面临更长的提前期、库存堆积、质量和运输成本等问题。正如康美公司的全球运营副总裁戴维·约翰逊（David Johnson）所说："如果更多的美国公司实施这种工作设计方法，我们就能与其他任何人竞争，同时保证我们劳动力的安全。"[12]

但是，即时库存管理实践也有不好的一面。具体来说，效率的提高是由于库存以周计变为以天计，这造成灵活性的缺失。比如，2011 年日本北部发生地震，这一区域的很多供应商不得不停止生产。这一中断影响了全球依赖于即时生产的企业，包括波音、通用汽车、迪尔（John Deere）、惠普、戴尔等，它们在耗尽原材料后只能中断生产线。正如一位分析师所说："在这种情形下，如果供应中断了，就无法获得任何原材料。"[13]

设备是指将原材料转化为产品所必需的技术和机械装置。一般来说，一个组织在设备上的投资金额是按照人均资本支出来计算的，美国的一些劳动经济学家关心的是美国企业的这种投资形式跟不上国际竞争所需的速度。例如，2016 年是美国经济连续第七年出现人均资本支出没有增长的情况，而且并非巧合的一个现象是，该年美国劳动者的生产率也出现了严重下降。然而，这一指标在 2017 年和 2018 年是在上升的，许多分析师将其归因于政府在 2016 年为雇主提供的巨额税收减免。[14]公司手头上突然有了大量的资金，却由于劳动力短缺而无法将这些钱都花在劳动力身上。不过，尽管企业的设备投资增加了，但有些人仍然感到遗憾，相对于政府给予的较大规模税收减免而言，设备投资的规模实在是太小了。此外，正如这里的"通过全球化开展竞争"专栏所揭示的那样，美国的主要竞争对手之一中国已将提高资本投资水平列为国家的优先事项。

➡ 通过全球化开展竞争

《中国制造 2025》

在本章开篇案例中，我们讨论了机器人怎样改变了与它们并肩工作的美国劳动者的工作性质。尽管这种技术所产生的影响在美国似乎更为深远，但在机器人方面，美国在"每万名工人拥有的机器人数量"这一指标上实际上落后于大多数其他工业化国家，美国每万名工人仅仅拥有 176 台机器人。这远远落后于世界领先的韩国，韩国每万名工人拥有的机器人为 531 台。同时，美国在这一指标上也落后于新加坡、日本、德国、瑞典和丹麦。尽管如此，美国的机器人使用率仍然高于中国，但这种情况可能会发生改变。

从历史上看，中国的竞争优势体现在其劳动力队伍非常庞大、劳动者对工作性质不太挑剔、愿意以远低于其他工业化国家的工资从事工作等方面。然而，这一国家中的强大社会力量正威胁着昔日的优势。特别是人口增长率低减少了劳动力供给。中国的劳动力队伍也在老化，而且下一代劳动者对于在艰苦的工作条件下领着低工资去从事重复性的工作不再那么感兴趣了。因此，中国政府正努力实现从过去到未来的转变，大力推动一项名为《中国制造 2025》的发展计划。这一计划的目标是到 2025 年，制造业重点领域全面实现智能化，试点示范项目运营成本降低 50％，产品生产周期缩短 50％，不良品率降低 50％。

这是一个非常远大的目标，因为大多数中国机器人制造商目前都是从日本和美国购买大部分零部件。不过，在这种情况下低估中国的增长潜力也是不明智的。《中国制造 2025》是一项全球性的战略举措，其目的在于努力主导新兴市场上的自动驾驶汽车、基于数字化连接的家庭用品以及住宅等领域。中国还将战略重点放在自动化仓储和物流方面，因为中国仍雇用着数以千计的仓库工人以及卡车和摩托车送货员等将产品从一个地方运送到另一个地方。中国希望用国产无人机和无人驾驶汽车来取代所有这一切，这些无人机和无人驾驶汽车将会为偏远的农村地区提供包裹投递服务。

中国致力于这一战略的举措之一就是，新进入这一市场的企业将会获得政府补贴、免税和免租土地等优惠待遇，而这将有助于新的企业成长起来。国家开发银行与工信部合作，为重大项目提供 3 000 亿元的融资。正如一位行业分析师指出的那样："无论公平与否，你都可以看到，中国企业将获得更多的优惠待遇和资金，因为它们有一个全面的计划来实现这一目标。"

讨论题

1. 在这个例子中，一个国家劳动力队伍的性质将会如何影响与机器人和技术投资相关的战略规划？

2. 在这个例子中，中国政府显然是在支持企业，并引导它们采取特定的战略。而在美国，通常的理念则是政府不应该介入商业决策，而是让市场来决定企业应该在哪些领域投资。你认为在短期和长期中，这两种策略中的哪一种更好？

资料来源：D. Roberts, R. Chang, and T. Black, "China's Robot Revolution," *Bloomberg Businessweek*，May 1 2017, pp. 34 - 34.；N. Kahn, "Inside China's Factory of the Future," *The Wall Street Journal Online*，August 25, 2018; K. Bradshear, "A Robot Revolution；This Time in China," *The New York Times Online*，May 12, 2017.

先进的设备可以在许多方面提高生产率，但正如我们在开篇案例中看到的，新技术通常可以改进人类的工作方式，同时，它们并不一定会消灭工作岗位。例如，新的增强现实头盔可以让佩戴这种设备的人通过电子方式准确地将他看到和听到的信息传递给另一个具备相关专业知识经验却不在现场的人。过去，当美国贝克休斯公司（Baker Hughes）需要到马来西亚修理一个损坏的涡轮机时，通常会让一个 5 人专业团队从美国飞到亚洲，这一过程既耗时又昂贵。然而在今天，这些专业维修人员根本不需要离开本地，他们可以通过远程工作方式让当地的工人成为他们的眼睛和耳朵。智能头盔也能让那些年龄较大、经验丰富却可能无法到危险地方或偏远地点去的员工继续从事工作，从而帮助雇主留住人力资本。正如壳牌公司（Shell）人力资源副总裁阿里索·琼戈（Aliso Choong）所指出的那样："在有了这些技术的情况下，更关键的是人而不是硬件。"[15]

关于技术是如何改进而不是取代操作人员的另外一个例子是一种名为"猎户座"（Orion）的软件程序，它极大地提高了为联合包裹服务公司（UPS）工作的卡车司机和送货人员的效率。从竞争优势和竞争劣势的角度而言，联合包裹服务公司与联邦快递公司（FedEx）直接竞争，但与联邦快递公司采用私人承包商模式且主要为企业提供服务不同，联合包裹服务公司管理着一支高薪且加入了工会组织的员工队伍，它主要为分散在各地的家庭提供服务。每天为这些位置分散的客户规划最佳送货路线时面临的问题在于，实际上有 10 多亿种备选方案。如果让每位司机自己决定如何规划送货路线，他们的决定会存在很大差异，任何一位司机想出最佳投递路线的概率都是零。

这就是计算机程序"猎户座"名字的由来。猎户座程序是一个长达 1 000 页的算法，它试图用数学方法确定联合包裹服务公司的司机每天在 120 个站点上的最佳路线。"猎户座"程序就像一个全球导航系统，不断地更新驾驶员的时间表，并根据最优效率和一致性这两个标准来自动引导车辆。一致性这个标准是使得"猎户座"程序与大多数纯数学优化程序不同的重要特性之一。这一程序认识到，快递员和客户都非常重视一致性，因此它在一定程度上牺牲了单纯的效率，努力根据交货时间和路线规划出一条令人感到舒服的线路。[16]

当然，有时工作流分析会发现员工过度使用某些特定设备的事实。例如，心脏遥测仪可以让临床医生对病人的心脏异常节律进行监测。在克里斯蒂安娜护理医院（Christiana Care hospitals），管理人员发现，即使是在不需要使用这台仪器的时候，许多医生仍然会使用。为了减少这台仪器的日常使用量，该医院重新设计了电子预订系统，这样医生就不能简单地通过在一个方框中打钩来预订测试。医生仍然可以越过这个系统自己去"写入"内容，但必须多走一步。一年以后的结果显示，遥测仪的使用量减少了70%，成本下降了13 000美元，对病人却没有产生任何负面影响。领导这项研究的加利福尼亚大学旧金山分校教授纳德·纳杰菲（Nader Najafi）指出："在没有显著增加不良后果的情况下，在这种资源的使用方面出现大量的减少是一个非常了不起的成就。"[17]

工作流中的最终输入是执行任务所需的人的技能和努力。显然，人的技能是由公司现有员工组成的。一般来说，就人的技能而言，应该把工作委托给成本最低但能把工作做好的那些员工。然而，在某些情况下，如果过分强调减少人员编制，就会违反这一原则。例如，美国经济在过去的10年中消灭了100多万个办公室和行政支持类岗位。尽管这似乎是一个合理的降低成本的领域，但如果让公司的最高层管理人员自己预订旅行安排、完成日常的文书工作、将墨粉装入复印机、每天筛选500封电子邮件（其中400封是垃圾邮件），真有经济意义吗？对于一名年薪100万美元的高管来说，一名年薪只有8万美元的行政助理只需将自己的生产率提高8%，公司在这个方面就可以实现收支平衡了。[18]

3.2.2　组织结构

如果说工作流设计对从投入到产出的动态转化关系做了一种纵向考察，那么组织结构则对参与产出创造过程的个人与工作单元之间的静态关系做了一种横向考察。组织结构通常是通过组织结构图的形式表现出来的，在组织结构图中既包括纵向工作报告关系，也包括横向职能性职责。

组织结构的维度构成

在组织结构中，最关键的两个维度是集中化和部门化。**集中化**（centralization）是指一个组织的决策权集中于组织结构图顶层的程度，它与把决策权分配给组织结构图中各个较低层次的做法（也就是说，决策权分散化）是相反的。**部门化**（departmentalization）则是指工作单元在多大程度上是根据职能相似性或工作流程相似性来分类组织的。

举例来说，一个大学的商学院就可以围绕职能相似性来组织，如果这样做，它就会形成市场营销系、金融系以及会计系等不同的系，而隶属于这些专业化的各个系的教师则向各种学生讲授本专业领域的知识。如果不这样设计的话，还可以通过工作流程的相似性来对商学院加以组织，这样就会形成本科部、研究生部以及高管人员开发部等不同的部门。这时，每一个工作单元都会有自己的市场营销学教授、金融学教授以及会计学教授，这些教授只为本部门的学生授课，而不会为其他部门的学生授课。

组织结构的类型

尽管集中化和部门化的组合方式存在无数种可能，但组织结构的两种最常见类型却明显存在。第一种组织结构类型称为职能结构，如图 3-2 所示。职能结构——正如其名称所暗示的那样——采取的是一种决策集中化程度相对较高的职能部门化结构。决策的高度集中化与职能部门化通常是很自然地相互伴随的，这是因为，在这种组织结构中，每一个工作单元都如此专业化，以至于每一个工作单元的成员对组织的整体使命的认识往往都比较淡薄。他们往往更认同自己所在的工作单元，因此不能总是依赖他们去做出对组织整体最有利的决策。此外，由于一个子部门完全不懂另一个子部门所做的工作，两者就会互相指责、产生矛盾，因此需要一个中央决策机制来处理可能出现的争论。[19]

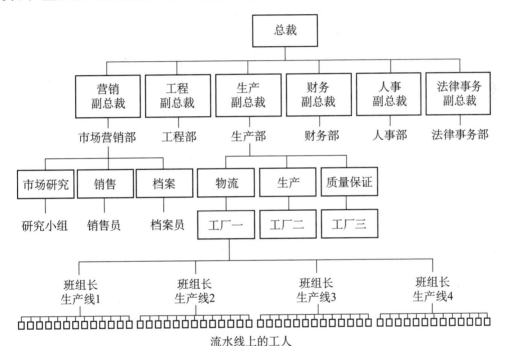

图 3-2　职能结构

资料来源：Adapted from J. A. Wagner and J. R. Hollenbeck, *Organizational Behavior: Securing Competitive Advantage*, 3rd ed. (New York: Prentice Hall, 1998).

另一种比较常见的组织结构类型是事业部结构，在图 3-3、图 3-4 和图 3-5 中，我们描绘了三种不同的事业部结构的例子。事业部结构是一种决策集中度相对较低的工作流部门化组织结构。这种组织结构中的各个工作单元在从事各种活动的时候，就好像彼此之间是相互分离、自给自足的准自治型组织。图 3-3 中显示的组织结构是围绕不同的产品组织起来的事业部；图 3-4 中显示的组织结构是围绕不同的地理区域组织起来的事业部；而图 3-5 中显示的组织结构则是围绕不同的客户组织起来的事业部。制药巨头辉瑞公司（Pfizer）就是一个这方面的真实例子，该公司重新组建了三个独立的部门，一个部门专门从事研究和创新药物的开发，另一个部门专门从事像艾德维尔（Advil）和善存片（Centrum）这样一些非处方药的销售，还有一个部门致力于开发像立普妥（Lipitor）和伟哥

（Viagra）这样一些处方药。[20]

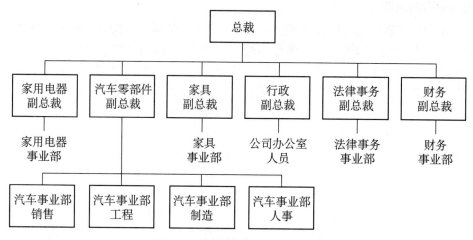

图 3-3　事业部结构：产品事业部

资料来源：Adapted from J. A. Wagner and J. R. Hollenbeck, *Organizational Behavior：Securing Competitive Advantage*, 3rd ed. (New York：Prentice Hall, 1998).

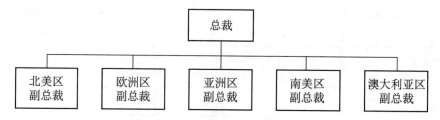

图 3-4　事业部结构：地区事业部

资料来源：Adapted from J. A. Wagner and J. R. Hollenbeck, *Organizational Behavior：Securing Competitive Advantage*, 3rd ed. (New York：Prentice Hall, 1998).

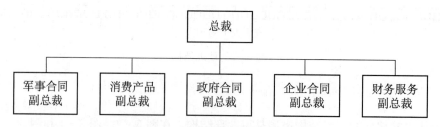

图 3-5　事业部结构：客户事业部

资料来源：Adapted from J. A. Wagner and J. R. Hollenbeck, *Organizational Behavior：Securing Competitive Advantage*, 3rd ed. (New York：Prentice Hall, 1998).

组织结构的变化

不管组织的子部门是怎么组成的，许多组织都尽量使子部门的规模小一些，从而使每个成员都感觉到他们能给团队带来不同，并且和团队中的其他人联系在一起。人们如果在很大的子部门中工作，就会感到个体责任感和积极性的减弱，从而影响组织的绩效。研究发现，一旦团队人数超过 150，这类问题就会出现，因此很多组织都尽量将子部门控制在这个特定的规模以下。例如，戈尔公司（W. L Gore and Associates）是一家生产戈尔特斯（Gore-Tex）和其他新型材料的公司，一旦有部门人数超过这个数目，戈尔公司就会将其划分为两个部门，并增加一个新的办公室。[21]

由于具有工作流更为聚焦、准自治以及与同类消费群更为接近的特点，事业部结构更为灵活，并且更富有创新性。它们能比中心化的职能结构组织更快地在各自的消费群中发现机会。事实上，由于在职能结构中，决策通常远离生产一线或发生在客户层面上，因此在一线工作人员感知到的需要和高层管理人员感知到的需要之间有时会存在差距。例如，在前面我们曾经提到麦当劳的菜单项目扩张是如何给特许经营者带来问题的。正如一位餐厅经营者所说的那样："如果更多的公司员工在顾客午餐时间都在生产线上和厨房里忙碌，我们就不会有今天的地位了。而麦当劳却在不断增加菜单中的项目，我们知道这只会让问题变得更糟。"[22]

相反的情况同样存在，在企业总部做出的一些战略决策更多地基于行业内更广泛的发展趋势时，这些行业趋势很可能是一线员工无法识别的。例如，我们回到麦当劳的例子，一线的餐厅运营者坚决反对麦当劳总部做出的"全天都有早餐"的决定，因为这又一次导致了菜单的拉长。[23]然而，这一决定却是基于在公司层面所做的广泛市场调查，事实证明，这一决定在总体上是一个巨大的成功。[24]所有这一切再次表明这样一个事实：并不存在一种设计组织结构的最佳方法，关键是确保组织结构与竞争战略之间的一致性。

事实上，当为了强化效率和成本控制而构建的高度职能化的组织结构试图通过速度和灵活性来开展竞争时，就会出现一些严重的问题。这种情况在快时尚行业中得到了充分的验证。传统上，零售商都会在每一个季节开始的时候推出自己的新款式，而一个设计概念要完成从绘图板到店面销售的整个过程，往往需要一整年的时间。尽管也可以在最后一刻做出改变，但这些改变通常代价高昂，会抵消改变带来的价值，从而削减利润。然而，H&M 和 Zara 这样的时装连锁店正在改写时尚行业的规则，作为推动快时尚的一部分，它们每个月都在不断地推出新款式。[25]

许多人认为，这种做法的唯一问题是，它只有通过剥削新兴的第三世界劳动力市场上的小企业工人才能实现这一目标。把订单从 2 万件蓝色上衣改成 1 万件蓝色上衣和 1 万件红色上衣，这似乎并不是什么太大的要求。然而，像这样的快速操作转换，如果不同时做出订单交付日期的改变，就必然导致新兴经济体中的那些工厂的管理人员要求员工增加工作时间，同时在设备维修方面也偷工减料——而这是造成重大安全问题的重要原因。这些问题在孟加拉国表现得最为明显，孟加拉国一直处于快时尚行业的前沿，因为工资飙升已经促使这些零售商到孟加拉国来寻找更为便宜、更能变通的制造商。[26]

在某些极端情况下，部门结构也可能是非常分权的，以至于一些小部门甚至可能没有正式的管理人员来进行监督，员工很可能会进行自我管理。例如，一家位于华盛顿贝尔维尤的视频游戏生产商 Valve Corporation 就吹嘘自己是一家"无老板"的公司，员工的雇用、解雇和薪酬都是由员工自己来做决定，他们被以团队的形式组织起来。团队会对大多数决策进行投票，或者在某些情况下，因为经验或专业知识方面的要求，一到两个人自动成为特定项目的领导者。通常情况下，这种类型的领导都是在团队支持下产生的。正如一位员工指出的那样："前期的工作效率绝对是低的，而一旦有了组织在背后的支持，达成共识和执行就会变得很快。"[27]

亚马逊旗下的鞋类零售商 Zappos 也拥有一家所谓的"无老板"公司，它的经验也表明，这种非传统性的组织结构需要大量的时间去学习。Zappos 的新员工入职培训计划需要 4 周的时间才能完成，主要向新员工传授在公司取得成功所需的自我激励技能和协作技能，也就是说，除非你是来公司的第一天迟到，否则（如果在其他时候迟到），你会被当场解雇。[28]

事业部结构尽管灵活，但由于每个事业部都得有各自的职能专家，因此其效率不会太高。此外，事业部结构也可能会导致"自相残杀"，如果一个事业部取得的收益是以另外一个事业部的损失为代价的话。例如，苹果手机和苹果平板电脑是由苹果公司的不同部门来管理的，尽管苹果手机确实是一款非常成功的产品，但苹果平板电脑部门的员工很快就意识到，苹果手机对他们的销售产生了非常负面的影响。[29]

与此类似，许多零售商将实体店的销售和电子商务销售划分给不同的部门，结果就发现，电子商务销售最终会扼杀掉店内销售。这正是诺德斯特龙百货公司（Nordstrom）在 2016 年的假日期间发生的情况，当时其店内的销售受到很大的影响，部分原因是其自身在线销售的增加。正如一位行业分析师指出的那样："在当今日益数字化的环境下，大多数零售商还没有弄清楚如何在努力跟上亚马逊等公司步伐的同时，保持和提高实体店的盈利能力。"[30]

如果那些独立的事业部所做出的决策风险过高或者不符合组织更大的中长期目标，则分散的事业部结构也会带来很多问题。当一个组织试图塑造一个统一的品牌形象，要求处于分散状态的各个单位实施标准化做法时，这一点尤其会成为一个问题。例如，红辣椒墨西哥餐厅（Chipotle Mexican Grill）取得成功的秘诀就在于，它通过承诺以一种对环境可持续发展有利的方式提供健康的快餐食品来吸引顾客和投资者。然而，该公司经营战略的核心却是决策的分散性，各个特许经营店的经理有权自行决定原料在本地的采购。与麦当劳和汉堡王等全国性汉堡包连锁店依赖公司总部选择少量的大型牛肉和土豆供应商不同，红辣椒墨西哥餐厅旗下的 2 000 家餐厅依赖于分散的供应链决策，供应商涉及当地的数百名独立小农户。这是其竞争战略的一个独特组成部分，也是使红辣椒墨西哥餐厅成为"从农场到餐桌"细分市场上的一个宠儿的主要因素之一。

然而，所有这些都发生了变化，2017 年 6 月，该公司因其许多餐厅爆发了大肠杆菌中毒事件——这已经是两年来的第二起重大事件了——而被完全颠覆。通常情况下，像这样的突发事件只是孤立的，但当一家连锁店同时在这么多不同地区出现问题，客户和投资者就开始认为这家公司一定是有什么地方出现了系统性的问题。许多人开始认为，当涉及严格的质量控制时，分散配料决策实在是太过松散了。在丑闻爆发后不久，该公司的销售额下降了 16%，其股价也下跌了 22%。正如一位行业分析师指出的："这对其品牌影响更大，因为其成功在很大程度上就是源于原料的质量。"[31]

关于各部门的决策不符合公司整体利益的另一个例子发生在宝洁公司。该公司的每个事业部都有自己的研发预算控制权。在经济困难时期，各个事业部都开始通过减少研发支出来紧缩预算，从而实现短期的盈利目标。然而，所有这些短期独立决策所产生的累积效应却是，在研发方面投资不足导致的新产品和创新产品缺乏的问题，严重损害了整个公司的长期竞争力。当时的首席执行官鲍勃·麦克唐纳（Bob McDonald）介入并集中了公司的研发职能，让大多数研究人员在一个部门工作，并向一个权威即乔治·梅斯基塔（Jorge Mesquita）汇报工作。公司希望充分利用原本分布在各个部门之中的研发人才，将他们整合到一个单一的部门之中，专注于实现更为激进的突破，而不是渐进式的创新。[32]

职能结构的效率很高，几乎没有什么冗余的部门，它们之间很少有机会自相残杀，很少有部门野蛮生长。此外，尽管在中央集权结构中，来自较高级别的监督往往会减少在较低级别上工作的人犯错误的数量，但一旦过于集中的系统发生错误，那么错误往往会以加速方式在整个系统中爆发式扩散，因此可能更具破坏性。例如，在 2014 年由于点火系统故障通用汽车公司召回 270 万辆车，故障导致 500 多名客户伤亡，经济损失超过 4 亿美元，这种问题就表现得极为明显。

促成这一点火系统灾难的是与通用汽车公司的组织结构有关的两个方面的问题。第一，其组织结构形成了很多职能筒仓，从事汽车某一方面工作的人很少与从事其他职能领域工作的人进行交流。例如，一位工程师对一个有故障的零件进行了重新设计但未能对其进行重新编号，结果导致这种零件在向生产线后端的其他部门转送时，这些部门认为其正在处理的仍然是原来的零件。于是，当有关通用汽车公司的汽车熄火报道接踵而至时，公司将其视为客户满意度问题，而不是安全问题或设计缺陷问题。监控客户满意度的人从未与设计人员进行交流，他们甚至都没有意识到这是安全或设计缺陷问题，导致最终发现问题为时已晚。

通用汽车公司的组织结构存在的第二个问题是，大家根本就不清楚谁对不同的决策拥有决策权，组织中处于较低级别的人不愿意在出现问题时承担责任，也不愿意向上面的人传递坏消息。美国总检察署对这一事件进行的外部调查显示，早在 2001 年，许多人就已经意识到了这一问题，但这些人要么什么也不说，要么把责任推给其他部门，因此实际上没有人采取任何措施来解决这一问题。事实上，当总检察署询问一位知道这个问题存在的员工"解决这个问题是不是你工作职责的一部分"时，他只是简单地回答说"不是"。总检察署的报告特别指出："没有一个人觉得自己可以做出与点火开关问题有关的任何决定。"[33]

与事业部结构相比，职能结构最适合稳定的、可预测的环境，在这种环境中，对资源的需要可以很好地提前预测，工作之间的协调要求也可以在持续的重复性活动中加以完善和标准化。这种类型的结构也有助于支持依靠成本开展竞争的组织，因为效率是使这一战略发挥作用的核心所在。事业部结构最适合不稳定的、不可预测的环境，在这种环境中，很难预测对资源的需要，而且工作之间的协调要求在不同的时间里是不一致的。这种类型的结构也有助于支持依靠差异化或创新开展竞争的组织，因为灵活的响应能力是使这一战略发挥作用的核心所在。

当然，组织结构设计也不是非此即彼的命题，一些研究表明，能将职能结构和事业部结构的要素结合起来的"中间路线"往往是最好的。例如，大多数组织都采用混合方法来构建自己的人力资源管理职能结构。这些组织通常都会有一个称为共享服务中心的子单元，这个单元是高度集中的，主要处理组织中的日常事务，如工资的计算与发放。此外，还有一个卓越中心子单元，该单元主要由培训或劳工关系领域的一些专家组成，也是集中的，但独立于共享服务中心。最后，还有第三个分散的子单元，主要充当其他子单元领导者在人才管理或继任规划方面的业务伙伴。这种三管齐下的组织结构在日常任务方面力求提高效率，在复杂任务方面力求实现专业化，在对每个单独业务部门提供支持方面追求灵活性。[34]

组织结构与工作的性质

最后，我们从组织整体层面的问题转向更为具体的下一层次的问题，即组织结构的类型对工作设计也有很大影响。在职能型组织结构中，应将工作范围界定得较窄且使其具有较高程度的专业化。处于这种组织结构中的员工（即使是中层管理人员）通常只有很少的决策权，或者是在管理自己与其他人的协作方面不承担什么责任。纽柯钢铁公司（Nucor）的组织结构是事业部结构，其下属的 30 家小型钢铁厂的产量几乎每两年就会翻一番，利润率已超过 10%，这主要得益于该公司扁平的事业部结构。在纽柯钢铁公司，各工厂的经理在如何设计自己工厂的工作方面拥有广泛的自主权。该公司的工厂之间有时也会相互竞争，但首席执行官要确保这种竞争是良性的，并且要确保很多最佳实践能够尽快在整个公司内采用，以防止任何一家工厂获得长期的可持续竞争优势。此外，在公司层面实施的利润分享计划在该公司员工薪酬中占了最大的部分，这也促进了各个工厂经理之间的合作，因为他们都希望确保每一家工厂经营成功。[35]

纽柯钢铁公司只有 4 个管理层次，总部只有 66 个人。而它的竞争对手之一美国钢铁公司（U. S. Steel）的管理层次却多达 20 个，总部一共有 1 200 人。这使纽柯钢铁公司拥有近 25 年的长期可持续竞争优势。许多人预计，这种竞争优势在未来还将进一步得到增强，因为随着美国政府 2018 年对外国钢铁生产商征收新关税，纽柯钢铁公司是受益最多的公司之一。[36]

到底是选择职能结构还是事业部结构，最终会对在两种不同组织结构下承担具体工作的人产生影响。例如，在职能结构下，管理人员通常需要在范围狭窄的主题领域中拥有丰富经验的专家。例如，由于成熟药物的专利在一段时间后就会过期，像礼来（Eli Lilly）这样的公司就只有在成熟药物的专利过期之前研发出新产品才能生存下来。每年带来 50 亿美元收益的精神分裂症药物 Zyprexa 的专利即将到期，礼来公司朝着职能结构的方向对组织的运营进行了重组，以便速度更快且更高效地开发新产品。例如，所有负责将分子转化为药物的人都被调出他们原来所属的部门，统一安排在新的卓越研发中心工作。

这群原来高度聚焦于本领域的专家虽然是第一次共事，但最终发明了研发和测试新药的方法。这个小组采取以前的两步流程来确定一般药效，随之确定最佳用药量；之后把它转化为一步流程，将多种剂量水平的测试同时进行并相互比较。这个流程将一款减肥新药的开发周期缩减了 14 个月，并推广到其他药物研发中。[37]

■ 3.3 工作分析

工作分析（job analysis）是获取与工作有关的详细信息的过程。对于一个希望达到高质量绩效的组织来说，理解并努力实现工作要求与人之间的匹配非常重要。在当今竞争激烈的市场上，这一点显得尤为正确。

3.3.1 工作分析对人力资源管理者的重要性

工作分析对人力资源管理者是如此重要的一种活动，以至于它被称为人力资源管理者做的所有事情的基石。这种表述指出了这样一个事实，即几乎所有的人力资源管理实践——工作再设计、人力资源规划、甄选、培训与开发、绩效评价、职业生涯规划和工作评价——都需要运用工作分析获得的某些类型的信息。

工作再设计

正如前面讨论过的，工作分析和工作设计具有内在联系。通常情况下，一家公司总是想通过对工作的再设计来使其变得更富有效率或能够获得更多的成果。为了对工作进行再设计，必须首先获得与现有工作有关的详细信息。此外，对一个工作进行再设计实际上与分析一个尚不存在的工作很类似。

人力资源规划

在人力资源规划过程中，规划者首先需要分析一个组织在某一动态环境中的人力资源需求，然后再通过设计某些活动来帮助组织适应这种变化。这种规划过程需要获得关于各项工作所要求的技能水平的精确信息，只有这样才能保证在组织内部有足够的人手满足战略规划对人力资源的需要。

甄选

人力资源甄选就是确认最符合要求的可以雇用的求职者。为了识别哪些求职者是最合适的，首先必须确定准备雇用这个人来做什么，以及如果想要这个人有效地承担起这份工作，他必须具备什么样的知识、技能以及能力，而这些信息都是通过工作分析获得的。

培训与开发

几乎每一位被组织雇用的员工都需要接受培训。一些培训计划可能比另一些培训计划包括的内容更多。但无论是哪种培训计划，都会要求培训者明确认识到受训者需要完成哪些工作任务，这样才能保证培训帮助受训者做好有效完成工作的准备。

绩效评价

绩效评价所要做的是通过获取相关信息来判断每一位员工实际完成工作的情况，其目的是奖励那些绩效优秀的员工，促使那些工作有效性较差的员工改进绩效，或者是提供书面证据说明为何要惩戒那些绩效较差的员工。一个组织可以通过工作分析确认哪些行为和工作结果能够把高绩效员工和低绩效员工区分开来。

职业生涯规划

职业生涯规划的内容就是把个人的技能和愿望与组织内已经存在的或者将来会出现的机会匹配起来。这种匹配过程要求负责职业生涯规划的人了解每一个工作对于技能的要求。这样才能保证职业生涯规划者能够指导员工去从事他们能够胜任并且感到满意的工作。

工作评价

工作评价就是通过评价每一个工作对于组织的相对货币价值，建立一个具有内部公平性的薪酬结构的过程。如果薪酬结构是不公平的，员工就会感到不满意，进而会辞职，或者他们看不到通过自己的努力获得晋升到底能够给自己带来什么好处。为了给不同的工作赋予不同的货币价值，有必要获取关于不同工作的信息，这样才能决定哪些工作值得企业给予比其他工作更高的薪酬。

3.3.2 工作分析对直线管理人员的重要性

工作分析对于人力资源管理部门的各项活动来说显然是非常重要的，但它对于直线管理人员来说为什么也是十分重要的，可能很多人就不那么清楚了。工作分析对于直线管理人员同样重要的原因有很多。首先，管理者要想了解工作流程，就必须掌握与自己所管理的工作群体中的所有工作有关的详细信息。其次，管理人员需要通过了解工作的要求来做出明智的雇用决策。一个组织很少在没有直线管理人员参与的情况下，由人力资源管理部门单独完成人员雇佣工作。再次，直线管理人员还应当确保每一位员工都能够令人满意地（或更好地）完成工作。这就要求管理人员能够对每一个人完成工作的状况进行评价，同时向那些需要改进绩效的员工提供反馈。最后，管理人员还承担着确保工作以安全方式完成的责任，需要知道在哪里存在潜在的危险，同时还需要创造一种氛围，让员工感到在出现危险情况时他们可以随时决定中断生产流程。

例如，2016 年，梅西能源公司（Massey Energy Company）首席执行官唐纳德·布兰肯希普（Donald Blankenship）因在经营采矿业务时密谋违反联邦政府安全标准而被罚款25 万美元，并被判处一年监禁。本案的检察官认为，布兰肯希普在该组织创造了一种将财务业绩置于安全标准之上的文化，而这导致了 29 名矿工在阿巴拉契亚地区 Upper Big Branch 煤矿爆炸后死亡。[38]

美国铝业公司（Alcoa）的新任首席执行官保罗·奥尼尔（Paul O'Neill）在第一次股东大会上的开场白就是告诉大家在这栋大楼内最近的紧急通道的位置，这令一些观察人士感到震惊。然而，奥尼尔对安全和工作流程的重视最终使他成为历史上最好的首席执行官之一。奥尼尔接任美国铝业公司后就改变了工作汇报程序，要求在任何一位员工受伤之后，其所属部门的负责人就必须制订一项计划来详细说明将会如何对工作流程加以改变，从而确保同样的事故不会再发生。不愿意接受这一新的工作标准要求的高管人员将会被解雇。由于这项新政策的推行，每个部门的负责人都必须非常熟悉本部门的工作流程，这最终促使他们去与低级别员工进行更多的对话，而这些员工在加强安全方面以及简化工作流程方面都有很好的想法。最终，该公司的安全性提高，成本下降，质量提高，生产率也在飙升。[39]

当然，要想让工作分析达到这么多不同的目的，可能存在的一个问题就是，对于达成某个目标来说最佳的工作分析，很可能并不是能满足另一个目标要求的最佳工作分析。例如，为了达到招募目的而进行的工作分析所得出的工作描述比较简短，但是要能吸引可能不会花费大量时间阅读广告的求职者的注意。但是，如果是作为绩效管理项目的一部分，通过工作分析得出的工作描述就要足够详细，只有这样才能通过对任职者在一整年中的表现进行观察来找出他们个人的优势和劣势。因此，一家公司可以对一份工作进行多种工作分析，或者从一次工作分析中得出多份工作描述。作为一家食品和相关设施管理公司的索迪斯美国公司（Sodexo USA）正是这样做的，它为 900 多份不同的工作提供了"双重文件"。[40]

3.3.3 工作分析信息

工作分析信息的性质

在工作分析中，有两类信息最为有用：工作描述和任职资格条件。**工作描述**（job description）是指将一个工作中包含的各种工作任务、责任以及职责（TDR）列举出来而形成的一份目录清单。工作任务、责任以及职责都是一些可以观察到的活动。例如，一位办公室文员承担的工作要求任职者能够完成打字工作。如果你在某个工作日对这一岗位上的人进行观察，那么你一定会发现这个人在某些时候是在打字。当一位管理者准备对员工的工作绩效进行评价时，最为重要的一点是，他必须能够获得与该工作需要完成的工作任务有关的详细信息（也就是工作任务、责任以及职责）。这是因为，只有掌握了这些信息，管理者才能确定一位员工实际完成工作的情况在多大程度上达到了每一项工作的要求。表3-1中展示的是一个工作描述的样本。一方面，工作描述要写得宽泛一点，因为过于约束性的描述很容易使员工将一些没有事先预见却很重要的任务断言为"不是我的工作"。另一方面，如果工作描述太不明确，又会导致人们关于工作基本任务的争论和矛盾。[41]因此，在创建工作描述时，在广度和清晰度之间达到有效的平衡是非常关键的。

表 3-1 工作描述样本

工作名称：维修技师
工作总体描述：对在特定工作区域内运转的所有机器设备进行总体维护和修理，其中包括为公司车辆、车间设备以及在施工现场使用的机器设备提供养护服务。
1. 关键职责（40%）：设备维护 任务：做好机器设备保养维护的所有记录。根据维护时间要求更换零部件及添加润滑剂。定期检查机器设备上的量器和负荷指示器，以发现可能表明设备出现问题的不正常现象。根据要求完成非常规性的维护任务。还有可能承担对执行维护任务的操作工进行有限监督和培训的任务。
2. 关键职责（40%）：设备修理 任务：提出对设备进行检查的要求，并提出报废或修理某一零部件的建议。如要对设备进行修理，则需要采取任何必要的措施来使该零部件恢复正常工作。在这一过程中包括使用各种工具和设备对需要修理的零部件进行部分或全部重新组装。最主要的任务是内燃机和水压机的全面大修以及故障排除。
3. 关键职责（10%）：测试与批准 任务：确保按照设备生产商提供的说明书完成所有必要的维护和修理工作。批准或拒绝某种设备投入使用。
4. 关键职责（10%）：库存保持 任务：维持设备维护和修理所需的各种零部件库存。以最低的成本采购令人满意的零部件。
非关键职责： 上级分配的其他职责。

任职资格条件（job specification）是列举一个人为完成某一特定的工作而必须具备的知识、技能、能力以及其他特征（KSAO）的一份目录清单。知识是指为圆满完成某项工作任务而必须掌握的事实性或程序性的信息。技能是指一个人完成某项特定工作任务的熟

练水平。能力是指一个人具备的比较通用且具有持久性的才能。最后，上述定义中所说的其他特征是指人格特征，比如一个人的成就动机或者持久性。因此，这里所说的知识、技能、能力以及其他特征都是一些无法直接观察到的特点，只有当一个人实际承担工作任务、责任以及职责时，才有可能观察到这些特点。所以，如果有人来申请前面讨论过的那个办公室文员工作，你就不可能简单地看一眼这个人就确定她是否具备打字的技能。然而，如果你去对该求职者的实际打字活动进行观察，你就可以对其打字水平做出判断。当一位管理者准备找人填补某个职位空缺时，对于他来说，非常重要的一点是必须精确地掌握一位成功的任职者必须具备的特征，这就要求对每一位求职者的知识、技能、能力以及其他特征进行考察，正如下面的"通过科技开展竞争"专栏所揭示的那样，不要陷入与事实不一定相符的刻板印象。

➡ 通过科技开展竞争

企业并不需要孤独的天才书呆子

因为工作的任职资格条件在很大程度上决定了一家公司的雇佣情况以及最终的文化，所以避免陷入与事实不一定相符的刻板印象就显得至关重要。在很多科技类公司中可以发现的这种刻板印象之一就是被克莱尔·凯恩·米勒（Claire Cain Miller）描述为"孤独、天才、书呆子"的人，这种刻板印象在这个行业中非常普遍。一方面，在大家刚开始学习编程技能的时候，编程确实是计算机课程中的一项可以依靠个人单独完成的活动；另一方面，在一些入门级的编程工作中，在把新学的编程技能以常规化的方式应用到日常工作中的时候，也同样如此。此外，几乎所有知名的帮助高科技公司发现天才的编程竞赛，比如谷歌公司的代码积木竞赛（Google Code Jam）或脸书公司的黑客杯竞赛（Facebook Hacker Cup），都会让个人与个人在短期编程任务上相互较量，这些任务也可以由个人来单独完成。

然而，在现实生活中，科技公司要想在劳动力市场和产品市场上开展竞争，就需要一套更加多样化的技能。从劳动力市场的角度来看，科技公司需要吸引最优秀的人才，但对许多人来说，任何带有社会隔离意味的工作描述都会立刻让人产生反感。此外，高度竞争的文化也会惩罚和排斥合作型的员工，从而产生一种造成敌对工作环境的自我强化循环，而这种敌对的工作环境会促使这些人远离，即使他们当初曾经被这些工作吸引。

更为重要的是，对工作的仔细分析表明，一旦一个人越过了初级岗位，工作对人的协作水平要求就更高了，因为他们通常会进入一个多元化的团队之中。大型项目通常需要许多技术专家的技能，这些人在各自的狭窄学科范围内掌握了深入而复杂的技能，他们不是那种拥有解决问题所需的全部技能的"什么都懂"的人。正如缤趣公司（Pinterest）的软件工程师特雷西·曹（Tracy Cho）所说的那样："在构建一个大型软件系统时，你可以让几十个、几百个或几千个工程师都在同一个代码库基础上工作。"任何一个自己单独工作的人都可以构建出一个大型软件系统的想法根本站不住脚，不管这个人赢得了多少国际大学生程序设计竞赛。无论如何，如果一个人无法说服他的领导、团队或投资者相信他的天才，仅仅拿出一套创新解决方案可能是不够的。

从产品市场的角度来看，科技公司还需要吸引和留住那些扎根现实世界，能够从客户角度出发看问题的员工。为了实现销售，程序员需要能够预测大量不同的人对各种产品或产品升级可能会做出多大的反应。研究软件行业的内森·恩斯门格（Nathan Ensmenger）指出："软件开发的失败率是很高的，但它几乎从来就不意味着代码没用。相反，这段代码可能并不能解决实际存在的问题，但可能会解决将来用户会遇到的问题。"例如，尽管谷歌眼镜在将大量的计算能力嵌入一副眼镜方面取得了显著成就，但有一点还不清楚，这就是除了一个孤独的天才，是否有人愿意经常戴这种眼镜。经常与他人接触的人很快就能意识到，这种产品侵犯了他人的隐私保护权。这不是想象力或解决问题的能力的失败，而是一副眼镜在所站的立场方面的失败。

讨论题

1. 考虑到人口的多样性，对技术劳动者的任职资格要求存在的刻板印象会以怎样的方式限制其他同样具备任职资格的劳动者的工作机会？那些孤独者在这个工作世界中是否还能有一席之地？哪些工作可以合法地要求任职者具备这种特质？

2. 除了科技行业，你还能想到哪些行业制定的任职资格要求可能存在类似的问题，即基于不准确的刻板印象对组织绩效和个人的工作机会产生了限制？

资料来源：C. Cain Miller, "Tech's Damaging Myth of the Loner, Genius Nerd," *The New York Times Online*, August 12, 2017; D. Wakabayashi, "Google Fires Engineer for Divisive Memo," *The New York Times Online*, August 7, 2017; L. Bradford, "Six Soft Skills That Technical Employees Need to Thrive," *Forbes Online*, August 26, 2017.

工作分析信息的来源

在进行工作分析时，经常会遇到的一个问题是：谁负责提供工作分析信息？无论你选择哪一种工作分析方法，工作分析过程都会涉及从对工作比较熟悉的人那里获取信息这样一项工作。我们把这些人称为主题专家，因为他们在对工作的了解方面确实是专家。

总的来说，从某种工作的任职者那里获取关于该工作正在做些什么的信息是一种十分有用的做法。在对从事某一工作的人进行监督十分困难的情况下，这种做法的优点尤其明显。然而，多个做同样工作的任职者对工作的评估不一定相同，尤其当工作很复杂且不使用标准化的设备或者工作与客户联系紧密时更是如此。[42]因此，你还需要去询问对该工作比较熟悉的其他一些人，比如任职者的上级主管人员，让他们与你共同审查从任职者那里收集来的相关信息。这种做法还有助于检查任职者目前正在做的事情与企业要求他们做的工作是否一致。

当人们试图对在一个正式组织结构中存在的非正式社会网络进行评估时，了解这些工作的任职者也是很有用的。也就是说，虽然正式的组织结构以自上而下的规范角度表明了谁应该跟谁沟通，但通过对一家公司的社会结构进行分析，才能以自下而上的角度描述清楚谁在真正跟谁沟通。事实上，企业分析领域正在得到不断发展的例子之一就是对人进行分析，通过自我报告性质的调查、对电子邮件的跟踪或来自可穿戴传感器的数据等，就能够显示出谁每天都在和谁沟通。

在许多情况下，社交网络的发展是由于组织的正式结构存在局限，即人们意识到，他们需要以一种正式组织的设计者没有预料到的方式与某人进行互动。一旦意识到存在这一需要，组织的正式规划者就可能希望重新设计组织的正式结构，从而回应这些非正式、自动涌现出来的社会结构所确定的需要。[43]例如，图 3-6 显示了在一家生产科技设备的组织内部的各事业部领导之间的社会网络。在这个图中，圆点代表的是从事生产工作的工程师，三角形代表的是从事设计工作的科学家，方形代表的是行政支持人员，菱形代表的是最高层管理团队。图中的线条表示谁经常与谁进行面对面的交流。

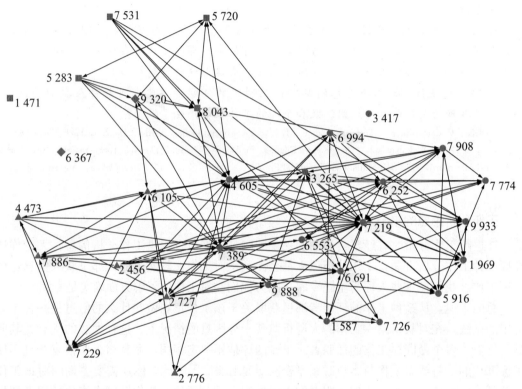

图 3-6　组织内的社交网络

与那种以自上而下方式设计的趋于对称和平衡的正式结构不同，社交网络更具有机性，看起来更为混乱。然而，这些图片是对正式组织结构图的一个重要补充，因为它们通常能指出哪些人在组织中处于中心地位，而从工作描述和正式组织结构图来看，这些人未必是大家想象中的那些处于组织中心地位的人。[44]在图 3-6 中，像 4 605、7 219、2 727 和 7 389 这样的个人都是跨单位的重要"边界扳手"，而 3 417、2 776、1 471 和 6 367 似乎与自己部门的其他成员没有紧密联系。组织很容易低估这些非正式边界管理者的重要性，而其中任何一个人的流失都有可能比那些社会离群者的流失对组织产生更大的负面影响。

正是由于这些方面以及许多其他方面的原因，组织越来越多地将对非正式结构的描述作为对其正式结构描述的一种补充，而这些图形的描绘可能不仅仅依赖于员工的自我报告。[45]来自可穿戴传感器的蓝牙信号也可以实现相同的目标，图 3-6 所示的社交网络是基于可穿戴传感器的数据而不是自我报告生成的。[46]借助这项技术自动连续捕获的关系数据使人们可以获得每月、每周甚至每天的社交网络描述，由于其所具有的有机性，这些描述比正式组织图更不稳定。在许多情况下，非正式结构是为了适应正式结构的问题而产生的，随着时间的推移，正式结构可能也会发生变化，从而使其与信息结构更加紧密地保持一致。

人与人之间为了满足完成工作的正当需要就要建立起某种沟通联系，与此相反，通过仔细检查在其他情况下出现的社交网络会发现，有些人还会出于与工作无关的正当理由进行过度的沟通，从而浪费了自己的时间和他人的时间。例如，一家公司在分析其电子邮件通信记录时发现，一位高管发出太多的电子邮件，以至于仅仅阅读这些电子邮件的用时就相当于 10 个人的全职工作时间。对这些电子邮件的分析表明，在收到信息的人当中，很少有人真正需要借助其电子邮件来完成自己的工作。因此，旨在"修复"这部分社交网络的干预措施提高了许多人的效率。[47]

从这项研究中可以得出的一个结论是，对于实际执行工作任务所花费的时间以及谁真的要和谁去沟通，任职者可以提供最准确的估计。然而，任职者的直接主管可能是关于工作职责重要性的更准确信息来源。任职者在评估与工作的各方面相关的安全风险因素方面似乎也更为准确，一般来说，在组织层级中的位置越往上，对风险评估的准确性就越差。[48]

尽管任职者及其直接主管是工作分析最明显和最常用的信息来源，其他来源（如客户）可能也会有所帮助，特别是对于服务类工作而言。然而，由于客户缺乏做出评价或评估的专门培训，他们在对工作性质进行评估时，有时会表现出一些种族偏见或性别偏见。[49]最后，在分析工作所需要的技能水平时，经验丰富的外部工作分析人员可能是最佳来源。[50]

3.3.4 工作分析方法

工作分析的方法有很多种，而且并没有一种最好的方法。下面将讨论两种主要的工作分析方法：岗位分析问卷法（PAQ）以及职业信息网络法（O*NET）。尽管大多数管理人员可能都没有时间精确地按照技术要求来使用多种工作分析技术，但是这两种方法为管理者思考大范围的工作分析法、以任务为中心的工作分析法以及以人为中心的工作分析法提供了一个参考。

岗位分析问卷法

我们之所以先介绍岗位分析问卷法（PAQ），是因为它不仅是一种运用最为广泛的工作分析方法，同时也是研究最为透彻的工作分析方法之一。此外，它对投入、流程、关系以及产出的强调与我们在本章开始讨论的工作流分析法（见图 3-1）是一致的。

岗位分析问卷是一份包括 194 个问项的标准化问卷。[51]这些问项代表了能够从不同的工作中概括和提炼出来的各种工作行为、工作条件以及工作特征因素。这些问项可以被划分为六大块：

1. 信息投入——任职者从哪里获得以及如何获得完成工作所必需的信息。
2. 脑力运用——在执行工作任务时需要完成的推理、决策、计划以及信息处理活动。

3. 工作产出——任职者在执行工作任务时发生的身体活动以及使用的工具、设施等。

4. 与他人的关系——在执行工作任务时需要同其他人发生的工作关系。

5. 工作背景——执行工作任务时所处的物质以及社会环境或背景。

6. 其他特点——前面未描述的其他与该工作有关的各种活动、条件以及特征。

在进行工作分析时，工作分析人员首先要确定问卷中的每一个问项是否适用于需要分析的工作。接下来，工作分析人员需要根据以下六个维度对工作在每一个问项上的情况做出评价：运用的程度、耗费的时间、对工作的重要性、发生的可能性、适用性以及特殊编码（在某一特定问项中所使用的评价尺度）。工作分析人员需要将这些评价结果提交给PAQ（岗位分析问卷）公司总部，然后依靠那里的一种计算机程序得出一份报告，说明某个工作在各维度上的得分情况。

研究表明，岗位分析问卷一共测量了一个工作的 12 个总体维度（见表 3 - 2），一个工作在这些维度上得到的分数是十分有用的。PAQ 公司强大的数据库把工作在某些既定维度上的得分与通用能力测试问卷（GATB）中一些子问卷的测试分数联系在了一起。因此，只要知道了某种工作在某一维度上的分数，我们就能够大体确定任职者为履行这种工作的职责需要具备的能力类型是什么。很显然，通过这种工作分析技术得到的工作信息可以在不同的工作之间进行对比，而不管这些工作是否相似。岗位分析问卷的另一个优点是，它不仅涵盖了工作的环境和背景因素，而且涵盖了投入、产出以及工作流程因素。

表 3 - 2　岗位分析问卷中包括的关于工作的若干总体维度

1. 决策、沟通及一般责任
2. 事务性及其相关活动
3. 技术性及其相关活动
4. 服务性及其相关活动
5. 常规工作时间表与其他工作时间表
6. 日常的重复性工作活动
7. 对环境的知觉
8. 一般身体活动
9. 对其他人的监督与协调
10. 与公众、客户或者其他人的接触活动
11. 令人不悦的、具有危害性的、高强度要求的环境
12. 非典型的工作时间表

对工作环境的认识是非常重要的，因为在某些情况下，可以根据工作环境的状况预测员工的出勤率和流动率，还能预测出在面临恶劣环境时哪些人比其他人可以更快地恢复正常。例如，很多企业正在重新考虑建立开放式办公室，取消私人办公室，将员工安置在一个更大、更公共的空间里。企业希望这种办公室设计能激发大家的协作性和创造力，但在许多情况下，由于需要集中精力工作，许多员工会戴上耳机，不从他们的小隔间里抬头出去张望，而这些小隔间也往往被"重新装修"，从而使人们无法看到彼此。[52]

人们还希望开放式办公室设计能促进一种更加平等的环境的形成，因为高层管理人员通常也在同一个空间中办公，这比他们自己在一个宽大的私人办公室工作时更容易让员工接近。但这种办公室设计也可能会适得其反，因为许多员工会因为自己的上司经常在身边

而感到压力重重。此外，高层管理者的许多工作也需要一定的隐私，当他们离开自己的"公开空间"去"公共私人空间"与人私下会面时，就会助长不必要的猜测和谣言。由于种种原因，许多公司在工作环境方面正在回归私人办公室。[53]

职业信息网络法

《职业名称辞典》（*Dictionary of Occupational Title*，DOT）诞生于 20 世纪 30 年代，它在当时成为一个对新公共就业服务系统非常有帮助的工具，它能够把企业对技能的需求与美国劳动力队伍的技能供给联系在一起。尽管这套系统已经为美国提供了长达 60 年的良好服务，但美国劳工部的官员却清楚地知道，新经济中的很多工作与《职业名称辞典》中的描述出现了本质上的差别，《职业名称辞典》不能像过去那样发挥作用了。在工作方面出现的技术变革、全球竞争以及从稳定、固定的生产性工作向更为灵活、动态的服务型经济的转变，很快使原来的这套职业系统变得过时了。[54]

由于上述所有方面的原因，美国劳工部在 1998 年摒弃了《职业名称辞典》，同时开发出了一套全新的工作分类系统：职业信息网络系统，或者叫作 O* NET（Occupational Information Network）系统。这套系统不依靠固定的工作名称和范围狭窄的工作任务描述，而是运用一种从各种工作中提炼出的通用语言来描述各种工作需要的能力、风格、活动以及环境，这些工作的定义都非常宽泛（与《职业名称辞典》中的 1.2 万种工作不同，职业信息网络系统中描述的职业实际上只有 1 000 种）。[55]

在对职业信息网络系统的评论中，有人赞扬了它的广度和范围反映了美国经济中的各种工作，但也有人批评它的几个组成部分之间的协调性差，存在信息冗余，而且在很多部分中还夹杂了很多非专业人士难以理解的行话。[56]

尽管如此，职业信息网络系统还是一个有价值的工作信息来源，特别是对于那些不熟悉某些工作相关要求的求职者来说。例如，职业信息网络系统非常适合描述不同的工作对求职者的文化水平要求。因此，那些想提高求职能力的人可以通过职业信息网络系统评定自己现有的文化水平，然后可以获得有关自己能够胜任的工作的精准信息。另外，如果想申请更复杂、看起来层次更高的工作，求职者还可以通过这个系统了解他们应如何提高自己的文化水平。[57]

3.3.5 工作分析的动态因素

尽管我们倾向于把工作看成是静态的和稳定的，但实际上，工作总是在不断变化，会随着时间流逝而不断演变。那些占据这些工作的人或者管理这些工作的人经常会对工作进行一些细微的、日积月累的调整，以使工作能够适应环境条件的变化，或者适应个人在工作完成方式方面的偏好。事实上，尽管在工作分析的过程中误差出现的来源有许多，但导致工作信息不精确的最大原因却是工作描述过时了。基于这种原因，工作分析过程除了要对工作进行静态的界定，还必须对工作性质的变化进行探究。

例如，医疗中心的工作一直就是一种精神压力较大的职业，但随着时光流逝，患者的身体变化又极大地增加了对护理人员的纯体力要求。达到病态的肥胖患者比例已从 2000 年的不到 15％上升到 2015 年的 25％以上，这导致了与过重搬运有关的护理人员受伤的人数意外激增，因为在许多情况下，工作的这个方面并没有被反映在已经变得过时的工作描述之中。[58]

事实上，在产品和市场都快速变化的今天，一些人已经开始质疑"工作"这个概念是否仅仅是一个已经过时的社会产物。人们认为传统的工作将被零工所取代。也就是说，劳动者都充当起了私人承包商的角色。在这种情况下，劳动者不是为雇主工作的那种"W-2"型员工（注：W-2是雇主给雇员发的年度工资总计表），他们每个人都将是一个自由职业者，主要从事非全日制工作或者是做部分兼职工作。尽管对于优步公司的司机、任务兔（Task Rabbit）的贡献者以及一些处于高科技行业边缘的员工来说，这种对未来的看法可能是真实的，但美国劳工统计局的一些统计数据显示，被归为"非常规性工作安排"的美国员工所占的比例是很小的（10％），而且在过去的几十年中这一比例是有所下降的。[59]从2018年的劳动力市场紧张就可以看出来，所谓的零工工作似乎只是一种临时的就业方式，其原因在于上一次经济衰退使许多人失去了传统的工作，所以临时性地从事一些零工工作。

■ 3.4　工作设计

到目前为止，我们一直是以一种消极的方式研究如何对工作进行管理，因为我们强调的仅仅是了解这个工作需要做什么、如何做以及做这些事情需要具备哪些技能。尽管了解这些信息非常必要，但这毕竟是一种静态的工作观，即假定工作必须是已经存在的，并且这些工作已经按照一种最好的方式组织起来。然而，一位管理者常常会遇到这样一种情况：工作单元本身还不存在，因而要求管理人员从头开始对这一工作单元中的所有工作进行设计。有时候还会出现这样一些情况：某个工作单元中的工作负担增加了，或者尽管工作负担没有变化但是工作群体中的人员减少了。有时候，一个组织的工作完成方式并不是最有效的。在所有这些情况下，管理人员都有可能决定改变完成工作的方式，从而使该工作单元能够更加有效且效率更高地完成工作，这就要求对现有的工作进行重新设计。

工作设计（job design）是指界定工作完成方式以及某一特定工作要求任职者完成的各项工作任务的过程。**工作再设计**（job redesign）则是指改变现有工作需要完成的工作任务或者完成工作的方式这样一个过程。为了有效地设计工作，设计者必须全面了解一个工作当前的状况（通过工作分析来了解），同时还要了解它在更大的工作单元内部的整个工作流程中所处的位置（通过工作流分析来把握）。在充分了解在一个工作单元中以及在特定工作上需要完成的工作任务的情况下，管理人员有多种可供选择的方式对工作进行设计。关于这一点，我们可以通过了解不同工作设计方法的利弊来加深理解。

研究表明，在各种学科（比如心理学、管理学、工程学以及人体工程学）中经常使用的涉及工作设计的基本方法一共有四种。[60]对所有的工作都可以运用这四种方法中的任意一种来进行设计，但不同的方法设计出来的工作在特征上会存在差异，因此，管理者就需要了解如何在不同的工作设计方法之间进行权衡。工作设计问卷（Work Design Questionnaire，WDQ）则是一种能够可靠地对工作设计特征进行衡量的特定工具，如果一家公司希望全面地评估一下本组织中的工作在这些维度上的情况，那么完全可以使用这种工具。[61]

3.4.1 机械型工作设计法

机械型工作设计法扎根于古典工业工程学，强调的重点是要找到一种不仅能够使效率最大化，而且是最简单的方式来对工作进行组合和建构。在大多数情况下，这通常包括降低工作的复杂程度以提高人力资源的效率，也就是说，让工作变得尽量简单，从而使任何人只要经过快速培训就能够很容易地完成工作。这种方法强调的是，围绕工作任务的专门化、技能的简单化以及重复性等这样一些概念进行工作设计。比如，在辣椒饭店（Chili's Restaurant），作为工作的一部分，厨师过去要负责切菜、肉和其他原料。为了提高效率，饭店将这个工作分为两部分：一部分工作为"帮厨"，他们需要早上就到饭店，将所有食材切好；另一部分工作为"大厨"，他们将准备好的食材做成最后的食物。[62]

科学管理是一种出现最早，同时也最为著名的机械型工作设计法。[63]根据其思想，通过在工作设计的过程中采用科学的方法，就能够实现生产率的最大化。科学管理首先寻求的是完成工作的一种最优方法。一旦找到了完成工作的最有效方式，企业就应当根据求职者在完成工作方面的能力来对他们进行甄选，同时按照完成工作的最优方法来对员工进行培训。最后，企业还应当对员工提供货币刺激，激励他们在工作中发挥出自己的最大能力。

科学管理方法的地位在随后若干年中得到进一步确立，这促进了机械型工作设计法的产生，这种工作设计方法要求将工作设计得越简单越好。如果按照这种方法来对工作进行设计，组织就能够减少对能力水平较高的员工的需求，从而不再依赖单个员工。个人是很容易被替代的，也就是说，组织可以通过对新员工进行快速的、费用很低的培训来使他们胜任工作。

许多以这种方式设计出来的工作是在发展中国家完成的，那里有大量的低技能劳动力和相对宽松的关于安全标准的法律指南。[64]例如，硅片制造会使工人接触大量的致癌物，而在亚洲，对这些致癌物的监管没有在美国那么严格，因此，芯片生产基本上都被转移到了海外。[65]令人遗憾的是，正如大家可以从下面的"诚信行动"专栏中看到的那样，当这些工作被转移到海外时，关于如何保护工人免受这些致癌物影响的许多知识并没有成功地转移出去。

➡ **诚信行动**

放毒杀手死而复生

这里谈的事情被认为是在当时的公共卫生领域取得的最伟大成就之一。位于美国马萨诸塞州哈德逊市的数字电子公司（Digital Electronics Corporation）是一家生产电脑芯片的工厂，一位负责健康和安全工作的员工注意到工厂里存在一个奇怪的数据模式，表明工厂中女性的流产率要远远超过人口平均值。业内专家对这项小样本研究的结果持怀疑态度，并对最初的发现提出质疑。最终，在该行业的资助下开展了两项独立的且规模更大的研究。其中的一项研究是由加州大学戴维斯分校的科学家主持的，他们对属于不同公司的14家工厂进行了调查；另外一项研究是由约翰·霍普金斯大学完成的，它只关注一家大型生产商即 IBM。

尽管这两项研究是完全独立的，并分别对不同的芯片生产厂中的不同工作人员进行了检查，但对于在这些工厂存在女工流产（其实还有出生缺陷）数字异常，以及引起这些数字异常的原因——一类被称为乙二醇醚（EGE）的有毒化学物质，它们却得到了相同的结果。面对来自三项独立研究的证据，业界领袖于 1992 年达成共识，同意在美国的芯片生产过程中完全不使用乙二醇醚。尽管更安全的乙二醇醚替代品更昂贵、更低效、供给更不丰富，但是让女性暴露于这种有害因素之中的道德成本远远超过了经济因素。乙二醇醚一去不复返了。

20 多年之后，在三星电子（Samsung Electronics）工厂工作的韩国流行病学家金明熙（Kim Myoung-hee）也发现了一种异常情况。两名在这家工厂中并肩工作的年轻女性在 6 个月内死于一种罕见的白血病。由于患上这种罕见白血病的概率是十万分之三，因此，两个人在同一个工作地点同时患上白血病就显得概率过高了。随着三星和其他电子产品生产商发现了越来越多的类似事件，金明熙开始暗地里调查。一开始，她并没有把乙二醇醚当成罪魁祸首，因为她看到的每一份关于乙二醇醚的研究都指出，这种东西已经被禁止进入这个行业了。然而，在对三星以及另外一家韩国大型芯片制造商现代海力士公司（SK Hynix）的化学品桶进行随机取样检查时，结果却显示，60％的桶中都含有微量的乙二醇醚。

韩国的这些芯片制造商最初都否认了这些指控，并在法庭上与受害者展开了激烈的斗争——通常是以不透明的方式进行的。它们声称自己的生产过程是商业机密，与其他受害者的和解情况受到保密协议的保护——这一说法实际上得到了韩国商务部的支持。然而，更多的研究以及来自韩国公民和政治家对受害者的大量支持，迫使情况出现改变。一种指责是，这个行业只是将暴露于有害物质的风险从美国工人转移到了韩国工人身上，这种说法被广泛接受，以至于很难被否认。到了 2018 年，三星已经改变了对此事的口径，该公司的一位发言人指出："我们一直在努力帮助那些经历了艰难困苦和心痛的曾经在公司从事半导体生产的员工及其家人。"真希望乙二醇醚能再次彻底消失。

讨论题

1. 尽管计算机芯片制造业早就转移出了美国，但美国的行业主管部门应当以何种方式确保有关工人安全的知识和工作能一起被转移出去？

2. 每一个拥有电脑或手机的人都是三星生产的电脑芯片的消费者。作为相关消费者，我们每个人能做些什么来确保我们喜爱的产品不会以伤害毫无戒备的工人的方式被生产出来呢？

资料来源：C. Simpson, "The Price of a Digital World," *Bloomberg Businessweek*, June 19, 2017, pp. 58 - 65; S. Jong-a, "Samsung Finds Unlikely Ally in Stance on Worker Safety," *Financial Times Online*, July 2, 2018; E. Jeong, "Samsung Agrees to Compensation Deal Over Chip Worker Deaths, Illnesses," *The Wall Street Journal Online*, July 24, 2018.

在某些情况下，通过机械型方法设计出的工作会简单到连一个孩子都能完成，而这实际上也确实是一些不发达国家正在发生的事情。这种情况会导致那些利用不道德方式获利的公司遭到强烈的反对，事实上，越来越多的组织正在带头阻止此类做法。例如，当沃尔玛得知乌兹别克斯坦的棉花种植者雇用童工采摘棉花时，便利用自己的影响力迫使他们停止采取这种做法。沃尔玛与美国的其他一些大型零售商一起创建了第一个追踪棉花产地的系统，并发起了抵制乌兹别克斯坦棉花种植商的活动，乌兹别克斯坦的棉花种植商迫于这家企业巨头的压力，迅速做出妥协，让那些儿童重返校园。[66]

3.4.2　激励型工作设计法

激励型工作设计法在组织心理学和管理学文献中可以找到深厚的基础，从很多方面来说，它是作为对机械型工作设计法做出的一种反应而产生的。这种工作设计方法强调的重点是会对任职者的心理意义以及激励潜力产生影响的那些工作特征；同时，把一些态度变量（比如满意度）视为工作设计的最重要的结果。激励型工作设计法提出的工作设计方案往往强调通过工作扩大化和工作丰富化来增强工作的意义。

关于工作设计会怎样影响员工的反应，一个比较完整的模型是"工作特征模型"。[67]根据这一模型，我们可以依据以下五个方面的特征对一个工作加以描述：第一是技能多样性，它是指工作要求任职者在执行工作任务时运用多种技能的程度；第二是任务完整性，它是指一个工作要求任职者从头到尾完成一项"完整"的工作任务的程度；第三是自主性，它是指一个工作允许任职者在工作任务完成方式方面自己做出决策的程度；第四是反馈性，它是指一个人能够通过工作本身获得与自己完成工作的有效性有关的清晰信息的程度；第五是任务重要性，它是指一个工作对他人的生活产生重要影响的程度。尽管这五个特征都很重要，但对任务重要性的信念——任职者在多大程度上相信，如果工作完成得好，就可以产生自己看重的工作结果——却可能是工作激励方面最关键的一个特征。通常情况下，企业可以通过让员工清晰了解他们的工作是如何影响他人（这里的他人可以是顾客、同事，也可以是整个社会）的来强化任务重要性的概念。

例如，在为一所大学的奖学金基金筹集捐款的呼叫中心工作是枯燥的，而且捐款请求常常被拒绝。然而，在这种场景下所做的一项实验却发现，在将生活因奖学金而发生改变的那些奖学金获得者介绍给呼叫中心的员工之后，整个团队的生产力提高了150％以上。[68]帮助员工认识到他们所做工作的意义是非常有激励性的，企业如果不去刻意加强这种认识，员工在日复一日的工作中是很容易看不到的。

事实上，"工作高档化"这个词被创造出来就是为了让大家关注这样一个事实：许多受过良好教育的劳动者由于看不清自己工作的意义，而去从事许多过去被认为是"无专业性"的工作，比如调酒师、理发师和屠夫。这些工作都有需要自己亲自动手的一面，他们在工作中每天都要跟客户打交道，因而能看到人们对他们所做工作的欣赏。当这些工作被视为工作高档化的一部分时，它们有一个与传统工作执行方式不一样的独特"执行"要素。例如，一位时髦的完整动物屠宰师（whole animal butcher）生产出来的产品会吸引那些愿意为这些产品支付溢价的客户（注：一些商店购买整只动物比如鸡、猪或牛等自己进行切割），而这些产品与人们在当地杂货连锁店看到的是不一样的。[69]

3.4.3　生物型工作设计法

生物型工作设计法主要来源于生理机械学（也就是对身体运动进行研究的科学）、工作心理学、职业医学，它通常被说成是人体工程学。**人体工程学**（ergonomics）关注的是个体心理特征与物理工作环境之间的接触面。这种方法的目标是围绕个人完成工作的方式构建物理工作环境，将劳动者的身体紧张程度降到最低水平。因此，它关注的结果是身体疲劳、各种疼痛以及员工关于健康的抱怨等。伤亡数目多的工作适合进行人体工程学的重新设计。

生物型工作设计法已经被运用到对体力要求较高的工作所使用的设备的再设计过程之中。这种再设计的目的通常是降低某些特定的工作对体力的要求，从而使任何人都能够完成这些工作。此外，生物型工作设计法还非常关注机器和技术的再设计，比如通过调整计算机键盘的高度最大限度地减少职业病（比如腕管综合征等）。对于许多在办公室工作的员工来说，座椅和桌子的设计符合人体工作姿势的要求也是非常重要的，这也正是生物型方法在工作设计中运用的另一个例子。

尽管提供舒适的、符合人体工程学设计的椅子确实值得称赞，但最近的研究表明，让员工离开椅子对健康也至关重要。也就是说，一个越来越清楚的证据就是，仅仅是长时间坐着就会对员工造成伤害。从进化的角度来看，人体是被设计来运动的，久坐不动的行为与这种设计的初衷是不相符的。例如，即使将人们在不坐着时的体育锻炼量作为一个控制变量，"坐着的时间"超过平均值的人患结肠癌的风险高出 24%，患子宫内膜癌的风险高出 32%，患肺癌的风险高出 21%。因此，采用跑步机办公桌或立式办公桌的办公室再设计方案越来越常见，一些组织正试图将站立而不是坐着作为完成工作的默认姿势。[70]

然而，从能量学的角度考虑，站立太长的时间也会有问题。最近的证据表明，站立太久会导致人们朝着奇怪的方向倾斜，从而导致肌肉组织问题、背部问题、脚部问题、颈动脉疾病，甚至静脉曲张。人体工程学现在正在研究一个精确的公式，力图将人们在标准的 8 小时工作时间里需要坐着、站着和轻度活动的时间组合在一起。目前的证据表明，最好的组合包括在一天当中有 2～4 小时的站立时间和大约 15 段（每段两分钟）的少量活动。尽管如此，很少有人能够在没有得到技术支持的情况下做到——这些技术支持手段包括提醒大家应该在什么时候做什么以及持续多长时间的传感器。[71]

尽管大多数人体工程学研究集中在工作环境中很容易看到的那些方面以及员工如何与设备互动方面，但正如这里的"循证人力资源管理"专栏所揭示的那样，关于工作环境中不太可见方面的研究也会对工作绩效产生很大影响。

➡ 循证人力资源管理

毫无疑问，所有的员工都需要空气，但你可能不会认为在标准办公室内的空气质量存在的细微差异会对绩效产生重大影响，然而，证据却表明事实并非如此。专注于绿色技术的锡拉丘兹卓越中心（Syracuse Center for Excellence）所做的一项研究的兴趣点在于考察空气质量会如何影响人的认知功能——他们用一种名为挥发性有机化合物（VOC）的东西作为空气质量的一个量化衡量指标。挥发性有机化合物表明了普通办公产品产生的飘浮在空气中的有毒副产品数量，美国职业安全与健康管理局（OSHA）公布了这一指标的官方标准。

在这项研究中，参与者被随机分为三种情况。在"标准条件"下，研究者将空气吹入工作空间，这种情况与大城市中的普通办公室的状况没有区别。在这种条件下，挥发性有机化合物的水平处于推荐范围内，对研究参与者不构成任何威胁。在"绿色条件"下，同一空间的通风增加了 50%，而在第三种条件即"增强绿色条件"下，通风则增加了 100%。

在持续六天的观察过程中，研究者记录了研究参与者在一系列标准化认知测试中的成绩，在"绿色条件"下，研究参与者的成绩相对于"标准条件"下提高了 61%，而在"增强绿色条件"下，测试成绩相对于"标准条件"下提高了 100%。极少有工作能在绩效出现如此大幅度增长的情况下不获得收益的，哪怕仅仅是从增加粉丝数量的角度来说。

资料来源：T. Deangelis, "Healthy Buildings, Productive People," *Monitor on Psychology*, May, 2017, pp. 40 - 45.

这些干预措施除了对劳动者的身心健康产生直接影响，还通过形成一种重视安全和健康的组织氛围对员工产生积极的心理影响。也就是说，除了工作设计上所做的改变，一些组织还试图培育一种安全文化，让每一位员工都有权报告或者阻止任何表现出不安全行为的员工。例如，在雪佛龙（Chevron）位于加州圣拉蒙市的总部办公室中，任何一位员工只要拿出一张小小的白色"停工"卡，就可以让他认为不安全的活动停下来。因此，从决策权的角度来说，每个人都有权识别和纠正安全缺陷，而无论他们在正式组织结构图中的位置如何。[72]事实上，在安全是一个主要问题的工作场所中，例如在核潜艇上，新员工在开始工作之前可能必须记住数百条规则。[73]

令人遗憾的是，并非所有的组织都有致力于员工健康和福祉的文化。例如，2018 年，委内瑞拉石油工业的工人离职率太高了，以至于政府规定"一天之内只能有 5 个人辞职"。由于经济出现高通胀，有效薪资水平被降低到一个工人甚至无法养活自己的水平——因为仅一个月的食品通胀率就超过 2 500%。从事繁重体力劳动的工人每天需要消耗大约 3 600 卡路里的热量，然而，在委内瑞拉的许多地区，他们每天只能消耗 400 卡路里。一个工厂中有 12 名营养不良的工人因身体原因而不得不离开钻井平台去接受治疗。在一个月内有 500 名工人从一个著名的工厂辞职之后，政府颁布了"一天之内只能有 5 个人辞职"的政策。[74]

3.4.4　知觉运动型工作设计法

知觉运动型工作设计法扎根于对人性因素进行阐述的文献。生物型工作设计法注重的是人的身体能力和身体局限，而知觉运动型工作设计法注重的则是人的心理能力和心理局限。这种工作设计方法的目标是：在对工作进行设计的时候，一定要确保工作要求不会超过人的心理能力和心理局限。这种工作设计方法通常是通过降低工作对信息加工的要求来改善工作的可靠性、安全性以及使用者的反应。在进行工作设计时，工作设计者首先要看一看那些能力最差的工人的能力水平，然后再按照确保具有这种能力水平的人能够完成工作的方式来确定工作要求。与机械型工作设计法类似，这种方法一般也能够降低工作对人的认知能力的要求。

近期在技术能力方面的变革以减少工作对任职者的要求以及工作中的失误为目的，然而在某些情况下，这些变革实际上使问题变得更糟。人们创造了"缺席性出场"一词来指代这样一种情况，即人在同时与多种媒体打交道的时候可能会出现注意力下降的状态。例如，某人可能在开车时打电话，或在参加商务会议时上网浏览与会议无关的信息，或者在准备一个演讲报告时查收电子邮件。在所有这些例子中，新技术都让人们在工作中分心，降低了工作绩效，提高了出错的概率。[75] 在这种情况下，造成工作分心的根源是精神方面的，而不是身体上的，旨在减少物理障碍的人体工程学干预措施可能在很大程度上是无效的。例如，无论是否使用免提，在交通拥堵的情况下开车时进行紧张的谈话都是危险的。是精神上的紧张，而不是身体上的挑战，使其成为一种危险活动。[76]

令人遗憾的是，在信息时代，存在一种把越来越多的信息推给员工的诱惑，这种做法实际上会降低员工的绩效水平。例如，在航空业，新的手持设备给空乘人员提供了远远超出预期的关于每位乘客的大量信息。其中的一部分信息是为了改善客户服务，比如，任何在记录中显示当天过生日的乘客都会看到一张生日蛋糕的照片。这些手持设备还可以告诉工作人员，从准时到达以及此次航班的衔接情况来看，这位乘客的最近 5 次飞行经历是好是坏。最后，这种设备还会让乘务员知道，乘客在过去是否有在飞机上找事或引起麻烦的情况，从而提醒他们要仔细观察。如果将所有这些新的信息乘以乘客的人数，一个人就必须做大量的心理计算，一些客户可能会认为他们的隐私在航空公司追求客户服务的过程中受到侵犯，而这很可能会导致空乘人员没时间关注与保持机舱安全有关的更为重要的职责。[77]

小 结

对于培育和维持一家企业的竞争优势而言，对工作进行分析和设计是最重要的因素之一。如果不对工作流分析、工作分析以及工作设计给予充分而全面的重视，那么，战略的执行实际上是不可能实现的。管理人员需要了解自己所在部门的全部工作流程，只有这样才能确保流程达到效率和有效性的最大化。为了理解这一流程，管理人员还必须掌握与本部门中所有工作相关的明确而详细的信息，而获得这方面信息的方式就是进行工作分析。在理解了工作流程和现有的工作之后，管理人员就可以对工作进行重新设计，以确保本部门的目标得到实现，同时部门中的每一位员工都能够在各种工作结果维度（比如激励性、满意度、安全、健康以及成就感等）上受益，这是获得竞争优势的关键之一。

讨论题

1. 假定你是一家快餐店的管理人员。你这个工作单元的产出是什么？为了生产这些产出，你们需要从事哪些工作活动？你们的投入是什么？

2. 在问题 1 的基础上考虑出纳这个工作。该工作的产出、活动以及投入分别是什么？

3. 现在考察大学生这样一个"工作"。对这一工作进行工作分析。在这一工作上需要完成的工作任务是什么？要想完成这些工作任务，任职者必须具备什么样的知识、技能和能力？什么样的环境发展趋势或者震荡因素（例如计算机）可能导致这一工作有所变化？这种变化又会导致工作对任职者的技能要求发生何种变化？

4. 请讨论以下趋势如何改变美国的管理类工作对任职者的技能要求：（1）计算机的普及；（2）国际竞争的加剧。

5. 为什么说具备工作分析的能力对于一位管理者来说非常重要？如果一位管理者不了解向自己汇报工作的下级的工作情况，可能会产生怎样的消极后果？

6. 各种不同的工作设计方法的优缺点各是什么？在进行工作设计时，你认为哪一种方法所占的分量最重？

7. 对于问题 2 中的出纳工作来说，在进行工作设计时，哪一种方法产生的影响最大？如果就快餐店的整个工作流程来考虑，在对这一工作进行再设计的时候，你将如何进一步强调其他一些工作设计方法？

开篇案例分析

重新审视机器人、人类和有效的工作设计

本章开篇的一个小案例说明了在工作中增加机器人的使用并不一定会消灭工作，而是会极大地改变人类在组织的工作环境中所做的那些工作的性质。在本章中，我们还展示了许多方法和例子来说明组织可以如何有效地设计工作，并在职责明确、工作有意义、劳动者不受不安全条件影响的情况下创造就业机会。

问题

1. 在传统上，对工作流设计的分析是从流程后端——需要提交的最终产品或服务——开始的。如果一家公司想采用需要更多依靠机器人的流程，那么工作流设计的过程会是怎样的？其结果会与那些希望多雇用员工的工作流设计过程有什么不同？

2. 虽然不同的组织结构各有利弊，但为什么朝着某些方向来改变一个组织的结构要比在其他方向上做改变更困难？

3. 许多降低完成工作成本的方法往往会牺牲不得不从事这些工作的员工的利益。怎样做才能在世界各地建设一支更人道、更可持续的劳动力队伍呢？产品市场或劳动力市场上的竞争性是否意味着"好人总是吃亏"呢？

注　释

第 II 篇

人力资源的获取与准备

第 4 章　人力资源规划与招募

第 5 章　甄选与配置

第 6 章　培　训

第 **4** 章
人力资源规划与招募

学习目标

在阅读完本章后，你应当能够：

1. 说明如何使人力资源规划与公司的战略方向保持一致。

2. 确定各种不同类型的工作对劳动力的需求。

3. 讨论用于消除劳动力冗余以及避免劳动力短缺的各种方法的优缺点。

4. 描述一个组织使其工作空缺更加具有吸引力的各种招募政策。

5. 列举组织能够获得求职者的各种招募来源，它们各自的优缺点是什么，可以用哪些方法对这些招募来源进行评价。

6. 说明招募者在招募过程中扮演的角色以及招募者面临的条件约束与各种可能的机会。

◤ 进入企业世界

退出劳动力队伍：既不就业，也不失业

"企业面临的头号难题是找到合格的员工。按照目前工作数量的增长速度，如果这种状况持续下去，问题会变得更加严重。"穆迪分析公司（Moody's Analytics）讨论美国经济的首席经济官马克·赞迪（Mark Zandi）如此说道。由于美国全国的失业率接近3％，各行各业和各地的企业都在争先恐后地找员工，常常通过提高工资来相互竞争。对于合格的劳动者来说这当然是很好的结果，但是对于一些利润水平本来就较低的企业来说，这种情况已对它们构成了生存威胁，因为它们很难将较高的成本转嫁给客户。这里，记住一点很重要，这就是失业率是一个比率，其中，失业人数为分子，而劳动力人口为分母。记住这一点之所以很重要，是因为如果有人决定停止寻找工作，那么他们将不再属于失业者，但这些人也没有真正就业。

例如，在失业率实际上低于全国平均水平的犹他州，2018年有32％的成年人没有找工作。这不是一个孤立的案例，它反映了范围更大的整个美国停止找工作的人的一个发展趋势。这种趋势可归于四个方面的原因。首先，它与前几代美国劳动者在就业模式改变时，从美国的一个地区迁移到另外一个地区的情况不同，这些潜在的员工更倾向于留在原地，也就是留在他们原本的地区。例如，很大一部分工作增长都出现在纽约、洛杉矶和芝

加哥等充满活力的城市中心地带，但许多农村的劳动者不愿搬到这些地方来，而只是简单地停止找工作。其次，即使在许多农村地区，比如艾奥瓦州的埃姆斯市或缅因州的波特兰市周边地区，那些正在到处找人的雇主将问题归因于工作缺乏吸引力。例如，罗恩·吉布森（Ron Gibson）的奶牛厂在其家族手里已经持续经营五代人了，现在却由于没有人愿意申请这个行业的工作面临破产的风险。正如他自己所说的那样："这种工作又脏又臭，还很辛苦，根本就不是我们教导年轻人去做的那种工作。"

在其他情况下，不加入到劳动力队伍中的人则是因为无法通过药物测试而失业了。美国目前正面临着空前的阿片类药物滥用的情况，近 300 万潜在的美国劳动者由于沉迷于止痛药而失业。例如，在宾夕法尼亚州的琼斯敦，当比尔·波拉切克（Bill Polacek）试图雇用 50 名焊工时，他与 400 人进行了面谈，从中筛选出 100 名合格的候选人，但是他随后就发现，这些合格的候选人中有 50% 不能通过药物测试。美国联邦政府的法律规定，对于被认为属于"安全敏感型"的任何职业，都必须对候选人进行药物测试，在建筑和采矿等行业中，有将近 20% 的求职者无法通过药物测试。

波拉切克还可以找到 100 名合格的候选人，算是幸运的了。到目前为止，造成失业的最大因素是有些劳动者的技能与当今工作所需的技能之间缺乏契合度。摩根大通公司（JP-Morgan Chase）的员工发展负责人昌西·列侬（Chauncy Lennon）指出，当今的制造业工作需要"获得专门的培训和认证，不是你在高中毕业后直接来工厂就能被雇用的时代了"。许多州都提供技能培训，而且这些培训计划可以非常成功。例如，名为"肯塔基人工作"（KentuckianaWorks）的计划已经培训了 1 000 多名成功开始新职业的人，但是诸如此类的培训计划是很难完成的。上课时间为上午 8 点至下午 5 点，并且每个星期五都要进行测试。令人遗憾的是，那些在计划启动时参加的人当中，有一半的人未能坚持到最后，基本上仍然处于失业状态。

资料来源：B. Appelbaum, "Lack of Workers, Not Work, Weighs on the Nation's Economy," *The New York Times Online*, May 22, 2017; J. Smialek, "Where the Jobs Are," *Bloomberg Businessweek*, March 19, 2018, pp. 38 - 43; A. MacGillis, "Stay or Leave?" *Bloomberg Businessweek*, May 28, 2018; J. Smialek, "Why the Fed Cares About America's Opioid Crisis," *Bloomberg Businessweek*, July 31, 2017; C. Hymowitz, "Training Day," *Bloomberg Businessweek*, March 20, pp. 18 - 19.

4.1 本章介绍

人力资源经理处于全世界市场竞争优势争夺战的最前沿（注：这里的人力资源经理并非我们通常理解的那种人力资源部门负责人，而是专指负责员工队伍规划和招募的人力资源管理专业人员，大体相当于国内常说的招聘经理）。每个组织都需要通过最佳员工配置来满足战略目标的要求，吸引这些员工进入组织，并且让他们尽可能长时间地留在组织中，以此在他们身上获得投资回报。正如我们在开篇案例中展示的那样，未能获得足够的国内劳动力供给的情况已经导致某些公司陷于瘫痪。在本章中，我们将重点介绍其他一些劳动力需求超出劳动力供给的工作类型，以及雇主为确保获得劳动者所做的努力。我们还将研究呈现出劳动力供给过剩的特征的那些职业，以及劳动者可以做些什么来确保他们自己开发的才干与当前的劳动力市场需求是吻合的。那些能够利用最佳人才池来执行自己独特竞争战略的雇主往往可以获得相对于对手的竞争优势，而且也能在长期中保持住这种竞争优势。

本章的目的是研究影响劳动力供求的因素，尤其要关注人力资源经理在规划和政策执行方面可以做些什么来使公司在动态环境中获得竞争优势。尽管在这里我们把重点放在公司层面，但世界各国之间也同样在劳动力市场上开展竞争，当一个国家看到自己的大部分人才开始流失时，这种人才外流就可能会对自己的国家竞争力产生毁灭性的影响。例如，在伊朗，40％的在本科阶段学习科学与技术课程的顶尖毕业生会离开该国进入欧洲和美国的研究生院，在这些人中，有90％再也没有回到伊朗。[1]类似地，当许多高水平的西方经济学家在 2018 年离开印度的重要政策制定岗位重返美国时，许多人都想知道是不是印度内部存在的政治压力导致的。[2]因此，人才争夺既可能发生在组织层面，也可能发生在国家层面。在本章的后面，我们将重点介绍一些在这场人才争夺中的获胜国或失败国。

各种社会发展趋势和社会事件会通过以下两个主要途径对企业产生影响：第一，通过对消费者市场的作用影响企业产品和服务的市场需求；第二，通过对劳动力市场的作用对生产产品和服务的人员供给产生影响。正如我们在开篇案例中看到的，在有些情况下，市场会出现劳动力短缺，但是在另一些情况下，市场也可能出现劳动力过剩。对于很多企业来说，要想平衡这种劳动力供求之间的差异是一项很大的挑战。它们对这一问题的处理方式会对企业的总体竞争力产生重要的影响。

要想有效地利用劳动力市场获得竞争优势，企业应注意以下三个方面的关键问题：第一，企业必须对自己现有的人力资源状况有一个清楚的认识，尤其是应当清楚自己的现有员工存量分别有哪些方面的优势和劣势；第二，企业必须知道未来的方向，并且认识到自己的人力资源现状与未来需要达到的人力资源状况之间是何种关系；第三，当目前的人力资源状况与未来需要达到的人力资源状况之间存在差距时，企业就需要制订计划来弥补这种差距。

本章要介绍的就是这样一些工具和技术，它们能够帮助企业通过制定和实施一些有效的战略把劳动力市场上存在的一系列难题转化为获取竞争优势的机会。在本章的前半部分，我们将系统阐述制订和实施人力资源规划的一些步骤。我们会重点讲述影响企业利润及其总体声誉的各种发展趋势以及管理实践（比如裁员、雇用临时工以及外包等）。在本章的后半部分，我们将向读者介绍个人寻找工作和选择工作的过程，以及招募者在接触求职者和影响他们做出选择方面起到什么样的作用。

4.2　人力资源规划过程

关于人力资源规划过程的总体描述如图 4-1 所示。这一过程包括人力资源预测、人力资源目标制定与战略规划、人力资源规划执行与评价三大组成部分。下面我们将对人力资源规划过程的这三个阶段分别进行讨论。

4.2.1　人力资源预测

人力资源规划过程的第一步是人力资源**预测**（forecasting），这部分内容如图 4-1 上

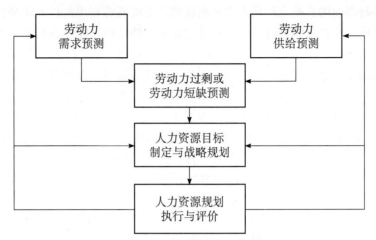

图 4-1　人力资源规划过程概览

部所示。在进行人力资源预测时，人力资源管理专业人员所要做的就是判断各种不同类型人力资源的供给和需求状况。其基本目标是预测在组织的哪些领域中未来有可能出现劳动力短缺或劳动力过剩。

在对人力资源进行预测时，无论是预测人力资源供给，还是预测人力资源需求，都既可以使用统计学方法，也可以使用主观判断法。统计学方法在准确描述一家企业的劳动力需求的历史发展趋势方面是非常有效的，并且在条件能够得到满足的情况下，它所得到的预测结果比运用人力资源预测者的主观判断得出的预测结果精确得多。然而，劳动力市场上发生的许多重大事件可能都是没有先例的，因此，通过历史趋势进行人力资源预测的统计学方法在这时就派不上什么用场。在这些情况下，企业必须依靠专家基于长期的经验积累做出的主观判断，这时，专家们的"最佳猜想"可能就是对未来做出预测的唯一途径了。通常情况下，正是由于这两种预测方法在优点和缺点方面恰恰具有互补性，许多公司在进行人力资源规划时，会将统计学方法和主观判断法结合起来使用。

这种预测过程的例子也可以在高通公司中看到，高通公司是全球最大的手机芯片供应商之一。该公司的产品可用于实现智能手机的蜂窝通信和计算功能，尽管人们可能认为市场对这类芯片的需求是永无止境的，但高通公司在 2015 年时通过对市场的分析发现，其产品在未来将会出现供过于求的情况。三星公司是高通芯片的最大买家，但三星公司在手机市场上的份额正在萎缩，这就对高通带来了相应的损害。此外，像联发科公司（Media Tek）这样规模较小的后起之秀也正在侵蚀高通的市场份额，接着，三星公司又宣布将开始在其新手机上使用自己制造的芯片。根据高通公司的预测，如果不能采取预防措施，公司很可能为市场生产过多的芯片，而这会导致公司裁员 155 人。[3]

确定劳动力需求

通常情况下，劳动力需求预测都是围绕某种具体的工作类型或技能领域来进行的，而这些工作类型或技能领域与组织在当前以及未来的某种经营需要有关。一旦确定了工作类型或技能领域，人力资源规划者就需要收集能够帮助自己做出下列预测的信息：组织在未来对具有某种特定技能的人或能够承担某种类型工作的人的需求是上升还是下降。例如，由于美国人口的老龄化，养老产业将会是快速增长的行业之一，因此市场对具有相关工作技能的劳动者的需求可能会很高。

由于大数据和计算机技术的进步，Zillow 和 Redfin 等线上的公司无须人工干预即可准确地对房屋价值做出评估，这样就会导致对房地产行业评估师的需求出现下降。正如一位行业分析师所说的那样，一旦像房地美（Freddie Mac）这样的大型抵押公司对使用计算机来进行房屋估值感到满意，"在住宅市场上使用评估师来完成抵押工作的历史将会终结"。[4]

不同的组织在进行劳动力需求预测的复杂程度方面有所不同。在最复杂的情况下，一个组织可能使用统计模型，这些模型可以在对上一年的主要指标进行相对客观统计的基础上预测下一年的劳动力需求。**领先指标**（leading indicator）是一种可以准确预测未来劳动力需求的客观指标。

例如，尽管油价与对钻井工人的需求两者之间的关系是众所周知的，但水力压裂行业的快速发展导致 2015 年出现油价下跌还是令许多人感到意外。当时，该行业由于面临意料之外的需求变化，不得不解雇 10 万多名工人。[5]然后，当这一行业在 2017 年重新繁荣时，该行业中的许多公司并没有将被解雇的所有工人都重新雇用回来，相反，它们转向了有助于节省劳动力的自动化技术，从而在很大程度上取代了过去经常执行连接数百个钻杆任务的油井杂工。过去需要雇用 20 名工人的钻探场所现在只需要雇用 5 个人就能管得好好的，而被淘汰的那 15 个人可能永远也不会再回来了。正如一位经理指出的那样："过去工作的时候需要有一个装满扳手和弯管机的工具箱，而现在你的主要工作工具是笔记本电脑。"[6]

类似地，很多统计数据表明，在美国餐厅就餐的人数与过去相比出现了大幅增加。这导致高端饭店对厨师的需求以及低端快餐连锁店对经理的需求增加。2016 年 12 月，美国的失业率为 4.7%，是十年来最低的。这导致饭店工作人员的流动率每年超过 100%。经营塔可钟、苹果蜂（Applebee's）、帕内拉面包公司（Panera Bread Company）的弗林餐饮集团（Flynn Restaurant Group）首席执行官格雷格·弗林（Gregg Flynn）指出："吸引和留住优秀的人才变得前所未有地困难。"[7]

当我们能够得到时间较长且较为稳定的历史数据，从而能够比较可靠地发现各种变量之间的关系时，统计规划模型是非常有用的。但是，这些统计预测模型几乎总是需要在该领域中有经验的专家做出的主观判断作为补充。在进行规划的过程中，我们总是会遇到一些也许是"一辈子只有一次"却不得不考虑的变动因素，而这些变动因素无法在统计模型中准确地反映出来。例如，仅仅在十年之前，还没有人听说过"云计算工程师"这样的工作，但是在未来的劳动力需求中预计是快速增长的领域之一。关于这种工作的历史数据是没有的。因此，这个领域的专家只能依靠自己的主观判断来进行预测。惠普公司市场营销副总裁罗伯特·帕特里克（Robert Patrick）自信地预测："云技术方面的技能差距是在未来采用云基础架构遇到的最大障碍。"[8]

确定劳动力供给

一旦一家企业预测了劳动力需求，它就需要得到企业劳动力供给的相关指标。在确定企业内部的劳动力供给时，我们需要对目前分布于企业各种不同类型工作上（或具有某些特定技能）的人员数量进行详细的分析。然后，企业还要对分析结果加以修正，以反映公司在不久的将来由于退休、晋升、调动、自愿流动以及解雇等原因出现的一些变动。

与劳动力需求预测一样，劳动力供给预测同样可以运用历史统计模型和主观判断技术两种方法来完成。可以用于劳动力供给预测的统计程序之一是转移矩阵。**转移矩阵**（transitional matrix）能够显示出不同类型工作上的员工所占比例（或数量）在不同时间的变化情况。一般情况下，这些矩阵能够显示出一个组织中的人员在一年当中是如何从一种状态（在企业之外）或一种工作类型转向另一种状态或另一种工作类型的。

表 4-1 描绘的就是我们假设的一家汽车零部件制造商的一个转移矩阵，在这个转移矩阵中，我们一共描述了 7 种不同类型的工作。尽管这些矩阵看上去可能很复杂，但你很快就会发现，通过阅读和使用这些矩阵来确定企业内部的劳动力供给实际上是一件非常容易的事情。我们可以采用两种方式来阅读这一矩阵。首先，我们可以通过阅读表 4-1 中的各行数据来回答以下问题："2016 年时在这个工作类别中的员工到 2019 年时会在哪里？"例如，2016 年时处于行政事务工作类别（第 7 行）中的人，在 2019 年仍然有 70% 还在这种工作类别之中，而其余的 30% 则已离开了公司。对于生产操作这一工作类别（第 6 行）而言，在 2016 年时从事这种工作的人员中，有 80% 在 2019 年时仍然在从事这种工作。在其余 20% 的人中，有一半人（10%）转向了生产管理这一工作类别，而另外一半（10%）则离开了组织。

表 4-1　一家汽车零部件制造商的虚拟转移矩阵

2016 年		2019 年							
		(1)	(2)	(3)	(4)	(5)	(6)	(7)	(8)
(1)	销售经理	0.95							0.05
(2)	销售代表	0.05	0.60						0.35
(3)	见习销售员		0.20	0.50					0.30
(4)	厂长助理				0.90	0.05			0.05
(5)	生产管理				0.10	0.75			0.15
(6)	生产操作					0.10	0.80		0.10
(7)	行政事务							0.70	0.30
(8)	不在企业中	0.00	0.20	0.50	0.00	0.10	0.20	0.30	

我们还可以通过自上而下（按照各行）地读取转移矩阵的方式来回答以下问题："2019 年时在某个工作类别中工作的人是从哪儿来的？"（也就是说，他们在 2016 年的时候在哪里？）我们同样从行政事务这一工作类别（第 7 行）开始，2019 年时从事行政事务工作的人中，有 70% 是 2016 年时就从事这种工作，其余 30% 是从公司外部雇来的（他们在2016 年时还不是本公司的员工）。对于生产操作这一工作类别（第 6 行）而言，在 2019 年从事该工作的人中，有 80% 在 2016 年时就从事同一种工作的，其余 20% 是从公司外部雇来的。

这种矩阵在描绘一家公司的历史劳动力供给趋势方面是非常有用的。更为重要的是，如果公司的各种条件在某种程度上比较稳定的话，这种矩阵还可以用来预测公司未来的劳动力供给状况。比如，如果我们认为生产操作类工作会在未来的三年中出现劳动力过剩现象，那么我们通过转移矩阵就能清楚地看到，只要从现在开始终止生产操作工人的外部雇用就可以避免出现这一问题，因为这样做的结果是，这种工作上的人员数量会自动减少20％。类似地，如果我们认为公司的销售代表工作将会出现人员短缺现象，则这个转移矩阵会告诉我们，可以通过以下几个方面来解决问题：第一，降低这种工作上的人员自愿流动数量，因为从事这种工作的人当中，每三年就有 35％的人离开公司；第二，加快对见习销售员的培训进度，使他们能够以比原来更快的速度获得晋升；第三，扩大从外部招募此类工作人员的范围，这是因为通过外部雇佣渠道获得的销售代表人数仅仅占到此类人员的20％，而这一比率并不能满足公司的未来需要。

确定劳动力过剩或劳动力短缺

一旦完成了对劳动力供给和劳动力需求的预测，人力资源规划者就可以对两个方面的数据进行比较，从而确定在各种不同类型的工作中将会出现的是劳动力过剩还是劳动力短缺。这一点明确了，企业就可以确定应当采取何种措施来解决这些潜在问题。例如，在2015 年的建筑行业中，熟练工人的短缺意味着许多房地产开发商不得不削减建筑计划，或者由于无法找到具有特定技能的工人而使这些计划推迟了很长时间。在丹佛市，谢伊房地产公司（Shea Homes）有计划也有资金建造 325 所住宅，但由于公司找不到安装橱柜以及供暖、通风和制冷设施等的工人，这些计划无法付诸实施。[9]

到了 2017 年，当更严格的移民法规进一步削减了建筑行业的工人人数时，这个问题变得更加复杂了。建筑行业雇用的许多人都是移民，其中包括50％的干式墙和天花板安装工、40％的屋顶工以及 60％的抹灰工和灰泥工。房地产行业跟踪者 Zillow 公司的首席经济学家萨文达·古德尔（Svenda Gudell）指出："当你问建筑商'为什么不盖更多的房子'时，他们列出的第一条原因就是劳动力短缺。"[10]

与建筑工人相反，根据美国劳工统计局的估计，到 2020 年为止的这十年中，美国经济将创造出大约 7 万个律师工作岗位，但美国的大学法学院每年的毕业生超过 2.5 万人。这就意味着有 18 万名过剩的律师将会没有工作可做。[11]一些观察家指出，是那些规模较小的、私立的、声誉不高的大学法学院造成了这个问题。法学院透明度倡导协会执行干事凯尔·麦肯特（Kyle McEntee）指出："到这些学校读书对学生并没有帮助。上学带来的负债很高，但通过律师考试的比率很低，就业机会少得可怜。"[12]

要想解决问题，明确劳动力短缺或过剩的根本原因很重要。例如，在某些情况下，对某些工作的刻板印象可能不必要地限制了潜在的劳动力供给。例如，在日本，社会在传统上并不认为汽车行业的工作属于"女性工作"，但是，当日本国内因人口老龄化导致严重的劳动力短缺时，本田、日产和丰田等公司便开始雇用更多的女性员工。[13]类似地，在美国，护理领域存在长期劳动力短缺的情况，因为这种工作在传统上被认为属于"女性工作"，而现在供给短缺的情况也促使雇主雇用更多的男性护士。具有讽刺意味的是，许多进入护理行业的男性正是由于原来在汽车行业从事的工作被机器人或其他技术取代之后转型的。[14]

4.2.2　目标制定与战略规划

如图 4-1 的中间部分所示，人力资源规划的第二步就是目标制定与战略规划。制定具体的量化目标的目的在于将注意力集中在问题上，同时提供一个标杆来帮助企业判断为解决将来的劳动力剩余或短缺问题而设计的各种方案是否取得了成功。这种量化的目标应当直接来自对劳动力供给和劳动力需求的分析，并且，在目标中应当用一些具体的数字来说明在某一工作类别或技能领域中会发生怎样的变化，同时还应包括一个具体的时间表，以说明这些结果会在什么时候达成。

　　这些目标一旦制定出来，这家企业还需要从能够解决劳动力过剩或者短缺问题的多种不同战略中做出选择。表4-2列举了人力资源规划者可以用来减少劳动力过剩的一些方法。表4-3列举的则是人力资源规划者可以用来避免出现劳动力短缺的一些方法。

表4-2　减少未来出现劳动力过剩的方法

方法	速度	员工受伤害的程度
1. 裁员	快	高
2. 降薪	快	高
3. 降级	快	高
4. 工作调动	快	中等
5. 工作分享	快	中等
6. 冻结雇用	慢	低
7. 自然减员	慢	低
8. 提前退休	慢	低
9. 重新培训	慢	低

表4-3　避免未来出现劳动力短缺的方法

方法	速度	可撤回程度
1. 加班加点	快	高
2. 雇用临时工	快	高
3. 外包	快	高
4. 再培训后换岗	慢	高
5. 降低流动率	慢	中等
6. 从外部雇用新人	慢	低
7. 技术创新	慢	低

　　这个阶段之所以很关键，是因为人力资源规划人员可以选择的许多方法在费用、速度、有效性、员工受伤害的程度以及可撤回程度（取消所做的改变的难度）方面差异很大。例如，如果一家企业可以提前预见到未来会出现劳动力过剩的情况，那它就可以采取冻结雇用的措施，然后通过自然减员来调整自己的员工队伍规模。如果此项措施很成功的话，这家企业也许可以完全避免裁员，这样就没有人丢掉工作。类似地，在能够提前得到警告的情况下，如果一家企业可以预见到自己的某些工作类别（如焊工）将会出现劳动力短缺，则它可以与当地的社区大学合作向愿意学习这方面技能的学生提供奖学金，那么它能够得到的回报就是这些学生答应毕业后到本企业来工作。

　　令人遗憾的是，对于许多劳动者而言，在过去的十年中，很多组织对劳动力过剩做出的典型反应就是一直在裁员，这是一种能够快速达到目的但会让人遭受很大痛苦的做法。裁员给人带来的痛苦包括短期和长期两个方面。在短期中，没有薪酬、福利以及有意义的工作显然会对个人的经济、身体和心理等各个方面产生负面影响，可能会导致失业者的破产、疾病以及沮丧。即使一个人可以渡过这些眼前的难关，从长期来看，很长一段的失业时间（例如持续六个月以上）也会给人带来耻辱的印记，从而减少其未来重新就业的机会。一种更特别的情况是，在有些工作类别中，工作技能由于很容易改变而需要不断加以更新，因此，许多被裁减的员工会在所在地区从事任何一种工作——甚至是做无偿的志愿工作，其目的是防止在个人的工作经历中出现工作中断。[15]但是，正如我们在本章开篇案例中指出的那样，在长期失业之后，人们可能会完全放弃寻找工作。

相比之下，组织对劳动力短缺的典型反应则是雇用临时员工或进行外包，这种做法的反应快速，而且可撤回性高。鉴于这些做法的应用非常普遍，我们将专门介绍。

裁员

我们将**裁员**（downsizing）界定为为了强化企业竞争力而进行的有计划的大量人员裁减。人们倾向于将裁员视为一家公司在经营衰退或绩效不佳时才做的事情，但实际上，许多经营状况不错的公司也会出于各种战略方面的原因而定期裁员。例如，微软尽管在 2014 年的业绩良好，但在收购诺基亚之后，仍然在手机和平板电脑部门裁员 1.8 万人。[16]类似地，惠普也在裁员 1.6 万人的同一年，将节约下来的大约 10 亿美元投入云计算服务领域。[17]

调查表明，很多组织实施裁员的原因主要有三个方面。首先，许多组织都希望降低成本，由于人工成本在一家公司的总成本中占到很大一部分，因此这是一个有吸引力的裁员起点。

这方面的一个例子是波音，该公司在 2017 年宣布了通过裁员降低成本的计划。公司主管工程事务的副总裁约翰·汉密尔顿（John Hamilton）表示："我们一直在一个销售机会减少和竞争激烈的环境中运营，减少波音 777 喷气机产量的决定既是环境所迫，也是为了帮助公司而必须采取的行动。"[18]这是一个因为预见到销售下降而触发降低成本型裁员的明显例子。

其次，在某些组织中，新技术或机器人的引入减少了对大量员工的需求。这种情况就将竞争的焦点放在了谁可以生产出最好的机器人上，而在这场竞争中，日本制造商似乎远远领先于其竞争对手。发那科（Fanuc）和川崎重工（Kawasaki Heavy Industries）等日本公司生产出了全球 50% 以上的工作机器人。[19]

通用电气设在纽约斯克内克塔迪市的新电池制造厂虽然并不使用机器人，但同样展示出了新技术是如何带来工作减少的。这个面积达到 20 万平方英尺的工厂仅需要 370 名工人，实际在车间的工人只有 200 名。工厂厂长通过 iPad 来操控整个工厂的运行，其中包括照明、供暖、库存、采购和维护，这个 iPad 与内置在工厂所生产的电池中的无线传感器联系在一起。正如这家工厂的总经理普雷斯科特·洛根（Prescott Logan）所说的那样："我们关心的不是低成本劳动力，而是高科技。我们正在直接倾听我们生产的电池想要告诉我们什么，然后再想办法从中获利。"[20]总体而言，新技术通常会使一些劳动者失去工作，正如这里的"通过科技开展竞争"专栏所展示的，在现代世界中，少数高技能的工人就可以完成前几代需要数百名低技术工人才能完成的工作。

➡ 通过科技开展竞争

自动化对工作数量和质量的影响

去世界环游一圈就可以看到自动化是如何极大地减少了生产产品的员工人数，同时提高了留下来的那些员工的工作质量、工作保障性和安全性的。例如，20 世纪 60 年代，一家传统的钢铁厂需要 1 000 名员工才能生产出 50 万吨钢铁。然而，到了 2018 年，奥地利多纳维茨的一家钢铁厂仅需要 14 名员工就生产了相同产量的钢铁。传统钢铁厂中的蓝领工作需要在炽热的高炉旁进行大量艰苦的耗费体力的劳动，但是在多纳维茨钢铁厂中，所有的工作都是以自动化方式完成的。剩下的那些工作看起来更像是在玩一个视频游戏，工人坐在干净、安静的控制室中，通过一排排的计算机屏幕监控铁矿石的移动和处理情况。在被问及钢铁生产的前景时，厂长沃尔夫冈·埃德（Wolfgang Eder）指出："这个很难预测，但让人感到比较欣慰的是，这些能够幸存下来的工作确实会非常有吸引力。"

除了改善了工作性质，自动化还从根本上改善了工作的安全性。传统上，制造业的工作会受到供求的裹挟，工人习惯了不断被解雇，然后又一次次地被重新雇用回来。然而，在 2018 年时，美国的裁员情况达到了 50 年来的最低点，主要原因可能是整个经济中制造业的稳定性提高。例如，在密歇根州的底特律市，PVS 化学公司已使大约 800 名员工的就业变得稳定，尽管其产品需求下降了，但公司并未裁员。首席执行官戴维·尼科尔森（David Nicholson）指出："我们在裁员方面变得更加谨慎。如今，大多数制造业的工作都是技术性工作，需要花很长的时间才能培训某个人承担工作，因此我们不会因为短期经营下滑就让他们离开公司。"

最后，在提高工作的安全性方面，对鹿特丹的造船厂所做的考察就可以揭示出自动化如何提高了工作的安全性并减少了对工人的伤害。过去，装卸工（本地对码头工人的称呼）的工作是非常辛苦的体力劳动，常常会对工人造成大量的伤害。无论是出了事故，还是自身的体能下降，大多数工人都很难工作到 45 岁以上，到那个年龄他们就会被解雇或已经变成永久残疾。如今，港口已实现自动化，货物可以实现远程装卸，并且通过无人驾驶车辆从一个地方移动到另一个地方。过去曾经需要大量男性工人来搬运沉重的集装箱，现在只要一名眼手协调的 22 岁女性就能完成整个工作流程。

虽然这种自动化在塑造更具吸引力以及保障性和安全性更高的工作方面表现是非常棒的，但自动化不好的一面也确实是存在的，它显然会使许多工人（例如这里的装卸工）被替代掉。然而，正如我们在第 3 章开篇指出的那样，西方社会的失业率在 2018 年创下了历史新低，许多被取代的劳动者只不过是要适应并转而从事其他工作。那些由于能力不足或缺乏动力而无法适应新工作的人，有可能会退出劳动力队伍，这就意味着他们不再被视为失业者。

资料来源：T. Biesheuval, "500, 000 Tons of Steel. 14 Jobs," *Bloomberg Businessweek*, January 26, 2017, pp. 16 - 17; S. Nunn, "Layoffs Just Reached a Half-Century Low," *The Wall Street Journal Online*, September 6, 2018; E. Morath, "Factory Workers Don't Get Laid Off Like They Did before the Recession," *The Wall Street Journal Online*, July 10, 2018; "Blame Automation, Not Immigration," *Bloomberg Businessweek*, March 6, 2017, pp. 30 - 33.

最后，许多公司之所以裁员，是基于另外一个方面的经济原因，这就是它们需要改变营业地点。这种经营地点的转移有一部分是从美国的一个地区转移到另一个地区，尤其是许多企业从美国的东北部、中西部和加利福尼亚转移到美国南部以及西部的山区。在另外一些情况下，工作则是从一个国家转移到另一个国家，而这导致将工作出口的国家需要裁员。例如，大多数制衣工作是在 20 年前离开美国的，但是在此期间，这些工作又一次次地从印度转移到了孟加拉国，而现在又转移到了非洲。非洲除了工人的工资较低（每月 20 美元），还能生产棉花，同时广阔的开放空间也使公司得以建造单层的工厂，相对于在孟加拉国建设的多层结构的工厂来说，这种工厂不仅成本低，而且更安全。[21]

尽管裁员在降成本方面具有立竿见影的效果，但许多证据表明，裁员对组织的长期有效性会产生负作用，特别是对于某些类型的公司而言。因此，非常重要的一点是要了解一项裁员计划是有效的还是无效的。从提高公司绩效的角度来看，大多数裁员努力都未能达到预期的目标，这里面的原因有很多。第一，通过裁员节省的成本是发生在短期的，而因为管理不当的裁员带来的长期影响却有可能是负面的。裁员不仅会导致人才流失，而且在许多情况下会破坏促进创造力和灵活性所需的社交网络。[22]例如，许多观察家认为，公共卫生部门对于 2014 年爆发的埃博拉疫情之所以反应迟钝，其原因恰恰在于政府裁减了地方公共卫生机构的工作人员。在从 2008 年到 2014 年的六年中，市、县和州一级的卫生部门削减了 6 万个工作岗位，也取消了一些项目，而正是这些项目被取消阻碍了医护人员（比如达拉斯的医护人员）在患者身上发现这种传染病。要想在高度依靠高技能员工的领域中撤回裁员措施，其难度是非常大的。正如一位行业专家指出的那样："你也许可以快速购买设备，但不能快速购买训练有素的人。"[23]

第二，许多组织裁员的时候放走了一些人，而这些人后来被证明是组织不可替代的重要资产。实际上，一项调查表明，在 80% 的裁员案例中，公司最终会重新雇人来顶替一些被解雇的员工。在另外一些情况下，很多公司还需要把被自己解雇的员工再雇用回来，而这常常需要以支付更高的薪资为代价。实际上，"回旋员工"（boomerang employee）这个词就反映了很多企业不得不把原来解雇的员工再招回来变得越来越普遍这样一种现象。宝洁、杰西潘尼（JCPenney）、耐克（Nike）、百事以及玩具反斗城（Toys "R" Us）等企业已经聘请了公司原来的高管人员来领导公司的管理团队。这些人非常了解公司，同时又带来了通过在其他企业取得成功而获得的新视角。这些回旋高管并非传统上的局外人，他们清楚地知道自己的老东家将会发生什么变化以及哪些方面不会改变。[24]

第三，那些在裁员中幸存下来的员工会变得思想狭隘、自私自利和缺乏组织承诺。[25]由于员工对于未来在公司内部获得晋升——甚至是否还有未来——感到希望渺茫，工作积极性会大幅下降。许多员工开始寻找其他就业机会。[26]与裁员相联系的负面公众印象也会有损企业在劳动力市场上的形象，使它日后更难招募到员工。特别是在当今时代，过去隐秘的裁员活动变得越来越透明，任何在此过程中犯下的组织性错误都有可能被高度公开。避免公司声誉受到这种破坏的关键在于为裁员的必要性提供一个合理的解释，并且保证裁员过程是公平的。尽管这些要求看上去只是一种常识，但很多企业实施裁员的方式会让事情变得更糟。

成功裁员的关键在于避免不加选择地任意实施全面裁员，采用手术式的战略裁员，不仅可以降低成本，还可以提高公司的竞争地位。例如，纽约州立大学通过对高层行政管理岗位进行合并实现了一系列的精简，整个系统一共节约了 5 000 万美元。同样的做法在加州大学伯克利分校减少了 7 000 万美元的成本，在堪萨斯大学也减少了 500 万美元的成本。这些成本削减是专门针对行政系统膨胀问题的，在过去的 12 年中，与教授的人数增加相比，大学雇用的管理人事和项目的人员增长要快 50%。有证据表明，由于从事教学和研究的人员规模保持不变，此类精简对学生并不会造成任何影响。[27]

提前退休计划和买断

削减冗余劳动力的另一种常见手段是提前退休计划。如图 4-2 所示，美国劳动力队伍的平均年龄呈上升趋势。尽管在婴儿潮时期出生的那些人已经日渐接近传统退休年龄，但有些迹象却表明，这些人并无意很快退休。[28]事实上，在 65 岁以上的美国人中，40%的人仍然在继续工作，而且其中的许多人已经退休了。有几个方面的原因推动了这些老年员工继续工作。

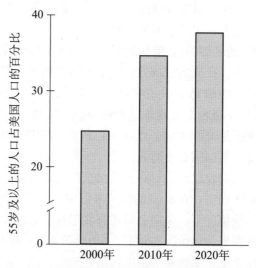

图 4-2　美国人口的老龄化（2000—2020 年）

第一，一部分情况是由于财务方面的原因以及当事人未能对未来做好充分的规划所致。许多劳动者担心自己的社会保障收入会被削减，还有很多劳动者担心自己雇主资助的养老金计划所能提供的养老金太少，可能无法负担他们的开支。第二，很多人之所以坚持不退休，是因为他们不想让自己感到无聊，或者不想因为不再与他人一起工作而失去那些有意义的社会互动。[29]第三，这一代老年人的总体健康状况得到改善，同时许多工作对体力劳动要求的减少也使得工作更长的时间成为一种可行的选择。第四，反年龄歧视立法和取消强制性退休年龄的做法对于组织单方面处理老龄员工队伍的能力构成了制约。例如，美国公平就业机会委员会（EEOC）目前正在对 IBM 调查，该公司在数千次解雇员工的时候涉嫌年龄歧视，根据泄露的公司内部文件，其目的在于纠正公司中的"资历组合"。[30]

与我们在 IBM 看到的情况相反，其他企业越来越担心自己会失去老年员工积累的对公司有价值的丰富经验，并试图将他们留在企业中继续工作。尽管从历史上来看，婴儿潮一代在美国人口中所占的比例是最大的，而 X 一代在劳动力队伍中所占的比例是最大的，但在 2016 年，这两个代际的群体在这两项统计数据上均首次落后于千禧一代。德勤咨询公司（Deloitte Consulting）之类的组织正努力让年长的员工继续工作一段时间，以帮助自己培训下一代的领导人。德勤咨询公司预测，在短短的几年之内，其领导层中将不再有婴儿潮一代的人。为了防止永久性地丢失这些员工积累的很多隐性知识，德勤咨询公司将他们与千禧一代的管理人员进行配对，从而努力创造出价值大于各部分简单加总的协同配对。正如该计划的一位参与者指出的那样："千禧一代有数据能力以及分析能力，但婴儿潮一代有经验，在数据不足的时候还是要依靠经验。"[31]

尽管年龄较大的员工队伍在经验和稳定性方面对企业有明显的好处，但也会带来一些问题。首先，年龄较大的员工有时会比年轻员工的成本更高，因为他们的资历更老，医疗成本更高，退休金也更高。其次，由于年龄较大的员工通常占据级别最高的那些工作岗位，因此有时会阻碍年轻员工的晋升之路。这会使年轻员工因感到沮丧而决定离开组织，而这会使组织处于危险境地。

面对这种人口压力，许多组织试图通过提前退休激励计划来诱使年龄较大的员工自愿离开。例如，在肯塔基州乔治敦开办的丰田汽车工厂中，资深工人的时薪为 26 美元，而新员工的时薪只有 16 美元。为了将员工队伍结构从高薪工人转移到低薪工人，丰田公司为这家工厂的 2 000 名工人设计了退休激励方案。如果员工愿意提前退休，那么每位员工可以获得一笔一次性的补偿，补偿标准是员工每服务一年则工厂向员工支付两周工资，最长工作年限按 25 年计算，此外再额外向员工支付相当于八周工资的补偿。员工一旦接受这种买断计划，就意味着同意按照一个固定的时间表退休，这个时间表主要是为了防止所有的工人一起立即退休而设计的。[32]尽管这些方案确实会诱导一些年龄较大的员工自动离开，但到底能否取得成功，在很大程度上还取决于组织所做的预测的准确性，组织很容易高估或低估到底有多少人会对自己设计的各种激励方案采取实际行动。

临时员工和独立承包商

裁员是企业应对劳动力过剩的一种普遍做法，而雇用临时员工和进行外包的做法则是消除劳动力短缺的最普遍手段。美国的临时员工人数从 1997 年的 450 万人已经上升到 2014 年的 2 800 万人。[33]临时雇用的办法使企业在自己的产品或服务需求突然上升时获得了保持经营效率所必需的灵活性。事实上，在临时雇用人数上涨后，随之而来的往往是永久雇用人数的增加，它通常是经济开始扩展的一个先导性指标。然而，现在的情况似乎已经不再如此。现在的企业似乎很喜欢雇用临时员工带来的灵活性，它们更愿意在劳动力供给的快速变化与消费者对产品和服务需求的快速变化之间保持一种相互匹配的状态。

除了灵活性，雇用临时员工还有其他方面的一些优势。首先，雇用临时员工会使公司摆脱许多日常管理任务以及与保持"雇主记录"相关的财务负担。其次，自己没有能力承担甄选测试成本的小公司通常会雇用已经接受过临时就业服务机构测试的那些员工。再次，许多临时就业服务机构在将员工派到用人企业之前，会先对他们进行培训，这就降低了培训成本，从而使得临时员工的就业以及用人企业的雇用更为便利。最后，由于临时员工在用人企业中工作的经验很少，因此这些员工可以本着客观的视角来看待用人企业存在的问题以及现有的流程，而这种视角有时是很有价值的。

在临时雇用领域有专长的投资银行家史蒂文·伯肯菲尔德（Steven Berkenfeld）总结了许多雇主的感受，他指出，当一家企业需要使用更多的劳动力时，它需要回答的一些关键性的问题就是："我可以让这种工作变成自动化的吗？如果不能，我可以外包吗？如果不能，我可以把它交给独立承包商去完成吗？"[34] 只有很少的工作能够通过这一系列问题的测试，对于许多当代的组织而言，雇用自己的员工是一种不得已的选择。

非常有用的一种做法是区分清楚临时员工的类型，哪些人是大型临时就业服务机构的成员，哪些人是或多或少地被主要雇主雇用的临时员工，哪些人属于独立承包商——这些人或多或少属于自由职业者，他们不是任何组织的一个组成部分。独立承包商是独立的个人，他们根据自己与雇主之间签订的合同在某些特定的时间段内完成某些特定的任务。与把保持"雇主记录"的负担从雇主转移到临时就业服务机构的情况不同，独立承包商实际上把所有与这种区分相联系的负担全部转嫁给了自己。

近年来，使用像这样的合同制劳动者的情况已经出现了史无前例的增长，其中的部分推动因素在于，很多移动应用程序在无须借助任何其他中介的情况下，就可以将雇主与劳动者联系在一起。此外，优步、Instacart、任务兔和汉迪（Handy）等公司在这种商业模式上取得的成功已经使这种用人选择对雇主变得更具有吸引力，以这种就业形式完成的工作任务数量从 2005 年到 2015 年已经增长了 1 000 万份。[35]

尽管许多人更喜欢作为独立承包商的个体劳动者所具有的自主性、自由性和灵活性特征，但对于许多劳动者而言，这种选择仍然仅仅是不得已而为之。被独立承包的工作很少提供工作保障、健康福利或退休后的经济支持，而且许多工作的报酬很低。在西班牙 2012—2015 年出现的工作增长中，有 90% 以上的工作属于这一类，通常被称为"垃圾工作"。[36]

美国和欧盟的政府和劳工组织一直对这种就业趋势感到担忧，并且正在研究可以采取哪些措施来保护从事此类工作的劳动者。[37] 优步公司最近也同意在一个被司机起诉要求赔偿 8 400 万美元的集体案件上达成和解，这些司机辩称他们被错误地归为独立承包商。优步公司还同意在停止驾驶员的接单资格之前，向他们发出更多警告，并且也不能再屏蔽那些过于频繁地拒绝搭载客人的驾驶员。[38]

外包与离岸经营

尽管企业可以通过引进临时员工来承担某项单一工作，但在另一些情况下，企业可能对将范围更大的整块工作都委托给外部组织去完成更感兴趣，这种做法就是所谓的**外包**（outsourcing）。当企业既缺乏某一方面的特定技术经验，同时又不愿意投入时间和精力去进行开发的时候，外包是一种很自然的选择。例如，有些公司可能不想雇用一位全职的工商管理硕士，而决定"租一个人"来参加某个短期的特定项目。实际上，一群哈佛大学的工商管理硕士开办了一家名为 HourlyNerd 的新公司来满足这种不断增长的需求。企业可以每小时 75～100 美元的价格租一个人来完成某项特定的一次性任务，例如为新产品定价或对一家企业进行评估等，这些任务需要少量的专业经验。[39]

同样，在研发领域，通用实验室也如雨后春笋般涌现，很多公司可以在这里进行实验和产品测试。由于这些实验和产品测试可能需要一些昂贵的设备，因此，租用这些设备显然要比自己购买这些设备合适得多。例如，绿宝石疗法公司（Emerald Therapeutics）就为小型制药公司提供此类服务，这些小型制药公司可能有宏大的构想，但是缺少对这些构想进行测试的基础设施，而绿宝石疗法公司则通过出租昂贵的设备以及有才干的技术人员帮助小公司建立起仅仅依靠它们自己的力量无法在内部建立起来的虚拟研发部门。[40]

具有讽刺意味的是，很多公司越来越多地将自己的人力资源管理任务外包给外部供应商，这些外部供应商专门以很高的效率完成人力资源管理方面的各种日常行政事务。企业可以很容易通过外包节省成本，这些企业不再需要购买和维护自己的特定硬件和软件，也不再需要雇用对此类系统提供支持的专门人员，而是以分时的方式使用专注于这种技术的公司的各种设施和专业经验。人力资源管理外包公司通常将重点放在医疗保健、财务或退休方案等方面，因为这些领域都受到政府的严格监管。由于相关法律法规经常发生变化，需要企业完成大量的文案工作，因此最好是把这些事情交给专注于这些任务的专家。[41] 这样做的目的是希望将人力资源管理人员解放出来，使其腾出手来专门去关注那些更具战略价值的事情。

在另外一些情况下，外包的目的仅仅是通过雇用廉价的劳动力来完成工作，从而达到降低成本的效果，而这种外包通常意味着将工作转移到国外。**离岸经营**（offshoring）是外包的一种特殊情况，在这种情况下，工作会离开一个国家转移到另外一个国家。这种工作转移的情况一直都有。但是，快速的技术变化已经使离岸经营的趋势发展到空前的程度。当然，离岸经营也存在争议，因为尽管这种做法可能有助于增加公司的利润，但它会伤害许多失去工作的公民，他们可能只能去向政府寻求救济。

例如，自 20 世纪 90 年代中期以来，美国向中国转移了 500 多万个制造业工作机会，这些公司正面临着采取工作"回岸"措施的巨大政治压力。[42] 例如，沃尔玛创建了一项"回岸行动计划"，这一计划的目标是在未来的 10 年之内花费 2 500 亿美元采购在美国国内生产的商品。一方面，这项计划取得了成功，因为它确实将很多商品的生产从中国转移回了美国。但是，当这种产品回到美国来生产时，大部分工作都实现了自动化，因此，实际创造出来的工作机会比当初转移出去的要少很多。[43] 大多数专家认为，要想为因离岸经营而失去工作的劳动者创造更多的新工作，唯一的办法是对这些失业的劳动者进行重新培训，因为正如这里的"通过全球化开展竞争"专栏所揭示的，其他一些创造新工作的方法，例如加征关税等，都已经试过了。

➡ 通过全球化开展竞争

找出贸易战的赢家和输家

每次战争都会有赢家和输家，贸易战亦是如此。2018 年，美国政府通过设置关税发动了一场贸易战，估计大家很快就能看到谁会是赢家，谁会是输家。在某些情况下，一个国家的整个行业都会获胜。例如，美国的铝制品生产商及其雇用的员工显然是赢家。2000 年，美国一共有 23 家铝制品冶炼厂，到了 2018 年已经减少到只有 6 家了。此外，尽管美国自己生产了所用钢铁的 67%，但 85% 的铝是依靠进口，因此，美国的这些铝业公司几乎垄断了国内的铝制品供给。世纪铝业公司（Century Aluminium）首席执行官迈克尔·布莱斯（Michael Bless）在庆祝贸易战的时候指出："我们国家距离自己的整个铝制品行业消失的时间也就在数月之内。"（注：意指如果不搞贸易战的话。）

与之相反，其他一些行业，例如大豆行业，很显然就是输家。中国为了应对美国加征关税的举动，对美国的大豆征收了关税，这使得美国的整个行业元气大伤。在加征关税之前，中国是美国大豆的第一大进口国，每年的进口价值超过 1 300 万美元。但是，在征收关税之后，这一数字下降了94％。亚瑟公司（Arthur Companies）是一家在美国北达科他州经营6台谷物升降机的公司，它不得不在装满谷物的粮仓后面的空地上堆放大豆。其结果是，这一大堆100万蒲式耳的大豆创造出了该县最大的一个小山。正如在亚瑟公司的粮仓附近经营着5 000英亩农场的格雷格·格贝克（Greg Gebeke）指出的那样："我一直在跟踪并试图找出谁是这场关税大战的最终赢家。但我知道谁一定是失败者之一，那就是我们。"

在其他一些行业，同一行业中有些企业是受益的，有些企业则是受损的。具有讽刺意味的是，在汽车行业中，像通用汽车这样一些把生产转移到中国去的美国公司是受益者，而那些在美国开工厂的外国公司却遭受了损失。也就是说，通用汽车在中国销售了大量的汽车，但实际上该公司在中国市场上出售的所有汽车都是在中国制造的。因此，当中国对美国汽车征收40％的关税时，通用汽车是完全不受影响的。相比之下，宝马和戴姆勒这样一些在美国南部建造大型工厂（雇用数以千计的美国工人）的汽车公司，在将产品出口到中国的时候就要缴纳关税了。在这些工厂提供的工作中，有一半是由出口支持的。在贸易战发生时并没有在美国建厂的保时捷（Porsche AG）对此喜出望外，该公司首席执行官指出："这显然是一个对我们有利的情况，因为美国汽车制造商的产品竞争力大大下降了。"

最后，对于有些公司来说，关税对它们而言是输赢各半。例如，哈雷·戴维森公司（Harley Davidson）显然受到了当前关税的伤害，原因有两个。其一，哈雷·戴维森公司的原材料成本飞涨——尤其是钢铁和铝的成本，导致公司的成本上升。其二，由于在美国本土的销量下降，哈雷·戴维森公司的产品主要依靠出口（尤其是出口至中国）。因此，关税减损了该公司的收益。哈雷公·戴维森司曾经是关税的受益者。1983年，为了保护美国的摩托车生产商免受本田和川崎等日本竞争对手的打击，美国总统里根将来自日本的进口摩托车的关税提高了10倍。显然，风水轮流转，对别人做的事情终有一天会回到自己头上。

讨论题

1. 关税在什么意义上类似于税收，它的实施又以何种方式隐含地反映了税收政策？
2. 在重建自由贸易方面，关税带来的短期损失是否有可能被长期收益抵消？

资料来源：M. Philips and J. Deaux, "The Metal That Started Trump's Trade War," *Bloomberg Businessweek Online*, September 27, 2018; B. Appelbaum, "Their Soybeans Piling Up, Farmers Hope Trade War Ends before Beans Rot," *The New York Times Online*, November 5, 2018; W. Boston, "What the Tariff Battle Means for Auto Plants in South Carolina," *The Wall Street Journal Online*, June 10, 2018; J. D. Stoll, "Harley-Davidson Is Fighting the Trade Wars on Two Fronts," *The Wall Street Journal Online*, June 25, 2018.

这种对外包施加的政治压力对于美国雇主来说似乎是个问题，但如果能够对外包进行有效管理，对工作的某些方面采取离岸经营的做法仍将使企业获得优于对手的竞争优势。无视这种竞争优势来源是自欺欺人。例如，李维斯公司（Levi-Strauss）多年来一直与其他一些低成本的牛仔裤制造商开展竞争，这些公司都采取了离岸经营的做法。在一家又一家的工厂连续被关闭之后，李维斯公司最终还是选择了放弃，关掉了在美国国内的所有生产厂。许多人认为走到这一步是不可避免的，早就该这么做，而且如果早点儿这样做，公司大概能够少损失2 000多万美元。[44]

在决定对某些产品或服务采用离岸经营方式时，企业应当考虑几个关键因素。许多公司在进行离岸经营之前忽视了这一点，以至于最终结果令它们深感失望。在许多情况下，质量控制、违反安全规定以及不良客户服务经验等方面的问题完全有可能抵消低工资带来的成本节约，甚至还要额外付出更多。例如，2014 年，肉类供应商美国欧喜集团（OSI Group Inc.）——麦当劳、百胜餐饮（Yum Brands）以及汉堡王等餐厅的主要牛肉和鸡肉供应商——被罚款了，原因是检查人员发现该公司在某地加工的肉类在过了销售期限之后又被重新包装，再次销售。该事件发生后，公司首席执行官谢尔登·拉文（Sheldon Lavin）不得不公开回应，他说："我不会试图为这件事情做任何辩护或解释。这种做法是完全错误的，令我感到震惊的是，这种事情竟然发生在我的公司。"这次事件直接威胁到欧喜集团与许多餐馆之间的长期供货关系，在有些情况下，这些关系就结束了。[45]

再举一个例子，美国公司一度转移到印度的计算机软件方面的工作现在已经由美国国内的公司来完成了，其中许多工作已经转移到过去属于工业区的美国中西部地区。例如，一家名为内森特（Nexient）的美国国内软件外包公司已经吸引来了很多美国企业客户，这些企业因将技术工作外包到印度产生的时区问题、语言问题和文化问题等而饱受困扰。内森特公司的总部设在中西部地区，而不是传统的东部或西海岸中心地区，这是因为有大量的本地人才想留在生活成本较低的地区。尽管公司一位员工的成本仍然是一位印度员工的 2～3 倍，但这远低于十年前的 8 倍。此外，公司处于美国的中心位置，它可以轻松地安排员工飞到他们需要工作的地点，从而增加宝贵的面对面沟通的机会。实际上，正是由于这种商业模式已经非常成功，如今，像印孚瑟斯技术有限公司（Infosys）这样一些印度的外包巨头都打算在美国的中西部开设自己的分支机构。[46]

引进移民

如果企业不能将工作转移到国外，但又希望利用成本不那么高的全球人才来弥补国内的劳动力供给不足，那么解决问题的办法之一便是简单地将外国劳动者引入本国。移民一直是美国经济的重要组成部分，许多外国劳动者很乐意离开家园来追求自己的美国梦。[47]但是，外国劳动者进入美国来填补工作岗位是受到美国联邦政府监管的，所从事的工作是有一定限制的。因为无论对人力资源管理专业人员而言，还是对一般人来说，移民都是一个复杂而富有争议的话题，所以我们将深入研究一下这个方面的问题，首先关注受 H2-A 签证管制的低技能工作问题，然后讨论受 H1-B 签证管制的高技能工作问题。

仔细查看 H2-A 签证

首先，在涉及低技能工作时，美国政府会通过提供 H2-A 签证允许进入美国的外国劳动者从事一些季节性的工作，大多数都是在农业领域。这种经济部门中的雇主非常渴望得到这些劳动力，因为这些部门中的工作通常比较脏、累，同时工资还低，美国公民没人对这些工作感兴趣。[48]其中的许多工作也很难实现自动化，尽管玉米、大米、大豆和小麦等粮食加工领域已经在机械化方面取得了进展，但其他很多高价值农作物（例如水果和浆果等）仍然需要大量的人工。

由于对这种劳动力的大量需求，美国雇主在 2011—2018 年间申请的 H2-A 签证数量是原来的 3 倍。[49]与 H1-A 签证不同的是，H2-A 签证是没有数量上限的，尽管如此，许多雇主发现，要走完整个过程不仅费用昂贵，而且很不可靠。不仅如此，整个过程还非常耗时，有时需要花近 4 个星期的时间来处理签证申请事宜，当劳动力加工的是那些在时间上很敏感的季节性产品时，根本来不及申请签证。最后，对于许多雇主来说，对这种劳动力的需求从技术上来说也并非是季节性的。奶农、肉类加工商以及建筑公司都发现自己不可能招募到美国公民来从事某些工作，但它们所提供的这些工作都是要在全年进行的。

　　由于 H2-A 签证的处理过程无法满足雇主的需求，因此这些企业经常不得不雇用那些非法进入美国的没有合法居住证件的工人。这些工人之所以是非法的，是因为他们没有获得签证或者能够使他们成为美国永久居民的绿卡，因此，他们实际上是没有资格在美国工作的。有人可能会问，为什么这些非法劳工不去走申请绿卡的程序，或者更进一步，直接申请成为真正的美国公民呢？

　　如果大家知道整个过程不仅可能需要 3～4 年的时间，而且需要聘请一名需要支付25 000 美元以上费用的移民律师时，这种看似显而易见的解决方案便不现实了。这个价格通常是工人无法承受的。而且，因为没有合法居住证件的工人是非法进入美国的（通常是在他们小的时候就被人带到美国），所以这一过程的最后一步是要首先离开美国，然后在所有的文书工作都准备妥当之后，再重新合法地进入美国。在美国，大多数没有合法手续的工人的年龄都已经超过 35 岁，并且在美国有自己不想分开的家人。他们最害怕的是最后一步，担心如果在文件方面出现问题，他们就可能永远都不能再回到美国——这些文件在法律方面有很强的技术性，一般是很难理解和进行自我检查的。

　　由于雇主很难获得 H2-A 签证，而那些没有合法居住证件的工人又很难获得绿卡，与此同时，有些农作物如果不能得到及时的加工就会很快腐烂，这种状况就导致这些行业中的雇主完全是"明知故犯"地去雇用那些没有合法手续的工人。实际上，在农业和肉类加工行业中，有 50％以上的劳动力是已经进入美国的非法移民。

　　如果是这样的话，你可能会问，为什么不打压雇用这些工人的雇主呢？美国政府在2011 年发起就业资格认证项目（E-Verify）时采取措施，要求雇主检查自己雇用的所有员工的合法性，为每一位员工填写 I-9 表。未能提交 I-9 表的雇主将因未能遵守规定而受到经济罚款。这样做问题就解决了，是吧？

　　尽管从纸面上看，就业资格认证项目似乎是应对企业雇用无合法证件的工人这样一个问题的完美解决方案，但在实践中却存在两个方面的问题。第一，这个项目的规则编写方式就是要求政府证明雇主是在"知道"某些工人是非法移民的情况下仍然雇用他们的。这就催生出了一个专门提供虚假的 I-9 表格以及其他一些文件的行业，很多雇主急切地需要雇人，不愿意花时间去仔细检查这些文件。当政府给他们施压时，他们就会说："我觉得没什么问题啊，我不知道啊。"第二，这些使用非法移民的雇主其实从未真正感受到政府的压力。一项秘密调查结果显示，在大多数州中，就业资格认证项目从未得到过强有力的执行，甚至都没有人知道哪个部门负责执行这一程序。正如一位劳动经济学家指出的那样："立法者并没有付出损害当地企业的成本，但是获得了对移民执法提供支持而产生的所有政治利益。"[50]

　　这种做法可能会被认为是一种极具讽刺性且不完美的解决方案，但仍然不失为一种解决方案，对吗？确实是的，不过，到了 2017 年和 2018 年，政府决定真正执行这项计划。美国移民和海关执法局（ICE）开始对雇主进行突击检查，很多雇主对此毫无准备。雇主之所以没有为这些突然袭击做好准备，主要原因有两个。第一，他们已经习惯于不把 I-9 表格当回事儿。第二，这些突然袭击在技术上并不合法。美国移民和海关执法局将这种突袭称为"审计"，而审计显然是其管辖权的一部分。但是，这种审计实际上要求政府必须提前三天向雇主发出"检查通知单"，以使雇主提前做好文书方面的准备。而美国移民和海关执法局却经常跳过这个步骤。[51]随着联邦政府现在实际承担起这项任务的执行工作，当地雇主转而向所在地的州政府求助，并且如这里的"诚信行动"专栏中所揭示的那样，许多州实际上都在给本地的雇主提供帮助，从而形成了联邦政府和州政府之间的冲突。

➡ 诚信行动

地方政府无视联邦政府的执法调整

乔治·加西亚（Jorge Garcia）在 10 岁时被偷运到了美国。加西亚在这个国家开始了自己的生活。30 年后，他已是两个孩子的父亲。加西亚过去 15 年都在密歇根州林肯公园旁边的一家园林公司工作，以此支撑全家的生活。他没有任何犯罪记录，也从未被逮捕过。因此，当被美国移民和海关执法局拘留并驱逐回墨西哥，从而被迫与家人分离时，他感到非常意外，甚至都忘记了墨西哥这个国家。美国的一些人权活动家和该州的一些政治家对此感到非常震惊，其中一位指出："我不觉得这种做法是正义的。对于一个深切关心自己的家人、遵纪守法、正常纳税，并且还有过帮助他人历史的人来说，我认为联邦政府对待这个人的行为是残酷的。"

事实上，联邦政府对没有犯罪记录但无合法居住证件的劳动者的政策最近有所变化，这项起诉无合法居住证件劳动者的政策造成联邦政府和地方政府（州政府和市政府）之间产生一定的分歧。过去，联邦政府和地方政府都同意将驱逐出境的重点集中在那些犯有严重罪行或发生暴力犯罪的无合法居住证件的人群上。实际上，美国移民和海关执法局工作人员、州政府官员以及市政府官员经常在移民领域开展密切合作，以发现并逮捕其中一些犯有严重罪行的非法移民。作为回应，联邦政府不会对仅仅是犯了非法入境这一条罪的非法移民提起诉讼。但是，由于 2017 年通过的一项行政命令，联邦政府改变了自己的工作重心，将驱逐出境的范围扩大到所有的无合法居住证件的劳动者，而无论其犯罪历史如何。

许多州政府和市政府都不同意这种执法重心的改变，因为在像乔治·加西亚这样的案件中，执法程序是不公平的，因为所犯的罪和所受到的惩罚不相称。此外，这些地方政府还担心当地的一些雇主可能会遇到严重的经济问题，因为如果他们不能再雇用这些没有合法居住证件的劳动者，就很可能无法生存（并且向政府交税）。例如，在加利福尼亚州，在整个劳动力队伍中，有 10% 的人（175 万人口）是没有合法居住证件的，但没有这些劳动者，整个州就无法正常运转。正如美国移民和海关执法局前局长道里斯·梅塞尔（Doris Meisser）所说，"在这样的一些地方，当地的政治就变得火热而沉重"，因为当地的雇主需要雇用这些劳动者，而当地的零售商也需要这些顾客。

联邦政府和州政府之间在这个问题上的一次冲突发生在加利福尼亚州的 7-11 连锁商店（7-Eleven），因为这家公司正是许多无合法居住证件的人工作和购物的地方。一方面，联邦政府告诉雇主，他们必须遵守美国移民和海关执法局的规定——它们会对商店发起突击检查。另一方面，州政府又告诉这些雇主，他们必须要求美国移民和海关执法局出示搜查令，并且警告这些雇主，向美国移民和海关执法局提供搜查令未涵盖的任何个人信息均属犯罪行为。跟往常一样，企业又陷入了左右为难的境地。大多数雇主都不知道如何解读搜查令，他们对于在这种情况下到底应该做什么和不应该做什么感到很困惑。最终，无论是出于自己的道德价值观，还是出于自己的经济需要，大多数雇主都选择了遵守州政府而不是联邦政府的要求。正如梅塞尔总结的那样："如果你的法律与市场是不相符的，那么市场总是会赢的。"

讨论题

1. 在移民问题上，美国联邦政府与州政府之间的这场冲突会如何对所有的劳动者和公民造成伤害？

2. 全面修改与 H2-A 和 H1-B 签证有关的移民政策和相关做法将会怎样解决联邦政府和州政府面临的难题？雇主如何在确保不雇用可能会对社区构成威胁的非法劳工方面承担自己的道义责任？

3. 像洛杉矶和奥斯汀这样的"庇护城市"拒绝执行联邦政府的法律，它们认为这些法律针对的是那些对当地并不构成危险的无合法居住证件的人。这些拒绝执行联邦政府法律的城市选择这样做的潜在伦理含义是什么？

资料来源：D. Hawkins, "A Michigan Father, Too Old for DACA, Is Deported after 30 Years in the U.S.," *The Washington Post Online*, January 16, 2018; L. Etter and D. Rafieyan, "ICE Agents Go from Advocate to Adversary," *Bloomberg Businessweek*, August 6, 2017, pp. 30 – 31; N. Malas, "California Employers in a Bind Over Immigration Enforcement," *The Wall Street Journal Online*, February 13, 2018; N. Kitroeff, "Workplace Raids Signal Shifting Tactics in Immigration Fight," *The New York Times Online*, January 15, 2018.

仔细查看 H1-B 签证

尽管进入美国的低技能劳动者和 H2-A 签证的情况看上去比较混乱，受 H1-B 签证管辖的高技能劳动者的情况却比较清晰，毕竟，在说到工资和产品的时候，这个领域涉及的钱要多得多。下面就让我们来看一看。

首先，与 H2-A 项目不同的是，H1-B 项目是有上限的，所有的雇主每年只能获得大约 8.5 万个签证。通常情况下，申请这些签证的数量大概是配额的 3 倍，因此只能以类似抽彩票的形式决定签证获得者。尽管此类签证有些给了大学，但绝大多数最终都流向了科技行业。这些工作都是美国政府试图保护起来留给美国劳动者的高薪工作（平均年薪达到 12.5 万美元），但是，很多科技公司声称，美国大学并没有培养出足够的具有科学、技术、工程和数学（STEM）领域技能的劳动者来满足它们的需求。

因此，该行业一直在游说政府发放更多的 H1-B 签证。这些科技公司争辩说，它们雇用的每一位移民（而不是美国人）实际上为美国劳动者创造了 5 个工作岗位。[52]这些公司在这些方面所做的努力通常是会奏效的，因为在 2013 年的新移民法通过之后，任何一位外籍劳动者所从事的工作如果要求任职者具有科学、技术、工程和数学领域的高级学位，就都有机会获得绿卡。[53]

然而最近，一些科技行业以外的人开始反对这些论点，2016 年的一项调查显示，80% 的美国人希望看到政府对高技能外国劳动者加以更多的限制。[54]他们还指出，并非所有的此类签证都流向了高技能人才，尤其是在微软、脸书、易贝（eBay）、苹果和亚马逊等大型科技公司替与它们有合作关系的小外包公司提交此类签证申请的情况下。这些工作的薪水实际上较低（年薪 6 万美元是 H1-B 签证的下限），估计其中 90％的工作并不需要高级学位或高水平的培训。[55]诸如此类的论点促使政府收紧了对该项目的规定，有人甚至建议干脆完全停止这个项目。[56]

企业对这种反弹所做出的反应则是各种各样。一方面，外包领域的一些主要参与者例如印孚瑟斯技术有限公司已经宣布将会在美国开设分支机构，雇用多达 1 万名新员工。[57]这一点很是令人惊讶，因为该公司在同一时间正在印度裁员数千人。[58]相反，其他一些企业将工作从美国转移到了加拿大，它们认为那里的移民政策对其更有利。[59]正如一位微软公司的高管人员在谈到他们扩大了在温哥华的业务时所说的那样："美国的法律显然无法满足我们的需要，这样我们就不得不将目光投向其他地方。"[60]

最后，在结束移民这一话题之前，我们还应注意，一些企业正在将目光转向来自美国之外的新的劳动力供给——难民——来解决它们长期面临的劳动力短缺问题。与移民相反，美国的法律允许难民在抵达美国之后就立即开始工作。多年以来，在美国中西部屠宰场中工作的移民劳动力的比例已增长到了 35％，其中的许多人来自索马里。在这个劳动力蓄水池的高端，有些难民是接受过良好训练的。不难看到的一种情况是，有些在原来的国家做医生的人来到美国后，进入了长期缺乏劳动力的护理行业。[61]星巴克最近还宣布将在全球范围内雇用 1 万名难民，因为他们中的很多人有较高的职业道德和自我提升的动力。[62]

但是，这种策略存在风险，因为美国在 2017 年时对进入本国的难民施加了限制，将这种劳动力的供给压缩了一半。显然，美国需要进行全面的移民改革，但是在那一天到来之前，人力资源管理专业人员和企业都要密切注意政府在 H2-A 签证、H1-B 签证、无合法居住证件人员以及难民政策等方面的持续变化。正如这里的"循证人力资源管理"专栏所示，尽管与全球化加剧和国与国之间的边界放松相关的困难很多，但与相互隔离相关的困难可能会更加严重。

➡ 循证人力资源管理

全球化思潮引起了一些劳动者和公民的恐惧，因为他们不知道全球化会对美国国内的工作造成何种影响。以这个问题为起点，人们可能会问：如果干脆拒绝全球化，将自己与世界隔绝开来，那会有什么不好吗？尽管英国"脱欧"很难说就是一场完全使自己与世界隔绝开来的实验，但它确实揭示了当一个国家限制自己的选择时可能会发生的一件事情——这个国家肯定会失去一些工作。

英国"脱欧"描述的是英国与欧盟脱钩，伦敦市民随之听到的一种刺耳的声音就是，伦敦有大量的工作流失去了中欧和东欧。例如，波兰通过向其客户提供不受限制的进入欧盟的机会，吸引了 3 万多个原来属于英国的工作岗位。仅在金融行业中，高盛公司就将 3 000 个工作岗位从伦敦搬到了华沙，摩根大通公司将 2 500 个工作岗位从伦敦搬到了克拉科夫。美国电话电报公司（AT&T）和惠普走的是另外一个方向，它们分别将工作转移到了布拉格和布达佩斯。总体而言，根据经济学家的估计，在伦敦流失的工作中，由英国

"脱欧"原因导致的大概占了17%。

资料来源：Z. Simon, "In Europe, Brain Drain Flows the Other Way," *Bloomberg Businessweek*, April 3, 2017, pp. 16 - 18.

改变工资和工时

很多公司在面临劳动力短缺时可能不愿雇用新的全职员工或兼职员工。在某些情况下，这些公司可以选择尝试让现有的员工工作更长的时间。尽管必须为加班的员工支付1.5倍工资，但很多企业认为这还是比雇用和培训新员工更可取，尤其是当它们担心当前的产品或服务需求将来不会一直存在的情况下。而且，至少在短时间内，许多劳动者是愿意额外多挣一些薪酬的。

然而，长期以来，很多员工由于这样的原因不得不工作很长的时间，从而产生了压力感和受挫感。历史上，在美国，加班费仅仅提供给那些按工作的小时数领工资的员工，或者是年收入低于2.4万美元的员工，然而，2016年通过的一项法律将加班费的覆盖范围扩大到了任何年收入低于5万美元的员工。这显然增加了有资格获得加班工资的员工人数，它主要针对的是那些很可能为了避免支付加班工资而有意将员工错误地划分为豁免员工的雇主。[63]

面对劳动力过剩，很多组织有时也可以不裁员，如果它们能够使员工接受降薪的话。总的来说，工资往往是具有黏性的，即企业不愿削减员工的工资，数据表明，即使在经济衰退期间也是如此。[64]在经济扩张和劳动力短缺期间，更是几乎不可能降低员工的工资，至少在私营部门是这样。尽管出现了前所未有的劳动力短缺状况，美国政府仍然在2018年对联邦政府雇员实行了工资冻结。此举主要是为了在公共部门员工相对于私营部门员工的流动机会更少的情况下降低开支。[65]

此外，企业为了避免裁员还可以做出另外一种选择，即保持员工的工资水平不变，但减少全体员工的工作小时数。例如，2012年，罗得岛州布里斯托尔市的一家名为圣戈班（Saint-Gobain）的塑料制造商在业务下滑时并没有解雇员工，但许多人的工时被削减了40%。这显然会导致该公司员工的工资大幅减少，只不过该州政府的一项计划是向公司员工支付所降工资的70%，其条件是该公司不解雇任何一位员工。该州本来也可以支付金额大体相当的失业保险金，但上面的计划使该公司在经济好转时还能留住经验丰富的员工。这类"工作共享"计划在欧洲一直很普遍，现在也开始在美国出现了。[66]

如果工时削减计划针对的对象是领取薪水的员工而并非时薪工人，则称为放假（furlough）。例如，2016年，霍尼韦尔公司大约有1万名员工被放了整整一个星期的假。这一计划的主要目的是降低经济增长缓慢和美国国防开支减少带来的一些必要成本。[67]当企业迫切需要节省资金和保护现金流时，放假被视为一种很好的策略，但企业这么做时一般认为这种需要是短期性的，并且涉及的员工所具有的技能使他们在长期难以被替代。[68]

给员工放假的做法之所以引起争议，是因为这些员工的情况不同于大多数时薪工人，那些人在装配线停止运行后就回家了，但大多数白领专业人员在离开办公室很长一段时间后再回来，会发现工作已经堆积如山。放假的做法饱受争议的另外一个原因在于，它对高薪员工的打击要比对低薪员工的打击更大，如果员工之间的薪酬差异是某种绩效奖励体系产生的结果，那么最好的员工受到的打击最大。

4.2.3　规划执行与评价

如图 4-1 的底部所示,在战略规划阶段制订的计划是在执行阶段得到实施的。计划实施的一个关键方面是确保某些人对达成既定目标真正负责,并且拥有实现这一目标所必需的权限和资源。定期就计划所取得的进展情况提供报告也很重要,这有助于确保所有的计划都能在特定的时间付诸实施,并且这些计划在早期取得的收益与预期的情况保持一致。战略规划过程的最后一步是评估结果。这种评估包括将取得的结果与当初设定的中长期目标加以比较,同时对哪些做法在实现目标方面是有效的以及哪些是无效的进行"事后回顾"。

4.2.4　平权行动计划的特殊情况

人力资源规划是一项应当运用于组织的整个劳动力队伍的重要职能。因此,对劳动力队伍中的各个子群体进行规划也很重要。例如,平权行动计划会预测和监督在不同工作类别和职业领域中的各种受保护群体成员——例如女性和少数族裔劳动者——的就业比例。然后再将这些子类别中的受保护劳动者所占的比例与这些受保护劳动者在相关劳动力市场上所占的比例进行比较。这种类型的比较称为**劳动力使用状况审查**(workforce utilization review)。此过程可用于确定某个劳动者子群体在相关劳动力市场上所占的比例与他们在某个工作类别中所占的比例是否存在显著差异。

如果这种分析表明某个劳动者群体(例如非洲裔美国人)占到了相关劳动力市场上某工作类别的劳动力供给的 35%,但这一劳动者群体在某个组织中的这一工作类别中所占的比例只有 5%,这就可以成为对这种劳动力未能做到充分利用的证据。美国的银行业最近发现了与此类似的证据,美国公平就业机会委员会的统计数据显示,尽管非洲裔美国人在总人口中所占的比例达到 15%,但在几家主要的银行中就业的比例只有 5%。

摩根大通公司的首席执行官杰米·戴蒙(Jamie Dimon)在 2017 年的致股东年度信中坦率地承认:"特别是在一个领域,我们根本没有达到自己设定的标准,这就是增加本公司对非洲裔人才的雇用。"这是一个坦率的自我评价,一开始的时候给股东们留下了深刻的印象——直到他们发现他在 2016 年的致股东年度信中也做了完全相同的陈述。不过,这家银行还是投资了 500 万美元用于改善员工队伍的多元化,其中很大一部分被用于提供奖金,而这会对未来产生深远的影响。[69]

在高科技领域中也同样可以找到某些特定的劳动者群体未能得到充分利用的证据。例如,在硅谷,只有 15% 的软件工程师是女性,这一比例远低于女性的总体参与率。[70]非洲裔美国人所占的比例甚至更低,非洲裔美国人仅占软件工程师的 1%,而他们的总体参与率为 13%。这些数字可以让大家得出这些劳动者群体未得到充分利用的推论,许多公司都在试图应对这种情况。例如,谷歌已将一些员工派往霍华德大学等传统上非洲裔学生占主导地位的那些美国大学,以帮助他们培养未来的程序员。[71]

这类平权行动计划经常会引起争议,因为许多非少数族裔人士认为这种做法是不公平的。但是,通过劳动力使用情况审查获得的证据明确表明,某些特定的少数劳动者群体在历史上遭受的歧视是他们在劳动力队伍中的代表性不足的主要原因,而他们的代表性提高将有利于劳动力队伍的多元化和竞争力，那么这时候，上述这些计划的合理性就很容易得到解释了。很多企业必须意识到，平权行动计划需要得到沟通计划的支持，这些沟通计划不仅可以清楚地阐明平权行动计划是企业和整个社会的需要，而且能带来利益。[72]

■ 4.3　人力资源招募过程

正如本章的前半部分所谈到的，要想做到总是能够准确地预测出在某个特定的年份在某种特定的工作类别中必须雇用多少位新员工（如果需要的话），那是非常困难的。人力资源招募所起的作用是建立起一个潜在的新员工供给池，从而使企业在需要增加人手的时候可以从中雇用新员工。因此，**人力资源招募**（human resource recruitment）被定义为组织以识别和吸引潜在员工为主要目的而采取的具体做法或实施的活动。因此，它在制订计划和实际甄选新员工之间创建了一个缓冲地带，员工甄选问题是我们在下一章中的主题。

招募的目的并不仅仅是吸引大量的求职者。如果这一过程产生了大量不合格的求职者，那么组织在甄选方面不仅将会付出高额的成本，而且实际上只能填补很少的工作空缺。这种产生过多求职者的问题通常是由使用诸如互联网这样一些可以广泛传递信息的技术导致的。

招募所要实现的目标也不是对基本合格的求职者做进一步精细的区分。招募新员工和甄选新员工都是一个复杂的过程。任何一个组织如果想同时做好这两件事情，其最终结果很可能是一件事情也做不好。例如，有研究表明，当一家企业抱着招募和甄选的双重目的去对求职者进行面试时，求职者能记住的关于组织的信息较少。[73]

总的来说，如图4-3所示，所有的公司都必须在与招募有关的三个方面做出决定：一是人事政策，它会影响公司准备提供的工作种类；二是用于吸引求职者的招募来源，它会影响求职者的类型；三是招募官的特征与行为。上述内容会影响工作空缺的性质和求职者的性质，进而影响求职者的工作选择决策。

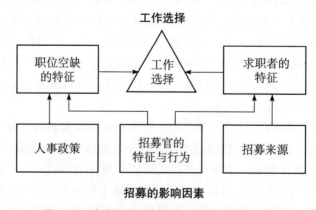

图4-3　个人工作选择与组织招募过程的关系

4.3.1　人事政策

人事政策是指会对准备招募人员填补的那些工作空缺的性质产生影响的各种组织决策

的总称。如果说关于招募问题的研究搞清楚了一件事情，那就是在预测求职者最终会做出何种工作选择时，工作空缺本身的特征比招募官以及招募来源都更为重要。

内部招募还是外部招募：工作保障

一个工作空缺所具有的理想特征之一是，它能够为任职者提供充分的发展和晋升机会。而对工作空缺的这一特征产生影响的一项公司政策就是"内部晋升"———一旦企业的高层职位出现了空缺，企业会通过内部提拔的方式填补空出来的职位，而不是到外部去招募能够填补这一空缺的人。很显然，内部晋升政策实际上向求职者表明企业内部存在个人发展机会。这种机会不仅来源于企业中出现的第一个工作空缺，还来源于企业内部的某位员工填补这一工作空缺后导致在其他工作上出现的空缺。

例如，Optimove 是一家软件公司，其产品主要是针对游戏行业中的个性化客户保持营销的自动化。公司首席执行官皮尼·雅库尔（Pini Yakuel）几乎完全依赖内部晋升政策，以此表明公司对员工的承诺，增强员工对公司的归属感。雅库尔指出："公司最大的优势就是上上下下的人都了解公司的所有细节，而一位外部管理人员要想具备这种优势，就必须花费时间并有额外的技能。"[74]

尽管这些内部晋升计划由于增强了工作保障性以及增加了获得晋升的机会而受到员工的广泛欢迎，但它有两个缺点。第一，这种计划有时会使当前的管理人员担心自己的员工被其他企业招募走。这些员工中的许多人都是在当前部门中绩效表现最好的，有些管理人员特别担心这些人会流失。[75]第二，从外部其他来源招募新员工通常有助于激发组织的创造力和创新能力，而这些创造力和创新能力可能是那些早就适应了日常工作流程的内部人无法带来的。例如，2016 年，嘉年华邮轮公司（Carnival Cruise Line）改变了自己的招募程序，从只招募行业内人士转变为招募那些在邮轮方面的经验几乎为零的员工。尽管这些外部来的新人周围是本领域的一些专家，但他们还是经常能产生新的和有价值的想法，例如志愿者公共服务邮轮，让一些社会意识很强的乘客下船去帮助当地的一些村庄建房。这个市场上的新的利基市场是过去沉迷于邮轮文化的那些人看不到的。[76]

企业除了采用内部晋升政策和内部招募来源，还可以通过正当程序政策来促进人们对工作保障性的感知以及对组织的长期承诺。**正当程序政策**（due process policies）正式列出了员工可以对企业做出的解雇决定提出申诉的步骤。在招募材料中强调正当程序、申诉权以及争议解决机制的组织实际上向求职者发出了这样一种信号，即本公司提供的工作保障性强。**自由雇佣政策**（employment-at-will policies）则带有相反的含义。自由雇佣政策表明，雇佣关系中的任何一方均可随时终止雇佣关系，而不论原因是什么。没有规定自由雇佣条款的公司通常都会制定综合性的正当程序政策。有研究表明，求职者认为有正当程序政策的公司要比制定自由雇佣政策的公司更有吸引力。[77]

外在报酬和内在报酬

由于薪酬对于几乎所有的求职者来说都是一种非常重要的工作特征，因此那些采取市场领先型薪酬战略———支付高于现有市场通行水平的薪酬———的企业在招募方面往往具有一种特殊优势。市场领先策略不仅仅意味着企业相对于自己的过去提高了工资，而且它们提高工资的速度也超过了竞争对手。当市场薪酬水平已经在上升，就如 2015 年那样平均薪酬水平每年增长 2.5% 时，就需要企业的薪酬水平上涨幅度超过市场的薪酬水平上涨幅度。[78]

在某些情况下，高薪可能是吸引人们从事某些工作的唯一办法。例如，在石油工业的钻探领域，工作所在的地点使得招募员工极为困难。这项工作不仅脏，对体力要求很高，而且需要在像得克萨斯州二叠纪盆地这样一些温度常年超过 100 华氏度的地点工作。在视线所及的范围内没有一棵能遮阴的树，距离最近的市场、餐厅或酒吧也需要数小时的路程。大多数员工被迫远离家人，在宿舍中生活数周。不过，正如一位员工道出的原因那样："如果你没有受过大学教育，你去哪个地方还能每年赚 10 万美元呢？"[79]

薪酬还可以弥补工作中存在的一些不那么让人喜欢的特征，例如，企业通常会向必须在午夜从事轮班工作的员工支付更高的工资。关于这种特定的轮班工资差别以及其他一些常见薪酬差别，我们将在后面讨论薪酬战略的章节中进行更加详细的讨论。我们在这里仅仅指出，领先型薪酬政策将使任何特定的工作空缺都对求职者更具吸引力。

但是，用薪酬吸引人们去从事某些工作，作用也是有限的。例如，美国陆军是无法借助薪酬去竞争的，正如当时的美国陆军招募负责人迈克尔·罗谢尔（Micheal Rochelle）指出的那样："我们不能滑到一个斜坡的底下去，依靠金钱来吸引人们参军。现实情况是，尽管我们必须至少保持一定的薪酬竞争力，但我们永远也无法支付与私营部门相同的薪酬。"为了抵消外部经济激励的劣势，军队必须更多地依靠个人成长机会的内在激励。

例如，由于网络战争已成为国防领域中越来越大的一个组成部分，因此军队需要招募在私营部门中已经很紧缺的程序员和软件工程师。尽管军队无法将薪酬与私营部门相提并论，但它可以利用与服务国家和学习新技能有关的内在动机。许多"在本土成长起来"且受过训练的专家是从其他工作转过来的，比如机械师等。[80]

公司形象宣传

很多企业会拿一些特定的工作空缺来做广告。但是，有时候企业也会仅仅为了宣传本公司是一个很好的工作场所去做广告。对于需要在竞争激烈的劳动力市场上争夺人才，同时又认为自己的形象不太好的公司来说，形象广告就显得尤其重要。例如，最近发生的一些事件就损害了像脸书（隐私泄露）、富国银行（客户欺诈）和优步（敌对工作环境）这样一些公司的形象，从而引发了一波广告运动。这些广告不仅针对客户，而且针对未来的潜在员工，其目的是试图使公司受到的损害最小化。道歉活动的表现方式包括印刷广告、数字广告、广告牌广告以及在 NBA 季后赛等重大事件中播放的电视广告等。公司总是有可能犯错误，过去，它们通常是在一份全国发行的报纸上刊登一封请求原谅的道歉信，到了今天，这种需要道歉的情况似乎并没有减少。[81]

即使公司形象广告并没有提供关于特定工作的任何信息，它往往也是有效的，因为求职者可以对公司的总体声誉（比如品牌形象）产生一定的认知，这种认知会影响求职者对企业的特定工作或职业的性质产生的期望。这些认知又会进一步影响人们被这个组织吸引的程度，当求职者的特质与对一个组织进行描述的特征非常匹配时，这种吸引程度尤其高。[82]求职者似乎对公司形象广告中透露的涉及多元化和包容性的特征特别敏感，因此一个组织在宣传自己的形象时，必须确保广告中的演员能够表现出它努力去吸引的当地劳动力市场上的求职者所具有的广泛特征，比如种族、性别以及文化等。

4.3.2　招募来源

对于一家企业来说，利用哪些来源去招募自己需要的潜在员工，是其总体招募战略中很重要的一个组成部分。那些有可能对在互联网上发布的招募广告做出反应的人，与对在地方报纸分类广告栏中刊登的招募广告做出反应的人相比，在类型上很可能是不同的。下面我们就来考察企业可以利用哪些不同的招募来源来获得潜在的员工，并且对各种招募来源的优缺点做出评价。

内部招募来源与外部招募来源

前面我们已经讨论过关于内部招募来源和外部招募来源的问题，主要说明了从组织内部进行招募有利于被招募者对工作保障性产生比较积极的感知。现在我们重新就此展开讨论，不过分析的重点是内部招募来源对组织获得的求职者类型产生的影响。

总的来说，依靠内部资源可以为公司带来许多优势。首先，它生成了一个公司非常了解的求职者样本群体。其次，这些求职者比较了解公司中的工作空缺，从而在最大程度上降低了他们对工作抱有过高期望的可能性。再次，由内部人填补工作空缺通常不仅成本更低，而且速度更快。最后，内部雇用来的人通常比外部雇用来的人业绩要好，尤其是当组织的高层需要雇用人来填补工作空缺的时候。

组织的高层找人填补工作空缺时，来自组织外部的人经常难以适应他们的新角色。例如，从任期的角度来看，从公司外部雇用的首席执行官的平均在职时间是四年，而从公司内部雇用的首席执行官的平均在职时间是五年。此外，在首席执行官被迫离职的情况下，35％的从外部引入的首席执行官在任职不到三年的时间里就被罢免了，而从内部雇用的首席执行官人员因同样情况被罢免的比例只有19％。最后，从投资回报率的角度来看，从公司内部雇用首席执行官的公司在业绩方面要比由来自公司外部的首席执行官领导的公司高出 4.4％。[83]

既然从内部招人具有这些优势，你可能会问，那为什么很多企业还会到组织外部去招人呢？企业决定从组织外部去招募候选人的原因有很多。首先，对于入门级的岗位，甚至包括一些专业化要求很高的高层岗位来说，在组织内部可能根本就没有合适的人选。其次，引入外部人员可能会使组织获得一些新的思想或新的经营方式。仅仅采用内部招募的做法可能会导致员工的想法都是类似的，因此很不适合创新。最后，从外部来源招募是在增强自己公司力量的同时，达到削弱竞争对手的效果的一个好方法。实际上，让自己的员工被另外一家公司"挖走"会对自己造成极大的破坏，因此很多公司会竭尽全力，甚至采用非法或不道德的行为来防止这种情况的发生。

例如，在硅谷的持续人才争夺战中，从竞争对手那里获取最好的程序员是一种非常常见的策略，而"冷不丁地打电话"是执行这种策略的一种主要做法。"冷不丁地打电话"（cold calling）是指一种策略，即一家公司的招募官直接给另外一家公司中拥有自己所需技能的某位员工打电话，试图说服他跳槽。也就是说，这些冷不丁打电话的人并不是到那些没有工作且正在寻找工作的人当中去寻找新员工，相反，他们从那些目前有工作而且并不找工作的人当中去搜寻。很显然，要想让一个目前很开心而且并不想找工作的人去跳槽，那肯定要以高薪吸引人，而这可能会导致竞标之战，从而抬高薪资以及雇主的成本。

直接求职者和被推荐者

直接求职者（direct applicants）是指那些在没有得到企业内部人员推荐的情况下直接到企业来求职的人。**被推荐者**（referrals）是指在得到企业内部人员推荐的情况下到企业来求职的人。这两种招募来源因为各有一些优点而受到青睐。

首先，大多数直接上门求职的人在某种程度上已经决定将自己"出售"给公司。因为他们中的大多数人已经做好了到公司来工作的充分准备，并且确信自己与工作空缺之间有足够的匹配度，所以才敢于提交求职申请。这一过程称为自我选择。一种得到协助的自我选择形式是他人推荐。许多求职者在找工作的时候都会寻求朋友、亲戚和熟人的帮助，而激活这些社交网络可以对求职者和组织双方的搜寻过程起到极大的帮助。企业现有的员工（他们既了解工作空缺，同时也了解他们所推荐的人）会提前做一些工作，确信候选人和工作空缺是相互匹配的。为了激励员工给企业推荐候选人，一般来说，员工推荐入门级工作空缺候选人有可能获得 250 美元的奖励，如果推荐的是高层管理人员候选人，则有可能获得超过 2.5 万美元的奖励，最常见的奖励额度在 1 000~2 500 美元之间。[84]

在人才争夺战中，那些希望从竞争对手那里吸引新员工的企业，往往还会利用这个人再去吸引更多的人。人们创造了"一锅端"（liftout）这个词来描述这种试图去招募另一个组织中的整个团队的做法。一个团队的融洽性和协调性往往需要数年的时间才能建立起来，而在一锅端的情况下马上就能获得，这无疑能够为企业带来竞争优势。当然，如果一家公司的整个团队被一锅端走，那么对这家公司来说结果将是灾难性的，因为客户往往会随之离开，人才也不会单独留下来。正因为如此，企业必须努力留住自己的核心团队。

电子招募

有许多方法可以利用互联网和社交媒体来招募员工，并且越来越多的组织正在完善自己运用这类媒体的方式。很显然，实施电子招募的最简单方法之一就是用公司自己的网站来面向社会进行招募。在使用本公司网站的情况下，企业可以通过精心设计自己的招募信息，重点关注某些特定人员。例如，这种媒体的交互性质允许员工通过填写调查表来描述他们正在寻找的是什么样的工作以及他们能够向组织提供哪些方面的信息。通过这种调查获得的信息可以立即得到评分，招募官可以向求职者提供直接反馈，让他们知道他们与组织之间的匹配程度。正是因为引导求职者来搜索公司的网站有如此高的价值，所以许多企业会向某些特定的搜索引擎付费，从而在上网者输入某些搜索字词之后，本公司的网站在搜索结果排名中能够靠前一些。

当然，对于那些规模较小和知名度较低的企业而言，它们的网站可能很难引起任何关注，因此，对于它们来说，在自家网站上招募员工就不是一个好的选择。此时这些企业使用网络的第二种方法是与那些知名的大型工作广告网站，例如 Craigslist，Monster.com 或领英等进行合作。这些网站吸引了大量的求职者，他们会向网站提交标准化的简历，企业就可以使用关键术语来进行电子搜索。而求职者也可以用类似的方式去搜索公司。

每一个这样的网站都有自己的优点和缺点。Monster.com 是使用最广泛的网站之一，会吸引成千上万的潜在求职者来查看，但如果广告内容撰写不当，在这里发布广告会吸引来大量质量不佳的求职者。对于想要在本地寻找自由职业者或兼职工作者的企业来说，

Craigslist 这个网站更好一些，但有些用户抱怨说，这个网站的监管太差了，很容易遭遇虚假广告或骗局。领英非常适合专业人士，它可以使用户链接到自己现有的社交网络，但是，在这个网站上的大多数人已经有工作了，因此到这里来招募员工的成本可能很高。[85]

诸如脸书之类的社交网站是企业在自己的环境中接触年轻劳动者的又一个途径。脸书不允许企业以会员的身份创建自己的页面，但允许企业购买页面来创建一个所谓的"赞助组"。与那些更为正式的媒体不同，在这里进行的对话都是非常不正式的，仅仅是潜在的求职者与公司建立关系的第一步。其中的不利之处在于，这些对话的私密性并不能总是得到保证，并且企业还不能不让求职者或其他企业对本公司的广告发表评论，这就使得公司很难控制自己的形象。

但无论如何，至关重要的一点是要确保在脸书等网站上发布的广告不能有年龄歧视。从本质上来讲，旨在招募员工的广告与针对消费者的广告有所不同。在对消费者做广告的时候，目标细分是一种最佳实践，但是在针对求职者做广告的时候，目标细分则可能是一种违法的做法。例如，最近的一次秘密调查发现，有十几家购买了脸书广告服务的公司将自己的信息瞄准了处于某一年龄区间的潜在求职者。40 岁以上的求职者甚至无法访问它们的广告，这明显违反了《反年龄歧视法》。[86]

公共就业服务机构

美国 1935 年颁布的《社会保障法》要求每一位领取失业保险的人到当地的州政府就业办公室去登记。各州的就业办公室与美国就业服务署（USES）通过共同努力，力求使每一位失业者最终都能够摆脱对国家救助的依赖，重新实现就业。为了实现这一目标，公共就业服务机构必须收集关于失业者的技能和工作经验等方面的信息。

企业可以到当地的州政府就业办公室登记自己的空缺职位，该机构会从关于当地失业者的计算机资料库中检索出合适的人选。公共就业服务机构免费向企业提供适合空缺职位的候选人，然后由企业对这些人进行面试或者测试。由于某些法律方面的强制规定，在政府的失业登记办公室中，往往有一些为少数族裔劳动者、残疾人以及退伍军人提供的专门名额。因此，对于那些感觉到自己对上述子劳动力群体的利用率不足的企业来说，这无疑是一个绝好的招募来源。

许多州远不止通过公共就业服务机构为本州居民提供服务。有些州还会发布我们在前面讨论过的私营企业做的那种形象广告。例如，威斯康星州在 2017 年发起了一项直接针对芝加哥居民的 100 万美元的广告运动，鼓励他们搬迁到本州来。像美国中西部的许多其他州一样，威斯康星州正面临着劳动力短缺的问题，这主要是因为本地的人口老化、移民少，而且出生率低。这些广告试图强调与生活质量有关的问题，从而突出在威斯康星州生活要比在芝加哥生活更便宜、更便利和更有趣。[87]除了与其他州竞争劳动力，正如下面的"通过环境、社会和公司治理实践开展竞争"专栏显示的那样，各州在吸引企业方面也同样竞争激烈。

公共就业服务机构主要为蓝领劳动力市场提供服务，而私营就业服务机构则是面向白领劳动力市场提供大致相同的服务。但是，与公共就业服务机构不同的一点是，私营就业服务机构会向企业收取费用。私营就业服务机构和公共就业服务机构的另外一个区别是，在寻求私营就业服务机构的服务时，当事人可以不处于失业状态。私营就业服务机构的一种特殊类型是所谓的高管人员搜寻机构。这些机构通常被称为猎头公司，与我们考察的其他招募来源不同，它们几乎只与那些现在有工作的人打交道。与这些高管人员搜寻机构打交道有时是一个非常敏感的过程，因为高管人员担心当前雇主知道后会对自己做出不利反应，因此，他们不想让自己的雇主知道此事。

➡ 通过环境、社会和公司治理实践开展竞争

经济发展：一个关于遗憾、再谈判和拒绝的故事

　　州政府和地方政府往往都渴望大企业来到当地，为它们带来高薪的工作，从而帮助政治家再次当选。但是，在某些情况下，为了让企业在州内开业而给它们提供的优惠条件很可能会给当地社区造成沉重的负担，从而导致即使交易达成也不可持续。总的来说，不同地区在这方面的做法存在很大差异，有人甚至质疑各州的政府参加这种贴身肉搏的工作争夺战到底是否真的值得。

　　例如，许多人认为，俄亥俄州引诱亚马逊来投资的经历就是令人后悔的。该州的私营经济发展机构俄亥俄工作创造局（JobsOhio）给亚马逊提供了 1 700 万美元的州税激励，还包括 150 万美元的现金，另外还有在利克县开设仓库的 15 年财产税豁免。但是，一旦亚马逊的工厂进入全面运营模式，当地官员很快就意识到，为这家工厂提供服务的成本太高，财产税收入根本不够用。当地消防部门有时每天会接到来自这家百万平方英尺工厂打来的三通电话，而这种消防服务的费用却最终由当地纳税人来承担，他们被迫支付 650 万美元的财产税来保证消防部门运转。

　　富士康决定在威斯康星州的拉辛市开办一家新工厂来生产大屏幕电视，这个计划最初是受到欢迎的，但随着这个项目从构思发展到建设阶段，大家就发现，这个计划需要重新评估了。威斯康星州最初承诺向富士康提供 30 亿美元的税收补贴，还包括当地政府提供的另外 8 亿美元的税收补贴，而州政府认为自己获得的回报将会是一座 2 200 万平方英尺、雇用 1.3 万名工人的液晶大屏幕显示屏面板工厂。然而，在宣布这笔交易达成之后不久，富士康就将计划从建造大屏幕电视改为小屏幕电视，变更之后，公司就只需要占用较小的场地和进行不大的投资。另外，富士康所提供的大多数工作岗位将是对技能要求很高的工程师之类的工作，而不是工厂中的生产类工作。而威斯康星州的高技能工程师的供给量远远少于富士康的工厂所需的数量，看来富士康只能通过将中国员工带到威斯康星州来才能满足其对熟练工人的需求。比较幸运的是，与俄亥俄州的情况不同，威斯康星州的这项交易包括"绩效奖励"条款，即如果富士康未能在雇用、工资和投资三个方面达到预定目标，那么州政府是不会兑现自己的承诺的。这样，这件事情就需要双方持续不断地进行重新谈判了。

　　相比之下，泰森食品公司（Tyson Foods）试图在堪萨斯州的通加诺克西建造一家新工厂的故事最终成了一个被彻底拒绝的版本。尽管泰森食品公司最初认为，自己在这个镇建造一座 3.2 亿平方英尺的大型鸡肉加工厂［得到了州长山姆·布朗巴克（Sam Brown-Back）的支持］的计划将会受到当地的热烈欢迎，而不是看到当地老百姓发起的抵制运动。该镇的居民反对建造该工厂，他们认为这家工厂将会对当地道路和水道造成太大的压力。此外，这个地方的大多数居民已经有工作了，他们反对数百名外来人员仅仅因为被工厂创造的

低技能和低薪工作吸引而涌入该镇。最终，莱文沃思县议会撤销了建造该工厂的决定。

类似地，纽约市也拒绝了亚马逊提出的在长岛建立公司总部的提议，理由就是可能会引发与俄亥俄州利克县类似的问题。

讨论题

1. 在许多情况下，各州为诱使企业落户所提供的条件过于丰厚，应当归功于各州之间的竞争。在全球经济竞争的背景下，这种在一国内部发生的竞争将会如何影响整个国家的竞争力？这种潜在的"死磕"将会如何对某些州的公民造成影响——尤其是在当初坚持达成这项交易的政治家已经下台很久，而这项交易造成的影响还存在的时候？

2. 如果劳动者的工作因国际贸易而被抢走，政府还可以采取其他哪些措施来帮助他们找到新工作？

资料来源：M. Frazier, "Amazon Gets a Good Deal in Ohio," *Bloomberg Businessweek*, October 30, 2017; A. Carr, "Another Glorious Day in Trump's Manufacturing Paradise," *Bloomberg Businessweek*, February 11, 2019, pp. 54 - 61; "How Tyson's Chicken Plant Became a Turkey," *Bloomberg Businessweek*, October 16, 2017, pp. 17 - 19; A. J. Yale, "Amazon Backs Out of HQ Deal in New York City," *Forbes Online*, February 14, 2019.

学院和大学

大多数学院和大学都设有帮助毕业生实现就业的就业服务办公室。事实上，校园面试是招募初级专业人员以及管理人员的一个最重要的来源。企业往往专门到在它们极为需要的领域（如化学工程、公共会计等）中享有很高声誉的大学去招募新员工。例如，在科学、技术、工程和数学（STEM）领域享有盛誉的大学已被大量渴望找到具有这些技能的劳动力的企业盯紧。研究估计，到 2022 年，对这些劳动者的需求将会增长 15%，而且鉴于对 H1-B 签证的限制，这种人才来源就显得更重要。[88]

许多企业发现，要想争取到最优秀的学生，仅仅通知这些即将毕业的学生到公司来参加面试是不够的，还需要做些别的工作。要想在大学校园中给学生留下深刻的印象，最好的方式之一是实行大学生实习计划。这种计划显然使企业能够提前接触到潜在的求职者，并对他们的能力直接进行评价。此外，它还帮助求职者从企业那里获得第一手的资料，因而双方都能以相对较低的成本及承诺做出选择。[89]

试图从大学毕业生中吸引人才的企业还会发现，帮助学生还清大学贷款的计划是一种非常强大的工具。根据美国联邦储备银行的估计，有 1.5 万亿美元的学生债务需要偿还，越来越多的想要雇用人员的企业愿意通过承担其中的部分债务来换取学生的工作承诺。例如，雅培公司规定，自己会额外拿出相当于新员工薪资 5% 的部分存入类似于 401（k）计划的投资账户，前提是员工自己也愿意拿出 2% 的薪资放进同一个账户。雅培公司每年都要雇用 1 000 多名大学生，因此通过这项计划增加员工的收入要远比直接给员工涨薪对公司来说便宜得多，不仅如此，这项计划对学生也是极具吸引力的。[90]

在有些非常紧张的劳动力市场中，企业甚至绕开了大学，直接进入高中。在线编码教程和协作性网络社区使许多高中生有可能在他们上大学之前就开发出了自己的应用程序。如果这些应用程序能够获得成功，那么开发出这些程序的编码人员将会立即引起招募官的注意。例如，在得知迈克尔·赛曼（Michael Sayman）使用脸书的开发工具开发出的游戏已经吸引了超过 50 万名玩家之后，脸书就来招募他了，当时他才刚刚 16 岁。[91]

对招募来源质量的评价

对于某一特定的工作空缺来说，到底哪一种招募来源的质量更好一些，实际上并无太多规则可循，总的来说，企业最好是对它可能获得的各种招募来源的质量同时进行监控。对各种招募来源的质量进行评价的方法之一是，计算并比较每一种招募来源的产出率。所谓产出率，是指在企业的招募和甄选程序中，能够从一个阶段成功地进入下一个阶段的人员在上一阶段总人数中所占的比例。通过对不同招募来源的产出率进行比较，我们就可以确定，对于被调查的特定工作空缺来说，到底哪一种招募来源是最好的或者是最有效率的。

表4-4显示的是五种招募来源的假设产出率以及相应的单位雇佣成本。从表中可以看出，对于在这家公司中出现的工作空缺而言，地方大学以及员工推荐是两个最佳的招募来源。通过报刊广告招募来的人数尽管是最多的，但是真正符合工作要求的却相对较少。到全国名牌大学中去招募倒是可以获得素质很高的求职者，但是最终接受公司所提供工作的人却相对较少。猎头公司可以招募到人数不多但是质量很高的候选人，然而与其他几种招募来源相比，它的费用无疑太高。

表4-4 五种招募来源的假设产出率

	招募来源				
	地方大学	名牌大学	员工推荐	报刊广告	猎头公司
吸引来的求职简历数量	200	400	50	500	20
接受面试的求职者人数	175	100	45	400	20
产出率	87％	25％	90％	80％	100％
合格求职者人数	100	95	40	50	19
产出率	57％	95％	89％	12％	95％
接受雇用的人数	90	10	35	25	15
产出率	90％	11％	88％	50％	79％
累计产出率	90/200	10/400	35/50	25/500	15/20
	45％	3％	70％	5％	75％
成本（美元）	30 000	50 000	15 000	20 000	90 000
人均雇佣成本（美元）	333	5 000	428	800	6 000

4.3.3 招募官

在图4-3的模型中描绘的最后一部分内容，就是我们下面将要讨论的招募官问题。我们把招募官的问题放在本章的最后来介绍。此外，大多数求职者都是带着某种程度的怀疑心理与招募官打交道的。这些求职者很清楚，招募官的一个重要职责就是说服他们去填补企业中的工作空缺，所以他们往往会根据自己从其他信息来源（比如朋友、杂志上的文章以及教授）那里听到的说法，给招募官说的话打一个折扣。正是由于这方面的原因以及其他一些原因，可以说，招募官的特征和行为对求职者的工作选择所产生的影响似乎并不像我们预期的那样大。

大多数企业在与求职者打交道的时候，都会让人力资源专家和直线经理同时参与进来。人力资源专家是整个公司的雇佣专家，而直线经理则最适合分享与工作性质有关的详细信息。在考察求职者对招募官做出的反应时，招募官的两方面个人特征产生的作用是非常明显的。第一个特征可以称为"热心"，这种特征能够反映出招募官对求职者的关心程度，同时还能够反映出招募官对求职者为组织做出贡献的潜在能力是否关注。第二个特征可以称为"信息提供程度"。总的来说，求职者对比较热情同时又能够提供较多信息的招募官做出的反应往往更为积极。招募官的这两个方面的特征比其他一些人口特征，比如年龄、性别或种族等，对求职者产生的影响更大，这些人口特征对求职者产生的影响不仅十分复杂，而且不具有一致性。[92]

学者对招募问题进行的研究在一个方面做得可能是最好的，这就是招募官向求职者传达的信息的现实程度。由于招募官的工作就是吸引求职者，因此他们往往会在受到某种压力的情况下，自觉不自觉地产生夸大工作空缺的正面特征，同时回避或掩饰其负面特征的动机。求职者对工作的负面信息是高度敏感的。

许多研究者专门考察了"现实性工作预览"对于有效避免上述问题的产生以及降低员工的早期流动率所能起到的作用。总的来说，研究表明，现实性工作预览会降低工作的期望值并降低未来员工的流动率。当然，招募官应当不遗余力地向某个人推销工作空缺的说法也是有其可取之处的。[93]这是因为，迄今完成的研究都表明，将与工作有关的负面特征告诉求职者就会提高他们对这些不利工作特征的"免疫力"这种说法实际上是没有根据的。因此，我们现在又回到原来的结论上来了：一家企业做出的会对工作的特性（薪酬、保障性、进步的机会等）产生影响的人事决策，要比影响求职者的工作选择的招募官本人的特征和行为更重要。

小　结

人力资源规划是指通过劳动力供给预测和劳动力需求预测估计未来的劳动力短缺或过剩程度。在人力资源规划中还包括一些能够用来减少劳动力剩余以及消除劳动力短缺的可行性方案（前一种方案如裁员、提前退休计划等；后一种方案如雇用临时工、增加现有员工的加班时间等）。如果人力资源规划做得好，企业不仅可以强化自己取得成功的能力，而且可以将因对劳动力短缺或剩余的未来情况预测不准确而导致的对人的感情和心理的伤害程度降到最低。人力资源招募是一种缓冲性活动，它通过为企业建立起求职者备选库，使企业可以在劳动力短缺时随时从中吸收新人来填补工作空缺。企业的招募计划对求职者的影响是通过人事政策（比如内部晋升政策、正当程序政策等）来实现的，因为人事政策会对工作空缺本身的性质产生直接的影响。企业的招募计划还可以通过利用不同的招募来源（比如是到大学去招募，还是通过在报纸上刊登广告进行招募等）来影响申请填补某一工作的求职者所具有的特征。最后，企业还可以利用招募官来影响求职者对工作的看法（消除错误观念，澄清一些不确定的问题）或者是对企业的看法（比如改变各种工作结果的效价）。

讨论题

1. 请讨论说明，在未来可能出现的劳动力短缺对于人力资源管理中的以下几种子职能会产生什么样的影响：甄选与配置、培训与开发、薪酬福利。哪一种子职能受到的影响是最大的？这几种子职能应当如何配合才能避免劳动力短缺的出现？

2. 请说明利用统计学方法和主观判断法来对劳动力供给和需求进行预测的成本和收益各是什么。在哪些条件下，这两种方法可能都不适用？在哪些条件下，这两种方法可能都是适用的，但是其中的哪一种方法可能比另一种更好一些？

3. 一些公司制订了专门针对女性和少数族裔成员的非常详细的积极的反歧视行动计划，这些计划都有具体的目标和行动时间表，然而这些公司却没有制订正规的整体人力资源规划。你认为出现这种情况的原因是什么？如果你是一位到该公司应聘的人力资源专家，那么你认为公司的这种状况对于人力资源经理在企业中的角色意味着什么？

4. 对于许多公司来说，招募能够从事外派任务的员工的工作变得越来越重要。你认为企业到哪里可以招募到对这种外派工作感兴趣的人？与主要为招募一般任职者而采用的招募方法相比，主要为招募从事外派工作的人而采用的招募方法会有什么不同？

5. 请讨论说明内部招募相对于外部招募具有的优点。外部招募对于何种类型的企业经营战略具有最大的支持作用？什么类型的企业经营战略会要求采取内部招募的做法？有哪些因素可能导致企业决定从内部招募转变为外部招募，或者是采取相反的做法？

开篇案例分析

如何解决劳动力短缺和过剩问题：看看你的选择

在本章的开头我们就讲到了由多种因素引起的美国国内劳动力短缺的问题已经严重到了许多企业的生存。我们还看到了有些公司是如何依靠加强培训、外包、自动化、移民和离岸经营等方式来保持竞争力和谋求生存的。从不同的来源招募员工各有利弊，我们着重介绍了解决劳动力短缺或劳动力过剩的各种不同方法的优缺点。

问题

1. 讨论本地员工、离岸经营与移民劳工三者各自的优劣势。产品市场的属性如何影响劳动力市场的选择？

2. 假设你拥有一家知名企业，目前一些工种存在人员冗余的情况。为什么采用裁员之外的其他方法解决冗员问题可能更加符合你的利益？在预测劳动力需求和供给方面，你的选择将发挥什么样的作用？

3. 讨论从企业内部提拔员工和从企业外部招募员工的优点和缺点。企业所处情况的性质将会如何影响这两种方式的选择？

注　释

第 **5** 章
甄选与配置

学习目标

在阅读完本章后，你应当能够：

1. 阐明科学的人员甄选方法应具有的一些基本特征，包括信度、效度以及通用性等。

2. 讨论一份工作、一个组织或者一位求职者的某些特征会怎样对某次测试的效用产生影响。

3. 描述政府在人事甄选决策中扮演的角色，尤其是在宪法、联邦政府法律、行政命令以及司法判例等领域。

4. 列举人员甄选的一些常用方法。

5. 描述每一种通用的人力资源甄选方法能够在多大程度上满足信度、效度、通用性、效用以及合法性等方面的要求。

▼ 进入企业世界

当陌生人在没有经过背景调查的世界中相遇

大多数人在成长过程中可能都被父母提醒过"永远不要接受陌生人搭便车"。在当今这个共享汽车软件盛行的时代，父母的这种建议似乎有点奇怪。然而尽管听上去有些奇怪，但不听劝告就很有可能会产生悲剧性的后果。共享汽车公司只是在最近才出现爆炸式的增长，并且在许多方面迅速获得了优于传统出租车和豪华轿车服务的明显竞争优势。这种商业模式的最大优势之一在于它的雇佣模式，在传统的驾驶员服务中，公司要求员工必须接受背景调查（其中包括由州政府验证的指纹记录），而共享汽车公司则被允许跳过这个步骤。这些检查不仅成本高，而且很耗时，有时需要两周以上的时间才能完成。除了能够避开这一监管过程，相对于竞争对手，像优步这样的公司还能够以更便宜、更快捷、更灵活的方式雇用司机。正如一位行业分析师指出的那样："出租车和豪华轿车仍需遵守更严格的旧规定的约束，但对于优步来说，所有这一切都不存在。这就像回到了西部荒野时代。"

但是，现在人们开始有了疑问，即这种竞争优势的来源是不是可持续的。最近的证据表明，优步经常雇用一些曾经被判刑过的罪犯，从而将客户暴露在他们无法想象的风险之中。例如，优步如果在互联网上进行一次简单的搜索（我们假设优步知道这种技术）就会发现，像塔拉勒·沙穆特（Talal Chammout）这样的人是绝对不应该被雇用的。他因对一个人开枪射击、用撬棍打妻子、雇用杀手甚至试图通过走私火箭发射器从事恐怖活动而被定罪。那天晚上走进他车里的那位年轻女士对此毫不知情，也毫无防备，直到他跟踪这位女士进入她的公寓中对她进行了性侵。

在接下来的 25 年里，在联邦政府监狱中服刑的沙穆特将不会再为优步开车了，但令人遗憾的是，这并不是一个孤立的案件。对优步雇用的司机所做的调查显示，该公司雇用了数千名曾经被定罪的重刑犯。仅仅在过去的 4 年中，就已经发生了 100 多起优步司机由于谋杀、性攻击或一级攻击而被捕的案件。尽管公司制定了禁止驾驶员随身携带枪支的政策，但无法保证该政策的强制执行。为了保护自己免受搭载的陌生人的袭击，许多优步司机都在武装自己——在很多情况下，这些人都携带未注册的枪支。实际上，比其雇佣标准和执行情况更为糟糕的是，优步通过积极游说地方政府来保护自己的竞争优势。在许多情况下，州政府和市政府的立法者所通过的法案实际上是由这些替共享汽车行业游说的人起草的。正如专门研究共享乘车方面法律的律师塞卡·陈（Saika Chen）指出的那样："游说并不是什么新鲜事物，但这是针对类固醇激素的游说啊。"

但是，这种形式的竞争优势的可持续性目前正受到挑战，受害乘客和州政府的执法机构都提起了诉讼。例如，优步最近被旧金山和洛杉矶的地方检察官罚款 2 500 多万美元。科罗拉多州的公共事业服务局也以"未能保护公共安全"为由对优步处以 400 万美元的罚款。许多其他地方司法机构也正在考虑采取类似的行动来针对它们认为财力雄厚但实际上很脆弱的这个潜在被告。时间将证明优步到底能否承受住所有这些压力生存下来，但是针对该公司首席执行官特拉维斯·卡兰尼克（Travis Kalanick）的判决已经公布。由于对员工的故对文化持一种宽容的态度，他被迫离开了自己创立的这家公司。好吧，也许他在跟自己的员工打交道的时候，至少知道他们都是什么人吧。

资料来源：C. Devine, N. Black, D. Girffin, and C. Roberts, "Thousands of Criminals Were Cleared to Be Uber Drivers, Here's How the Rideshare Companies Fought Harder Checks," *CNN Online*, June 1, 2018; R. Ellis and S. Jones, "Uber Driver Held after Fatal Shooting of Passenger in Denver," *CNN Online*, June 2, 2018; "Uber Embraces Major Reforms as Travis Kalanick, the CEO Steps Away," *The New York Times Online*, June 13, 2017.

▊ 5.1　本章介绍

任何打算通过人来开展竞争的组织都必须在选择组织成员时格外小心。这方面的决定对组织的竞争力以及每位求职者的生活都有着至关重要的影响。企业必须努力确保自己在雇用哪些人或拒绝哪些人方面所做的决定能够促进公司的最大利益，并且对所有相关方都是公平的。正像我们在本章开头看到的那样，组织在这方面做出的不明智决定会伤害与其发生联系的每一个人。

尽管本章开篇的情景案例主要讨论的是优步，但人们也有理由对犯过其他罪行的求职者产生类似的担忧。例如，恐怖分子奥马尔·马汀（Omar Mateen）在奥兰多的一家夜总会杀死了 49 个人，他当时受雇于全球安全公司 G4S 公司，正是这家公司为他配备了他当时在致命攻击过程中使用的武器之一。G4S 公司将自己的这一雇佣决定归咎于"文案处理错误"。这里的问题是，当一家公司因为仅仅做了一个简单的背景调查而犯下如此严重错误的时候，人们是否还会把自己的安全交给这样一家公司。[1]

许多组织似乎已经忘记了保持雇佣标准的重要性，尤其是当大家面临着我们在过去几年看到的劳动力短缺状况时。例如，2018 年，许多公司通过雇用自己从来没见过的人来应对劳动力短缺的情况。求职者会打进电话来接受电话面试，他们认为，如果电话面试很顺利的话，他们应该还会接受公司的现场面试。然而，让他们想不到的是，他们中的大多数人当场就被雇用了，公司当时就告诉他们要在什么时间到什么地点去上班。这种情况是前所未有的，甚至在求职者中也引起了担忧。实际上，当贾玛利·鲍威尔（Jamari Powell）在接受 20 分钟的电话面试之后就被梅西百货雇用了的时候，她指出："这真有点儿奇怪。让人觉得有点儿像骗局。"[2]

选择最优秀的人才对于组织和国家的竞争力而言都是至关重要的。创新和经济增长都是由人推动的，而引进最优秀人才的公司或国家将会是最能在竞争中取得成功的。例如，美国一直试图吸引其他国家的人才，而该国的经济实力之所以在不断增强，正是由于从其他国家移民到美国的这些人做出的贡献。相反，最近的证据表明，俄罗斯在将年轻人才留在国内方面的优势正在丧失。在过去的 4 年中，从俄罗斯移民到美国的人数从 1.4 万人跃升至 5.6 万人。最近在莫斯科和俄罗斯的其他一些城市发生的公开抗议腐败的示威活动是有史以来规模最大的，而大多数抗议者都是代表着这个国家未来的大学生。[3]

本章的目的是使你熟悉如何最大限度地减少在员工甄选和配置方面可能犯的一些错误，并以此来提高公司在雇用人才方面的竞争地位。我们首先考察任何甄选方法都应当满足的五个方面的标准。然后，我们对几种符合这些标准的常见甄选方法进行评价，并讨论如何使用这些方法来防止公司雇用那些绩效低并可能损害公司声誉的人。

■ 5.2　甄选方法需要达到的标准

人员甄选是指公司就允许哪些人加入公司以及不允许哪些人加入公司做决策的过程。任何一个甄选过程都必须遵循几项通用的标准。我们主要讨论以下五个方面的标准：（1）信度；（2）效度；（3）通用性；（4）效用；（5）合法性。前四项标准是相对一体的，因为从顺序上来说，前面一项标准是后面一项标准的必要条件但不是充分条件。而合法性标准与它们则不存在这种关系，不过，充分理解前四项标准有助于我们理解许多隐藏在法律标准背后的理性基础。

5.2.1　信度

人员甄选中的许多工作都涉及通过对人的特征进行测量来确定谁应当被录用来承担某项工作。例如，我们可能对求职者的身体特征（例如力量或耐力）、认知能力（例如空间记忆能力或语言推理能力）或性格的某些方面（例如决断力或诚实性）等感兴趣。关于这些特征与种族、性别、年龄或民族背景等因素之间的关系，许多人存在刻板印象。因此，我们需要克服这些刻板印象的影响，准确地去衡量候选人的实际特征。[4]例如，在涉及公共安全领域的工作中，就向雇主发送假简历所做的研究发现，与没有犯罪记录并且在所有其他特征上都相同的非洲裔美国求职者相比，那些有犯罪记录的白人求职者反而更有可能受雇。[5]

对于任何一种衡量手段而言，信度都是需要达到的一个非常关键的标准。我们将**信度**（reliability）定义为一种测试手段不受随机误差干扰的程度。如果对智力这样一种较为稳定的特征进行测试的某种手段是可信的，那么，用这样一种测试工具在不同的时间和不同的环境中对一个人进行测试所得到的分数就应当具有一致性。

真实分数与测试信度

在人员甄选方面进行的大多数测试都与智力、诚实性和领导能力等较为复杂的特征有关。然而，为了深入了解在衡量人的时候可能遇到的复杂问题，我们还是先借助一个较为具体的东西——对身高的测量——来对这些概念进行讨论。比如，当测量求职者的身高时，我们一开始可能用到一把 12 英寸①长的尺子。假定我们测得第一位求职者的身高是 6 英尺 1.25 英寸。如果我们看到某人第二次——也许是一个小时以后——对同一位求职者进行身高测量，所得到的结果是 6 英尺 0.75 英寸，我们是不会感到奇怪的。如果第三次——也许是第二天——再来测这位求职者的身高，那么结果又有可能是 6 英尺 1.5 英寸。

正如上述这个例子表明的，即使一个人的身高是一种比较稳定的特征，当我们多次对其进行测量时，测量结果仍然可能会有少许差异。这意味着每次进行测量的时候，会出现某些细微的误差。如果测量工具是完全可靠的，测量结果就不会存在误差。如果我们使用的身高测量手段并不像一把尺子那样可靠——例如，在看到被测者走过房间之后猜测其身高，那么，我们会看到这种测量手段本身包括许多不可靠的因素。因此，信度指的是对测试工具（比如尺子或目测）的要求，而不是对人的特征本身的要求。

然而，我们可以用几种不同的方法对信度进行估计。因为这几种方法基本上都要依赖相关系数的计算，所以我们在此对这种统计方法做一个简短的描述和说明。相关系数是对两组数据之间的相关程度进行衡量的尺度。相关系数以数据形式表明了两组数据之间关系的强弱。如果两组数据是完全正相关的（也就是说，当一组数据的值上升时，另一组数据的值也是上升的），那么它们的相关系数就为 +1.0；如果是完全负相关的（即当一组数据的值上升时，另一组数据的值下降），那么两者的相关系数为 -1.0；如果两组数据是完全无关的，则相关系数为 0。虽然对相关系数的统计计算超出了本书的范围，但是，理解相关系数这一概念的本质及其在人员甄选工作中的意义，对我们来说是非常有用的。

例如，当评价一种测试工具的信度时，我们可能对第一次测试得到的分数与通过同样的工具第二次进行测试得到的分数之间的相关性感兴趣。显然，如果我们要测试的特征是比较稳定的（就像智力和诚实性那样），并且两次测试的时间相隔较短，那么这两次测试结果之间的相关性应该是很高的。如果两次测试分数之间的相关性很低，就说明这种测试工具不具有一致性——因而是不可靠的。这种信度测试方法就是我们通常所说的**再测信度**。请注意，在解释再测信度时，两次测试之间的时间间隔很重要。这里的假设是，被测试的这些特性在一段时间内是没有发生变化的；因此，从时间 1 到时间 2 这段时间里出现的任何变化都将被视为一种错误。当两次测试之间的时间变得太长时，就会增加特性本身

① 1 英寸 = 2.54 厘米。

发生变化的可能性。例如，如果一个人正在测试人格特质，而证据表明，人们会随着年龄的增长变得更尽责、更内向，情绪更稳定。这些并不存在对年龄的刻板印象，而是有科学记录的事实，它表明了某些人格特征在较长的时期内是不稳定的。[6]

　　把两组数据描绘在一个二维坐标系中，常常可以帮助我们理解不同水平的相关系数所代表的含义。例如，如图 5-1 所示，该图考察了一些学生在高中低年级时的学习能力和他们在高中高年级时的学习能力之间的关系——这种学习能力可以用于评估这些高中生进入大学学习的能力，对这种学习能力的评估可以采取以下三种方式：第一，根据参加学习能力测试（SAT）得到的分数来判断；第二，通过让高中的辅导员按照 1～100 的分数尺度进行评价来做出判断；第三，通过掷骰子的方式来做出判断。在这张图中，每个数字都代表学习能力被测试两次（在高中低年级时和高年级时各测试一次）的某位学生。因此，在图 5-1A 中，1 代表的是一个在高中低年级时在学习能力测试中得到 1 580 分，而在高中高年级时在学习能力测试中只得了 1 500 分的人；而 20 代表的则是另一个人，此人在高中低年级时的学习能力测试分数为 480 分，而在高中高年级时在同种测试中的得分为 620 分。

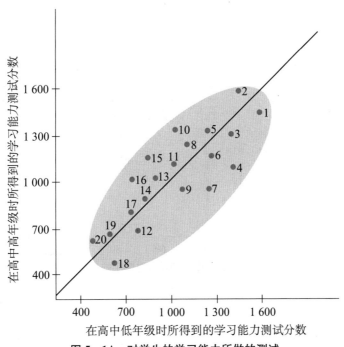

图 5-1A　对学生的学习能力所做的测试

　　图 5-1A 显示，对同一个人进行学习能力测试得到的分数在两个年份之间有着很强的相关关系。然而，这种关系并不是完全相关，因为两次测得的结果之间有少许的差异，尽管这种差异并不大。让我们再来看一看图 5-1B，我们在图中看到的是辅导员在两个年份对学生的学习能力做出的两次等级评价之间的关系，这两次等级评价的结果之间仍然呈现出正相关关系，但是相关程度并不高。也就是说，辅导员在两个年份对学生的学习能力做出评价的一致性程度，不如学生自己的前后测试分数具有的一致性程度高。产生这一现象的原因可能是相对于高中高年级，在高中低年级时辅导员对学生的观察较少。最后，图 5-1C

显示了效果最差的一种测试，在这里，对学生的学习能力进行测试的方法是分两次掷一个有六个面的骰子。正如你预料的那样，掷骰子的随机性会导致在前一年中得到的分数与在后一年中得到的分数不存在任何相关关系。尽管不会有人真的想用掷骰子的方法来测试人的智力，但值得注意的是，研究表明，如果通过非结构化面试来对求职者是否满足工作需要做出总体评价，那么这种评价的相关系数非常接近 0。因此，在没有对某种测试方法进行实际验证之前，我们不能假设这种测试方法是可信的。许多刚刚从事测试工作的人常常会对人们做出的许多判断的不可靠程度感到非常惊讶。因此，许多与甄选有关的科学都试图超越人类的主观判断。举例来说，如果你想真正了解一个人的性格外向程度，那么相对于此人过去的直接上级和刚刚见到这个人的面试官的主观感知而言，通过对这个人在某个时间范围内与他人进行沟通的次数、时间长度以及性质等进行社会计量，很可能会提供更为可靠的再测数据。[7]

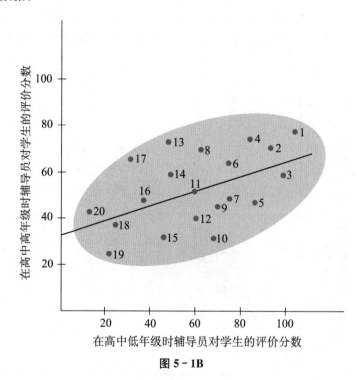

图 5 - 1B

信度需要满足的标准

无论所要测试的是何种特征，我们都希望测试的信度较高。因此，在前面的例子中，当我们测试学生是否具备进入大学学习的能力时，学习能力测试这种方法就比辅导员评价这种方法的信度更高，而辅导员评价这种测试方法的信度又比掷骰子这种测试方法的信度要高一些。但从绝对意义上来说，信度到底要达到多高才算是较高呢——是 0.50，0.70，还是 0.90？要很精确地回答这个问题很困难，这是因为一种测试的可靠性部分取决于对被测者做出决策的性质。

例如，让我们假设某大学的招生办公室正在考虑是否招收图 5 - 1A 和图 5 - 1B 中描绘的几个学生。首先让我们来看一看图 5 - 1B，假设招生办公室正在学生 1 和学生 20 之间进行选

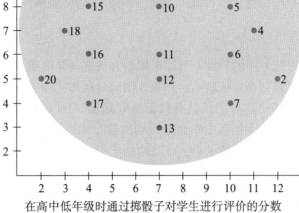

图 5－1C

择，对于这一决策来说，0.50 的信度水平就足够了，这是因为这两个学生之间的差异太大了，即使不考虑做出评价的年份，招生办公室也会做出同样的决策。也就是说，学生 1（在低年级和高年级时的测试分数分别为 100 和 80）总会被录取，而学生 20（在低年级和高年级时的测试分数分别是 12 和 42）总会被拒绝。因此，虽然从绝对意义上来说这种测试的可靠性并不怎么高，但是对于做出这类决策来说，其信度已经算是够高的了。

再如，我们假设同一所大学的招生办公室是在学生 1 和学生 2 之间进行选择。让我们来看一看图 5-1A。很显然，尽管这种学习能力测试的信度已经很高了，但是由于两位学生之间的差异如此之小，如果将这两个人在不同年份中的测试分数作为做出招生决策的依据，不同的人很可能会做出完全不同的决策。如果按照低年级时的测试分数来进行决策，那么学生 1 会被录取；如果按照高年级时的测试分数来进行决策，学生 2 会被录取。因此，虽然从绝对意义上来说学习能力测试的信度很高，但是对于这里需要做出的决策来说，仍然显得不够精确。在这种情况下，招生办公室的工作人员就需要寻找与这两名学生有关的其他一些依据来做出招生决策（如高中时的平均考试分数或者是在毕业班中的排名）。

尽管这两种情况都清楚地表明，没有一种特定的信度值总是能够被接受，但是它们却揭示出，在其他条件相同的情况下，为什么说一种测试工具的信度越高越好。比如，我们再来看一看图 5-1A 和图 5-1B，考虑其中的学生 9 和学生 14。如果对学生的学习能力测试是借助辅导员的主观评价进行的，那么你是不可能在两者之间做出选择的，因为这种评价方法的信度是如此之低，以至于同一种测试在两个不同年份中的得分竟然是相互冲突的。但从另一个方面来说，如果依据的是学习能力测试得到的结果，决策就可以做出了。这是因为，学习能力测试分数这种测试结果的不可靠程度很低，因此，同一个人在两个年份中的测试分数会帮助我们得到相同的结论。

5.2.2　效度

我们把**效度**（validity）定义为一个人在某种测试中得到的测试结果与这个人的实际工作绩效之间的相关程度。一方面，如果一种测试想有效，那么它首先必须是可信的；另一方面，我们有可能以一种很高的信度来测试与某个人能否干好工作无关的许多特征（比如身高）。基于这种原因，我们可以知道，信度只是效度的必要条件，而不是充分条件。

效标关联效度

要想确定一种甄选方法的效度，可以采取的方法之一是证明在甄选工具测出的分数与实际工作绩效分数之间存在实证联系。如果在测试分数和实际工作绩效分数之间存在明显的相关关系，便可以证明这种测试具有**效标关联效度**（criterion-related validity）。比如，图 5 - 2 表明了学生在 2014 年高中毕业时得到的学习能力测试分数与在 2015 年作为大学新生取得的平均学分绩点之间的关系。在这个例子中，学习能力测试分数与平均学分绩点之间的相关系数大约为 0.50。这里的 0.50 便是一个效度系数。需要注意的是，我们在评价信度和效度时都使用了相关系数这个概念，这有可能会产生混淆。两者之间的主要区别是：当我们试图两次（比如分别在高中低年级和高中高年级时进行两次学习能力测试）对同一种特征进行评价时，相关性反映的是信度的估计值，但是当我们考察一种特征（学习能力测试分数）与完成某种工作任务的绩效（平均学分绩点）之间的关系时，相关系数反映的就是效度系数。

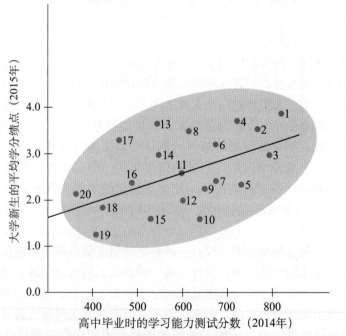

图 5 - 2　2014 年高中毕业时的学习能力测试分数与 2015 年作为大学新生的平均学分绩点之间的关系

对效标关联效度的研究有两种类型。**预测效度**（predictive validation）试图在员工被雇用前得到的测试分数与员工被雇用后的实际工作绩效之间建立起一种实证联系。由于进行预测效度研究需要花费大量的时间和精力，因此，许多企业采用了另一种效度研究。**同时效度**（concurrent validation）首先对已经在工作岗位上的任职者进行测试，然后再考察这种测试分数与这些被测试者在当前工作岗位上的工作绩效之间到底具有怎样的相关关系。例如，测试公司 Infor 就对求职者的 39 项行为、认知和文化特征进行了测量，然后将他们在这些方面的得分与目前在公司中绩效表现最好的那些员工的得分进行比较。其假设是，如果公司中的高绩效员工在其中的某些特征上得分都很高，那么公司根据求职者在这些特征上的得分来筛选新员工就是有道理的。[8]图 5-3 比较了这两种类型的效度研究。

同时效度研究

```
┌──────────────────┐
│ 对所有当前任职者    │
│ 就某一特征进行测试  │────┐
└──────────────────┘    │    ┌──────────────────┐
                        ├───→│ 得到两组数据之间    │
┌──────────────────┐    │    │ 的相关关系         │
│ 衡量所有当前任职者  │────┘    └──────────────────┘
│ 的工作绩效         │
└──────────────────┘
```

预测效度研究

```
┌──────────────────┐
│ 对所有求职者就      │
│ 某一特征进行测试    │────┐
└──────────────────┘    │
       │                │
       ↓                │
┌──────────────────┐    │
│ 录用部分求职者，    │    │    ┌──────────────────┐
│ 拒绝其他人         │    ├───→│ 得到两组数据之间    │
└──────────────────┘    │    │ 的相关关系         │
       │                │    └──────────────────┘
       ↓                │
┌──────────────────┐    │
│ 等候一段时间       │    │
└──────────────────┘    │
       │                │
       ↓                │
┌──────────────────┐    │
│ 对所有新被雇用的员  │────┘
│ 工的在职绩效进行测试 │
└──────────────────┘
```

图 5-3　同时效度研究与预测效度研究的思路

　　尽管预测效度需要付出更多的时间和精力，但由于以下几个方面的原因，它仍然优于同时效度。首先，求职者（他们正在寻找工作）通常会比在职员工（他们已经有工作了）有更大的动力在测试中表现得更好一些。因此，为了让自己看起来比公司的在职员工更好，求职者往往更倾向于做出虚假回答。其次，在职员工已经学习了许多求职者没有学过的东西，因此，就测试分数与工作绩效衡量结果之间的相关关系而言，在职员工的情况与掌握工作知识较少的求职者的情况可能并不具有一致性。最后，在职员工往往具有一定的同质性，也就是说，他们在许多特征上都是很相似的。因此，在为取得工作成功而必备的许多特征方面，大多数在职员工之间存在的差别往往局限在一个很小的范围之内。而这种差别的局限性使人很难发现测试分数与工作绩效得分之间的关系，因为只有为数极少的在职员工在公司希望进行效度评定的这些特征上会得到很低的分数。例如，如果情绪稳定性是护士这一职业必须具备的职业要求，那么从事该职业长达 5 年或 6 年的大部分护士在这种特征上的得分可能都会很高。然而，为了使一项测试有效，你还需要同时找到得分高的人（这些人在随后的工作中也应当是表现较好的）以及得分低的人（这些人在随后的工作中也应当是表现较差的）。因此，尽管同时效度研究有时可以帮助人们预测出预测效度的研究结果，但它们却并不能替代后者。

很显然，我们总是希望自己的测验有很高的效度，但是，与信度的标准一样，我们也应该问一问，效度究竟要多高才算高呢？当我们试图确定效度要多高才足够时，通常需要求助于统计学中的显著性检验。一项统计学显著性检验能够回答这样一个问题："假设预测和标准之间并无关系，那么偶然看到一组强相关关系的概率有多大？"如果概率很小，那么我们会认为测验的结果预示着未来的工作绩效。

表 5-1 显示了甄选指标与工作绩效指标之间的相关系数需要达到多高才能达到 0.05 水平上的统计显著性（也就是说，如此高的相关性仅仅是偶然因素导致的可能性只有 5%）。尽管通常情况下确实是相关系数越高越好，但是这一相关系数所基于的样本大小也起着重要作用。由于我们在后面将要考察的许多甄选方法达到的相关系数会在 0.20 和 0.30 之间，因此我们通常需要 80～90 人的样本规模。仅有少量样本（例如 20 个人）的效度研究几乎从一开始就注定会失败。

表 5-1　与不同样本量对应的能满足统计显著性的相关水平

样本量	要求达到的相关系数
5	0.75
10	0.58
20	0.42
40	0.30
80	0.21
100	0.19

在基于云分析的大数据处理能力方面取得的进步极大地增强了寻找能够有效预测未来工作绩效的指标的能力。例如，过去，施乐公司在为呼叫中心配备人员的时候，一直都是寻找过去干过这种工作的求职者。这种做法从表面上似乎是合理的，但当公司对员工的工作经验与他们的绩效和流动性之间的相关性做了实证分析之后却发现，经验其实根本不重要。相反，真正能区分出在这种工作上做得好与做得差的是他们的人格。那些有创造力的人倾向于表现良好并且任职期限更长，而那些好奇心强的人则往往在工作中苦苦挣扎，并且在公司还没有来得及收回在他们身上投资的 5 000 美元培训成本的情况下就离职了。

现在，施乐公司将为近 50 万个呼叫中心的岗位雇用员工的工作交给了一种计算机软件算法，这种算法不知疲倦地去寻找在各种人格测试项目上的得分与一组高度具体的工作成果之间的联系。这个程序是由进化公司（Evolv Inc.）开发的，它不依赖可能会受到个人偏见影响的面试官个人的判断，而是让求职者接受一系列的人格测试，然后跟踪这些人到公司工作一段时间之后取得的工作成果。这种算法通过积累更多的数据来不断进行自我调整，最终目的是开发出一个有助于描述最佳呼叫中心员工的统计模型。[9]

进化公司只是一个正在扩张的行业——寻求使用大数据帮助公司找到并留住最好的员工的行业——中的参与者之一。在全球范围内，在这种人才管理软件上的支出在短短一年之内就增长了 15%，达到 38 亿美元的估值，并且这一行业的竞争非常激烈。的确，正如这里的"通过科技开展竞争"专栏所示，该行业中的竞争不仅包括要雇用正确的人，还包括将许多正确的人组建成一个团队。这一点之所以很重要，是因为企业越来越趋于以团队为单位进行结构设计，而让很多企业常常感到非常失望的是，如果单从纸面上看或者是个人单独完成工作时，有些人确实非常棒，但是当需要与他人相互协助完成工作时，他们往往各干各的，或者是生出很多问题。[10] 正因为如此，有些人建议企业只招募完美的团队，而不是先分别招募个人，然后再把他们组成团队。[11]

➡ 通过科技开展竞争

一半人格测试加一半人工智能：团队化学公式

2004 年的美国男子篮球队是由有史以来最伟大的一帮球员组成的，其中包括勒布朗·詹姆斯（LeBron James）、德韦恩·韦德（Dwayne Wade）、蒂姆·邓肯（Tim Duncan）、艾伦·艾弗森（Allen Iverson）、卡梅洛·安东尼（Carmello Anthony）以及斯蒂芬·马布里（Stephon Marbury）。教练组也因他们在过去所取得的成功而闻名，其中包括拉里·布朗（Larry Brown）、格雷格·波波维奇（Greg Popovich）和罗伊·威廉姆斯（Roy Williams）。很少有这么多的人才能被集合到一个球队之中，而且也没有哪个拥有如此多天才球员的球队能取得这么差的战绩。2004 年的梦之队最终被证明是一场噩梦，输掉了三场比赛，最终在这个由美国发明的运动中仅仅获得了一枚铜牌。

很显然，尽管人员甄选永远不能忽略个人层面的人才，但很多组织都越来越重视基于团队的组织结构设计，因此，迫切需要超越个人层面，将团队本身视为一个单独的对象。也就是说，人力资源配置专业人员需要知道在何时以及在何处，当一帮人成为一个团队的时候，会比他们个人的简单相加取得更好——或更差——的成绩。有些公司正在转向通过人工智能（AI）方案来解决这一问题。例如，一家位于芝加哥的奈克萨斯人工智能公司（Nexus AI）就通过两个阶段来帮助其他公司组建团队。

第一阶段是将个人的技能和能力与此人即将承担的职能角色提出的工作要求加以匹配。这是非常标准的人力资源管理内容，能够提供类似服务的技术公司非常多。然而，奈克萨斯智能公司并没有止步于此，在建议让一大批潜在人才以能力为基础来承担潜在角色之后，就进入了第二阶段，即根据人格来确定不同个人之间的正确组合。人工智能解决方案从时点一开始，根据过去的研究创建了一套通用的原则。然后，在每个项目完成之后，团队都要接受同事和主管人员的评估，同时由人工智能跟踪这些评估结果。随着时间的延续，人工智能就开始学习对于不同类型的团队项目而言哪一类人格特征组合是最优的，这就超出了以往的研究范围。

奈克萨斯智能公司还对劳动力利用参数进行跟踪，以确保人工智能算法没有将人的主观判断中固有的一些偏见通过学习过程纳入算法之中。例如，亚马逊通过早先涉足的人工智能和人员甄选领域的经验，发现了在某些工作类别中绩效评价对于女性求职者是存在偏见的。人工智能就像一个早熟的孩子一样学会了与之完全相同的偏见，然后将其纳入对女性产生负面影响的决策之中。在另一种情况下，数据显示，相对于其他人而言，来自其中两个邮政编码区的员工得到的绩效评价结果偏低。人工智能很快就发现了这种情况，并且运用这个结论对来自这两个邮政编码区的人实施歧视——事后发现这两个邮政编码区的人主要是非洲裔美国人。因此，在人力资源管理背景下，防止出现人为歧视是与人工智能的利用一样重要的事情。

讨论题

1. 在人员甄选和配置方面，向以团队为基础的结构演变如何改变着管理实践？

2. 人工智能分析解决方案在哪些方面与传统的效标关联效度分析方法是类似的（同时又是不一样的）？

资料来源：A. Chowdhry, "How Nexus A. I. is Helping Companies Discover Untapped Talent," *Forbes Online*, November 13, 2017; J. Davis, "Can AI Really Build Effective Teams?" *HR Daily Advisor Online*, April 17, 2018; J. McGregor, "Why Robots Aren't Going to Make the Call on Hiring Anytime Soon," *The Washington Post Online*, October 11, 2018.

内容效度

当样本量较小时，可以使用另一种对测试效度进行研究的战略，即内容效度战略。效标关联效度是通过经验方法判断的，内容效度则主要通过专家判断来测定。所谓**内容效度**（content validation），就是要证明在测试中设计的问项、提出的问题或者设置的难题能够很好地代表实际的工作情境或实际工作中存在的典型问题。一项具有较高内容效度的测试会把求职者置于与实际工作非常类似的情境之中，然后测试求职者目前是否有足够的知识、技能或能力来处理将来可能面临的这些情况。

很多组织正在使用的许多新的模拟系统在本质上都是在计算机上使用的角色扮演游戏，求职者需要在游戏中扮演某种工作中的任职者，从而直接面对在现实中的任职者所必须面对的那些人以及问题。这种模拟系统就像传统的角色扮演游戏［例如《模拟人生》（*The Sims*）］一样，系统会对求职者做出的反应以及行为进行评分，以确定他们在多大程度上与期望中的理想员工的样子相匹配。例如，如果某人正在考察的是应聘餐厅侍应生工作的求职者，则利用 Knack. it 公司设计的游戏《芥末服务员》（*Wasabi Waiter*）就可以使雇主观察求职者是如何应对挑剔的顾客、烦躁的前台接待员、情绪不稳定的厨师以及在一家忙碌的餐厅中可能发生的其他一些可以预料到的具有挑战性的情况的。[12]

由于这些测试的内容与工作的内容非常相似，因此可以很可靠地将一个人在测试中的表现推广到其在实际工作中的表现。例如，在计算机程序设计领域，企业会认为一个人赢得国际软件编程难题挑战赛所需的技能与其在工作中表现出色所需的技能是高度相关的。对于那些还不知道计算机编程竞赛正在迅速发展的人来说，需要给他们的一个重要警告就是，这些竞赛可不是为了上电视的。

在大多数这种竞赛中，大约会有 20 位选手通过网上预赛从数千名竞争对手中脱颖而出，获得参加最终比赛的资格。他们需要以尽可能快的速度用代码来解决五个标准化的难题，而在此期间他们很少会离开工作站。许多企业都会对这些比赛结果进行研究，它们会雇用获胜者以及表现优异的其他一些人，它们将这种比赛视为效度很高的工作样本测试。正如投资行业的软件供应商艾德帕公司（Addepar）的工程副总裁弗拉基米尔·诺瓦科夫斯基（Vladimir Novakovski）指出的那样："我每次都在这种情况下雇用某些优秀的人，工作对他们来说根本就不是事儿。他们总是能快速、准确地完成工作。"[13]如果这个招募来源还存在任何问题的话，那就是有些参赛者太棒了，他们在比赛中赚了很多钱，所以对申请全职工作根本就没有兴趣。[14]

由于内容效度也适用于对小样本的测试，因而它比效标关联效度的应用范围更广。然而，内容效度有两个局限性：其一，隐含在内容效度背后的一个假设是：将来会被雇用的人在被雇用时实际上已经具备了一定的知识、技能或能力。其二，由于主观判断在内容效度中起的作用很大，因而将判断过程中的推测成分降至最小就显得非常关键。因此，评价者的评定应当建立在某种相对具体和可观察的行为基础之上。

5.2.3　通用性

有人认为效度系数只是在特定情境下才有用，也就是说，测试成绩和绩效之间的相关性水平会随着一个人从一个组织转换到另一个组织而发生变化，即使这个人在两个组织中所从事的工作是相同的。但随后的研究表明，这种看法在很大程度上是错误的。相反，即使是在那些有点儿相似的工作之间，很多测试（至少对智力和认知能力测试来说是这样）的结果与绩效之间也会表现出相似的相关水平。不过，当研究的是差别很大的工作类型时，测试结果与绩效之间的相关性也会发生变化。更具体地说，工作越复杂，测试的效度越高。人们还认为，很多测试在不同的亚组中会显示出不同的效度，这意味着，在不同种族或不同性别的人之间，测试分数和工作绩效之间的相关性所能达到的效度系数是不一样的。这种说法也被后来的研究否定，总的来说，人们发现，在不同的人群之间，两者的相关性是很相似的。[15]

正是因为有证据表明测试的效度可能会在不同情境以及不同子群体中存在差异，所以对于那些不能采用效标关联效度或内容效度对测试进行验证的公司来说，效度概化就成为表明一种甄选方法有效的替代方法。效度概化包括三个步骤。首先，由一家公司提供以前在其他情境下做过的效标关联效度研究结果，以表明某种特定的测试（例如情绪稳定性测试）是对某种特定工作（例如大医院中的护士）进行有效预测的指标。其次，这家公司通过工作分析来证明自己试图找人填补的工作空缺（一家小医院的护士）与已经在其他地方验证过的工作（一家大医院的护士）是相似的。最后，如果这家公司可以证明它使用这种测试时所处的情境与已经经过验证的那种情境是相同的或相似的，我们便可以将效度从第一种情境（大医院）"概化"到新的情境（小医院）之中。

5.2.4　效用

效用（utility）是指甄选方法提供的信息对于强化企业的经营成果有效性起到的作用大小。总的来说，甄选方法的信度越高、效度越高、通用性越好，其效用也就越高。此外，即使是在信度、效度与通用性均保持不变的情况下，特定甄选背景中的许多特性也会对甄选方法本身的效用产生促进和削弱作用。

例如，图 5-4A 和图 5-4B 向我们展示了两种不同的情形，这是从两家公司——A 公司与 B 公司——的销售代表中选取的两组样本群体，在这两组样本群体中，每一组销售代表在外向性测试中的得分与他们各自的销售收入之间的相关程度是相同的。然而，尽管他们的外向性测试分数与销售收入之间的相关关系是相同的，但 B 公司从外向性测试中得到的效用或实际利益更大。也就是说，正如从方框（它表明被企业选中的对象）处引出的箭头显示的那样，B 公司选定的这三个人的平均销售收入为 85 万美元（见图 5 - 4B），而 A 公司选定的这三个人的平均销售收入只有 78 万美元（见图 5 - 4A）。

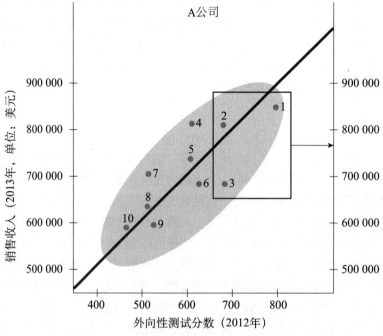

图 5 - 4A　当甄选比例高时外向性测试的效用

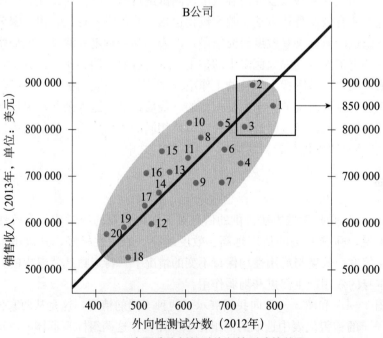

图 5 - 4B　当甄选比例低时外向性测试的效用

　　这两家公司的主要区别是，到 B 公司来应聘的求职者是到 A 公司来应聘的求职者人数的两倍。这就意味着，从甄选比例（被录用人数占参加测试总人数的百分比）的角度来看，B 公司的甄选比例（3/20）要比 A 公司的甄选比例（3/10）低得多。因此，B 公司挑选出来的销售代表的外向性测试分数要高于 A 公司挑选出来的销售代表的外向性测试分数，所以，在销售代表的外向性测试分数与销售收入之间的关系方面，B 公司更有优势。这样，只要雇佣成本和测试成本的增加不是很过分，则甄选比例越低，测试的效用就会越高。

　　一种测试的效用还取决于特征或绩效指标的分布情况。大多数个体差异都呈正态分布。换句话说，大多数人都处在中间位置，小部分人的得分是略微高于或低于均值的，还有更少一部分人的分数偏离均值更高或更低一些。这种对正态分布的信念在传统上已经被扩展到人们对工作绩效形成的信念，尽管很少有人去收集证据来检验这种信念的正确性。

　　但是，一项针对超过 60 万名娱乐业人士、政治家、业余运动员、职业运动员以及科学家所做的研究，却对这种信念提出了挑战，它发现，不同人的工作绩效实际上服从于幂分布。图 5-5 显示了幂分布与正态分布有何显著不同，即在幂分布情况下，高绩效者很少，而潜在的低绩效者却很多。[16]

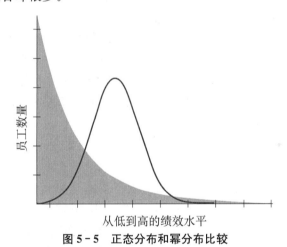

图 5-5　正态分布和幂分布比较

　　这些研究发现对于效用分析是很重要的，因为它意味着在幂分布下，"高生产率员工"（他们的生产率要高出均值一个标准差，这些人可能是经过效度较高的测试被雇用来的）和"平均生产率员工"（他们的生产率在平均水平，企业或许是随机把他们雇用来的）的货币价值要远大于正态分布的情况。例如，一位达到平均发表水平的科学家与绩效分布最底端的距离要比其与最顶端的距离近很多。这些发现还表明，使用成功与失败的二分法标准（也就是说，根据高于或低于中位数或某个任意的分数来划分成功和失败）来进行绩效评价，很可能会严重低估人与人之间存在的巨大差异，即使这两类人都超过了平均绩效水平。因此，将任何类型的最低胜任素质标准临界值作为成功的标准分的做法，都会极大地低估一种效度较高的预测指标的效用。总的来说，当一种测试能预测出被测试者的绩效将会呈现幂分布时，这种测试的实用性要大得多。[17]

5.2.5　合法性

　　任何一种甄选方法都应当遵循的最终标准是合法性。所有甄选方法均应当服从现有的法律以及现有的法律先例。例如，肯德基要求员工穿宽松长裤，但是当其拒绝让加入了五旬节教派的基督徒希拉·西尔弗（Sheila Silver）在工作中穿长裙时被指控存在歧视，因为这种穿着是她的宗教信仰所要求的。在另外一个类似的案件中，纽约市警察局也被指控侵犯了一名穆斯林警官的宗教权利，因为这位警官信奉的宗教要求他必须蓄胡须，而这违反了纽约警察局的仪表规范。[18] 从某种意义上来说，这些事件很难说是孤立事件，因为此类与宗教歧视有关的案件在最近激增。根据美国公平就业机会委员会提供的数据，仅在2013 年，就出现了针对雇主的 3 700 多起宗教歧视诉讼。[19] 在上述两个案件中，法院均支持了求职者的宗教信仰，尽管这不符合雇主提出的要求。

因非法歧视而被告上法庭的雇主将承受与诉讼、和解和裁决相关的高昂费用，并且还可能损害其作为良好雇主的社会声誉，从而使招募和业务增长变得更加困难。这正是福乐鸡炸鸡店（Chick-fil-A）曾经遇到的一种情况。尽管该公司从未受到过任何与就业歧视有关的指控，但当公司总裁在 2012 年对同性婚姻发表贬低性评论之后，立即就出现了对"仇恨鸡"的强烈反感，直接损害了该公司的销售。

更糟糕的是，这件事还威胁到了该公司向美国北方和城市地区扩张的计划和战略。波士顿市市长甚至致信该公司，敦促该公司撤销在波士顿开店的计划。《波士顿先驱报》（*Boston Herald*）援引他的话说，他将会使这家餐厅到波士顿来开店"变得非常困难"。芝加哥市市长拉姆·伊曼纽尔（Rahm Emanuel）插话说："福乐鸡公司的价值观并非芝加哥的价值观。"纽约市和旧金山市的抗议运动也反对该公司将业务扩张到这些地区。尽管并没有人提供任何证据，甚至也没有指控该公司歧视同性恋顾客或求职者，但所有这一切还是发生了。[20]

联邦政府法律

三项美国联邦法律构成了求职者提起的大多数法律诉讼的基础：1991 年《民权法案》、1967 年《反就业年龄歧视法案》和 1990 年《美国残疾人法案》。

1991 年《民权法案》 1991 年《民权法案》是 1964 年《民权法案》的扩展，它保护个人在雇用、薪酬和工作条件等方面免于受到基于种族、肤色、性别、宗教信仰和祖籍国的歧视。

该法案明确规定，当任何貌似中性的甄选方法对受法律保护群体会产生负面影响时，雇主有义务解释运用这种甄选方法对于经营的必要性。满足这一要求通常需要证明测试具有显著的效标关联效度或内容效度。如果雇主不能表明差异是合理的——要通过研究做到这一点是很难的，那么该程序可能就会被裁定为非法。例如，一个具有讽刺意味的案件是，作为《多德-弗兰克法案》（Dodd-Frank Act）的一部分而成立的消费者金融保护局（CFPB），主要职能本来是负责对银行和金融机构进行监管，以防止这些机构在发放贷款的过程中出现歧视行为，结果却发现它自己的晋升政策对特定员工群体存在负面影响。一项对消费者金融保护局的晋升政策所做的调查发现，在该机构中，有 21% 的白人员工在绩效评价中得到了最高等级，而在非洲裔员工和西班牙裔员工中，分别只有 10% 和 9% 的人得到了最高等级。由于这种评价等级会被用作晋升决策的依据，它作为一种貌似中性的雇用实践，却对特定员工群体产生了负面影响，因此必须加以调整。[21]

如果许多其他雇主受到同样的挑战，它们可能也会发现自己也要面临类似难题，因为消费者金融保护局的统计数据实际上反映了全体雇主的情况。在对被认为实施了歧视非洲裔候选人行为的雇主进行调查时，通常会发送编造的求职者简历给这些雇主，在这些简历中，候选人除了种族，其他任职资格条件都完全相同。研究表明，与具有同等任职资格的黑人候选人相比，白人候选人被雇用的可能性要高出 33%，这就属于存在偏见的完美证据。[22]

有人还专门针对银行业收集了类似的数据，并且针对高盛提起了一场集体诉讼，指控该公司歧视女性员工。对于女性员工来说，这是一个要求很高的行业。没有任何一位女士曾经营过纽约的一家大银行，在花旗、摩根大通和高盛等金融机构的高管人员和高级经理中，只有不到 20% 的人是女性。[23] 在针对高盛的案件中，克里斯蒂娜·陈-奥斯特（Christina Chen-Oster）及其法律团队证明了，在每个级别过渡阶段（例如，从地区总监到副总裁，然后从副总裁再到总经理）女性员工的比例都变得越来越小了。[24] 这种证据拿出来之后，实际上就"将举证责任转移给"雇主（这里即高盛）了，由雇主来证明其晋升决定确实是出于经营的需要。

1991 年《民权法案》允许诉讼发起人提请陪审团来做决定，以判断自己是否可以因为受到歧视而造成的情感伤害要求得到惩罚性赔偿（除了损失的工资和福利）。这种情况就使得雇主可能要付出很大一笔经济补偿金来进行和解，同时还会导致公共关系受到不良影响，而这些都会对雇主的竞争力造成损害。

最后，1991 年的这项法案还明确禁止对属于少数族裔群体的劳动者偏袒性对待。偏袒性对待通常很有吸引力，这是因为许多最有效的人员甄选方法，尤其是认知能力测试和工作样本测试，通常都会产生很高的负面影响。[25] 例如，尽管编程竞赛可以帮助企业发现才华横溢的程序员，但几乎所有的锦标赛冠军都是白人男子。这样就需要在以下两个方面做出某种权衡：一方面要基于效度较高的测试来甄选出得分最高的人，另一方面还要在劳动力队伍中创造多元化。[26]

一种能够实现"拿自己的蛋糕吃"的潜在方法是，简单地将不同种族或性别的人得到的分数放回到自己的组别之中，然后从每个组中选出得分最高的那 10% 的人，而不是从不分种族或性别的总排名中雇用得分最高的那 10% 的人。许多观察者认为，这种做法是合理的，在事实上存在不利于非洲裔劳动者的偏见的情况下，这种做法是公平的。但是，1991 年的这项法案明确禁止采用这种做法（有时被称为种族规范化）。一些人认为，种族规范化只不过是反向歧视，它对属于少数族裔群体的人偏袒性对待而不是公平对待，因此，这种做法在法庭上是会受到挑战的。

最高法院的两个具体案例表明，可能被解释为强化了偏袒性对待的政策在法庭上是站不住脚的。在第一个案件中，密歇根州的选民支持这样一项倡议，即密歇根州的各所大学在做出录取决策时对属于少数族裔群体的学生实施平权行动是违法的。由于该州的大多数选民都是白人，这项倡议受到了挑战，因为有法律先例保护少数族裔群体免于受到通过政治程序实施的不公平对待。就是说，在某种极端情况下，如果一个州中的大多数人是白人，也不允许他们通过投票支持一项阻止少数族裔人士上大学的倡议，因为这样做显然是不公平的。对密歇根州的这项倡议提出的质疑声称，其影响力已经接近于这种极端情况，不过，这种法律挑战已经被最高法院驳回，最高法院裁定，密歇根州的选民是在其权利范围内行事。[27] 在这个案件中，法院未必一定会说平权行动就是违法的，但可以说普通选民以这种方式表达自己的意愿是公平的，这样就可以使那些正在努力促进多样性的大学去探索其他做法，其中的一种做法就被得克萨斯大学采用了。[28]

涉及得克萨斯大学的一个最高法院案件表明，在力图实现多样性目标的同时仍坚持基于择优原则进行甄选，而且还能避免外界产生反向歧视的看法，这是一件多么困难的事情。具体来说，为了增加非洲裔学生和西班牙裔学生在得克萨斯大学系统中的比例，它制定了这样一项政策，即录取每一所高中毕业班中排名前10%的学生。由于得克萨斯州的许多高中都具有种族和族裔隔离的性质，因此这项政策的作用有点类似于种族规范化，能够确保每个群体中的成员都能进入大学，但这并不是一种明显的种族规范化。[29]

不过，得克萨斯大学招生官指出，为进一步提高学生的多样性而采取的这项措施导致了这样一种情况，即对于那些在比较富裕的郊区高中读书的非洲裔学生来说，即使他们的测试分数要高于那些在城市高中读书的非洲裔学生，也很可能不能被录取。但是，当得克萨斯大学试图联系并录取这些学生时，这项政策又受到了挑战。2016年，最高法院维持了得克萨斯大学采取的这种平权行动计划的合法性。安东尼·肯尼迪（Anthony Kennedy）大法官在为这项以4：3的多数票通过的裁决拟定判决书时这样写道："这所大学在定义自己希望成为何种类型的组织方面——其中包括大学的无形特征，比如可能是这所大学核心身份特征教育使命之一的学生多样性——享有相当大的自主权。"[30]

得克萨斯大学一案的核心问题是非洲裔学生人数不足的问题，另外一个问题则是，如果某种貌似中性的甄选方法造成了某些少数族裔群体的比例超出了他们在总人口中所占的比例，该如何处理。例如，正如这里的"通过环境、社会和公司治理实践开展竞争"专栏显示的那样，按照亚裔学生在学生总人数中所占的比例来录取亚裔学生的做法实际上反而会使他们退缩。

➡ 通过环境、社会和公司治理实践开展竞争

哈佛大学认为"亚裔美国人有某些不好的人格特征"

尽管在过去30年中，亚裔美国人的数量增加了一倍以上，但2017年被哈佛大学录取的亚裔美国人所占的比例却与1980年相同。尽管在哈佛大学宣称用来甄选学生的几乎所有的公开要素（标准化考试成绩、平均绩点、课外活动、高中老师的评分和个人论文）上，作为一个整体的亚裔学生的表现都优于白种人、西班牙裔和非洲裔美国学生，但情况依然如此。实际上，从客观的证据来看，如果哈佛大学仅仅根据这些要素做出录取决定，则亚裔美国人的录取率应该为43%，而在2017年时却仅为19%。亚裔美国学生只是在一个要素上的表现较差，但就是这一个因素——可怕的"个人分"——使他们付出了录取率降低24个百分点的代价。

据称，哈佛大学使用的个人分评价主要关注学生的"友善、乐于助人、勇气、善良、积极人格以及尊重"等方面的特征。这种主观判断通常是由从未见过学生的招生官做出的，而这对亚裔学生产生了毁灭性的影响，尤其是对那些在各种测试环节本来都能得到高分的学生来说。那些在个人分之外的其他所有方面能够位居所有申请学生前10%的亚裔美国学生，有超过20%的人在总分为5分的个人分中仅仅得到了2分。而招生官给其他类别的学生的个人分打2分的情况则完全不同，在高加索人中得到这种很低的个人分的往往主

要是在全体申请学生中排在第 60～70 分位的学生，在西班牙裔中得到这么低分数的主要是位居第 70～80 分位的学生，而在非洲裔美国人中个人分这么低的则主要是排在第 80～90 分位的学生。因此，个人分成为亚裔学生被淘汰的决定性因素，如果没有这个分数，很多亚裔学生本来应该是能被录取的，而个人分对其他组学生却并没有影响，因为那些在个人分上得分低的学生本来也是不可能被录取的。

哈佛大学真的相信亚裔美国学生的性格不好吗？事实上，当麻省理工学院招生主任在给一名韩裔美国学生电话面试后，做出拒绝录取的决定时，说了这么一句话："这只不过又是一次没感觉的数学游戏而已。"尽管潜在的刻板印象确实在大学录取过程中起到了作用，但还有许多人认为此案是在更大范围内的反平权行动斗争的一部分。更具体地说，现行法律确实允许学校和雇主将种族作为一个"整体过程"中的"加分因素"，在这个整体性的甄选过程中包括被纳入甄选测试之列的所有其他要素。但是，法律禁止为偏向某个群体制定严格的配额，或者是针对某个群体设置对他们不利的上限。对哈佛大学的录取过程提出批评的人认为，个人分是一种灵活的、看似无害的，同时还合法的——这一点最重要——能够将亚裔美国学生的录取率压到远远低于 43% 的水平的手段。

因此，有人认为，哈佛大学之所以用这种方式来控制录取率，主要是希望它的学生结构能够反映出美国人口的更大多样性。哈佛大学似乎确实实现了这一目标，但也有人质疑这种做法是否可持续。目前，亚裔美国学生的入学率反映了他们在美国人口中所占的比例，高加索人、西班牙裔美国人和非洲裔美国人的情况也是如此。尽管这看起来似乎很公平，但对于大约 20% 本来有可能被录取的亚裔美国人来说是不公平的，更令人无法接受的是，为了达到这样的结果而把原因归咎于他们的人格特征不佳。位于纽约的史岱文森高中招收的都是一些天资聪颖的学生，其中 70% 以上的学生是亚裔美国人。有一次，这所高中的校长在一个正在审理的联邦政府诉讼案中作证，她在证人席上得知了这些统计数据之后，整个人因崩溃而哭泣。当被问及为什么要哭时，她说："因为这些数字使人觉得确实存在歧视，我爱这些孩子们，我知道他们学习有多么努力。对你们这些人来说他们无非都是数字，而我却能看到他们的脸。"很显然，当她看着自己的学生时，她是不会像其他人那样只看到"没感觉的数学游戏"。

讨论题

1. 你认为使一个组织中的人员构成能够代表其所在社会中的人口结构是有好处的吗？还是说每个甄选决定都应当完全基于个人的优点——无论这种做法是否会对组织成员的代表性产生负面影响？

2. 一方面，组织成员的构成对所在社会具有代表性是有一定的优点的；另一方面，不考虑人口结构特征的甄选方法也有其优点。一个人的人口统计特征将会怎样影响此人对在上面两种优点之间进行平衡所持有的看法？

资料来源：K. Benner, "Asian-American Students Suing Harvard over Affirmative Action Win Justice Department Support," *The New York Times Online*, August 30, 2018; N. Corn and N. Hong, "Justice Department Says Harvard Hurts Asian-Americans' Admission Prospects With 'Personal Rating,'" *The Wall Street Journal Online*, August 30, 2018; K. Reilly, "With Harvard on Trial, So Is Affirmative Action," *Bloomberg Businessweek*, October 29, 2018; W. Yang, "Harvard Is Wrong That Asians Have Terrible Personalities," *The New York Times Online*, June 25, 2018.

如果不采用种族规范化的做法，雇主还希望部分地同时实现最大限度地预测当事人的未来绩效以及员工队伍的多元化这两个方面的目标，则可以采取以下几种做法。首先，积极招募受保护群体成员的做法可以让雇主获得更多的受保护群体劳动者，通过从这个规模更大的受保护群体中进行严格甄选，被雇用的求职者将会与从所有其他群体中雇用来的人在分数上更为接近。[31]其次，正如我们将在本章后面看到的，不同的甄选方法会有不同程度的负面影响，因此，在不同的阶段使用不同的甄选方法的组合也是有帮助的。[32]

最后，一种似乎不起作用的常见方法是放弃第 4 章讨论过的以合规和循证为基础的劳动力使用情况审查，转而采用更软性的"包容性"行动，这种做法可以表达对多元化价值的重视，但不会从统计的角度拿出具体目标和实施的时间表。一些组织更倾向于将多元化视为一种营销活动，而不是人力资源管理措施，正如我们看到的，像德士古石油公司（Texaco）以及美国银行（Bank of America）这样一些因其"包容性项目"而获奖的公司，后来也因实施非法歧视而被定罪。有人指出，包容性排名前 50 的公司与广告经费支出排名前 50 的公司几乎是完全重叠的，在这个关键领域中，不能忽略做姿态和干实事相互补充的必要性。[33]一个非常简单的道理是，一家公司是否真正实现多元化并努力避免陷入诉讼的最佳预测指标包括三个：一是公司中是否有某个特定的人（例如多元化合规官）所做的唯一工作就是监督公司在人员雇用方面的统计数据。二是此人有权更改公司的雇用实践。三是此人在自己的绩效评价中必须严格对可量化结果负责。[34]

1967 年《反就业年龄歧视法案》   法院对《反就业年龄歧视法案》的解释与《民权法案》的解释是相同的，因为如果出现任何貌似中性的做法对 40 岁以上的劳动者产生负面影响的情况，那么举证责任就会被转移给雇主，雇主必须能够证明自己的做法在经营上的必要性，从而避免受到有罪判决。该法案宣布，几乎所有的"强制退休"计划（一种要求达到规定年龄的人都必须退休的公司政策）都是非法的。

例如，得克萨斯路边餐饮公司（Texas Roadhouse）就被人依据该法提出歧视诉讼。尽管全美国有 20％的服务员的年龄在 40 岁以上，但在得克萨斯路边餐饮公司，这一比例却不到 2％。该诉讼是由一名 40 岁的女性发起的，她到位于佛罗里达州棕榈湾的得克萨斯路边餐饮公司求职，被告知没有空缺。但几天后，她得知女儿的一个朋友在她之后接受了面试，而且获得了工作机会。尽管发生了这件事，而且有大量的关于该公司对劳动力的利用不充分的数据，但这家连锁餐饮公司仍然辩称，它需要雇用年轻员工来彰显其品牌形象，同时吸引更多的顾客。[35]这种表明品牌形象和顾客偏好是一种企业"经营必要"的辩护理由由来已久，但在法庭上很少会被接受。[36]

1990 年《美国残疾人法案》 《美国残疾人法案》保护有身体和精神残疾（或有相同病史）的人，并且要求在残疾人的残障状况可能会妨碍他们履行目前设计好的工作的基本职责的情况下，雇主应当为他们提供"合理的便利"。"合理的便利"可能包括工作重组、修改工作时间表、使设施易于使用、提供阅读器或修改设备等。《美国残疾人法案》既不要求一个组织去雇用那些因残障而无法胜任关键工作或日常工作的残疾人，也不要求组织在"难度过大"的情况下对残疾人提供合理的便利。

在增加雇用残疾人方面确实存在一定程度的政治压力。2014 年，美国劳工部针对政府承包商发布了一些新的规则，要求它们设法达到这样一个目标，即员工中残疾人占到 7％。因此，如果你要到一家政府承包商那里去求职，你就需要在一个选项框中做出选择，以表明自己是不是一位残疾人。这项政策是存在争议的，因为许多残疾劳动者，特别是在身体或精神上并无明显障碍的残疾人，是不太愿意在该选项框中打勾的。这就意味着某些雇主虽然可能已经达到了相关目标，但由于求职者不愿勾选这个选项而无法表明自己已经达标。[37]

雇主越来越多地利用的残障劳动者来源之一是退伍军人。雇主对这个潜在劳动者群体的利用曾经是非常低的，他们的失业率远超过 30%。如今，这个群体的失业率已经下降到不足 10%。

尽管这个群体的失业率下降的部分原因是劳动力市场的总体改善，但也有一部分原因是像"受伤的战士项目"这样一些计划付出的努力——项目旨在帮助残疾退伍军人在私营部门找到工作。这种项目帮助退伍军人将他们在军事领域的技能和曾经从事过的工作类别与民营企业中的工作相匹配。[38]例如，军事中的医疗技能本身实际上差异很大，要想让拥有这种技能的人正确地进入民用医疗行业，就需要仔细沟通军事医疗和民用医疗两个领域之间的相似性和差别性。这种项目还努力将军方使用的关于技术能力的独特代码进行重新分类，将其转化为美国劳工部的职业信息网络（O* NET）系统（关于这一系统的说明，请参阅第 3 章）使用的那些代码。这样就使退伍军人能够更轻松地将其掌握的技能应用于私营部门。[39]

■ 5.3　甄选方法的类型

本章的前半部分给出了可以判断甄选方法优劣的五项标准。在本章的后半部分，我们将考察在各种组织中常用的一些甄选方法，并且根据我们列出的这五项标准来分别讨论它们的优点和缺点。

5.3.1　面试

甄选面试可以定义为一个由一人或多人发起的以收集信息和评价求职者是否具备任职资格为目的的对话过程。甄选面试是在各种组织中应用最广泛的一种甄选方法，有无数的研究测试过其有效性。[40]

然而，令人遗憾的是，对雇佣面试所做的长期研究表明，如果不能做到足够细心，甄选面试很可能是不可靠的，效度也会很低，同时还有可能形成对不同求职者群体的偏见。此外，面试成本相对来说较高，这是因为它至少要求由一个人来面试另一个人，并且面试者和求职者必须到同一个地方见面。最后，就合法性而言，面试过程中表现出来的一些主观因素常常使被面试者感到很不舒服，当他们被询问了许多显然与工作无关的问题却没有得到雇用时，这种感受尤为强烈。像面试这样的主观甄选方法如果显示出一定程度的负面影响，就必须通过传统的效标关联效度或者内容效度分析程序来证明这种甄选方法的有效性。

值得庆幸的是，最近的许多研究都提出了很多能够增强甄选面试效用的实际措施。首先，人力资源管理者应当使面试结构化、标准化，并且不要使面试目标过于分散。也就是说，他们事先就应该制订好计划，在面试过程中根据少量的可观察维度（比如人际关系类型以及自我表达能力）对被面试者进行量化等级评价。同时，对那些能通过测试手段进行评价的能力（比如智力等），要尽量避免通过面试方法来做出评价。除了通过面试对被面试者做出量化评分，面试官还应该做好结构化的笔记，在需要为自己的量化排序提供证明时帮助自己回忆当时的评分理由。对求职者所做的总体判断应当留到甄选过程的最后来做出，这是因为隐性的第一印象偏差常常会影响最初的人际反应。[41]

甄选面试应当将重点完全集中在对求职者进行评分和排序方面，尽管组织很可能会受到同时实现其他目标——比如招募候选人——的诱惑，但一定要能够抵挡得住这种诱惑。[42]正如我们在第4章中看到的那样，之所以需要把招募面试和甄选面试分开来做，是因为如果将目的不同的两种面试放在一起做，往往会导致两个目的都无法实现。然后，一旦有足够的时间获取绩效评价数据，面试官就可以获得足够的规范性反馈，知道自己选择的哪些员工是绩效优秀的，而哪些员工是绩效糟糕的，这样便可以从自己过去的甄选经验中学习到正确的做法。[43]

在面试内容方面，面试官应该提出与工作中可能出现的特定情况有关的问题，并通过被试给出的答案来判断此人在那种情况下可能会做些什么。这些类型的**情境化面试**（situational interview）问题已经被证明具有较高的预测效度。[44]情境化面试问题可以划分为如表5-2所示的两种类型。

表5-2　以经验为基础的和未来导向型的情境化面试问题举例

以经验为基础的面试问题	
激励员工	"请想一想你有没有遇到过这样一种情形：你必须鼓励某位员工去完成一项他不喜欢做，但是你必须让其完成的任务。你当时是如何处理这种情况的？"
解决冲突	"你与某位同事之间曾经发生的最严重的观点分歧是什么？你是如何处理这种情况的？"
克服变革阻力	"在过去的工作中，你完成的最为困难的变革是什么？你是如何改变你周围那些人的想法或行为的？"
未来导向型的面试问题	
激励员工	"假设你手下有一位员工，你知道这个人特别不喜欢完成某项特定的工作任务。然而你却必须找人去完成这项任务，并且这个人是你能找到的完成这项工作的唯一人选。你将如何激励这个人去承担这项工作？"
解决冲突	"设想一下，假定你和你们团队中的另一位成员在怎样才能最好地解决缺勤问题上产生了分歧。你将怎样应对这一局面？"
克服变革阻力	"假设你有一个想法，可以通过改变工作流程提高产品质量，但你所在的工作群体中有些人对于变革犹豫不决。在这种情况下你会怎么办？"

有些面试题目是"经验性的"，它要求求职者说明自己在过去遇到某种情况时是怎样做的。例如，亚马逊和谷歌都在为它们的新总部招募数千名经验丰富的软件工程师，但是它们看重的经验却有所不同。在面试的时候，亚马逊寻找的主要是在C＋和Java等语言方面有经验的软件工程师，而谷歌需要的则是在Linus操作系统和爬虫软件（Python）方面有经验的人员。[45]

相反，有些面试题目则是"未来性的"。也就是说，尽管像亚马逊和谷歌那样去询问一个人在过去的经历看上去确实是很合理的做法，但像英特尔和基萨博（Github）这样的企业更关心求职者在未来的潜在表现，而不是在过去做得如何。这些公司更愿意雇用自学成才的程序员或参加编码新手训练营的程序员，即使他们从未在实际工作中实践过编程技能。[46]采用面向未来的面试题目的组织往往更强调专门针对组织自身需求的在岗培训的作用，而不是求职者在过去多年中满足其他雇主要求的经验。

这些例子都展现了与人力资源管理活动相关的一些竞争策略，即一家公司的竞争策略可以是强调工作经验要求，支付更高的工资，但不提供太多的培训，而其他公司采取的竞争策略可以是不强调工作经验要求，支付较低的工资，但是增加培训预算和社会化成本。后一种做法之所以变得至关重要，是因为正如我们在前面提到过的那样，由于最近出现的劳动力短缺现象，越来越多的公司开始转向"无必备工作经验要求"模式。

实际上，2012—2017 年，要求求职者具备三年工作经验的雇主所占的比例已经从30％下降至20％，此举为 120 万人打开了就业的大门。这些实行"无必备工作经验要求"政策的公司需要的是这样一类面试官，他们应当能够熟练地识别求职者的成长潜力以及求职者与公司文化之间的匹配度。正如工作日公司（Workday Inc.）人力资源副总裁格雷格·普瑞尔（Greg Pryor）指出的那样："这就要求公司承担起更多的责任，因为举证的责任从求职者转移给了面试官。"[47]事实上，或许正是由于这个方面的原因，有研究表明，尽管这两种类型的面试题目都可以显示出足够的效度，但经验性面试题目的效度通常要优于面向未来的面试题目。[48]

同样重要的是，要让多位接受过培训的面试官来进行面试，这些面试官可以主动避免在一个人对另外一个人做出评价时很容易出现的很多主观性误差。例如，谷歌对于面试过程中可能存在的人口统计学相似性偏差肯定有着极大的担忧，因为对公司自己的数据的分析结果表明，管理人员雇用的是那些看起来跟他们很像的人。为了消除这方面的问题，谷歌现在为每一位候选人都编写一份详细的文件，然后让所有的面试都由面试官团队而非单个的面试官来进行。谷歌人员运营副总裁拉斯洛·博克（Laszlo Bock）指出："我们竭尽所能地降低单个管理者在做出雇用决策时所拥有的权威和权力，因为雇用决策会对整个公司产生重大影响。"[49]

事实上，许多人认为，在证券经纪领域之所以出现了大量的性骚扰诉讼，其主要原因之一恰恰在于，通常是男性经纪人在没有公司人力资源管理人员参与的情况下，自行做出关于女助理的雇用和薪酬等方面的决策。但是这些经纪人本身又不是独立经营者，他们自己实际上也是公司的员工，因此在许多大公司都不允许出现上面的那种情况。[50]

许多公司发现，实现用"多双眼睛"考察求职者的很好方式之一是对求职者进行数字影像记录式面试，然后将这份数字文件（而不是让求职者）从一个地方发送到另一个地方。不过，一些企业发现，在视频中缺乏真正的互动会限制这种做法所具有的价值。因此，使用像 Skype 这样一些面对面的互动技术进行网上面试可能效果更好。[51]

5.3.2　推荐信、求职表和背景核查

除了一些极端情况，几乎所有的企业都会在组织面试之前，先采用某种方法获取与求职者有关的一些背景信息。这些信息可以从候选人提供的证明人那里获得。

关于推荐人提供的信息的信度和效度的相关证据表明，通过这种渠道获得的信息充其量只能作为候选人在未来工作中能否取得成功的非常弱的预测指标。这种信息效度低的主要原因是，大多数推荐信对候选人做出的评价都是非常积极的，因此很难借此区分求职者的优劣。推荐信存在问题的原因主要有两个。第一，求职者通常是自己去选择写推荐信的人，因此，他们必然会去找那些对自己的能力有可能做出最高评价的人去写推荐信。第二，由于写推荐信的人不能确定将来到底是谁会看到这封推荐信，因此他们有理由担心，一旦提供了对某人具有破坏性的信息，那么将来没准儿会给自己带来困扰。因此，很显然，候选人过去服务过的雇主显然没有兴趣提供超出候选人当年的工作头衔和服务年限的更多信息。

去找推荐人核查存在的另外一个问题是，当求职者列出其推荐人时，可能并不总是会说实话。实际上，在对推荐信进行核查的公司中，有30％的公司发现求职者在求职材料中提供了虚假的或误导性的推荐人。职业建构师公司（CareerBuilder）的职业顾问迈克尔·埃尔文（Michael Erwin）指出："由于某些方面的原因，很多人认为去求职的公司不会检查他们的推荐信，因此他们可以对自己的求职材料进行各种修饰。"但事实上，有80％的公司会在对某人进行面试之前或者是在发出录用函之前，先去对求职者的推荐信进行核查。[52]

除了外部推荐信，很多企业还可以从求职者本人那里收集相关的背景信息。由于获得此类信息的成本低，因此极大地增强了其效用，尤其是在这些信息与后续精心设计的面试结合使用的情况下，它们是对求职者的人口特征信息的一种补充，而不是简单的重复。

教育背景是个人简历中最重要的信息之一。在有些情况下，企业会寻找具有特殊教育背景的员工，比如在工商管理、护理或工程等方面获得学位的人才。不过，也有一些企业愿意雇用那些具有批判性思维和解决问题能力的具有大学文凭的员工。企业之所以关注求职者的教育背景，主要是因为经济性质要求使用更多受过高等教育的员工。尽管就业率相对较高，企业还是难以找到具备公司所需技能的员工。[53]

这种对受教育情况的关注与经济的性质有关，即经济越来越要求候选人受过较多的教育。事实上，讽刺的是，尽管现在的就业水平相对较高，但许多企业发现自己找不到拥有自己所需技能的人。[54]"教育差距"一词是用来描述某一特定领域中的某个工作所要求的平均受教育年限与同一地区的平均受教育年限之间的差。就整个美国而言，教育差距约为5％，但在一些城市，如拉斯维加斯，教育差距则超过10％。教育差距较大的地区失业率要高得多，这些地区通常也是在经济扩张期最后才出现就业复苏迹象。[55]

同样，正如面试一样，使用传记资料时的最大担忧来自提供信息的求职者可能会受到歪曲个人信息的激励。一些研究表明，80％以上的求职申请书包含一些误导性的或虚假的信息。因此，需要再次提醒的是，雇用没见过的人是一件非常冒险的事情。[56]例如，一位名叫蒂莫西·洛曼（Timothy Loehmann）的警察在克利夫兰枪杀了一名无辜的14岁男孩塔米尔·赖斯（Tamir Rice），调查人员发现这位警察伪造了他的求职申请书，隐瞒了他在过去曾经几次因过度攻击行为而被辞退的事实。这导致了一起600万美元的不当死亡诉讼，如果当时警局对他进行了更为彻底的背景调查，是可以避免悲剧发生的。[57]

为防止出现尴尬的情况，许多企业都会雇用外部公司对员工进行背景核查。例如，史蒂夫·马西耶洛（Steve Masiello）向南佛罗里达大学提出了担任篮球教练的申请，但在例行的背景核查中，校方发现他谎称自己于 2000 年获得肯塔基大学通信专业的学士学位。这就让马西耶洛的现任雇主曼哈顿学院尴尬了，这所学校要求高级教练的申请者必须拥有学士学位，但是该校在雇用马西耶洛时显然从未对此进行过核查。[58]类似的未能对求职者进行例行背景核查的情况也在一定程度上导致了 2015 年在纽约的克林顿教养所发生的越狱事件，当时，一名员工帮助两名已经被定罪的凶手逃脱。[59]在事件发生后所做的一项调查显示，这所监狱普遍存在没有对求职者进行充分的背景核查的问题。[60]

5.3.3　身体能力测试

尽管自动化与其他方面的科技进步已经降低或调整了许多工作活动中的体力要求，但有些工作仍需要某些特定的身体能力。在这些情况下，身体能力测试不仅有利于预测未来的工作绩效，而且有利于预测可能出现的工伤与残疾等情况。[61]在身体能力测试领域一共可以划分出七种类型的测试：（1）肌肉张力；（2）肌肉力量；（3）肌肉耐力；（4）心肌耐力；（5）灵活性；（6）平衡能力；（7）协调能力。[62]

对于某些特定的工作来说，这些测试的效标关联效度是相当高的。[63]不过令人遗憾的是，这些测试，尤其是其中的力量测试，很可能对一些残疾人和很多女性求职者产生负面影响。例如，在肌肉张力测试中，大约 2/3 的男性得到的分数比得分最高的女性还要高。[64]性别之间的这种身体力量差异曾经被用来合法地禁止女性从事军队中的某些工作；但现在的情况已不再如此，美国军队在 2015 年向女性开放了所有的工作岗位。[65]

在决定是否要采用这类测试时，需要考虑两个关键性的问题。第一，身体能力对于完成这项工作是不是必备要求，在工作描述中是否显著地提及了？《民权法案》和《美国残疾人法案》都没有要求企业雇用那些不能履行基本工作职责的人，并且都将书面工作描述作为某种工作需要履行的必要职责的证据。第二，是否存在这样一种可能，即因为无法充分履行工作职责而给员工、同事或客户的安全或健康带来一定的风险？《美国残疾人法案》的"直接威胁"条款明确规定，在存在这种情形的情况下，即使对残疾人产生了负面影响也是可以接受的。

然而，援引这一条款有时也会引起争议，例如，2014 年，美国联合包裹服务公司（UPS）援引该条款来支持自己解雇一位怀孕员工的决定，理由是她不能举起重量超过 20 磅的包裹。美国联合包裹服务公司辩称它通常会为受伤的员工提供住宿安排，如果这位女士在工作中出现背部受伤的情况，也会得到公司的住宿安排。[66]美国联合包裹服务公司最终在庭外达成了和解，并且取消了这项政策，这可能是出于公共关系方面的考虑，也可能是基于与经营有关的其他一些因素的考虑。[67]

从诉讼中可以吸取的重要教训是，在涉及解雇孕妇（或让她们享受无薪休假）的问题时，医生发给公司的信件一定要非常具体地说明在怀孕的不同阶段可以履行哪些职责，不可以履行哪些职责。如果医生提供的信件是格式化的或者是非常笼统的，那么想要省钱或降低风险的企业通常会以对员工最不利的方式来解释这些信函。[68]

5.3.4　认知能力测试

认知能力测试（cognitive ability tests）是根据个人的脑力特征而不是身体能力来对人

进行区分的。认知能力包括许多方面的内容，不过我们只关注其中三个主要方面。**语言理解能力**（verbal comprehension）是指一个人理解并使用书面或口头语言的能力；**数字分析能力**（quantitative ability）是指一个人解决与数字有关的各种问题的速度与准确性的能力；**推理能力**（reasoning ability）是一个范围更广的概念，它指的是一个人在面对各种各样的问题时找到解决问题的方法的能力。

有些工作只需要任职者具备认知能力中的一到两项即可。在这些条件下，保持认知能力中包含的各项子能力的独立性是合适的。但是，许多复杂性很高的工作就需要任职者具备认知能力中的大多数（即使不是全部）子能力，因此，一项总体性的认知能力测试通常与对每一项子能力单独进行测试的效果是一样的。对这些能力进行高度可靠测量的商业测试已经得到广泛使用，并且从总体上看，在许多不同情况下，甚至在各个不同的国家或地区中，这些测试通常都是对工作绩效进行有效预测的指标。[69]例如，在销售领域，宾夕法尼亚大学沃顿商学院教授亚当·格兰特（Adam Grant）对数百名销售员和数百名求职者进行了调查，他基于自己的研究结果得出如下结论："从对绩效产生的影响的角度来说，认知能力的作用要比情商强大五倍。"他的研究结果表明，认知能力水平高的员工每年能够给公司带来的收入超过 19.5 万美元，相比之下，认知能力水平中等的员工为公司带来的年收入为 15.9 万美元，而认知能力水平低的员工为公司带来的年收入为 10.9 万美元。[70]这些测试的效度与工作的复杂性略微有关，不同的是，在用于复杂工作时，这些测试的效标关联效度要比用于简单工作时更高一些。

这些测试的主要缺点之一是它们通常会对某些少数族裔群体产生负面影响。事实上，由于测试结果的差异在不同群体之间如此之大，以至于一些观察家主张，在做出应当录取哪些人上学或者让哪些人承担某项工作这样的决策时，干脆放弃使用这些类型的测试。有些讽刺的是，这些标准化测试原本就是为了反精英主义而设计的，其目的就是帮助组织识别出那些自身的社会经济地位不高，但根据客观标准来看非常出色的有才干的人。然而，随着时间的推移，这些测试已成为许多弱势群体的主要发展障碍，因为这些测试限制了他们上大学的机会，从而对少数族裔群体产生了负面影响，因此，现在反而被认为属于精英主义的东西了。[71]

种族规范化概念就源于这样一种希望，即能够以避免负面影响的方式使用这些高效用的测试。尽管根据《民权法案》的修正案，种族规范化已经被确定为非法，但还是有一些人主张使用分段的方式一方面获得测试的好处，另一方面最大限度地减少测试可能产生的负面影响。分段的概念表明，那些在测试分数方面差异很小的相似人群都可以被视为得到了相同的分数。这样的话，在任何一个分数段中，少数族裔群体都会得到优惠对待。大多数观察者认为，在分数接近的情况下对少数族裔群体给予优惠对待是可以接受的，而分段的做法只是简单地拓宽了关于分数接近的定义。正如种族规范化一样，对分数进行分段处理也同样是有争议的，特别是在同一个段内的分数差距太大的话。[72]

就像我们到目前为止看到的所有甄选指标一样，这里关注的一个问题是，求职者很可能会受到作弊的诱惑，以使自己在任何甄选决策工具上获得良好的成绩。在测试中作弊并不是一种新现象。真正的新变化是计算机测试和社交网络的使用在多大程度上改变了作弊的性质和范围。"问题收集"这个词就是为了描述这样一个过程，即测试参加者在答题的过程中用先进的技术下载试题，或者是用数码相机或其他设备来捕捉试题的图像，然后将答题内容通过无线传输的方式发送给考场外的人，最后，这些人再把试题发送给将来准备参加此项测试的人。[73]当针对此类欺诈的指控涉及国家时，这种欺诈丑闻尤其容易引起争议。例如，2014 年，有充分的证据表明，从在某些国家举行的美国大学入学标准化考试的分数中发现，考试过程中可能存在不正当行为，因此，美国教育考试服务机构决定，在所有这些指控都得到解决之前，不承认来自这些国家的申请人的分数。[74]

5.3.5　人格测试

能力测试是要根据个人能做什么来对他们进行分类，而人格测试则倾向于根据他们是什么样的人来对他们进行分类。这些年来，采用人格测试作为甄选工具的公司数量激增，从 2000 年的 26％上升到 2014 年的接近 60％。[75]研究表明，人格有五个主要方面，被称为"大五人格"：(1) 外倾性；(2) 适应性；(3) 宜人性；(4) 责任感；(5) 开放性。表 5-3 列出了每个维度对应的形容词列表。

表 5-3　人格特征的五个主要维度

1. 外倾性	善于交际的、合群的、自信的、健谈的、富有表现力的
2. 适应性	情绪稳定的、不沮丧的、安全的、满足的
3. 宜人性	谦恭的、信任他人的、和善的、宽容的、合作的、仁慈的
4. 责任感	可靠的、有组织性的、坚持不懈的、细心周到的、成就导向的
5. 开放性	好奇的、富有想象力的、有艺术敏感性的、宽宏大量的、活泼有趣的

虽然对于上述每一种人格特征，我们都有可能找到不仅可靠，而且在商业上可行的测试方法，但证据表明，这些测试方法的效度和通用性都不是很理想。[76]在这五种人格特征中，只有责任感——描述了一个人的自我约束和自我激励等方面的特性——是对各种不同工作类型都具有较高效度的少数人格特征之一，而现实中的很多管理人员也指出，责任感是他们在寻找员工时最为看重的因素之一。责任感强的人在实现工作目标的时候往往表现出很好的自我控制能力，相对于那些责任感比较差的人来说，他们更善于迎接挑战和克服障碍。[77]相反，缺乏责任感的员工很可能给企业带来许多难题，其中一些方面正如这里的"通过全球化开展竞争"专栏所展示的那样。

➡ **通过全球化开展竞争**

幽灵式雇用困扰着沙特阿拉伯的变革

旧的沙特阿拉伯商业模式相对简单。沙特王国从石油这一非劳动密集型行业中获得了巨额收入，同时为外国劳动者提供了低技能的以及高技能的工作。沙特阿拉伯向公民提供免费的医疗保健、教育、公用事业以及公共部门的工作，以换取他们不对王室的绝对权威提出挑战。该国基本上建立了一个从摇篮到坟墓的"保姆国家"，从而使公民在更具竞争性和要求更高的私营部门工作时也能得到充分的保障。尽管认为所有的沙特阿拉伯人都缺乏责任感是不公平的，但在沙特的文化中，缺乏责任感这种特征并不总是使一个人贬值。然而，现在所有的这一切都在改变，沙特新王储穆罕默德·本·萨勒曼（Mohammed bin

Salmon）（通常被称为"MBS"）启动了一项名为"沙特化"的计划，旨在将沙特公民从公共部门转移到私营部门就业。

有几个方面的力量正在推动着这一变革。首先，世界范围内对沙特石油的需求减少，对该国的财政造成了不利影响，这使得该国王室继续保持之前的承诺变得困难重重。其次，政府支付给沙特公民的大部分钱都被花到了国外，而该国现在需要大家把钱更多地花在国内，只有这样才能促进地方经济的发展。最后，沙特阿拉伯严格的伊斯兰文化导致斩首现象并非罕见，再加上不允许女性工作，因此，想要从更为自由的西方国家招募熟练工人是非常困难的。特别是在《华盛顿邮报》（*Washington Post*）记者贾迈勒·卡舒吉（Ja-mal Khashoggi）在2018年被谋杀之后，这个问题进一步加剧，成千上万的西方员工选择离开沙特。面对所有这些新的发展趋势，沙特化是唯一的答案。正如一位分析师指出的那样："旧的沙特阿拉伯商业模式已经变得不可行了——这个国家快要崩溃了。"

为了帮助本国公民完成过渡，王储批准了一套雇用配额计划。在这些配额中，大多数针对的都是低技能的工作，因为尽管王储最终希望本国公民进入太阳能、高科技和娱乐行业去工作，但只有很少的沙特人具备从事这些行业的工作所需的技能。因此，雇用配额主要针对的是面包店、电子商店、家具店和珠宝店，并要求从事此类工作的员工必须为沙特阿拉伯人。但是，这种规定遇到的唯一问题是，大多数的沙特公民要么没有资格去从事这些工作，要么是有资格但不愿意做这些工作。正如拥有25家连锁店的奥索尔珠宝公司（Osool）的所有者所说的那样："我们这里卖的都是黄金，它不是随便一个人就能处理和销售的。这里根本就没有足够多的训练有素的年轻沙特人。即使来了，他们也会因为工作时间长而自己辞职。"

但是，在面临突击检查时，企业就需要做些什么，于是很多企业转而采用"幽灵员工计划"。企业会雇用沙特公民并到政府去做登记，也会给他们发工资，但这些人答应永远不会到企业来工作。奥索尔珠宝公司的所有者说："我们有他们的名字，也已经给他们都注册了，但他们根本不来上班。"幽灵工人增加了企业的成本，雇用这些人对企业根本没有任何其他价值，除了不被政府罚款或监禁。经营费用的增加以及对这种突击检查的恐惧正在促使许多企业离开沙特。讽刺的是，这种情况进一步提升了沙特化的紧迫性，同时使得该国在雇用沙特人方面越来越严格。

讨论题

1. 沙特文化的独特性如何造成了我们在这里看到的员工雇用规则很难改变的情况？
2. 沙特政治的哪些方面使其更容易改变员工雇用规则？
3. 在上述两种力量中，哪一种有可能会获胜？为什么？

资料来源：M. Rashad and S. Kalin, "Saudi Arabia Needs 1.2 Million Jobs by 2022 to Hit Unemployment Target," *Reuters Online*, April 25, 2018；M. Stancati and D. Abdulaziz, "Saudi Arabia's Economic Revamp Means More Jobs for Saudis—If Only They Wanted Them," *The Wall Street Journal Online*, June 19, 2018；J. Northam, "Saudi Arabian Businesses Struggle with Rule to Replace Foreign Workers With Locals," *NPR Online*, May 28, 2018；"Mobily Penalized in Saudi Arabia for Not Hiring Enough Nationals," *Bloomberg Businessweek Online*, October 8, 2018.

与人格测试相关的效度系数表明，这些人格指标仅仅与某些具体的工作存在联系，并没有显示出与各种工作的未来绩效存在很强的、直接的正相关关系。例如，外倾性的人往往在销售或政治类的工作中有出色表现，因为这些工作要求任职者合群和自信，而这两个特点恰恰是所有外倾性的人共有的。相反，内倾性的人更擅长学习以及在孤立的环境下工作，因此，有这种性格特征的人最擅长从事会计或科学研究等工作，因为这些工作需要人有耐心，而且有警惕性。[78] 与内倾性的人相比，外倾性的人更喜欢在团队型的环境中工作，但这一点并不总是能够体现为他们在团队工作中的绩效差异。外倾性和内倾性的人都可能成为有效的领导者，只不过他们达成有效性的方式不一样而已。外倾性的人往往是自上而下型的、专制型的、魅力型的领导者，他们通过激发追随者的情感投入来激励他们。相反，内倾性的人则往往是自下而上型的、参与型的领导者，他们会倾听那些被赋能的员工的意见，然后通过设计好的报酬结构鼓励他们朝着符合个人利益的方向去努力。[79]

但是，在团队结构中进行人员配置涉及这样一个问题，即对一位团队成员的甄选方式可能会影响对其他团队成员的要求。[80] 在某些情况下，组织可能会去挑选那些具有相似价值观和人格特质的人，以此来培育强大的团队文化。而在团队文化很浓时，每个人都有相同的观点和人格特质，因而会促进团队的和谐，增强团队的凝聚力。[81] 在另外一些情况下则恰恰相反，当一个个单独的人被组合到一个团队之中的时候，反而要确保团队中的人都有不同的价值观和人格特质。这样做的目的是使意见的多样化可以促进团队内部的辩论，激发创造力。例如，缤趣公司在组建编程团队的时候每次只吸收进来一个人，在评价和甄选每一位进入团队的新人时，重点考虑此人是否能够带来一些团队原本缺乏的独特特征或观点。[82]

"情绪智力"（俗称情商）的概念在团队环境中也很重要，这个概念一直被用来描述那些在一个流动性的和社会密集型的环境中做得特别好的人。在传统上，情绪智力被认为具有以下五个方面的特征：（1）自我知觉（了解自己的长处和弱点）；（2）自我约束（控制自己的破坏性情绪的能力）；（3）自我激励（激励自己，并且在遇到障碍时也能坚持不懈）；（4）同理心（有感知他人情感的意识和能力）；（5）社会技能（影响他人情感的能力）。[83] 与能力和人格的标准测量方式相比，关于情绪智力的科学研究还不多，甚至关于这个概念的提出本身在理论和经验两个方面都还存在一些疑问。从理论上来讲，一些批评意见认为，这个概念的范围过于宽泛，它实际上混合了知觉、能力、气质这些本来可以独立使用的概念。[84] 从经验上看，似乎有数据表明，如果一个人在大五人格模型的各个子能力上以及在认知能力测试中得到的分数上都保持不变，则情绪智力测试实际上对增强预测能力的作用微乎其微（如果还有的话）。[85]

无论是在什么性质的背景下，当大五人格测试分数不是来自求职者，而是来自其他人时，大五人格中的每一种特征在预测工作绩效方面的效度几乎都变得更高了。[86] 人格测试中的自我报告数据之所以效度相对较低，可归因于三个方面。第一，人们对本人的人格特征（或别人是怎样看待自己的）有时候是缺乏正确认识的，因此他们自己打出的分数并不准确或并不可靠。

第二，一个人的人格有时会因情境的不同而存在差异。比如，有些人在参与社会活动（例如筹划婚礼或联谊会）时可能会非常认真，但是在从事拿薪水的工作时却心不在焉。因此，情境化的人格测试——在标准化的人格测试问题中加入"在工作中"这个限定词——与非情境化的标准人格测试相比，通常能够成为更好的预测指标。平均而言，通过这种方式对人格测试进行"情境化"处理的做法，可以将其平均效度系数从 0.10 左右提

高到 0.25 左右。[87]

可能会对人格测试的效度产生限制的第三个因素是，人格测试与认知能力测试不同，求职者更容易通过提供社会赞许性高的答案在人格特征上造假。也就是说，研究表明，与人们仅仅出于研究的需要匿名填写人格测试问卷相比，人们为了求职而填写这些人格测试问卷时，在责任感和情绪稳定性这两个人格特征上的得分明显要高得多。[88]此外，如果人们在第一次参加人格测试时未能通过，则他们在将来再次参加相同的测试时，分数会大幅度上升。[89]

可以采取几个步骤来减少人格测试中的造假行为。例如，企业仅仅是简单地警告求职者会将他们提供的信息与其他人提供的信息进行交叉核对，似乎就有助于减少造假行为。[90]人们在各种人格测试中能够造假在一定程度上与使用人格测试问卷有关，如果是由面试官来对求职者的人格特征进行评价，则在人格特征上造假的情况就少得多。[91]所有这些都强化了这样一种观念，即最好是从求职者以外的其他人那里去获得其人格特征的信息，并且最好是用这些人格特征信息拒绝掉那些得分很低的人，但不一定雇用以自我报告形式完成人格测试时所有得分高的人。

最后，很多对人格特征进行客观测量的技术现在已经被开发出来，这些技术关注的是人们留在这个世界上的"数字痕迹"。例如，在脸书上跟踪"个人好恶"的软件已经被开发出来了，这个软件可以在这些内容与大五人格框架中的那些人格特征之间建立起联系。研究表明，与从一个人的同事、朋友甚至亲戚那里获得的人格特征信息相比，对这些数据进行处理的计算机算法所得到的大五人格特征得分与通过自我报告方式得到的人格特征得分之间更为趋同。在另一项综合性研究中，研究人员跟踪了 20 多个国家的 2 万人在一个数字平台上记录的使用频率、社交互动和新闻消费等方面的数据。研究结果表明，外倾性、宜人性和责任感与各种社交媒体的使用都呈正相关关系，而情绪稳定性和开放性与这些社交媒体的使用之间呈负相关关系。[92]

5.3.6　工作样本测试

工作样本测试试图在雇用之前通过对工作背景的模拟，来观察求职者在模拟工作中的实际表现。例如，在加利福尼亚州的一家名为 Compose Inc. 的云存储公司，所有的求职者在同一天被带到模拟实际工作的"模拟项目"中。这些求职者的身份都是保密的，而做出雇用决定的人在决策时既不跟求职者见面，也不看他们的简历，他们做决策的唯一依据是求职者在模拟工作中取得的成绩。[93]因此，正如这里的"循证人力资源管理"专栏所示，这种类型的盲测是可以提高效度并减少负面影响的。

➡ 循证人力资源管理

有非常明确的证据表明，在某些高科技领域的雇用实践有可能会对女性求职者产生负面影响。尽管在 20 世纪 80 年代，科技类工作在男女之间是基本对半分配的，但在 2017 年时，在硅谷工作的软件工程师中只有 15％是女性。根据我们在本章前面讨论过的举证责任转移模型，这里的问题就变成了：这种情况到底真的属于企业经营的必需，还是由于企业对女性实施了不公平的歧视？

这个问题的一个经验性答案来自很多公司的这样一种操作，即就编写软件代码设计一个工作样本，但是对完成工作样本的人是男性还是女性不予透露。例如，基萨博公司让一些计算机科学家来分析由匿名的女性与公开性别的女性所编写代码的可接受性。结果显示，当专家知道这些代码是由男性编写的或者不了解程序开发人员的性别时，大约70%的代码被评价为可以接受，但如果明确指出代码是由女性编写的，则只有60%的代码被评价为可以接受。因此，证据表明，在对女性编写代码的工作进行评价时确实是存在偏见的。

资料来源：C. Suddath, "Girl Code," *Bloomberg Businessweek*, May 14, 2015; K. Zaleski, "Job Interviews without Gender," *The New York Times*, January 6, 2018.

工作样本的仿真程度存在很大差异。在有些情况下，求职者面对的是一组标准化的假设案例研究和角色扮演，他们在此过程中需要表明自己对某些特定的情境将会如何做出反应。[94]这些标准化的角色扮演通常会用到交互式视频技术来创建一种"虚拟工作试演"。[95]相对于纸笔测试的方法而言，这种基于视频的角色扮演模拟更贴近工作现实，而且展示出更高的预测效度。[96]在其他一些情况下，求职者还会被邀请到企业的办公场所去，在短时间内执行某项工作，这将作为"试工"的一部分。[97]

在有些情况下，正如我们之前看到的，企业将组织一些竞赛，竞赛的参与者（在这个时候甚至还不能认为他们是求职者）会通过争分夺秒地去解决某些与工作相关的问题来引起主办方的注意。[98]这类竞赛在建筑和时装设计等行业中是很普遍的，在其他商业情境下的使用也是很普遍的。这些竞赛在激发大家的兴趣方面有效性很高，有些竞赛吸引了1 000名参赛者，他们运用自己的才华来帮助发起竞赛的企业解决某些特定的问题。

竞赛特别适合评价和发现那些可能还没有过多的历史成绩记录或可评价特征的年轻人。例如，"黑客马拉松"就是计算机程序员之间的一种竞赛，曾经只是在大学校园里针对大学生举办。如今，越来越多的高中辍学生开始赢得这种竞赛，他们不去上大学，仅仅专注于编程和应用程序的开发，他们使用的是大家很容易获得的基于网络的一些开发工具。[99]

尽管工作样本测试有上述优点，但它有两个方面的缺点。第一，从本质上来说，工作样本测试是针对特定工作的，通用性较差。第二，工作样本测试的开发成本相对较高，部分原因在于必须为每一种工作开发新的测试，还有部分原因是它并没有一个标准化的格式。因此，成本有效性更高的做法是到市场上去购买适用于公司内多种不同工作类型的认知能力测试，而不是自己去针对每一种工作开发一种工作样本测试。

在管理人员甄选方面，工作样本测试通常是评价中心的基石。总的来说，**评价中心**（assessment center）这个概念被用于描述范围较大的各种不同的甄选方案，这些甄选方案都会采用多种不同的甄选方法对求职者或目前任职的管理人员的管理潜力进行评价。被评价者通常都需要接受像公文筐测试这样一些工作样本测试以及其他一些更为通用的能力测试和人格测试等。由于评价中心采用多种甄选方法，因此它的效标关联效度往往很高。

评价中心似乎会考察人的多种不同特征，但是解决问题的能力和人际交往能力可能是最为重要的两种能力。[100]然而，许多观察家认为，正是测试本身（表现在它们作为工作样本的价值上）解释了为什么评价中心具有如此高的效标关联效度，但它并不能用来挖掘被评价者具有的那些潜在人格特征和能力。[101]

5.3.7　诚实性测试与毒品测试

在社会上面临的许多问题同样存在于企业内部，而这导致两种新型测试的出现：诚实性测试与毒品测试。最初，许多公司使用测谎仪来对求职者的诚实性进行评价，但是，随着1988年《测谎法》的通过，这一切改变了。这部法律禁止大多数公司在人员甄选过程中使用测谎仪进行测试。但是，因为员工偷窃的问题没有消除，所以书面的诚实性测试这一行业诞生了。

通过纸笔方式进行的诚实性测试有多种不同形式。有的测试会直接询问求职者是否有盗窃历史，或者是否与那些从企业偷盗财物的人合作过。有的测试则不太直接，而是去挖掘更多的像社会遵从性、责任感以及情绪稳定性这样一些基本特征。[102]对这类测试的效度进行大规模的独立审查，可以发现这些测试确实能够对盗窃以及其他一些破坏性行为做出预测。然而，如果研究由测试发布者来操作的话，相关性会更高一些。因为他们没有明显的利益冲突，是相对外部的、客观的参与者。因而，对于企业来说，一个很好的办法是对这些类型测试的预测准确性进行核查，而不是仅仅依靠测试发布者报告的结果。[103]

正像在人格测试中一样，有人也担心会出现这样一种情况，即接受诚实性测试的人会故意隐藏自己的真实想法，以便能够通过诚实性测试。有证据表明，那些被教会如何采取作弊方式在诚实性测试中获得高分（代表诚实）的人确实能够做到这一点。然而，这种情况是否会影响测试结果的效度，目前还不太清楚。也就是说，虽然这种测试存在内在偏差，但测试分数还是能够预测出未来的偷窃行为。因此，作弊偏差产生的影响不足以使测试的效度受到太大的破坏。[104]

与盗窃一样，人们越来越多地意识到员工中存在的因使用毒品引起的问题。在美国，有两种社会发展趋势加剧了对此类测试的需求。第一，阿片类药物流行病继续在全美国蔓延，2017年时估计有7.2万人因药物使用过量死亡，这已经创了纪录。正如可以预见到的那样，由此产生的后果正越来越多地蔓延到工作场所，尤其是建筑工地、工厂、仓库和公司后台。根据美国劳工统计局的数据，2016年至少有217名劳动者死于意外用药或饮酒过量，比2015年增长了32％。[105]自2010年以来，在美国工作场所中因用药过量而死亡的人数每年增加25％或更多。在这些数字中还不包括药物使用过量但尚未造成死亡的情况，也不包括药物使用不当仅仅是导致死亡的部分原因的情况。让以前的瘾君子重新回到工作岗位不仅危险，而且困难重重，正如这里的"诚信行动"专栏所说的那样，这可能需要得到慈善捐款。

➡ **诚信行动**

上菜、康复和同情心

位于俄亥俄州新城市的镀锌容器制造商哥伦比亚容器公司（Columbia Boiler）提供的工作待遇相当优厚，其中包含各种福利，尽管许多工作甚至连高中毕业文凭都不需要。公司经营状况良好，但是由于工人短缺，每个月都要失去价值20万美元的生意。那么，那些业务都到哪儿去了呢？该公司首席执行官迈克尔·谢尔文（Michael Sherwin）表示："我们主要的竞争对手在德国，它们可以更快地完成工作，因为它们拥有更好的劳动力储备。"有人可能会问："在工作对候选人连高中文凭都不要求的情况下，为什么还要强调'更好的劳动力储备'呢？"答案是，这些劳动力储备必须能够通过药物测试。在到哥伦比亚容器公司来求职的人当中，25％以上都未能通过药物测试。这家公司遇到的情况绝非个案，这种情况实际上代表了一个正在继续恶化的更广泛的全国性问题。

阿片类药物的流行是造成这种情况的罪魁祸首之一，而且这种情况已经持续了好几年。尽管如此，越来越多的州通过了允许吸食大麻的新法律，这使得在全国范围内无法药物测试的通过情况进一步恶化。2017 年，美国有 7 个州允许吸食大麻，2018 年，又有 3 个州（密歇根州、犹他州和密苏里州）加入了这一行列。对于政府来说，不理会某个人吸食毒品的问题倒是没什么，但对企业来说就会遇到更多的困难。例如，回到哥伦比亚容器公司的案例上来，谢尔文指出："我们生产出来的重量最轻的产品是 1 500 磅，有些甚至高达 25 万磅，因此如果出了问题，那不仅会伤到我们的工人，甚至会杀了他们。"诸如此类的任何事故都将引来政府的调查，并且毒品测试本身也无法区分工人是在工作场所吸食毒品的，还是在自己家中吸食的。在涉及过失性死亡的诉讼案件中，法官或陪审团往往很容易忽略这两者之间的微妙区别。

从就业的角度来说，很少有人会认为求职者吸毒就是一个合法的淘汰因素，但另外一个问题又产生了，这就是应当怎样对待过去的吸毒者，或者怎样对待那些今天能通过测试，但是有证据表明他们是惯犯，明天可能就无法通过测试的人。讽刺的是，餐饮业是最容易雇用有吸毒问题者的行业之一，也是一些最具创新性的"康复和再就业行动"的发起者。

例如，罗布（Rob）和黛安·佩雷斯（Diane Perez）创立了一家名为 DV8 的餐厅，该餐厅仅雇用正在接受阿片类药物和相关成瘾药物治疗的人。实际上，除了雇用这些员工，餐厅还将这种独特的人员甄选策略作为其经营模式的核心。DV8 这个名称本身就彰显了帮助劳动者改变他们的生活道路的宗旨。顾客之所以被吸引到这家餐厅，一方面是由于美食，另一方面是因为他们对于餐厅支持社区中一些试图重建生活的当地人这种做法感到满意。实际上，这家餐厅之所以能够开业，就是得到了当地慈善机构和慈善家提供的 30 万美元捐赠，而且它与当地的康复中心携手合作，共同为社区助力。谈到产品差异化，一位顾客表示："你在其他任何地方都不会为买一个肉桂卷支付 4 美元，但我不介意支付一些额外费用来帮助人们重新站起来。"

讨论题

1. 你是否相信这里描述的本地实验可以在全国范围内复制，即可以建起这种带有双重目的的全国连锁餐厅？

2. 你还能想到哪些与酒店业不同的行业可能也适合或更适合采用这种将慈善与商业相结合的独特商业模式？

资料来源：N. D. Schwartz, "Economy Needs Workers, but Drug Tests Take a Toll," *The New York Times Online*, July 24, 2017; K. McLaughlin and N. V. Osipova, "A Reckoning with the Dark Side of the Restaurant Industry," *The Wall Street Journal Online*, November 12, 2018; P. Krishna, "A Restaurant Takes on the Opioid Crisis, One Worker at a Time," *The New York Times Online*, July 10, 2018.

小　结

在本章中，我们考察了所有的人员甄选方法都应当遵循的五项关键标准：信度、效度、通用性、效用与合法性。我们还考察了目前在企业中常用的九种甄选方法，并且根据上述五项标准对这些方法分别进行了评价。对这些甄选方法进行概括和分析可以帮助我们决定为了某种特定目的应当选择使用哪种测试方法。虽然我们分别讨论了每种测试方法，但需要在这里说明的是，完全没必要对任何一种工作仅仅使用一种测试方法。事实上，在为某些重要的高层管理职位选择候选人时，评价中心可能会使用多种测试方法，在两到三天的时间里对求职者进行考察。这样常常能够得到非常精确的预测，而将多种测试方法结合使用的做法在效度上也往往要高于单独使用一种测试方法。

讨论题

1. 在本章中我们讨论了九种甄选方法。假设你是求职者，因为没有通过这几种甄选方法中的一种而被企业拒绝录用。显然，无论企业使用的是哪一种甄选方法，你都会感到失望与气愤，你能指出其中可能最令你感到郁闷的两三种甄选方法吗？一般来说，为什么求职者对测试的接受程度是本章中讨论的五项标准之外的另一项重要标准？

2. 用摄像机将求职者在面试过程中的表现录下来，成为从多个角度对求职者进行多次重复评价的一种普遍做法，这种做法为什么对评价面试官同样有用？如果让你根据录像带的内容对其中一位面试官做出评价，你会注重考察哪些方面？

3. 请对同时效度与预测效度进行区分，并说明为什么后者要优于前者。仔细分析本章中讨论的九种甄选方法，并判断哪一种甄选方法的效度受到这里所采用的两种效度评价方案的影响最大，哪一种受到的影响最小。

4. 有人推测，除了提高甄选决策的效度，使用严格的甄选方法对于企业来说还具有某些标志性的意义。企业可以通过雇佣过程向求职者传递的信息有哪些？在甄选过程开始之前以及甄选之后的培训方案实施过程中，如何对这些信息加以强化？

开篇案例分析

效度与人员甄选：不再是陌生人

决定谁将成为组织的一部分以及哪些人将被拒绝，是公司需要做出的最为重要的决策之一。正如我们在以优步公司为重点的开篇案例中看到的那样，这些决定会影响公司及其高层管理人员的绩效与声誉，也会影响求职者的生活以及将要与他们在一起工作的那些人的生活。这些决定的重要性意味着决定必须建立在经验验证的有效程序基础之上，而不能由未经训练的个人去做出自己的独特判断，因为这些人很可能会由于在劳动力短缺的背景下去填补工作空缺而草率做出不明智的决定。本章总结了企业在甄选过程中可以采用的有助于它做出正确雇用决策的各种各样的策略。

问题

1. 基于本章内容，获得求职者信息的最佳方法有哪些？优步公司本来可以怎样使用这些方法来防止在公司中实际出现的问题?

　　2. 在求职者身上需要寻找的最佳特征是什么?而这一点又是如何取决于不同工作的性质的?像优步公司这样的共享汽车公司中的工作的独特性会如何影响甄选方法的选择?

　　3. 如果你只能使用本章中介绍的两种方法,并且只能对我们讨论过的两种特性做出评价,你会选择哪两种方法?为什么?

注　释

第 **6** 章
培 训

学习目标

在阅读完本章后，你应当能够：

1. 讨论培训、非正式学习和知识管理是怎样对持续学习和企业经营战略做出贡献的。
2. 解释管理人员在识别培训需求以及对在岗培训提供支持方面能起到什么作用。
3. 实施一次培训需求评估。
4. 评估员工的培训准备度。
5. 讨论演示法、演练法以及群体或团队建设培训法这三种培训方法的优缺点。
6. 解释在培训中运用电子化学习有哪些潜在好处。
7. 设计一个能够最大限度地促进学习的培训项目。
8. 根据培训目标及培训的约束条件选择一种恰当的培训项目评价方案。
9. 设计一项帮助员工做好跨文化工作准备的培训计划。
10. 设计一个培训项目来有效地管理劳动力队伍多元化。

▼ 进入企业世界

美国电话电报公司：帮助员工为保持竞争力而更新技能和发展职业

美国电话电报公司以在美国建设电话基础设施而闻名。但是，随着电信行业从电缆和固定电话转向智能手机、互联网和云，美国电话电报公司必须进行自我再造才能生存下来。这不仅意味着要对无线技术进行投资，还意味着要开发员工在云计算和编码等领域的技术能力。这一点之所以特别重要，是因为具有这些技能的员工在亚马逊和谷歌等其他企业那里也同样供不应求。

为了获得公司所需的技能，美国电话电报公司已在员工培训与开发方面投入了超过2.5亿美元的资金。公司希望鼓励所有的员工为获得将来的工作机会而开发自己的技能。公司建成的一个名为"职业智能"的在线门户网站可让员工查看有哪些可以申请的工作以及每一种工作所需的技能、预计的薪资范围，还包括这种特定工作领域在未来几年预计会出现增长还是萎缩，等等。简而言之，这个网站为公司员工提供了从当前职位转移到公司将来需要他们的那个职位的路线图。为此，美国电话电报公司为员工提供了许多可以用来学习和发展自己职业的不同选择。例如，其中的一个在线自助服务平台可以为员工提供职业介绍、职业信息以及工作模拟工具。职业介绍工具可以对员工的技能、胜任素质、经验以及教育证书等做出评价。它提供了一种发展概况，员工可以借此在美国电话电报公司的各个业务单元中找到与他们个人的兴趣、偏好以及技能相匹配的空缺岗位，还可以找到与开发当前不具备的胜任素质所需的那些资源。职业信息工具通过提供有关公司内部的雇用趋势数据以及不同工作的基本概况（其中包括薪资范围以及这种工作现有的员工人数）来帮助员工做出明智的职业发展决策。工作模拟工具则为员工提供了他们在实际工作中可能会遇到的种种情况，同时要求他们评估一下自己从事此类工作的偏好。这可以帮助员工基于自己喜欢的工作类型来确定自己是否适合从事某种工作。

然后，美国电话电报公司的员工就可以利用借助这些工具获得的信息、从其他员工那里获得的信息，以及与直接上级讨论获得的信息等，做出如何开发自己所需的那些技能的选择。其中包括在线的和面对面的课程；由慕课（MOOC）提供商优达学城公司（Udacity）提供的针对需求量很大的那些专业开设的为期 6～12 个月的微专业课程，例如软件工程、编程、网页开发和数据分析等；可以得到美国电话电报公司提供学费补贴的计算机科学在线硕士学位课程。

美国电话电报公司还采取措施鼓励员工对自己的职业发展形成更为现代的思维，鼓励他们持续学习。为此，公司还用职业网格的概念来取代传统的职业发展路径，后一种职业发展阶梯鼓励员工在自己的工作角色和工作头衔内通过所承担的责任的重要性上升和范围扩大来实现职业发展，而前一种职业发展模式则鼓励员工走横向的、跨职能的甚至是向下流动的职业发展路径，它要求员工扩展自己的技能模块，开发跨职能的知识。这有助于改变员工的思维方式，从原来由公司对自己的职业发展负责，转变到通过积极寻求新的工作角色和经验来对自己的职业发展负责。

到目前为止，美国电话电报公司的投资正在获得回报。在 2016 年的前六个月中，接受过再培训的员工填补了公司中一半的技术管理岗位，并且在所有获得晋升的人员中，这些人占的比例几乎接近一半。美国电话电报公司的产品开发周期减少了 40% 的时间，而收入却增加了 30% 多。该公司希望到 2020 年时能够培训 10 万名掌握了从事新技术工作所需技能的员工，从而确保自己拥有开展竞争需要的劳动力。

资料来源：Based on M. Mancini, "AT&T: Continuously Dialing Up the Learning Evolution," *Chief Learning Officer*, June 2017, pp. 40 - 41; J. Donovan and C. Benko, "AT&T's Talent Overall," *Harvard Business Review*, October 2016, pp. 69 - 73; C. Anthony, "Three Keys to Our Culture," *Fortune*, January 1, 2018, p. 32; S. Caminiti "AT&T's \$1 Billion Gambit: Retraining Nearly Half Its Workforce for Jobs of the Future," March 13, 2018, from www.CNBC.com, accessed December 31, 2018.

■ 6.1　本章介绍

正如开篇案例中展示的那样，培训确保了美国电话电报公司的员工能够具备在当前工作中取得成功以及向未来的工作转移需要的那些技能，从而为强化该公司的竞争优势做出了贡献。从美国电话电报公司的角度来看，培训是具有战略意义的，因为它使该公司能够为客户提供最新的技术和服务，能够吸引和留住高素质的员工，同时产生正向的收入。美国电话电报公司清醒地意识到，在技术服务领域中存在激烈的竞争，因此，企业要想取得经营的成功就必须有一批聪明且士气高昂的员工。

为什么要强调战略性培训的重要性？公司开展经营活动是为了赚钱，每一项经营职能都需要向公司展示它如何对企业的经营成功做出贡献，否则就会面临削减经费开支甚至被外包的境地。要想对公司的经营成功做出贡献，培训活动应当帮助公司实现其经营战略（看一看美国电话电报公司的培训是如何缩短产品开发周期，并且把这种时间收益转化为经营收入的）。

培训与经营战略和经营目标之间存在直接或间接的联系。培训能够帮助员工开发完成工作所需的技能，而这又会直接影响企业的经营。给员工提供学习和发展的机会能够创造一种积极的工作环境，这种工作环境又会通过吸引那些有才能的员工以及激励和留住现有员工来为企业的经营战略提供支持。

为什么美国电话电报公司和其他一些企业坚信在培训方面的投资能够帮助它们赢得竞争优势？这是因为培训能够：

● 增加员工对国外竞争对手及其文化的了解，这对于企业在国外市场上取得成功至关重要。

● 确保员工掌握运用新技术（比如机器人和计算机辅助生产流程）完成工作必需的一些基本技能。

● 帮助员工理解如何在团队中有效地工作，从而对产品和服务质量的提高做出贡献。

● 确保企业文化重视创新、创造和学习。

● 确保在员工的工作发生变化、个人兴趣发生转移或者技能过时的情况下，通过向他们提供为企业做出贡献的新方法来为他们提供就业保障。

● 为员工接受他人以及与他人进行更为有效的合作做好准备，尤其是当他们与少数族裔员工和女性员工一起工作的时候。[1]

在本章中，我们会着重探讨以下几个方面的问题：第一，培训在什么样的条件下能够帮助公司获得竞争优势；第二，管理人员如何为高阶培训活动的开展做出自己的贡献；第三，如何创建一个学习型组织等。我们将首先讨论如何利用系统有效的方法来进行培训设计。然后，我们将考察培训方法和培训评估的问题。在本章的结尾部分，我们将讨论诸如跨文化准备、员工队伍多元化管理以及员工的社会化等方面的问题。

■ 6.2　培训在持续学习和竞争优势方面的作用

正如我们在第1章讨论的那样，包括人力资本、客户资本、社会资本和知识资本在内的无形资产可以帮助公司获得竞争优势。意识到正式和非正式的培训以及知识管理对于无形资产增长的重要意义之后，许多公司正在考虑将培训列为持续学习的重中之重。图6-1表明，正式的培训与开发、非正式学习以及知识管理是关注绩效以及支持经营战略的持续学习理念的关键特征。**持续学习**（continuous learning）是一个学习体系，它要求员工理解整个工作系统，获得新技能，并将其应用于自己的工作岗位，同时与其他员工分享学习成果。[2]

培训（training）是指公司为了便于员工学习与工作相关的能力、知识、技能、行为

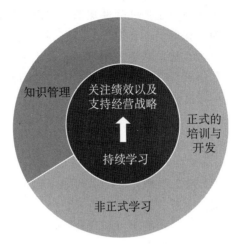

图6-1 持续学习的关键因素

而采取的有计划的活动。培训的目的是让员工掌握培训想要强调的知识、技能、行为，并应用于自己的日常工作活动当中。传统上，公司依靠课堂教学以及各种项目和活动等正式培训方式来使员工掌握出色地完成工作任务所需的知识、技能和行为。**正式培训**（formal training）是指由公司组织和开发的培训以及拓展项目、相关课程和各种活动。一般情况下，公司要求员工必须参与或完成这些培训项目，包括面对面的培训项目（例如导师课堂）以及一些在线学习项目。在美国，公司在正式培训方面进行了大规模的投资。据估算，美国各个组织在正式的员工培训和开发方面支出的经费超过 700 亿美元。[3] 我们将在第 8 章中讨论员工的开发问题。

尽管公司在正式培训和开发活动方面进行了大量的投资，但非正式学习在传授知识和获取技能方面的重要性同样不可小觑。[4] **非正式学习**（informal learning）是指学习者自发进行的学习，包括具体的行动和实践。发起这种学习的动机是谋求自身的发展，它不是在一种正式的学习环境中发生的。[5] 非正式学习在没有导师指导的环境下进行，学习的范围、深度和时机等都由员工自己掌握。基于实际需要，这种学习可能由员工个人单独完成，也可能通过面对面的以及有技术辅助的社交行为来完成。非正式学习有多种途径，包括与同事进行的随机交流、电子邮件、非正式指导、由公司开发的网站或者是公共社交网络站点比如推特或脸书。从市场营销战略到学习战略的各种社交媒体的应用软件，再加上诸如社交网络、微博和维基百科等网络 2.0 技术，给员工以合作以及分享的方式开展社会学习提供了方便。[6] 据一项研究估计，在组织内部的学习中，非正式学习的比例占到 75%。

正式和非正式学习促进了无形资产的扩大，尤其是人力资本的扩大。人力资本包括知识（知道是什么）、高级技能（知道怎么做）、系统理解和创新（知道为什么），以及生产高质量产品和服务的强烈愿望（关心为什么）。[7] 非正式学习尤为重要的一个原因在于它能有效地促进隐性知识的开发，而隐性知识是一个与显性知识相反的概念。[8] **显性知识**（explicit knowledge）是指得到充分记录、易于清楚表达，同时很容易在人与人之间传递的知识。显性知识通常会成为正式培训的主要焦点。**隐性知识**（tacit knowledge）则是指以个人的经验为基础的知识，因而难以编辑成书。学习隐性知识的最佳途径是非正式学习。正式学习的环境特点会限制学习隐性知识的程度，例如课堂和在线学习的时间相对短暂，实际操作机会有限。因此，非正式学习是扩展隐性知识的关键。设计科学的正式培训能够帮助员工获取显性知识，但是为了获取隐性知识，员工需要与同事和专家进行交流，获取一些在正式培训中并不常见的学习经验。非正式学习不能取代正式学习，员工依然需要通过正式学习为完成自己的工作和得到晋升做好准备。非正式学习是培训的一种补充，因为它可以帮助员工获得在正式培训中无法获取的隐性知识。

知识管理（knowledge management）是通过设计和提供工具、过程、系统、结构和文化来促进知识的创造、分享和使用以提高公司绩效的过程。[9] 知识管理有助于非正式学习的实现。

Moneris 公司是一家提供支付处理和支持技术的加拿大公司。[10] 该公司的客户需要得到精确的并且有时很复杂的支付服务。为了帮助员工获得满足客户的支付需要所需的那些技能和知识，该公司鼓励员工借助公司的学习和开发门户网站获取与各个主题（例如领导力开发、销售、支付行业新闻以及一般性的商业技能等）有关的资源。在完成一门培训课程后，受训人员还可以通过这个门户网站来共享自己的最佳实践以及所学的内容。员工还可以在讨论板上发布问题。这有助于员工通过与同事和专家开展合作以及建立起网络联系在培训课程之外学习更多的东西。

持续学习的所有方面（包括正式的培训与开发、非正式学习、知识管理等）对公司战略做出贡献和提供支持都是十分重要的。持续学习需要解决事关经营成果的一些绩效问题，为了实现这一目标，持续学习的侧重点必须和公司战略相匹配，高层管理人员需要对持续学习提供看得见的支持，作为导师的领导者需要参与其中，还要建立起鼓励学习的环境，全面提供包括培训、非正式学习、知识管理、员工开发在内的学习机会，同时使用传统的方法和创新的技术来设计和实现学习，并且评估学习的有效性及其对整体经营的影响。[11]

让我们考察一下捷飞络公司（Jiffy Lube）是如何践行支持公司战略的持续学习理念的。[12] 该公司的战略目标着眼于为加盟的连锁商提供成长的机会，并力图提供世界一流的客户体验。捷飞络公司的客户价值主张是，让每一位司机都不用担忧如何让车辆保持良好状态。这就要求客服技师知识丰富，能够为司机提供高质量且必要的服务。在捷飞络公司，这意味着客服技师需要得到培训和资格认证。这种培训由捷飞络大学提供。过去两年，员工的学习时间预计长达 200 多万个小时。员工和特许经营者通过面对面和虚拟教学，以及自测模块进行学习。捷飞络大学通过多种途径评价员工的学习成果，包括学员反馈、加盟商调查、完成的培训时长、获得的资格证书以及客户匿名提供的客服评分。

捷飞络公司认识到了持续学习和非正式学习的价值。最近，包括公司总裁在内的每一位员工都需要在捷飞络大学完成课业，并至少在捷飞络服务中心工作一天。课程包括新员工培训、安全培训，还有为礼仪人员、高级技师、客户服务顾问、团队领导和产品经理提供的各种培训。捷飞络公司还与一些大学建立了合作关系，使服务中心的员工可以用在捷飞络大学获得的学分换取管理学基础本科课程的认证。学员和管理人员可以在网上获得关于培训对他们事业取得进步的贡献率的评估，另外，由于意识到服务中心的员工大多是18～25 岁的年轻人，他们是社交媒体的积极用户，捷飞络公司还提供了摄像机，以便员工能够捕捉最佳实践和想法，这些视频聚焦于客户服务、团队建设、卓越运营和安全。捷飞络公司的培训师对这些视频加以编辑，并上传至 YouTube，员工可以很容易地获取。

6.3 设计有效的正式培训活动

能够强化企业竞争力的培训活动所具有的一个关键特征是，它们是按照一个具有指导性的设计流程设计出来的。[13] **培训设计流程**（training design process）是一种制订培训计划的系统方法。教学系统设计（Instructional System Design，ISD）和 ADDIE 模型（分析、设计、开发、实施、评价）是两种你可能知道的具体的培训设计流程。图 6-2 展示的是这种培训设计流程中包括的六个步骤，它强调指出，有效的培训实践包括的内容绝不仅仅是选择最流行的或者最丰富多彩的培训方法。

步骤一是通过开展培训需求评估来确定是否需要进行培训。步骤二是要确保员工既有接受培训的动力，同时又具备掌握培训内容所需的那些基本技能。步骤三的目的在于确保在培训期间（或者是在学习环境中）存在使学习能够进行的必要因素。步骤四则是要保证受训者能够将在培训中学到的内容应用到自己的实际工作当中去。这就要求受训者的上级管理者以及同事能够为受训者将通过培训学到的内容运用于工作中提供必要的支持，同时还要让员工了解如何承担起个人的技能改进责任。步骤五涉及培训方法的选择问题。正如我们在本章中将要看到的，培训方法种类繁多，从传统的在岗培训方法到像互联网这样的新技术培训方法可以说是应有尽有。问题的关键在于，要选择一种能够提供某种适当的学习环境，从而实现培训目标的方法。步骤六涉及评估的问题，也就是说，评价培训是否达到了预期的学习结果和（或）财务目标。

培训设计流程应当是系统化的，同时还要具备足够的灵活性，从而能够适应企业经营的需要。培训流程中的不同步骤有可能同时完成。需要注意的是，不够系统的培训设计会减少培训能够带来的好处。例如，如果在确定培训需求或确保员工做好接受培训的准备之前就盲目地选择一种培训方法，那么这种做法存在的风险就是，选择的培训方法可能并不是满足培训需求的最有效方法。此外，培训甚至有可能是毫无必要的，只会浪费时间和金钱。员工可能具备完成工作所需的知识、技能或行为，他们缺乏的可能仅仅是促使他们去使用这些知识、技能或行为的动力。接下来，我们会讨论培训设计流程中的各个重要组成部分。

6.3.1 培训需求评估

指导性培训设计流程的第一个步骤，即培训**需求评估**（needs assessment），是指用来确定是否有必要进行培训的过程。图 6-3 展示了进行培训需求评估的原因及其结果。正如我们所见，很多不同的"压力点"表明确实有必要实施培训。这些压力点包括绩效不佳、新技术的出现、内部或外部客户产生培训需求、工作重新设计、新的法律法规出台、客户偏好发生变化、新产品出现或者员工缺乏基本技能，以及需要对企业经营战略提供支持（比如企业业务增长、全球业务扩张等）。需要注意的是，这些压力点并不能保证培训就一定是解决问题的正确途径。比如，让我们来看一位货运卡车司机的例子，此人所做的工作就是将气态麻醉剂运送到各家医疗机构。假设他错误地将麻醉剂的供给管插到了医院氧气供应系统的管道之中，从而造成医院氧气供应系统的污染。这位卡车司机为什么会犯

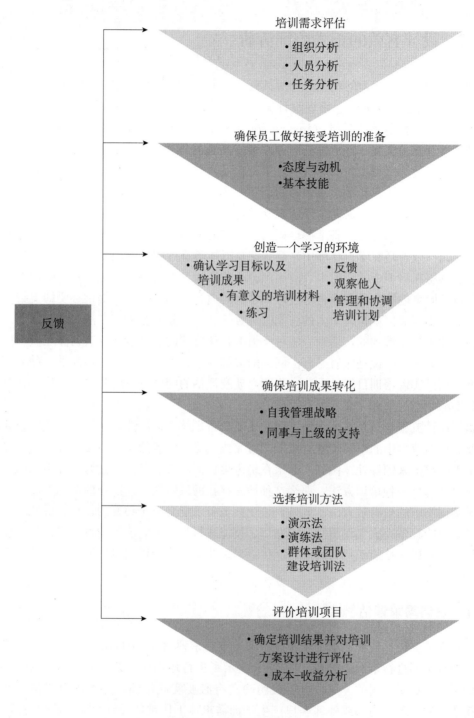

图6-2 培训设计流程

这种明显的操作错误呢？原因可能是他缺乏正确地连接麻醉剂管道接口的知识，也可能是因为自己的加薪要求刚刚被上级否决而感到愤愤不平，还有可能是连接气体供应管道的阀门上的标签贴错了。在上述这些可能的原因中，实际上只有当这位卡车司机是因为知识的缺乏引起操作失误的时候，才能够通过培训来解决问题。如果员工的错误是其他压力点导致的，那么就需要强调与优良绩效所得到的结果（即薪酬制度）或者是工作环境的设计等相关的问题。

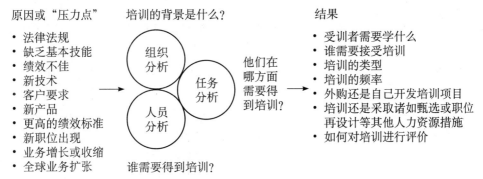

图 6-3 培训需求评估程序

通常来说，培训需求评估包括组织分析、人员分析和任务分析。[14]组织分析需要考虑的是培训在怎样的背景下发生。也就是说，通过**组织分析**（organizational analysis）来决定在企业的经营战略、可用的培训资源以及受训者的上级管理者和同事对培训活动的支持等情况一定的条件下，培训是否具有适当性。

人员分析则有助于确定哪些人需要接受培训。**人员分析**（person analysis）的内容包括：第一，判断绩效不良到底是知识、技能或者能力（这些属于培训问题）不足引起的，还是工作动力不够或者是工作设计本身有问题引起的；第二，确认谁需要得到培训；第三，确定员工是否已经做好接受培训的准备。**任务分析**（task analysis）所要做的则是，首先明确员工需要完成哪些方面的重要工作任务，然后确定为了帮助员工完成他们的工作任务，应当在培训过程中强调哪些方面的知识、技能以及行为。

在实践中，组织分析、人员分析和任务分析通常不是按照某种特定的顺序来进行的。不过，由于组织分析关注的是培训是否与公司的战略目标相符以及公司是否愿意在培训上花费时间和金钱，因此组织分析往往是最先做的。人员分析和任务分析通常是同时进行的，这是因为，如果不了解工作任务和工作环境，则很难知道绩效缺陷到底是不是一个能够通过培训解决的问题。

那么，培训需求评估最终得出的结果是什么呢？如图 6-3 所示，培训需求评估过程得出的结果性信息包括谁需要接受培训以及受训者需要学习什么，其中后者包括员工需要在哪些工作任务方面以及哪些知识、技能、行为或其他工作要求方面接受培训。培训需求评估还有助于公司决定到底是从培训服务公司或咨询公司购买培训服务，还是运用企业的内部资源自己开发培训计划。

麦当劳做过一项培训需求评估，目的在于考察当前的培训主题的相关性以及各种培训方法的有效性。[15]为了更好地了解受训者的情况，公司首席学习官及其团队考察了员工的背景，其中包括受教育程度、性别、语言、年龄和所属代际等。他们还收集了有关在线培训内容的使用频率及其可访问数据的信息。此外，他们还审查了每一种工作的职责、任务和领导力要求，以确保这些内容能够得到培训课堂和相关课程的支持。培训需求评估结果表明，千禧一代和 Z 一代的学员更多元，但公司提供培训的方式并不能满足他们的需要或期望。于是，公司设计了一些时间更短的，而且可以通过智能手机、计算机和平板电脑等更轻松地访问的培训课程。

组织分析

在选择将培训作为对待压力点的解决办法时，管理者需要考虑以下三个方面的因素：公司的战略方向、可用的培训资源以及上级和同事对员工参与培训活动的支持。

上级和同事的支持　各种研究均发现，同事和上级管理者对员工参与培训的支持是非常关键的。培训取得成功的关键要素包括：受训者的上级及同事对于受训者参加培训活动要持一种积极的态度；受训者的上级及同事愿意给他们提供信息，让他们知道应当如何将在培训中学到的知识、技能以及行为有效运用到工作实践当中；受训者有机会将在培训中学到的东西运用到实际工作之中。[16]如果受训者的上级管理者和同事对于他们参加培训活动不是持一种支持的态度和行为，受训员工将培训内容运用于工作之中的可能性就不会很大。

公司战略　在第2章中我们已经讨论了经营战略对于一家公司获取竞争优势的重要性。我们讨论了包括成长战略在内的几种战略类型。正如图6-1强调的，培训应当有助于企业实现其经营战略。表6-1展示了几种可能的战略性培训与开发计划及其对培训实践的启示。

表6-1　战略性培训与开发计划及其对培训实践的启示

战略性培训与开发计划	对培训实践的启示
提高客户服务质量	• 确保员工掌握与产品和服务相关的知识 • 确保员工掌握与客户交流的技能 • 确保员工理解自己承担的角色和决策权
提高员工敬业度	• 确保员工有发展机会 • 确保员工理解事业发展机会和个人成长机会 • 确保培训与开发能够满足员工在现有工作和发展机会方面的需求
加强创新和创造	• 从知识丰富的员工那里获得洞见和信息 • 有逻辑性地组织和存储信息 • 提供获得信息的方法（例如资源指南、网站等） • 提供恰当的物理空间来鼓励团队合作、创造以及知识分享
实现国际市场的增长	• 让有潜能的管理人员为承担跨国领导工作做好准备 • 让外派人员做好跨文化准备 • 对当地员工进行公司文化培训

资料来源：Based on S. Tannenbaum, "A Strategic View of Organizational Training and Learning," in *Creating, Implementing and Managing Effective Training and Development*, ed. K. Kraiger（San Francisco：Jossey-Bass, 2002）, pp. 10-52.

通过明确公司当前的战略和经营目标做到以下几点是非常重要的：一是公司在培训方面分配了足够的预算；二是员工接受了与相关主题有关的培训；三是员工受到的培训数量是适中的。[17]让我们来看一看简柏特公司（Genpact）的培训是如何支持其经营的。[18]简柏特公司是一家企业服务提供商，该公司用一些衡量指标来表明自己的培训与开发活动是如何为公司的增长、利润率、能力培育以及转型目标做出贡献的。例如，针对销售人员设计的一项旨在帮助他们提高客户生成能力的培训计划使公司的服务预订量增加了 34%。另一项针对难以从外部雇用到新员工的岗位所开发的内部技能培训计划带来了 900 万美元的成本节约。

下面的"诚信行动"专栏突出显示了泰森食品公司如何利用培训帮助员工改善自己的生活技能以及在工作场所中的技能的。

➡ 诚信行动

泰森食品公司的超工作职责范围学习

泰森食品公司（Tyson Foods）是世界上第二大鸡肉、牛肉和猪肉加工企业。该公司的价值观包括诚信经营、友好和包容、充当资源管家以及提供一个安全的工作环境等内容。在 21 世纪早期，泰森食品公司曾被指控犯有非法移民罪，其中包括帮助没有合法证件的墨西哥移民偷渡到美国在公司生产线上从事加工工作。该公司后来摆脱了这些指控，开始注意遵循美国联邦政府的移民指南，例如对移民的证明文件加以审核，以确保员工是通过合法途径进入美国的。此外，泰森食品公司还为移民员工提供各种培训机会，从而为他们适应工作场所以及生活环境提供帮助。培训内容包括如何理解与工作相关的特定词语（例如叉车和货盘）、如何租用公寓、如何预约医生、如何跟孩子的老师进行沟通。

2016 年，一项名为"上升学院"（Upward Academy）的计划在泰森食品公司在阿肯色州斯普林代尔市建成的第一家加工厂中启动，这是一个主要由为谋求更好的生活来到美国的移民组成的社区。有数百名公司员工报名参加了这一计划。现在，上升学院计划已经在阿肯色州、密苏里州、得克萨斯州和北卡罗来纳州的 27 个公司机构所在地实施，参加者达到 1 000 多人。在接下来的几年中，该计划还会继续扩张，直至覆盖整个公司。

上升学院计划通过与当地的社区组织合作，提供免费的和容易参加的课程来向学员提供重要的生活技能，这些课程包括作为第二语言的英语（ESL）、通识教育发展（GED）、公民权以及其他基本的生活和工作场所技能。有些地方还提供了驾驶员教育、计算机扫盲以及金融扫盲方面的课程。这些课程都安排在员工轮班前后的时间，有些是在早晨上课，有些是在晚上上课。泰森食品公司还为上升学院学员的孩子提供医疗保健以及每天放学之后的活动。

这一计划的实施结果令人鼓舞。上升学院学员在公司中的保留率要高于那些不参与这一计划的人，一半以上的参与者感觉自己的教育水平有所提高。80% 以上的参与者表示他们的沟通技巧提高了，在工作中也变得更快乐了，77% 的参与者表示他们对作为雇主的泰森食品公司的忠诚度更高了。该计划除了对公司有利，还对参与者在工作以外的生活产生了积极的影响。正如一位参与者所说的那样："它极大地改变了我的生活，主要是在家里的时候我能够协助女儿完成家庭作业了。我希望能为她树立一个榜样，让她知道教育在生活中是多么重要。"

讨论题

你认为企业是否有责任为员工提供超出其工作范围的知识和技能培训，例如财务和计算机知识（同时承担相应的费用）？请解释你的答案。

资料来源：Based on S. Gale, "Moving on Up（ward）", *Chief Learning Officer*, September 2018, pp. 52 - 53; "Tyson Foods' Workforce Education Initiative Continues to Expand," April 19, 2018, https://www.tysonfoods.com/, accessed January 7, 2019; T. Henderson, "E-Verify Immigrant Job Screening Is a Game Of Chicken, Politics and State Laws," April 27, 2018, from www.huffingtonpost.com, accessed January 7, 2019.

培训资源　企业还有必要搞清楚自己是否有充足的预算、时间和专业人员来进行培训。比如说，如果某公司正在其下属的一家工厂中安装计算机化的制造设备，那么它可以采取以下三种方法获得自己需要的懂计算机的员工。第一，公司可以利用内部咨询人员对所有涉及该项工作的员工进行培训。第二，公司可能会发现，成本效益更高的做法是利用相关测试或者工作样本测试挑选出懂计算机的员工来从事这项工作。那些未能通过测试或者是在工作样本测试中未能达到标准要求的员工，则有可能被安排到其他工作岗位上去。第三，如果该公司缺乏必要的时间或专业能力，它很可能会做出从咨询公司那里购买培训服务的决定。

表 6 - 2 提供了向供应商和咨询顾问提出的常见问题，以评估他们能否满足公司的培训需求。

表 6 - 2　向供应商和咨询顾问提出的一些常见问题

- 贵公司的产品和服务如何能满足我们的需求？
- 贵公司在设计和提供培训服务方面有多少经验？这些经验主要是哪些方面的？
- 贵公司的员工具备什么样的专业资格和经验？
- 能否举例说明贵公司已经开发出来的一些培训方案？
- 能否列出一个曾经接受贵公司服务的客户名单？
- 贵公司有什么证据能够证明你们的培训方案是有效的？
- 贵公司开发一份培训方案需要多长时间？
- 贵公司的培训服务报价是多少？
- 贵公司使用的是哪种教学设计方法？
- 贵公司的后续服务成本中有关管理、更新和维护该培训项目的成本是多少？
- 贵公司会提供技术支持吗？

资料来源：Adapted from R. Zemke and J. Armstrong, "Evaluating Multimedia Developers," *Training*, November 1996, pp. 33 - 38; B. Chapman, "How to Create the Ideal RFP," *Training*, January 2004, pp. 40 - 43; M. Weinstein, "What Vendors Wished You Knew," *Training*, February 2010, pp. 122 - 125.

人员分析

人员分析可以帮助管理者确定培训是否合适以及哪些员工需要接受培训。在某些特定的情况下，比如引进新技术或者新服务的时候，所有的员工可能都需要接受培训。但是，当管理者、客户或者员工发现了某个问题时（通常是绩效不佳导致的某种后果），常常还不能确定培训是否就是解决问题的办法。

培训的一个主要压力点就是绩效不佳或绩效低于标准要求——员工的现有绩效和企业对他们的期望绩效之间存在一定的差距。绩效不佳可以用客户投诉次数、绩效评价等级较低或者在工作过程中出现事故以及不安全行为等来表示。需要进行培训的另一个潜在征兆是：如果工作发生了变化，员工就需要改进现有的绩效水平，或者是员工必须能够完成新的工作任务。

从管理者的角度来看，要想判断所面临的绩效问题是否可以通过培训解决，就需要对任职者的个人特征、投入、产出、后果以及反馈等因素进行分析。[19]你需要判断一下在你的组织中是否存在以下情况：

1. 绩效问题非常严重，并且很有可能会因生产率下降或客户流失给公司带来大量的潜在经济损失。

2. 员工不知道应当怎样有效地完成工作。或许他们过去只接受过很少的培训，或从来都没有得到培训，或者是尽管接受过培训但是培训的效果不理想（个人特征）。

3. 员工不能运用正确的知识或采取正确的行为。他们或许接受过培训，但是他们很少或者从来都没有把在培训中学习的内容（知识、技能等）运用到实际工作当中（投入）。

4. 企业的绩效期望很清楚（投入），并且不存在阻碍员工达成绩效的因素——比如有故障的工具或设备等（产出）。

5. 良好的绩效会产生积极的后果，而较差的绩效则得不到报酬。比如，如果员工对他们的薪酬不满，他们的同事或者工会就会鼓励他们放慢工作节奏（后果）。

6. 员工能够及时获得高度相关的、精确的、富有建设性的、具体的、与他们的绩效有关的反馈（反馈）。

7. 采取工作再设计或将员工转移到其他工作岗位上去等培训之外的方式解决问题的成本过高，或者是不现实的。

如果员工仅仅是缺乏完成工作必需的知识和技能，在其他方面还是令人满意的，那么就需要对他们进行培训。如果员工已经具备了完成工作需要的知识和技能，但是在投入、产出、后果或反馈方面存在不足，那么培训可能就不是解决问题的好办法。例如，如果是由于设备存在问题而导致员工的绩效不良，培训就不能解决这种问题，但是修复设备会管用！如果绩效不良是缺乏反馈造成的，员工可能也不需要培训，反倒是他们的上级管理人员很有可能需要接受有关如何提供绩效反馈的培训。

任务分析

任务分析明确了执行任务的背景条件。这些背景条件包括员工执行工作时使用的工具以及所处的工作环境、完成工作的时间约束（工作完成的最终期限）、安全方面的因素或者是工作的绩效标准。任务分析得出的结果表现为对工作活动的描述，其中包括需要员工完成的各种工作任务以及成功完成这些工作任务需要具备的知识、技能和能力。工作（job）是指需要完成多项具体工作任务的一个特定位置。任务（task）则是对某特定工作上的一位员工需要完成的各种工作活动的陈述。任务分析的四个步骤包括：第一，确定要分析的工作；第二，列表说明工作需要执行的工作任务；第三，检验并确认这些任务；第四，确认完成每一项任务所需的知识、技能、能力和其他要素（如设备、工作条件等）。[20]

让我们来看一看 H&H 铸件公司（H&H Castings）和 KLA 腾科公司（KLA-Tencor）是如何进行培训需求评估的。[21]H&H 铸件公司熔炼部员工所从事的是体力耗费大而且具有潜在危险性的工作，这种工作要求他们将滚烫的铝倒入铸模之中。为了降低发生事故的风险并改善新员工的培训工作，该公司对熔炼部门员工需要承担的工作任务进行了分析，从而确定完成这些工作需要哪些程序。为了确定他们需要完成的任务及其工作程序，公司让员工在工作时戴上可以对眼睛进行跟踪的眼镜。连接到这种眼动眼镜上的计算机会记录下来员工在工作时的目光。公司最终获得了员工完成工作任务的整个过程的详细而精确的视图。通过眼动眼镜获得的视角被用于创建对新员工进行培训的视频，同时还被用于确定可对工作流程进行哪些必要的修改，从而使浇铸过程变得更加安全和高效。

KLA 腾科公司是一家向半导体行业提供过程控制及其相关设备的企业。该公司的服务工程师需要诊断和维修客户使用的由该公司生产的一些复杂设备，这些设备涉及先进激光、光学和机器人技术等。KLA 腾科公司的工程师不仅需要熟练掌握当前需要运用的技能，而且需要不断学习一些新的技能来跟上公司设备中使用的那些新技术的发展步伐。这对于 KLA 腾科公司帮助客户快速解决设备问题是至关重要的，如果不能解决这些问题，就可能会导致客户损失数百万美元的收入。提供有效的服务对于公司保住现有的客户以及发展新业务至关重要。实际上，公司的价值观之一是"责无旁贷"（其他价值观还包括坚持不懈、精益求精、高绩效团队、诚实、坦率、始终如一）。

KLA 腾科公司使用技能管理流程（即"正确的人，正确的知识"流程）来监控员工的技能，并且运用这些信息来改进其培训方案。这一过程包括列出任务清单、开展任务培训、通过在岗培训获取资格认证以及进行年度技能评价等。为了进行技能评价，该公司对其 1 000 多名售后服务工程师进行了调查。公司要求这些工程师针对每一项任务来对自己完成任务的能力进行等级评定，最低的一级是"我不知道该怎么做"，最高的一级是"我可以教会别人做"。此外，公司还要求他们对执行每一项任务的频率做出评价，最低一级是"从来不做"，最高一级是"每年做两次以上"。公司根据他们回答问题的情况给他们安排了培训。公司一共开设了 200 多门课程来培训这些工程师。为了确保培训完成，这些工程师本人以及他们的直接上级都需要负起责任。这帮助公司在分配培训任务之后的一年内就实现了 95% 的完成率。技能评价数据还被用于确定在当前的培训方案中存在的差距，最终帮助公司在培训课程和认证方案中做了 2 000 多处修订。公司还会每年进行一次技能评价，以确保这些服务工程师的技能能够与公司的新技术和新产品保持同步。

6.3.2 确保员工做好接受培训的准备

培训设计流程的第二个步骤是评估员工是否已经做好了参加学习的准备。**培训准备度**（readiness for training）是指员工的个人特征是否使他们具有从培训中学到东西所需的那种热情、精力和专注。这种热情、精力和专注指的是**学习动机**（motivation to learn）。[22]各种调查研究表明，学习动机与培训项目中的知识增加、行为改变、技能获得等具有相关性。[23]表 6-3 呈现了影响学习动机的因素和增强这些因素的行为。学习动机会对受训者掌握各种培训内容（包括知识、行为和技能等）产生影响。管理人员必须确保员工的学习热情尽可能高涨。他们可以通过确保员工做到以下几点来达到这方面的目的：具有自我效能感；能够理解培训的好处；能够清楚地认识培训的需要以及个人的职业发展兴趣和目标；理解工作环境的特点；具有基本的技能水平。

表 6 - 3 影响学习动机的因素

因素	描述	增强或改进的行为
自我效能感	员工相信他们可以学会培训项目的内容	• 向员工展示其同事取得培训成功的案例 • 让员工明白培训的目的是改善他们的能力，而不是发现他们不能胜任的领域 • 与员工交流培训的目的和包括的培训活动 • 强调学习是员工自己可以控制的
培训的好处或影响	参加培训能够带来的与工作、个人以及职业发展相关的利益	• 就培训能够带来的短期和长期利益进行现实的沟通
意识到自己的培训需求	知道自己在技能方面的优势和不足	• 和员工交流企业为什么要求他参加培训 • 分享绩效考核信息 • 鼓励受训者完成关于自身优势和不足的全方位自我评估 • 允许员工选择需要参加的培训
工作环境	适当的工具和设备、材料、辅助物品、时间预算；上级管理者和同事愿意提供反馈并强化培训内容的运用	• 给员工提供实践和把技能运用到工作中去的机会 • 鼓励员工互相提供反馈 • 鼓励受训者分享培训经验以及在何种情境下运用培训内容会受益 • 对将培训内容用于工作之中给予认可 • 提供将培训内容用于工作之中所必需的各种资源
基本技能	认知能力、阅读和写作能力	• 确保受训者具有理解和学习培训内容的必要技能 • 提供补救性训练 • 使用视频或其他可视的培训方法 • 对培训项目做出调整以适应受训者的基本技能水平
目标导向	员工在学习情境下确定的目标	• 通过弱化受训者之间的竞争突出学习目标导向，允许受训者在培训期间犯错误以及体验新的知识、技能和行为，形成以目标为导向的学习和体验环境
责任感	可靠、努力、自律以及坚持	• 交流为什么需要学习

资料来源：Based on J. Colquitt，J. LePine，and R. Noe，"Toward an Integrative Theory of Training Motivation：A Meta-Analytic Path Analysis of 20 Years of Research，" *Journal of Applied Psychology* 85 （2000），pp. 678 - 707；R. Noe and J. Colquitt，"Planning for Impact Training：Principles of Training Effectiveness，" in K. Kraiger （ed），*Creating，Implementing，and Managing Effective Training and Development* （San Francisco：Jossey-Bass，2002），pp. 53 - 79.

6.3.3 创造一个学习的环境

学习能够带来永久的行为改变。为了确保员工在培训课程中获得一定的知识和技能，并且将在培训中得到的信息运用到工作当中，在培训计划中必须判定一些具体的学习原则。教育心理学家和工业心理学家以及指导性培训项目设计专家总结了能够保证员工最好地学习的几个条件。[24] 表 6 - 4 揭示了为促进受训者在培训中进行有效学习而应当促成发生的一些事件以及这些事件的指导意义。

表 6 - 4　学习的条件及其重要性

学习的条件	对培训的重要性及其启示
知道为什么要学习	员工需要了解培训计划的目的或目标，这样就能够帮助他们理解为什么自己需要接受培训以及组织期望自己达成哪些结果。
有意义的培训内容	当培训与对学习者提供帮助紧密联系在一起的时候（比如将培训与员工当前的工作任务、在工作中遇到的问题、技能的提升或者应对工作或企业出现的变化等联系在一起），员工的学习动机会得到强化。培训的环境应当与员工的真实工作环境相似。
练习的机会	受训者需要得到展示自己学到的东西（知识、技能、行为）的机会，这样会使受训者在运用培训内容时更加得心应手，并且更容易记住学到的这些内容。最好让受训者去选择适合他们自己的练习战略。
反馈	反馈能够通过对行为、技能的修正或知识的运用来帮助学习者达成培训目标。录像带、其他受训者以及培训师等都是有用的反馈信息来源。
观察、体验以及与培训内容、其他学习者和指导教师之间的互动	动手实践是最佳的学习方式。与其他人一起工作可以获得新的观点和见解。通过在练习群体中观察榜样的行动或相互分享工作体验也能够达到良好的学习效果。
良好的项目协调和管理	清除诸如手机来电等会对学习造成干扰的因素。确保用于培训的教室布置得当、舒适，并且适合选用的培训方法（例如，教室的座位能够根据团队练习的需要挪动位置）。受训者应当得到关于培训目的、培训举办地点以及培训时间的通知，以及诸如案例或阅读文献等在培训前期需要使用的材料。
记住培训的内容	在培训结束后促进对培训内容的回忆。这方面的例子包括使用概念图来展示各种概念之间的关系，通过多种方式对培训内容进行回顾（写作、绘图、角色扮演），指导受训者使用关键词或给他们提供一份有关培训内容的视觉影像材料。对各个培训管理单元提出控制培训材料长度的要求，以保证培训内容不超出受训者的记忆极限；在培训结束数天之后回顾和练习培训中所学的内容（超量学习）。用小测验或其他形式帮助受训者回顾学习内容并强调学习内容的重要性。

资料来源：Based on R. M. Gagne, "Learning Processes and Instruction," *Training Research Journal* 1 (1995/1996), pp. 17 - 28; M. Knowles, *The Adult Learner*, 4th ed. (Houston: Gulf, 1990); A. Bandura, *Social Foundations of Thought and Action* (Englewood Cliffs, NJ: Prentice Hall, 1986); E. A. Locke and G. D. Latham, *A Theory of Goal Setting and Task Performance* (Englewood Cliff, NJ: Prentice Hall, 1990); B. Mager, *Preparing Instructional Objectives*, 2nd ed. (Belmont, CA: Lake, 1984); B. J. Smith and B. L. Delahaye, *How to Be an Effective Trainer*, 2nd ed. (New York: John Wiley and Sons, 1987); K. A. Smith-Jentsch, F. G. Jentsch, S. C. Payne, and E. Salas, "Can Pretraining Experience Explain Individual Differences in Learning?" *Journal of Applied Psychology* 81 (1996), pp. 110 - 16; H. Nuriddin, "Building the Right Interaction," *T + D*, March 2011, pp. 32 - 35; R. Feloni, "This Simple Daily Exercise Boosts Employee Performance," *Business Insider India*, www. businessinsider. in. com; G. Di Stefano, F. Gino, G. Pisano, and B. Staats, "Learning by Thinking: How Reflection Aids Performance," Harvard Business School Working Paper, 14 - 093 (March 25, 2014); M. Plater, "Three Trends Shaping Learning," *Chief Learning Officer*, June 2014, pp. 44 - 47; A. Kohn, "Use It or Lose It," *T+D*, February 2015, pp. 56 - 61; J. Karpicke and Henry Roediger III, "The Critical Importance of Retrieval for Learning," *Science*, February 2008, pp. 966 - 68; A. Paul, "Microlearning 101," *HR Magazine*, May 2016, pp. 6 - 42; M. Cole, "Microlearning: Delivering Bite-Sized Knowledge" (Alexandria, VA: Association for Talent Development, 2017).

许多公司正在根据微学习原理来设计培训，以便使得员工能够更为积极地参与学习，同时方便他们回忆起学过的知识和技能。**微学习**（microlearning）是指为了吸引受训者、激发他们的学习动机以及提高他们的留任率，以小模块方式提供的培训。[25]这些小模块的学习内容是通过每段通常只有5~8分钟的视频或游戏呈现出来的。微学习用一门或几门短的课程来取代原来时间较长的培训课程。它也可以作为正式培训的一种强化或补充（比如在培训后发送小测验，在培训项目开始之前分享一些培训内容片段，以激发学员的兴奋度），同时还可以创建一些即时学习内容。对学习者而言，微学习的主要好处在于时间安排方面，也就是说这种学习方式可以让大家在方便的时候随时学习，并且不会花费很多的时间，当学员需要时甚至可以在上班工作的时候学习。[26]此外，企业还可以跟踪和报告受训者在游戏或模拟中完成的进度，可以根据主题或技能类型将微学习的内容链接在一起。有效微学习的主要障碍是受训者并不需要为学习承担责任。

让我们来看一下以下几家公司是如何利用各种培训方法来创造积极的学习环境的。[27]全国互助保险公司（Nationwide Mutual Insurance Company）针对新招收的负责接听客户电话的客户服务代表创建了一个群组学习计划。群组学习计划用大大小小的小组讨论和各种活动取代了传统的授课方式，这种做法有利于鼓励大家去解决问题，从而确保知识在工作中得到应用。每个学习小组由工作经验和人格类型存在差异的4~6个人组成。每个客户服务代表都要负责制订本人的学习计划，并且确定自己需要复习和练习哪些方面的知识和技能。学习过程中需要完成的各种活动和情景模拟都是以实际工作中的通话体验为蓝本的。这些客户服务代表必须能够解决问题，并且为客户提供解决方案。公司还通过知识和技能评价来向这些客户服务代表提供有关其学习情况的反馈。此外，培训指导师和他们的同伴也会在小组活动期间给他们提供面对面的反馈。评价结果表明，与那些完成传统的课堂讲授型培训的同事相比，完成群组学习计划的员工保持通话的时间平均减少了72秒，每次完成通话的时间平均减少了49秒，这帮助公司每年节约6.3万美元以上的成本。埃维诺公司（Avenade）的培训生也可以访问包括设计思维和自我指导等主题的微课程。这些课程中既包括渐进式的系列课程，也包括可以不按顺序去上的各种相关内容的课程。在所有这些微课程中都包括学习指南、活动安排、反思提示以及交互式讨论区等模块。学员对微课程的反应是积极的。他们认为，微课程使他们可以在繁忙的工作日程安排中抽出时间学习。

6.3.4 确保培训成果转化

培训成果转化（transfer of training）是指受训者将在培训中学到的知识、技能和行为等运用到实际的工作之中。如图6-4所示，培训成果转化会受到管理者的支持、同事的支持、运用所学技能的机会、技术支持以及自我管理能力等方面因素的影响。正如我们在前面讨论过的，学习会受到诸如学习环境（比如学习材料的意义、实践以及获得反馈的机会等）、员工接受培训的准备度（比如自我效能感、基本技能水平等）这两个方面因素的影响。如果在培训过程中压根儿就没有发生过学习行为，那么培训成果的转化也就无从谈起了。

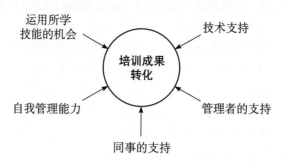

图 6 - 4　影响培训成果转化的工作环境的特征

管理者的支持

管理者的支持（manager support）是指受训者的上级管理人员在多大程度上强调参加培训项目的重要性以及应当将培训内容运用到实际工作当中。表 6 - 5 展示了管理者应当为支持培训所做的一些事情。

表 6 - 5　管理者应当如何对培训提供支持

- 了解培训内容。
- 了解培训内容与要求员工完成的工作之间存在何种关系。
- 在绩效评价中对员工把培训成果运用于本职工作中的情况进行评估。
- 当员工返回工作岗位时，鼓励员工大胆地运用他们在培训中学到的那些技能。
- 确保员工获得将培训成果运用于实际工作之中所需的各种设备和技术。
- 在培训之前与员工讨论他们计划怎样运用培训所学的内容。
- 对那些刚刚接受完培训并且将培训成果运用到实际工作之中的员工提供认可。
- 让员工从工作中解脱出来，有时间参加培训。
- 向员工解释为什么要让他们参加培训。
- 就员工希望开发的那些技能或行为向他们提供反馈。
- 在可能的情况下做一次培训师。

资料来源：Based on S. Bailey, "The Answer to Transfer," *Chief Learning Officer*, November 2014, pp. 33 - 41; R. Hewes, "Step by Step," *T＋D*, February 2014, pp. 56 - 61; R. Bates, "Managers as Transfer Agents," in E. Holton Ⅲ and T. Baldwin (eds.), *Improving Learning Transfer in Organizations* (San Francisco: Jossey-Bass, 2003), pp. 243 - 70; A. Rossett, "That Was a Great Class, but…," *Training and Development*, July 1997, p. 21.

　　上级管理人员对受训者的支持程度越高，培训成果得到转化的可能性就越大。[28] 管理人员能够提供的最低层次的支持就是允许受训者参加培训，最高层次的支持则是作为一名指导者亲自参加培训（参与教学）。作为一名指导者参加培训项目的管理人员更有可能提供许多低层次的支持功能，比如强化受训者对新学习的能力的运用，与受训者讨论培训的进展情况，提供练习的机会等。管理者还可以通过行动计划的运用来协调培训成果的转化。**行动计划**（action plan）是指用来说明受训者及其上级管理者将采取哪些措施确保培训成果得到转化的一份书面文件。行动计划的内容主要包括：（1）确定哪些培训内容将会得到运用以及如何运用的目标（项目、问题）；（2）实现目标的策略，包括所需的各种资源；（3）获得反馈的策略（比如与管理人员一起召开会议）；（4）期望实现的成果（会出现哪些方面的不同）。行动计划还应当包括一张标明了具体的日期和时间长度的时间表，这张时间表会说明管理人员和受训者将在什么时间面对面地讨论受训者在培训成果转化方面取得的进展。

为了帮助确保学习效果和培训成果转化，西联汇款公司（Western Union）设计的指导-绩效-成功项目（GPS）要求领导者参与帮助员工开发技能的过程，他们需要设定明确的期望，向员工提供定期的实时反馈，同时还需要与自己的下属共同去达成他们的人才发展目标。[29]索尼克汽车公司是一家汽车零售商，该公司要求受训人员在完成由培训指导师引领的交互式培训之后，必须找出在商店中运用这些新技能的机会。他们的行动计划必须在 7 天之内制订出来，并且必须在 45 天内落实。[30]

在最差的情况下，企业至少要安排一个专门的时间向受训者的上级管理者解释培训的目的，并且告诉他们企业期望他们做到：鼓励员工参加培训；为受训者提供实际练习的机会；强化培训内容的应用；对受训员工进行追踪；评估受训者在将培训内容运用于实际工作方面取得的进展。

同事的支持

在受训者之间建立起一种支持网络也会有助于培训成果的转化。[31]所谓**支持网络**（support network），是指由两名或两名以上的受训者自愿组成的一个小群体，他们同意通过定期碰头来讨论各自在将培训中学到的技能运用于实际工作方面取得的进展。这种讨论既可以采取面对面讨论的会议方式，也可以采取互发电子邮件进行沟通的方式。例如，纽约社区银行（New York Community Bancorp Inc.）的学习团队就开设了一个博客，在其中列举了一些常见的问题及其发生的具体场景以及对这些问题的回答、评论和跟进要求。[32]公司鼓励员工使用该博客请求获得帮助或者与同事分享自己的最佳实践。

企业还可以通过网站或编印时事通讯等方式让大家知道受训者是如何处理各种培训成果转化问题的。在时事通讯或网站上，可以刊载某位成功应用新技能或对新技能的应用提供一些窍门的受训者的访谈记录，所有受训者都可以通过浏览网站或传阅时事通讯等方式来阅读这一访谈记录。管理者还可以为每一位受训者配备一名导师——一位曾经参加同样的培训，并且工作经验更为丰富的员工。这位导师可能是受训者的一位同事，他会向受训者提供一些建议和支持，告诉受训者应当怎样将培训内容成功地转化为自己的工作实践（比如，如何发现将所学的能力运用于工作实践的机会）。

运用所学技能的机会

运用所学技能的机会［**运用机会**（opportunity to perform）］是指受训者在多大程度上得到了或自己努力寻找到了运用在培训项目中学到的新知识、新技能以及新行为的机会。[33]运用机会受工作环境和受训者动机两方面因素的影响。要想让受训者运用在培训中学到的能力，途径之一是安排他们去从事那些需要运用他们所学内容的工作任务（比如解决一些问题、承担一些任务等）。在决定这种工作安排时，受训者的上级管理者通常起着关键作用。运用机会还会受到其他一些因素的影响，比如受训者在多大程度上愿意承担起个人责任，去积极寻找那些允许他们运用刚刚获得的新技能的工作任务。与那些很少有机会在工作中运用培训内容的受训者相比，有较多机会运用培训内容的受训者往往能够更为长久地保持所学的技能。[34]

技术支持：绩效支持系统和知识管理系统

绩效支持系统（performance support systems）是一种可以按照要求提供技能培训、信息获取以及专家建议的计算机应用软件系统。[35]绩效支持系统可以用来促进受训者的培训成果转化：当受训者力图在工作中运用在培训中习得的能力时，只要他们遇到问题，随时可以通过这一支持系统获得自己需要的电子信息。

例如，新思国际公司（Synaptics）主要提供用在计算机、智能手机和汽车上的具有触摸功能的产品。[36]该公司发现，由于没有把员工的知识都记录下来，公司不得不多次解决相同的或相似的问题。为了把员工的知识更好地存储起来并且便于大家访问，该公司开发了一个可搜索的 YouTube 频道。在引入 YouTube 频道后的几个月内，在公司各个地方工作的员工一共创作、共享和观看了 600 多个视频。

正如我们在本章前面讨论过的那样，许多公司运用知识管理系统加强对知识的创造、分享和应用。通用电气使用一款应用程序帮助其电力事业部（GE Power）的员工与所收购的阿尔斯通电力业务部的员工进行知识整合，同时鼓励他们进行知识共享。[37]这种应用程序会将具有相似的技能、受教育程度和工作经验的员工进行匹配，为他们提供合作的空间，让他们可以在其中进行虚拟的互动，并且提出需要讨论的主题方面的建议。

知识管理系统通常包括实践社区。**实践社区**（communities of practice）是指在一起工作、彼此互相学习、对应当如何完成工作达成共识的一群员工。塔塔咨询服务公司（Tata Consultancy Services）是一家全球性的信息技术服务、咨询和商业服务组织，该公司在其社交协作平台上为员工开辟了实践社区。[38]这个实践社区包括三大类：一是权威发布社区（Eminence），主要用来分析新观点、成功经验以及技术发展趋势。二是学习促进社区（Learners Enablers），主要让员工在这里分享自己的专业知识以及可以对别人提供的帮助。三是文化社区（Culturesque），主要提供与公司有业务关系的那些国家的文化小测验。

自我管理能力

培训还应当让员工做好这样一种准备，即在工作中运用新技能和展现新行为时实现自我管理。[39]特别是在实施培训计划的过程中，应当让受训者制定在工作中运用新技术和展现新行为的目标，确定在何种条件下可能无法达到既定的目标，列举运用新技能、展现新行为的积极与消极后果，监督整个新技能和新行为的运用过程。此外，受训者本人也应当明白，在运用培训内容的过程中遇到一些困难是不可避免的；即使回到原有的行为和技能模式也不意味着受训者就应该放弃。最后，由于同事或上级管理人员可能无法对受训者运用培训内容的行为给予奖励或自动提供反馈，因此受训者需要创建一个自我奖励系统，并且要求同事和上级提供反馈。

大家应该知道，学习与培训成果的转化是密不可分的。假如培训不能为学习提供便利，就不可能有任何东西转化到工作之中。同理，假如工作环境不支持甚至阻碍运用学到的成果，培训成果的转化就无法实现。

让我们来看一看盖尔斯房地产公司（Gales Residential）和 CVS 健康公司（CVS Health）是如何使学习者积极参与并帮助企业确保培训成果转化的。[40] 盖尔斯房地产公司的领导力发展计划着重于培养受训者的自我知觉能力以及对高绩效团队实施教练式辅导和管理的能力。在每一节培训课程完成之后的当月，公司的培训与开发经理会与每位参与者进行面谈，讨论他们所学到的知识，并且提供教练式辅导和相应的支持，以鼓励他们进一步发展自己的技能。CVS 健康公司是一家在提供药物零售方面广为人知的健康和医疗服务提供商，公司为学习者提供时长 10 分钟的学习片段，其中包括一些有趣的活动、游戏、可视教具以及小测验等，以此作为对正式培训的一种补充。员工在完成培训后可以随时访问这些学习片段。这些学习片段的设计目的就是帮助受训者保留下来他们在培训中所学的知识。

6.3.5 选择培训方法

可以用来帮助员工获取新知识、新技能和新行为的方法有很多。图 6-5 概括展示了各种培训方法的使用情况。从图中我们可以看到，讲师引导的课堂培训仍然是使用频率最高的培训方法。然而，需要指出的一点是，使用在线学习、移动学习和社交网络进行培训的时间会持续增加，并且这种潮流的发展是众望所归。

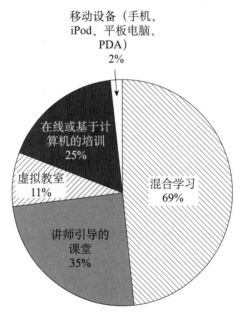

图 6-5　培训方法使用的概况

根据一项估计，将近 40％ 的高管人员培训计划都将 iPad 这类平板电脑投入新型培训与开发活动之中。[41] 企业期望这些设备不仅用于培训和绩效支持，而且用于培训和指导员工，玩一些移动游戏以及写一些微博（比如推特）等。

无论运用何种培训手段，要使培训有效，就必须将其建立在前面所述的培训设计模型基础之上，一种积极的学习环境和培训成果转化对培训项目的有效性来说是至关重要的。下面的"通过全球化开展竞争"专栏显示了全球化如何影响培训方法的选择。

➡ 通过全球化开展竞争

金巴利集团有声有色的语言培训

在开展跨境业务时，即使大家通常使用的都是英语，语言障碍也仍然可能会成为一个问题。要想为在全球各地工作的员工提供语言培训是非常困难的，因为这需要时间、实践，还需要知识渊博的培训讲师。语言培训首先需要确定员工现有的语言熟练水平，并确保他们学习的语言和短语都是他们在自己的工作中所要使用的。

以提供成人饮料而闻名的金巴利集团（Campari Group）在全球各地拥有 4 000 名员工，其产品包括金巴利酒（一种开胃酒）以及柑曼怡（Grand Marnier）、深蓝伏特加（Skyy Vodka）和野火鸡波本威士忌（Wild Turkey Bourbon）等。金巴利集团发现，自己开设的英语语言课程无法满足员工提高英语水平的需要，因此它决定与英语能力培训服务商沃克西公司（Voxy）合作开发一种新的语言课程。通常情况下，提升英语熟练度的培训计划都会使用正式的脚本和词汇课程，这些课程是根据学习者表现出来的能力进行分级的，而这种做法往往会使学习者觉得培训课程的现实性不够，也不是很有意思。

金巴利集团的新语言培训计划使用真实对话来教授语言。内容包括自定进度的课程和真实度很高的虚拟课堂，其中涉及的都是学习者可能在工作中遇到的一些商务对话。学习者在正式接受培训之前需要完成一项调查，目的是确定他们当前的英语水平、他们希望从课堂上学到些什么以及他们喜欢阅读的内容类型。这些信息被用于提供与每一位学习者当前的能力和兴趣相吻合的定制培训。例如，如果一个学习者喜欢阅读美食家杂志和有关世界新闻的文章，那么这些类型的文章都会包含在她的英文课程之中。

虚拟课程中会安排一位真人讲师，但也会通过让学员与课堂上的其他人进行互动得到练习口语的机会。为了使学习者能够持续参与课程，在课程中还设有一个排行榜，公开展示他们在课堂上的表现，培训指导师还会根据英文熟练程度对于学习者的职业发展的重要性，向他们发送新闻文章以及介绍学习英语的技巧。对该计划所做的评估表明，学习者很喜欢这项计划，他们的英语熟练水平也从初级水平提高到了中级水平。

讨论题

金巴利集团的新语言培训计划中强调的哪些学习条件对于其有效性起到了作用？请解释它们是如何起作用的。

资料来源：Based on S. Gale, "The Language of Business," *Chief Learning Officer*，January/February 2019，pp. 60 - 61; "Case Study：Campari" from https://learn. voxy. com/campari-case-study, accessed January 7，2019.

演示法

演示法（presentation methods）是一种让受训者处于被动的信息接收者地位的培训方法。演示法包括传统的课堂讲解法、远程学习、视听培训。这些方法需要使用个人电脑、智能手机以及像 iPad 这样的平板电脑。这些方法对于向员工展示新事物、传递新信息、宣传不同的理念以及传授不同的问题解决方法或程序等目的来说是非常理想的。

讲师主导型课堂讲解法　课堂讲解法一般是指培训师对一群受训者进行课堂讲授。在许多情况下，这一讲授过程中常常还辅以问答、讨论或者案例研究等形式。尽管像交互式录像和计算机辅助讲解系统之类的新技术不断涌现，但课堂讲解法仍然是一种最为常用的培训方法。传统的课堂讲解法是能够以最低的成本、最少的时间向大量的受训者提供某种专题信息的方法之一。此外，培训师的参与越积极、在课程讲授中引用的与工作相关的例子越多、在讲授过程中穿插的练习越多，受训者就越有可能学会并运用在培训中了解到的信息。

远程学习 那些在地域上较为分散的企业经常用这种方法来向员工提供有关新产品、公司政策或者工作程序等方面的信息，进行技能培训以及开展专家讲座。[42]远程学习使培训项目的参与者之间能够实现双向沟通。[43]第一，远程学习可能包括电话会议。**电话会议**（teleconferencing）是指在位于两个或多个地点的两个或两个以上的个人或群体之间实现声音、影像和（或）文字的同步传输。受训者要到相关的培训场所参与培训项目，因为他们在这里能够用电话或个人电脑与培训师（在其他地点）和其他受训者进行沟通。第二，远程学习可能设有虚拟教室。第三，远程学习可能包括个性化的基于个人电脑的培训。[44]只要员工能够使用个人电脑，他们就可以在任何地方参与培训。这种类型的远程学习也可以采用**网络广播**（webcasting）的形式，在这种情况下，可以通过在线方式提供面对面的讲解。培训课程的材料（包括视频）可以通过公司的内网传递给受训者。受训者和培训师可以利用电子邮件、电子留言板以及电子会议系统等进行交互式联系。此外，远程学习还可以让受训者在培训期间通过操作电脑远程回答培训师提出的问题。

远程学习往往还需要一根电话线，这样观看培训演示的受训者就可以打电话提问或对培训师讲授的内容提出自己的看法。此外，卫星网络可以使公司与某些行业专用课程以及教育课程之间建立起联系，从而使员工通过这个网络获得大学的学分以及工作资格认证。

远程学习的好处之一在于，企业可以因此节省下一大笔差旅费。它还为分散在不同地点的员工提供了获得专家培训的机会，因为如果不是采用这种培训方式，这些专家一般是不会到每一个地方去巡回讲课的。例如，为了培训其税务专业人员，安永公司将电子化学习与虚拟课堂（在本章稍后将会详细介绍）以及面对面的教学方式结合使用。[45]虚拟课堂的课程为30分钟。在刚开始的10分钟内，使用在线投票的方式来测试参与者对电子化学习课程中涉及的一些关键概念的理解程度。公司鼓励培训师澄清培训参与者不了解的所有关键概念。在投票过后，参与者以5~6人一组的虚拟团队的形式进行案例研究。接下来，培训参与者还要参加面对面的现场课程，并在课程中使用安永公司提供的流程和技术去完成办理所得税申报表的工作。

远程学习的主要缺点是培训师和学员之间缺乏互动。为确保远程学习的有效性，有必要在受训者和培训师之间进行高强度的互动。[46]正因为如此，在员工与培训师之间建立起沟通联络就显得非常重要。另外，还应该设计问答环节，在现场安排培训师或协调者来回答问题。

视听培训 视听培训会用到投影仪、幻灯片以及录像机等。视听培训广泛用于提高员工的沟通技能、面谈技能、客户服务技能等，同时，它也经常用于描绘应当如何完成某些工作流程（比如焊接）。视听培训可能不需要学员亲临课堂。他们可以独立学习，使用工作手册、DVD光盘或网络上的资料自学。幻灯片或其他演示软件以及视频和音频文件也可以用来展示知识点、现实经验和案例。让我们来看一看农民保险公司（Farmers Insurance）是如何运用视频对员工提供改善客户体验的培训的。[47]农民保险公司使用了16个长度分别为2~3分钟的短视频。员工观察实际发生的客户互动过程，明确自己需要承担的责任，并且确定可以做些什么来改善客户体验。公司针对每一个视频提供了经理人员使用指南。这份指南提供了一些窍门，指导这些经理人员如何对关键点展开讨论以及如何在员工看完视频的内容之后强化他们的学习。

视听培训可以很容易在台式电脑、智能手机和平板电脑上完成。这些设备都使用户可以随时随地访问培训材料。这种培训方式还可以将视频剪辑、播客、图表、学习要点和讲解融入其中。这就有助于通过吸引用户的各种感官以及通过交流和展示知识、技能和行为来促进学习。

例如，亚力克公司（Aggreko）这家电力供应商就开发了一个让员工可以彼此建立联系并且共享图片和视频的移动应用程序。[48]过去需要印刷出来的所有培训讲义和手册现在都变成数字形式的了，这就意味着员工在工作中可以根据自己的需要随时来访问这些材料。这个应用程序还可用于发布在培训前和培训后需要讨论的问题。遍布世界各地的该公司员工可以通过这种方式学习300多种课程。

采用视听培训有许多优点。第一，使用者可以控制演示过程。他们可以将课程内容重放、慢放或者快放，这为他们根据受训者的经验水平定制培训课程提供了一定的灵活性。第二，可以让受训者感受到那些不太容易在教室中演示出来的问题以及事件。第三，所有的受训者看到的演示都是一样的。

视听培训法产生的大多数问题涉及两个方面：一是受训者需要学习的内容太多；二是因过度使用幽默段子、音乐、戏剧等内容，受训者无法集中注意力去关注那些需要了解的关键点。[49]

演练法

演练法（hands-on methods）是一种要求受训者积极参与学习的培训方法。演练法包括在岗培训、情景模拟、商业游戏和案例研究、行为塑造、电子化学习等。这些培训方法对达到以下几个方面的目的非常有用：开发某种特定的技能；理解如何将技能和行为转化到实际工作之中；体验完成一项工作任务时需要处理的各方面工作内容；处理在工作中产生的各种人际关系问题等。

在岗培训 在岗培训（on-the-job training，OJT）是指新员工或缺乏经验的员工首先观察同事或上级管理者如何完成工作，然后再模仿他们的行为来进行学习的一种方法。在岗培训在以下几个方面是很有用的：新员工培训；在引进新技术时，提高有一定经验的员工的技能水平；对同一个部门或工作单元的员工进行跨职能工作培训；帮助工作调动或得到晋升的员工适应新的工作岗位。

在岗培训可以采取多种形式，其中包括学徒计划和实习（下文中会专门讨论这两种培训形式）。在岗培训是一种很有吸引力的培训方法，因为与其他培训方法相比，在岗培训在培训材料、培训师薪酬或者指导性培训设计等方面只需要投入较少的时间或费用。经验丰富的上级管理者或同事可以扮演指导者的角色。在岗培训一定要设计合理，表6-6列出了在岗培训的原则。

表 6-6　在岗培训的原则

指导前的准备

1. 将工作拆分为几个重要的步骤。
2. 准备好必要的设备、原材料以及备用品。
3. 确定你会将多少时间用于在岗培训，并确定你期望员工在什么时候能在相关技能领域达到胜任状态。

实际指导过程

1. 告知受训者相关培训任务的目标，并且要求他们在你说明这些目标时看着你。
2. 在不说话的情况下向员工展示如何完成工作任务。
3. 解释关键点和关键行为。（在可能的情况下，将这些关键点写下来交给受训者。）
4. 再次向受训者展示如何完成工作任务。
5. 让受训者完成工作任务中的一个部分或多个部分，并在他们能够按要求正确完成培训任务时给予表扬。（可选）
6. 让受训者完成全部工作任务，并在他们能够按要求正确完成工作任务时给予表扬。
7. 如果受训者出现错误，让他们再次进行操作，直至能够正确地按要求完成工作任务为止。
8. 对受训者在学习完成工作任务的过程中取得的进步给予表扬。

资料来源：Based on W. J. Rothwell and H. C. Kazanas, "Planned OJT Is Productive OJT," *Training and Development Journal*, October 1990, pp. 53-55; P. J. Decker and B. R. Nathan, *Behavior Modeling Training* (New York: Praeger Scientific, 1985).

例如，游牧通信解决方案公司（Nomad Communications Solutions）是一家生产和装备救灾拖车的公司，制造过程中的每一项任务都会被分配给一名员工专家，由他把工作任务的每一个步骤都用简单易懂的语言表达清楚。[50]这位员工专家会向每一位新员工解释完成分配的任务所需的步骤。员工专家会对可能让新员工感到困惑的步骤进行多次重复讲解，并且通过提问确保员工理解他们正在做什么，同时还能够记住这些步骤。

学徒计划（apprenticeship）是一种边干边学的培训方法，它同时运用在岗培训和课堂培训两种培训手段。在美国，如果某项学徒计划想达到各州或者国家的政策性要求，从而成为登记注册的学徒培训计划，必须至少包括 144 小时的课堂培训，再加上 2 000 小时或一年的在职工作经验。[51]学徒计划可以由一家公司单独发起，也可以由多家公司与工会一同发起。大部分学徒计划都集中在技术性行业，比如管道工、木工、电工以及泥瓦工等。

完成各个具体的技能单元必须花费的小时数和周数都要有清晰的界定。如果某项在岗培训涉及在工作场所协助一位合格的销售人员（熟练工）完成工作，学徒计划中的在岗培训部分就要遵循上文中提到的有效在岗培训应当遵循的一系列原则。[52]

学徒计划的一个最大优点在于，学习者在学习的同时还可以挣钱。这一点非常关键，因为一项学徒计划可能会持续好几年时间。随着学习者技能的提升，他们的薪酬通常也会提高。此外，学徒计划往往还是一种有效的学习经历，因为学徒计划中通常包括关于为什么要执行某项任务以及如何执行此项任务的课堂培训——这些培训通常是由地方的商业学校、高中以及社区大学提供的。当受训者完成一项学徒计划时，该计划通常还会给他带来全职工作的机会。从公司的角度来说，学徒计划能够满足特定的业务需求，并帮助公司吸引到有才能的员工。下面的"通过环境、社会和公司治理实践开展竞争"专栏展示了企业、社区和教育机构如何通过建立伙伴关系来发展学徒制。

➡ 通过环境、社会和公司治理实践开展竞争

社区和公司通过建立伙伴关系开发技能并提供工作

天通集团（Techtonic Group）是一家位于美国科罗拉多州博尔德市的信息技术公司，该公司正在想各种办法找人来填补软件开发岗位，因为具备必要技能的人实在是太缺了。天通集团原来一直将应用程序开发工作外包给亚美尼亚，但它现在发现由于时区和语言的差异以及薪资的上涨，继续做出这种安排不仅面临很多困难，而且成本高昂。天通集团认为，目前是尝试建立起本地的多元化人才管道的一个机会。天通集团创建了天通学院（Techtonic Academy），面向女性、退伍军人、高中和大学辍学的学生以及在历史上一直被排除在技术性职业之外的高风险青年人，帮助他们掌握从事软件开发工作所需的技能。

天通学院开设了为期五周的编码基础知识课程（例如基本的计算思维、逻辑结构等）。这些课程有助于识别那些有逻辑思维和解决问题能力的人以及那些可以在项目环境下开展工作并与用户进行交流的人。这些课程都是免费的，但天通学院可以从博尔德市的工作行动补助计划（Work Act Grant）得到一些补贴，这些补贴可以帮助学院获得资金和项目发展方面的支持，从而帮助其实现在 2017 年使 40 名学徒完成该项目的目标。天通学院的毕业生可以获得为期 8 个月的信息技术和软件开发领域的带薪实习机会。在完成该学院项目的 35 个人中，有 32 人入选了学徒计划。这些学徒为天通集团、公司的客户以及业务合作伙伴工作。

在未来的若干年中，随着公用事业部门员工的大量退休，电力公司会面临严重的劳动力短缺问题。很多公用事业公司正在与大学和工会开展合作，开发和推广在线教育和其他一些类型的培训，以确保公用事业行业拥有一支具备必要技能的劳动力队伍。例如，与俾斯麦州立学院（Bismark State College）建立起的合作伙伴关系将会使学徒有机会了解从事电气系统、电气组件和变压器工作所需的一些基础技能。在电力技术项目中，学徒还将参加由行业专家开发的在线课程。这些课程是学徒计划的一部分，是专门为支持学徒进行必要的在岗学习而设计的。

讨论题

企业、求职者、教育机构和当地社区将会如何从这类学徒计划中受益？

资料来源：T. Bingham and P. Galagan, "Offshore no More," *TD*, December 2017, pp. 26–31; C. Magyar, "In Search of Apprentices," *TD*, December 2017, pp. 32–36; L. Schroeder, "The New Face of Apprenticeships," *Chief Learning Officer*, August 2016, pp. 44–47.

学徒计划的一个缺点是它不能保证参加培训的人在培训项目结束后都能找到工作。另一个缺点是，由于学徒计划仅仅是让受训者做好从事某一行业或职业的准备，许多企业也许并不愿意雇用那些完成学徒计划的人。这些企业认为，学徒的培训范围很窄，仅仅局限于某种特定的职业或某家特定的公司，因此，那些完成学徒计划的人也许只是掌握了某家公司需要的特定技能，他们无法学习新的技能或者无法通过调整自己的技能来适应工作场所中出现的变化。

实习（internship）是一种在岗学习形式，它由教育机构主办或者是作为大学课程体

系的一部分。学生在能得到薪酬的岗位上获得与所学领域有关的工作经验。比如福特汽车、惠而浦（Whirlpool）、劳斯莱斯（Rolls-Royce）在它们的人力资源管理和工程岗位上都使用实习生。实习生如果表现优秀，毕业后会获得公司提供的全职工作。

情景模拟　情景模拟（simulation）是一种让受训者在模仿现实生活场景的环境中进行决策的培训方法，受训者在这种情景中所做决策产生的结果真实地反映了受训者在实际工作中做出同类决策时可能产生的后果。情景模拟培训法使受训者可以看到他们的决策在一种模拟的没有风险的环境中可能产生的影响，可以用于向受训者传授生产和加工技能以及管理和沟通方面的技能。情景模拟一般用于训练飞行员、电缆安装工和呼叫中心客服人员。

IBM 使用模拟方式就如何处理网络攻击来培训自己的安全团队。[53]集结区类似于飞行模拟器，只不过这个空间只能容纳 20 多个人。覆盖在前面墙上的视频面板以及位于地板下方的计算机服务器机架模拟了公司网络的数据流。一种模拟方式是将仿冒的一封电子邮件发送给公司的人力资源专员。黑客在公司的信息技术人员发现计算机漏洞来源之前先行获取了公司的数据。而在公司网络被攻破的消息被泄露给媒体之后，美国政府机构开始了一项调查。随着模拟系统的建设，安全团队还发现黑客甚至在公司的季度报告发布之前把财务数据都修改了。公司的安全团队必须学会如何应对这些入侵行为所带来的压力，搞清楚公司哪些信息被盗了，采取措施通知相应的人员和机构，并确保防范入侵行为的发生。

虚拟现实技术进一步提高了模拟效果。**虚拟现实**（virtual reality）是一种能够为受训者提供三维空间学习体验的计算机技术。通过使用特定的设备或者是观察计算机屏幕上的虚拟现实模型，受训者可以穿梭于虚拟的环境当中，并且与环境中的各个组成部分进行互动。[54]这种技术被用来刺激受训者的多种感官感受。[55]各种设备会将从环境中得到的各类信息传到感应器中。例如，音频接口、能产生触摸感的手套、履带走步机或者是移动平台等设备都能创造一种人工的但极具真实感的环境。这些设备同样能将受训者的活动信息反馈到电脑，从而使受训者感到自己真正处于某一特定的环境当中。

农民保险公司的理赔专员必须接受有关如何检查在地震、洪水、龙卷风和其他灾害中损坏的房屋的培训。[56]该公司正在使用虚拟现实技术创建无法在公司现有环境中模拟的不同场景。公司与虚拟现实开发人员合作，以虚拟现实的方式设计出了一座遭受水灾的两层楼房屋。每个场景大约需要用 15 分钟的时间才能完成，而且这些场景的出现是随机的，因此每位受训者面临的漏水问题会出现在不同的位置。在家里接受培训的理赔专员可以通过使用数字工具来为存在问题的马桶或热水炉添加标签。当他们认为自己已经发现了所有的问题之后，甚至还可以使用"假"的平板电脑给水管工打电话或联系保险代理。这套系统会根据他们发现的问题以及所采取措施的适当性来对这些理赔专员进行评分。他们的这些虚拟培训体验还可以在教室中播放，让其他理赔专员在教室中观看自己同事的现场表演。这个虚拟现实体验环节还可以被记录下来，员工可以回看。

从上面这些例子中我们可以看出，情景模拟培训法之所以如此有效，主要有以下几个方面的原因[57]：第一，受训者在自己的电脑上就可以使用这些培训方法，省去了前往某个集中培训地点的麻烦。第二，情景模拟培训法很有意义，它不但能够让受训者在身体上实现亲身参与学习，而且能够让受训者在情感上也积极投身学习当中（因为情景模拟培训法很有趣）。因此，员工会更愿意练习、保持以及提高他们的技能。第三，在员工需要学习的内容方面，情景模拟能够提供具有一致性的信息；受训者可以按照自己的节奏进行培训；而且，相较于面对面的课堂讲解而言，情景模拟能够综合呈现出受训者可能会在以后的实际工作中遇到的更多情景或问题。第四，情景模拟培训法能够让员工安全地置身于那些在现实世界中可能非常危险的情景中。第五，研究发现，情景模拟培训法能够带来一些积极的结果，比如与传统的培训课程相比，这种方法能够在更短的时间内完成培训，并且能够带来积极的投资回报率。情景模拟培训法的一个缺点在于持续增加的成本和需求。这是由于模拟情景必须包含与工作环境中相同的因素，而且在学员的条件反射下，在模拟情景中做出的反应必须和设备（或顾客）做出的反应完全相同。[58]

增强现实技术　增强现实（augmented reality，AR）可以使受训者看到他们周围的物理世界，但在他们的视野当中却包括虚拟媒体。[59]增强现实技术通过将数字元素带入物理世界的方式增加了信息含量，强化了人们体验到的背景。增强现实技术和虚拟现实技术之间的主要区别在于，增强现实技术中始终存在物理现实。也就是说，增强现实技术可以对员工从事工作的真实世界提供补充性信息，而虚拟现实技术则是创建一种让员工在其中接受培训的完全人工的环境。

例如，农用设备制造商阿尔戈公司（Argo）的员工主要生产拖拉机和其他一些农用设备，该公司的员工利用佩戴的智能眼镜就能改变视野或借助语音获得信息。[60]这副智能眼镜同时也是他们的安全镜。增强现实技术对员工培训的效率和有效性都做出了贡献。阿尔戈公司的每位员工都必须知道如何完成三种工作。通过将增强现实技术运用于培训，新员工学习完成几种不同工作的时间从原来的 50～90 天减少到了 30～40 天。此外，新员工的工作质量也得到了提高。增强现实技术还帮助企业降低了培训成本。员工以前使用的平板电脑每个要花费 3 000 美元，而且在员工组装和检查设备时经常因为掉在地上摔坏。而每副智能眼镜的成本只有 1 500 美元，而且不易出现破损。

商业游戏和案例研究　商业游戏需要受训者去收集信息、分析信息，然后做出决策，而案例研究（受训者学习和讨论的情境）则主要用于管理能力开发。

商业游戏可以面对面地玩，也可以通过应用程序或笔记本电脑访问。**严肃游戏**（serious games）是指将培训内容转变为有商业目标的游戏。[61]游戏化是指将基于游戏的策略应用于电子化学习项目。游戏通过提供一种有趣的学习方式来增强学习效果，可以利用能够促进学习者竞争性的排行榜来强化他们的学习动机，并且要求学习者在学习更具挑战的知识和技能之前，能够证明自己已经可以熟练地运用作为进一步学习前提的那些知识和技能（达到一定的分数）。

由于商业游戏的参加者能够积极参与，并且游戏能够模拟出商战的竞争性质，因此商业游戏可以激发受训者的学习动力。游戏参加者在参与过程中需要做出的决策包括管理实践中可能会遇到的各方面问题，其中包括劳动关系（例如集体合同的达成）、市场营销（比如新产品的定价）以及财务管理（比如购买新技术所需资金的募集）。一个现实的游戏或者案例会模拟更多的学习手段而不是展示手段（比如课堂授课），因为学习手段更有意义。

让我们来看一看德勤公司和北卡罗来纳大学是如何在培训中运用商业游戏的。[62]德勤公司的德勤学习（DLearn）培训课程可能会涉及几种不同类型的游戏。这些游戏都是互动的，可以单独玩，也可以在团队中一起玩。带有蜂鸣器和奖励轮盘的迷你游戏可以用来向学员提问题，一旦他们回答正确就可以得分。另一种类型的游戏允许培训讲师自己开发要求受训团队做决策的那种案例。游戏可以根据受训者回答的情况跳转到不同的路径，根据每个团队的决策质量来调整团队积分。培训讲师可以用排行榜来展示受训者玩游戏赚取的积分，还可以因为受训者参加了课堂讨论板中的讨论以及完成了课程而授予他们徽章。每位受训者都有一份个人档案，其中包括他们获得的可以与他人分享的徽章。

为改善在边远地区的县医院急诊室中工作的护士、医师和其他卫生专业人员之间的协作水平，北卡罗来纳大学教堂山分校的一群护理教育工作者就使用了一个名为"急诊室的周五晚上"的游戏。培训需求评估表明，在这些急诊室中工作的专业人员认为，他们的最大培训需求是通过改善沟通和协作来提供更好的患者护理服务。这个游戏对玩家提出的挑战是在一个典型的工作日来协助管理一家医院。每位参与者分别扮演不同的但是在医院中彼此相互依赖的角色。游戏中的每节课都给玩家提供机会来反思和讨论自己学到的内容，并制订计划将学到的东西应用到医院的实际工作中去。

案例研究的来源很多，其中包括哈佛大学商学院和弗吉尼亚大学达顿商学院。案例对于培养高阶技能尤其适合，这些技能包括分析、综合与评估。经理、医师以及其他专业性强的职业需要具备这些技能。案例还帮助学员在不确定产出的情况下敢于根据他们对形势的分析去冒险。为了更有效地利用案例，学习环境必须允许学员准备并讨论他们对案例的分析。另外，学员之间必须进行面对面的或者是通过电子设备的沟通。因为学员的参与对于案例学习法的有效性至关重要，所以学员必须有意愿、有能力分析案例，然后交流讨论并捍卫自己的观点。

行为塑造 研究发现，行为塑造是传授人际关系技能的最有效的方法之一。[63]通常情况下，每一部分的行为塑造培训会持续4小时且集中传授一种人际关系技能，比如充当教练或者与他人进行意见沟通。每一部分培训都包括以下几个方面的内容：首先说明隐含在每一种关键行为背后的基本原理，然后播放每一种关键行为的样板录像带，接着为受训者提供用角色扮演法来练习的机会，最后还要对录像带中的样板行为进行评价，同时留出一段时间，让受训者来理解这些关键行为如何用于工作之中。在实践阶段，受训者会得到一些反馈，即他们会被告知自己的行为与录像带中的样板行为之间在多大程度上是一致的。受训者扮演的角色以及被样板化的行为都是根据受训者所处的真实就业环境中可能发生的各种事件确定的。

电子化学习 电子化学习（e-learning）、计算机辅助培训（CBT）或网上学习是指通过互联网或公司内部局域网来讲解以及提供培训内容的一种培训方式。[64]为了增强学习效果，所有上述培训方法都可以包括进来，融入文本讲解，与情景模拟、游戏、视频配合，并与博客、维基百科、社交网络、附加资源的超链接结合起来使用。有些类型的计算机辅助培训不需要连接网络，而是通过独立软件提供培训内容。学员仍然可以与培训内容互动、回答问题、根据他们在某一情境下的行为做出反应，但是他们无法与其他学员互动。

在线学习、电子化学习和以网络为基础的培训都包括利用网络传输的课程。这个培训项目可以通过输入密码，在公共网络或者公司的内网上获得。在线学习具有很多潜在的特性，帮助学员学习并将培训内容应用到工作中去。例如，使用视频教学的在线项目可以为学员提供互动式学习，也就是说，学员可以在看视频的同时使用键盘或触摸屏来回答问题，对他们在特定情况下将要采取的行为做出反应，或者明确他们解决一个问题将要采取的步骤。交互式视频对帮助学员学习技术性和人际交往方面的技能有特殊的意义。

例如，为培训医疗保健提供者提供高质量的患者护理，美国疾病预防与健康促进署提供的电子化学习就通过与患者进行模拟对话和模拟互动的方式来建模。[65]受训者可以扮演不同的角色，例如正在忙碌的承担疼痛管理专业人士工作的护士。受训者可以选择如何回答患者提出的问题，在回答之后获得反馈以及从自己所犯的错误中学习。

有效的电子化学习是建立在对培训需求进行充分评估以及全面的学习目标基础之上的。**培训转网**（repurposing）是指直接将由培训师主导的那种面对面的培训方式搬到网络上去的做法。如果仅仅是将原本无效的培训方式改成网上培训，那么必然会导致网上培训的无效。然而，令人遗憾的是，许多公司为了抓紧时间实现网上培训，往往都是对原本无效的培训进行简单的改头换面。最佳的电子化学习通常会将网络的优点与一个好的学习环境所要求的那些原则结合起来。有效的在线学习能够充分利用网络的动态属性所具有的优点，同时发挥网络学习具有的有利于学习的多种积极特征，其中包括通过超链接连接到其他培训网站和培训内容，赋予学习者自我控制的能力，方便受训者与其他学习者之间进行合作。在线学习能够把那些由培训师主导的活动（演示、录像）、受训者主导的活动（讨论、提问）以及交互式小组主导的活动（就培训内容的应用问题展开讨论）等各种典型的学习活动结合起来，而且在这种情况下，受训者或者培训师不必亲自出现在培训教室之中。有效的在线学习能够为受训者提供大量有意义的学习内容、相关案例，并且使他们有能力将学到的内容应用到解决问题的实践当中。此外，受训者还能够通过解决问题、做练习、完成作业以及参加测试等多种方式得到锻炼和获得反馈。

大规模开放式在线课程即慕课是一种新型的电子化学习方式。**慕课**（massive open online course，MOOC）是一种旨在招募大量学习者（即大规模）的学习方式；慕课是免费的，并且是任何人通过互联网都能访问的（即开放）；慕课以在线方式提供录制的课程视频、包括小组讨论等形式在内的交互式课程作业以及维基百科等方面的内容（即在线）。[66]慕课涵盖了范围广泛的各种主题，其中包括化学、数学、物理、计算机科学、哲学、神话学、卫生政策、心脏骤停与复苏，甚至诗歌。

一些比较知名的慕课提供商包括 Coursera，edX（由哈佛大学和麻省理工学院成立的非营利组织）和 Udacity（由斯坦福大学研究教授和谷歌 X 实验室创始人创立的营利性公司）。这些课程通常是与高校和私营公司合作开发的。例如，Udacity 和美国电话电报公司创建了微学位慕课，这些课程可以帮助该公司的程序员为将来从事像软件工程、编程或网页开发这样一些高科技工作做好准备。世界银行为客户开发了一个为期四周的慕课，帮助他们学习如何获得融资以实现可持续发展的目标，这些目标包括消除饥饿、实现性别平等以及提供高质量的教育和清洁用水等。[67]慕课由五位世界银行的讲师、政府官员和私营部门专家执教。来自数百个国家的五万名参与者报名参加了这门课程的学习。慕课为学习者提供了相互交谈和听课的机会。该课程的最后一个环节会要求参与者确定一个在本社区中存在的发展问题，然后根据他们在课程中学到的知识提出融资解决方案。这个慕课项目最后产出了 1 000 多份随后可用于制订融资解决方案的作品。

慕课有许多优点和缺点。[68]低成本、访问便捷性以及范围广泛的主题等特征使得慕课对学习者非常具有吸引力。慕课还包括很多有助于促进学习和成果转化的功能：学习是交互式的，由学习者自己来控制，有社会互动，以及强调应用等。学习活动是通过参加简短的课程讲授再加上配套的课程材料、其他学生以及讲师之间的互动来进行的。慕课强调使用角色扮演、案例研讨和参加项目来应用在课程中学到的知识和技能。它是半同步性质的，这意味着学习者可以得到相同的作业、视频讲授、阅读材料、小测验以及讨论，但学习者可以根据自己的时间安排来完成课程。此外，许多慕课提供大学的学分或结业证书，这就为学习和得到正式的认可提供了动力。然而，尽管有人声称慕课将会对培训和教育产生革命性影响，但这种学习方式也有明显的缺点。那些报名参加慕课的人上课的时间越长，彼此之间的互动往往会越少，在课程开始的前两周过后便会下降。课程的完成率往往也很低（只有 10%～20%），大多数完成课程的学生都不会参加认证考试。而且，对于需要进行同步或实时协作或互动的课程，慕课可能也不合适。令人惊讶的是，只有 5% 的员工从公司获得了加入慕课项目的财务支持。然而，无论如何，企业为员工提供参加慕课的财务支持确实是能够得到回报的。能够获得财务支持的员工通常课程结业率较高，并且也不太可能到其他企业去寻找工作机会。[69]

许多公司都在使用 iPad 这样的平板电脑进行培训，因为它们易于使用，有色彩鲜艳且易于阅读的显示屏，能够连接到网络，可以访问社交媒体，同时还有功能强大的各种应用程序。这些应用程序主要可以被用于补充培训内容、管理培训路径或培训内容的先后实施顺序以及帮助员工维护培训记录。[70]例如，普华永道（PwC）就为员工提供了一款这样的应用程序，员工通过这个程序能够获得课程资料、完成课前各项准备工作以及在需要时可以随时访问其他一些资料。[71]该公司的员工通过自己的移动设备访问了 9 000 多项学习内容，完成了 3.6 万小时以上的学习。

下面的"通过科技开展竞争"专栏重点揭示了如何使用人工智能来根据受训者当前的技能或知识水平提供适合于他们的培训。

➡ 通过科技开展竞争

人工智能助力以学习者为中心的定制化培训

随着人工智能的可用性及复杂性的不断提高，很多公司都正在使用人工智能技术为员工定制培训方案，以提高培训的有效性。人工智能是指开发一个可以像人一样进行智能思考的系统，这个系统包括像计算机、计算机控制机器人或软件这样一些组成部分。人工智能是基于对人在尝试解决问题的过程中是如何思考、学习、决策以及工作所做的研究开发出来的，然后再利用这些信息来构建一套智能软件和系统。

机器学习是指可以进行学习的人工智能系统。这种系统的学习方式是首先将算法应用于数据，从而识别用户的各种倾向和模式，然后提出关于未来的建议以及继续进行数据搜索。人工智能软件可以监控受训者的行为以及他们是如何学习在线培训内容的，然后通过"学习"得出建议受训者学习的培训课程类型、提供培训的时间以及怎样以受训者喜欢的格式（音频、视频）来对他们进行培训。此外，机器学习可以被用于为受训者创造一种更为个性化和定制化的学习体验，这类似于奈飞公司提供电视内容以及声田公司（Spotify）提供音乐作品。

例如，游戏机制造商贵族科技公司（Aristocrat Technologies）就用适应性更强的微学习模块代替了原来针对其维修技术人员的在线学习课程。这些模块会被发送到他们的手机上，以方便他们在工作间歇时间浏览学习内容并且回答一些简短的测试题。系统会根据他们的测试分数了解他们已经知道（以及不知道）哪些方面的内容，并且使用这些信息来选择接下来向他们发送的学习内容。技术人员必须在两次测试中表明自己已经完全掌握了本模块的内容，才能开始继续学习下一个模块。

Air Methods 是一家使用直升机提供医疗运输服务的公司，实施了一套基于云的学习系统，这套系统运用人工智能技术根据飞行员在测验和游戏中的表现来向每一位飞行员推送主题知识。如果飞行员在某个特定培训模块的测验中得分不高，则系统将会以一种新的方式来展示这些信息，并且重新进行测试，然后飞行员才能移至下一个培训模块。适应性培训的运用可以减少50%需要由培训讲师当面进行培训的课程，从而大大节约了培训成本，同时，它还缩短了新飞行员在入职过程中必须完成的培训时间。

讨论题

使用人工智能技术的适应性训练是如何提高培训的有效性的？

资料来源：Based on "What Is Artificial Intelligence?" from https://www.tutorialspoint.com/artificial _ intelligence/artificial _ intelligence _ overview. htm, accessed March 19, 2018; R. High, "3 Terms All Business Professionals Need to Understand", *VentureBeat*, February 24, 2018, from https://venturebeat.com, accessed March 7, 2018; S. Gale, "Ready or Not, the Guture Is Now," *Chief Learning Officer*, March 2017, pp. 20 - 21; McKinsey Global Institute, "Jobs Lost, Jobs Gained: Workforce Transitions in a Time of Automation," December 2017, from www.mckinsey.com/mgi accessed March 19, 2018; S. Gale, "Learning on the Fly," *Chief Learning Officer*, September 2017, pp. 32 - 36; K. Rockwood, "The University of You," *HR Magazine*, May 2017, pp. 39 - 42; A. Sharma and B. Szostak, "Adapting to Adaptive Learning," *Chief Learning Officer*, January/February 2018, pp. 32 - 35.

混合学习 由于存在与在线学习有关的一些技术方面的局限（比如网络带宽不够、缺乏高速网络连接等）、受训者更偏好与培训师以及其他学习者进行面对面的接触、员工无法在工作中专门抽出时间坐在电脑前学习等多方面的原因，许多企业开始使用一种综合性的或者说是混合性的学习方法。**混合学习**（blended learning）综合运用在线学习（比如电子化学习和社交媒体）、面对面的讲解以及其他能够传授学习内容并提供指导的学习方法。一家健康险提供商安瑟姆公司（Anthem Inc.）已经将原来对保险业务员进行的面对面培训转移到线上，这种培训方式赋予了学习者更多的控制权，增强了他们向指导老师以及同伴学习的能力。[72]安瑟姆健康指导（Anthem Health Guide，AHG）是一种提供给用户的产品，可以帮助用户更好地理解和使用自己的福利。安瑟姆健康指导翻转课堂培训的一开始是以一段视频对话的方式让培训师向学习者介绍学习目标、培训日程安排以及在培训中将会用到的技术。接着再以面对面的形式采用视频、游戏、小组活动、角色扮演以及提供个性化教练式辅导等各种手段来提供培训内容。此外，在公司内网的社交协作站点上也为学习者提供了与培训师和其他学习者进行互动的机会。

学习管理系统 **学习管理系统**（learning management system，LMS）是一种技术应用平台，企业可以通过它实现所有培训计划的管理、开发以及实施的自动化。员工、管理人员以及培训师都可以使用学习管理系统来管理、实施以及追踪学习活动。[73]由于几个方面的原因，学习管理系统得到了越来越普遍的运用。学习管理系统可以帮助企业减少与培训相关的差旅费用和其他方面的一些成本，缩短培训计划的完成时间，增加全体企业员工接受培训的机会，并为企业提供了跟踪培训计划完成情况以及课程注册等方面的管理能力。学习管理系统使企业可以跟踪企业中的所有学习活动。让我们来看一看弗格森公司（Ferguson Enterprises）和古肯海默公司（Gukenheimer）的学习管理系统是如何通过帮助企业管理人力资本和跟踪培训来对业务提供支持的。[74]作为一种规划工具，学习管理系统可以帮助企业跟踪员工一共学习了多少门培训课程、课程的注册和完成情况、完成培训的小时数以及管理人员和非管理人员参与培训情况的差异等。然后这些数据就可以帮助企业确定培训工作是如何对业务经营提供支持的。学习管理系统的数据还可以被用于确定员工在哪些天以及哪些时间参加了培训。这有助于确保员工在有空的时候完成培训，从而实现培训活动对公司发起的新客户服务计划提供切实的支持。古肯海默公司运用其学习管理系统来跟踪员工的作业情况、课程完成情况及其合规性。该公司的学习管理系统有一种学习任务自动分配功能，以确保一位员工在被录用或晋升到某个职位的当天就可以得到培训。学习管理系统还使该公司可以跟踪哪些员工已经完成了培训任务，哪些人需要接受合规培训以及需要进行资格证书的更新等。

群体或团队建设培训法

群体或团队建设培训法（group-or team-building methods）是一种用于提高群体或团队有效性的培训方法。这种培训直接用于提高受训者的技能和团队有效性。在团队建设培训法中，受训者会分享各自的观点和经验，形成对团队的认同感，理解人际关系的动态性，了解自己以及同事的优点和缺点。团队建设培训法强调帮助团队成员通过提高自己的技能使团队合作变得更加有效。这些方法考察团队成员对团队功能的感受、知觉以及信念，展开讨论，制订计划把在培训中学到的东西应用到实际的团队绩效改善过程之中。团队建设培训法包括三种类型：体验式项目、团队培训以及行动学习。

体验式项目　**体验式项目**（experiential programs）包括获取一些概念性知识和理论，参与到行为模拟或活动当中，对一些活动进行分析，将理论和活动与在岗工作场景或真实生活场景联系在一起等内容。[75]

体验式培训项目要想获得成功，需要遵循以下几项原则。培训项目的内容应当与某个具体的商业难题联系在一起。这种培训项目的设计应当超出让受训者感到舒服的那种范围，但是要控制在合理的界限之内，从而保证不会削弱受训者的动机或受训者理解培训项目目的的能力。应当采用听觉、视觉以及运动知觉等多种学习模式。在准备开展一个体验式培训项目时，培训师应当要求受训者对培训目标有自己的理解。对培训目的的明确期望、对培训成果的期望以及受训者在培训项目中扮演的角色等都是十分重要的。最后，包含体验学习的培训项目应该能够带来员工态度、行为以及其他商业结果的改变。

达乌塔医疗保健公司（DaVta HealthCare Partners）提供透析等与肾脏有关的医疗服务。[76]达乌塔医疗保健公司与一家培训服务提供商签订了一份合同，请它帮助开发一个耗时三小时的体验式学习活动，要求这项活动必须由受训者以协作方式完成，要有目标感，同时还能强化公司的价值观，即团队合作、成就感和乐趣。这项培训计划的目标是让员工了解工作的重要性，了解他们与患者之间以及团队成员之间的关系，还包括如何应对挑战。在活动一开始的时候，首先讨论了沟通和协作对于在工作中成功实现团队合作的重要性。然后，每三个人组成一个生产假肢的小组，而这些假肢将会被捐赠给为截肢者提供服务的组织。生产假肢为实现这项培训计划的目标提供了一个机会。在三个小时的活动中，员工一共生产了 1.4 万多副假肢。在此次活动结束的时候，还要求受训者讨论可以通过怎样的方式将他们学到的知识应用到他们在公司的工作当中。

探险学习（adventure learning）是体验式项目的一种类型，它运用一些结构性的户外活动开发受训者的协作能力以及领导能力。[77] 探险学习似乎最适合开发与群体有效性有关的技能，比如自我知觉能力、问题解决能力、冲突管理能力以及风险承担能力等。在探险学习中可能包括一些非常耗费体力且颇具挑战性的活动，比如狗拉爬犁以及爬山等。探险学习还可以利用一些结构性的个人和团队户外活动来进行，比如爬墙、穿过绳索、信任跳、爬梯子，以及利用连接两座塔的绳索上的装置从一座塔滑行到另一座塔等。

例如，来自 RealScout 公司的 20 名编程人员、营销高管以及产品团队的成员离开办公室，到加利福尼亚山区度过了一天的时间，学习了诸如建造避难所、对水进行净化以及无火柴生火等方面的生存技能。[78] 这项该计划一共花费了 2 000 美元，此外还因当天不工作而造成经营损失 7 000～10 000 美元。该公司的高管认为，这种探险的收益将会超过其成本。他们认为这种活动有助于培养更强大的团队，让员工在即使并不是每天都在一起工作的情况下也能更好地相互了解，并为员工提供了一次有趣的体验，而这会有助于留住员工。

探险学习还可以包括一些要求进行协作以及对团队成员的体力消耗不大的活动。例如，"烹饪角色互换"（Cookin'Up Change）是目前美国的许多厨师、宴会承接商、酒店以及烹饪学校采用的团队建设培训课程之一。[79] 这一课程也被诸如本田公司和微软公司等多家企业采用。该课程的一个基本假设是：通过要求团队成员相互合作来烹制一桌菜肴，有助于强化团队成员之间的交流和团队协作方面的技能。每个团队都需要决定由谁来承担何种任务（比如烹饪、备菜、清洗），谁来制作主菜、沙拉或者甜点。团队成员在烹制的过程中通常会被要求互换烹调任务，以此来观察整个团队如何针对出现的变化做出反应。

为了使探险学习取得成功，必须将练习的内容与希望参加者开发的技能结合起来。不仅如此，在练习之后，还要由一位经验丰富的指导者组织大家讨论：在练习过程中发生了哪些事情；大家学到了哪些东西；在练习中发生的事情与实际工作场景存在何种联系；为了把在练习中学会的内容应用到实际工作当中，应当如何制定目标等。[80]

探险学习真的那么有用吗？这种培训的参与者通常认为，通过参加这种活动，他们对自己以及自己与同事之间的交往方式都有了更为深刻的理解。探险学习获得成功的关键因素之一可能在于，它要求全体团队成员共同参与，从而能够在练习中发现阻碍群体有效性的一些群体动态属性，然后再有针对性地加以讨论。

探险学习对个人的体能有要求，而且受训人员还需要经常互相触碰，可能会造成员工受伤、施加精神困扰、侵犯个人隐私等问题，从而使公司增加受到过失指控的风险。同时，《美国残疾人法案》对要求残疾员工参与的对体能有严格要求的学习课程也会提出质疑。

团队培训 团队培训的主要目的是协调为达成共同目标而努力的不同个体之间的绩效。在员工之间必须分享信息以及个体行为会影响群体整体绩效的情况下，这种培训是非常重要的。例如，在军队以及私营部门（比如核电站、民航客机）中，许多工作都是由一个机组、一个群体或者一个团队共同完成的。这些团队的成功取决于为做出决策而进行的个人活动间的相互协调、团队绩效以及对处理潜在危险情况（比如过热的核反应器）所做的准备三大因素。

团队培训包括交叉培训和协作培训两种。[81] **交叉培训**（cross-training）的目的是让团队成员理解和练习其他团队成员掌握的那些技能，从而在某位团队成员暂时或永久地离开团队时，团队中的其他成员能做好接替其工作的准备。**协作培训**（coordination training）则是一种强调如何促使团队成员分享信息和分担决策责任，从而达成最优团队绩效的培训方式。协作培训对于一个民航机组或者一个医疗小组来说尤其重要，因为尽管小组成员分别负责监视相关设备和环境的不同方面，但他们必须分享信息才能做出与病人看护或飞行安全以及工作绩效等有关的最有效决策。**团队领导者培训**（team leader training）是指团队管理者或协调者接受的培训。这种培训的内容包括如何解决团队内部的冲突，如何帮助团队协调自己的活动，如何培养其他团队技能等。

例如，美国联合航空公司（United Airlines）（下称"美联航"）让自己的管理人员领导地勤队伍中负责飞机舷梯的工作人员参与维修站指导与培训项目（Pit Instruction & Training，Pit Crew U），该项目聚焦于全美运动汽车竞赛协会（NASCAR）维修站工作小组的准备、实践与团队合作。美联航采用这一培训的目的是开发一种能够安全高效地帮助乘客登机、下机，并帮助飞机安全起飞的标准作业方法。[82]维修站指导与培训项目坐落于美国北卡罗来纳州夏洛特市郊，该项目拥有一段 0.25 英里的赛车跑道以及一处可容纳 6 辆赛车停靠的维修站匝道。该项目主要用来培训赛车维修站中的工作小组，但是其大多数业务来自对该项目感兴趣的一般公司，因为这些公司寄希望于自己的团队能够像全美运动汽车竞赛协会的维修站工作小组一样安全、高效、有效地工作。该培训项目是美联航的一项成本高达数百万美元的投资计划的一部分，其中包含更新设备以及提供行李扫描仪等。该培训的目的是强化舷梯团队工作的有序性，同时加强团队成员之间的沟通，帮助团队成员实现工作任务的标准化，缩短飞机在登机前停留的时间，提高团队成员的士气。

全美运动汽车竞赛协会的维修站工作小组能够安全、快速以及高效工作的关键在于，每一位团队成员都很清楚各自的任务是什么（更换轮胎、使用充气枪、加油、清洗漏油），与此同时，当维修团队成员完成对赛车的维护工作之后，会立即将新设备准备就位，以等待下一辆赛车进入维修站。对舷梯工作小组的培训其实与对赛车维修站工作小组的培训是类似的。舷梯工作小组需要学习如何使用千斤顶、更换轮胎，并给赛车加满油。就像维修站工作小组那样，舷梯工作小组的活动也会被录像并计时。他们会得到来自专业维修站工作小组的反馈，这些维修站工作小组正是服务于全美运动汽车竞赛协会的维修团队，他们会担任项目培训师。此外，培训还要求舷梯工作小组能够应对他们在平时的工作中很可能会遇到的一些突发情况。在其中一处维修站，人们在靠近赛车进站的道路上故意丢了几个螺母，观察美联航的员工是否能够注意到这一问题并及时对地面进行清理。在舷梯工作小组的实际工作中，他们要负责清理停机坪上的垃圾，以防止垃圾被吸入飞机引擎或对设备造成损害。在另一处维修站，舷梯工作小组必须以更少的人员来完成任务，这是因为在舷梯工作小组的实际工作中很可能会出现由于某位员工未出勤而使整个团队面临人手不足的情况。

行动学习 **行动学习**（action learning）是指给团队或工作小组布置一个实际的难题，要求他们想办法来解决，制订行动计划并且负责实施。[83]参加行动学习的员工一般有 6～30 人，在团队成员中还有可能包括客户和销售商。在学习团队的构成方面有几种不同的安排。有时候，会将一位遇到问题需要得到解决的顾客吸收到团队中来。另一些时候，在团队中则包括与需要解决的问题有关的跨职能团队成员（来自公司不同部门的成员）。还有些时候，团队由来自多个职能领域的员工组成，他们集中处理与自己职能有关的问题，但是共同为解决发现的问题做出贡献。

行动学习通常作为六西格玛培训和 Kaizen 等质量改进过程的一部分来实施。"Kaizen"是一个日语词，意思是"改进"，它是精益生产和全面质量管理（我们在第 1 章讨论过精益思维）的一个重要基础原则。

让我们来看一看大学卫生系统公司（University Health System）和百事公司是如何通过行动学习来解决重要和复杂的经营问题的。[84]在大学卫生系统公司中，九个由原本不在一起工作的经理组成的跨职能经理团队分别处理几个不同的经营问题。这些问题包括如何提高患者满意度、如何减少计费错误以及如何增强库存控制。每个团队都被要求向所谓的"鲨鱼大佬"（Shark Tank，美国一档真人秀节目名称）——充当"大鲨鱼"的三名高层管理人员和儿科服务首席执行官——展示自己的解决方案。在每个团队展示自己的想法时，这些"大鲨鱼"都会提供指导和反馈。这些问题解决方案帮助大学卫生系统公司节省了数百万美元的成本，并提高了患者满意度。百事公司为了使自己的培训经理对公司战略有一个全球性的视野，也采用了行动学习的方式。负责领导这项培训计划的莱斯利·蒂希格拉伯（Leslie Teichgraeber）发现，大多数经理只熟悉地方市场或一国市场。因此，她召集了由来自不同地方的经理组成的多个经理团队，并且给每个团队分配了需要解决的与经营需要相关的问题，这些问题都是各业务单元的负责人事先定好的。九个月后，每个团队都需要向百事公司的高管展示他们的想法。

6.3.6　关于培训方法选择的建议

考虑到可供使用的培训方法数量很多，选择一个合适的培训方法看起来也许很难。我们可以通过比较来选择培训方法。选择的第一步就是给你想要达到的学习效果分类。学习效果包括口头信息、心智技能、认知策略、态度转变、运动技能或者是一些能力组合。培训方法会影响一种或多种学习效果。

另外，通过不同的培训方法得到的学习结果之间有很多相互重叠的地方。团队建设培训是非常独特的，因为这种方法既关注个体学习，又关注团队学习（例如改进团队的过程）。如果你希望提升团体或团队的有效性，就应当选择团队建设培训法中的某一种（例如行动学习、团队培训、体验式项目）。其次，通过对演示法与演练法进行比较会发现，演练法营造了更好的学习环境并且更有利于培训成果的转化。演示法给受训者留下的印象不如演练法那样深刻。

对于那些在地理位置上比较分散的受训者而言，电子化学习或混合学习无疑是更为有效的培训方法。电子化学习和其他科技手段驱动型培训方法需要更高的开发成本，但随着培训的不断进行，旅行成本以及租用培训场地成本的节约会逐渐弥补培训计划的开发成本。混合学习方法能够充分利用面对面与基于科技的学习方法的优点。例如，银行家人寿保险公司（Bankers Life）就修订了其新的销售代理人培训计划，以采用千禧一代喜欢的学习方式和一些新的技术。它将学习分为相互依存的若干小模块。[85]在每个模块中都包括在线课程、汇报、角色扮演和现场培训。一家名为 Intermedia Inc. 的商业服务公司在对其销售人员进行培训时所使用的是一种由虚拟培训师指导的培训，其中包括视频、电子化学习模块、实验室活动和角色扮演等。[86]当这些销售人员回到工作场所之后可以重新访问任何一部分培训内容，这有助于他们回顾所学的内容并持续进行技能更新。

最后一个但同时也是很重要的一个考虑因素是培训预算。如果用于开发新的培训方法的预算有限，那么结构化的在岗培训是一个不错的选择。这是一种成本相对较低但有效的动手操作型的培训方法。在有一笔较高预算的情况下，便于培训成果转化的动手操作型培训方法——比如使用模拟器——是可行的。

6.4 评价培训项目

培训项目评价通过以下方式可以提供一些有用的信息，包括识别培训项目的优缺点，明确哪些学员从培训中获益最多或最少，确定培训项目在财务方面的收益和成本，对不同培训项目的收益和成本加以比较等。

考察一个培训项目的成果有助于我们对其有效性做出评价。这些成果应当是与培训目标相关的，因为培训目标可以帮助受训者理解培训项目的目的。**培训成果**（training outcomes）可以划分为五种类型：认知性成果、技能性成果、情感性成果、结果性成果以及投资回报率。[87]表 6-7 展示了用于评价培训项目的几种培训成果类型、需要衡量的内容以及如何进行衡量。

表 6-7 可以用于对培训项目进行评价的各种培训成果

培训成果	衡量内容	衡量方式	具体实例
认知性成果	• 知识获得情况	• 书面测试 • 工作样本	• 安全规章 • 电气原理 • 绩效评价面谈的步骤
技能性成果	• 行为 • 技能	• 观察 • 任务样本 • 等级评定	• 线锯床的操作 • 倾听技能 • 教练技能 • 飞机落地技能
情感性成果	• 动机 • 对培训项目的反应 • 态度	• 访谈 • 焦点小组 • 态度调查	• 对培训的满意度 • 对其他文化的看法
结果性成果	• 公司回报	• 观察 • 从信息系统或绩效记录中获得数据	• 缺勤率 • 事故率 • 专利数量
投资回报率	• 培训的经济价值	• 确定和比较不同培训项目的成本和收益	• 美元

威瑞森公司（Verizon）为其 6 000 多名无线零售领导者创建了一个销售领导力学院（SLA）。[88]这个销售领导力学院的目标是通过吸引、支持和赋能零售领导者来达成更好的财务结果，同时为他们提供在未来三年中改变零售业务所需的领导力。威瑞森公司使用几个方面的结果来评估销售领导力学院的有效性。这些结果包括：参与者对于自己可以在工

作中应用该项目传授的知识和技能的信心（情感性成果）；实际获得的知识（认知性成果）；领导行为——例如凝聚人心及对直接下属赋能——所产生的结果调查（技能性成果）；还有一些关键零售绩效指标，其中包括平均交易时间以及每笔交易的平均积分（结果性成果）。

那么，到底哪一种衡量培训成果的方式是最有效的呢？培训的目标不同，答案就会有所不同。例如，如果教学目标与诸如提高客户服务或产品质量等这样一些商业目标相同，那么对培训项目的评估就应当包括结果性成果这项指标。反应性成果及认知性成果通常是在受训者离开培训地点之前收集上来的信息。因此，这些培训成果无法用于判断受训者把培训内容应用到工作中的程度（培训成果的转化）。在培训结束后对技能性成果、情感性成果及结果性成果所做的衡量可用于鉴定培训成果转化的程度——培训在多大程度上改变了受训者的行为、技能、态度，或者直接影响与公司有效性相关的那些指标（比如销售额）。

培训项目评价方案

正如表 6-8 展示的，有许多不同类型的培训项目评价方案可供选择。表 6-8 基于以下几项内容对各种方案进行了比较：评价方案中涉及的对象（受训者和/或对照组）、收集数据的时间（培训前、培训后）、成本支出、实施评价需要的时间以及评价方案能否有效排除其他不同解释变量的干扰（例如，绩效提升是不是其他因素而非培训本身导致的）。通常情况下，如果一个培训项目评价方案对培训前和培训后的成果指标进行了衡量，同时还设置了一个对照组，则有助于降低培训之外的其他因素对评价结果产生影响的风险。这有利于企业基于培训评价结果去做相关决定。在这里需要进行权衡的一点在于，与那些不采用培训前或培训后的衡量指标或设置对照组的评价方案相比，这种比较复杂的培训项目评价方案在实施时会花费更多的时间和成本。

表 6-8　培训项目评价方案的比较

培训项目评价方案	分组	衡量指标				
		培训前指标	培训后指标	成本	时间	优势
仅后测	受训者	无	有	低	低	低
前测-后测	受训者	有	有	低	低	中
仅后测，但有对照组	受训者和对照组	无	有	中	中	中
前测-后测，但有对照组	受训者和对照组	有	有	中	中	高
时间序列数据	受训者	有	有，多次	中	中	中

例如，如果一位管理人员对比较两个培训方案的有效性感兴趣，也就是说，希望确定与另外一个培训方案相比，某个培训方案到底带来了（知识、情感、技能、行为、结果）多大程度上的变化，就必须采用前测-后测的设计方法。让我们来看一看美国山区信用合

作社（Mountain America Credit Union）是如何对修订后的销售培训计划的有效性进行评价的。[89]美国山区信用合作社跟踪了 30 名新员工在入职前两个月的平均月销售量。在这30 名员工中，有 10 人在培训方案修订之前就参加了培训［他们将这些人称为"传统组"（traditional group）］。20 名员工参加了方案修订后的培训［这些人被称为"快速组"（express group）］。修订后的培训计划包括与有着多种不同需求的各种客户之间的更多互动。公司对快速组和传统组员工的月销售量进行了比较。无论是在入职的第一个月中，还是在第二个月中，快速组的平均销售量都超过了传统组，第一个月中两者分别平均为 11.4 和3.5，而在第二个月中两者分别平均为 34.83 和 5.5。下面的"循证人力资源管理"专栏揭示了爱德华-琼斯保险公司（Edward Jones Insurance Partnership）在培训效果评价中使用的前测-后测设计。

➡ 循证人力资源管理

爱德华-琼斯保险公司的一项计划是将各个分支机构的团队聚在一起进行培训，每个分支机构都包括一名财务顾问、一名办公室行管主管以及若干保险顾问。这次培训持续了两天的时间，培训的内容主要是教会这些团队如何设计和展示保险解决方案以及如何确定哪些客户需要保险。公司分别在培训之前和培训结束 15 个月之后对 500 多个分支机构进行了测试。结果发现，分支机构接受培训之后平均增加了一份保单，而排名在前 50 位的分支机构则将永久性保单的数量平均提高到了 8 份，与保险相关的总收入增加使公司在培训上获得了 600％以上的投资回报率。

资料来源：Based on "Training Top 125, Best Practices & Outstanding Training Initiatives, Edward Jones: Insurance Partnership," *Training*, January/February 2018, p. 87.

许多公司希望了解学习［包括培训课程、项目以及开发活动（将在第 8 章中讨论）］能够带来的经济利益。达到这一目的的一个办法就是计算投资回报率。**投资回报率**（return on investment，ROI）指的是投资在学习上的每一美元预计产生的收益。但是要记住，投资回报率不能取代培训成果，培训成果也能体现培训项目是否成功以及是否有意义，比如学员的反应、获取的知识或行为上的转变。另外，投资回报率最适合衡量可以量化的成果，比如质量、事故率或者失误率。假如不是可量化的指标，就必须对培训成果的价值（例如，你如何衡量提高的领导能力）做出深思熟虑的有根据的推测。

确定投资回报率

计算投资回报率应当遵循以下步骤[90]：

1. 找出培训成果（例如质量、事故次数等）。

2. 对培训成果做价值评估。

3. 在排除了可能会影响培训成果的其他潜在因素之后，判断绩效的改变程度。

4. 将培训之后的产出与培训之前的产出（以美元为单位计算）加以对比，以此计算公司通过培训取得的年度总收益（运营结果）。

5. 确定培训成本（直接成本＋间接成本＋培训项目开发成本＋日常管理费用＋受训

者薪酬）。

　　6. 从培训收益（运营结果）中减掉培训成本之后，计算出总节约额。

　　7. 用培训收益（运营结果）除以培训成本计算出投资回报率。投资回报率能够反映出在培训中投入的每一美元可以得到的回报。

　　在衡量和交流投资回报率时可采用百分比或比率的方式。例如，假设一项新的安全培训计划使得一家公司的事故率下降了5个百分点。那么，从工作日损失、材料和设备损坏以及工伤保险成本等几个方面来考虑，公司每年总共可以节约15万美元（即收益）。而这项安全培训计划的实施成本为5万美元（其中包括直接成本和间接成本）。要想计算投资回报率，就需要先从收益中减去成本，再除以成本，最后乘以100％，即投资回报率＝[（150 000－50 000）÷50 000]×100％＝200％。即该培训计划的投资回报率为200％。对投资回报率的另一种理解方法是，将其视为支出的每一美元得到的回报比率。在此示例中，公司每花1美元就能够获得2美元的净收益。这就意味着投资回报率为2∶1。威瑞森公司将自己的客户服务代表分为两组，一组不仅观看客户服务场景视频，还获得了练习的机会，同时把客户的反应也记录下来（培训组），而另外一组客户服务代表则仅仅观看了视频，没有做练习（对照组），然后再对两个小组的表现进行比较。[91]结果发现，与对照组相比，培训组获取的新客户增加了71％。为了计算投资回报率，威瑞森公司综合考虑了开发成本、薪酬成本以及与材料、讲师和教练有关的成本。最后发现，这次培训使得公司的经营收益在三个月内增加了140万美元。

■ 6.5　一些特殊的培训问题

　　为了面对在第1章中曾经讨论的可持续性、全球化和科技的挑战，企业必须能够很好地处理几个方面的较为特殊的培训问题。这些特殊的培训问题包括让员工为在异国跨文化背景下工作做好准备、管理多元化劳动力队伍以及新员工入职培训与社会化。

6.5.1　跨文化准备

　　正如我们在第1章中提到的，当今的许多企业都面临着全球扩张的挑战。由于全球化经营活动的开展，企业的员工常常需要到国外去工作或者与来自其他国家的员工一道工作。**外派人员**（expatriate）是指那些在位于自己母国之外的其他国家工作的人。最经常被作为外派工作地点的国家和地区包括美国、中国、非洲和印度。[92]安永公司的16.7万多名员工中，有大约2 600人在国外工作，其中包括在巴西、中国、印度、俄罗斯和南非等30个国家和地区任职的270名美国人。[93]许多美国公司将外派工作安排作为一种培训工具。例如，想要晋升到高层管理岗位（比如首席财务官）上去的人，要想制订一份有效的全球财务计划，就需要了解文化规范和政治环境如何对货币和商品的流动产生影响。[94]

　　我们将在第12章详尽地讨论全球性人力资源管理问题，在这里重点是理解如何使员工为承担外派工作任务做准备。所谓**跨文化准备**（cross-cultural preparation），是指对即将被派往国外工作的员工（外派人员）及其家庭成员进行教育。要想在全球市场上成功地开展业务，员工就必须了解不同国家的经营实践以及文化规范。

跨文化准备的步骤

为了成功完成外派任务，外派人员必须具备以下条件：

1. 在自己的专业领域有一定的专长。

2. 在东道国能够进行语言和非语言沟通。

3. 具有灵活性、对模糊的忍耐性以及对文化差异的敏感性。

4. 有成功的欲望，喜欢接受在其他国家工作的挑战，愿意学习东道国的文化、语言和风俗习惯。

5. 能够得到家人的支持。[95]

美国公司的外派人员失败率之所以较高，原因之一是这些企业往往更为强调员工的技术能力培养，而员工对于将在另一种文化中工作没有做好充分的准备。海外派遣的失败，意味着公司没有充分抓住商业机会，同时还要承担替换这些在返回美国后离开公司的员工所产生的成本。[96]研究表明，外派人员的配偶及其家人感觉到的舒适程度是决定一位外派人员能否完成任务的最关键的因素。[97]研究还表明，外派人员的人格特征与他们希望中途终止外派任务还是完成外派任务也存在相关性。[98]一个性格外向的（开放的）、宜人的（合作和宽容的）和有责任感的（可靠的、成就导向的）外派人员，更有可能愿意从事外派工作，并且把这项工作做好。这就说明，只有当外派人员的人格特征易于使他们在其他文化背景下取得成功时，跨文化培训才可能有效。成功地完成外派任务的关键在于将外派人员及其家人的培训与职业生涯管理结合起来考虑。

外派前准备阶段

在外派前准备阶段，员工需要接受语言培训以及对所到国的文化及其风俗习惯的适应性训练。在适应性训练中，让外派人员的家人也参与进来是非常关键的。[99]外派人员和他们的家人需要得到与他们未来居住地的住房、学校、娱乐、购物、医疗保健设施等有关的信息。外派人员还必须与他们的上级管理人员讨论如何将外派工作与他们的个人职业生涯匹配起来，以及他们在回国以后有可能担任何种职务，等等。

在跨文化培训方法中包括很多展示技术，比如，举办一些让外派人员及其家人参加的与他们将要居住国家的风俗习惯和文化有关的培训讲座，在母国的某些具有文化多元化特征的社区中进行实际体验。[100]索迪斯公司（Sodexo）为其全球领导者提供了有讲师指引的课程，内容涉及如何建立一支具有全球竞争力的员工队伍以及如何在不同文化之间建立信任、展开协作以及进行有效的沟通。[101]在像迷你文化体验这样的练习中，外派人员及其家人可以到外国人家里，与这些人共同生活一段时间。例如，一名印度培训师带领 20 位来自超威半导体公司（Advanced Micro Devices，AMD）的经理前往新德里、班加罗尔和孟买进行了一次为期两周的文化之旅，会见了许多当地的商人和政府官员。[102]这一培训项目需要 6 个月的筹划期，包括向管理人员讲授有关餐饮习俗、潜在的社会问题以及如何在商业会议上进行沟通等内容。例如，印度人更倾向于以一种比较含蓄的方式介入商业讨论，因此受训的管理人员会被告知，在讨论商业问题之前需要先谈论一下时事或者其他一些话题来暖场。

研究发现，美国和东道国之间的差异程度（文化新奇性）、外派人员与东道国居民之间的互动数量（互动性）、对新工作任务和工作环境的熟悉程度（工作新颖性）等都会影响在跨文化培训中所使用的方法的"严格性"。[103]对于那些需要与东道国当地居民进行大量人际互动，而且具有较高文化新奇性和工作新颖性的外派任务而言，演练法以及团队建设法是最有效的（同时也是最需要的）。

在国外工作阶段

在国外工作期间的培训包括通过各种正式培训项目或者通过建立导师关系来继续帮助外派员工适应当地生活以及了解当地的风俗习惯和文化。[104]企业可以为外派人员及其家人指派一名东道国本地的员工来对他们进行指导，帮助他们了解新的工作环境以及所居住的社区。[105]企业还可以利用网站来帮助外派人员找到有关问题的答案。[106]外派人员可以通过网站了解一些解决问题的方法，例如：我应当如何在当地召开一次会议？什么样的宗教哲学可能会对今天的谈判产生影响？一些知识管理软件可以帮助员工分享、归纳以及获取他们在海外工作期间所需的具体知识。

员工拒绝外派工作任务的主要原因之一是，他们无法承担因配偶离开工作岗位而遭受的收入损失或者配偶的职业生涯在几年之后会与劳动力队伍脱节。[107]一些"随行"的员工配偶会选择利用陪同另一半外派的时间通过进修实现更远大的职业目标。但在一个陌生的环境里是很难有实现这一目标的机会的。为了避免出现这些问题，很多公司正在探索更为灵活的外派任务安排，其中包括减少外派时间，在本国和东道国之间通勤，以及让员工在海外工作和居家生活之间轮换。[108]此外，为了减轻外派工作给分居的配偶和家庭带来的压力，更多公司正在支持更加频繁的探访，包括外派人员家属探访和外派人员回国探访。葛兰素史克公司（GlaxoSmithKline）的国际服务中心负责从国外派到美国来或者从美国派到国外去的所有员工的重新安置，并为外派员工及其配偶提供与过去几年在同一地区工作过的其他员工及其配偶之间建立联系的伙伴对接制度。[109]通用汽车为员工提供持续的职业发展服务，在外派期间每年都给员工的配偶提供 2 500 美元的补偿金，以保持他们的专业执照及资格证书有效。世界银行为外派人员设立了一个网站，他们的配偶可以在上面发简历并寻求职业帮助。

回任阶段

回任（repatriation）是指为外派人员从国外返回母公司和母国而做的各种准备。由于在外派人员及其家人出国期间国内发生了一些变化，因此当他们返回母国后，很可能会承受较大的工作和生活压力，同时产生一定程度的焦虑。因此，企业应该鼓励员工管理自己的回任进程。[110]在赴国外上任之前，他们需要考虑自己希望开发什么样的技能以及在本公司中拥有这些技能的人能够从事哪些类型的工作。由于外派人员在国外工作期间公司也会发生一些变化，外派人员原来的同事、同级以及直接上级都有可能会离开，因此他们需要与公司以及行业中的关键人物保持联系。此外，因为外派人员在回国后往往要面对新的同事、新的工作，而且企业文化也可能会有所改变，所以当他们重新进入公司时可能会产生一定的震荡。为了缓解这种震荡，企业应当及时向外派人员提供本公司的新闻通讯以及当地社区的报纸，同时当外派人员在国外工作时，企业也要保证他们能收到从美国本土发给他们的电子邮件，无论这些邮件是私人的还是与工作有关。此外，一个常见的现象是，外派人员及其家人返回美国之后，很可能还要适应生活水平的降低，因为他们在国外可能雇有佣人，使用豪华轿车，孩子上私立学校，他们本人能够参加某些俱乐部，等等。因此，在员工从国外返回之前，公司就应当妥善地安排好他们的薪酬以及其他一些待遇。

许多公司的外派人员之所以在回国之后离开原来的公司，除了由于回国之后工作和生活产生震荡，另一个很重要的原因是，公司为他们安排的工作无论是在责任程度、挑战性还是在地位等方面，都不如他们原来在海外承担的工作。[111]我们可以来看一看孟山都公司（Monsanto）、阿苏隆公司（Aurion）以及欧莱雅公司（L'Oreal）是如何帮助外派员工返回公司的。[112]孟山都公司在员工外派之前就已经确定了他们将来返回公司后可能从事的岗位。电话、电子和电器保险公司阿苏隆公司则将外派人员交给高层管理人员，由他们负责在外派人员返回公司时帮他们寻找新的岗位。欧莱雅公司为了帮助外派人员重新回来融入公司，并且在他们返回公司时能够感到公司对他们的欢迎，会把他们当成新员工一样，邀请他们参加入职培训和一些社交项目。这对于那些长期从事外派工作的员工来说尤其重要，因为他们可能已经不太熟悉公司当前的流程、产品、服务以及加入公司的新员工。

6.5.2 管理多元化劳动力队伍和包容性

多元化是指区分人与人的不同维度。[113]例如，在威瑞森公司，多元化意味着包容具有不同年龄、种族、学历、性别以及工作风格的人群。**包容性**（inclusion）指的是创造一种工作环境，在这个环境中，员工分享存在感、互相尊重并对彼此承诺，这样员工可以在工作中有最佳表现。[114]包容性使企业不仅投资于员工的多元化，而且投资于顾客、供应商和社区伙伴的多元化。

多元化培训（diversity training）致力于改变员工对多元化的态度，或者提高他们与多元化人员共同工作的能力。许多多元化培训计划把重点放在了减少无意识偏见方面。研究表明，由于无意识偏见的存在，男性和女性的绩效得到的评价可能会差别很大。**无意识偏见**（unconscious bias）是一种我们意识不到的判断，它会因为一个人的背景、文化和个人经验而影响我们的决策。所有的人都会受到无意识偏见的影响。例如，无意识偏见对我们产生影响的方式之一是归因，或者我们用来解释别人行为的原因。例如，女性得到反馈说其沟通方式过于咄咄逼人的情况要比男性多出 2.5 倍。微软、谷歌、脸书以及陶氏化学（Dow Chemical）等许多公司都要求员工参加无意识偏见培训计划，以减少这种偏见对绩效评价、晋升决策和开发机会获取等可能产生的负面影响。[115]这些培训计划旨在使员工意识到无意识偏见的存在，并且通过放慢决策速度、仔细考虑决策背后的原因以及在判断中所使用的语言等方式来减少这种偏见的影响。

然而，仅仅有培训还不足以利用多元化劳动力的优势。[116]**管理多元化和包容性**（managing diversity and inclusion）意味着创造一种能让员工致力于实现集体目标并获得个人提升的环境，这样的环境包含获得工作机会的途径和积极公平对待所有员工。企业必须开发那些能够自如地和来自不同民族、种族和宗教背景的同事共事的员工。管理多元化可能需要改变企业文化，包括企业针对员工待遇、竞争力、结果导向、创新和承担风险的标准和准则。企业对多元化的价值观是以企业文化为基础的。

让我们来看一看罗克韦尔自动化公司（Rockwell Automation）、国民人寿集团（Na-

tional Life Group）和黑石集团（Blackstone Group）为管理多元化而采取的各种行动。[117]
罗克韦尔自动化公司是一家主营自动化和软件业务的公司，多元化是对管理人员的绩效进行评估的一个组成部分。男性管理人员要通过接受教练辅导去理解和改变可能会使女性和少数族裔员工感到不舒服、不受欢迎并且会阻止他们的职业发展的那些态度和行为。此外，所有员工均会接受无意识偏见方面的培训，潜在新员工的面试是由包括女性和少数族裔员工在内的团队来进行的。客户和同事聚会也不仅仅是打高尔夫，还包括品酒和烹饪课。罗克韦尔自动化公司所做的这些努力使得女性和少数族裔员工在管理类和工程类专业性工作岗位上的人数大大增加。国民人寿集团首席执行官不太相信多元化配额的作用。但公司确实每年都要求管理人员的同事和直接下属根据多元化原则来对他们进行评估，这些原则的例子包括他们在多大程度上重视多元化和包容性文化，并且鼓励大家对这方面的问题畅所欲言。这些评价结果并不会对管理人员的奖金产生影响，因此他们不会将这种评价视为一种惩罚。相反，公司鼓励管理人员与他们的团队通过见面的方式来获取反馈，看自己在哪些方面做得不错，同时讨论进一步的改进计划。为了帮助公司增加女性在入门级分析师工作中的人数，黑石集团在大学二年级学生中积极寻找女性招募对象，使她们熟悉公司并且帮助她们提高自己的简历写作和面试技巧。

当组织营造了一种鼓励从多元化中学习的文化时，多元化可以提高绩效。研究表明，多元化可以影响认知（获取知识）、情感（态度）和行为结果。[118]企业在管理多元化和包容性方面进行长期投入，就能看到成效。成功的多元化管理必须在以下几个方面为员工提供机会：（1）互相学习更好地完成工作的方法；（2）为员工提供一种支持和合作的组织文化；（3）使员工学会能够提高团队效率的领导力和处理问题的技能。多元化在劳动力市场和客户市场中客观存在，并且是一种社会潮流和价值观。管理人员应该在利用多元化的人力资源实践、管理技能和团队技能的基础上，聚焦于构建组织环境。正如在接下来的讨论中将要看到的那样，多元化管理需要艰难的文化改造过程，而不仅仅是张贴在墙上的口号。

让我们来看一下索迪斯公司在多元化方面的努力。[119]索迪斯是在美国、加拿大以及墨西哥处于领先地位的一家食品设备管理公司，每天为1 000多万客户提供服务。考虑到公司每天都与来自80多个国家的128个民族的员工与顾客发生联系，多元化被认为是实现公司经营目标的重要因素。索迪斯公司重视工作领域的性别比例和代际机会，并对残障人士和少数族裔给予重视。因此，多元化和包容性是索迪斯企业战略的核心元素。索迪斯公司认为多元化和包容性是聚焦于员工（如工作文化、招募、人才开发、工作的效果）、客户、委托人、股东（如供应商多元化、跨市场多元化委员会、多元化顾问）和社区（如索迪斯基金会、社区合作伙伴）的一项基本经营目标。例如，其中的一些目标包括理解多元化以及包容性的案例并且亲自体会；提高对多元化与经营挑战相关性的认识；通过实施一些有助于推动人才雇用、晋升以及保留的管理实践，创建和培育一个多元化的工作环境；通过做好关系管理和客户服务吸引和留住多元化的客户；通过成为女性和少数族裔企业的伙伴来提供食品设备管理服务。多元化和包容性在索迪斯公司是核心能力，并且是员工培训和管理人员年度绩效审核的部分内容。新员工培训强调索迪斯公司对多元化和包容性的价值观和期待。

索迪斯公司还将涉及公平就业机会以及遵守法律等方面的内容从多元化培训中分离出

去。在索迪斯公司，多元化培训是管理多元化战略的一部分。员工每隔三年就要参加一次涉及公平就业机会以及积极的反歧视行动方面的再培训课程。高层管理人员同样会参与到培训课程当中，并且承诺重视多元化管理。公司的跨市场多元化委员会（CMDC）由希望将索迪斯建设得更加多元化和更具包容性的管理者和领导者组成。该委员会的宗旨是在每条业务线上推行多元化计划，作为意见领袖实施多元化和包容性战略，在区域一级推进多元化和包容性，并与员工群体保持一致。针对高层管理人员的培训项目包括通过社区参与加以强化的持续课堂培训，支持和帮助员工团体，对多元化员工提供导师指导。公司的高层管理人员会参与涉及多元化的商业案例学习，并且亲自负责公司的多元化行动日程。每一位管理者都要参加一门为期一天的介绍性课程。公司的多元化培训涉及关注技能建议和多元化认知的学习实验室。这些实验室包括工作场所的不同世代、残疾认知培训、跨文化沟通、通过包容性提示团队有效性。该公司的学习和开发团队会针对不同的职能和工作团队量身打造学习解决方案。例如，针对销售团队设计和提供的是关于如何向多元化的客户进行推销的课程，而针对招募团队提供的则是关于跨文化沟通的培训课程。

除了这些多元化培训活动，索迪斯公司还有六个员工网络组织（被称为员工资源商业集团，例如"非洲裔美国人领导力论坛""我们尊重个性、多元化和平等""向机会和尊重致以最崇高的敬意""代际网络群体"等），给员工提供一个专业化发展和分享思路与想法的论坛，以支持公司在多元化方面的努力。索迪斯公司的"多元化之冠"（Champions of Diversity）计划会对那些促进多元化和包容性的员工给予奖励和认可。此外，员工还可以识别出哪些同事展现出了多元化和包容性行为，这些行为有助于吸引和留住多元化的人才，或者是提高公司在社区中的品牌认可度。能够在这方面获得认可的员工将会有机会参加每个月的抽奖活动，他们有可能会赢得 50 美元的报酬卡。

为了强调多元化对公司的重要性，索迪斯公司的每一位管理者都有一张多元化计分卡，用于评估他们在招募、保留、晋升和开发员工方面做出的成绩。计分卡中既有定量目标，也有对行为的评估，例如参加培训、担任员工导师以及承担社区事务等。他们在这些领域中的表现会与他们薪酬中的部分奖金直接挂钩。

索迪斯公司发现，它的多元化培训和对多元化管理的尝试对经营绩效产生了积极的作用。它的导师计划提高了生产率、敬业度以及女性和有色人种员工的留任率。在这种培训计划上每支出 1 美元估计可获得 19 美元的投资回报。索迪斯公司发现，在全球参与度、品牌知晓度、客户保留以及正向的利润和增长方面，那些性别比较平衡的团队（管理类岗位上女性所占的比例为 40%～60% 的团队）要优于那些性别不平衡的团队。索迪斯公司还由于在多元化管理方面的积极实践而获得了几份新的商业合同，并留住了一些客户。索迪斯公司还发现其在多元化和包容性上做出的努力吸引了很多优秀人才，因为这意味着公司注重全部员工的发展。该公司在多元化方面所做的努力正在不断得到认可。例如，2017年，它在"多元化公司 2017"评选出的多元化公司 50 强中位居前列，这标志着该公司已经连续第九年被评为最好的十家多元化公司之一。索迪斯公司被认定为拥有最多女性管理者的公司，并且在拉美裔、黑人、全球多元化以及残疾员工人数方面都排名前十。该公司有很多有效的计划来管理多元化，表 6-9 列出了有效管理多元化计划的一些关键组成部分。

表 6 - 9　有效管理多元化计划的关键组成部分

高层管理人员的支持
- 形成关于多元化的商业案例。
- 把多元化作为企业战略和公司目标的一个组成部分。
- 亲自参与多元化项目，并且鼓励所有的管理者都参与进来。
- 确保高管团队的构成能够反映员工队伍的多元化。

招募和雇用
- 要求猎头公司提供大量具有不同特征的求职者。
- 提升管理者的面试、甄选和雇佣技能。
- 扩大在历史上少数族裔学生比重较大的高校中进行校园招募的规模。

确认和开发人才
- 与针对希望从事管理工作的少数族裔学生制订的学徒计划建立起长期伙伴关系。
- 建立一个导师指导流程。
- 完善公司的全球继任计划系统，以增进对人才的识别。
- 改进管理者和领导者的甄选和开发，以确保他们能够实现团队绩效的最大化。
- 确保所有的员工，尤其是女性和少数族裔员工，有机会参与管理开发和领导力开发项目。

员工支持
- 形成资源小组或员工网络群体，在这些小组或群体中包括有共同利益的员工，利用他们来帮助公司制定业务目标以及了解他们关心的问题（例如亚太区员工、女性员工、同性恋员工、变性员工、美国本土员工、退伍军人员工、西班牙裔员工等）。
- 庆祝各种文化传统、节日和假日等。
- 发起工作-生活平衡的倡议（如弹性工作时间、远程办公、老人护理等）。

确保公平对待
- 实施广泛的多元化培训。
- 实行建设性的争议解决程序。
- 在整个公司的所有人力资源委员会中增加女性和少数族裔员工的人数。

让管理人员负责
- 将管理人员的薪酬与他们在达成多元化目标以及创造工作场所的开放性和包容性等方面取得的绩效挂钩。
- 通过对员工的态度调查或敬业度调查来跟踪员工在包容性、公平感、发展机会、工作-生活平衡以及对公司文化的感知等方面的态度。
- 对所有的管理人员及一线主管人员实施 360°反馈。

改善与外部利益相关者的关系
- 增加在多元化社区中的营销。
- 以不同的语言提供客户服务。
- 拓宽公司的供应商和销售商基础，将少数族裔和女性开办的企业纳入其中。
- 为多元化社区及其成员提供奖金、教育补助以及邻里补助等。

资料来源：Based on F. Dobbins and A. Kalev, "Why Diversity Programs Fail," *Harvard Business Review*, July/August 2016, pp. 52 - 60; B. Groysberg and K. Connolly, "Great Leaders Who Make the Mix Work," *Harvard Business Review*, September 2013, pp. 68 - 76; K. Bezrvkova, K. Jehn, and C. Spell, "Reviewing Diversity Training: Where Have We Been and Where Should We Go?" *Academy of Management Learning & Education* 11 (2012), pp. 207 - 227; R. Anand and M. Winters, "A Retrospective View of Corporate Diversity Training from 1964 to the Present," *Academy of Management Learning & Education* 7 (2008), pp. 356 - 72; C. Chavez and J. Weisinger, "Beyond Diversity Training: A Social Infusion for Cultural Inclusion," *Human Resource Management* 47 (2008), pp. 331 - 50.

从上述讨论中我们清楚地知道，成功的多元化项目不仅包括有效的培训项目，还需要不断改进企业文化，包括高层管理者的支持，在招募、培训、开发及行政结构等方面实施多元化政策和实践，比如开展多元化问卷调查、评价经理人员在多元化目标方面取得的进步等。[120]项目还包括在供应商、分销商队伍中以及在开展经营的社区中促进多元化、增强包容性。例如，ABB 北美公司设立了一个直接向首席执行官汇报多元化和包容性工作的职位。[121]这传达了公司支持多元化的信息，因为公司设立了一个职位来负责管理多元化和包容性问题，并且建立了跟踪这方面进展状况的指标。

6.5.3 新员工入职培训与社会化

新员工入职培训（onboarding）与社会化指的是帮助新员工在社交和绩效方面适应新工作的要求。[122]在新公司中建立新的人际关系来提高员工满意度，明确目标和预期来提高他们的绩效，提供反馈、培训以及追踪调查来降低流动性，都能起到帮助员工适应新工作的作用。在不同公司中，新员工入职培训项目各有不同。但是，一个有效的新员工入职培训项目应该包括图 6-6 中所示的四个步骤。有效的新员工入职培训包括了解日常工作以及如何填写税务表格、工作时间表、差旅费报销表等。目的包括但不限于以下几个方面：增强新员工的自信；提高员工在社交方面的舒适感；使员工更能被同事与上司接受和认可；帮助新员工了解工作角色、工作期望、工作职责以及绩效要求；帮助新员工适应并理解企业文化。有效的新员工入职培训与员工和企业的很多重要结果之间是有联系的，包括更高的工作满意度和组织承诺度、更低的离职率、更高的绩效水平、压力的减少、职业发展的有效性等。[123]

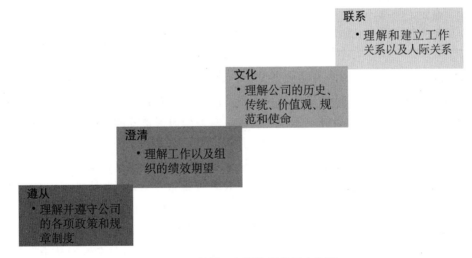

图 6-6 新员工入职培训的四个步骤

资料来源：Based on T. Bauer, *Onboarding New Employees*：*Maximizing Success*（Alexandria, VA：SHRM Foundation, 2010）; G. Chao, A. O'Leary-Kelly, S. Wolf, H. Klein, and P. Gardner, "Organizational Socialization：Its Content and Consequence," *Journal of Applied Psychology* 79 (1994), pp. 730-43.

表 6-10 展现了有效的新员工入职培训项目的特点。有效的新员工入职培训项目应当能够吸引新员工参与进来。一些公司提供的新员工入职培训项目就具有表中的这些特点。

例如，夫拉姆合作银行（Forum Gredit Union）是一家拥有 350 名员工的金融服务公司，该银行过去采用的是那种比较传统的新员工入职培训，其中包括讲师现场讲授和完成一些书面文件。[124] 为了帮助新员工更好地了解公司的产品和文化，这家银行设计了一项新的包括一些游戏的新员工入职计划。在（财务）生活游戏中，新员工团队需要通过玩一种有趣的互动式的棋盘游戏来开展竞争，看谁更了解公司的产品和服务。在"夫拉姆之道"（FORUMway）这个项目中，给新员工每人发一个衣架，要求他们去挑选合适的工作服。他们将自己选择的工作服呈现给人力资源部的一个评审小组，这个小组会向他们提供反馈。"惊人的总部大赛"（Amazing Headquarters Race）是一个需要用一小时来寻宝的游戏，团队必须与公司整个大楼的所有员工进行交谈。巴扎沃尔斯公司（Bazaarvoice）是一家在美国、欧洲和澳大利亚都设有分支机构的软件公司，该公司在新员工入职时就强调内部关系的建立。新员工也要参加寻宝游戏，他们需要完成的工作包括模仿给客户打电话、与同事召开视频会议、回答一些琐碎问题以及一起为办公室中的全体员工准备工间小零食等。在这项培训计划中还包括一个让新员工向公司其他成员介绍自己的全球视频电话会议。

表 6-10　有效的新员工入职培训项目的特点

- 鼓励员工提问。
- 在计划中既包括与工作有关的技术信息，也包括与工作有关的社会信息。
- 将新员工入职培训计划视为新员工的直接上级需要承担的一项责任。
- 避免斥责和辱骂新员工。
- 员工了解企业的文化、历史、语言、产品、服务以及客户方面的信息。
- 后续的培训发生在员工加入公司一年内的不同时间里。
- 在新员工和老员工之间有积极的互动。
- 为新员工提供安家服务（比如为员工及其亲属找房子或提供信息）。

西普公司（Shape Corp.）主要从事设计、建造、制造和测试能够吸收冲击能量，从而保护车辆、乘员以及行人的金属产品和塑料产品。[125] 西普公司的员工需要使用割炬、焊机、磨床和其他一些机械设备完成工作。因此，对该公司很重要的一点是，既要重视新员工入职培训，同时也要注重安全性。通过采用员工焦点小组方式进行培训需求评估之后，该公司发现，许多新员工在制造方面的工作经验很少，并且在没有接受任何培训之前就已经开始工作了。于是，所有新员工需要参加的入职培训都从一天延长为四天，随后则是针对从事制造工作的员工进行的为期六天的制造技术培训课程。新设计的新员工入职培训包括现场讲授、工厂参观、公司导师指导计划和员工导师指导计划介绍、网上培训以及讲师指导的安全培训等。如果员工未能通过制造技术培训课程，则不允许他们从事制造工作，并且有可能会被公司解雇。这项培训计划已经在全球范围内实施，共有 1 800 名员工用自己的母语参加了培训。西普公司还会在每半年召开一次的焦点小组会议的基础上不断修改培训计划的内容。这种新员工入职培训计划的实施效果之一是，在西普公司工作一年或不到一年的员工的工伤事故下降了 75%。该计划为员工提供了他们完成工作所需的知识，提高了他们的安全意识，并帮助他们在工作中建立关系，从而促进了他们的组织社会化。

小 结

科技创新、新产品市场以及多元化的员工队伍等越来越多地要求各家公司重新审视自己的培训实践是如何促进员工学习的。在本章中，我们阐述了一种系统的培训方法，其中包括培训需求评估、学习环境设计、员工做好受训准备以及培训成果转化等问题。我们还考察了大量的培训方法，同时强调指出，培训成功的关键在于选择最有助于实现培训目标的方法。我们还强调了培训通过建立与公司战略方向之间的联系如何提高组织的有效性，也展示了如何通过成本-收益分析增加培训对组织利润做出的贡献。由于企业需要抓住和利用多元化的员工队伍和全球市场带来的优势，因此管理多元化员工队伍以及做好跨文化准备工作是公司的两项重要培训内容。

讨论题

1. Noetron 是一家大型电器零售商店，它最近在销售人员培训方面进行了大笔投资，以谋求提高客户服务水平。这一培训项目向员工传授怎样向顾客问好、了解顾客需求以及为顾客提供各种便利。该公司想知道这个项目是否有效。应该收集哪些结果方面的数据？应该选择何种类型的评价设计？

2. 多伦（Toran）说："麦琳达（Melinda），我遇到了一个问题，麻烦你帮我解决一下。我没法儿让工厂里的工人作为一个团队一起工作。我本来就要操心竞争和账款拖欠的事情，真没有精力去处理他们的问题。你的任务是让工人互相协作，请周一把人际关系培训方案提交给我。"你怎么确定人际关系培训的需求？你如何判断是否真正需要培训？还有哪些因素导致了工人不和？

3. 假设你是一家小型食品公司的经理，公司里的培训大多是无组织的且发生在工作之中。一直以来，对鱼进行清理的老员工教新员工如何完成这项工作。公司一直是盈利的，但最近购买你公司鱼的批发商开始投诉说鱼的质量不好，比如，有些鱼片上还带有鱼鳞，腹腔残余物还附着在鱼片上。所以你决定要改变新员工的在岗培训方式。你会怎么改变培训以提高发给批发商的那些货物的品质？

4. 一项培训需求分析显示，你所在公司的经理不愿把任务交给下级而导致效率下降。假设你需要决定是采用探险学习法还是虚拟课堂的方法来实施这个培训项目。这两种方法各自的优缺点是什么？你会选哪一种方法？为什么？哪些因素会影响你做出的选择？

5. 为了提高产品质量，一家公司在一个装配工厂中引进了计算机辅助系统。该系统很可能会在很大程度上改变原有的工作内容。员工会被要求学习统计流程控制技术。新科技以及对质量的要求会使得员工参与众多的培训课程。50%以上的员工都是在10年前完成正式教育的，他们不能正常使用这种新技术。只有5%的员工享用了公司的学费报销福利。公司管理层应当怎样帮助员工最大限度地做好接受培训的准备工作？

6. 一门提供给维修工的培训课程能够让受训者学会如何维修、操作新的电子系统。在工作中，维修工要根据操作人员描述的症状去确定问题所在。在培训环节，培训师会给出各种各样的问题让员工去解决。培训师可能会指着电路图中的一个元件问大家："如果这个部件出了故障，会是什么导致的？"员工会循着电路图找到原因，最终解决这一问题。

然而，你听到了来自公司维修主管人员的抱怨——参加过这项培训的员工并不能高效准确地发现并解决问题。受训者都很有积极性，并且具备培训的一些先决条件。那么，这项培训课程的问题出在哪儿？你对改进这门培训课程的建议是什么？

7. 哪些因素决定了电子化学习的有效性？

8. 选择一个你熟悉的工作，为这个工作设计一个新员工入职培训项目，并解释你的项目是怎样对员工进行社会化的。

9. 游戏的哪些特点会激发学习的乐趣，尤其是对千禧一代来说？

10. 为什么员工更喜欢混合学习，而不是仅仅用 iPad 来学习？

11. 增强现实（AR）和虚拟现实（VR）是否使用了相同的训练方法？为什么？

12. 你认为促使学习发生的必要条件有哪些？哪一个最不重要？为什么？

13. 公司可以采取哪些措施激励员工自主学习？

14. 列出并讨论跨文化准备工作的步骤。

开篇案例分析

美国电话电报公司投入了大量的资金对员工进行培训，以帮助他们掌握承担新的工作角色所需要的那些技能，这对于保持公司的竞争力是非常必要的。这些投资包括面对面的培训以及慕课。此外，美国电话电报公司还为员工提供了用于理解当今各种职业选择的相关工具。

问题

1. 你是否认为美国电话电报公司的培训投资确实起到了激励员工持续学习的作用？为什么？

2. 用职业方格取代传统的职业发展通道会对培训产生怎样的影响？

3. 美国电话电报公司应该考虑采取哪些其他措施帮助员工获得技术能力并将其应用到自己的工作之中？

注　释

第 III 篇

人力资源的评价与开发

第 7 章　绩效管理

第 8 章　员工开发

第 9 章　员工离职与留任

第 **7** 章

绩效管理

学习目标

在阅读完本章后，你应当能够：

1. 确定传统绩效管理过程的主要组成部分及其局限性。

2. 讨论持续性绩效管理过程的特征以及企业采用这种做法的原因。

3. 讨论绩效管理的六大目的。

4. 确定有效的绩效管理系统需要达到的五大标准。

5. 讨论绩效衡量的五种方法、在每种方法中使用的具体技术以及这些方法与有效绩效管理系统需达到的标准进行比较的方式。

6. 针对某种特定情形选出最有效的绩效衡量方法。

7. 讨论各种不同绩效信息来源的优缺点。

8. 针对某种特定情形选出最有效的绩效信息来源。

9. 讨论社交性绩效管理和电子监控对于绩效管理的潜在好处。

10. 讨论绩效评价误差的类型，并说明在绩效评价中如何使每种误差最小化。

11. 实施一次有效的绩效反馈。

12. 确定绩效问题的成因。

7.1 本章介绍

那些寻求通过员工赢得竞争优势的公司必须做好所有员工的行为及其结果的管理工作。传统上，正式的绩效评价体系一直被视为管理员工绩效的主要手段。绩效评价本来应是管理人员需要承担的一项管理职责，但在企业中却往往成为人力资源管理部门的一个职能。很多管理人员将绩效评价视为一年一度的例行公事——他们往往匆匆忙忙地填写绩效评价表格，实际上是利用这张表格将在上一年度收集到的与某位员工有关的所有负面信息做个归类整理。或许是因为管理人员不喜欢面对绩效评价，也或许是因为他们认为自己并不知道应当如何进行有效的绩效评价，总之，有些管理人员在向员工提供反馈时往往尽可能少花时间。在了解这些情况之后，我们可能就不会对一件事情感到奇怪了，这就是为什么有那么多的管理人员和员工不喜欢绩效评价了！在实施或接受绩效评价时，员工的脑海中往往会浮现出这样的一些词："费时""令人沮丧""恐惧""负担""痛苦"。[1]员工之所以会有这样一些反应，其中的原因包括：整个公司在运用绩效评价方法时缺乏一致性；没有能力区分不同的绩效水平；绩效衡量系统无法帮助员工培养技能和胜任素质；让管理人员不得不花费过多的时间来实施绩效评价；绩效讨论的频率仅限于一年一次或两次，并且即使有讨论，也往往是讨论过去的绩效，而不是面向未来。[2]

有人甚至认为，所有的绩效衡量系统都存在缺陷，它们都是被操纵的、被滥用的、专制的以及反生产力的。但是，人们发现，如果完全取消绩效审核，又会导致管理人员和员工之间的绩效对话质量下降，同时降低员工的敬业度。之所以会出现这种情况，其中的原因在于，在没有绩效审核的情况下，管理人员很难向员工解释清楚他们的绩效到底如何以及需要在哪些方面加以改进。[3]重要的一点是，要认识到在表7-1中列举的对年度绩效审核的批评声音并不是对员工的绩效进行评价这种做法本身产生的结果。相反，这些问题都来自绩效管理系统的构建方式和使用方式。在采取的做法正确的情况下，绩效管理可以为员工和公司双方带来宝贵的利益。也正因为如此，包括礼来公司、Adobe公司、戴尔公司、纽约人寿公司（New York Life）、微软公司、英特尔公司和盖璞公司（Gap）在内的许多家公司都改变了自己的绩效管理系统。实际上，据估计，目前有超过1/3的美国公司在使用这类绩效管理系统，这些系统鼓励在管理人员和员工之间进行更为频繁的绩效对话，减少甚至取消正式的绩效评价面谈，并且正在逐渐弱化总体性的绩效评级。这些新系统可以满足所有员工——尤其是代表了劳动力队伍中的一个重要组成部分的千禧一代的员工——在获得反馈、指导以及开发机会等方面的需要。

表7-1　传统年度绩效审核的种种问题举例

"年度绩效审核已死。新型的人力资源管理领导者都意识到，他们所需要的是持续性的实时反馈和解决问题的办法。"

——Glint公司首席执行官

"随着时间的推移，绩效评级系统已经成为一个巨大的障碍。员工首先会看到自己得到的评价等级，后续的所有审核都会演变成回答这样一个问题：为什么我会得到这样的绩效等级，而不是得到其他的绩效等级呢？它已经不再是绩效的驱动因素了。"

——Expedia全球人力资源执行副总裁

"绩效管理中到处是伤痛。"

——韬睿惠悦咨询公司（Tower Watson）高级顾问

"我们都知道年度绩效审核并不能改进绩效，也不会因为开发出了顶尖人才而达成企业需要的经营结果。"

——BetterWorks公司首席执行官

"在传统的绩效审核中，员工会一直倾听，直到他听到自己的评级，然后停止倾听，因为他开始在脑海中计算这将如何影响他的奖金。"

——摩托罗拉系统公司（Motorola Solutions）人力资源高级副总裁

资料来源："Fixing the Broken Annual Review Process," *Human Resource Executive*，December 2018，p. 10；D. Wilkie, "Is the Annual Performance Review Dead", *HR Magazine*，October 2015，pp. 11-12；E. Goldberg, "Performance Management Gets Social," *HR Magazine*，August 2014，pp. 35-38；J. Ramirez, "Rethinking the Review," *Human Resource Executive*，July/August 2013，pp. 16-19；V. Liberman, "Performance Management：To Get Results Stop Measuring People by Them," *The Conference Board Review*，Summer 2013，pp. 57-63.

我们认为，绩效评价仅仅是范围更大的绩效管理过程的组成部分之一。我们将**绩效管理**（performance management）定义为管理者为了确保员工的工作活动和工作产出与组织目标保持一致而实施的管理过程。绩效管理是赢得竞争优势的核心所在。

我们的绩效管理系统由三个部分组成：界定绩效、衡量绩效以及提供绩效信息反馈。首先，绩效管理系统要具体说明绩效的哪些方面对于组织来说是重要的，这主要是通过工作分析（我们已经在第 3 章中对此进行了讨论）来完成的。其次，通过**绩效评价**（performance appraisal）来对上述各个绩效方面进行衡量——这是对员工的绩效进行管理的唯一方法。最后，通过**绩效反馈**（performance feedback）阶段向员工提供绩效信息反馈，从而使他们能够根据组织目标改进绩效。绩效反馈还可以借助薪酬系统来实现，即把绩效和报酬挂钩（比如根据绩效加薪或发放奖金等），这是我们在第 10 章和第 11 章将要讨论的内容。

在本章中，我们将考察绩效管理的各种方法。首先，我们会对当前的绩效管理实践做一个概括性的总结。其次，我们将讨论一个绩效管理过程模型，以帮助我们考察绩效管理系统的目的。接下来，我们将讨论绩效管理的具体方法以及它们各自的优缺点。同时，我们还会考察各种绩效信息来源。此外，我们将讨论由于对绩效进行主观评价而产生的各种误差以及减少这些误差的各种方法。接下来，我们会讨论绩效反馈的一些有效组成部分。最后，我们将强调在法律上具有说服力的绩效管理系统应当包括哪些内容。

7.2　绩效管理过程

尽管绩效管理确实包括每年一次或两次的正式评价或评价面谈，但有效的绩效管理是一个完整的过程，而不仅仅是一个事件。图 7-1 展示了传统的绩效管理过程。如该绩效管理过程模型所示，提供反馈和实施正式的绩效评价虽然很重要，但它们并不是在有效的绩效管理过程中帮助公司赢得竞争优势唯一重要的部分。[4]此外，首席执行官和高层管理人员对该系统表现出来的让大家可见的支持也是非常必要的。这样才能够确保绩效管理系统在整个公司范围内的运用是具有一致性的，绩效评价能够按时完成，同时提供绩效反馈和获得绩效反馈是公司文化中公认的一个组成部分。

传统的绩效管理过程包括图 7-1 中所示的六大步骤。绩效管理过程的前两个步骤涉及确定一家公司想要实现的目标（中长期目标或短期目标）以及一组关键绩效维度——这些关键绩效维度代表了会对组织的中长期或短期目标实现产生影响的关键因素或驱动因素，然后还要针对这些绩效维度制定具体的绩效衡量指标。[5]绩效管理过程的第一步从理解和识别组织想要达成的重要绩效成果或结果开始。通常情况下，这些绩效成果或结果会使客户、员工的同事或所在的团队以及组织受益。在确定这些绩效成果方面，公司和部门或团队的战略、使命以及价值观等都起着非常重要的作用。本书第 2 章指出，大多数公司都会通过采用某种战略来达成在经营收入、利润以及市场份额等方面的目标。事业部、部门、团队和员工的目标和行为必须保持协调一致，并且选择参与实施那些有助于实现组织战略及其目标的活动。绩效管理过程的第二步包括实现第一步中所确定目标的过程（或方式）。其中包括明确帮助员工达成绩效结果的可衡量目标、行为以及活动。这些目标、行为和活动都应该是可衡量的，因为只有这样才能使管理人员和员工明确地知道是否已经确

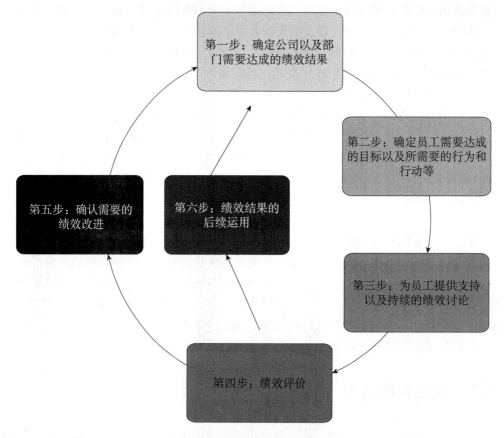

图7-1 有效的绩效管理过程模型

资料来源：Based on E. Pulakos, R. Hanson, S. Arad, and N. Moye, "Performance Management Can Be Fixed: An On-the-Job Experiential Learning Approach for Complex Behavior Change," *Industrial and Organizational Psychology*, March 2015, pp. 51 - 76；E. Pulakos, R. Mueller-Hanson, R. O'Leary, and M. Meyrowitz, *Building a High-Performance Culture: A Fresh Look at Performance Management* (Alexandria, VA: SHRM Foundation, 2012)；H. Aguinis, "An Expanded View of Performance Management," in J. W. Smith and M. London (eds.), *Performance Management* (San Francisco: Jossey-Bass, 2009), pp. 1 - 43；J. Russell and L. Russell, "Talk Me through It: The Next Level of Performance Management," *T+D*, April 2010, pp. 42 - 48.

实完成了。这些目标、活动和行为应成为员工的工作描述的一个组成部分。

绩效管理过程的第三个步骤是提供组织支持，其中包括对员工提供培训、各种资源和工具，在员工和上级管理者之间进行频繁的反馈交流，交流的重点应当放在绩效目标的达成以及影响绩效达成的各种问题和挑战。为了进行有效的绩效管理，管理者和员工必须理解反馈的价值并定期进行意见交流。管理人员需要花一些时间来提供反馈以及参加关于如何提供反馈和接受反馈方面的培训。第四个步骤是绩效评价，即上级管理人员和员工将预定的绩效目标及其支持性行动与员工实际达成的结果进行比较。这通常表现为每年或每半年实施一次的正式绩效审核。

绩效管理周期的最后两个步骤是让员工和上级管理者共同确定员工怎样（在上级管理者的帮助下）充分发挥自己的绩效优势，同时弥补绩效劣势（步骤五），然后针对员工达成（或未达成）绩效成果的情况采取后续措施（步骤六）。其中包括的内容有：确定员工的培训需求；调整上级管理者向员工提供反馈的类型或频率；澄清、调整或修正绩效成果；根据组织或部门目标的变化或强调的新领域，讨论哪些行为或活动需要加以改进或与新的优先工作事项相关。达成绩效成果的员工可能在薪酬（加薪、现金奖励）、认可、晋升、开发机会和继续被雇用等方面获益。这些都取决于公司所确定的绩效管理系统想要达到的目的（请参阅 7.3 节）。

员工达成的（或未达成）的那些成果以及这些成果达成（或未达成）产生的后果对组织经营战略和绩效目标以及整个绩效管理过程的变化是有影响的。对绩效管理系统的有效性进行评价，对于确定所需进行的变革是很有必要的。可以做的事情可能包括收集关于管理人员和员工对绩效管理系统存在问题的评论，对绩效评级数据进行分析以确定它们是否受到评价误差的影响，对绩效目标的质量进行审查，研究员工达成目标与部门和组织结果之间的关系，等等。

如今，许多公司放弃传统的绩效管理过程，转而采用持续性绩效管理过程。**持续性绩效管理过程**（continuous performance management process）是一种鼓励管理人员与他们的直接下属以及团队进行持续性沟通的方法，沟通的重点是工作的进度、提供反馈、目标是否达成以及对目标进行必要的调整、开发方面的需要等。[6]这一过程涉及从员工的社交网络成员那里收集绩效反馈数据，这些成员包括可以观察他们工作的直接上级、同事、客户以及直接下级。通过使用应用程序和网站很容易提供绩效反馈，同时也容易进行绩效审核。

很多公司之所以采用持续性绩效管理过程，有几个方面的原因。[7]第一，员工（尤其是千禧一代的员工）更喜欢定期的反馈、透明度、清晰性以及工作责任感。也就是说，他们想要知道自己做得到底怎么样，想要确定自己需要完成哪些工作、如何完成，以及怎样在需要时做出调整。第二，工作正越来越多地以团队形式完成，这就意味着在对员工提供反馈、对他们的工作情况进行评价以及认可他们的工作方面，员工的同事而不是他们的上级更为适合。此外，应用程序的出现也使员工通过智能手机、平板电脑或笔记本电脑等相互提供反馈和认可变得更加容易。第三，管理者在对员工进行培养和教练式指导方面承担的责任越来越大。第四，企业需要变得更加敏捷，这样才能成功应对来自经济和竞争的力量。这就意味着每半年甚至每个季度或每星期都需要有关于组织、团队和个人的新绩效目标，或者是需要通过更改当前的目标来适应当前的情况。而在传统的绩效管理过程中，当企业的目标逐级分解到员工身上时，这些目标很可能已经过时了，员工就很难确定自己需要做些什么来帮助组织实现这些目标。第五，公司需要得到更好的数据来帮助自己制定与晋升、加薪和开发机会等有关的人才管理决策。第六，最近的几项调查得出的结论认为，传统绩效管理的做法是无效的。[8]例如，50％以上的管理者认为，本公司的绩效管理过程无论是对员工的绩效还是对公司绩效而言，都没有产生积极的影响（与此同时，70％的公司认为需要改善本公司的绩效管理做法）。50％的员工对自己得到的绩效评价结果感到惊讶，90％的员工对结果感到不满意，因为他们本来以为自己能够得到更好的评价结果。

表 7-2 比较了传统绩效管理和持续性绩效管理的特征。现在来看一看传统绩效管理和持续性绩效管理之间的一些差异。[9]绩效管理不仅包括正式确定时间安排的绩效评价阶段——通常每年一次或两次（在年中和年终），还包括持续性的绩效对话和反馈以及每周、

每月或每季度都需要进行的更为频繁和正式的绩效审核。上级、同事、直接下级甚至客户都可以向员工提供反馈。传统的绩效管理被认为是"关注过去的"，因为仅依靠每年进行的一次或两次正式绩效评价，实际上意味着关注的重点往往就是上级对员工在过去一个评估期内的绩效表现进行评价。持续性绩效管理则是"关注未来的"，因为员工会得到更为频繁的绩效反馈，并且会在必要时为他们提供调整绩效目标和改变行为的机会。绩效管理过程变得更具有开发性特点，管理人员在对员工提供教练式辅导方面也起到了更大的作用。

表 7-2　传统绩效管理和持续性绩效管理的特征比较

特征	传统绩效管理	持续性绩效管理
何时发生？	年中审查和年度审核	持续进行，同时配合更为正式的季度、年中和（或）年度绩效审核
谁参与其中？	管理人员	管理人员、同事、直接下级
重点是什么？	关注过去（着重考察在上个绩效评价周期开始时设定的目标或行为的达成度方面）	关注未来（着重考察如何帮助员工达成目标或改变行为），目标是可变的，可以根据需要有所调整
如何进行？	绩效评价等级和评价结果是采用正式绩效评价表格的方式衡量的	强调面对面的绩效对话，可以包括通过社交媒体提供的评分和反馈
透明程度如何？	目标设定和目标达成进度安排是在管理人员与员工进行私下对话的基础上确定的	反馈、认可、目标设定、目标达成进度以及最终取得的成果都是公开透明的；目标是可变的，可以根据需要有所调整

资料来源：Based on Deloitte Development LLC，"Continuous Performance Management，" 2017，accessed from N. Sloan，D. Agarwal，S. Garr，and K. Pastakia，"Performance Management：Playing a Winning Hand，" December 28，2017，from https://www2. deloitte. com/insights/us/en/focus/humancapital-trends/2017/redesigning-performance-management. html，accessed January 22，2019；E. Pulakos，R. Mueller-Hanson，and S. Arad，"The Evolution of Performance Management：Searching for Value，" *Annual Review of Organizational Psychology and Organizational Behavior* 6（2019），pp. 249-271；A. Colquitt，*Next Generation Performance Management*（Charlotte，North Carolina：Information Age Publishing，2017）.

需要考虑到的很重要一点是，许多公司都正在从仅强调在年中和年终举行正式绩效评价的传统绩效管理系统转向持续性绩效管理。有人估计，75％以上的公司高层管理人员认为，重新设计本公司的绩效管理系统已经成为当务之急。[10]请记住，在我们讨论这一转变过程时，许多公司已经借鉴了持续性绩效管理的一些特点但不是全部特征。此外，实现这种转变会需要几年时间，因为管理人员和员工需要花一些时间来了解如何提供以及接受正面和负面的反馈，并且会对此感到很自然。

让我们来看一看脸书和宝洁公司对自己的绩效管理系统所做的变革。[11]脸书保留了传统的绩效管理系统，但是对其做了一些重要的修改。该公司现在根据员工的上级和同事提供的意见以及员工所做的自我评估，每六个月进行一次绩效审核。之所以每六个月进行一次绩效审核，是因为该公司的业务在本质上是快速变化的。

脸书采取了几项措施来确保其绩效管理系统的公平、透明，并且将重点放在员工开发方面。公司要求评价者在对员工的总体绩效进行评价之前，首先根据特定的绩效维度（例如技术贡献等）进行评价。同事的绩效评价结果要在员工彼此之间以及与管理者进行分享。公司对管理人员进行了培训，帮助他们及时了解员工所做项目的情况，并且在必要时向员工提供反馈和帮助。管理人员会通过开会来一起讨论每个人的下属的绩效情况，在考虑同行提供的意见的基础上，为自己对员工做出的绩效评价结果进行自我辩护和合理性说明。召开这些绩效评价会议的目的是弱化单个管理人员在评价过程中因为生硬或简单化而产生的不良影响。当管理人员为下属撰写完绩效审核意见之后，作为他们同行的其他管理人员会检查这些意见是否带有偏见（例如，一位管理人员是否更经常性地用"好斗"或"生硬"之类的词来描述女性员工，从而导致女性员工得到的绩效评价等级偏低）。总体性的绩效评价结果往往基于一个公式被直接转化为薪酬方面的决策。这就使得管理人员可以专心得出精确的绩效评价结果，而不是费尽心思考虑薪酬方面的问题。脸书还消除了这样一个麻烦，即不得不在每一年重新认定员工应当被归类到优秀员工、良好员工还是差员工之中，无论基于延伸目标（他们称之为 50－50 目标）来看他们应当被分到哪一组。这些目标都是具有挑战性的：员工能够实现或不能实现这些目标的机会是均等的。结果，员工每年大约只有 1/3 的概率会被划分到跟去年相同的整体绩效评价等级。

　　宝洁也改革了自己的绩效管理方法，以使其更加具有强调绩效对话和员工开发这样一种持续性绩效管理过程的特点。该公司的绩效管理过程分为四个阶段。第一阶段是确定优先顺序阶段，重点在于根据员工所从事的最有意义的工作来设定挑战性目标和需要达成的目标。第二个阶段是评价（evaluation）阶段，管理人员和员工共同讨论在这一年中取得了哪些方面的成果以及是如何取得这些成果的。第三阶段是评估（assess）阶段，管理人员考虑员工的成长潜力。最后一个阶段是认识（know）和成长（grow）阶段，着重讨论和确定员工个人的开发计划。管理人员和员工之间的对话对于绩效管理的成功而言是至关重要的。因此，宝洁制作了教练指导培训视频并开办了讲习班来帮助管理人员学会如何进行有效的绩效对话，以及如何作为一个教练来帮助员工取得职业发展。

7.3　绩效管理的目的

　　表 7-3 显示了绩效管理的六大目的：战略目的、管理目的、开发目的、沟通目的、组织维护目的和文档记录目的。[12]尽管这些目的都很重要，但绩效管理系统很难同时实现所有这些目的。原因之一在于许多管理人员不愿意在绩效管理过程中恰当地发挥自己的作用。例如，管理人员对评估他人并提供反馈可能会觉得不自在。结果，他们总想对每个人都给出很高的评价或完全相同的评价，使得绩效评价信息变得毫无用处。另外一个原因是，绩效管理的不同用户可能会存在不同有时甚至是相互矛盾的期望。员工希望绩效管理系统能够给他们提供反馈，认可他们的绩效，同时获得适当的薪酬和晋升。但是管理人员和公司领导者希望绩效管理系统能够使他们区分员工的绩效，从而提供不同的报酬。而这就很可能会导致那些没有得到绩效报酬和认可的员工感到自己受到了不公平对待（管理人员也很可能在运用这套绩效管理系统时玩弄手段，即通过抬高绩效评价等级来给下属员工

争取加薪）。这就是为什么许多新的持续性绩效管理系统都会特别强调提供日常反馈，那些难以理解和难以证明合理性的绩效评价等级则被取消了，而只是把各种目标的实现情况用来作为薪酬和其他管理决策的基础。

表 7-3 绩效管理的目的

绩效管理的目的	描述
战略目的	将员工的行为及其预期结果与组织目标联系起来
管理目的	用于薪酬管理（加薪）、晋升、保留或解除合同、解雇以及对员工绩效的认可
开发目的	发现员工的优点和缺点，使管理人员可以作为提供反馈、教练式指导以及制订开发和职业规划的依据
沟通目的	强调组织期望员工做什么、员工的绩效表现如何以及在哪些领域需要有所改进。指明重要的公司价值观和原则
组织维护目的	表明员工队伍绩效、培训、开发和人才获取需求
文档记录目的	为应诉和接受调查而做好管理决策和信息的记录工作

资料来源：Based on A. Colquitt, *Next Generation Performance Management* (Charlotte, North Carolina: Information. Age Publishing, 2017); H. Aguinis, *Performance Management* (4th ed.), (Chicago: Chicago, University Press, 2019); J. Cleveland, K. Murphy, and R. Williams, "Multiple Uses of Performance Appraisal: Prevalence and Correlates," *Journal of Applied Psychology* 74 (1989, pp. 130-135).

通用电气的新绩效管理系统对公司实施的文化变革——让公司变得更加以客户为中心——提供了支持。[13]公司管理人员会根据员工理解客户需求的程度以及测试和确认新产品和解决方案背后的那些假设的速度来对员工进行评价。每位员工都有一系列的短期绩效目标或优先事项。管理人员和员工在全年中都在进行绩效对话（称为"触点"），以回顾在实现这些目标方面的进度，在年底还会召开一个简短的总结会议。公司鼓励员工在任何时候向他人提供绩效反馈，同时从自己的同事（以及上级管理者）那里获得绩效反馈。为了促进绩效反馈，通用电气还专门开发了一个移动应用程序，这个程序可以使建设性的信息和表扬在单独的目录下提供。公司还鼓励员工参加团队会议，在这种会议上还会有一位指导者向员工的管理者提供反馈。公司期望团队能让管理人员在定期召开的绩效进展会议上对员工的行为改变负责。该公司的绩效管理系统在持续不断地发展。员工越来越愿意向自己的管理人员提供建设性的信息。而管理者仍在努力让员工采取新的行为，同时使他们可以很自然地与客户一起测试一些尚不完善的想法和产品原型。通用电气正在争论的一个关键问题是：如果不对员工进行绩效等级评定或没有一套整体性的绩效评级系统，那么以什么为依据来做出晋升和薪酬决策呢？

绩效管理中的重要一步是设计用于绩效评价的绩效指标。接下来，我们就来讨论涉及开发和使用各种不同绩效指标的问题。

■ 7.4 绩效衡量系统应达到的标准

在第 3 章中，我们讨论过如何通过工作分析确定一种工作的有效绩效包括哪些内容。

一旦一家公司通过工作分析和工作设计确定了自己期望员工达到何种类型的绩效，接下来要做的就是找到一些方法对这种绩效进行衡量。本节所要阐述的则是对一种工作的绩效进行衡量需要达到的标准。接下来，我们再来讨论绩效衡量的方法、绩效评价信息来源以及绩效评价误差等方面的内容。

尽管不同的人对于应当运用何种标准来评价一个绩效管理系统的有效性存在不同的看法，但我们认为，以下五个方面的标准是很重要的：战略一致性、效度、信度、可接受度以及明确度。

7.4.1　战略一致性

战略一致性（strategic congruence）是指一套绩效管理系统激发出与组织的战略、目标和文化相一致的工作绩效的程度。如果一家公司强调客户服务，那么其绩效管理系统就应当去评价员工向公司客户提供良好服务的程度。战略一致性强调的是绩效管理系统需要引导员工为组织的成功做贡献。这就要求绩效管理系统必须具有足够的灵活性，以适应公司战略处境发生的变化。

许多公司都在自己的绩效管理系统中使用关键成功要素（CSF）或关键绩效指标（KPI）。[14]一家公司的经营战略中的关键成功要素是赋予其竞争优势的那些因素。很多公司都会去评价与获得关键成功要素相关的那些员工行为，这将使得这些行为对于员工的重要性提升。这些公司通常还会要求员工表现出直接关系到公司获得关键成功要素的那些行为，同时使他们因此而获得报酬。

谷歌的绩效管理系统包括整个公司、团队、管理层以及员工四个层次上的目标与关键结果（OKR）。[15]这种做法的思想基础是，每个人都应当有一份清晰、相关且具有挑战性的简短工作清单。每位员工通常有 4～5 个目标与关键结果。这些目标与关键结果是以年度和季度为时间单位确定的。年度目标与关键结果是可以更改的，但季度目标与关键结果是不能变的。在每个季度末，会对达成的关键结果在 0～1 的范围内加以评价。公司不期望员工能够达到 1，因为这可能表明预期的结果太容易达成了。所有的目标与关键结果都是公开的。所有的员工都可以看到首席执行官和自己同事的目标与关键结果。

很多公司需要面对的一个挑战就是，如何评价客户忠诚度、员工满意度以及其他一些能够对公司盈利水平产生影响却属于非财务性绩效的指标。为了有效使用非财务性绩效衡量指标，管理人员需要做好以下几项工作[16]：

●设计一个模型描绘出这些非财务性绩效衡量指标与公司战略目标之间存在何种联系。确定哪些绩效领域对于组织的成功至关重要。

●从现有的数据库中找到已有的关键绩效指标的数据（例如客户满意度和员工满意度调查数据）。如果没有可用的数据，就先确定下来对公司的战略和绩效产生影响的绩效领域，然后针对这些绩效领域设计衡量指标。

●用统计的以及定性的方法来测试这些绩效衡量指标与公司的财务成果之间的关系。也可以使用回归分析、相关分析、焦点小组访谈以及面谈等其他方式。例如，有几项研究表明，员工的工作投入度、满意度以及工作热情等指标，与包括客户满意度、生产力以及盈利水平等在内的公司经营绩效指标存在显著的相关性。[17]

● 回顾一下用来描述非财务性绩效衡量指标与公司战略目标之间存在关系的那个模型，确保非财务性绩效衡量指标是恰当的，确定是否需要加入新的衡量指标。由于公司经营战略以及外部经济环境在不断变化，因此，理解推动组织财务绩效实现的那些因素以及确保上述关联模型的恰当性显得至关重要。

● 基于关联模型呈现的结论采取行动。例如，西尔斯公司（Sears）发现，员工对受到监督以及工作环境的态度对顾客满意度以及股东收益等有显著影响，于是，公司开始通过在管理技能培训方面进行投资来帮助管理人员更好地达到这样一种状态，即在赋予员工更大工作自主权的同时确保他们对自己的工作负责。[18]

● 通过审计手段确定所采取的这些行动以及所做的这些投资是否产生了理想的结果。

大多数公司的绩效衡量系统往往在相当长一段时间内保持不变，尽管公司的战略重点可能已经多次改变。然而，当一家公司的战略发生变化时，员工的行为也需要随之改变。[19]很多企业的绩效管理系统并没有随公司战略的变化做出调整，这一事实大概可以解释为什么许多企业的管理人员认为绩效衡量系统对企业的有效性根本没什么影响。

7.4.2　效度

效度（validity）是指一个绩效衡量系统在多大程度上对绩效的所有相关方面——并且仅仅相关的那些方面——做出了评价。这种效度通常又称为"内容效度"。一个绩效衡量系统要想有效，必须既不能存在缺失，也不能被污染。正如我们可以从图7-2中看到的那样，其中的一个圆代表的是"真实的"工作绩效——绩效的所有方面都与成功履行工作职责相关。另一个圆代表的是工作绩效衡量系统。企业必须使用某些绩效衡量方式来对绩效进行评价，比如让直接上级根据能够客观反映员工工作结果的一整套绩效维度或者是能衡量某些客观结果的绩效指标做出绩效等级评价。效度关注的是实际工作绩效和对工作绩效所做的衡量之间的重叠部分达到最大化（即图中两个圆的重叠部分）。

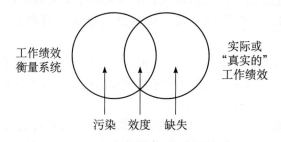

图7-2　工作绩效衡量系统的污染与缺失

如果一个绩效衡量系统没能衡量出绩效的所有方面的内容（图中右边的半圆），则这种绩效衡量系统就是存在缺失的。这方面的一个例子就是，一所规模很大的大学更多地根据科研成果而不是教学成果对教师的工作绩效进行评价。这样做的结果就是，教师工作绩效的一个相关方面被忽略了。

受到污染的绩效衡量系统会对与绩效或员工本职工作无关的那些方面（图中左边的半圆）进行评价。绩效衡量系统应当尽量将污染程度降到最低，但是要想完全消除污染几乎是不可能的。一个受到污染的绩效衡量系统的例子就是，用实际销售额来衡量在完全不同的地理区域从事销售工作的全体员工的绩效。这是因为，通常情况下，销售额的高低在很大程度上取决于地理区域（例如潜在客户数量、竞争对手数量以及当地的经济状况等）而不是销售人员的实际表现。一位比别人工作更努力、业绩更出色的销售人员很可能拿不到最高的销售额，而这可能仅仅是因为他所在的销售区域并不具备其他销售区域的销售潜力。因此，单纯的销售额指标在很大程度上会受到员工个人无法控制的其他一些因素的影响。

7.4.3 信度

信度（reliability）是指一个绩效衡量系统的一致性程度。信度的一个重要类型是评价者信度，即对员工的绩效进行评价的多个人之间的一致性程度。如果两个人对同一个人的工作绩效进行评价时得出的结果相同（或接近相同），那么这种绩效衡量系统就具有评价者信度。有证据表明，大多数由直接上级对下级员工的工作绩效所做的主观评价得出的结果都表现出较低的信度。[20]对于有些绩效衡量系统来说，保持所有被衡量项目之间的内部一致性是非常重要的（内部一致性信度）。

此外，一个绩效衡量系统还应当在一段时间内是可信的（再测信度）。如果仅仅是由于评价时点不同，一个绩效衡量系统对一位被评价者就得出了差别很大的评价结果，那么这个绩效衡量系统就缺乏再测信度。例如，如果仅仅是根据销售人员在一个既定月份完成的实际销售额对他们的工作绩效进行评价，那么，必须考虑到的非常重要的一点就是，销售人员在不同月份中的销售额之间是否具有一致性。如果一家百货商店的一位绩效评价者仅仅是根据 5 月份的销售额来对各部门的销售绩效进行评价，那会产生怎样的结果呢？结果会是草坪与园艺部的销售额比较高，而男装部的销售额比较低。这是因为在传统上，服装的销售额在 5 月份本来就低于其他月份。因此，评价者需要在一段时间内对工作绩效进行具有一致性的衡量。

7.4.4 可接受度

可接受度（acceptability）是指使用一个绩效衡量系统的人是否愿意接受它。许多经过精心设计的绩效衡量系统具有极高的信度和效度，但由于这些绩效衡量系统耗费了管理人员太多的时间，因此他们拒绝使用这些系统。此外，那些被评价的人也有可能会拒绝接受这种绩效衡量系统。

可接受度会受到员工对一套绩效管理系统的公平性的信任程度的影响。如表 7-4 所示，员工能够感知到的公平可以划分为三种类型，即程序公平、互动公平以及结果公平。这张表还具体展示了绩效管理系统的开发、使用以及成果会如何影响员工的公平感知。在设计和使用绩效管理系统时，管理人员应当采取表 7-4 中的"管理启示"那一栏列出的一些步骤来确保绩效管理系统被员工认为是公平的。研究表明，那些被员工认为不公平的绩效管理系统很有可能会面临法律问题，或者是在使用时出现失误，或者是削弱员工改善绩效的动机。[21]

表7-4 可感知公平的类型及其对绩效管理系统的影响

公平的类型	对绩效管理系统的重要性	管理启示
程序公平	设计	• 为管理人员和员工提供参与绩效管理系统设计与开发的机会 • 在对不同员工进行绩效评价时确保标准的一致性 • 最大限度地减少评价误差和偏见 • 管理者应与员工以合作的方式设定目标和关键绩效指标
互动公平	使用	• 提供及时、全面的反馈 • 允许员工对绩效评价提出异议 • 在尊重、友好的氛围中提供反馈 • 个人、团队和公司的目标及其关键绩效指标应当对全体员工保持透明
结果公平	结果	• 就绩效评价及其标准与员工进行沟通以帮助他们形成合理的期望 • 就报酬方面的问题与员工进行沟通以帮助他们形成合理的期望 • 就薪酬和开发决策的理由与员工进行沟通以确保他们能够理解

资料来源：Based on B. Hancock, E. Hioe, and B. Schaninger, "The Fairness Factor in Performance Management," April 2018, from https://www.mcvkinsey.com, accessed January 10, 2019; *HBR Guide to Performance Management* (Boston MA: Harvard Business Review Press, 2017); S. W. Gilliland and J. C. Langdon, "Creating Performance Management Systems That Promote Perceptions of Fairness," in *Performance Appraisc: State of the Art in Proctice*, ed. J. W. Smither (San Francisco: Jossey-Bass, 1998).

7.4.5 明确度

明确度（specificity）是指一个绩效衡量系统使员工知道公司对自己的期望以及如何才能达到这些期望的程度。明确度与绩效管理的战略目的和开发目的都是息息相关的。如果一个绩效衡量系统不能明确地让员工知道他们必须怎样做才能帮助公司实现战略目标，这一系统就不能保证战略目的的达成。此外，如果一个绩效衡量系统不能指出一位员工到底存在哪些方面的绩效问题，指望这位员工去纠正自己的绩效问题几乎也是不可能的。

德勤公司为其各个项目团队设计的绩效管理系统能够满足一个良好的绩效管理系统所应达到的大多数标准。[22]德勤的目标是通过年度薪酬决策、项目绩效评价以及每周的绩效对话来识别、观察和激励绩效。德勤的客户需要的往往同时有短期项目和长期项目，而对于任何一名员工来说这些项目都太复杂了，很难具备完成所有这些项目所需的专业知识。因此，为了满足客户的需要，德勤只能依靠员工团队。在这些团队中包括团队负责人和各自具有不同技能组合的员工。为了评价每一位团队成员的绩效，德勤要求团队负责人回答四个问题：第一，自己是否会给此人提供最高的加薪幅度和奖金（衡量此人的整体绩效和对组织的独特价值）；第二，是否始终希望他们留在自己的团队中（衡量此人与他人合作的能力）；第三，此人是否存在低绩效的风险（确定此人是否存在可能损害客户利益的问题）；第四，此人是否现在已经做好了晋升的准备（衡量此人的开发潜力）。这四个问题分别代表了与德勤的项目团队相关的四大具体的绩效维度（薪酬、团队合作、绩效、晋升）。之所以选择团队领导者作为评价者，是因为他们最有条件观察团队成员的绩效表现，而且他们的工作角色也决定了他们必须做出主观判断。这些问题在经过测试之后被投入使用，其目的在于考察它们是否能够将无效的和有效的团队成员区分开来，并且是否与以其他方式（例如员工敬业度调查）衡量的其他绩效结果存在关联。

在短期项目中，对团队成员的评价发生在每个项目结束的时候，而在长期项目中，绩效评价则是每季度进行一次。为了确保绩效评价能够提高团队绩效，并且还能被团队成员接受，每个团队负责人还必须每周与自己的每位团队成员进行一次核查。在这些对话过程中，团队负责人要讨论组织对员工的期望，审查工作事项的优先级别，并对员工最近的工作情况提供反馈。公司鼓励团队成员主动发起与团队负责人共同进行的绩效核查，这是因为团队领导往往很忙，很容易忘记与员工进行绩效讨论。在每个季度中，德勤的业务负责人都会利用绩效评价来对一组员工进行审核，其中包括那些具有关键技能或已经有资格得到晋升的员工，与他们讨论为了帮助这个团队取得进一步的发展，还需要采取哪些方面的行动。对这些问题的回答为企业领导者在年底做出薪酬决策提供了大量的信息，他们在这时还需要考虑项目任务的难度以及其他团队成员对公司所做的贡献。

◼ 7.5　绩效衡量的方法

有效绩效管理的很重要一部分就是确定应当如何对绩效进行评价。然而，这一点是很难做到的，这是因为绩效的内涵很复杂，其中包括员工如何执行自己的工作任务以及如何为团队做出贡献，还包括是怎样以对同事和公司提供支持的方式来做事的。[23]对有效的绩效的界定以及对绩效进行衡量的时间、内容和方式很可能会因岗位不同而存在差异。例如，绩效衡量的内容通常会因员工所从事的是管理类或专业类的工作（称为"豁免性的"）还是其他类别的工作（称为"非豁免性的"）而有所不同。[24]对于非豁免性员工来说，最常用的绩效衡量指标是工作质量，而在对管理类和专业类员工的工作质量进行衡量时，更经常采用的是沟通、决策、领导力和解决问题这样一些类型的指标。工作知识以前曾经是对从事各类工作的员工进行绩效衡量的最常用指标，而近些年则仅仅作为衡量非豁免性员工的一个指标。

在本节中，我们将探讨对绩效进行评价的几种不同方法：比较法、特性法、行为法、结果法和质量法。此外，我们还将根据战略一致性、效度、信度、可接受度以及明确度几大标准来对这些绩效评价方法做出评估。正如在接下来可以看到的，所有这些绩效评价方法都有各自的优点和缺点。也正因为如此，许多公司在绩效评价中会同时使用多种方法。

并没有哪一种绩效衡量方法是最优的。但是，为了有效地为组织经营战略和目标的实现做出贡献并且达到激励员工的目的，有效的绩效评价系统应该同时衡量两大内容，即实现了哪些目标（目标）以及是怎样实现这些目标（行为）的。无论企业采用哪种绩效评价方法，其关键都在于为员工提供与其绩效有关的准确而及时的反馈，强调管理人员与员工之间展开频繁的绩效讨论，而不是变成由管理人员单方面主导的谈话，同时还要简化绩效评价表格。例如，盖布尔斯房地产公司（Gables Residential）发现，鼓励管理人员和员工在全年当中不断进行非正式的绩效对话（而不是由管理人员单方面驱动的绩效沟通），同时结合年度的正式绩效审核，起到了提升员工的敬业度和开发水平的作用。[25]盖布尔斯房地产公司还调整了其绩效评价表格，使其更多地侧重于员工所取得的成就以及开发需要，更少地关注员工过去的表现。该表格被用于年度的正式绩效审核，以更方便绩效讨论的开展，同时也鼓励管理人员向员工提供如何更好地发挥自己的优势的教练式辅导。此外，这种做法还进一步鼓励员工主动要求自己的上级管理人员帮助自己在想要改进的领域中取得发展。

图 7-3 展示了一个用来评价行为和结果的绩效管理系统的例子。这些结果（项目开发）是与经营目标相关联的。绩效标准则包括了员工为达到这些结果而必须表现出来的那些行为。这一绩效管理系统不仅向员工提供了反馈，而且使员工和管理人员共同对行为的改变负责。

职责与关键绩效结果	绩效标准	临时反馈	实际结果	绩效评价等级	待开发领域	行动
员工在绩效审核期内需达成的关键结果领域。应当与公司价值观、经营目标以及工作描述保持一致	如何衡量这些关键结果领域（质量、成本、数量）。重点关注工作方法以及最终取得的成果	员工与上级管理者持续不断地展开绩效讨论	针对每一项关键结果审查实际完成情况	对每一项关键结果进行绩效评价。1=优秀 2=良好 3=达标 4=不达标	开发有助于员工达成关键结果的具体知识、技能和行为	为了满足员工的开发需要，员工和管理者需要做些什么
项目开发管理项目的范围，研究成本估算，制定待审批的项目日程	在得到项目开发范围的四周内，准备好重要的项目审批文件。确保80%的新项目审批通过。最初的预算成本与最终成本决算之间的差额不超过5%	重要的项目审批材料能够按时完成	到年末时，新项目获批的比例达到75%，决算成本比预算成本低5%	3	增加项目管理软件知识	阅读文章、研究报告，与软件供应商进行洽谈

图 7-3　一个兼有行为评价和结果评价的绩效管理系统示例

7.5.1　比较法

在绩效衡量中运用的比较法要求评价者将一个人的绩效与其他人的绩效进行比较。通常的做法是：首先对一个人的绩效或价值做出某种总体评价，然后再设法对属于同一工作群体的所有人进行排序。比较法中至少包括三种类型的绩效衡量技术：排序法、强制分布法以及配对比较法。

排序法

简单排序法（simple ranking）要求管理人员将本部门全体员工按照从绩效最优到绩

效最差（或从最好到最差）的顺序加以排列。交替排序法（alternation ranking）则要求管理人员首先通观所有需要评价的员工的名单，然后从中挑出绩效最好的员工，将这个人的名字从名单中划去。接着，再从剩下的名单中找出绩效最差的员工，也把其名字从名单中划去，依此类推。

排序法在法庭上已经被给予特别关注。以员工排序这种绩效衡量方法为基础的甄选系统，其合法性是受到质疑的。事实上，法庭认为："我们无法准确地知道各级主管人员脑子里考虑的所谓工作绩效标准到底是什么，每一位主管人员考虑的绩效标准是否相同——或者甚至可以说，我们无法准确地知道其中的某些主管人员到底是否真的运用了某种较为聚焦且稳定的绩效标准。"[26]

强制分布法

强制分布法（forced distribution）同样采取排序的形式，只不过是以群体形式对员工进行排序。这种绩效衡量技术要求管理人员将一定比例的员工放入事先确定好的各个等级之中。最常见的做法是把员工分为三类、四类或五类，划入每个类别之中的员工的规模各不相同，分别对应着绩效最优秀的员工、绩效最差的员工以及介于两者之间的一种或多种类型的员工。美国国际集团（AIG）是一家保险公司，该公司就运用强制分布法将员工从一级到四级进行分类。[27]根据这种绩效衡量系统，只有10%的员工可以划入最高等级即1级之中，20%的人可以划入2级之中，50%的人划入3级，其余20%的人会划入最低级即4级之中。排序等级高的员工拿到的年终奖要比排序等级低的员工高很多（排名位居前10%的员工和同事相比会得到更多的奖金）。该公司的首席执行官倡导实施强制分布法，因为这种方法可以确保公司向优秀员工提供足够多的薪酬，同时还能更好地区分员工的绩效优劣。这家公司过去曾经使用过排序法，却发现一半以上的员工都被评为高绩效者。

强制分布系统的倡导者认为，这种系统是帮助企业识别出高潜质员工和绩效最差员工的最好方法，然后公司就可以为高潜质员工提供培训、晋升以及经济报酬等，同时为那些绩效最差的员工提供帮助或者让他们离职。许多公司的高层管理者已经意识到，尽管本企业的绩效和股东回报并没有出现增长甚至还有所下降，但公司的薪酬成本却呈螺旋上升状，员工得到的绩效评价等级也都很高。于是他们开始反思为什么在公司绩效和员工得到的绩效评价结果以及薪酬之间会出现断点。而强制分布系统则提供了一种将公司绩效、员工绩效以及薪酬挂起钩来的机制。这些管理人员认为，绩效最差的那10%的员工拉低了公司的绩效水平，而这会导致优秀员工的离职或不愿意加入本公司。

一套强制分布系统有助于管理者根据员工的绩效量身定制各种开发活动。例如，在表7-5中，管理者会向绩效差的员工提供明确具体的反馈，告诉他们在工作的哪些方面需要改进，并且制定一份绩效改进时间表。如果这些员工不能改进绩效，他们就会面临被解雇的危险。优秀员工则会被鼓励去参与各种开发活动，诸如工作体验、导师指导计划、领导力开发课程等，这些都有助于他们为走上管理岗位做好准备。强制分布系统被很多公司视为提升公司绩效、激励员工以及吸引新的优秀人才加盟以取代那些绩效较差的员工的一种重要方式。[28]

表7－5　基于排序法或强制分布法的绩效开发计划

基于排序法或强制分布法 确定的绩效水平种类	绩效开发计划
A类 超过平均水平绩效卓越者	• 通过富有挑战性的工作安排加速开发 • 从领导团队中为其选择导师 • 认可和回报员工的贡献 • 表扬员工所具有的优点 • 考虑员工的领导力开发潜力 • 提名参加领导力开发计划
B类 达到预期水平绩效稳定者	• 就如何从B类员工升级为高绩效者提供反馈 • 鼓励员工在开发自己优势的同时改进不足 • 认可和回报员工的贡献 • 考虑扩大工作内容
C类 未达预期水平绩效较差者	• 针对员工应在既定时间范围内改进哪些方面的具体技能、行为和（或）结果提供反馈并达成共识 • 将员工调整到更能与其能力相匹配的工作上去 • 要求员工离开公司

资料来源：Based on B. Axelrod, H. Handfield-Jones, and E. Michaels, "A New Game Plan for C Players," *HBR*, January 2002, pp. 80－88；A. Walker, "Is Performance Management as Simple as ABC?" *T＋D*, February 2007, pp. 54－57；T. De Long and V. Vijayaraghavan, "Let's Hear It for B Players," *HBR*, June 2003，pp. 96－102.

　　强制分布系统的支持者认为，这种系统迫使管理者根据与工作相关的绩效标准来做出更为严格的决策，而不是在对员工进行评价时抱着宽容的态度。该系统的批评者则持另一种态度，他们认为，强制分布系统在实践中往往过于武断，甚至存在违法的可能，同时还有可能会导致士气低落。[29]例如，在一个工作小组中可能会有20％的绩效欠佳者，而在另一个工作小组中却都是高绩效的员工，但强制分布系统强制要求每个工作小组都要解雇10％的员工。同样，在许多强制分布系统中出现的一个始料不及的后果是，被划入绩效最差类型中的员工往往主要是少数族裔员工、女性员工、40岁以上员工，这就会引起很多与歧视有关的法律诉讼（在本章中我们还会讨论对绩效评价产生影响的法律问题）。最后，当绩效评价标准是主观的或依照一定的标准（比如团队工作或沟通技巧等）很难对员工的绩效加以区分时，就很难将员工强制分布到不同的绩效等级之中去。

　　一项研究在对强制分布系统的不同特征以及影响公司绩效的其他因素（例如自愿离职率、甄选方法的效度等）进行模拟测算之后发现，强制分布系统确实有助于改进一家公司的员工队伍的潜在绩效。[30]这一系统带来的绩效改进大部分都发生在一家企业采用这套系统的头几年时间里，这主要是因为大部分绩效较差的员工在头几年就会被发现并且遭到解雇。强制分布系统只有满足下列条件才能符合伦理道德的要求：第一，企业就该系统与员工进行过清晰的沟通；第二，该系统是组织文化中某个积极维度（如创新或持续改进）的组成部分之一；第三，员工有对绩效评价结果提出申诉的机会。

　　尽管强制分布系统具有其潜在优势，但在采用之前，也应当注意到该系统对员工士气、团队合作、员工招募以及股东感知等所产生的潜在负面影响。许多公司都在强调员工的绩效与他们的开发计划之间的联系，却并没有使用强制分布法或排序法。例如，微软就已经不再要求管理人员对员工进行相互比较性的评价以及用 1 到 5 级的分类对他们进行排序。[31] 这套强制分布系统之所以被微软放弃了，是因为许多员工抱怨这套系统导致了不公平的排名，管理人员之间也为了使自己手下的员工能得到更有利的排序而展开权力斗争，同时员工之间也展开了过度的竞争。此外，这套系统与微软对团队合作这一战略重点的强调不相符。

配对比较法

配对比较法（paired comparison）要求管理人员将每一位员工与同一工作群体中的所有其他员工进行一对一比较，如果一位员工在与另一位员工的比较中被认为是绩效更优秀者，此人将得到 1 分。在全部配对比较都完成后，管理者统计出每位员工获得更为有利评价的次数（也就是对所得分数进行加总），这便是员工的绩效分数。

对管理人员来说，配对比较法是一种很耗时的绩效衡量方法，随着组织越来越扁平化，控制幅度越来越大，这种方法会变得尤其耗费时间。例如，一位只有 10 名下属的管理人员就必须进行 45 次（即 $10 \times 9/2$）比较。如果这一工作群体中的人数增加到 15 人，这位管理人员必须进行的比较次数就上升到 105 次（即 $15 \times 14/2$）。

对比较法的评价

在对员工的绩效水平进行区分时，比较法这种绩效衡量方法无疑是一种有效的工具；它有效地排除了宽大误差、居中趋势误差以及严格误差出现的可能性。当绩效衡量的结果被用于加薪、晋升等管理决策时，比较法的价值尤为突出。此外，这种方法的设计相对来说比较简单，而且在大多数情况下比较容易使用，因此它常常能够被使用者接受。

然而，这种绩效衡量方法存在的一个共性问题是，它往往不能与组织的战略目标联系在一起。尽管评价者可以根据员工个人绩效对组织战略的支持程度做出评价，但这种联系很少是以非常明确的形式表现出来的。此外，由于这种衡量方法具有明显的主观性，因此它们的实际效度和信度往往取决于评价者本人。有些企业通过采用让多位评价者对同一个人的绩效进行评价的做法，尽量弱化单个评价者可能存在的个人偏见，但是绝大多数公司并没有这样做。因此，我们最多只能说，比较法这种绩效衡量方法的信度和效度水平都很一般。

就反馈的目的来说，比较法中包括的这些绩效衡量技术都缺乏明确度。由于绩效衡量结果仅仅根据对员工的相对排序得出，因此，员工个人完全不清楚应当采取哪些做法来改善自己在绩效排序中的位置。这就给管理人员增加了很大的负担，因为他们必须在绩效评价工具提供的信息之外去寻找更为明确的可用于反馈的信息。最后，许多员工和管理人员都不大愿意接受根据比较法得出的绩效评价结果。这是因为，每个人的绩效评价结果都取决于在自己所属的工作群体、团队或者部门中与其他员工相比的绩效状况（规范性标准），而不是取决于像优秀、良好、一般和较差这样一些绝对的绩效评价标准。

7.5.2 特性法

绩效管理中的特性法主要关注员工在多大程度上具备对企业成功非常有利的那些特性（特点或特质）。运用这种方法的一些绩效衡量技术通常都会界定出一系列个人特质，诸如主动性、领导力、竞争性等，然后再根据这些特质对员工个人进行评价。

图评价尺度法

在绩效管理中最常见的特性法是图评价尺度法（graphic rating scale）。表7-6展示了在一家制造业公司使用的图评价尺度的例子。正如可以看到的，评价者需要根据这张单子上列举出的所有特性，基于一个五分（或其他分数）评价尺度对被评价者的绩效进行评价。管理人员每次只需考虑一位员工的绩效状况，在每项特性的五个分数中圈出一个与被评价员工最为相符的分数即可。图评价尺度法既可以为评价者提供大量不同的分数（自由尺度），也可以为评价者提供一种连续的分数，评价者只要在这个连续的分数段上打钩即可（连续尺度）。

表7-6　图评价尺度的一个例子

下列这些绩效领域对于大多数岗位来说都是非常重要的。请通过圈定相应分数得出你对每一绩效维度的评价结果。

绩效维度	评价尺度				
	杰出	优秀	良好	尚可	较差
知识	5	4	3	2	1
沟通	5	4	3	2	1
判断	5	4	3	2	1
管理技能	5	4	3	2	1
质量	5	4	3	2	1
团队合作	5	4	3	2	1
人际关系能力	5	4	3	2	1
主动性	5	4	3	2	1
创造性	5	4	3	2	1
问题解决能力	5	4	3	2	1

混合标准尺度法

混合标准尺度法（mixed-standard scale）是为了解决图评价尺度法存在的一些问题应运而生的。为了创建一个混合标准尺度，我们首先必须对相关绩效维度加以界定，然后再分别对代表每一个绩效维度的好、中、差的内容加以说明。最后，在实际生成的评价工具中，再将这些代表某个绩效维度的好、中、差的说明性文字与代表其他绩效维度的好、中、差的说明性文字混合在一起。表7-7展示的就是混合标准尺度的一个例子。

表 7-7 混合标准尺度的一个例子

被评价的三种特质：	绩效等级说明：
主动性	高
智力水平	中
与他人的关系	低

说明：请在每一项陈述后面指明员工的绩效是高于陈述水平（填"＋"），相当于陈述水平（填"0"），还是低于陈述水平（填"－"）。

特质	等级	陈述	评分
主动性	高	1. 这位员工一直都是积极主动地做事，从来不用上级督促。	＋
智力水平	中	2. 尽管这位员工可能不是一个天才，但他确实比我认识的许多人更聪明。	＋
与他人的关系	低	3. 这位员工有与别人发生不必要冲突的倾向。	0
主动性	中	4. 虽然从总体上来说这位员工的工作还是积极主动的，但偶尔也需要上级督促才能完成工作。	＋
智力水平	低	5. 尽管这位员工在理解一些事情上比某些人要慢，并且在学习新东西方面比别人要花更长的时间，但他还算具有正常的智力水平。	＋
与他人的关系	高	6. 这位员工与每一个人的关系都很不错，即使与别人意见相左，也能与其他人友好相处。	－
主动性	低	7. 这位员工有点儿坐等指挥的倾向。	＋
智力水平	高	8. 这位员工极其聪明，学东西非常快。	－
与他人的关系	中	9. 这位员工与大多数人相处都比较好，偶尔在工作中与他人产生冲突，而这些冲突都没有什么影响。	－

赋分标准

	陈述			分数
	高	中	低	
	＋	＋	＋	7
	＋	＋	＋	6
	＋	＋	＋	5
	－	0	＋	4
	－	－	＋	3
	－	－	0	2
	－	－	－	1

根据上述评价等级确定分数的过程举例：

	陈述			分数
	高	中	低	
主动性	＋	＋	＋	7
智力水平	0	＋	＋	6
与他人的关系	－	－	0	2

　　如表 7-7 所示，在运用这一评价工具时，要求评价者在空格中注明被评价员工的实际绩效水平是高于（＋）、等于（0）还是低于（－）相应文字陈述中描述的情况。然后再

根据一个特定的分数计算规则来确定每一位员工在每个绩效维度上的得分。比如，如果一位员工在某一绩效维度上的表现比表格中陈述的三种绩效水平都要高，那么这位员工在这一绩效维度上就可以得 7 分。如果一位员工在某一绩效维度上得到的评价低于高标准，相当于中等标准，但是高于低标准，那么，这位员工在这一绩效维度上的得分就是 4 分。而如果一位员工在某一绩效维度上得到的评价低于表格中陈述的所有三种绩效标准，那么这位员工在这一绩效维度上就只能得 1 分。将这种计分方法用于所有的绩效维度，便可得到员工的总体绩效分数。

需要指出的是，混合标准尺度最初是作为一种个性特征评价尺度被开发出来的。但是后来，当这种技术被运用到绩效评价工具中时，却采用了行为描述而不是个性特征描述的方式，其目的是减少绩效评价中可能会出现的误差。[32]

对特性法的评价

特性法不仅非常容易开发，而且对于不同的职位、战略以及组织具有普遍适用性。此外，如果能够在界定与工作绩效有关的特性时多加注意，同时在评价工具中对这些特性给出详细的定义，那么特性法的信度和效度就能够达到与那些设计复杂的绩效评价技术相同的水平。

不过，在有效的绩效管理系统需要达到的几个标准中，特性法在几个方面存在不足。首先，这种绩效评价技术与组织的战略常常缺乏一致性。这些方法之所以得到广泛运用，主要是因为开发起来比较容易，并且相同的评价方法（比如特性的种类以及各种对比）普遍适用于任何组织和任何战略。此外，在这些绩效评价方法中，绩效标准往往非常模糊，很可能会导致不同评价者对相同的绩效标准做出不同的解释。正因为如此，即使是对于同一个人，不同的评价者常常也会得出差异很大的评价结果和绩效排序。其结果就是，这些绩效评价方法的效度和信度通常都比较低。这很可能会导致受到法律的挑战。例如，在 Brito 诉 Zia 一案中，图评价尺度法的效度就受到了质疑。[33] 在此案中，一些讲西班牙语的员工因为绩效评价结果不合格而被解雇。这种绩效评价是让主管人员根据很多缺乏明确定义的维度，例如工作数量、工作质量、工作知识、可靠性和合作性等，去对下属人员进行评价。法院批评了这种主观性的绩效评价方法，指出该公司应当提供更多的经验性数据来证明这些绩效评价内容与员工的实际工作行为是存在密切关系的。

事实上，特性法中包括的绩效评价技术无法给员工提供具体的指导，即告诉他们应当怎样对公司的目标提供支持，或者应当做些什么事情去弥补个人的绩效缺陷。此外，当评价者利用这些绩效评价技术完成绩效评价并提供绩效反馈时，往往会引发员工的抵触心理。比如说，假定根据一个五分评价尺度，你在成熟度方面得到的评价只有 2 分，你会做何感想？毫无疑问，你可能会产生某种抵触情绪，因而不愿意接受这种评价结果，同时也会拒绝接受更多的信息反馈。另外，仅仅让你知道自己在成熟度方面得到的评价是 2 分，实际上并没有告诉你需要怎样努力才能有所改善。

7.5.3　行为法

绩效管理中的行为法的主要做法是，对一位员工在有效完成本职工作时必须展现出来的行为加以界定。在这种方法中包括的各种绩效评价技术都是首先界定上述这些行为，然后要求管理人员评价一位员工在多大程度上展现出了这些行为。在此，我们将讨论几种基于行为法的绩效评价技术。

行为锚定评价法

行为锚定评价法（behaviorally anchored rating scale，BARS）的设计思路是，通过开发与不同绩效水平相联系的行为锚来具体界定各个绩效维度。[34]行为锚定评价法的一个例子如图 7-4 所示。正如你从图中可以看到的，在这个绩效维度上存在一系列行为事例，每一个行为事例分别代表这一绩效维度的某个特定绩效水平。

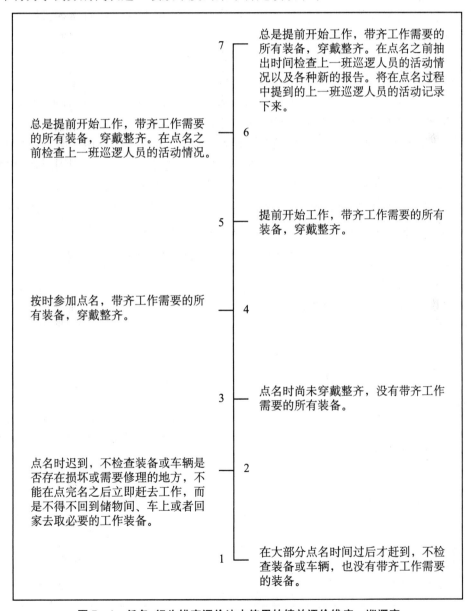

图 7-4　任务-行为锚定评价法中使用的绩效评价维度：巡逻官

资料来源：Adapted from R. Harvey, "Job Analysis," in *Handbook of Industrial & Organizational Psychology*, 2nd ed., ed. M. Dunnette and L. Hough (Palo Alto, CA: Consulting Psychologists Press, 1991), p. 138.

要开发这种行为锚定评价尺度，必须首先收集代表职位的优秀绩效和无效绩效的大量关键事件，然后将这些关键事件加以分类，划归到不同的绩效维度之中，那些被专家认为能够清楚地代表某一特定绩效水平的关键事件，将会作为行为事例（或行为锚）来为评价者提供指导。管理人员的任务就是根据每一个绩效维度分别考察员工的绩效，从而确定在每一绩效维度中，员工的实际绩效表现与具有指导性的哪些关键事件最为相符。这种评价结果就成为员工在这一绩效维度上的得分。

这些行为锚同样既有优点也有缺点。优点是它可以通过提供精确和完整的绩效维度定义来提高评价者信度。缺点则是它可能会导致偏见性的信息回忆，也就是说，那些与行为锚最为近似的行为最容易被回忆起来。[35]研究还证明，管理人员和他们的下属员工对行为锚定评价法和特性法实际上是不怎么区分的。[36]

行为观察评价法

行为观察评价法（behavioral observation scale，BOS）是行为锚定评价法的一种变形。与行为锚定评价法一样，行为观察评价法也是从关键事件法发展而来的一种绩效评价方法。[37]但是，行为观察评价法与行为锚定评价法在两个基本方面不同。第一，行为观察评价法并不舍弃能够代表有效绩效或无效绩效的大量关键行为，相反，它利用其中的许多行为来更为具体地界定构成有效绩效（或者被认为是无效绩效）的所有必要行为。比如，在某一特定的绩效维度上，行为观察评价法可能不是仅仅使用4种行为，而是使用15种行为来界定划分出来的四种绩效水平。行为观察评价法的一个例子如表7-8所示。

表7-8　对工作绩效进行评价的行为观察评价法的一个例子

团队合作

（1）与团队成员通过合作实现共同目标。

几乎从不	1	2	3	4	5	几乎总是

（2）征求团队成员的意见。

几乎从不	1	2	3	4	5	几乎总是

（3）与团队成员沟通工作截止日期更改事宜。

几乎从不	1	2	3	4	5	几乎总是

（4）倾听团队成员感到担忧的事情。

几乎从不	1	2	3	4	5	几乎总是

（5）参加各种团队会议。

几乎从不	1	2	3	4	5	几乎总是

（6）帮助团队成员完成他们的工作。

几乎从不	1	2	3	4	5	几乎总是

总分数＝

很差	一般	良好	优秀	杰出
6～10	11～15	16～20	21～25	26～30

第二，行为观察评价法并不是要评价到底哪一种行为最好地反映了员工的绩效，而是要求管理人员对员工在评价期内表现出每种行为的频率做出评价。最后再将员工在所有绩效维度上得到的评价分数进行加总和平均，得出员工的总体绩效评价结果。

行为观察评价法的主要缺点在于，它需要的信息可能会超出大多数管理人员能够加工或记住的信息量。在一个行为观察评价体系中可能会包括 80 种或以上的行为，同时它还要求管理人员必须记住每位员工在过去的 6 个月或 12 个月内表现出每种行为的频率。针对一位员工完成这种工作就已经够烦琐的了，而一位管理人员通常要对 10 位或更多的员工进行评价。

对行为观察评价法、行为锚定评价法和图评价尺度法进行的一项对比发现，管理人员和员工都认为行为观察评价法在以下几个方面的优点是非常突出的：能够将高绩效者和低绩效者区分开来；能够保持客观性；便于提供反馈；提出培训需求；在管理人员及其下属员工当中容易使用。[38]

胜任素质模型法

胜任素质（competency）是一组使员工能够成功完成工作的技能、知识、能力、个人特征的组合。[39]**胜任素质模型**（competency models）确定并提供了与某个职业、组织、工作族或特定工作有关的各种胜任素质的描述。胜任素质模型也可以用于绩效管理。胜任素质模型的优势之一是，它可以运用到不同的人力资源管理活动之中，包括招募、甄选、培训以及开发。胜任素质模型既可以帮助企业挑选出能够填补某个职位空缺的优秀员工，又可以作为使员工和管理者确定员工的特定优势以及需开发领域的开发规划的基础。

表 7 - 9 中是 Luxottica Retail 公司为了对零售店的员工进行开发而运用的胜任素质模型，公司因通过旗下的亮视点（LensCrafters）、Sunglass Hut 和 Pearle Vision 眼镜连锁店来销售优质、奢华和运动型眼镜而闻名。[40]这一胜任素质模型中包括领导力与管理胜任素质、职能胜任素质以及基础胜任素质三大块内容，其目的是界定并确定管理者在进行招募、绩效管理和培训时所需的胜任素质。同时，这一胜任素质模型还可以帮助公司的零售店员界定和开发他们在申请其他职位时需要具备的能力。

表 7 - 9　Luxottica Retail 公司的胜任素质模型

领导力与管理胜任素质

领导力

指导和开发他人

激励他人

培养团队精神

战略性思考

职能胜任素质

全球视野

财务敏锐

业务关键绩效指标

基础胜任素质

批判性思维

培养开放式沟通

建立关系和人际交往能力

开发和管理自己

适应性和灵活性

以客户为中心

诚信

多样性和多元文化

主动和承诺

资料来源：From C. Spicer, "Building a Competency Model," *HR Magazine*，April 2009，pp. 34 - 36.

为了有效地用于绩效评价，这种胜任素质模型必须做到及时更新、对经营绩效有驱动作用、与职位相关（有效性）、与公司的各个业务单元相关（或客户化），并且提供足够的细节来对员工的绩效做出准确的评价。Luxottica Retail 公司在开发胜任素质时是从与公司的业务领导进行沟通开始的，其目的是了解他们当前以及未来采取的经营战略。确定了业务驱动要素之后，公司通过调查问卷、焦点小组、管理者与零售店员的沟通来确定重要的胜任素质以及与每一种胜任素质对应的各种行为事例。每隔四五年或者是当经营战略发生重大变革时，公司还会对适用于各个业务部门以及各个品牌的胜任素质模型进行审查，以确保这些胜任素质与经营战略相关。此外，公司还会对在绩效评价时赋予每一个胜任素质模块的权重加以审查，以确保这些权重是恰当的（例如，应当赋予职能性技能或胜任素质多大的权重）。公司还会根据每一类胜任素质与特定职位的相关性，使用各种不同的胜任素质组合来对零售店员的绩效进行评价。零售店员在每一种胜任素质上按照1～5分的尺度加以评价，其中5分代表优秀。人力资源管理人员、培训开发人员以及运营团队共同合作来确定每一种胜任素质的不同水平，也就是说，当一位员工得到的评价结果是"达标"而不是"未达标"时，其含义是什么以及相应的胜任素质表现是怎样的。这确保管理者在使用胜任素质对员工评价时能够采用类似的参考框架。

对行为法的评价

行为法可能是一种非常有效的绩效评价方法。它可以将公司战略与执行这种战略所需的某些具体行为联系在一起。同时，它能够向员工提供具体的指导以及信息反馈，使员工了解公司对他们的绩效期望。此外，大多数基于行为法的绩效评价技术都是建立在深度的工作分析基础之上，因此这些被界定以及被衡量的行为都是很有效的。再有，由于需要让使用这一系统的人来设计这种绩效系统，因此其可接受性通常也很高。最后，由于这种方法要求对评价者进行大量的培训投资，因此它的可靠性也相当高。

行为法的主要不足涉及使用这种系统的组织背景。尽管行为法可以与一家公司的战略紧密联系在一起，但必须经常对这些行为以及绩效评价指标进行监控和修正，从而确保它们总是能够与组织的战略重点联系在一起。这种方法还假设确实存在一种完成某种工作的"最佳方法"，并且构成这种最佳方法的行为也是可以得到确认的。一项研究发现，当管理人员认为在行为和结果之间存在某种清晰的关系时，他们往往会努力去控制这些行为。但是当这种联系不太清楚的时候，他们就会依赖对结果的管理。[41]因此，行为法最适合那些不太复杂的工作（对于这些工作来说，达成结果的最好方法是比较清楚的），而不太适合那些比较复杂的工作（对于这些工作而言，取得成功的途径或行为可能是多种多样的）。

7.5.4　结果法

结果法关注的是对一个职位或一个工作群体的目标或可衡量结果的管理。这种方法假设绩效评价过程中的一些主观因素是可以消除的，工作结果是最能衡量一个人对组织有效性做出贡献的大小的指标。[42]我们考察了使用结果法的三种绩效管理系统：目标法、平衡计分卡以及生产力衡量与评价系统。

目标法

无论是在私营部门还是在公共部门，目标法都是一种广泛使用的绩效管理方法。[43]在一个以结果为基础的系统中，组织的高层管理团队首先要为公司确定来年的战略目标。接着再将这些目标传递给下一层级的管理者，下一层级的管理者需要明确自己为了帮助公司达到未来的目标应当取得哪些成果。这种目标制定过程一层一层传递下去，直到公司中的所有管理者都制定出能够帮助公司实现未来目标的个人目标为止。[44]所有这些目标就成为对每一位员工个人的工作绩效进行评价的标准。[45]

例如，一家公司的目标可能是在明年将销售额提高 6%。该目标就决定了公司销售团队来年要实现 50 万美元的销售额。这种团队目标就决定了公司的每位销售员在来年的销售目标就是 10 万美元，而这意味着在上一年的基础上增长了 10%。

以结果为基础的系统中有三个具有共性的组成部分。[46]首先，它要求制定有效的目标。而最有效的目标符合 SMART 原则，即目标是具体的（明确提出、界定需实现的目标）、可量化的（与标准进行对比）、可实现的（目标可以有难度，但必须是可实现的）、与工作相关的（与组织成功因素或目标相关）、有时限性的（截止日期、到期日期、周期或时间表）。制定目标时可以使用不同类型的衡量指标，包括时间指标（如在 12 小时内对请求做出回应）、质量指标（提供清晰且无须修改的信息）、数量指标（销售额上升 25%）或财务指标（降低 10% 的采购成本）。一家财务服务公司在其目标管理系统中制定的一些目标的例子如表 7-10 所示。其次，在目标管理系统中使用的目标通常不是由管理层单方面制定的，而是由管理者与他们的下属员工共同制定的。最后，管理人员在整个绩效期间都要通过提供客观的反馈来监控员工在目标达成方面取得的进展。

表 7-10　基于目标制定的绩效评价指标举例

关键结果领域	目标	目标达成度（%）	实际绩效
贷款组合管理	在今后 12 个月内将贷款组合的价值提高 10%	90	在过去 12 个月内将贷款组合的价值提高了 9%
销售额	在今后 12 个月内实现 3 万美元的服务费收入	150	在过去 12 个月内实现了 4.5 万美元的服务费收入

　　针对目标法进行的研究揭示了与这种方法的有效性相关的两个方面的重要发现。[47]在70项研究中，有68项研究都表明，这种方法确实能够带来生产力方面的收益，只有两项研究发现企业因为采用这种方法出现了生产力损失，这说明制定目标通常能够提高组织的生产力。此外，研究还发现，当公司的最高管理层对目标法持强烈支持态度时，这种方法能够实现的生产力增长幅度最大：当高层管理人员的支持很强烈时，目标法带来的生产力平均增长幅度为56%；当高层管理人员的支持力度一般时，目标法带来的生产力平均增长幅度为33%；而当高层管理人员的支持程度较低时，目标法带来的生产力增长幅度只有6%。

　　显而易见，目标系统对组织的绩效水平确实有非常积极的作用。此外，从这种方法采取的目标制定过程（即吸收员工参与到目标制定过程之中）来看，目标法很有可能将员工个人的绩效与公司的战略目标联系在一起。基于结果或业务制定的绩效评价指标使得在目标评价过程中排除了主观性误差，因为最终结果是员工要么完成了目标，要么没有完成目标。

　　表7-11展示了如何在绩效管理中最好地使用短期目标或中长期目标。等着目标从公司领导者一层层分解到事业部、部门以及他们的团队需要耗费大量的时间，而且员工也很难理解自己的目标与公司目标之间存在怎样的关系。因此，员工应当尽可能确定与组织目标相关的个人目标。这些目标不仅需要达到SMART的要求，同时还要有意义。[48]在结果容易衡量而且在员工控制范围之内的情况下，报酬和奖励对激励员工实现绩效目标来说是最好的工具。目标通常只关注结果，而不关注行为、价值观或做事的方式。如果你希望员工以某些特定的方式做事（或避免以某些特定的方式做事），那么你就应该确保在绩效管理系统中包括对行为进行评价的内容。否则，假如公司制定的是一个强调销售额的目标，则员工很可能会出现误导客户以及以不当方式对待同事的行为。这里的"通过环境、社会和公司治理实践开展竞争"专栏就表明了目标管理的做法可能会怎样导致公司的利益相关者遭遇不想看到的结果。

表7-11　目标设定最佳实践

1. 员工及其上级管理者应讨论并设定不超过三项目标。
2. 目标应当简短、有意义、具有挑战性，并且包括了员工有望实现的结果。
3. 实现目标的时间范围应当与组织期望他们在何时完成有关。
4. 目标与报酬之间的关系应当是恰当的。
5. 目标之间应当是彼此联系在一起的，而不是自上而下分配下来的。这就意味着职能、团队和员工应当设置与公司目标相关的目标。

资料来源：Based on R. Hanson and E. Pulakos, *Putting the "Performance" Back in Performance Management* (Alexandria, VA: Society for Human Resource Management, 2015); R. Noe and L. Inks, *It's about People: How Performance Management Helps Middle Market Companies Grow Faster* (Columbus, OH: National Center for the Middle Market, Ohio State University Fisher College of Business, GE Capital, 2014); D. Grote, *How to Be Good at Performance Appraisals* (Boston, MA: Harvard University Press, 2011); A. Fox, "Put Plans into Action," *HR Magazine*, April 2013, pp. 27-31.

➡ 通过环境、社会和公司治理实践开展竞争

富国银行：提高了销售额却伤害了利益相关者

富国银行本来是一家广受客户好评的以稳健著称的金融借贷机构，它在 2007—2009 年的金融危机期间成功地避开了困扰其他银行的那些问题。但是监管机构发现，该公司员工在客户不知情的情况下私自开设了多达 200 万个存款和信用卡账户。这些员工创建了虚假账户，发明了个人识别码，并在未经授权的情况下自行在客户的账户之间转移资金。富国银行还迫使数十万有汽车贷款的客户不得不支付他们原本不需要的保险的费用，使一些客户拖欠了贷款，从而导致他们的汽车被收回。更为糟糕的是，富国银行还解雇了那些拒绝参加这种激进的交叉销售活动的员工以及向公司道德热线或人力资源部门上报这些活动的员工。

这种激进的交叉销售实践是极具挑战性的绩效目标激励出来的结果，这些绩效目标与奖金挂钩，奖励员工及其管理人员在销售支票账户和信用卡等产品方面实现的销售额。这些目标都是建立在富国银行的经营模式基础之上的，即依赖向已经在本银行开设了支票账户和储蓄账户的客户销售额外的产品而获利。该银行很多分行的行长甚至每个小时都在监督自己的员工在达成这些销售目标方面取得的进展，来自这些分支机构的销售数字以每天 7 次的频率汇报给上级管理人员。对于那些未能达到销售目标的员工，管理人员会询问他们能否通过给自己的家庭成员或朋友开设账户来更加接近目标的达成。交叉销售对银行的好处在于，一旦客户在本行购买了更多的产品，则他们更换银行的可能性就更小。

由于这桩丑闻，富国银行的声誉受到重创，很可能会失去大量的潜在客户，那些需要对此负责的高层管理人员和员工也被解雇了。银行不得不支付了 10 多亿美元的罚款，另外还支付了 6 亿多美元来就面临的很多法律诉讼达成和解。富国银行首席执行官蒂莫西·斯隆（Timothy Sloan）正在尽力重建客户信任以及公司文化，公司文化在很大程度上受到公司激励员工的方式的影响。为了达成目标，富国银行放弃了基于交叉销售产品的目标和奖励方式，转而采用基于客户服务、客户使用量以及账户余额增长的新目标。但有些员工感觉自己仍然面对无法实现激进的绩效目标的压力，并且害怕一旦自己发声会遭到公司的报复。

讨论题

富国银行如何防止在绩效管理系统中使用目标而对其员工和客户产生负面影响？

资料来源：Based on E. Flitter and S. Cowley, "Wells Fargo Says Culture Better; Some Employees Disagree," *Columbus Dispatch*, March 10, 2019, p. A16; E. Glazer, "Wells Settles with 50 States," *Wall Street Journal*, December 29/30, 2018, pp. A1-A2; G. Colvin, "Can Wells Fargo Get Well?" *Fortune*, June 15, 2017, pp. 138-46; E. Glazer, "Wells Fargo Shakes Up Retail Unit," *Wall Street Journal*, March 10, 2017, p. B9; E. Glazer, "Wells Revamps Pay after Scandal," *Wall Street Journal*, January 7-8, 2016, pp. B1-B2; E. Glazer, C. Rexrode, and A. Andriotis, "Wells Fargo's Next Job: Fixing Its Mess," *Wall Street Journal*, December 28, 2016, pp. A1, A8; E. Glazer, "Wells Chief Quits under Attack," *Wall Street Journal*, October 13, 2016, pp. A1, A2; E. Glazer, "Customers Continue Pullback from Wells," *Wall Street Journal*, December 17-18, 2016, p. B4; E. Glazer, "Wells Fargo Tripped By Its Sales Culture," *Wall Street Journal*, September 16-17, 2016, pp. A1, A8; A. Beck, "Wells's Questionable Cross-Sales," *Wall Street Journal*, September 10-11, 2016, p. B12.

平衡计分卡

一些公司使用平衡计分卡来衡量绩效（我们在第 1 章中讨论过平衡计分卡的使用）。平衡计分卡包括财务、客户、内部业务流程、创新与学习四个绩效维度（见第 1 章表 1 - 8）。其中，财务维度关注的是在股东价值方面创造持续的增长；客户维度界定了对客户有用的价值（比如服务、质量等）；内部业务流程或运营维度关注的是影响客户满意度的流程；创新与学习维度关注的是公司创新和持续改进的能力。每个绩效维度都用来将经营战略转化成组织以及管理者和员工个人的目标。通过就平衡计分卡中的每个要素与员工进行沟通和教育，把组织的战略目标转化成部门和员工个人的绩效衡量指标，同时将绩效评价指标与报酬挂钩，就可以使员工的绩效与组织的经营战略挂起钩来。[49]员工需要了解公司的目标以及公司的目标如何转化成每个业务单元的目标，然后再制定与公司和业务单元的目标一致的团队目标和个人目标。有效的平衡计分卡可以让员工通过观察计分卡和战略地图（展示各种评价指标之间的因果关系）来了解组织的经营战略。

举例来说，在一家航空公司的平衡计分卡中，在客户维度中可能会将准时绩效作为一个关键成功要素。[50]影响准时绩效的员工则包括值机人员、地勤人员、维修人员以及调度人员。值机人员在四个方面的工作活动会对乘客登机速度产生影响，即办理值机手续的及时性、高效处理各项工作的交接、飞行文件的处理以及旅客登机过程。航空公司应当对值机人员在上述四个方面的表现进行评价，因为它们会对与准时绩效相关的几个关键绩效指标产生影响，包括成本节约、客户满意度、客户流失以及运营成本。

生产力衡量与评价系统

生产力衡量与评价系统（ProMES）的主要目标是激励员工提高团队或公司的生产力。[51]它是衡量生产力并将生产力信息反馈给员工的一种手段。

团队成员需要明确具体的成果与生产力之间的关系、成效与绩效之间的关系、绩效与成果之间的关系，以及成果与员工的需要满足之间的关系。生产力衡量与评价系统主要包括四个步骤。第一个步骤是，组织中的人员共同确定本组织希望生产哪些产品，希望完成哪些活动或达成哪些目标。一个组织的生产力取决于它是否能有效地生产出这些产品。比如，对于一家修理店来说，"修理质量"可能就是它的一种产品。第二个步骤是，大家一起来界定对产品进行衡量的指标。这些指标用来衡量组织在生产这些产品方面的有效程度。比如，修理质量可以用下列指标来表示：一是返修率（在经过修理之后仍然无法正常使用，因而不得不重新送回来修理的物件所占百分比）；二是通过质量控制检查的物件所占的百分比。第三个步骤是，大家共同确定每一个指标应当达到的量化要求以及在这一量化要求方面实际达到的绩效水平。第四个步骤是，建立一套反馈系统向员工和工作群体提供信息，让他们了解自己在每一个指标上达到的绩效水平。最后，将员工个人或工作群体在每一指标上得到的有效分数加总，得出总的生产力分数。

到目前为止的研究表明，这种技术对于提升生产力是非常有效的。（图 7 - 5 描述了我们在前面提到的那家修理店利用这种技术实现生产力改善的情况。）研究表明，这套系统也是一种有效的反馈机制。不过，这套系统的使用者发现，开发这套系统需要耗费大量的时间。

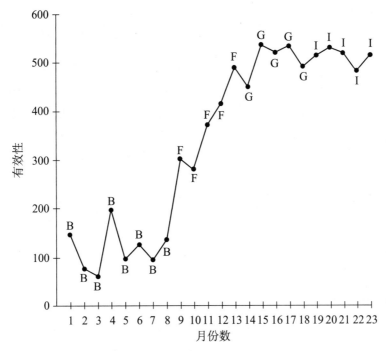

图 7 - 5　一家修理店利用生产力衡量与评价系统后实现的生产率改善

资料来源：P. Pritchard, S. Jones, P. Roth, K. Stuebing, and S. Ekeberg, "The Evaluation of an Integrated Approach to Measuring Organizational Productivity," *Personnel Psychology*, 42, (1989), pp. 69 – 115.

对结果法的评价

结果法建立在客观的、可量化的绩效指标基础之上，可以将主观性降到最低程度。因此，对于管理人员和员工双方来说，它都极为容易被接受。结果法还有一个优点是，它将员工个人的绩效结果与组织的战略和目标联系在一起。

但是，运用目标绩效评价指标也面临挑战。目标衡量系统有时也会受到污染或存在缺失——之所以会受到污染，是因为它会受到一些不受员工控制的事情的影响；而之所以会存在缺失，是因为并非员工工作绩效中的各个重要方面都能用客观手段衡量。比如，经济衰退会对销售目标的达成产生影响，而对于一位教师来说，学生家长的支持程度也会影响学生的考试成绩好坏。结果法的另一个缺点是，员工往往会将注意力完全集中在本人绩效中会被评价的那些方面，而忽略那些不会被评价的方面。比如，如果员工的绝大多数目标都与生产力有关，那么他们很可能就会不大关心客户服务情况。一项研究发现，尽管客观的绩效目标的确会产生较高的绩效，但它同时也会导致同事之间相互帮助的情况有所减少。[52]明确应该设定个人、团队还是部门层面的目标是十分重要的。因为如果某项工作是通过团队合作才能完成的，那么设定个人目标就不合适。员工对个人目标的关注也有可能导致他们不愿意表现出某些与团队成功相关的行为，比如分享信息和与他人合作等。结果法的最后一个缺点是，尽管对结果的衡量能够提供一种比较客观的反馈，但是这种反馈可能无法帮助员工了解到底应当怎样改变自己的行为，才有助于本人的绩效有所提高。例如，对于击球水平处于低迷状态的棒球运动员来说，仅仅让他们知道自己的平均击球得分只有 190 分可能无法起到激励他们提高击球分数的作用。在这种情况下，将反馈集中在需要改变的具体行为方面（例如，将视线从棒球上转移开，把肩膀往下沉，等等）可能对运动员更有帮助。[53]

金伯利-克拉克公司（Kimberly-Clark）和祖力利公司（Zulily）都通过采取特定的行动来应对在使用目标管理方面面临的挑战。[54]在金伯利-克拉克公司，白领员工都要使用一种在线工具来设定目标并报告在目标达成方面取得的进度，记录取得的成就或曾经犯过的错误，并且还需要向自己的同级、上级或下级员工寻求获得反馈，同时向他们提供反馈。这种在线工具可以收集各种反馈信息，而员工和他们的上级管理人员都可以查看。该在线工具还存储了关于员工的优势、开发需要、绩效评价等级以及离职风险评估结果等方面的数据。公司的首席执行官每年都会审查高层管理人员的绩效计划，以确保他们的目标是具有挑战性的，并且是与公司的经营目标保持一致的。在祖力利公司，员工每个季度都可以设置自己的目标，并且审查他们的上级管理人员以及高层领导者的目标，以了解他们的关注重点、提出问题，从而帮助他们将自己的目标与公司的发展方向保持一致。

7.5.5　质量法

到目前为止，我们已经考察了对员工的绩效进行衡量和评价的一些传统方法。这里提到的质量法具有三个方面的基本特征，即它是以客户为导向的，它是一种预防差错的方法，同时，它还能够实现持续改善。提高客户满意度是质量法的一个主要目标。这里的客户既可以指组织外部的客户，也可以指组织内部的客户。具有显著质量导向的绩效管理系统通常有以下几个方面的特征：

- 在绩效衡量系统中既强调评价人的因素，也强调评价系统的因素。
- 强调管理人员应当与员工共同努力来解决存在的绩效问题。
- 在制定绩效标准以及衡量绩效时将组织内部和外部的客户都吸收进来。
- 用多种信息来源对人的因素和系统的因素进行评价。[55]

根据在本章前面讨论的有效的绩效管理系统应当具备的那些特征，我们可以看到的很明显的一点就是，这些特征并不仅仅适用于质量法，而是任何一种有效的绩效管理系统都必须具备的特征！

质量法的倡导者认为，由于以下几个方面的原因，美国大多数公司的绩效管理系统都与质量管理哲学不大相符：

1. 大多数现有的绩效管理系统都是根据数量而不是质量来衡量绩效的。

2. 尽管员工对自己的工作结果好坏负有责任，但他们对自己的工作结果却并不具有完全的控制能力。

3. 许多公司都没有根据员工对组织成功做出的贡献来与员工分享组织经营成功产生的财务报酬。

4. 员工的报酬并没有与企业的经营结果联系起来。[56]

管理人员常常将销售额、利润以及行为等方面的信息作为对员工进行绩效评价的依据，而所有这些都是以人为基础的结果。运用这类结果对员工进行绩效评价时依据的一个假设是：员工对这些工作结果具有完全的控制能力。但是根据质量法的观点，一个组织不应当利用这些结果对员工的绩效进行评价，因为他们对这些结果并没有完全的控制能力

（换句话说，结果受到了污染）。例如，对销售人员的绩效评价（以及加薪）通常都是以他们完成销售额的情况作为依据的。这种方法假定，销售人员的能力和动机会直接决定他们的绩效。然而，质量法的倡导者却对此提出了不同的意见，他们认为，决定一位销售人员能否完成销售定额的更好因素是"系统因素"（比如，竞争对手的产品价格变化）以及经济状况（这并不在销售人员的控制能力之内）。[57]因此，如果让员工对受系统因素影响的那些工作结果负责，那么，一方面会导致一些功能性紊乱行为的出现，比如伪造销售报告、销售预算、销售费用以及其他一些绩效评价指标，另一方面还会削弱员工持续改善绩效的动力。

质量法的倡导者指出，绩效评价的重心应当放在对员工提供反馈方面，即告诉他们在哪些领域可以有所改善。他们认为，有两种类型的反馈是很必要的：一是从上级管理者、同事、客户那里得到的关于员工个人特质的主观反馈；二是运用统计质量控制方法基于工作流程本身提供的客观反馈。

在生产 Peeps 和 Mike and Ike 等品牌糖果的 Just Born 公司，绩效管理过程具有很强的质量导向。[58]该公司绩效管理系统的设计便于员工进行绩效改善（一种前瞻性的方法），而不是完全集中于员工在过去一年中取得了哪些成就。另外，它还鼓励管理者和员工共同合作来解决绩效问题。

绩效管理系统是公司更高层面人才开发体系（PDS）的一个组成部分，这个人才开发体系的目的是确保员工的学习和开发活动与公司的经营战略相匹配，驱动经营结果的达成，同时确保员工拥有使他们在当前和未来的工作中取得成功的那些技能。人才开发体系包括绩效管理过程、学习和职业发展以及继任计划等内容。这些系统中的信息在共享的情况下，可以确保员工通过培训和在职工作经验积累来开发能够满足他们目前工作需要以及未来职业发展兴趣所需要的那些技能。Just Born 公司的绩效管理系统是从员工与其管理人员之间的一次计划会议开始启动的。在这次计划会议上，管理人员与员工讨论他们的工作职责以及部门的战略目标。管理人员和员工会就员工需要实现的四项个人目标达成一致，这四项目标不仅有助于部门目标的实现，而且有助于员工达成职位描述中规定的那些特定的可交付成果。双方还会共同确定员工需要达到或需要改进的两项胜任素质。然后管理人员和员工会共同制订帮助员工获得这两项胜任素质的一份学习计划。在接下来的一整年时间里，管理人员会与员工见面，共同讨论员工在达成可交付成果以及改进胜任素质方面取得的进步。在每个财政年度最后做出的薪酬决策以员工在达成绩效目标和学习目标方面取得的成就为基础。

Just Born 公司还运用一个名为"哇……从现在开始改善流程"的业务改进流程——这是一种定制化的持续改进（Kaizen）流程——来改善公司的业务流程及其产生的结果。这个改进流程可以指导员工发现各种改进机会、收集数据、加以改善、衡量结果以及基于结果来完善实践。"Kaizen"是一个日文单词，意思是"改进"，它是精益生产和全面质量管理的基本原则之一。**"Kaizen"**是指由公司各个层级的员工共同参与的，聚焦于业务流程持续改进的各种实践。[59]正如"哇……从现在开始改善流程"所表明的那样，Kaizen 将包括计划、实施、检查和行动（PDCA）等在内的活动作为一个持续的循环来考虑。

统计过程控制技术在质量法中是非常重要的，这些技术为员工提供了一种发现问题的成因并且找到解决问题的潜在办法的客观工具。这些技术主要包括工艺流分析、因果图、帕累托图、控制图、直方图以及散点图等。工艺流分析（process-flow analysis）要做的是确定为了完成工作——比如等待客户或装配电视机等——而必须执行的每一项行动以及必须做出的每一项决策。工艺流分析对发现生产过程中存在的导致制造时间或服务时间延长的一些多余活动非常有用。因果图（cause-and-effect diagrams）力图发现导致某些不理想工作结果出现的事件或者原因。在使用这种工具时，员工需要做的仅仅是试图找到导致某一问题出现的各种原因。由于对这些原因出现的可能性大小并不进行评价，因此，通过因果图最终得到的也许是一份关于各种可能原因的长长的清单。帕累托图（Pareto chart）则揭示了导致某个问题出现的最为重要的原因。在帕累托图中，对导致问题出现的各种原因是根据重要性大小从高到低排列的，这里的所谓重要性通常被界定为导致结果出现的频率高低。帕累托分析的一个假设前提是，大多数问题都是由少数原因引起的。图 7－6 中展示的就是一张帕累托图，图中列举了管理人员提供的不选用公司内部员工填补某一职位空缺的各种原因。控制图（control chart）是根据在多个不同时点收集的数据绘制出来的一种图形。通过在不同时点上收集数据，员工就能知道到底是哪些因素导致某种结果出现以及这些因素在什么时候可能发生作用。图 7－7 展示了在 2013—2015 年的每个季度中，从公司内部雇用的员工所占的百分比。在 2014 年第三季度，公司从内部雇用的员工人数急剧上升。使用控制图有助于员工了解公司每年从内部雇用的候选人预期数量。此外，控制图还表明，2014 年第三季度时公司从内部雇用的人员数量比正常情况下要大得多。直方图（histograms）展开了大量数据的分布。数据被划分为几组或几类。直方图对于了解结果与期望值或平均结果之间的差异量很有用。

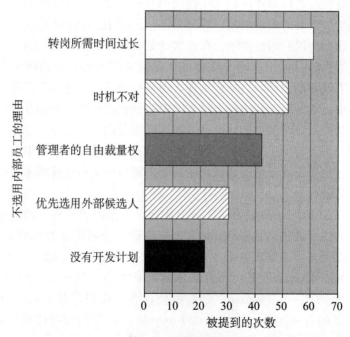

图 7－6　帕累托图

资料来源：From Clara Carter，*HR Magazine*. Copyright 1992. Reprinted with permission of Society for Human Resource Management.

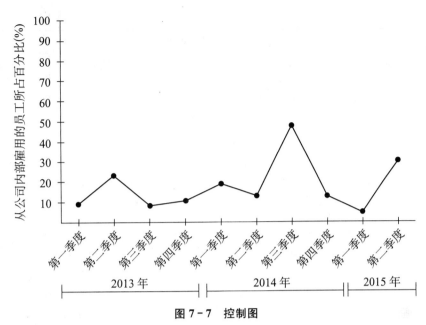

图 7 - 7　控制图

资料来源：Based on Clara Carter，*HR Magazine*. Copyright 1992.

散点图（scattergram）通常是用来表明两个变量、两个事件或者两种不同类型数据之间关系的图形。散点图有助于员工确定两个变量或两个事件之间到底是正相关、负相关还是零相关。

对质量法的评价

质量法主要是依靠将特性法与结果法结合起来进行绩效评价。不过，传统的绩效衡量系统更为重视对员工个人绩效的评价，而质量法采纳的则是一种以系统为中心的绩效评价方法。[60]许多公司可能不愿意完全抛弃它们的传统绩效管理系统，因为这种绩效管理系统是确保人员甄选的有效性、确定培训需求或者是制定薪酬决策的基础。此外，质量法倡导对人格特征（比如合作性）进行评价，但是，如果企业不是采用团队形式构建自己的组织，那么这些人格特征可能很难与工作绩效直接联系在一起。

综上所述，任何组织都可以采取五种方法来进行绩效评价：比较法、特性法、行为法、结果法和质量法。表 7 - 12 根据我们在前面提出的绩效衡量系统应当达到的标准对这五种绩效评价方法进行了总结，并分别描述了每一种方法的优点与不足。正如质量法所描述的那样，最有效的绩效评价方法往往是将两种或两种以上的绩效评价方法结合起来使用，不仅要衡量绩效目标，还要对行为进行评价。

表 7 - 12　对各种绩效衡量方法的评价

绩效衡量方法	评价标准				
	战略一致性	效度	信度	可接受度	明确度
比较法	较差；除非管理人员花时间建立与战略的联系	若绩效评价做得非常仔细，可能较高	取决于评价者，但通常不做一致性衡量	中等；容易开发和使用，但不采用规范化标准	非常低

续表

绩效衡量方法	评价标准				
	战略一致性	效度	信度	可接受度	明确度
特性法	通常较低；要求管理人员建立起与战略的联系	通常较低；若设计时较仔细，则会有所改善	通常较低；但可通过对特性做出具体的界定加以改善	较高；易于开发和使用	非常低
行为法	可能相当高	通常较高；需要将污染和缺失程度降到最低	通常较高	中等；难以开发，但在使用时容易被接受	非常高
结果法	非常高	通常较高；但是可能会受到污染或存在缺失	较高；主要问题是再测信度有赖于衡量的具体时间	较高；在开发过程中通常需要被评价者的参与	在结果方面非常高，但在达成结果所需的行为方面却比较低
质量法	非常高	较高；但是很容易受到污染或存在缺失	较高	较高；在开发过程中通常需要被评价者的参与	在结果方面非常高，但在达成结果所需的行为方面比较低

7.6 绩效信息来源的选择

无论使用哪一种绩效管理方法，企业都必须做出这样一个决定，即到底应当让谁充当绩效衡量信息的来源。每一种绩效信息来源都有自身特定的优点和缺点。在这里，我们将讨论五种基本的绩效信息来源：上级管理者、同事、直接下级、被评价者本人和客户。许多公司都同时采用上级管理人员提供的绩效信息以及员工的自我评价信息。这有助于在进行绩效评价面谈的时候以及持续沟通的过程中开展绩效对话。

7.6.1 上级管理者

上级管理者是最经常使用的绩效信息来源。通常来说，我们做出下面这种假设是比较可靠的：直接上级对下属员工的工作要求有全面的了解，同时他们也有充分的机会对员工进行观察，也就是说，他们有能力对员工做出评价。此外，由于直接上级能够从下属员工的高绩效中获得某种利益，同时也会因下属员工的绩效不佳而遭受某种损失，因此，他们有充分的动力对下属员工的绩效做出精确的评价。[61]最后，如果上级管理人员平时注意观察员工的行为，或者是在绩效反馈阶段就各种绩效问题与员工进行讨论，那么上级管理者提供的绩效反馈与员工的工作绩效之间就会具有显著的相关性。[62]

惠而浦公司的绩效管理系统包括设定目标并使之与经营战略保持一致，提供反馈并开展绩效对话以及对实现目标的进度进行评估等内容。[63]惠而浦公司发现自己的管理人员在评估目标实现进度方面花费的时间太多了，这耽误了他们确保目标之间的一致性以及提供反馈和进行绩效对话的时间，这些才是绩效管理过程中最为重要的部分。为了帮助管理人员重新分配工作时间，惠而浦公司为他们提供了教练式辅导和开发所需的资源。"管理者分钟学习手册"（Manager Minute）由惠而浦公司的领导者提供的视频、博客和论坛组成，是为鼓励自己的管理者在管理员工绩效方面变得更加出色而提供的各种提示、建议和故事。73％的公司管理人员表示，他们从"管理者分钟学习手册"中寻求建议并正在采取行动。

在某些特殊情况下，将员工的直接上级作为绩效信息的来源也会遇到一些问题。比如，在某些职位上，上级管理者本人并没有足够的机会观察下属员工到底是怎样履行其工作职责的。例如，对于从事销售工作的职位来说，直接上级在大多数时间里就没有充分的机会观察销售人员的实际工作状况。通常情况下，上级管理人员需要偶尔抽出一天的时间陪着销售人员接听销售电话。然而，在这些情况下，员工很可能会努力表现出最好的行为，因此，员工在这一天的行为表现很可能无法代表管理人员不在场时他们的真实行为表现。

此外，由于有些上级主管人员对某位特定员工可能会存在很大偏见，因此，如果把上级管理者作为唯一的信息来源的话，就很可能会导致对这位员工的绩效评价结果不那么准确。对某些人有所偏袒在组织中比较常见，但是在绩效管理中，我们必须尽可能将这种情况减少到最低程度。[64]因此，绩效衡量系统必须努力使这种个人偏袒对绩效评价产生影响的机会最小化。实现这一目的的方法之一是，不要依赖一位主管人员的评价来确定员工的工作绩效。

7.6.2 同事

绩效信息的另一个来源是被评价员工的同事。当主管人员无法总是有机会观察员工的行为时，比如在执法工作中，员工的同事就是一个很好的绩效信息来源。被评价员工的同事不仅知晓工作的要求，而且是最有机会观察员工日常工作活动的人。此外，同事通常也是在日常工作中最方便表扬和认可彼此表现的人。与上级管理者的评价相比，来自同事的评价可能更具有激励性，因为员工对同事和对上级管理者的期望是不一样的，毕竟同事通常并不承担提供反馈的责任。

例如，在 Etsy 公司，员工可以要求自己的同事和直接上级提供反馈。[65]反馈的提供者可以选择匿名发表评论，反馈接收者可以选择向人力资源业务伙伴或上级管理人员寻求获得培训或指导。技术手段使员工更容易从同事和管理人员那里寻求获得反馈（以及提供反馈）。请参阅本章后面的"通过科技展开竞争"专栏来获取更多关于能够充当这种角色的应用程序的信息。

同事还能在评价过程中带来不同的视角，而这对获得关于某个人的整体绩效情况而言可能是有价值的。实际上，已经有研究发现在几种不同的环境下，同事都可以做出极其有效的绩效评价。[66]

然而，利用员工的同事来进行绩效评价的缺点之一是，他们与被评价者之间的朋友关系有可能会导致评价偏差。[67]不过，只有很少的实证证据能够表明这是一个经常存在的问题。同事评价的另一个缺点是，当绩效评价结果作为管理决策的依据使用时，员工对于让自己同事充当评价者和被评价者两种角色会感到很不舒服。然而，如果评价的结果仅仅是用于开发目的，同事做出的反应就会比较积极。[68]

7.6.3 直接下级

直接下级是指需要向一位管理人员汇报工作的员工。在对管理人员进行评价时，直接下级是特别有价值的绩效信息来源。他们常常是最有资格评价管理人员是怎样对待员工的人。**自下而上的反馈**（upward feedback）是指收集下属人员对一位管理人员的行为或技能所做的评价的方法。戴尔这家总部位于美国得克萨斯州的计算机公司为了吸引和留住人才，最近采取了很多措施，不仅制定了提供经济报酬方面的目标，而且致力于使公司成为一个最理想的工作场所。[69]戴尔利用自下而上的反馈来帮助公司维持"文化规范"以及对其领导者进行开发。要在戴尔成为成功的领导者，就必须保持谦逊：对自己的能力充满信心，乐于接受挑战，同时始终乐于接受反馈。戴尔的管理人员每半年要通过名为"告诉戴尔"（Tell Dell）的员工意见调查来接受下属员工的评价。在五条陈述性评价中，如果管理人员的有利得分低于50%，能够获得的薪酬、奖金以及晋升机会就会更少，并且公司会要求他们接受额外的培训。表7-13展示了这五条陈述性评价的内容。公司期望管理者能够通过不断的努力来提高自己在调查中的得分。他们的目标是在这五条陈述上获得至少75%的员工的好评。这里的"循证人力资源管理"专栏展示了员工的流动率与他们对上级管理者的行为所做的评价之间的关系。一项研究发现，当管理人员知道自己得到的反馈是来自哪些下属时，他们对自己得到的自下而上的反馈有更为积极的看法，然而，下属更愿意提供匿名反馈。当下属知道自己作为评价者的身份会被上级发现时，他们就会人为地抬高对上级管理者所给出的评价等级。[70]

表7-13　摘自"告诉戴尔"这种自下而上的反馈调查中的陈述示例

- 即使其他公司向我提供了一个与当前薪酬和福利水平类似的岗位，我也将继续留在戴尔。
- 我得到了有利于自己改进绩效的持续性反馈。
- 我的直接上级或主管支持我在平衡工作和个人生活方面所做的努力。
- 我的直接上级或主管能够有效地管理员工。
- 我可以在戴尔取得成功的同时继续保持我的个性。

资料来源：Based on A. Pomeroy, "Agent of Change," *HR Magazine*, May 2005, pp. 52-56.

➡ 循证人力资源管理

Kronos公司要求自己的5 300名员工每年两次向管理人员提供自下而上的反馈。也就是说，员工要对他们的上级管理者的行为做出评价，其中包括他们在过去的六个月中是否与自己讨论过职业发展问题。Kronos公司发现，评价得分最低的25%的管理人员，其下属中只有73%明年还计划留在公司。而评价得分最高的25%的管理人员，其下属中有94%明年继续打算留在公司。

资料来源：V. Fuhrmans, "These Employees Rate Their Bosses Twice Each Year," *Wall Street Journal*, January 4, 2018, p. B7.

让下属来评价上级可能产生的问题之一是，这种评价方法为下属员工提供了超越上级管理者的权力，而这会使管理人员陷入困境。[71]这会导致管理人员更重视员工的满意度而不是他们的生产率。不过，这种情况仅在将绩效评价结果用于管理决策时才会出现。与同事评价一样，将下级评价仅用在管理人员开发方面也是一种比较明智的做法。为确保员工不用担心遭到上级管理者的报复，下级评价有必要采用匿名方式，并且每次至少让三名员工对同一位管理人员做出评价。

7.6.4 被评价者本人

虽然自我评价并不经常作为绩效信息的唯一来源，但它仍然是非常有价值的。[72]显然，员工是最有条件观察本人工作行为的人，同时，他们也能获得与自己的本职工作结果有关的信息。分析集团（Analysis Group）是一家向律师事务所以及各类公司和政府机构提供经济、财务和战略咨询的公司，该集团绩效管理的一个重要方面就是每位合伙人都要完成一项自我评价。[73]自我评价总结了每位合伙人对自己在一年当中取得的成就，其中包括销售出去的业务以及雇用和指导过的人。这反映了该集团的绩效管理不仅强调合伙人对公司财务健康做出的贡献，而且强调合伙人为确保公司的未来健康发展和业务增长做出了哪些贡献。公司在全年当中都在举行各种会议来讨论每一个人对公司做出的贡献，同时确定大家的开发目标。

这种绩效评价方法的缺点之一是，它会导致个人故意抬高自己的绩效评价等级。研究发现，人们对个人特质以及整体绩效等级所做的自我评价往往存在比其他人做出的同类评价更宽松的倾向。[74]这种情况主要是两方面原因造成的：第一，如果绩效评价结果用于管理决策（例如加薪），则员工必然有充分的理由夸大自己的工作绩效。第二，社会心理学文献中有大量的事实证明，人们总有一种把个人的不良绩效归咎于外部因素的倾向，比如，他们会认为，自己的业绩不佳主要是因为同事没有及时给自己提供必要的信息。尽管在上级主管人员经常提供绩效反馈的情况下，由于自我评价导致绩效浮夸的情况不会很多，但最好还是不要将自我评价用于管理目的。[75]自我评价最大的用处是，在绩效反馈阶段的前期帮助员工思考自己的工作绩效，从而将绩效面谈集中在上级和下级存在分歧的那些绩效领域。

7.6.5 客户

许多公司都将客户纳入自己的绩效评价系统。有人给服务下了这样一个定义："服务是一种你可以买卖却见不到的东西。"[76]由于服务具有独一无二的性质——产品的生产和消费常常在某个时点上同时发生，所以上级、同事和下级都没有机会观察员工的行为。然而，客户通常是唯一能够在工作现场观察到员工的工作绩效的人，因此，在这种情况下，他们就成了最好的绩效信息来源。

大多数服务行业中的公司都将客户评价作为员工绩效信息的一个来源。例如，万豪国际酒店集团就在其管理的每一家饭店的每个房间里都放上一张客户满意卡，并且以随机抽样的方式向曾经在任何一家万豪酒店住宿的客户邮寄一张调查表。惠而浦公司的消费者服务事业部要求，为客户提供服务的技术人员在完成产品服务工作之后，请客户在他们的笔记本电脑上完成一项调查。鲜味汉堡（Umami Burger）餐厅则提供三种不同颜色的罐子供客户对自己的体验做出评估：对服务感到满意（绿色）、感觉一般（黄色）以及不太满意（红色）。[77]每当客户将薯条放入罐子中时，都是在为公司的管理人员提供即时反馈，管理人员还可以看到一天下来累积的客户体验反馈结果。然后，他们就可以基于这些反馈意见与餐厅的工作团队来讨论哪些方面的工作做得不错，而哪些方面需要有所改进。

下列两种情况最适合让客户来评价员工绩效。[78]第一种情况是，员工从事的工作要求其直接为客户提供服务，或者需要为客户联系本公司内部提供的其他服务。第二种情况是当公司希望通过收集信息来了解客户想得到什么样的产品或服务时。也就是说，客户评价通过将公司的市场营销战略与人力资源管理活动以及人力资源政策联系在一起，直接服务于公司的战略目标。出于这种目的收集的客户评价信息不仅有助于评价员工绩效，而且有助于企业确定为了改善客户服务水平，是否还需要在人力资源管理活动其他方面（例如培训或薪酬体系）有所改变。

客户调查法的不足在于其成本较高。为了对一位员工进行评价，企业在打印费、邮寄费、电话费以及人工成本方面的各项开支会比较高。通过手提电脑完成的现场调查有助于减少这部分费用。

总而言之，到底哪一种绩效信息来源最好，最终还是取决于特定工作本身。最好的绩效信息来源应当是那些最有条件观察员工行为及其结果的人。通常情况下，从多种信息来源获取绩效信息的做法，往往会使绩效管理过程更准确和更有效。事实上，最近在很多企业中存在的一个普遍趋势就是 **360°评价**（360-degree appraisal）。[79]这种绩效评价技术的做法是，让多位评价者（上级、同事、下属、客户）对一位管理人员的工作绩效进行评价。这种技术的一个主要优点在于，它提供了一种有效的手段来把在其他主观评价技术中容易出现的偏差降到最低限度。这种技术主要用于绩效管理的战略目的或开发目的，因此，我们将在第 8 章中对这种技术进行更深入的讨论。[80]这里的"通过全球化开展竞争"专栏显示了 360°评价对于诸如 BlueJeans 公司这样一些在世界各地都以项目团队方式开展工作的企业是怎样特别有用的。

➡ 通过全球化开展竞争

全球工作团队需要超越管理者主导的绩效评价

BlueJeans 公司是一家领先的云视频通信服务提供商。其使命是使在线会议易于加入和使用，从而使员工能够更为高效地开展工作。尽管 BlueJeans 公司总部位于美国加利福尼亚州，但其 500 多名员工分布在全球各地，比如班加罗尔和伦敦等地。

为了构建最具创新性和最有效的技术协助，面对面的视频通信技术要求员工无论身在何处都能在团队中相互协作。BlueJeans 公司针对员工采用 360°绩效审核的做法，以便从他们的同事那里获得关于他们的绩效反馈，同时从他们的管理人员那里获得关于他们的优势以及需要改进的领域方面的反馈。360°反馈系统还使员工有机会向他们的上级提供反馈，从而使上级知道可以通过做哪些事情来帮助员工改善团队合作。

360°绩效审核所产生的结果是积极的。99％的员工都完成了同事之间的相互审核。管理人员也发现，这一系统能够通过提供相关信息帮助他们与下属员工进行绩效和开发方面的对话，尽管这种对话并非日常性的或每周都能开展的，这是因为员工遍布世界各地。员工也喜欢这套系统，因为它使员工知道自己还可以培养哪些方面的胜任素质，并且使他们更容易就本人的职业发展问题与上级管理者进行对话。从 BlueJeans 公司的角度来看，360°反馈系统有助于培养一种在公司内认可和开发人才的反馈文化。

讨论题

为什么 360°评价对于全球团队特别有用？

资料来源：Based on "BlueJeans Turns Up Worldwide Collaboration with Reflektive," from www. reflektive. com, accessed January 8，2019；www. bluejeans. com.

7.7　高科技在绩效管理中的运用

科技正在通过三种方式影响绩效管理体系。第一，许多公司正在转向建立在互联网上的在线无纸化绩效管理系统。这些系统能够帮助公司确保组织各个层级上的绩效目标彼此保持一致，同时为管理人员和员工提供更多的接触绩效信息的机会，还能为理解和使用绩效管理过程提供各种工具。[81]

第二，脸书和推特这样的社交媒体工具也越来越多地被用于提供及时反馈。**社交性绩效管理**（social performance management）是指类似于脸书、领英和 Yammer 等这样一些系统以及可以让员工快速交换信息、彼此交谈、提供教练式辅导以及得到认可的应用程序。千禧一代和 Z 一代员工尤其看重这种社交性绩效管理，他们希望能够更为频繁地获得关于本人绩效的反馈。他们的这种偏好之所以会得到增强，是因为他们在成长的过程中就是通过借助智能手机、计算机等建立起来的社交网络与他人建立起联系的。[82] 年轻一代将反馈视为一种学习机会，婴儿潮一代则更可能将其视为一种判断，但各个年龄段的高绩效员工都可能主动寻求获得反馈并且看重反馈的价值。正如本章前面强调的那样，绩效反馈是绩效管理过程的一个关键组成部分，因而不应局限于每季度、年中或每年的正式绩效评价。同样，与忙碌的管理人员相比，同事通常可以提供更为及时和准确的反馈和认可。这里的"通过科技开展竞争"专栏就描述了企业可以如何使用应用程序来简化提供绩效反馈以及接收绩效反馈的过程。

➡ 通过科技开展竞争

想要提供反馈吗？这里有个应用程序

随着很多公司都在朝着持续性绩效管理的方向发展，它们都在为员工提供本地应用程序或者是 Impraise，Reflective 和 Engagedly 等公司提供的相关应用程序，这些程序都能使同事和管理人员快速地提供反馈和认可。IBM 员工可以在其 Checkpoint 应用程序中设定短期绩效目标，而管理人员也可以通过这款程序向员工提供目标进度方面的反馈。Mozilla 公司的员工和管理人员可以使用一款应用程序互相发送彩色的"徽章"，以表彰他们的出色表现。这些徽章上的短语包括"你太棒了"或"你太了不起了"等。此外，员工还可以通过发出一些与绩效有关的简短问题来获得同事和管理人员提供的反馈以及指导，比如："您对我的演讲有何看法？"

高盛公司则采用一款名为"持续反馈360＋"的应用程序让员工的上级和同事随时向他们提供非正式的反馈。这样做法的思维逻辑是，当一位员工完成了一笔大交易、做了一场演讲、组织了一场产品午餐会时，公司里的其他人可以称赞他所取得的成功，或者是提出帮助他下一次做得更好的想法。员工可以在一张仪表显示屏上查看自己在全年得到的反馈总结。高盛公司正在为向员工赋能以及创建一种让员工想要继续留任的高绩效工作系统付出努力，而这款持续性反馈应用程序对此提供了支持。

优步公司所使用的一款应用程序与在驾驶员的智能手机中安装的传感器联系在一起，可以探测到驾驶员在什么时候——例如当驾驶员发短信时——移动或触摸了手机。这款应用程序还能跟踪驾驶员在何时发生加速、抄近道或紧急制动的情况。该应用程序的设计目的是通过为驾驶员提供比他们能够从客户那里获得的评价更为详细的数据，来帮助他们改善自己的驾驶状况。这些数据还通过提供一种记录来保护驾驶员免于受到无理的客户投诉的影响。

讨论题

你将如何确保员工愿意使用这种应用程序向自己的同事提供反馈和认可，同时根据自己收到的反馈去采取行动？

资料来源：Based on H. Clancy, "How Am I Doing?" *Fortune*, March 1, 2017, p. 34; D. MacMillan, "Uber to Monitor Actions by Drivers in Safety Push," *Wall Street Journal*, June 30, 2016; M. Weinstein, "Annual Review under Review," *Training*, July/August 2016, pp. 22-29; C. Zillman, "IBM Is Blowing Up Its Annual Performance Review," *Fortune*, February 1, 2016; B. Hassell, "IBM's New Checkpoint Reflects Employee Preferences," *Workforce*, April 2016, p. 12; Goldman Sachs, "Human Capital Management," http://www.goldmansachs.com, accessed May 23, 2018; "A New Era for Goldman Sachs and Performance Appraisals," *Impraise* blog, https://blog.impraise.com, accessed May 23, 2018; Jenny Surane, "Goldman Sachs Introduces Real-Time Employee Performance Reviews," *Bloomberg Quint*, April 23, 2017, https://www.bloombergquint.com; Liz Hoffman, "Goldman Goes beyond Annual Review with Real-Time Employee Feedback," *Wall Street Journal*, April 21, 2017, https://www.wsj.com.

第三，很多公司依靠电子跟踪和监视系统来确保员工在何时、何地以何种方式工作，同时阻止他们访问某些网站（例如包含色情图片的网站）。这些系统包括手印和指纹识别系统、全球定位系统（GPS）以及可以用智能手机和笔记本电脑对员工进行跟踪的软件和可穿戴设备。

例如，在纽约的 Akin&Smith LLC 律师事务所，律师助理、接待员和文员只需要将自己的手指放在一位秘书桌旁的感应器上就可以完成打卡。该律师事务所的管理合伙人认为这套系统提高了生产力，同时使每个人都能做到诚实守信，确保他们遵守公司的午餐时间规定。[83]

卡车运输行业对驾驶员总是进行不间断的监控。[84] 车载计算机会记录驾驶员是在当班还是没有当班，记录驾驶员的汽油行驶公里数，告诉他们到哪里去加油。如果卡车在驾驶员当班时出现了停驶的情况，则会要求他们做出解释。内置在计算机中的电子监控系统会告诉驾驶员应当按照哪条路线行驶，即使是由于交通堵塞或事故原因造成一点点路线偏离，也会被记录下来。美国联合包裹服务公司运用计算机分析程序监控其送货司机。这有助于他们避免浪费时间以及在行驶中左转弯去加油。通过记录安全带的使用情况以及驾驶员倒车了多少英尺来提高驾驶员的安全性——倒车是一种危险的操作。Shuttle Express 公司的大货车也装配了摄像头，从而帮助公司来判断驾驶员是否需要对所发生的事故负责。

有些医院也通过使用放置在走廊、患者床旁以及手术室中的监视器来运用计算机的视觉系统。[85]这些通过监视器检测到的视频图像可以由计算机运用一定的算法进行分析，从而识别出某些动作。这么做的目的是通过监视一些行为来改善患者护理水平，例如，医生在进入病人房间之后，是否在提供肥皂的地方停下来洗手（洗手是在医院中防范可预防性感染传播的关键）。这些数据可以数字的形式存储下来，从而在一段时间内跟踪相关行为的合规性，然后就可以在洗手次数较少的业务单元中实施激励和培训计划。另外一种可能的干预措施是设计一种带有指示灯的洗手液，如果计算机视觉系统检测到医生在进入病人房间后的一段时间内还没有洗手，这种指示灯就会通过闪烁的方式提醒医生去洗手。

很多公司正在使用软件对员工的计算机进行分析并创建相应的文档。[86]随着时间的推移，这种软件就能够为行为创建一种基准规范，其中包括他们登录到哪里、使用了哪些程序和数据库、浏览了哪些外部网站等。它还能根据用户可能给公司带来的危险（例如窃取公司的数据或新产品设计方案或浏览色情内容等）针对用户赋予不同的分数（一种风险分）。一种名为 Scout 的软件还可以用于对员工的电子邮件和其他通信内容进行评价。这种软件会扫描员工在电子邮件中使用的语言的变化情况，例如"医疗费"或"未付款"等词的使用量上升则可能意味着员工的盗窃风险会增加等。

很多可穿戴设备也能使我们跟踪自己的睡眠、行走的步数以及运动水平。很多公司都为员工制定了可以追踪健康状况的可穿戴设备，使其成为降低公司医疗保健成本的健康计划的一个组成部分。例如，IBM 和 Appirio 公司都将 Fitbits 设备分发给员工，以鼓励他们参加锻炼和保持健康的生活方式。[87]Appirio 公司使用 Fitbits 设备提供的数据来与公司的健康保险提供商进行降低保费的谈判。可穿戴设备还可以用于跟踪我们的动作和人际互动情况。[88]例如，在佛罗里达医院庆典健康中心，护士和患者护理技师都佩戴着带有传感器的徽章，以跟踪他们访问患者病房和护士站的情况。这种跟踪措施帮助医院发现了护士花费很多时间查找某些在护士站库存不足的药品。因此，监控还有助于医院改善其供应程序。

然而，尽管这些系统可以带来潜在的生产力和效率提高，但也引起了人们的担忧。[89]批评者认为，这些系统存在将工作场所变成电子血汗工厂的威胁，在这种工厂中，员工被当成机器人对待，他们被监督着将自己工作时间中的每一秒都用来达成最大的生产力。此外，电子监控系统还不受监督地威胁着员工的隐私权和工作尊严。再有，这些时间跟踪软件很可能并不准确。美国联邦和州一级的一些法律诉讼已经涉及使用时间跟踪软件的几家公司，其中包括美国航空公司（American Airlines）和克罗格公司（Kroger）。[90]这些诉讼都声称公司未能正确地计算员工的工作小时数，结果导致他们得到的薪酬低于他们的实际工作时间所对应的水平。例如，一名员工每天可能工作 7 小时 15 分钟，但时间跟踪软件却会将其工作时间四舍五入为 7 小时。这就意味着，每周工作五天之后，他们就会少得1.25 小时的工资。在过去的几年中，这种情况可能导致员工损失了数千美元的工资！

还有一些批评者认为，在没有任何理由认为可能会出现错误的情况下，电子跟踪系统完全没必要对员工进行监视和跟踪。优秀的管理者知道他们的员工在做什么，而电子监控系统并不能替代良好的管理。批评者还认为，这样的系统会导致生产力和士气的下降，并产生不必要的压力。这种做法带来了这样一种思想，即员工必须始终坐在办公桌前才能提高工作效率。与其他类型的监控技术相比，可穿戴设备具有收集更广泛信息的潜力。但大多数员工都不知道公司正在收集什么数据，并且可穿戴设备收集来的那些健康和个人数据也不一定具有隐私保护性或安全性。美国公平就业机会委员会要求，公司必须让员工自愿参加与健康保险计划相关的那些身心健康提升计划。即使员工可以选择是否使用这些可穿戴设备，他们仍然有可能会因为感到压力而参与这样的计划，尽管他们对此表示不满。

不过，无论如何，电子监控可以确保时间不会被浪费，可以改善工作日程安排，并且有助于激励员工和提高绩效。[91]为避免电子监控产生的潜在负面影响，管理人员必须与员工进行沟通，让他们知道公司为什么要对他们进行监控。监控还可以被用来帮助那些工作经验丰富的员工去指导经验不足的员工。

7.7.1 减少评价者误差和评价政治，提高信度和效度

各种研究都一致性地揭示出人类在信息加工方面具有非常大的局限性。因此，无论是在对投资进行判断时，还是在对人进行判断时，我们往往都采用直接推断或者是运用一些简单的机理来做出判断。[92]这些直接推断法通常出现在主观性较强的绩效评价中，会导致很多无意识的偏见，从而可能导致评价者误差，在对员工的绩效进行解释时经常会做不正确的归因。正如我们在本书第6章中讨论过的那样，无意识偏见是会对我们的决策产生影响但是未被我们意识到的建立在背景、文化和个人经验基础上的一种判断。我们所有的人都存在无意识偏见。例如，研究发现，男性通常比女性能够获得更多与业务成果相关的反馈。而做出绩效评价的管理人员是男性还是女性本身并不重要。[93]

表7-14展示了各种类型的评价者误差。同类人误差是评价者关于员工具有何种类型的特征才能表现好的一种刻板印象。[94]宽大误差、严格误差和居中趋势误差都是分布误差，因为评价者倾向于仅使用评价尺度中的一部分来进行评价。

表 7 - 14 典型的评价者误差

评价者误差	描述
同类人误差	与评价者在种族、性别、背景、态度或信仰等方面相似的人比其他人得到的绩效评价结果更好
对比误差	绩效评价受到员工之间相互比较的结果而不是客观标准的影响（例如，由于受到和非常出色的同事对比的影响，员工的绩效评价结果低于其应有水平）
宽大误差	评价者对所有员工的绩效都做出较高的评价
严格误差	评价者对所有员工的绩效都做出较低的评价
居中趋势误差	评价者对所有员工的绩效都做出中等的评价
晕轮误差	由于被评价者在某一绩效方面表现较好，评价者对此人的所有其他绩效都给予较高的评价
角误差	由于被评价者在某一绩效方面表现不佳，评价者对此人的所有其他绩效均给予较低的评价

评价政治（appraisal politics）是指绩效评价者为达到个人或者公司的某些目的而有意

歪曲评价结果。研究指出，导致评价政治产生的因素有多种。这些因素内化于绩效衡量系统以及企业文化之中。在下面几种情况下，评价政治最容易出现：评价者需要对被评价的员工负责；在几种评价目标之间存在内部竞争；在绩效评价结果与高报酬之间存在直接的联系。此外，在以下几种情况下，评价政治也有可能出现：公司高层管理人员容忍这种歪曲绩效的做法甚至对此感到得意；这种歪曲战略是"公司风俗"的一个组成部分，因而是从资深员工那里传给新员工的。

减少评价误差的方法有四种。[95]其中包括评价者误差培训、参照框架培训、无意识偏见培训以及校准会议。评价者误差培训通过使管理者意识到评价误差的存在，然后再帮助他们制定战略来将这些评价误差控制在最低水平。[96]这些培训项目的主要内容是：首先让受训者观看一些专门设计的录像短片——这些短片揭示了像对比误差这样一些评价误差是如何产生的。然后让受训者进行绩效评价，并讨论误差是如何对评价结果产生影响的。最后，再根据每个人掌握避免产生误差的方法的程度来判定培训分数。实际情况表明，这种方法对于减少误差非常有效，但又有证据表明，这种培训在减少评价误差的同时可能会降低评价的准确性。[97]

评价者准确性培训又称为参照框架培训，它试图强调绩效的多维性质，并且使管理者充分了解各种绩效维度的实际内容。这种方法是对每一个绩效维度都提供各种范例，然后再讨论这些范例代表的实际绩效水平或者"正确的"绩效水平。[98]然而，只有在以下条件得到满足的情况下，准确性培训才能够提高评价的准确性：评价者需要对评价结果负责；在评价中使用的是与职位有关的评价尺度；评价者记录他们观察到的员工行为。[99]

除了上述这些方法（如我们在第 6 章中讨论过的），许多公司如微软、谷歌、脸书和陶氏化学等都要求员工参加无意识偏见培训计划，以减少无意识偏见对绩效评价以及其他一些与工作相关的决策（比如晋升决策等）产生的潜在影响。[100]这些培训计划的重点是使员工意识到无意识偏见的存在，并且通过放慢决策速度、仔细考虑背后的原因以及在判断中所使用的语言等方法来减少其造成的影响。

要想确保绩效评价在不同的管理者之间具有一致性，同时减少评价误差和评价政治对绩效评价产生的影响，一条重要的途径就是召开校准会议。[101] **校准会议**（calibration meetings）为讨论员工的绩效提供了一个机会，其目标是确保用于所有员工的绩效评价标准都是相似的。这些会议的参加人员包括负责实施绩效评价的管理人员以及他们的上级，同时还包括公司人力资源部门的代表或外部咨询专家。在这种会议上，要对每一位员工的绩效评价结果以及管理者做出这种评价的理由加以讨论。管理者有机会讨论每一个绩效评价等级的定义，还可以提问。这种校准会议有助于管理人员确定自己做出的评价是不是过于积极或消极，是不是依据员工最近这段时间的表现做出的。如果管理者知道他们必须在这种校准会议上证明自己对员工所做的评价是准确的，他们就会倾向于提供那些有完整记录的准确评价。研究表明，校准会议会导致大约 1/4 的绩效评价等级被改变，其中大多数是从平均绩效水平调整为其他绩效等级。[102]校准会议导致绩效评价等级被下调的概率是上调概率的四倍。随着校准会议在较长的时间里举行，管理人员给出的绩效评价等级变得越来越不那么极端。此外，员工也认为校准过程是公平的，但管理人员认为校准过程对他们的时间要求越来越高了。

校准会议还可以通过讨论绩效是如何与公司的经营结果相关的来减少评价政治。为了将评价政治对绩效评价的影响降到最低限度，除了要对评价者进行培训、召开校准会议，管理者还应当谨记表 7-4 中所示的那些公平的绩效衡量系统的特点。换言之，管理者还应当做到：

- 争取高层管理人员对绩效评价系统的支持，打击刻意歪曲评价结果的行为。
- 为评价者留出一定的自由度，让他们与被评价者共同把绩效目标和标准进一步细化。
- 认识到员工的工作结果是不会自动改善的。
- 为员工提供接触信息的机会，让他们知道公司期望他们表现出哪些行为以及哪些工作行为在公司中是可以被接受的。
- 鼓励员工积极寻求获得反馈以及运用反馈改进绩效。
- 确保这一过程不被诸如预算之类的约束条件所驱使。
- 确保整个公司的评价过程都是一致的。
- 营造一种鼓励员工敢于直面自身弱点的开放氛围。[103]

■ 7.8 绩效反馈

一旦清楚地界定了组织期望达成的绩效，并且对员工的实际绩效进行了评价，接下来需要做的就是将绩效信息反馈给员工，帮助他们纠正自己的绩效不足。但绩效反馈过程非常复杂，而且会让管理人员和员工双方都感到焦虑。

在我们中间，很少有人会觉得坐下来对他人做一番评价是一件让人舒服的事情。一想到要面对别人的弱点，我们中的很多人都会觉得非常不安。然而，如果说向别人发出负面反馈信息是令人痛苦的，那么得到这种负面信息的人更痛苦——因此，绩效反馈过程非常重要。

7.8.1 管理者在有效的绩效反馈中起到的作用

如果不让员工意识到他们的工作绩效并没有达到组织的要求，几乎可以肯定，他们的绩效不会有所改善。事实上，情况可能会变得更糟。有效的管理者应当以一种会诱发积极行动反应的方式来向员工提供明确具体的绩效反馈。鉴于绩效反馈对有效的绩效管理系统的重要性，很多企业正在培训管理者如何提供有效的绩效反馈。例如，总部位于俄亥俄州威克利夫的化学品制造商路博润公司（Lubrizol Corporation）就要求管理者参加为期两天的培训课程，学习如何提供有意义的绩效反馈。[104]该公司的目标之一是成为培养和开发人才的最佳雇主。培训的主题包括管理者如何提供反馈，如何寻求帮助以及如何承担起反馈的责任。为了通过提供有效的反馈来提高绩效管理系统的有效性，管理人员应当考虑我们在下面提供的建议。[105]

反馈应当经常进行，而不是仅仅一年一次

这样做的原因有三个。第一，管理者一旦意识到员工的工作中存在绩效缺陷，就有责任立即去纠正。如果员工的绩效在 1 月份就低于标准要求，而管理人员却非要等到 12 月

份才对其绩效进行评价，那就意味着企业要蒙受 11 个月的生产力损失。第二，绩效反馈过程是否有效的一个重要决定因素是，下属员工对评价结果的认同程度。因此，一个很容易发现的规则就是，应当经常向员工提供绩效反馈，使他们甚至在正式绩效评价过程结束之前就知道自己可能得到的绩效评价结果。第三，许多员工，尤其是千禧一代的员工，希望管理人员提供更为频繁和坦率的绩效反馈，而不仅仅是每年实施的一次或两次正式绩效审核。[106]

让我们来看一看 FORUM Credit Union 公司是如何鼓励员工寻求获得反馈并且由管理人员提供反馈的。[107]FORUM Credit Union 公司使用正式的核查工具帮助管理人员提供绩效反馈信息，从而使员工能够获得更为频繁的反馈。公司在每个季度都会向员工发送一份调查问卷，要求他们回答四个或五个问题。这些填写完毕的调查问卷将发送给他们的上级管理者，这些管理者将浏览调查结果，同时安排一次会议来讨论。有些管理人员每月都会与员工举行一次会议，但公司要求上级管理者和员工之间至少每季度对话一次。

为讨论创造一个好的环境

管理者应当选择一个中立的地点与员工进行绩效讨论。管理者本人的办公室通常并不是提供建设性绩效反馈的最佳地点，这是因为员工往往会把办公室与令人不愉快的谈话联系在一起。管理者应当把绩效面谈描述成上下级之间就员工的角色、管理者的角色以及两者之间的关系展开讨论的一个机会。管理者还必须表明，绩效面谈应当是一种开诚布公的对话。

让员工在绩效面谈之前先对本人绩效做自我评价

让员工在参加绩效评价面谈之前先完成自我评价的做法是有意义的。它要求员工认真思考自己在本次评价涵盖的时期内完成的绩效，并鼓励他们寻找自己的不足。一方面，在用于管理目的的自我评价中，被评价者本人会人为地抬高评价水平；另一方面，在用于开发目的的自我评价中，员工往往会对自己做出比上级主管人员做出的评价更低的评价。自我评价具有效力的另一个原因是，它可以使绩效面谈的重点放在上下级之间存在分歧的问题上，从而使绩效反馈过程更快地完成，这显然提高了绩效反馈过程的效率。最后，员工在认真思考自己过去的绩效之后，能更充分地参与反馈过程的讨论。

进行持续的、合作性的绩效对话

管理人员应使用解决问题的或合作的方法，与员工在一种尊重和鼓励的氛围中共同解决绩效问题。在员工参加绩效反馈会议的情况下，他们会对整个过程感到满意。（回想一下在本章前面所做的有关公平性的讨论。）这里的参与包括让员工表达他们对评价的看法，以及共同讨论绩效目标和开发需要。

向协作性绩效对话的转变，对于减少员工在由管理人员驱动的"推销式"或"你说我听式"的老式绩效对话下体验到的那些焦虑感、不确定性以及不公平感和被控制感是非常有必要的。[108]一项研究发现，除了对上级主管的满意度，员工参与是预测员工对绩效反馈阶段满意度高低的另外一个最重要的预测指标。[109]表 7-15 提供了管理人员可以用来开启一次与员工之间的合作性、持续性绩效对话的问题的示例。

表 7 - 15　开启一次合作性、持续性绩效对话可以选用的问题示例

- 哪些方面进展不错？
- 你被卡在哪里了？
- 我能帮上你什么忙吗？
- 你从中学到了什么？
- 下次你会怎样采取不同的做法？
- 你想开发哪些方面的技能？
- 你今天想讨论哪些方面的问题？
- 你认为下一步应该干什么？
- 我们下一次在什么时候核对绩效更合适？

资料来源：Based on M. Buckingham, "Out with the Old in with…," *TD*, August 2016, pp. 44 - 48; "Goodyear Performance Management Optimization Case Study," presented on September 6, 2016, to MHR 4328 Performance Management class, The Ohio State University.

通过赞扬肯定员工的有效绩效

人们通常认为，绩效反馈过程应当集中在寻找员工绩效中存在的问题，然而事实却并非如此。绩效反馈的目的是提供准确的绩效反馈信息，其中既包括查找不良绩效，也包括对有效绩效的认可。赞扬员工的有效绩效有助于强化员工的相应行为。此外，它还清楚地表明了，管理者并不仅仅是在寻找员工绩效的不足，因而增加了绩效反馈的可信度。

重点放在解决问题上

管理人员在绩效反馈方面通常会犯的一个错误是，他们往往把绩效反馈看成是一个对绩效不良的员工进行惩罚的机会，因而在绩效反馈过程中总是在告诉这些员工，他们的绩效如何糟糕。这种做法只会伤害员工的自尊并强化他们的抵触情绪，这两种情况都不利于员工的绩效改善。

为了改善不良绩效，管理者首先必须努力解决造成不良绩效的问题。这一过程包括与员工共同找出导致不良绩效的实际原因，然后再就如何解决这些问题达成共识。举例来说，一位销售人员之所以没有完成预期销售目标，可能是由于他缺乏推销技巧、产品知识不足、其他销售人员窃取其销售额等。而每一种原因要求的是不同的解决方法。如果不采用这种解决问题的方法来进行绩效反馈，你可能永远都无法找到改善不良绩效的方法。

将绩效反馈集中在行为或结果上而不是人身上

在提供负面绩效反馈时需要做的非常重要的一件事是，避免对员工作为一个人存在的价值提出质疑。要做到这一点，最好的办法就是把绩效反馈的重点放在员工的行为或者结果方面而不是人的身上。举个例子，如果上级主管人员这样对下级员工说："你把事情搞得一团糟，你根本就没有用心去做！"那必然会导致员工产生抵触心理和强烈的反感。相反，如果管理人员这样对员工说，结果可能就会好一些："你之所以没有能够按时完成这个项目，是因为你在其他项目上花的时间太多了。"

尽量少批评

为了避免将绩效不佳归于个人化特征，可以采用的一种方法是，将注意力集中在情境（即有问题的行为发生的地点）、在此情境中发生的特定行为以及这些行为对同事、客户和自己（如果适用）所产生的后果方面。[110]针对必须面对的每一个绩效问题，制订一项变革的方案。但是，如果管理人员将绩效不佳的情况归结到个人化特征方面，员工就可能会变得具有防御性，无法听取反馈，因此也不会改变自己的绩效。

共同制定具体目标并且确定审查目标达成进度的日期

制定目标的重要性不能过分夸大，它只是对绩效最为有效的激励因素之一。[111]研究表明，目标的制定有利于提高员工的满意度，激发员工改善绩效的动力，并且实现绩效的真正改善。[112]但除了制定目标，管理者还应当确定一个对员工的绩效进展情况进行审查的具体时间表。

这里的"诚信行动"专栏展示了宾州东海岸潜艇餐厅（Penn Station East Coast Subs）是如何帮助管理人员进行更为有效的绩效对话的。

➡ 诚信行动

宾州东海岸潜艇餐厅的牛排不仅可以用来吃

宾州东海岸潜艇餐厅专营烧烤潜艇三明治、手工炸薯条以及柠檬水。这家餐厅不仅鼓励管理人员与员工进行更为频繁的绩效对话，而且要确保这些对话是有效的。为此，它为管理人员提供了以 STEAKS 为首字母缩略语的反馈模型。

构建对话（S）强调管理人员需要将对话的目的传达给员工，从而使他们知道组织对他们的期望什么。轮流评价行为（T）意味着管理人员应给员工提供机会发表对他们自己的工作行为的看法。让员工发表意见有助于防止员工变得具有防御性，从而避免形成冲突，并且为建设性的绩效对话创造条件。沟通绩效产生的效应（E）意味着管理人员必须让员工知道他们的行为是怎样影响客户、同事甚至业务全局的。与标准保持一致（A）要求管理人员解释工作政策的内容及其必要性，揭示员工的绩效与政策之间存在的差异。此外，反馈还需要重点关注员工需要加以改变的方面或关键行为（K）。最后，管理者还需要总结对话内容，确保大家对讨论的内容、需要做出的改变以及接下来的行动步骤达成共识（S）。他们需要对员工进行跟进，以确定他们在改变行为方面达成的进度，并在必要时提供帮助和协助。

为确保管理员按照 STEAKS 的要求行事，餐厅的总经理在与自己的经理助理进行绩效对话的时候也会使用这种模型。这有助于经理助理在与下属员工进行绩效对话时也采用该方法。对 STEAKS 模型所做的初步评价表明，在那些采用了这种模型的餐厅中，从内部提拔上来的人员数量有所增加。这家公司认为，这一模型有助于确保其各个餐厅中的三明治质量和客户服务质量都能保持一致。

讨论题

如果你是一位餐厅经理，你认为在采用 STEAKS 模型提供反馈时，最难完成的是哪些步骤？为什么？

资料来源：Based on L. Vaught, "Providing Meaningful Feedback at Penn Station," *Training*，July/August 2017, pp. 51-52; "Our Product," from www. penn-station. com，accessed January 10，2019.

■ 7.9 管理者应如何诊断绩效问题及管理员工绩效

正如我们在前面的讨论中强调的，员工需要通过获得绩效反馈来进一步改善个人的工作绩效。同时，正如我们将在第 8 章中讨论的，绩效反馈还要为员工的未来发展提供知识和技能开发方面的帮助。管理者除了要了解如何有效地向员工提供绩效反馈，还应当认识到需要采取哪些行动才能改善和维持这种绩效。比如，对处于边际状态的员工而言，仅仅提供绩效反馈并不足以使他们实现绩效改善。

7.9.1 对低绩效产生原因的诊断

可能导致员工出现低绩效的原因有很多种。例如，低绩效的出现可能是因为员工缺乏相应的能力、误解了组织的绩效预期以及缺少反馈，也有可能是因为组织对那些缺乏相应知识和技能而无法达到绩效标准要求的员工没有提供足够的培训。在对造成低绩效的原因进行诊断时，需要判断的非常重要的一点是，这种低绩效对公司的经营是不是有害的。也就是说，员工的低绩效对于工作的完成是否非常重要，是否会影响公司的经营成果。如果确实是对公司的经营结果有害，下一步要做的就是进行一次绩效分析来找出导致低绩效的原因。在分析低绩效的成因时需考虑的一些因素如图 7-8 所示。比如，如果一位员工能够理解组织期望其达成的绩效水平，也得到了充分的反馈，并且也能够理解绩效产生的后果，只是缺乏达到绩效标准要求所需的那些知识和技能，那么这种情况就表明，管理者需要考虑采取以下几个方面的措施：第一，对员工进行培训以提升其绩效；第二，把员工调动到一个与其技能更匹配的岗位上去；第三，解雇员工并确保后面采用的甄选方法能够找到具备完成工作所需的知识和技能的新员工。

在进行绩效分析之后，管理者还应该就绩效分析结果与员工进行当面讨论，就管理者和员工在下一步各自应当采取哪些措施改善绩效（例如培训、提供更多的资源、提供更多的反馈等）达成共识，还要探讨如果员工未能改进绩效可能会面临的后果，同时设定一个绩效改进的时间表。如果这种讨论的发生频率比季度和年度绩效评价的发生频率高，则这种讨论是最有利的，在这种情况下，在绩效问题可能会给公司（以及员工）带来不良后果之前，就可以很快将其解决掉。下面我们将讨论针对不同类型的员工应当采取的相应行动。

7.9.2 管理员工绩效的相关行动

表 7-16 列举了管理人员针对四种类型的员工应当采取的不同行动。正如表中所述，管理者在考虑如何改进员工绩效时，首先应当考虑员工的绩效不良到底是能力不足造成的，还是工作积极性不够造成的，或是两者兼而有之。为了确定一位员工的能力水平，管

投入

员工是否认识到自己应该做什么?

工作流和工作程序是否符合逻辑?

员工是否有成功达到绩效要求所需的各种资源（工具、设备、技术、时间）?

其他方面的工作要求是否会干扰这一领域的绩效?

员工特征

员工是否具备完成工作所需的必要技能和知识?

员工是否知道为什么达成理想的绩效水平非常重要?

从心理、身体以及情感方面来说,员工是否能够达到预期绩效?

反馈

员工是否获得了关于其自身绩效的反馈信息?

绩效反馈是相关的、及时的、准确的、具体的、可理解的吗?

绩效标准或目标

有绩效标准吗?

员工是否知道组织期望他们达成的理想绩效水平?

员工是否相信自己能够达到绩效标准?

后果

后果（报酬、奖金）与良好的绩效能保持一致吗?

绩效产生的后果对员工有价值吗?

绩效产生的后果是否能够及时体现?

工作小组或团队的规范是否不鼓励员工达到绩效标准?

图 7-8　在分析低绩效时应考虑的因素

资料来源：Based on G. Rummler, "In Search of the Holy Performance Grail," *Training and Development*, April 1996, pp. 26-31; C. Reinhart, "How to Leap over Barriers to Performance," *Training and Development*, January 2000, pp. 20-24; F. Wilmouth, C. Prigmore, and M. Bray, "HPT Models: An Overview of the Major Models in the Field," *Performance Improvement* 41 (2002), pp. 14-21.

理者应当考虑此人是否具备有效完成工作所需的知识、技能以及能力。如果一位员工是新员工或者是刚刚换了工作岗位,则很可能会存在能力不足的问题。为了确定员工的工作动机强烈程度,管理者需要考虑员工目前的职位是不是他们愿意担任的,他们对自己得到的薪酬是否满意。如果一位员工的绩效突然出现不良变化,很可能是因为员工的个人生活受到一些困扰。

表 7 - 16 管理员工绩效的方式

		能力	
		强	弱
动机	强	骨干绩效完成者 • 对优良绩效提供报酬 • 寻找开发机会 • 提供诚实且直接的反馈	努力方向错误者 • 辅导 • 频繁的绩效反馈 • 设定目标 • 培训或为开发技能临时安排一些工作任务 • 重新安排工作内容
	弱	利用不足者 • 提供诚实且直接的反馈 • 提供咨询 • 采用团队建设方式与冲突解决方案 • 将报酬与绩效结果挂钩 • 就所需的知识或技能提供培训 • 管理压力水平	朽木 • 冻结加薪 • 降级 • 提供重新谋职帮助 • 解雇 • 就绩效问题提供明确且直接的反馈

资料来源：Based on M. London, *Job Feedback* (Mahwah, NJ: Lawrence Erlbaum Associates, 1997), pp. 96 - 97; H. Aguinis and E. O'Boyle, Jr., "Star Performers in the Twenty-First Century," *Personnel Psychology* 67 (2014), pp. 313 - 50; D. Grote, *How to Be Good at Performance Appraisals* (Boston: Harvard University Press, 2011); J. Conger and A. Church, "The 3 Types of C Players and What to Do About Them," February 1, 2018, from https://hbr. org accessed January 10, 2019.

通常来说，能力和工作动机较强的员工往往是绩效优良的人员（骨干绩效完成者）。表 7 - 16 也强调了，管理者不应当忽视能力和工作动机较强的员工。相反，管理人员应当注意为这些人提供进一步开发的机会，以维持他们的满意度以及工作的有效性。那些绩效优秀的员工应当成为企业领导岗位的后备人选。他们需要得到有挑战性的开发经验，并且接触到不同的经营方面的知识。我们将在第 8 章中讨论开发经验。其他员工则可能不太喜欢去担任有管理责任的岗位。这些员工需要得到开发的机会，以帮助他们不仅保持敬业，而且不至于能力过时。

最后，员工被视为绩效不佳的原因也有很多种（见表 7 - 16）。因能力不足而非动力不足造成的绩效不佳（努力方向错误）是可以通过培训或临时任务安排等技能开发活动来改善的。针对有能力但缺乏动力的员工（利用不足者），管理者就需要考虑向重点解决人际关系问题或激励问题的方向去努力。这些措施包括确保员工看重的那些奖励或报酬是与绩效挂钩的，通过提供可能的咨询服务来帮助员工解决个人方面、职业发展方面或工作满意度方面的一些问题。而能力和工作动机均很差的员工（朽木）表现出来的长期绩效不佳问题，则意味着另行安排工作或解雇可能是最好的解决办法。

许多公司都运用绩效改进计划来改变那些绩效不佳的员工。[113] **绩效改进计划**（performance improvement plan, PIP）是指对绩效不佳员工在指定时间内或被解雇之前需完成的绩效变化进行描述的一种计划。在一项绩效改进计划中，管理人员需要明确指出员工应当完成的转变以及实现这些转变的允许时间范围。组织通常期望管理人员通过指导、培训和提供反馈来帮助员工提高绩效。如果在预定的时间范围内员工没有做出预期的改变，则员工会被告知；如果他们在下一个时间段内（通常为 30～60 天）仍然没能实现工作绩效的改善，则他们将会被解雇。

由于工作任务、工作安排以及经营目标会出现变化，因此，员工的绩效在不同的时间也是会发生变化的。[114]因此，管理人员应当考虑表 7-16 中所示的这几种不同情况，但都要给员工提供改变的机会。一种方法是与员工进行频繁的绩效对话，这有助于他们认识到有所改变的必要性或保持自己的绩效。积极地管理员工的方式包括设定目标期望、根据他们的技能和兴趣进行项目分配以及让员工对自己的绩效负责。

■ 7.10　按照法律指南设计和实施绩效衡量系统

下面我们将讨论影响绩效管理的法律问题以及一些限制因素。由于绩效评价在晋升、加薪以及惩戒等管理决策中起着中心作用，因此，对组织做出的此类决策提起诉讼的员工最终会对作为决策基础的绩效衡量系统进行攻击。在这方面主要有两类案件：一类是歧视案件，另一类是不公正解雇案件。

在歧视诉讼中，原告经常会控告说，被告的绩效衡量系统针对原告的种族或性别实施了不公正的歧视。事实上，许多绩效评价手段都是主观的，我们也已经看到，许多个人偏见会对绩效评价产生影响，特别是当评价者本人已经对种族或性别形成了某种刻板印象时。

在"布里托诉基亚公司"一案中，美国最高法院将绩效评价与甄选测试视为同类事物。[115]它裁定，《员工甄选程序规范化指南》适用于评价一种绩效评价工具的合理性。对于参与绩效衡量系统设计的人来说，这一规定是一个很大的挑战，这是因为，大量研究表明，无论绩效评价者是白人还是黑人，他们都倾向于对与自己属于同一种族群体的人做出更高的评价，即使在对这些评价者进行培训之后，情况依然如此。[116]另外，还有证据表明，当某些人在某一工作群体中仅仅属于少数的时候，绩效评价中的歧视性偏见尤为突出。当工作群体中的绝大多数都是男性时，女性会得到较低的绩效评价；而当男性成为少数派时，他们得到的绩效评价通常也会比较低。[117]

在第二种诉讼案件即不公正解雇案件中，原告通常声称他们被辞退并不是由于雇主宣称的那些原因。例如，一位为军火承包商工作的员工可能曾经向政府告发自己就职的公司存在欺骗政府的行为。如果公司后来以这位员工绩效不佳为理由解雇了他，那么他可能会说，公司解雇他的真正原因是他告发了雇主——换言之，这种解雇是不正当的。因此，在这类案件的审理过程中，法院常常将注意力放在公司为说明员工绩效不良而使用的那些绩效衡量系统上。不公正解雇可能发生在这样一种情况下：公司解雇了一位绩效不佳的员工，而这位员工过去一直保持良好的绩效评价结果和晋升记录。如果企业由于不愿意面对绩效问题而给那些低绩效的员工提供报酬或做出积极的绩效评价，则任何绩效管理系统的可信度都会被削弱。企业就很难对自己基于绩效衡量系统做出的解雇决策的合理性进行辩护。

例如，位于巴尔的摩的通用电气的一家子公司 MRA 系统公司就支付了 13 万美元就一桩年龄歧视诉讼达成和解。[118]该公司的一位员工尽管工作绩效很好，但得到了很低的绩效评价等级，而其年龄（61 岁）是主要的影响因素。MRA 系统公司还必须以联邦政府制定的禁止就业歧视的相关法律为内容，对所有参与绩效评价过程或工作部署决策的公司管理人员、主管人员以及其他员工进行至少两个小时的强制培训。美国公平就业机会委员会还起诉了金属和塑料制品制造商威斯康星州塑料公司（WPI），该公司仅仅因为几名赫蒙族和西班牙裔员工的母国来源就解雇了他们，因而违反了联邦法律。[119]威斯康星州塑料公司仅仅通过10分钟的观察就以他们的英语技能不足为由解雇了他们，尽管这些技能在他们完成工作的过程中根本就不需要用到。而这些被解雇的员工在他们的年度绩效评价中都得到了令人满意的评价等级。

由于歧视案件和不公正解雇案件的潜在诉讼成本很高，因此企业需要清楚地了解法院认为何种绩效管理系统具有合法性。根据法庭针对绩效管理系统做出的各种判决，我们总结了经得起法律检验的绩效管理系统应当具有的几个方面的特点。[120]

1. 绩效管理系统应当建立在有效的工作分析基础之上，工作分析的目的在于确认工作绩效中比较重要的那些方面。应当让员工清楚地知道在本职工作中取得成功应当达到哪些方面的要求。

2. 绩效管理系统应当以行为或者结果为依据；应当避免对模糊的个人特征进行评价。同样，绩效面谈应当关注行为和结果，而不应询问导致行为和结果不佳的可能原因，例如身体和心理方面的能力不足。

3. 应当对评价者进行培训，教会他们如何使用绩效衡量系统，而不是简单地把它交给评价者，让他们自己去解释如何进行绩效评价。

4. 应当由高层管理者对所有绩效评价结果进行某种形式的审查，同时建立一种允许员工对他们认为不公正的评价结果提出申诉的系统。

5. 组织应当为员工提供某种形式的绩效咨询或纠正性指导，以使低绩效者在被解雇之前有机会改善自己的绩效。短期和长期的绩效目标都应当包含在内。

6. 应当使用多位评价者，特别是当利用一种评价信息来源——比如上级或客户——很难对员工的绩效进行评价时。至少应当让员工发表自己对评价结果的意见。上级管理者和员工之间应该进行对话。

7. 绩效评价应当做好书面记录。

小 结

对于企业来说，衡量和管理绩效是一项极具挑战性的工作，同时它也是企业赢得竞争优势的关键所在。很多公司都正在朝着连续性反馈的绩效管理方法转变，这种方法鼓励管理人员与自己的下属和团队进行持续性的绩效对话，在必要时调整目标，确定开发重点。绩效管理有几个方面的目的，即战略目的、管理目的、开发目的、沟通目的、组织维护目的以及文档记录目的，对它们的重要性怎样强调都不为过。对绩效衡量系统的评价应当根据战略一致性、效度、信度、可接受度以及明确度五大标准来进行。根据这五大标准的要求，比较法、特性法、行为法、结果法以及质量法五种绩效评价方法各自都有优缺点。因此，到底采用哪种绩效评价方法以及哪种绩效信息来源最好，往往取决于要讨论的职位是什么。有效的管理者需要意识到在选择最佳绩效评价方法或者最佳评价方法组合时可能会出现的各种问题。此外，一旦绩效评价完成，管理者的主要工作就变成了以一种有利于绩效改善而不是使员工产生抵触心理和士气下降的方法，把绩效评价的信息反馈给员工。各种技术手段在简化绩效管理过程以及向员工提供反馈和其他信息方面可能会很有用，这可以激励他们有效地完成绩效管理工作。管理者应当根据导致绩效不良的原因——能力、动机或二者兼而有之——采取行动。管理者必须确保自己使用的绩效管理系统是合法的，特别是当绩效评价的结果用于惩戒或者解雇绩效差的员工时。

讨论题

1. 在大学教授的绩效管理过程中可能做出的管理决策的例子有哪些？开发决策方面的例子有哪些？

2. 你如何看待你们大学的战略（比如科研、本科教学、研究生教学以及教学和科研的结合）？针对教师的绩效管理系统如何才能帮助学校达到这种战略目标，即实施这种战略需要采取哪些行为，达到什么结果？

3. 解释传统绩效管理过程与持续性绩效管理过程之间的区别。

4. 为了评价教师的工作绩效，你会使用哪些绩效信息来源？

5. 为什么很多公司都正在改变自己的绩效管理系统？这是一种好的做法吗？

6. 回顾一下你上一次与他人发生冲突的情况，无论是工作中的还是在学校里发生的。运用绩效反馈的指导原则，你将如何向那个人提供有效的绩效反馈？

7. 请解释公平与绩效管理之间有什么关系。

8. 为什么一位管理者会蓄意歪曲绩效评价结果？为了减少这种情况的发生，你会提出何种建议？

9. 运用电子方式对员工的绩效进行监控的做法总是能被员工接受吗？请加以解释。

10. 对客户打进服务电话之后所做的客户满意度调查表明，呼叫中心的客户服务代表很难回答客户提出的关于手机话费的问题。你将如何诊断导致这种绩效问题的原因？请加以说明。

11. 应用程序的使用会以怎样的方式给绩效管理过程带来好处？它们有可能怎样不利于绩效管理过程？

12. 你将如何确保绩效管理重点关注的结果或目标是有效的？

注 释

第 **8** 章
员工开发

学习目标

在阅读完本章后，你应当能够：

1. 说明员工开发对于员工保留、智力资本开发、业务增长等战略是如何发挥作用的。
2. 讨论职业发展规划过程中的几个步骤。
3. 分别说明员工和公司在制订开发计划过程中各自应当承担的责任。
4. 阐述当前运用正规教育手段对员工进行开发的一些趋势。
5. 说明如何把人格类型评价、工作行为评价以及绩效评价等运用到员工开发中。
6. 解释如何运用工作体验来进行技能开发。
7. 制订成功的导师指导计划。
8. 说明如何培训管理者对员工提供指导。
9. 讨论企业正在采取哪些措施熔化玻璃天花板。
10. 运用九宫格识别不同类型的员工适用何种继任计划，并有针对性地制订合理的开发计划。

◤ 进入企业世界

Vi 公司的开发计划激发了员工留任及对老人的服务

Vi 公司拥有 2 800 多名员工，是一家在美国各地开办并经营着 10 家面向老年人的持续性护理养老社区的企业。随着美国人口的老龄化，对老年人生活设施的需求将会不断上升，而这反过来就需要相关企业吸引和留住新员工。Vi 公司认为，在员工开发方面进行投资是吸引和留住有才能的员工的关键所在，这些员工能够为养老社区的居民提供优质的服务。那些对服务感到满意的老年人更有可能继续留在 Vi 公司的养老社区中生活，也更愿意向可能成为养老社区的潜在居民的亲朋好友给出推荐意见。

Vi 公司对员工进行投资的一种方式是制订并实施领导力开发计划。该公司相信，对公司的那些潜在领导者进行投资，不仅有助于留住顶尖人才，而且可以激励他们以增强员工敬业度的方式来管理好自己的下属。实际上，Vi 公司的很多现任领导者都是在高中时期就已经加入了公司，他们参加了公司提供的领导力开发计划来帮助自己取得职业发展。Vi 公司有几种不同的领导力开发计划。突破性领导力开发计划（BLP）的目的是提高那些具有高潜质的领导者的胜任素质和工作成效。这种计划帮助他们做好承担更多责任或晋升到更高级别岗位上去的准备。该计划的内容包括达成结果和建立问责制、员工以及本人的开发、改善沟通和影响他人。这项为期一年的开发计划采取课堂学习、虚拟学习和在线学习等各种方式。公司还会对此项计划的参与者提供教练式辅导，以帮助他们制订和实施根据个人开发需要量身定制的行动计划。管理能力开发计划的目的则是从目前从事服务和保洁工作以及在工程、餐饮、行政事务类岗位上的员工中开发未来的领导者。这项为期一年的计划包括课程学习、体验式学习以及导师指导等内容。在 Vi 公司新兴领导者开发计划中，员工需要参加为期六个月的虚拟学习计划，其内容侧重于帮助他们开发那些成为领导者所需的知识和技能。

除了领导力开发计划，Vi 公司还针对烹饪和入门级护理岗位上的员工设计了职业发展通道。特别需要指出的是，Vi 公司是在与医院争夺护士，同时与提供烹饪服务的餐厅争夺服务员。为了帮助自己吸引和留住护士和提供餐饮服务的员工，Vi 公司设计了新的职业发展通道。这些职业发展通道使员工能够通过公司提供的培训来开发自己的技能，从而主动谋求个人的职业发展；可以让他们在公司之外的技术学校、学院和大学等地方参加相关课程的学习（公司提供学费报销）；此外，还能得到导师指导的机会。

对 Vi 公司在员工开发方面的投资所产生的影响进行初步评估的结果是非常积极的。在引入新的职业发展通道后的头四个月中，在 Vi 公司的烹饪岗位员工中，有 15% 的人借助公司提供的培训机会来谋求个人的职业发展。护士助理的离职率也下降了 6 个百分点。

资料来源：Based on J. Whitcomb, "Help Wanted：Cultivating Talent Outside Your Organization," *Training*, January/February 2019, pp. 40－41; B. Hassell, "At Vi, Business Is All about Living and Learning," *Chief Learning Officer*, June 2017, pp. 32－33; R. Bell, "Dedicated to Employee Development at Vi," *Chief Learning Officer*, June 2018, pp. 24－25; and "What Is Vi," from www. viliving. com, and "Training Programs," from https://jobs. viliving. com/trainingprograms, accessed January 3, 2019.

8.1　本章介绍

正如 Vi 公司的案例所示，一家企业的开发活动不仅对于管理人员很重要，而且对于全体员工都很重要。员工开发不仅能够通过帮助员工取得职业发展来满足他们的成长需要，而且能够帮助他们获得想要成为管理者所需的那些必要技能，从而成为公司竞争优势的关键贡献者。员工开发有助于企业吸引和留住有价值的员工，如若不然，这些人很可能会离开公司加入客户或竞争对手的队伍。企业需要在新经济中开展竞争，需要应对全球竞争和社会变革的挑战，还需要拥抱技术进步和工作设计变革。而员工开发则是企业应对这些挑战的对策中必不可少的一个组成部分。员工开发是确保员工具备服务客户、创造新产品以及客户解决方案所需的那些胜任素质的关键所在。无论公司的经营战略是什么，员工开发对于留住有才干的员工而言都是非常重要的。此外，员工开发对于确保一家公司获得实施成长战略所需的各类管理人员也非常重要。由于很多公司（以及它们的员工）都必须通过持续不断的学习和变革来满足客户的需要以及在新市场上开展竞争，因而对培训和开发的重视程度得到进一步强化。正如我们在第 1 章中所述，员工的忠诚和保留与管理者对他们的态度直接相关。

在本章的一开始我们将讨论开发、培训与职业之间的关系。选择合适的开发方案是员工开发计划的一个组成部分。在员工选择开发活动之前，员工和公司必须了解员工的开发需求以及开发目的，明确开发需求和目的也是员工开发计划的一部分。接下来描述员工开发计划的各个步骤，重点强调员工和公司在每一步骤需要承担的责任。然后，我们将考察员工开发的方法，包括正规教育、评价、工作体验以及建立开发性人际关系等。本章会强调每一种开发方法所要强化的那些技能、知识以及行为的类型。本章最后一节将讨论员工开发方面的一些特殊问题，包括继任计划以及通过开发规划帮助女性和少数族裔员工进入高层管理职位的计划（通常称为"熔化玻璃天花板"计划）。

■ 8.2　开发、培训与职业之间的关系

8.2.1　开发与培训

开发（development）是指有助于员工为未来做好准备的各种活动，其中包括正规教育、工作体验、建立开发性人际关系以及人格和能力评价等。3M公司的例子表明，员工开发可以通过让员工参与一些规划好的项目来实现，也可以通过让员工完成不同类型的工作来实现。由于开发以未来为导向，因此在开发过程中需要学习的东西并不一定与员工当前所在的职位有关。[1]表8-1说明了培训与开发之间的不同。传统上来看，培训的主要目的是帮助员工完成当前的工作。而开发则是帮助员工胜任公司中其他职位的工作，并且通过提高他们的能力使他们能够承担目前可能尚不存在的某些职位。[2]此外，在员工目前从事的职位可能会随着新技术、新职位设计、新客户以及新产品市场的变化而发生变化的情况下，开发还可以帮助他们为适应未来的变化做好准备。

表8-1　培训与开发的对比

	培训	开发
重心	现在	未来
工作体验运用程度	低	高
目标	为当前工作做准备	为变革做准备
参与	要求的	自愿的

员工开发对于人才管理至关重要，尤其是对高层管理人员以及具有领导潜力的员工而言（请回顾一下我们在第1章中所做的讨论）。为了确保在婴儿潮一代员工退休后，千禧一代员工能够做好承担领导角色的准备，开发活动是非常必要的一环。很多公司都报告说它们面临的最大的人才管理挑战包括开发现有的人才以及吸引并留住现有的领导人才。[3]此外，开发活动为所有的员工都提供了增长技能的机会，同时也为他们以各种不同的方式运用这些技能提供了机会，而这有助于提升员工的敬业度和满意度。[4]

我们在第6章中已经强调了培训的战略重要性。随着培训的战略重要性持续提升（也就是说，与经营目标之间的关系越来越紧密），培训与开发之间的界限将变得越来越模糊。

无论培训还是开发都是必不可少的，都会关注公司和员工个人当前和未来的需要。

8.2.2 开发与职业

今天的职业概念是众所周知的"多变职业"。[5] **多变职业**（protean career）的基础是为了在工作中获得心理上的成功而进行的自我指导。员工需要在个人职业管理方面承担更多的责任。例如，一位工程师可能决定利用自己的休假机会到 United Way 去从事一年的管理工作。这种工作安排的目的是提高本人的管理技能，同时也是帮助其了解自己到底是更喜欢工程技术类工作还是更喜欢管理类工作。

多变职业对于员工开发来说有几层含义。这种新型职业安排的目标是获得心理成功。**心理成功**（psychological success）是指一个人通过不仅仅局限于工作成就的个人生活目标的达成获得的自豪感与成就感（比如支撑一个家庭以及保持良好的身体状况等）。与传统的职业目标相比，心理成功更多地受员工个人控制，因为传统的职业目标不仅受到员工个人努力的影响，还要受到公司内部是否存在相应职位的约束。心理成功完全是自我决定的，而不仅仅是公司传递给员工的某种信号（比如加薪和晋升）决定的。例如，凯特·科尔（Kat Cole）十几岁便开始在猫头鹰餐厅（Hooters）做服务员。[6] 她曾经在工作之余在大学里上了两年课，后来就一心专注于工作了。由于发展迅速，公司希望为那些愿意迎接挑战的员工提供一些机会，科尔成为其中的一员。在 20 岁时，公司为她提供了一个到猫头鹰餐厅总部人力资源部工作的机会。这份工作的薪水比原来更低，但科尔看到了学习业务的机会，因此接受了公司的建议。这份工作要求她到海外出差，去开设新的连锁餐厅，而这对于一个几乎从未离开过自己的家乡佛罗里达州的年轻女士来说，无疑是一个很大的拓展。她接受了这项任务，并且主动去研究业务。由于她拥有在餐厅一线工作的经验，因此很快就对餐厅的运营有了深刻的理解。几年之后，她一步步地成为负责公司培训和开发事务的副总裁。

科尔意识到，自己要想在管理岗位上取得成功，还需要接受更多的正规教育。她回到校园，完成了大学本科学业，还从佐治亚州立大学拿到了工商管理硕士学位。2010 年，她离开猫头鹰餐厅，成为 Cinnabon 公司的总裁——该公司是一家名为 FOCUS Brands 的餐饮集团的下属公司。五年后，她又被任命为 FOCUS Brands 集团的总裁，该集团所属的餐厅有 Cinnabon，Auntie Anne's Pretzels，Carvel，Schlotzky's 以及其他一些餐饮服务公司。

员工必须不断地开发新的技能，而不能仅仅依赖一些一成不变的传统知识。这是企业为适应客户服务需要以及产品需要发生的变化而不得不满足的要求。正如我们在第 6 章中强调的，学习是一种持续的、非正式的、涉及创造和分享知识的过程。

持续学习越来越受重视，导致人们在不同职业之间移动的方向和频率（职业模式）发生了变化。[7] 传统的职业模式是由在直线层级中的一系列台阶构成的，其中较高的台阶与职权、责任的增加以及薪酬水平的提高联系在一起。专家型职业模式涉及对某一领域或者专业（比如法律、医药或管理等）的终身承诺。这些类型的职业模式不会消失。不过，涉及跨专业和跨学科流动的职业模式（一种螺旋式职业模式）会变得越来越普遍。这些新的职业模式意味着，要对员工进行开发（并且使员工对自己的职业拥有更强的控制力），就必须为员工提供以下两方面的机会：第一，明确自己的兴趣以及在技能方面的优势和劣势；第二，在上述信息的基础上制订并实施包括工作体验、开发性人际关系的建立以及正规教育课程在内的合适的开发计划。

对于现如今的职业最恰当的观点就是它是"无边界并且经常变化的"。[8]这种职业可能包括在不同的企业（跳槽）甚至不同的职业之间的转换。研究表明，在 35 岁之前，有25％的员工从事过 5 个或 5 个以上的工作，而在 55 岁及其以上年龄的员工中，20％的人从事过 10 个或 10 个以上的工作。[9]1/3 的企业估计会发生员工跳槽的情况，特别是那些刚毕业的大学生，但是 40％的企业认为，等到员工 35 岁左右的时候，跳槽的意愿就不会那么强烈了。然而，现实情况却是，在员工的整个甚至大部分职业生涯中，他们都不太可能一直留在一家公司中。这就意味着企业和员工应该彼此提升对方的价值。[10]换言之，不管员工在公司中持续工作多久，对他们进行开发都可以通过提供新的技能和管理人才帮助公司适应经营条件和战略的变化。员工开发还有助于减少员工跳槽的机会，因为他们感觉自己不太需要通过改变雇主去培养技能组合或者是获得宝贵的工作经验。

例如，为了培养和留住千禧一代的员工，迈阿密儿童健康系统公司（Miami Children's Health System）就设计了一些项目来让员工接触到高层领导者。[11]其中的一个项目是让临床工作人员与学习和开发团队通过合作制作短视频来展示医疗程序。这些员工不仅因此获得了经济报酬，而且在公司内部的时事通讯中得到了表扬。公司还要求千禧一代的员工参加公司高层会议以及一些小型研讨会，让他们有机会与首席运营官、副总裁和其他一些高层领导者进行互动。

无边界意味着个人在职业生涯中可能涉及到当前组织之外去寻找职位或专业。如果一个人的职业发展计划或目标受到个人或家庭需要以及价值观的影响，职业就可以被认为是无边界的。当个人生活以及雇佣关系出现变化时，员工的应对方式之一便是重新安排或转换自身的角色和职责。他们可以根据对自己的优势和劣势的认识、对平衡工作和生活的感知以及寻找刺激性的和令人兴奋的工作的需要，在一生中多次改变自己的职业。[12]职业成功可能不是与晋升联系在一起的，相反，它可能与对员工个人有意义的目标的达成，而不是与对他们的父母、同事或公司有意义的那些目标的达成联系在一起。正如本章后面将会讲到的，最好的职业管理可以通过在员工与公司之间建立一种伙伴关系来实现，在这种积极的伙伴关系中，一方面员工对组织有较高的承诺，另一方面员工在个人的职业生涯管理方面可以有一定的控制力，这样就能使员工的职业生涯发展对他们个人以及公司都有利。

综上所述，为了留住和激励员工，许多公司都需要建立一种能够确认以及满足员工的开发需要的系统。如果公司希望留住那些高绩效员工以及具有承担管理职位的潜力的员工，这一点就显得尤为重要。这种系统就是通常所说的**职业发展规划系统**（development planning system）或职业管理系统（career management system）。我们会在本章的后面详细讨论这些系统。

■ 8.3 职业发展规划系统

就职业发展规划系统的复杂程度以及职业管理过程各个组成部分的侧重点而言，不同的企业之间存在很大的不同。图 8-1 表明了职业发展规划系统中包括的一些步骤以及公司和员工双方在每一个步骤上应当承担的责任。

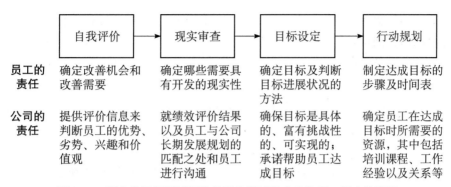

图 8-1 职业发展规划过程的若干步骤以及企业和员工双方的责任

8.3.1 自我评价

自我评价有助于员工确定自己的兴趣、价值观、才能以及行为取向。自我评价通常包括一些心理测验，比如迈尔斯-布里格斯人格类型测试（将在本章后面讨论）、斯特朗兴趣量表以及自我指导研究等。斯特朗兴趣量表可以帮助员工确定自己的职业和工作兴趣；自我指导研究则可以帮助员工确认自己偏好从事哪些不同环境类型中的工作（比如销售、咨询、园林绿化等）。这些测验还可以帮助员工了解他们给工作和休闲这两种活动赋予的相对价值。

通过评价可以确定员工的开发需要。这种需要来自员工当前的技能或兴趣与员工期望获得的工作或职位类型之间存在的差距。汽车经销商 CarMax 为其销售代表提供了一份职业对话指南，通过评估他们成功地担任初级管理岗位所需的胜任能力和行为，帮助他们承担起自己的开发责任。[13]在完成这份指南后，公司还鼓励这些销售代表与他们的经理进行职业对话。在完成了此次评价的员工中，83%的人与他们的经理进行了职业对话。这份指南为针对员工的发展需要和可能的职业发展道路展开深入讨论提供了基础。

8.3.2 现实审查

现实审查是指员工获得公司如何对他们的技能和知识进行评价以及他们是否与公司的规划（比如潜在的晋升机会、横向流动等）相符等方面的信息。通常情况下，这些信息由员工的上级管理人员作为绩效评价过程的一个组成部分提供给员工。一些公司也会运用360°反馈评价，这种评价包含员工对自己行为或能力所做的评价以及他们的经理、同事、直接下属甚至客户对他们做的评价（360°反馈会在本章后面讨论）。在已经十分完善的职业管理系统中，上级管理者与员工另外进行绩效评价与职业开发讨论的情况并不鲜见。在职业开发讨论中，管理者聚焦于员工的价值观和职业兴趣，员工自身技能和竞争力方面的优势和劣势，以及如何强化他们的优势和克服他们的劣势。[14]

例如，IBM 为员工提供了访问名为"蓝色匹配"（Blue Matching）系统的权限，这种算法可以根据员工个人简历中的相关数据以及评估得出的哪种工作能够激发他们的激情和发挥他们的能力，向员工提出个性化的职位空缺建议。[15]在最初的两年中，"蓝色匹配"系统帮助 1 000 多名员工找到了适合他们的内部岗位，使用这一系统的员工面对内部职位空缺提出申请的可能性是未使用该系统的其他员工的三倍。通用电气正在开发一个应用程序，以提高员工与他们的上级管理者之间的职业发展对话的有效性。[16]这一应用程序使用通用电气员工的历史调动数据以及不同工作的工作描述之间的关系来帮助员工确定他们在公司内适合的潜在岗位。

8.3.3 目标设定

目标设定是指员工制定自己的短期和长期职业目标的过程。这些目标通常与理想的职位（比如，在三年之内成为销售经理）、技能应用水平（比如，运用本人的预算管理能力改善组织的现金流）、工作目标设定（比如，在两年之内进入公司营销部门）或者技能获得（比如，学会如何使用公司的人力资源管理信息系统）联系在一起。这些目标通常要与上级管理人员进行讨论并写入员工的开发计划当中。图8-2展示的是为产品经理制订的一份开发计划。在开发计划中通常包括对员工的优势和劣势、职业发展目标以及为达成职业发展目标而需要完成的开发活动所做的描述。一份有效的开发计划特别注重与组织战略目标最相关的开发需求。[17]

姓名：　　　　　　　职位名称：项目经理　　　　　　直接上级：

胜任素质
请分别列出你最具优势和最需改善的三个方面的能力。
优势
- 战略思考和执行（自信、指挥能力、行动力）
- 结果导向（胜任、激励他人、坚定执着）
- 获胜精神（培养团队精神、以客户为中心、尊重同事）

需改善的方面
- 耐心（对人或过程的容忍度不够，对进度过于敏感）
- 书面沟通能力（缺乏清晰、简洁地进行书面表达的能力）
- 过于雄心勃勃（过于关注项目的成功完成，忽略与参加项目的人建立良好的关系）

职业目标
请描述你自己的总体职业目标。
- 长期目标：做到总经理或总经理以上的职位，承担更多的责任。特别感兴趣的领域包括但不局限于产品和品牌管理、技术和开发、战略规划以及市场营销。
- 短期目标：在充分发挥本人在产品管理、战略规划和全球关系等方面能力的同时，继续改善在市场营销以及品牌管理方面的能力。

下一步开发任务
找出有助于你实现自己的职业目标的下一项潜在开发任务（包括时间安排）。
- 使自己在计划、开发、生产或品牌管理方面的能力达到经理或总监级的水平。完成时间估计在2021年秋。

培训和开发需要
列出能够帮助你完成当前工作任务或者是对你的总体职业发展有益的各种培训和开发活动。
- 硕士学位课程有助于我锻炼和提高自己的书面沟通能力。当前职位的动态性、团队合作以及对其他成员的依赖等使我有机会培养自己的耐心，同时促使我在关心项目成功的同时也关心团队成员的需要。

员工签名 ＿＿＿＿＿＿＿＿＿＿＿＿＿＿＿　　　　时间 ＿＿＿＿＿＿＿
直接上级签名 ＿＿＿＿＿＿＿＿＿＿＿＿＿　　　　时间 ＿＿＿＿＿＿＿
导师签名 ＿＿＿＿＿＿＿＿＿＿＿＿＿＿＿　　　　时间 ＿＿＿＿＿＿＿

图8-2　职业开发计划

宝洁的内部晋升政策是以每一位员工都需要完成的个人开发计划为支撑的。[18]这些计划确定了员工在接下来以及在更长久的未来可能担任的工作需要哪些类型的经验。员工可以通过在线发布简历的方式向管理者展示他们目前正在培养的技能，同时表明自己是否愿意接受一份新的工作。在每个业务部门的月度例会上，管理者将会对员工的职业发展道路和简历进行审阅。

8.3.4 行动规划

在这一阶段，员工将决定如何才能达成自己的短期和长期职业目标。**行动规划**（action plan）可以包括在本章中讨论的任何一种或多种开发方法的组合（例如，参加培训课程和研讨会、获得更多的评价、获得新的工作经验或者是找到一位导师或者教练）。[19]富国银行开发的一个名为 iDevelop 的在线网站可以帮助员工对自己的开发需要进行重要性排序，同时制订相应的开发计划。[20]员工可以使用这个网站来明确自己的胜任素质。他们利用自认为有优势的那些胜任素质来选择包括各种培训计划和在线资源在内的开发活动。

8.3.5 职业发展规划系统与管理案例

有效的职业发展规划系统包括几个方面的重要特征（见表 8 - 2）。我们看一下宾州东海岸潜艇餐厅和基因泰克公司（Genentech）的职业发展规划系统的例子。[21]宾州东海岸潜艇餐厅是一家专门经营潜艇三明治的连锁餐厅，它为员工开发了一款程序"我在宾州公司的职业道路开发工具"（My Penn Path Development Tool）。员工使用该软件来查看在公司各个不同级别上工作所需的技能，并且指明员工怎样才能学会这些技能。在帮助员工开发这些技能的项目中使用了平面媒体、视频、在线学习以及在岗体验等多种开发方式。基因泰克这家生物技术公司则开发了一个名为"职业发展实验室"（CareerLab）的程序，不仅能帮助员工在当前工作中达到优良的绩效，同时为他们提供了实现工作丰富化以及横向职业流动的机会。"职业发展实验室"将现实和虚拟相结合，员工可以在这里思考自己的技能优势和劣势、个人的兴趣，并且掌握个人职业发展的主动权。"职业发展实验室"为员工提供了这样一些机会：从咨询顾问那里获得职业发展建议；参与"学习实验室"（LearningLabs）中的各种活动，其中涵盖不同主题的网络研讨会和课堂学习，例如关于构建网络促进职业发展以及管理个人品牌等方面的内容；得到导师指导；参加职业发展研讨会。"职业发展实验室"还提供访问在线职业发展资源的机会，这些资源的内容包括对个人风格、价值观、技能、优势和兴趣等所做的评估。基因泰克公司发现，使用"职业发展实验室"的员工对工作有较高的敬业度，生产率得到了提高，与直接上级之间开展的职业发展对话质量更高，同时继续留在公司的可能性也更大。

表 8 - 2 有效的职业发展规划系统的设计要素

1. 职业发展规划系统必须定位在对经营需要做出反应上。
2. 员工与上级管理者共同参与职业发展规划系统的开发。
3. 鼓励员工在职业管理与开发方面扮演积极的角色。
4. 评价是持续性的并且会被用来对职业发展规划系统进行改进。
5. 各经营单位可以（在一定的约束条件下）根据各自的目的对职业发展规划系统进行个性化定制。

6. 员工有获得开发和职业信息的来源（其中包括咨询师和可能的职位）。
7. 公司高层管理者对职业发展规划系统持支持态度。
8. 将职业管理与其他人力资源管理实践（比如绩效管理、培训以及招募系统等）联系在一起。
9. 创建一个大型的、多元化的人才库。
10. 有职业发展规划和人才评价信息，并且所有的管理者都能得到这些信息。

资料来源：Based on B. Kaye and C. Smith, "Career Development: Shifting from Nicety to Necessity," *T+D*, January 2012, pp. 52 - 55；M. Weinstein, "Paths to Success: Responsibility vs. Promotion," *Training*, July/August 2014, pp. 52 - 54；D. Hall, *Careers in and out of Organizations* (Thousand Oaks, CA: Sage, 2002).

8.4　员工开发的方法

在员工开发方面通常有四种方法可供选择：正规教育、评价、工作体验以及建立开发性人际关系。[22]许多公司都综合运用了上述四种方法。泰拉斯国际公司（Telus International）针对处于不同职业发展阶段的员工提供了多种开发计划。[23]IEvolve 计划适用于所有的新员工，IAspire 计划适用于显示出领导潜质的员工，IExcel 计划适用于各级管理人员和主管人员，而 ILead 计划则适用于高层领导者。这些开发计划包括在线课程和讲师引导的现场课程、导师指导和教练辅导以及 360°评估。图 8 - 3 展示了几种常见的员工开发实践的使用频率。其中高可见度工作任务安排和拓展的工作机会都被视为开发性的工作经验获得方式。

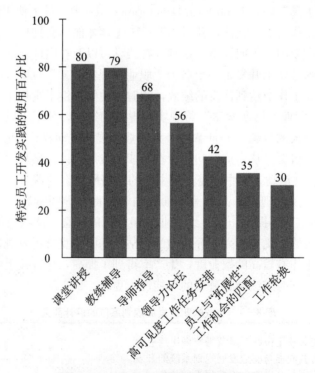

图 8 - 3　各种员工开发实践的使用频率

资料来源：EFMD, Network of Corporate Academies, Society for Human Resource Management, "Leadership Development: The Path to Greater Effectiveness," 2016, www. shrm. org.

需要强调的是，尽管绝大多数开发活动都是针对管理人员的，但组织各个层级上的员工都可以被纳入一种或多种开发活动。例如，在通常情况下，大多数员工每年至少会得到一次关于个人绩效评价结果的反馈（这实际上就是一种与评价有关的开发活动）。正如我们在第 7 章中讨论过的，作为绩效评价过程的一个组成部分，员工会被要求填写一份个人开发计划，说明以下两个方面的问题：第一，他们计划如何改善自己的绩效不足；第二，他们的个人未来发展计划（包括本人期望承担的职位或期望的工作地点，希望受到的教育或得到的工作经验，等等）。下面我们将分别对每一种开发方法进行探讨。

8.4.1　正规教育

正规教育项目（formal education programs）包括以下几种类型：专门针对本公司员工设计的在公司内部或外部完成的各类教育项目；由咨询公司和大学提供的短期课程；针对高层管理人员的工商管理硕士（EMBA）培训计划；要求受训者住在校园中通过上课的方式完成的大学课程。在这些计划中可能包括由经营管理专家提供的讲座、企业管理游戏与实战模拟、探险式学习以及与客户的会谈。

许多像麦当劳和通用电气这样的企业主要依靠的是公司自己的培训和开发中心或者是企业大学提供的各种公司内部开发项目，而不是把员工送去参加由大学提供的各种学习项目。[24] 很多公司之所以依靠内部的开发计划，主要是因为这有助于使开发计划与公司的经营需要直接挂钩，可以很方便地使用公司自己的绩效评价指标来进行评估，还能让公司的高层管理者参与其中。

每年有数以千计的餐厅经理和餐厅所有者或运营商到位于伊利诺伊州芝加哥的麦当劳开办的汉堡包大学学习，接受课堂培训并参与商业模拟，学习如何经营一家能够提供始终如一的服务、高质量和卫生的食品的餐厅。他们也会接受一些专业指导，参加同行之间面对面的学习以及网上学习。麦当劳的高层管理者会参加汉堡包大学一个为期 9 个月的领导力研讨会，在那里他们会处理公司面临的一些重大问题。

通用电气的管理能力开发中心是历史最悠久同时也是最为著名的开发中心之一，该公司每年在员工培训和教育计划方面的投资接近 10 亿美元。[25] 自 2000 年以来，通用电气的 189 位最高层管理人员在培训和专业开发方面所用的时间至少达到 12 个月。通用电气的管理人员开发项目都是由位于纽约州克罗顿维尔的约翰·韦尔奇领导力中心（John F. Welch Leadership Development Center）设计的，该中心能够提供 1 800 多门由讲师讲授的以及一些虚拟的课程和各种计划。[26] 这个领导力中心为参加开发项目的管理人员提供宿舍，还有可以用来上课、完成培训方案以及召开讨论会的教室。通用电气的管理人员每年都会根据下属员工的绩效和潜力情况，选拔部分员工去参加管理能力开发项目。在这个开发项目中既包括专业能力开发课程，也包括像风险分析以及贷款结构构建这样一些专门课程。所有这些开发项目都强调理论与实践应用两个方面的内容。在上课时，受训者主要讨论的是通用电气目前面临的各种经营问题。这些开发项目的传授者是公司的内部讲师以及大学教师，甚至是首席执行官本人。通用电气还通过其在里约热内卢、阿布扎比、上海和班加罗尔的全球学习中心提供各种课程（实际上，70% 以上的面对面课程是在美国以外的地方进行的）。

表 8-3 中列出了通用电气提供的一些管理能力开发项目的例子。正如你所看到的，

通用电气综合运用了课程学习和工作体验两种方式来开发初级管理人员以及高层管理人员。在其他一些课程（比如经营管理课程以及高层管理人员开发课程）中则包括行为学习的内容。通用电气还会举办一些以更好地了解客户期望为目的的研讨会，同时还会专门为非洲裔美籍管理者、女性管理者以及西班牙裔管理者召开领导力大会，引导他们讨论领导和学习方面的问题。

表8-3　通用电气的领导力开发项目举例

项目名称	项目简介	参加资格
初级商业领袖项目	为期两年的轮岗计划，聚焦于3～4次轮岗、销售能力培养、与领导接触并接受指导，为个人在销售或销售支持领域取得成功提供支持。轮岗中的任务包括由业务优先级驱动的项目。通过特定业务培训、课程和全球培训峰会开发商业技能。	有工程或相关商业学科学士学位；有本公司实习或有工作经验，有三年以上销售、销售支持或营销工作经验；有较强的分析、沟通、人际交往和领导能力；愿意接受工作调动。
高级商业领袖项目（ECLP）：销售和市场类	为期两年的课程，在不同地点进行国际培训和领导力培养，包括变革举措。鼓励学员参加各种委员会，以提高与高级管理人员互动的能力。每隔4个月，员工需完成一次自我评估，并与经理一起审查，以确定开发需求、职业发展兴趣和所取得的成绩。	MBA或者研究生学历，有市场营销或销售经验；有较强的领导、沟通和分析能力；愿意接受工作调动；英语流利；具备与通用电气特定业务相关的专业知识。

资料来源：Based on "Commercial Leadership Program Summary," https://www.ge.com/careers/working-at-ge/commercial-leadership-program accessed January 31, 2019; "Experienced Commercial Leadership Program," http://www.ge.com/au/careers/our-programs/eclp/what-you-need-to-know, and http://www.ge.com/au/careers/our-programs/eclp/about-eclp, accessed January 31, 2019.

美国和海外的许多机构都会提供高管人员教育课程，包括哈佛大学、宾夕法尼亚大学沃顿商学院、密歇根大学、欧洲工商管理学院、瑞士洛桑国际管理发展学院以及创新领导中心。弗吉尼亚大学的达顿商学院开设了一个专门针对高管人员的工商管理项目，学员每个月都会去学校参加一次课堂学习，课程安排在周四到周六。这种校园学习为学员提供了一个让他们合作完成演示报告、进行商业模拟以及案例学习的机会。学校还会让这些参加高管人员工商管理项目的学员到学校来完成四次领导力培训。在每次为期一周的培训过程中，学员通过参加研讨会、辅导班以及课后反思的方式，学会如何更好地处理他们每天面临的管理挑战。在学校里，学员需要通过自主学习、网络课堂、虚拟会议工具以及网上考试等方式完成这个项目。[27]

高管人员教育还有另一个发展趋势，这就是很多商学院和其他教育机构开始为公司提供定制的内部课程。例如，美国篮球协会（NBA）有几种不同的领导力开发计划，每个计划都针对不同层级的管理者。每年大约有1/3的NBA经理人员和50位高潜质领导者参加该计划。这些课程主要针对新任经理、董事、副总裁和一些高层领导者，他们需要在5～7个月的时间内参加70小时的开发课程。新兴人才计划（Rising Talent）主要针对处于职业发展中期的领导者。老兵赛道计划（Veteran Track）主要针对副总裁级别的领导者。大多数课程模块都是由NBA自己的领导者和商学院的教授讲授的。这些课程包括一些体验性的学习活动以及基于NBA的实际情况和面临的问题所做的案例研究。除了参加课程的各个单元模块，开发计划的参与者还会组成一些小的团队，就团队自身以及 NBA 当前面临的一些战略性经营问题和挑战提出解决方案。[28]泰拉斯公司也与维多利亚大学的彼得·古斯塔夫森商学院（Peter B. Gustavson School of Business）合作，专门针对本公司以及整个电信行业的领导力以及战略方面的问题设计出量身定做的工商管理硕士项目。该项目包括在校园内完成的面对面教学、视频讲座、虚拟互动以及团队项目等各种开发形式。泰拉斯公司的高层领导者以客座讲师、指导教师以及项目发起人的身份参与该计划。只有那些至少有三年工作经验的高绩效经理人员才有资格申请参与这一开发项目。完成该项目的第一批 20 名管理人员得到的回报是非常丰厚的。40% 的经理人员已经被晋升到新的工作岗位上了。这些经理人员在参与该项目的过程中提出的各种建议已经帮泰拉斯公司节约了2 700 万美元的成本。[29]

管理者在参加创新领导力中心举办的开发项目时需要完成的任务包括：进行心理测试；从上级管理者、同事以及下级员工那里获得信息反馈；参加团队建设活动（例如第 6 章讨论过的探险式学习）；接受咨询；设定改进目标并制订开发计划。[30]

有资格参加高管人员教育项目和工商管理硕士项目的仅限于管理人员，或者是被认定具有管理潜质的员工。于是，很多公司就将学费报销作为一种面向全体员工的福利，鼓励大家去参加继续教育活动。**学费报销**（tuition reimbursement）是指企业针对员工为了参加一些学院和大学的课程以及学位项目所付出的成本予以报销处理的实践。许多企业对学费报销计划进行了评估，发现该计划降低了员工流失率，增加了员工的晋升意愿以及工作绩效。[31]

这里的"诚信行动"专栏揭示了有些公司是如何通过为员工支付学费帮助他们获得职业成功发展所需的正规教育的。

➡ **诚信行动**

为员工开发提供资助

通常情况下，很多公司都会要求员工必须首先完成某些特定水平的正规教育，才能获得本公司提供的工作机会。为了取得职业发展以获得更为高薪的工作，员工常常需要接受更多的教育，而他们却缺乏支付学费所需的必要经济资源。为了帮助员工实现其职业发展目标，威瑞森无线公司（Verizon Wireless）、发现金融服务公司（Discover Financial Services）以及塔克钟公司、迪士尼公司都为员工支付了学费、杂费、书本费以及其他一些教育费用。

威瑞森无线公司在学费报销限度上每年投入的资金就高达 2 600 万美元。员工在被录用的第一天就有资格获得这种学费报销福利，并且不必承诺此后继续在公司中工作。对于全职员工来说，每年可报销的费用上限为 8 000 美元，这已经超过了大多数公司根据美国国税局规定的最低免税标准确定的 5 250 美元的年度学费报销额度。

在发现金融服务公司，在呼叫中心和一线工作的员工中，有 80% 的人都没有大学学位。因此，该公司推出了一项员工学费报销计划，鼓励他们到佛罗里达大学、布兰德曼大学和威尔明顿大学去上学，获得公司急需的那些领域——网络安全、计算机工程以及商业——的学位。塔克钟公司每年最多可以为每位员工报销 5 000 美元的学费，同时还就教科书和其他服务的价格帮助员工进行谈判。

到 2019 年年中，迪士尼公司在员工教育费用方面的支出估计达到 5 000 万美元，并且准备在此后几年再额外支付 2 500 万美元。迪士尼公司首席执行官鲍勃·伊格（Bob Iger）认为公司这样做是值得的，因为它有助于为员工提供更多的职业发展机会，即使他们最终离开迪士尼，它也可以增强员工的敬业度和信心。

讨论题

1. 在制订开发计划时，是否有必要让员工和公司充分认识到这里所描述的学费报销计划可能带来的收益？请做出解释。

2. 学费报销计划能够带来的收益会怎样随着劳动力市场情况的变化而有所不同？

3. 这些公司的学费报销计划对公司的价值有何影响？

资料来源：Based on K. Gee, "Employers Offer to Pay for Coilege," *Wall Street Journal*, January 3, 2019, p. B5; "Disney Allocates $ 25 Million Yearly for Staff Tuition," *T＋D*, December 2018, p. 13; Verizon, "Frequently Asked Questions: Do You Offer Tuition Reimbursement/Assistance?" from www. verizon. com, accessed January 3, 2019; "Top 125 Hall of Fame: Verizon," *Training*, January/February 2014, pp. 58－59.

8.4.2　评价

评价（assessment）是指首先收集与员工的行为、沟通风格或技能等有关的信息，然后再向他们提供反馈。[32]在这一过程中，员工本人、同事、直接上级管理者以及客户等都有可能被要求提供这些方面的信息。评价法最常用于确认员工的管理潜能以及衡量当前管理者的优点和不足。此外，评价法还用于挖掘有潜力向高层管理职位晋升的管理者，它还可以与团队方式结合在一起使用，以考察每一位团队成员的优点和不足，同时发现哪些决策过程或者沟通风格抑制了团队生产率的提高。评价可以帮助员工了解自己的各种倾向、需求、喜欢的工作环境类型以及喜欢做的工作类型等。[33]这些信息与他们从公司得到的绩效评价信息一样，能够帮助他们确定哪些开发目标最适合自己（例如提升领导力水平、扩大当前的工作职责范围等）。

企业在对员工进行开发性评价时，往往会使用多种方法以及多种信息。许多公司都向员工提供绩效评价信息。那些采用了较为复杂的开发系统的公司，还采用心理测试来评价员工的技能、人格类型以及沟通风格。此外，员工本人、员工的同事及其上级主管人员对员工的人际交往风格和行为做出的评价，也属于要收集的信息之列。当前比较通用的评价工具主要包括人格测试、评价中心、绩效评价和 360°反馈系统等。

人格测试

人格测试往往用来确定员工是否具备成功承担某些特定的管理职位或者涉及外派任务的那些职位所需要的人格特征。人格测试主要衡量五大维度：外倾性、适应性、宜人性、责任感和开放性（详见第 5 章中的表 5－3）。

迈尔斯-布里格斯人格类型测试（Myers-Briggs Type Inventory，MBTI）是建立在精神病学家卡尔·荣格（Carl Jung）的人格类型理论基础之上的一种测试。该理论认为，每个人都有一种基本的人格类型来塑造和影响自己对这个世界的认知、对外来信息的加工以及参与社交的方式。该测试可以测定 16 种人格中的哪一种与受测者最为匹配。这 16 种人格类型建立在受测者在内向（I）或外向（E）、理性（S）或感性（N）、思考（T）或感受（F）、判断（J）或感觉（P）这几个方面的偏好的基础之上。迈尔斯-布里格斯人格类型测试要做的是确认一个人在能力（内向还是外向）、信息收集（理性还是感性）、决策（思考还是感受）以及生活方式（判断还是感觉）等几个方面的偏好。[34]每种人格类型都会影响个体的工作习惯和人际关系，比如，一个内向、理性、思考、判断型的人（ISTJ）往往是严肃的、安静的、务实的、有条不紊的、逻辑严密的。这种人有能力将任务井井有条地组织起来，做出决策，同时按照计划和目标的要求完成任务。但是，这种类型的人由于没有外向、感性、感受以及感觉等方面的偏好，因此有一些弱点，包括：在把握不确定的机会方面会出问题；表现出太强的任务导向性或者对同事缺少人情味；容易在做决策时犯速度过快的毛病。可以访问 www.cpp.com 获取更多关于人格类型的信息。

DiSC 评价工具用于评估个性和行为风格，其人格类型包括支配型（指示的、个人意志强的、强迫的）、影响型（擅长社交、健谈）、稳定型（温和的适应能力）以及责任型（隐私性、分析性）。[35]有关 DiSC 的更多信息，请参阅 www.discprofile.com。

让我们来看一看 Guckenheimer 公司和 CareSource 公司是如何使用人格测试的。[36] Guckenheimer 公司从事餐厅管理和送餐服务，该公司让其管理人员去完成一项名为 DiSC 的人格测试，以便了解他们的沟通方式。然后，这些管理人员需要通过参加一项培训来开发自己调整沟通方式的技能，以改善与员工之间的互动。CareSource 是一家位于美国俄亥俄州代顿市的医疗护理企业。这家机构有一套清晰的程序对那些有潜力成为优秀领导者和高效管理者的员工进行识别和开发。从招募环节开始，该机构就对求职者进行测评，辨别他们是否适应组织服务至上的价值观和文化。这家机构运用多种测评工具来评估管理者的胜任素质（回想我们之前在第 7 章"绩效管理"中讨论过的胜任素质）。这些测评包括迈尔斯-布里格斯人格类型测试、盖洛普公司（Gallup）开发的优势发现器（用来识别管理者的强项，然后制订计划来发挥他们的强项）以及领导力实践问卷（一份关于管理者的领导能力的评述，由他们的同级、上级所做的评估以及他们的自我评估构成，用于构建他们的个人领导力开发计划）。同时，CareSource 公司每年两次使用绩效管理系统对管理者的某些胜任素质和行为进行评估，这些胜任素质和行为被认为是高效领导者和管理者应当具备的特质，包括服务导向、组织意识、团队合作、沟通以及组织领导力。根据测评结果，该公司会鼓励那些具备较高领导潜质的管理者参与一系列开发活动。

评价中心

评价中心（assessment center）是由多位评价者对员工在一系列练习中的表现进行评价的过程。[37]评价中心通常会被安排在工作场所之外的某个地方，比如某个会议中心。一般来说，每次同时参与评价中心的有 6~12 名员工。评价中心主要用于考察一位员工是否具备从事管理类工作所需要的人格特征、管理能力以及人际关系能力。此外，评价中心也越来越多地用于考察一位员工是否具备在一个团队中工作所需要的能力。

在评价中心常用的练习主要包括无领导小组讨论、面试、公文筐训练以及角色扮演。[38]在**无领导小组讨论**（leaderless group discussion）中，组织者会给一个由 5~7 名员工组成的小组分配一个难题，要求他们在一定时间内共同解决这一问题。在这些问题中可能涉及的主题包括购买以及销售商品、从下属人员中选定一人授予某一奖项，或者是生产某种产品。在**面试**（interview）中，员工会被要求回答一系列与他们的工作、个人经验、能力方面的优缺点以及职业生涯规划等有关的问题。**公文筐训练**（in-basket）是对管理者在本职工作中涉及的一些行政管理类工作进行的一种模拟。这种练习通常涉及可能在一位管理者的案头出现的各种需要处理的文件。参加训练的员工会被要求阅读这些文件材料，然后提出相应的解决问题的办法。受训者做出的反应可能包括分派任务、安排会议时间表、书面回复或者干脆对这些备忘录置之不理。**角色扮演**（role-play）则要求参与者扮演一位管理者或者某位员工。比如，评价中心的组织者可能要求参与者扮演一位必须与其下属员工共同审查不良绩效的管理人员。这位参与者首先会得到一些与这位下属员工的绩效有关的信息，在充分准备之后，与这位员工就如何改善绩效问题进行一次长达45分钟的面谈。下属员工的角色通常由评价中心设计小组或设计公司中的一位管理者或其他成员来担任。评价中心也可能包括各种测试。其中，兴趣测试和智力测试用于评价一位员工的语言能力、总体智力以及推理能力。人格测试则用来确定一位员工是否具有与他人相处的能力、对模糊性的容忍度以及作为一位成功的管理者需要具备的其他一些特征。

评价中心设计的练习主要侧重于评价参与者的管理能力以及人际交往能力。所要衡量的技能通常包括领导能力、口头沟通能力、书面沟通能力、判断力、组织能力以及压力承受能力等。表8-4举例说明了评价中心所要衡量的各种能力的类型。从表中可以看出，每一种练习都为参与者提供了一个展示多种能力的机会。例如，要求参与者通过统筹规划满足生产需求的练习，评价一位员工的管理能力和解决问题的能力。而无领导小组讨论练习则能够评价一位参与者的人际交往能力，比如对他人的敏感性、压力承受能力以及口头沟通能力等。

表8-4　评价中心的各种练习所要衡量的能力举例

能力类型	练习				
	公文筐训练	工作日程安排练习	无领导小组讨论	人格测试	角色扮演
领导力（控制、辅导、影响、智谋）	√		√	√	√
问题解决能力（判断力）	√	√	√		√
人际交往能力（敏感性、解决冲突的能力、合作能力、口头沟通能力）				√	√
管理能力（组织能力、规划能力、书面沟通能力）	√	√			
人格（压力承受能力、自信心）			√	√	√

注：√代表通过某种练习所要评价的技能。

管理者通常也会作为评价者。他们要接受一定的训练，以发现在员工身上存在的哪些行为与需要接受评价的能力相关。一般来说，每位评价者在每次练习中都会被安排去观察并记录 1～2 名员工的行为，然后对记录下来的信息进行审核，并且对每一位员工的技能水平（比如，5 分表示高领导能力，1 分表示低领导能力）做出评价。在所有的员工完成上述练习之后，评价者再碰头讨论他们对每一位员工的观察结果。他们将评价意见集中在一起，加以比较，力图在对每位员工的每种能力水平做出评价的基础上达成共识。

正如我们在本书第 5 章中提到的，研究表明，通过评价中心得到的评价结果主要与绩效、薪资水平以及职业发展联系在一起。[39]事实上，评价中心对员工开发也是十分有利的，因为在这一过程中，参与评价中心练习的员工可以获得关于个人的态度以及能力优势和劣势等方面的反馈信息。[40]例如，Steelcase 是一家总部位于密歇根大急流城的办公家具制造商，它就利用评价中心对一线管理人员进行评价。[41]评价中心的练习内容包括公文筐训练、模拟面试以及一个限时的工作日程安排练习（这个练习要求参与者设法填补员工缺勤造成的职位空缺）等。管理者同样被要求直接面对员工的绩效问题，能够让员工承诺改进绩效。因为这些训练与公司要求管理者完成的工作有非常紧密的联系，所以管理人员在评价中心的表现有助于公司确认为了使这些人成为成功的管理者，必须重点培养他们哪些方面的具体能力或胜任素质。

绩效评价和 360°反馈系统

正如我们在第 7 章中提到的，绩效评价（performance appraisal）是指对员工的绩效进行衡量的过程。在某些特定情况下，绩效评价信息对员工开发也是非常有用的。[42]绩效评价系统必须明确告诉员工，他们存在哪些绩效问题以及如何对存在问题的那些方面加以改善。其中包括使员工清楚地理解他们当前的绩效与组织期望的绩效之间存在的差距，帮助他们找到造成绩效差异的原因以及制订改善绩效的行动计划等。企业还必须就如何对员工提供频繁的绩效反馈来对管理者进行培训。此外，管理人员还需要对员工在执行绩效改善计划方面取得的进步进行监控。

诺德斯特龙的绩效管理系统被称为 Grow@Nordstrom，它要求员工在每个季度主动发起与上级管理者之间的非正式对话，讨论自己在达成个人绩效和实现职业发展目标方面取得的进展。LoyaltyOne 公司的绩效管理流程则要求管理人员每隔 90 天与自己的员工见面，讨论工作进度、分享反馈信息，同时对员工的个人绩效和职业发展提供教练式辅导。[43]

目前，在管理能力开发方面使用绩效评价的一个趋势是实行自下而上的反馈以及 360°反馈。**自下而上的反馈**（upward feedback）是指让下级员工对上级管理人员的行为或技能进行评价的过程。而 360°反馈则是自下而上反馈过程的一种特例。在 **360°反馈系统**（360-degree feedback systems）中，一位员工的行为或技能不仅要受到其下级员工的评价，而且要受到其同事、客户、上级管理人员以及本人的评价。在这一过程中，评价者都要填写一张问卷，根据不同的维度对这位员工进行评价。表 8-5 展示了为 360°反馈系统设计的一份评价问卷中包含的与实现成功管理相关的能力。通常情况下，评价者需要对管理者在每一个特定问项上的优势做出评价，或者是指出被评价者是否需要进一步开发这方面的能力。评价者需要确认他们观察到被评价者展现某种胜任素质或技能的频率如何（例如，经常、有时、很少、从不）。例如，在 CHG 健康服务公司（CHG Healthcare Services），任何一位对领导职位感兴趣的员工都必须完成一项 360°反馈调查，基于公司文化和核心价值观来对其相关行为做出评估。[44]

表 8-5 与管理者取得成功相关的能力

足智多谋	能够进行战略性思考，灵活地解决问题，与更高层管理人员开展合作
排除万难	坚持不懈，专注于所面对的困难
快速学习	快速掌握新的技术和业务知识
建立并维持关系	懂得如何与同事和外部人员建立并维持工作关系
领导下属	给下属授权，为他们提供更多的机会，公平对待下属
同情心和敏感性	对他人表现出真正的关心，对下属的需求敏感
坦率和冷静	表现得令人尊敬而且坚定
创造开发氛围	创建一个具有挑战性的环境以促进下属的发展
正视问题员工	果断并公正地处理有问题的员工
团队导向	通过领导他人来完成任务
平衡个人生活和工作	平衡工作与个人生活的优先顺序，避免忽视其中任何一个
果断	在多数管理情境中，更倾向于快速、以类似方式处理问题，而不是缓慢、精准地处理问题
自我认知	对自己的强项和弱项有准确的认知，并且愿意提升自己
让人放松	表现出热情和幽默感
做事灵活	能够以不同的甚至看似相反的方法处理问题

资料来源：Based on C. D. McCauley, M. M. Lombardo, and C. J. Usher, "Diagnosing Management Development Needs: An Instrument Based on How Managers Develop," *Journal of Management* 15 (1989), pp. 389-403.

360°反馈系统产生的结果可以向管理人员表明他们在每一个问项上得到的评价，它还显示了管理者的自我评价与他人评价之间存在哪些差别。通常情况下，企业也会要求管理者本人对这些评价结果进行审查，从评价者那里得到更为清晰的解释，同时根据在评价中反映出来的优点和缺点制定具体的开发目标。[45]表 8-6 列举了在运用 360°反馈系统制订开发计划的过程中涉及的一些活动的类型。[46]

表 8-6 在制订开发计划时涉及的一些活动

1. 理解优点和缺点
   审查他人对自己的优点和缺点做出的评价。
   明确本人对自己的能力或行为做出的评价与他人（上级管理者、同事、客户）的评价之间存在哪些相同点以及不同点。
2. 确定一个开发目标
   选择一种需要开发的能力或行为。
   确定一项有具体成果的清晰而明确的目标。
3. 制定一个确认目标实现的程序
4. 制定各种达成开发目标的战略
   制定诸如读书、工作体验、听课以及建立人际关系等方面的战略。
   制定有助于获得进步取得情况的反馈的战略。
   制定强调新能力或新行为的战略。

360°反馈系统能够带来的好处包括：它能从不同的角度收集与管理人员绩效有关的信息；使员工可以将自我评价与他人对自己的评价进行比较；使员工就其行为和能力评价结果与组织内外部客户进行的沟通更为正式。几项研究已经证明，在参与自下而上的反馈以及 360°反馈系统的活动之后，组织中往往会出现绩效改善以及行为方面的改变。[47]其中变化最大的是那些别人的评价比他们的自我评价分数要低的员工（自我高估者）。

360°反馈系统的潜在局限性在于：它对一位评价者完成评价所需花费的时间是有要求的；管理人员可能会发现并惩罚那些曾经向组织提供对自己不利信息的评价者；需要有一位指导者帮助员工解释评价结果；在很多公司中都缺乏让员工针对获得的反馈采取行动的必要途径（例如，制订开发规划、与评价者进行面谈以及参加相关课程等）。

有效的 360°反馈系统应当做到：提供可信的或一致的评价；对评价者保持匿名；作为评价内容的行为或技能是与工作相关的（有效的）；系统易于使用；管理者能够得到反馈并根据反馈采取行动。[48]

目前，科技发展使在 360°反馈系统中使用的问卷可以通过评价者的个人电脑传递给他们。这有助于增加返回的问卷数量，使信息加工变得更加容易，同时也使向管理人员提供报告的速度进一步加快。

无论使用何种评价方法，为了实现对员工的开发，都必须将信息与员工本人共享。除了评价信息，企业通常还需要向被评价者提供关于如何弥补能力不足以及如何运用已经掌握的这些信息方面的建议。这些建议可能包括参加培训课程或者是通过新的工作体验来开发技能。在这些评价信息和各种可能的开发机会基础上，员工还需要制订一项行动计划来指导他们的自我改善。

鲁宾有限公司（Lupin Limited）利用 360°反馈来对公司的领导者进行开发。[49]公司会利用这种手段对领导者的行为及其与公司的六大价值观（诚信、追求卓越的激情、团队合作、企业家精神、尊重和关怀以及以客户为中心）相吻合的程度进行评估。然后，公司希望这些领导者根据得到的 360°反馈结果来确认自己需要开发的领域以及个人开发计划。

8.4.3 工作体验

大多数员工开发活动都是通过工作体验来实现的。[50]**工作体验**（job experience）是指员工在实际工作中遇到的各种关系、问题、需求、任务以及其他一些特征。运用工作体验来对员工进行开发的一个主要假设是：当员工的能力和工作经验与当前的工作所要求的能力不匹配时，最需要对员工进行开发。**拓展性任务安排**（stretch assignment）就是在员工缺乏成功履职所需的技能时专门安排一些工作任务，以增加他们在这方面的技能和经验。为了能够在当前工作中取得成功，员工就必须拓展他们的能力——他们将被迫学习新的能力，以一种新的方式运用他们的能力和知识以及获取新的工作经验。[51]新的工作任务安排一方面能够帮助员工充分利用现有的能力、经验以及人际接触，另一方面也有助于员工开发新的能力。[52]例如，应领导的要求，詹妮弗·罗斯曼（Jennifer Rosemann）接管了自己对接的客户服务人员所在地区的财务管理工作。[53]领导认为罗斯曼需要学习这些工作内容，并期望她获得成功。几个月后，罗斯曼意识到自己很享受团队合作和实现财务目标的成就感。此后，她被提升为执行副总裁。无论公司的规模多大，想要让工作体验成为一项有效的员工开发活动，就必须使其适应员工的开发需求和目的。

我们所知道的通过工作体验进行员工开发的方法大多来自创新领导力中心主持完成的一系列研究。[54] 在这些研究中，研究人员会要求企业高层管理人员指出，在他们的职业生涯中有哪些关键事件使自己的管理风格变得与众不同，同时，他们从这些工作体验中能够总结出哪些教训。这里的关键事件包括：工作安排（例如，修理一台失灵的机器）、人际关系方面的事件（例如，与上级管理人员相处）以及要求完成的一些特定类型的转变（例如，在高层管理人员不具备相关背景知识的情况下）。表 8-7 中列举的就是一些工作要求以及员工可以从中吸取的经验教训。

表 8-7　各种工作要求以及员工可以从中吸取的经验教训

工作要求	员工可以从中吸取的经验教训
实现转变	管理者必须能够承担起新的、与过去完全不同或比过去范围更大的工作职责
创造变化	开发新的战略方向，组织重组，增加或减少员工，应对快速变化；处理表现不佳的员工
有较强的责任感	做出高度可见的影响业务的关键决策；管理多个群体、职能、产品或部门；与工会、政府机构、地方政客等外部利益相关者打交道
参与非职权性关系	通过对并没有直接管辖权的同事、管理者、外部利益相关者等施加影响来完成工作
直面障碍	尽管面临不利的商业环境，缺乏高层管理者或同事的支持与鼓励，或与管理技能较差或管理风格不同的领导者共事，仍能应对并取得成功

资料来源：Based on C. McCauley and M. McCall Jr. (eds.), *Using Experience to Develop Leadership Talent* (San Francisco: Jossey-Bass, 2014); C. D. McCauley, L. J. Eastman, and J. Ohlott, "Linking Management Selection and Development through Stretch Assignments," *Human Resource Management* 84 (1995), pp. 93-115; W. Macaux, "Making the Most of Stretch Assignments," *TD*, June 14, 2010; G. Morris and K. Rogers, "High Potentials Are Still Your Best Bet," *T+D*, February 2013, pp. 58-62.

在把工作体验作为对员工进行开发的一种方法使用时，企业感到没有太大把握的一件事情是：它到底是一种积极的压力，还是一种不利的压力。一方面，工作体验被看成是一种积极的刺激，因为它激发了员工学习的积极性；另一方面，工作挑战又被看成是一种不利的刺激，因为对于承受这种工作压力的员工来说，它往往会带来过高的有害压力。最近的研究发现，除了克服障碍这种要求，所有其他工作要求都与学习有关。[55] 许多管理者都指出，与其他工作要求相比，克服工作障碍的要求以及推动变革的要求更有可能导致负面压力的出现。这就意味着，企业在安排员工从事克服障碍和实施变革的开发性工作任务之前，应当首先仔细考虑这种开发方法可能带来的潜在不良后果。

虽然对工作体验这种开发方法进行的研究主要是以高层管理人员和一般管理人员为对象，但普通员工也可以从工作体验中学到许多东西。正如我们在前面提到的，为了使一个工作团队取得成功，团队成员现在必须掌握那些过去被认为只有管理者才需要掌握的能力（例如，直接与客户打交道、通过分析数据确定产品质量以及解决团队成员之间的冲突等）。除了在团队组建时进行的员工开发，团队成员还可以通过彼此互换工作角色进行进一步的开发。

图 8-4 显示了将工作体验用于员工开发的各种途径，其中包括扩大现有工作内容、工作轮换、工作调动、晋升、降职以及临时安排到其他公司工作等。对于那些开展全球经

营的公司（跨国公司）来说，员工开发还经常涉及要求员工频繁出差或变换工作地点的一些外派任务。"通过全球化开展竞争"专栏显示了亿滋国际公司（Mondelēz International）是如何利用全球工作经验进行员工开发的。

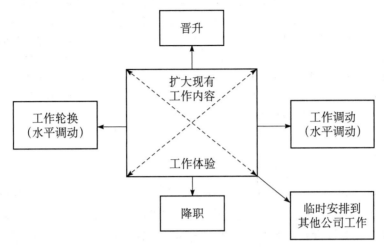

图8-4 如何用工作体验法进行员工开发

➡ 通过全球化开展竞争

通过全球工作经验开发员工

亿滋国际公司是世界上最大的零食供应商之一。大家对这家公司的名字可能并不熟悉，但是它的一些品牌是响当当的，像奥利奥饼干、丽兹饼干、Toblerone巧克力棒、三叉戟口香糖和Halls止咳片等，这些仅仅是该公司产品中的很小一部分。该公司在160多个国家和地区都有广为人知的品牌和客户，为了保持业务的持续增长，公司必须确保管理人才源源不断的供给。公司领导层对这一事实的认识体现在该公司的战略陈述之中，其中包括通过培养世界级的核心能力以及为勇敢的领导者和世界一流的团队赋能来促进员工的成长。

亿滋国际公司为各职能领域中的员工都提供富有挑战性的工作体验机会，只要他们参与公司发起的社会影响力计划。这个计划是以公司的宗旨陈述为基础的，即"创造更多的欢乐时光"，它会将大约15名员工组成一个"快乐大使"代表团，派到位于加纳的可可农场。这些"大使们"与农民一起工作，参观当地的加工厂和学校，以了解农民遇到的挑战和各种机会。这些团队成员通过将自己的知识和技能运用到他们观察到的一些情况之中，形成了很多关于如何培育更为成功的农场经济的想法，并且传授给当地人。这种体验可以培养他们的团队合作能力和解决问题的能力，并且通过为他们提供一种以有意义的方式做贡献的机会来激励他们。与此同时，这种活动也加强了公司赖以获取关键生产要素的供应链，并且将可持续的农业带入了对其有巨大需求的世界的某个部分。

讨论题

1. 亿滋国际公司从"快乐大使"项目中收获了哪些价值？
2. 你是否认为参加"快乐大使"项目是一项拓展性的工作任务安排？为什么？

3. 在采用"快乐大使"项目对员工进行开发时，你会有哪些方面的担心？

资料来源：Based on "Mondelēz International Employees Journey to Cocoa Life Communities for Skills-Exchange Mission," September 19, 2018, from https://ir.mondelezinternational.com/news-releases/, accessed January 3, 2019; Mondelēz International, "Strategy Globe" from https://www.mondelezinternational.com/about-us/our-purpose-strategy "accessed January 3, 2019; Mondelēz International, "2018 Fact Sheet," http://www.mondelezinternational.com, accessed January 3, 2019; K. France, "How a 'Skills-Exchange' Program Can Improve Your Workplace," *Daily Herald* (Arlington Heights, IL), March 16, 2018, http://www.dailyherald.com; Greg Trotter, "More Companies Find Spending on Corporate Responsibility Increases the Bottom Line," *Chicago Tribune*, December 8, 2017, http://www.chicagotribune.com; David McCann, "Training Aims to Unity Far-Flung Finance Staff," *Chief Financial Officer*, October 4, 2017, http://www.cfo.com, accessed January 9, 2019.

扩大现有工作内容

工作扩大化（job enlargement）是指在员工的现有工作中增加更多具有挑战性或新的工作职责。工作扩大化的具体做法主要包括安排完成特殊项目、在一个工作团队内部变换角色以及研究为顾客提供服务的新途径等。比如，一位工程技术类员工可能被要求加入一个负责为技术类员工设计新的职业发展通道的工作小组。在参加这种项目工作期间，这位工程师可能被要求在职业发展通道设计的某些方面承担起领导责任（比如，审查公司的职业生涯开发过程）。因此，这位工程师不仅有机会了解公司的职业生涯设计系统，而且有机会通过运用领导能力和组织能力来帮助一个工作小组达到其目的。还有一些公司则通过安排两位管理人员承担同样的职责，拥有同样的职位名称，从而共同分担工作的做法来扩大工作（"双领导制"）。[56]首先，这种做法有利于帮助管理者从一位经验更丰富的员工身上学习；其次，它有助于公司为那些只有具备多种能力的员工才能填补的职位空缺找到合适的人选；最后，对于那些要求员工经常出差的职位而言，这种做法可以确保总会有一位员工在公司处理相关工作事务。例如，在思科公司，路由器组的负责人过去是作为一名工程师接受培训的，但他现在却从事业务开发工作，与另一位工程师共享一个职位。每一位员工都可以学习其他人的能力，这有助于大家把自己的工作做好。

工作轮换

工作轮换（job rotation）是指在公司的不同职能领域为员工进行一系列的工作任务安排，或者在某个职能领域或部门为员工提供在不同工作之间流动的机会。工作轮换涉及按照一个事先安排好的顺序让员工去承担一系列不同的工作，而横向工作移动则可能并不一定涉及一个事先预定的工作或岗位变动顺序。工作轮换可以帮助员工全面了解公司目标，增进对公司不同职能领域的了解，建立人际接触网络，提高技能。[57]

处于服装零售行业的 H&M 公司就将工作轮换作为其所有的办公室员工和仓储员工，甚至高层管理人员开发过程的一个组成部分。[58]当公司雇用了一位新员工时，就需要在商店工作长达 13 周的时间。这位员工首先要担任试衣间的工作人员，接着尝试销售岗位，然后主要负责商店和现金的管理工作。这样一来，从事幕后工作的员工就会了解商店中的员工所面临的挑战，同时了解客户服务、商店环境以及其他一些因素会如何对公司的业绩产生影响。Haskell 公司会为设计工程师提供工作轮换的机会，让他们到位于亚特兰大的卓越包装中心与一个设计团队在一起工作。[59]公司还为这些工程师提供到系统分析小组进行工作轮换的机会，这个小组的主要职责涉及生产制造系统的流程改进和模拟测试。这有助于工程师了解数据驱动决策在复杂的测试环境下所具有的重要性。工作轮换减少了生产差错，改进了设计，并且减少了项目安装的时间和成本。工作轮换还有助于确定哪些工程师已经做好了晋升的准备。该公司在亚特兰大的员工晋升决策有 2/3 都是通过工作轮换做出的。

然而，对于员工及其所在的工作单位来说，工作轮换也存在一些潜在的问题。首先，处于轮换过程中的员工及其同事容易产生对各种问题的短期看法以及采取短期导向的问题解决方式。其次，员工的满意度和工作积极性可能受到负面影响，这是因为他们发现自己很难开发出某些职能化的专业技能，并且由于在一个职位上停留的时间很短而无法接受富有挑战性的工作。最后，无论是接收轮换员工的部门，还是派出轮换员工的部门，都有可能因为培训需要以及资源流失而导致生产率受损和工作负担加重。

调动、晋升以及降职

在许多公司中，向上流动、水平流动以及向下流动都可以作为员工开发手段来使用。[60]在**调动**（transfer）中，一位员工很可能被调到公司的另一个领域去接受某种与过去不同的工作安排。调动并不一定涉及工作职责增加或薪酬水平上涨。它更有可能是一种水平流动（承担职责与过去类似的其他某个职位）。而**晋升**（promotions）则是指向另一个更具有挑战性、需要承担更大责任以及享有更多职权的新职位流动的过程。晋升常常涉及薪酬水平的上升。例如，百事公司前首席执行官卢英德（Indra Nooyi）将公司欧洲和撒哈拉以南非洲事业部的负责人提升为总裁，让其负责全球运营、公司战略、公共政策与政府事务。[61]随着确保公司销售额增长以及提高基金投资业绩的责任也被纳入他所承担的岗位，他的能力得到了进一步的拓宽。

降职（downward move）发生在一位员工承担的责任被降低以及职权被削弱的情况下。[62]这种流动可能表现为以下几种情况：一是被调到等级相同但是承担的责任和享有的职权都有所降低的另一个职位上去（平级降职）；二是临时性的跨职能调动；三是由于绩效不佳而被降级。在员工开发方面，临时性地向下一级职位流动是一种最常用的开发手段，因为它使员工获得了在不同的职能领域中工作的实际经验。例如，希望从事管理工作的工程师往往首先要到低一级的一些职位（例如轮班工长）上去开发他们的管理技能。

由于晋升往往与心理上的满足和物质报酬（例如自我实现感增强、薪酬以及在公司中的地位提高等）联系在一起，因此员工更愿意接受晋升，而不是平级调动或者是降职。当一家公司处于盈利或者成长阶段时，公司能够为员工提供的晋升机会就会更多一些。而当一家公司处在结构重组、稳定或者利润下滑阶段时——尤其是当大量员工都对晋升寄予希望，而公司却倾向于依赖外部劳动力市场填补企业内出现的高级职位空缺时——晋升机会可能就会非常有限。[63]

调动、工作轮换、晋升、平级调动和降职既可以在美国本土，也可以在外派国家。然而无论何种调动，都有可能给员工带来压力，这不仅是因为员工的工作角色发生了转变，而且会出现这样一种情况，即如果员工及其配偶都是职场人士的话，员工的调动就有可能导致其配偶不得不重新寻找工作。此外，员工的家庭也不得不加入一个新的社区。调动打破了员工的日常生活、人际关系以及工作习惯。[64]他们不得不去寻找新的住房、新的购物场所、新的医疗保健机构以及新的休闲场所，同时，他们还有可能会失去朋友和家庭给他们提供的情感支持。除此之外，他们还必须学习一套新的工作规范和工作程序，必须与自己的新上级和新同事重新建立人际关系，同时，尽管他们对当前负责的产品、服务、流程或者下属的情况可能了解得并不多，但是人们却期望他们在当前的职位上干得一样好。

由于工作调动会引发焦虑，许多公司在员工调动方面都会遇到困难。有研究已经发现了与那些愿意接受调动的员工相关的一些特征[65]：有较高的职业抱负，相信自己在公司的未来是充满希望的，相信接受调动是在公司中取得成功的必要条件。未结婚且在所处环境中不活跃的员工通常最愿意接受调动。在已婚员工中，配偶的搬家意愿是影响员工是否接受调动的最重要因素。

遗憾的是，许多员工很难将工作调动和向下流动同开发联系在一起。他们常常将这两种流动看成一种惩罚，而不是将它们看成一种开发技能的手段，是有利于他们在公司中获得长期成功的机会。许多员工甚至宁愿离开公司，也不愿意接受工作调动。企业必须对工作调动进行有效的管理，这不仅因为新招一位员工来替代辞职者的成本很高，而且因为与工作调动本身相关的成本就很高。据估计，一名员工及其家人的全方位搬迁服务成本大约为7万美元。[66]许多公司为了鼓励员工降低搬迁成本，同时让员工自己通过控制搬迁津贴的使用来最好地满足他们的个人需要，都会给员工提供一次性搬迁费用。也就是说，公司给员工提供一定数量的经费来支付搬迁费用。公司通常不会要求员工提交搬迁费用的相关收据。有些公司甚至还会向员工推荐某个服务提供商网络，从而使员工不会觉得自己去找服务提供商是一种负担。

为了确保员工将工作调动、晋升和降职作为一种开发机会，企业应该做到以下几点：

● 为员工提供与新职位的工作内容、面临的挑战和潜在收益有关的信息以及工作地点方面的信息。

● 为员工提供一个实地考察新工作地点的机会，并且向他们提供社区的相关信息，从而使他们参与到工作调动的决策中来。

● 制定明确的绩效目标，对他们个人的工作绩效尽早提供反馈。

● 让一位熟悉东道国的人帮助员工适应新的社区和工作地点。

● 提供有关新职位会如何影响员工的薪酬、税收、贷款偿还以及其他费用方面的信息。

● 在员工出售、购买或者租赁住房方面提供相应的补偿或资助。

● 制订一套使员工适应新职位和新工作地点的适应性计划。

● 提供信息说明新的工作经历会如何对员工本人的职业发展规划产生支持作用。

● 给员工的其他家庭成员提供帮助，包括选择学校、幼儿看护服务以及老年人看护服务等。

● 帮助员工的配偶确认、推销其技能以及寻找新的就业机会。[67]

临时派遣、项目、志愿者工作和个人发展假

临时派遣（temporary assignments）是一种工作尝试，比如通过让员工承担一个职位

来帮助他们确定自己是否对新的角色、员工互换、个人发展假和志愿者工作感兴趣。所有类型的临时派遣都有一个事先确定的终止日期，过了这个日期员工会回到他们的常规职位。例如，拥有10万名员工的经营零食的亿滋国际公司想要帮助自己的管理人员学会如何使用移动设备来营销产品。它会将管理人员送到9家小型移动技术公司去体验几天，以帮助他们理解企业家精神，同时了解这些公司是怎样迅速地实现从产生新的营销想法到完成构建和测试的。[68]百事公司纽约总部的一帮初级品牌经理则会到爱彼迎———一家总部位于旧金山的在线旅游租赁服务公司———学习一个星期。这两家公司的管理人员希望能够彼此学习对方的品牌管理经验。两家公司都有一种休闲的、协作式的工作环境。但与百事公司的品牌管理工作相比，爱彼迎的品牌管理更多地是基于直觉，而不是数据分析和营销机构的想法。爱彼迎的营销经理对于百事公司如何建立市场研究数据集很感兴趣。为了进一步了解公司的业务，基因泰克公司的董事们在6~9个月的时间里，拿出本人工作时间的10%去参与各种不同职能中的特定项目，参加某些工作组，并且贴身观察业务领导者的工作。[69]

员工互换是临时派遣的一种方式。宝洁与谷歌就开展了这种员工互换的项目。[70]这两家公司都希望从员工互换中获益。两家公司的员工分别参与对方的培训计划以及业务计划讨论会。宝洁想多了解应当如何向新一代消费者推销洗涤剂、厕所用纸以及护肤霜等产品，因为新一代消费者在网络上花的时间要比在电视机前花的时间多得多。谷歌则希望说服很多公司将它们的品牌宣传片从电视上转移到像YouTube这样的视频共享网站上，使自己获取更多的广告收入。

临时性的工作派遣也可以包括**个人发展假**（sabbatical）。个人发展假是指离开公司去思考、更新或者开发技能的一种休假。享受个人发展假的员工往往能够得到全额的薪酬和福利。不仅如此，这种个人发展假还使员工有机会在摆脱日常工作压力的情况下获取新的技能、开阔视野。个人发展假还使员工有更多的时间去实现个人的追求，比如写一本书或者是抽更多的时间陪伴孩子。这种个人发展假在现实中已经十分普遍，从咨询公司到快餐店等不同的行业都有这种制度。[71]这种假期的长度一般从4周到10周不等。个人发展假可以包括旅行、完成学业或其他学习机会、投身慈善、做研究或开发新产品，或者是致力于环保事业。例如，在位于美国弗吉尼亚州费尔法克斯的爱德曼金融服务公司（Edelman Financial Services），当员工在公司工作时间满5年之后，就有资格获得一次为期4周的带薪休假。[72]为了鼓励员工更好地利用这段时间，公司会要求员工提交一份大纲，大体描述一下他们在这段时间里会做些什么。担任理财顾问的雷伊·罗伊（Rey Roy）通过骑越野自行车来筹集慈善资金。他在蹬自行车的这段时间里理清了自己的思路，让自己获得了崭新的视角，因此当重返工作岗位的时候，他重新燃起了工作的热情。此外，罗伊还看到，其他一些员工也从他的经历中得到了启发。

志愿者工作也可以应用在开发活动之中。志愿者工作可以为员工提供管理变革、参与教学、承担更大的责任以及面对我们在表8-7中列出的其他工作要求的机会。有些公司鼓励员工在不损失薪酬或休假时间的情况下，去贡献自己的专业知识和技能。通用磨坊公司（General Mills）的一名从事食品研发的工程师将自己的一些工作时间用来帮助非洲的小型食品公司。她通过电话会议的方式帮助非洲公司了解如何在处理原料时做好食品污染风险的管理。她还曾经前往马拉维去参观当地的一家食品生产厂，帮助这家工厂做好迎接政府检查的准备。她所从事的无偿工作对她个人是有价值的，帮助她将在自己当前的工作中无法用到的那些专业技能发挥了出来。在保诚金融公司，由至多五名员工组成的团队可以到公司的某个非营利合作伙伴那里去做咨询项目。这些项目都得到了保诚金融公司的创立原则支持，即每个人都应有机会实现财务安全。这种合作伙伴关系不仅帮助当地合作伙伴培育了能力，而且为员工提供了在常规工作环境之外开发其业务能力和领导能力的机会。这里的"循证人力资源管理"专栏展示了员工与公司都可以从包括项目工作在内的领导力开发计划中获得积极成果。

➡ 循证人力资源管理

参与 BB&T 公司的卓越领导力计划的员工可以得到一位领导力顾问的教练式指导，参加领导力有关内容的讲习班，并且参加一个有利于他们在某个业务领域中获益的项目。BB&T 公司将参加卓越领导力计划的员工与那些尚未参加该计划的同事（比较组）做了一个比较。计划参与者的晋升速度要高两倍以上，员工保留率也高 31%，这就意味着给公司节约了 1 300 万美元的员工重置成本——与雇用和培训新员工相关的潜在成本。

资料来源：Based on "Training Top 125 Best Practices & Outstanding Training Initiatives, BB&T Corporation: Leadership Excellence Program," *Training*, January/February 2017, p. 97; J. Castaneda, "Bench Strength," *TD*, June 2015, pp. 30 - 35.

8.4.4 开发性人际关系

员工还可以通过与组织中更富有经验的其他员工进行互动来开发自身的技能以及增加与公司和客户有关的知识。导师指导与教练辅导就是用于员工开发的两种开发性人际关系类型。

导师指导

导师（mentor）是指能够帮助企业对那些经验不足的员工（被指导者）进行开发的有经验的、生产率较高的资深员工。由于意识到缺少潜在的导师以及员工可以从与同伴或同事建立开发性人际关系中获益，许多公司开始创建并支持团体导师指导制和同事导师指导制。

在大多数情况下，指导关系是由于导师和被指导者有共同的兴趣或价值观，从而以一种非正式的方式形成的。研究表明，具有某些人格特征的员工（例如情绪稳定、具有根据环境调整个人行为的能力、对权力和成就有较高层次的需要等）最有可能找到导师，对导师来说，他们也是最有吸引力的指导对象。[73]企业可以将上述指导关系作为将成功的资深员工与缺乏经验的员工结合在一起的正式计划的一部分来加以构建。表 8 - 8 展示了一些企业运用正式导师指导计划的例子。导师指导计划有许多重要的目的，包括帮助新员工融入公司环境、对管理人员进行开发，以及为女性和少数族裔员工提供分享经验和获取调任至管理岗位所需能力的机会。

表 8 - 8　导师指导计划的例子

思科公司——为了缩短新的董事会成员有效发挥作用所需的时间,思科公司让他们与经验更为丰富的董事会成员配对,让后者为他们担任导师。导师主要帮助新人理解董事会的会议规则,为他们提供董事会成员理念的相关内容,解释在简报材料中使用的术语,并就他们在参加董事会会议时的座位提供建议。

微软公司——导师指导计划包括职业开发指导以及同事指导。职业开发指导侧重于通过长达一年的结构化跨小组导师指导,对员工进行职业和专业方面的开发;同事指导则是非结构化的,侧重于同一工作团队成员之间的工作知识转移。

索迪斯公司——同事导师指导项目是由该公司的各个网络小组直接管理的。这些网络小组围绕某个常见的多元化维度组织起来,由那些想提高自己所属人群知名度的员工创建。这些网络小组包括基于国籍、种族、性取向、服兵役情况以及代际等特征组建起来的不同小组。导师指导精神桥梁计划是一种非正式配对的做法,其目的是使新员工和一线经理人员共同拓展专业开发机会,同时提高公司管理层的深度和多元化水平。

水手金融公司(Mariner Finance)——该公司使用聊天软件、视频以及以导师和学员为对象的特定网站等技术,促使师生之间以及参与导师指导计划的所有员工之间实现更为及时的沟通。

密歇根大学医学院(Michigan Medicine)——其微导师(MicroMentors)为那些处于职业生涯发展早期和中期的潜在领导者提供与一位导师不受打扰地进行 60 分钟对话的机会,供双方共同讨论像薪资谈判、管理破坏性员工以及实现职业发展等方面的话题。

Vistage Worldwide——由 15~20 名员工组成的团队对团队成员在个人或职业发展方面遇到的挑战提供建议。一位训练有素的同事会担任协调人来主持这种讨论,帮助团队成员倾听、解释和提出探究性的问题,从而对一些问题和潜在解决方案提供一些新的视角。

资料来源:Based on J. Lublin, "New in Boardrooms: Buddy System," *Wall Street Journal*, September 20, 2017, p. B7; C. Elton and A. Gostick, "Impact and Learning Span the Generations," *Chief Learning Officer*, December 2018, p. 62; "*Training* Top 125: Aditya Birla Minacs," *Training*, January/February 2014, p. 101; Sodexo, Inc., website, www.sodexousa.com, accessed March 26, 2017; "*Training* Top 125: Vistage Worldwide," *Training*, January/February 2017, p. 69; M. Weinstein, "Mentoring in the Digital Age," *Training*, September/October 2016, pp. 28 - 31; R. Emelo, "Shift Your Focus with Modern Mentoring," *TD*, September 2015, pp. 36 - 41; R. Emelo, "Conversations with Mentoring Leaders," *T+D*, June 2011, pp. 32 - 37.

制订成功的导师指导计划　尽管不少导师指导关系都是通过非正式途径发展起来的,但正式的导师指导计划还是有其突出优点的:无论员工属于什么性别和族裔,这种正式计划能够确保所有的员工找到自己的导师。正式的导师指导计划还有一个优点:指导与被指导双方都明确地知道企业对自己的期望是什么。[74]正式的导师指导计划也存在一定的缺点,这就是即使正式的导师指导关系在形式上建立起来了,有些导师可能也无法向被指导者提供有效的咨询或指导。[75]要克服这种局限性,很重要的一点是要让导师和被指导者坐下来花时间讨论一下他们各自的工作风格、个性以及背景,这些都有助于建立双方之间的信任感,这种信任感对于让双方感到舒服来说是必要的。[76]东芝美国医疗系统(Toshiba America Medical Systems)没有建立正式的导师指导计划,然而,这家公司从员工被雇用的第一天起就鼓励他们参与非正式的导师指导。管理者和人力资源业务伙伴都需要花时间为新员工介绍他们的同事并带他们参观工作场所。[77]

表 8 - 9 展示了一项成功的正式导师指导计划所具有的特征。导师的挑选应当以人际关系能力和技术能力为依据。同时,这些导师也必须接受培训。[78]为了使导师指导计划对

导师、被指导者以及公司发挥最大的效用，必须利用一些工具和辅助手段。[79] 美国联邦政府审计总署（GAO）运用导师指导计划来塑造一种协作式的学习环境，提高员工的敬业度，并为他们提供开发的机会。导师参加一个计划开启培训，以确保他们了解该计划的目的以及他们应当发挥的作用。此外，这些导师每个季度都要开一次会，以便接受持续性的支持和相关培训。[80]

表 8-9　成功的正式导师指导计划的特征

1. 导师和被指导者都是自愿参与该计划。指导关系可随时中止而不必担心会受到处罚。
2. 导师和被指导者之间的相互匹配过程并不限制非正式指导关系的建立。比如，企业可以建立一个导师储备库，让需要指导的员工从一系列合格的导师中选择自己想要的导师。
3. 对导师的选择以他们过去从事员工开发工作的记录为依据，他们必须愿意成为一名导师，同时有证据表明他们能够积极地为被指导者提供指导，此外，还要具有良好的沟通能力和倾听技巧。
4. 导师和被指导者的匹配依据是导师的能力如何有助于被指导者的需求得到满足。
5. 导师指导计划的目的是显而易见的。指导关系的双方需要完成的项目以及活动是具体详细的。
6. 导师指导计划的时间期限是确定的。鼓励指导关系的双方在非正式工作时间内继续保持这种关系。
7. 明确规定导师和被指导者之间的最低接触水平。导师和被指导者需要确定他们何时见面、多长时间见一次面，以及如何在其他时间沟通等。
8. 鼓励被指导者去接触导师之外的其他人，一是讨论问题，二是分享各自的成功经验。
9. 对导师指导计划进行评价。与导师和被指导者进行面谈，以了解他们对该计划的不满。通过调查收集关于参加该计划的好处的更为详细的信息。
10. 让从事员工开发的人能够得到相应的回报，这是为了向管理者传递一种信号，即在指导员工和其他一些员工开发活动上花费时间和精力是值得的。

导师计划成功的关键是导师和被指导者能够实现很好的匹配，并且能够以面对面的形式或者是通过视频会议的形式进行交流。企业可以利用基于互联网网址的匹配系统来帮助导师和被指导者完成配对工作，同时还可以用软件跟踪导师和被指导者的工作，帮助他们制订开发计划，同时安排导师和被指导者会面的时间。[81] 这里的"通过科技开展竞争"专栏展示了很多公司是如何依靠算法，运用软件来对导师和学员进行更为有效的配对的。

➡ 通过科技开展竞争

公式能确保形成有效的导师指导关系吗？

有些公司正在使用软件来确保导师和学员之间实现有效的匹配。在通用汽车公司，这种软件会对由学员和导师分别完成的个人档案资料进行考察。导师需要回答自己的业务专长、在专业领域的经验年限以及他们觉得自己可以帮助学员开发哪些方面的技能。学员则需要回答自己想要开发哪些方面的技能以及他们希望自己的导师有多少年的专业经验。然后就可以根据一套算法来确定学员和导师双方个人资料之间的重叠度，最后软件会向学员推荐最多 10 位潜在导师的名单。在这份名单中会给出一个百分比，以表明学员和潜在导师之间的特征匹配度有多高。在开始建立导师指导关系之前，公司还鼓励导师和学员浏览公司职业发展网站上提供的各种可用指导资源。这些资源包括针对首次担任导师者提供的网络研讨会，以及如何从导师指导关系中获得最大收益的建议。

为了找到工作之外的导师，Bumble 约会应用程序的创建者创建了一个 Bumble Bizz 程序，使用户可以搜索想要找到的导师，并与其他专业人员建立起联系。用户可以创建包括他们的职业发展目标在内的专业档案，他们还可以选择填写自己的能力清单，提供数字简历以及自己所完成的一些工作的样本和数码照片等。当两个用户在彼此的个人资料上向右滑动时，他们就可以文本方式聊天。

与基于技术的导师和学员匹配的方法相反，贝宝公司（PayPal）的导师和学员是基于面对面的互动而不是软件进行匹配的。员工可以报名参加一个小组见面会，有 6 名员工与一位潜在的导师进行交流。在开过几次会之后，如果员工找到感觉了，可以表达成为某位导师的学员的意向。

讨论题

1. 根据表 8-9 中列出的那些成功的正式导师指导关系所具有的特征，基于软件的配对系统将会如何帮助提升导师指导关系的有效性？请具体解释。

2. 与以软件为基础的技术性配对方法相比，像在贝宝公司采用的那种面对面的导师和学员匹配过程有哪些方面的优势？

资料来源：Based on R. Feintzeig. "Employee Mentorship Gets a Reboot," *Wall Street Journal*, December 28, 2017, p. B6；B. Hassell, "Create Mentorships, Not Minions," *Chief Learning Officer*, May 2016, pp. 30-32；K. Gee, "New in Bumble's Dating App：Swipe Right for Business Contacts," November 8, 2017, from www.wsj.com；D. Kuczwara, "The Bumble Bizz App Can Help Businesses Network," from https://www. businessnewsdaily. com/10532-the-buzz-on-bumble-bizz. html. accessed January 3, 2019.

导师指导关系的好处　导师和被指导者都能够从导师指导关系的建立中受益。研究表明，导师能够给被指导者提供职业和心理上的支持。**职业支持**（career support）包括辅导、保护以及推动员工成长、为他们安排富有挑战性的工作任务、提供接触各种工作内容以及增长见识的机会等。**心理支持**（psychosocial support）则包括以一位朋友或者角色榜样的身份对被指导者提供积极的关心和认可，并且创造一种能够让被指导者说出心中焦虑与担心的氛围。对于被指导者来说，这种导师指导关系带来的另一个好处就是，他们可以因此获得更多的晋升机会、更高的薪资以及更大的组织影响力。[82]福特汽车的何塞·亚内斯（Jose Yanes）担任几位员工的导师。[83]他发现，担任导师的角色可以帮助自己提高沟通能力，并且使自己更加努力地去建立与他人之间的信任关系，而这有助于自己个人的发展。

导师指导关系的出现还为导师本人提供了一个开发人际交往能力的机会，同时他们也因此获得了一个强化自尊以及增加个人对组织的价值的机会。对从事诸如工程或医疗健康服务等技术领域工作的人来说，他们的指导对象有可能帮助他们获得本领域中与科技最新发展有关的一些重要知识（从而防止他们自己掌握的一些技术变得过时）。

反向指导（reverse mentoring）是指更为年轻的员工来指导比自己更为资深的员工的情况。联合健康集团（UnitedHealth Group）就将高层管理人员与千禧一代的高潜质领导者进行配对。[84]该公司希望这一计划能够帮助公司的高管人员以不同的方式来看待经营，并且帮助公司创建一个能够吸引、保留和激励千禧一代员工的工作场所。例如，一位高层领导者认为护理质量主要与患者的治疗效果相关。但是，在通过每个月与千禧一代的女性导师会面之后，他意识到，她这一代人还关心得到护理和客户服务的速度。通过参与这项计划，这位女员工也获得了接触高层领导者的机会。尽管她是一位年轻且经验不足的员工，但这种经历使她发现自己的有些想法对公司是很重要的并且能够使公司受益，从而增强了她的自信心。

来自不同组织的导师和被指导者也可以形成导师指导关系，这样就使小企业的所有者能够接触到那些经验丰富的导师。类似 Everwise 公司提供的网站可以方便人们寻找线上导师。例如，艾米·多布勒（Amy Dobler）想促进自己在 Jive 软件公司的职业生涯发展，因此她到网上与李维斯公司（Levi Strauss & Company）的人力资源副总裁埃德尔·凯维尔（Edel Keville）进行了配对。[85] 借助 Everwise 公司的服务，多布勒完成了一项对其个性、受教育情况、职业发展道路以及个人目标等进行考察的在线调查问卷。结果发现这两位女士在人力资源管理及其相关技术领域具有相似的个性和职业发展道路。在线配对结束之后，Everwise 公司的客户关系经理亲自为这两位女士进行了牵线。在几个月的时间里，通过从与凯维尔建立的导师指导关系中获得的建议、指导和支持，多布勒获得了向高层管理者展示自信、主持国际培训课程的机会，同时改善了自己的授权能力。

教练辅导

教练（coach）是指与一位员工一起工作，激励这位员工，帮助其开发技能并且提供强化和反馈的某位同事或者管理人员。一位教练可以扮演三种角色。[86] 首先，教练对员工进行一对一的辅导（例如，向员工提供反馈）。教练的第二种角色是帮助员工自己学习。这包括帮助员工找到能够协助他们解决所关心的那些问题的专家，告诉员工如何从他人那里获得反馈，等等。教练的第三种角色涉及为员工提供在没有教练帮助的情况下可能无法获得的那些资源，比如导师、培训课程或者工作体验的机会等。

让我们来看一看教练在普华永道和宝洁所发挥的作用。[87] 为了让新员工做好准备，普华永道除了对他们进行课堂培训，还会让训练有素的教练对他们进行一对一的辅导。员工会收到公司建议他们阅读的材料和需要做的各种练习，然后在与教练会面时进行练习并得到反馈。当他们完成这项计划之后，普华永道将通过"移动教练"程序为新员工提供在线支持，这个程序会给这些新员工发送一些提醒以及与开发相关的内容链接。对员工提供教练辅导是宝洁管理人员需要承担的职责的一部分。该公司已经对自己的管理人员提供了关于实施教练辅导的各种技能方面的培训，其中包括如何向员工提供积极反馈，如何使员工的职业发展目标与公司经营需要相匹配，等等。宝洁的目标是开发出能够反过来对其下属进行开发的管理人员，最终培育出一支富有创造思维且具有高敬业度的员工队伍。

研究表明，教练辅导能帮助管理者识别需要提高的领域并设定相应的目标。[88] 一般情况下，教练辅导关系产生效果至少需要 6 个月的时间，在此期间每周或每月都要进行一次会面。为了达到效果，一名教练通常要对被指导者进行评价，通过不断提出有挑战性的问题，促使被指导者深刻思考自己的目标和动机，帮助他们创建一份行动计划，并通过定期跟进，防止员工偏离正常轨道。而被指导者对教练辅导的成功所能做的则是坚持依照行动计划行事。[89]

8.5 员工开发中的特殊问题

8.5.1 熔化玻璃天花板

当今企业面临的一个重要开发问题是，如何使女性员工和少数族裔员工能够晋升到公司的高层管理职位上去，即如何熔化**玻璃天花板**（glass ceiling）。

在位于标准普尔 500 指数之列的大公司中，女性担任高管的比例仅有 1/4 多，而女性首席执行官的比例仅为 4.8%。[90] 有趣的是，女性首席运营官——这是被视为组织中第二重要的岗位——所占的比例确实在上升。正因为如此，很多观察人士感到很好奇的一件事情就是，接下来是否会有更多的女性开始担任首席执行官——或者，首席运营官这个岗位是否会被视为一个新的玻璃天花板。男性在职业生涯发展的早期阶段比女性会有更大的晋升比率，从事入门级工作的女性在同一种工作上比男性可能要多花上五年或更长的时间。

从领导力开发的角度来看，尽管很多公司知道女性更缺乏来自高层的助推者或导师的指导，更缺少经验，同时需要更好的工作和生活平衡，但不愿意采取与男性有所不同的方式对待女性。这种障碍可能是由于刻板印象或公司系统对女性或少数族裔的发展产生不利影响。[91] 玻璃天花板很可能是由于缺乏培训机会、适当的开发性工作体验以及开发关系（例如导师指导关系）。[92] 这里的"通过环境、社会和公司治理实践开展竞争"专栏描述了西门罗公司（West Monroe Partners）是如何通过支持培育一种具有包容性和多元化的文化来推动领导力开发，从而履行社会责任承诺的。

➡ 通过环境、社会和公司治理实践开展竞争

通过技能开发和包容性、多元化文化实现利益相关者价值最大化

西门罗公司在帮助员工开发能力的同时，还向利益相关者展示了自己承担的社会责任。这通过西门罗公司的 1＋1＋1 计划体现出来，该计划的内容是公司拿出一笔预算让员工贡献 1% 的工作时间去从事志愿者工作，有 1% 的员工免费为非营利组织工作，同时，公司将利润的 1% 用于慈善捐款。该公司建立了菲舍尔奖学金，用于每年安排几名员工到全球任何地方去进行为期 3~6 个月的志愿者工作。被选中参与该计划的员工可以去解决一些难题，也可以与公司中的同事开展合作。例如，一位在加纳教授计算机和技术的员工就与公司内部的一些专家合作，使得一些破旧的设备能够重新启动和运行，并且从能源和公用事业实践领域的咨询顾问那里获得了关于可持续能源方面的一些想法。另一位咨询顾问特里西娅·安克兰（Tricia Anklan）致力于改善尼加拉瓜农村地区的水质。她认为，该计划使她成为一位更加鼓舞人心的领导者，激励社区中的人们一起采取行动，因为很显然，她自己是无法独自解决问题的。员工还为美国的各种组织提供无偿工作，其中包括社区卫生健康服务组织、家具银行、受虐待聋哑女性保护组织和各种戏剧团体等。

西门罗公司向其利益相关者展示自己履行社会责任的另外一种方式是，公司认识到，为了培育和支持公司的下一代领导者，除了需要进行能力开发，还必须培育一种具有包容性和多元化的文化。该公司采取了若干措施来营造一种更具包容性和多元化的文化，为所有的员工提供成为领导者的机会，而无论他们背景如何。这些措施包括支持女性领导力网络（Women's Leadership Network）——这是一个通过教育、导师指导、协作和沟通帮助女性学习和获得成长的员工资源小组；鼓励大家就一些平时不方便讨论的话题进行定期对话（例如，男性和女性员工在工作之外建立网络关系会如何让人感到不舒服，而这会导致员工感觉到自己并没有获得公平的导师指导机会以及被排斥在外）。西门罗公司还鼓励其80多位董事承担起建立一支具有包容性的员工队伍的责任，即让每个人都起草一份行动清单，说明自己将会如何努力使周围的人都感到自己得到了包容。

讨论题

1. 仅仅提高女性员工的能力就足以融化玻璃天花板吗？请进一步给出解释。

2. 什么样的开发计划和导师指导关系更有利于支持员工通过参与志愿者活动去开发能力？

资料来源：Based on West Monroe Partners, "About Us," https://www. westmonroepartners. com, accessed January 3, 2019; K. Gurchiek, "Chief of Anything' Program Develops Skils, Workplace Community," *Society for Human Resource Management*, April 12, 2018, https://www. shrm. org; Andie Burjek, "Workforce 100: It Feels Like the First Time," *Workforce*, April 26, 2017, http://www. workforce. com; B. Paulen, "Important Steps to Achieving a Diverse Workforce" from https://www. seattlebusinessmag. com, accessed January 3, 2019; Inclusion & Diversity, from https://www. acceptthechallenge. com/Values-and-Rewards/Inclusion-and-Diversity, accessed January 3. 2019; "The 1＋1＋1 Program" from https://www. acceptthechallenge. com/Vaiues-and-Rewards/Doing-Good, accessed January 3, 2019.

例如，当玛丽·巴拉（Mary Barra）成为全球汽车制造商通用汽车的第一位女性首席执行官时，她创造了历史。[93]在担任首席执行官之前，巴拉从事的是产品开发工作，这种运营性的工作对于公司取得成功是至关重要的。但55％的女性所从事的都是职能性工作，比如律师、财务或人力资源等职能的负责人，而这可能使她们无法走上能够成为首席执行官的那条职业发展道路。女性和少数族裔往往因缺乏进入"老男孩网络"的机会而难以找到导师；经理倾向于与其他具有类似地位的经理互动，而不是与直属员工互动；对女性和少数族裔的能力、动力和工作偏好持有刻板印象的管理人员也会故意排斥他们。[94]

研究发现，在获得涉及过渡或创造变革的工作经历方面没有性别差异。[95]然而，男性经理人接受的高责任水平任务（高风险，管理业务多元化，应对外部压力）以及对其贡献表示的赞赏，要明显多于具有类似能力和管理水平的女性经理人。此外，与男性经理人相比，女性经理人由于缺乏个人支持（一种工作需求被认为是一种障碍并与有害压力有关）而面临更大的挑战，并且对其贡献缺乏赞赏。

为了追求多元化和包容性，很多组织都在让管理人员思考自己在建设一个让女性员工和男性员工都能做出贡献的工作场所方面能发挥何种作用。[96]例如，女性员工如果能在职业发展方面得到来自同事和高层管理人员的鼓励，则有助于女性晋升到更高的管理层级上去。负责进行开发性工作任务安排的管理人员应当考虑到性别偏见或刻板印象是否会影响自己分配给女性或男性员工去从事的那些工作任务类型。此外，管理人员还需要确定哪些本来是有好意的行为实际上却给团队和导师指导关系带来尴尬的困境。为了更充分地发挥女性的才能，有些管理人员正在采取一些策略，例如制定规则防止会议被打断，有意识地采取一些做法来确保会议室中的每个人都有发言和想法被倾听的机会。当然，这种管理实践不仅仅有利于让女性讲出自己的想法——尽管女性确实通常比男性更容易被人打断，还有利于从任何比其他人都更为安静的那些员工那里收集意见。

许多公司正在努力熔化玻璃天花板。[97]通用电气强调要让女性在公司中承担更为重要的职位，并且让她们参加领导会议。例如，通用电气的中国医疗保健和交通业务负责人就是女性，并且是公司最高管理委员会的成员。女性约占通用电气高管的 25%，自 2001 年以来增加了 16%。SAP SE 软件公司设定了一个目标，即到 2017 年年底之前，女性在所有管理职位的任职者中要占到 25%。在 SAP 公司的卓越领导力提升计划（LEAP）中包括一些高绩效的女性，她们的上级管理人员已经确认她们都做好了接受晋升的准备。在该计划开设的虚拟课程中，她们每个月都会听取嘉宾的演讲，完成相应的行动任务，公司期待她们在课程结束时能够增强自己的个人网络。到目前为止，该计划的第一批毕业生已成为一线经理人员。在现在的经理人员中，有 11% 的人已经被提拔到总监的位置上。Adobe 公司、美国运通公司（American Express）、思科公司以及美国电力公司（American Electric Power）都采用高层管理人员跟班计划以及教练辅导计划来帮助女性提高曝光度，同时增加她们与高层商业领袖接触的机会。

表 8-10 给出了熔化玻璃天花板以及帮助有才能的女性的一些建议。

表 8-10 关于熔化玻璃天花板的一些建议

- 确保高层管理人员支持和参与该计划。
- 表明变革是公司经营的需要。
- 使变革公开化。
- 采用工作任务小组、焦点小组以及发放调查问卷等方法收集信息，了解导致玻璃天花板问题的原因。
- 提醒员工注意对待性别的态度会怎样对工作环境产生影响。
- 通过审查公司的晋升比率以及工作任务分配决策来强化责任落实。
- 促进对所有员工的开发。

资料来源：Based on R. Gunther McGrath, "Eight Simple Ways to Keep More Women in the Executive Pipeline," *Wall Street Journal*, February 22, 2018, https://blogs. wsj. com; B. Groysberg and K. Connolly, "Great Leaders Who Make the Mix Work," *Harvard Business Review*, September 2013, pp. 68 - 76; D. McCracken, "Winning the Talent War for Women," *Harvard Business Review*, November/December 2000, pp. 159 - 67.

8.5.2 继任计划

继任计划（succession planning）是一个确认并跟踪高潜质员工的过程。这些员工去填补由于人员流动、晋升或业务增长而产生的计划内或计划外的职位空缺。继任计划通常在考虑公司总经理或高层领导者时被讨论，同时也是任何职位的重要考虑因素。继任计划在很多方面会对组织有所帮助。[98]它要求企业的高层管理人员系统地观察公司中具有领导才干的人。同时，它假定在组织中确实有人具有成为高层管理人员的潜质。它为候选人提供了管理人员在晋升到高层管理岗位之前必须完成的一系列开发事项。这就避免了过早将还没有做好相应准备的人晋升到高层管理职位上去的不恰当的做法。此外，继任计划系还有助于企业吸引和留住一些管理类员工，这是因为，如果他们的职业目标是成为高层管理者的话，这个计划可以为他们提供这样的开发机会。**高潜质员工**（high-potential employees）是指那些被公司认为具有一定的潜力，因而能够胜任高层管理职位的人，这里的所谓高层管理职位包括某个战略业务部门的总经理、某一职能领域的总监（比如营销总监）或者是首席执行官，等等。[99]针对高潜质员工的典型开发计划包括正规教育、高层管理人员导师指导和教练辅导以及通过工作安排实现的工作轮换等。这些高潜质员工承担的工作任务主要是根据他们准备替代的那些高层管理者走过的职业通道安排的。高潜质员工还有可能接受一些特别的任务，比如公开演讲以及在一些委员会和特别工作小组中任职，等等。

尽管继任计划很重要，但许多公司做得并不好。一项针对公司董事所做的调查显示，只有不到一半的人认为自己在继任计划方面投入了足够多的时间，18％的人认为自己公司在人才成长通道中储备的后备力量是充足的。[100]**后备力量**（bench strength）是指大量已经做好充分准备的人才。很多公司还发现很难按照继任计划的流程去操作。[101]它们面临的一个很大的挑战是，当今的经营环境变化太快，以至于继任计划已经变得过时。假设一位候选人在出现高管职位空缺几年之前就已经被选定。但到了那个时候，这项工作需要满足的最重要的要求可能已经发生了改变。百事等很多公司已经通过在一个较短的时间范围内实施继任计划来解决这方面的问题。另一个问题涉及被选中的候选人被标记为高潜质者的问题。人们对于什么是"高潜质"的人有时会产生一些无意识的想法，而这些想法往往跟特定的年龄、性别、种族或外表有关。或者，一位管理人员可能会因为一位员工的某种与潜质无关的特征而选中或拒绝此人。比如说，为了避免伤害一位员工的感情或者是想要把一位有价值的员工留在团队中，而并非因为他在开发性任务中的表现。

表8-11向我们展示了制订一份继任计划需要经历的过程。[102]第一步是明确有哪些职位包括在继任计划中。例如，是所有管理职位都包括在其中，还是只有某个特定管理层次上的管理职位才能进入该计划。第二步是明确哪些员工成为继任计划的一部分。例如，在有些公司，只有那些高潜质的员工才能被纳入继任计划。第三步是公司必须明确如何对职位进行评价。例如，强调的重点是每一种职位的胜任素质，还是一位员工在进入当前职位之前具有的个人经验？第四步是确定如何对员工的潜质进行衡量。也就是说，是使用员工在当前职位上取得的工作绩效，还是使用对员工的潜质所做评价的结果？应当考虑员工个人的职位兴趣和职业发展目标吗？第五步是设计一个对继任计划进行审查的程序。一般来讲，参与继任计划审查的首先是员工的上级管理者和人力资源管理人员。此外，在人才盘点过程中也可以包括对公司的领导人才进行一次整体评价，基于其表现和潜质识别出高潜质的员工，以及就如何留住公司核心管理人才制订一份计划所做的讨论。

表8-11　一份继任计划的编制过程

1. 明确哪些岗位包含在该计划中。
2. 明确哪些员工包含在该计划中。
3. 制定对岗位进行评价的标准（比如胜任素质、要求的工作经验、要求的知识背景以及开发价值）。
4. 确定如何衡量员工的潜质（例如当前绩效以及潜在绩效）。
5. 制定继任计划审查程序。

6. 将继任计划系统与其他人力资源管理系统联系起来，其中包括培训与开发系统、薪酬系统以及人员配置系统。

7. 确定对员工提供哪些方面的反馈。

8. 对继任计划进行评价。

资料来源：Based on A. Cremo and T. Bux, "Creating a Vibrant Organizational Leadership Pipeline," *TD*, July 2016, pp. 76 - 77; W. Rothwell, "The Future of Succession Planning," *T + D*, September 2010, pp. 51 - 54; B. Dowell, "Succession Planning," in *Implementing Organizational Interventions*, ed. J. Hedge and E. Pulaskos (San Francisco: Jossey-Bass, 2002), pp. 78 - 109; R. Barnett and S. Davis, "Creating Greater Success in Succession Planning," *Advances in Developing Human Resources* 10 (2008), pp. 721 - 39.

许多企业运用九宫格对继任计划进行审查。**九宫格**（9-box grid）是一个 3×3 的矩阵，许多管理人员和行政人员运用该矩阵，在一个部门、职能层、事业部甚至整个企业范围内对员工进行比较。[103] 九宫格还是开展人才分析和讨论的重要工具，它有助于规划有效的开发计划和活动，有助于发现有才能的员工，这些员工经过开发后有能力胜任企业的高层管理岗位。如图 8 - 5 所示，矩阵的纵轴表示评估得到的绩效水平，横轴表示通常意义上的"潜力"或"可晋升性"。一般来讲，管理人员（基于企业的绩效管理系统）对员工的绩效和潜力所做的评估会对员工的开发计划产生影响。举个例子，在图 8 - 5 中，相对于矩阵中其他区域的员工而言，"明星"员工的开发计划应该使其胜任公司领导岗位。

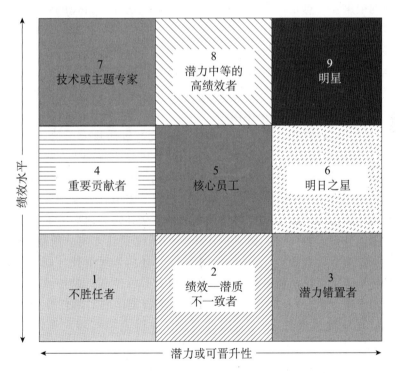

图 8 - 5　九宫格示例

例如，CHG 健康服务公司的目标是将公司领导者的人数增加 15%，同时降低他们的离职率。[104] CHG 公司使用九宫格来识别潜在的领导者，从而开发领导者的后备力量。公司对员工的绩效和潜力进行评估。那些被认为具有高潜质的高绩效员工将会接受对他们的能力所做的 360°评价。这种评价的结果将会被用于设计专门对他们的潜质和能力进行开发的领导力开发计划，以确保他们做好接受晋升的准备。公司这样做的结果是积极的。领导者的离职率下降了 1/3，领导者的内部晋升比率提高了接近 50%，领导者与员工之间的比率提高了 24%。

与针对九宫格中的"明星"员工制订的开发计划不同，针对"不胜任者"的开发计划主要强调提高他们在当前岗位上的工作绩效，而不是为他们提供新的工作挑战。如果他们无法提高当前的绩效，就应该考虑将其解雇。"技术或主题专家"获得了卓越的绩效，但是缺乏胜任领导岗位的潜力，针对他们的开发计划很可能强调保持他们当前的知识、技能以及胜任素质，同时积累经验，为他们进行创新和发挥创造力提供便利。那些"潜力错置者"也许是因为刚接触一个新的职位，还没有时间适应并展现高绩效，或者是这些员工的知识、技能或胜任素质与他们的职位要求不匹配。他们的开发计划应强调将他们调到与他们的技能组合最匹配的职位上去，如果他们刚调任一个新的职位，则应确保他们得到培训和开发的机会，获得有助于他们达到高绩效水平的必要资源。"核心员工"十分可靠，但并没有达成卓越的绩效，潜力也比较有限。针对这些员工的开发计划应包括一系列培训与开发设计的组合，以确保他们继续保持稳定的绩效。同时，针对他们的开发计划很可能还包括一些工作体验方面的设计，以帮助他们开发新的能力，并判断他们的兴趣和能力是否适合其他要求不同的技能或需要承担更多责任的职位。

需要记住的很重要一点是，由于任务、工作安排以及经营目标的变化，一个人的绩效往往会随着时间的推移而发生变化。[105]这就意味着，在管理员工的绩效时应当考虑图 8-5 中所示的那些类别，但是也要给员工提供改变的机会。一种方法是与员工进行频繁的绩效对话，帮助他们认识到自己需要有所改变或者是需要保持住绩效。通过设定期望来积极地管理员工，根据员工的能力和兴趣来安排工作，让员工对自己的绩效负责等做法都会起到很好的作用。

第六步，继任计划有赖于其他人力资源管理系统，包括薪酬系统、培训与开发系统、人员配置系统等。各种奖励和年终奖可以与利用开发机会结合起来，像培训课程、工作体验、导师指导计划以及 360°反馈等活动也可以用来满足开发需要。很多公司还需要做出其他一些决策，例如，是让一位经验不太丰富的内部员工去填补管理类职位空缺，然后让其在上岗之后逐渐加以改进，还是从公司外部雇用一位来到公司之后就能很快带来业绩的管理者呢？第七步，公司需要向员工提供关于未来的职位变动方向、预期的职业发展通道、开发目标以及工作体验等方面的反馈信息。第八步，还应当对继任计划的整个实施过程进行评价，其中包括确定以及衡量各种恰当的结果性成果（例如，缩短填补管理类职位空缺的时间、增加内部晋升机会），从管理者和员工那里收集他们对继任计划实施过程的满意度的衡量指标（反应性成果）。此外，还需要确认、讨论和实施对继任计划实施过程的修订。

在胜牌机油公司（Valvoline Instant Oil Change）所处的行业中，员工离职是一种普遍的现象。[106]这意味着针对所有的员工制订继任计划和开发后备力量都是至关重要的。该公司的管理人员每个月都会对所有员工在多大程度上可以晋升到上一个级别打分，并且对员工在何时可以做好晋升的准备进行全面评估，例如"今天"或"在六个月内"。管理人员与员工一起设计开发计划，以便使他们现在就能做好准备。这些开发计划和评估结果会被录入一个在线系统之中，更高层级的管理人员就可以通过这个系统确定在哪些商店和区域中还缺人才，进而完善继任计划。管理人员会识别出哪些人属于"阻碍者"——这些人不愿意或没能力被继续晋升到更高级别的岗位上去，但他们所在的位置本身可以被视为其他员工的晋升机会。继任计划引发了整个职业发展通道的培训需求，因为要对经理助理进行开发，然后让高级技师来接替他们的位置，同时让新的技师做好承担更多职责的准备。公司的高层管理人员也使用这个在线系统来确定公司是否有人才可以到某个地理区域去开设新店。此外，公司还把可晋升的管理人员数量纳入用来衡量公司绩效的平衡计分卡之中。

位于美国密歇根州的蓝十字蓝盾公司（Blue Cross Blue Shield of Michigan，BCBSM）也在识别和开发公司的下一代领导人和有才华的员工。[107]公司高管团队有正式的继任计划。在高管层面，对潜在继任者的评估内容包括他们是否做好了担任新职位的准备，例如，是今天就已经做好了准备，还是在三到五年内准备就绪。这使该公司开发出了大量可以继任高管岗位的后备力量。公司对所有的高管岗位都会至少确定一位继任者，并且75%的继任者经过评估都已经被认定为马上可以接任。蓝十字蓝盾公司还支持对组织各个级别上的继任计划和人才进行审查。通过进行全公司范围内的人才审查，该公司力图识别公司在当前和未来所具有的能力优势和劣势。公司使用九宫格来对员工的绩效和潜力进行评价。管理团队会以个人或小组的形式来开会讨论他们的下属员工在九宫格中得到的评估结果。这种会议有助于确保管理人员使用类似的标准来对员工的绩效和未来晋升可能性进行评估。在人才审核完成之后，公司还会举行人才峰会，以确保公司各个事业部的管理人员都了解公司的人才及其开发需要，并且了解跨部门的职位空缺以及人才的优缺点。为了对这一过程提供支持，该公司还会进行年度的人才盘点。公司要求员工明确自己的职业发展兴趣和能力所在。这些信息会被用于管理人员和员工之间就公司的人才需求，以及员工个人的开发计划、职业发展目标和开发活动等所展开的讨论。

ITU吸收技术公司（ITU AbsorbTech）是一家提供印刷和制造过程中使用的吸收剂的公司，由于公司的员工队伍老化，因此，继任计划已经成为公司的当务之急。[108]该公司的继任计划包括通过衡量员工在两年内的绩效和潜力来发现高绩效者。员工需要完成一项职业开发计划，以帮助他们确定自己在短期和长期中可能担任的潜在岗位。此外，公司还确定了哪些开发活动（诸如导师指导）可以帮助员工为承担这些岗位做好准备。公司会对每个职位进行审查，以确定这个岗位是否可能因为之前的员工准备退休或被调整到新岗位而出现潜在职位空缺。

继任计划存在的一个重要问题就是，到底该不该告知员工他们是否在高层管理岗位的潜在继任者名单上。[109]公司需要考虑这一举措的好处和坏处。公布继任计划的名单并告知位于名单上的员工的好处之一就是，这些员工会留在公司，因为他们知道自己很可能有新的职位机会。另一个好处就是，对其他岗位不感兴趣的高潜质员工可以尽早表达他们的意图，避免公司在他们身上投入宝贵的开发资源，并且使公司对其高潜质管理人才形成更准确的观念。这一举措的坏处是，那些不在名单上的员工很可能会变得沮丧并且离开公司，或者经营战略或员工绩效的改变使他们不能进入这份名单。此外，在员工知道一份潜在继任者的名单已经形成的情况下，他们有可能认为自己在竞争领导岗位时没有获得公平的机会。避免产生这一问题的方法之一就是告知员工他们位于名单之列，但不告诉他们将要得到什么样的具体职位。另一个方法就是经常复审继任者名单，并清晰地传达继任计划和预期。Midmark 是一家位于俄亥俄州的医疗设备制造商，该公司的管理人员每隔六个月就会寻找自己的继任者，以此作为公司绩效管理流程的一部分，并创建一份潜在的继任者名单。一些员工被标注为高潜质员工，还有一些则被确认为拥有继任领导职位潜力的员工。公司会考虑为拥有继任领导职位潜力的员工提供具有挑战性的开发任务，包括海外派遣。通过面谈的方式，公司可以确认继任者名单上的员工是否对领导职位感兴趣并且拥有这方面的资格。

小　结

本章着重指出了许多公司正在使用的各种开发方法：正规教育、评价、工作体验以及开发性人际关系等。大多数公司都运用其中的一种或者多种方法来对员工进行开发。正规教育包括让员工参加由公司或教育机构提供的各种课程或研讨会。评价包括对员工的绩效、行为、技能以及人格特征等进行评价。工作体验包括工作扩大化、工作轮换、晋升或者调动。可以利用一位经验更丰富的资深员工（导师）来帮助员工更好地理解公司，并且让他们得到更多的与公司的关键人物进行接触的机会。在管理者的工作职责中包括对员工进行指导。无论采用何种开发方法，员工都必须制订一份个人开发计划来确定以下内容：(1) 需要的开发类型；(2) 开发目标；(3) 开发的最佳方法；(4) 开发目标是否达成。为了保证开发计划的有效性，员工和公司都需要承担起自己应负的责任。

讨论题

1. 如何运用评价法来创建一支高生产率的工作团队？

2. 列举并解释有效的 360°反馈系统应当具有的特征。

3. 企业为什么要制订正式的导师指导计划？这种计划对于导师有哪些潜在的好处？对于被指导者呢？

4. 假如你的老板想请一位咨询顾问帮助她从快餐店现有的员工中选拔出潜在的管理者。这位管理者的工作职责包括：在工作繁忙时帮忙招待顾客和准备食物；监控快餐店经营的各个方面（包括工作时间、设施维护、在职培训以及食物采购等）；帮助老板激励员工提供高质量的服务。这位管理者还有可能要负责解决员工之间发生的争执。这一职位需要在一定的压力下工作，并在同一时间协调几种不同的工作活动。假如你的老板要求你列出一些评价项目的类型，通过这些评价最有效地判断出谁能够成为卓越的管理者，你会怎样跟她讲？

5. 许多员工不愿意调动到其他地点去工作，因为他们喜欢目前的社区环境，而且配偶和孩子都不愿意离开当前的居住地。但为了晋升到管理类职位，员工又需要开发新的技能，弥补技能方面的缺陷，同时了解公司经营中出现的新问题。在这种情况下，企业如何改变员工当前的职位才能实现对其管理技能的开发？

6. 管理人员在公司外部的体验对于他们的开发有意义吗？请指出这些体验包括哪些类型，并解释为什么它们是有意义的。

7. 举几个关于个人发展假的例子，并谈谈这种假期为何对员工开发有益处。

8. 什么是教练辅导？是否只有一种类型的教练辅导？请解释你的答案。

9. 为什么许多管理者不愿意对员工提供教练辅导？

10. 为什么企业应当帮助员工对职业进行规划？企业可以从中获得什么样的收益？同时又存在何种风险？

11. 管理者在职业管理系统中扮演的角色是什么？对一位典型的管理者来说，你认为哪一种角色最难扮演？哪一种角色最为简单？请说明管理者拒绝参与职业管理的理由。

12. 画一张人才盘点的九宫格图，并说明它对继任计划有什么帮助。

13. 美国全国保险公司（Nationwide Financial）是一家总部位于俄亥俄州哥伦布市的寿险公司，其员工多达 5 000 人。该公司的管理开发计划中包括四类管理人员。其中一种是未知的领导者，这类人有适当的能力但公司的高管人员对他们的才能并不了解。还有一种则是傲慢的领导者，他们认为自己具有组织需要的各种能力。针对上述两种不同类型的领导者，你会建议他们采用哪些类型的开发计划？

开篇案例分析

Vi 公司的员工开发计划

本章开篇案例中描述了 Vi 公司是如何运用领导力开发计划、学费报销、导师指导以及职业发展通道等来增强员工的能力和职业发展，从而吸引和留住有才能的员工的。

问题

1. Vi 公司还可以考虑哪些其他开发活动来开发其领导者？请说出这样的一种活动并解释为什么 Vi 公司应该考虑采用。

2. Vi 公司的学习和开发团队应收集哪些数据或结果来监控其领导力开发计划的有效性？请从经营的角度说明你选择这些数据的原因。

注　释

第 **9** 章
员工离职与留任

学习目标

在阅读完本章后，你应当能够：

1. 区分自愿流动与非自愿流动，并讨论这两种流动形式会对企业的竞争优势产生何种影响。

2. 列举会让人产生公平感的主要因素，并说明在组织中遇到惩戒以及解雇等情况时应当如何应用这些因素。

3. 阐述工作满意度与各种工作退出之间的关系，并说明在工作环境中存在的各种工作满意度来源。

4. 设计并利用一个调查反馈方案来促进组织中关键人员的保留。

◥ 进入企业世界

谷歌员工抗议"绕过垃圾"的性骚扰行为处理方式

一位行业分析师指出，从商业模式的角度来看，谷歌是一家"完全建立在人力资本而非其他任何东西之上"的公司。该公司的座右铭是"不作恶"，它还通过推销自己的文化努力把自己打造成一个能够吸引人才和留住最优秀人才的最佳工作场所——其中的大多数人才都很容易在其他雇主那里找到工作。正因为如此，当分布在全球各地的 2 万名谷歌员工以罢工的方式抗议该公司不当应对性骚扰不端行为指控时，自然就引起了公司高层领导者的注意。

引发这次抗议的具体原因是有消息称，谷歌向一位似乎已承认犯有性骚扰罪的高管支付了一大笔费用息事宁人。其中一位名为安迪·鲁宾（Andy Rubin）的高管拿到了 9 000 万美元的离职金，此外，公司还为其举行了一个庆祝会，把他当成英雄一样欢送。当时的首席执行官拉里·佩奇（Larry Page）称鲁宾为"安卓之父"，创造了"几十亿快乐的用户"，并且祝福他"接下来的一切都顺利"。

许多参加抗议的员工都认为，接下来鲁宾将要面对的应当是刑事指控，而不是极其丰厚的买断交易。此外，这件事情还不应当被视为一个单独的事件，支撑许多员工参加这次抗议的基本信念还在于，谷歌宽容一种在总体上对女性不利的亚文化，这不仅仅是指公司宽容针对女性的敌对环境，而且表现在薪酬福利以及晋升机会等方面。实际上，就在谷歌用金钱来掩盖涉嫌性骚扰者的同时，美国劳工部正在对谷歌进行调查，该公司被指控涉嫌对女性员工实施系统性的薪酬歧视。

但是，谷歌采取的这种"绕过垃圾"的做法也并非独一无二。自 MeToo 运动发起以来，向美国公平就业机会委员会提出的涉及性骚扰的指控数量增加了一倍以上，考虑到大多数此类事件并未报告到公平就业机会委员会这个层面，因此这些数字只不过是冰山一角。很多人不是到联邦政府的相关机构提出指控，大多数指控仅仅是提交给了人力资源部门，而这些公司的人力资源部门往往就像谷歌一样，通过与涉嫌侵犯者私下商量如何让他们自愿离开公司来悄悄地应对这些指控。这种做法的目的是避免让公司陷入成本高昂的诉讼以及遭受声誉损失，但它不能满足受害者对于正义的需要，同时也把这些侵害者所构成的威胁转移到其他一些不幸的雇主那里去。

还是先回到谷歌的事情来，公司的高层领导者对于员工的罢工迅速做出了反应。现任首席执行官桑达尔·皮查伊（Sundar Pichai）和人员运营副总裁艾琳·诺顿（Eileen Naughton）会见了员工，并进行了公开道歉。他们还指出，在最近两年中，一共有 48 位高管（其中有 13 位处于最高层）因受到可信的性骚扰指控而被解雇，并且没有得到任何补偿。但对于员工来说，这种说法似乎是一种令人感到奇怪的自夸，他们中的许多人都想知道，为什么在公司中会有这么多高级别管理人员有性骚扰行为。公司还宣布，将会在雇用条件中取消对性骚扰指控去做"强制仲裁"的做法。在迫切需要透明度的情况下，强制仲裁的做法往往会掩盖问题。实际上，为了提高透明度，公司为基层员工建立了一个名为"Yes, at Google"的匿名电子邮件列表，任何员工都可以在这里发布有关公司各种不当行为的投诉。尽管这不是由公司的人力资源专业人员发起的一个程序，但人力资源专业人员现在也在密切监控这个网页。显然，这是一种"在背后玩"的人力资源策略，因为员工刚开始遇到这种事情时并不会觉得可以直接找人力资源部门。

资料来源：D. Wakabayashi and K. Benner, "Google Workers Fume Over Executives' Payout After Sexual Harassment Claims," *The New York Times Online*, October 26, 2018; D. Wakabayashi and K. Benner, "How Google Protected Andy Rubin, the 'Father of Android,'" *The New York Times Online*, October 25, 2018; K. Conger and D. Wakabayashi, "Google Overhauls Sexual Misconduct Policy After Employee Walkout," *The New York Times Online*, November 8, 2018, E. Huet and M. Bergen, "A Spotlight on Harassment at Google," *Bloomberg Businessweek*, June 2, 2017.

9.1　本章介绍

每一位企业高层管理人员都清楚地意识到，企业需要一批对自己感到满意而且忠诚的客户。如果是一家上市公司，我们还可以比较确定地假设：每一位企业高层管理人员都非常愿意看到对自己感到满意和忠诚的投资者。这是因为，客户和投资者为公司提供了其赖以生存的资金来源。然而，对于企业需要一支对自己感到满意且忠诚的员工队伍这一事实，并非所有的企业高管都能意识到。但是，正如我们在开篇中提到的那样，员工自愿流动对整体经济的发展是有好处的，但对一些公司来说代价比较高。[1]因为员工保留率与客户保留率存在密切的关系，所以在竞争性市场中决定谁输谁赢的时候，员工保留率甚至会成为一个决定性的因素。事实上，已经有研究表明，员工保留率和销售额增长之间确实是直接相关的，那些在"百家最佳雇主"评选中上榜的公司在很多财务指标方面往往比竞争对手更胜一筹。[2]在服务业中这种情况更加明显，因为服务业中员工和客户之间的直接联系会增强员工满意度和客户满意度的关系。

除了留住核心员工，成功企业的另一个特征是，如果员工的个人行为对企业的生产率产生了不利影响，那么企业不仅有能力而且愿意解雇这些人。有人可能会争辩说，组织的人力资源部门应该站在支持员工这一方的最前沿，但是正如章首谈到的谷歌的案例所表明的那样，情况并非总是如此。MeToo运动清楚地表明，许多公司都未能保护那些受到上级或同事侵害的较低层级的员工，人力资源部门并未惩罚施害者，反而会帮助他们掩盖罪行。[3]在帮助这些施害者掩盖罪行的过程中，许多公司（例如谷歌）都会向施害者提供丰厚的离职大礼包。例如，哥伦比亚广播公司（CBS）向前任首席执行官莱斯·穆恩维斯（Les Moonves）提供了1.2亿美元的遣散费，尽管此人被发现是许多可信的性骚扰指控的实施者。[4]

为了引起人力资源部门的关注，正如我们在"Yes，at Google"行动中看到的那样，受害者常常不得不绕过人力资源部门。例如，在耐克，有数十起有关性别偏见和性骚扰的指控在人力资源部门做了登记，但人力资源部门很显然是让这些指控被消灭的地方。由于按照公司的指挥链条反映情况的效果太令人感到沮丧，耐克的大量女性员工聚在一起，将她们整理出来的大量指控（全部有非常详细的书面文件）直接发给了公司的首席执行官马克·帕克（Mark Parker）。如此大量的指控最终导致2018年耐克一共有12名高层管理人员被解雇。[5]事实上，比忽略这些指控以及根本不保护员工更为糟糕的是，有几家科技公司的人力资源部门员工甚至涉嫌对提出性骚扰和性别歧视指控的员工实施报复。[6]这使得人力资源部门成为施害者的同谋，他们本身就应当受到惩罚。

正如我们在本章开篇案例中看到的那样，谷歌因不愿解雇许多存在性骚扰行为的管理人员最终引起员工的大规模反抗。如果那一天参与集体行动的2万名谷歌员工永远离开公司，那很可能就是谷歌关门的开始。这些都是有才华的员工，这些员工在哪里都会有选择的机会。

因此，为了有效地进行竞争，企业必须采取措施确保高绩效员工有留在组织中的动力，同时还应当允许、鼓励甚至（在必要的情况下）迫使那些低绩效的员工离开企业。也许是在MeToo运动的推动下，很多公司的人力资源部门开始注重保护和支持在组织各个级别上的员工，即使这包括需要保护员工免受来自更高地位的其他员工的侵害。

本章的目的在于分析员工的离职与留任问题。在前面两章（"绩效管理"以及"员工开发"）中提供的一些材料，有助于我们确定谁是绩效最优秀且最具未来开发潜力的人。本章将讨论以下内容：通过哪些方面的努力有助于留住那些确实有开发潜力的高绩效员工，同时需要怎样做才能很好地管理分流那些不具有未来开发潜力的低绩效员工。

由于为了留住员工需要采取的许多措施都涉及薪酬和福利方面的问题，因此，本章也可作为连接后续内容的桥梁，在下面几章中，我们将会更详细地讨论这些方面的问题。本章可以分为两个部分：第一部分考察**非自愿流动**（involuntary turnover）问题，即由组织提出的流动（经常发生在那些愿意留在公司里的员工身上）。第二部分讨论**自愿流动**（voluntary turnover）问题，也就是说，流动是由员工（这些员工常常是组织愿意留住的那些人）提出的。虽然这两种类型的流动都表现为员工离开组织，但它们很显然是两类完全不同的现象，因而需要分别加以考察。

■ 9.2 非自愿流动管理

尽管一家公司在人事甄选、培训和薪酬体系设计方面付出了最大的努力，但偶尔还是会有一些员工无法达到公司要求的绩效水平，或者是在工作时违反了公司的政策规定。例如，2012 年，在美国总统即将访问哥伦比亚时，负责保密工作的一些美国特勤局工作人员因在酒店召妓被抓。特勤局的工作要求规定，在总统访问之前，禁止带任何外国人进入安全区域，因此这些员工被解雇了。[7]但是，这家联邦政府机构的问题仍然存在，2015 年时，问题上升到了该机构中的更高级别，有 4 名特勤局高级官员由于工作原因被解雇。当时，一名男子持刀跳进白宫的篱笆，并且一路闯入白宫大厅才被抓住。新任特勤局高级官员指出："必须进行变革才能让我们对自己的工作方式有新的认识"，而这就是大多数解雇事件背后的原因。[8]

2018 年，亚马逊的几名员工被发现收受贿赂后将公司的一些卖家和客户数据泄露给信誉不佳的商人和骗子。贿赂他们的公司使用这些信息来销售假冒产品、侵犯商标、破坏其他卖家的业务并且使用客户数据来下假单。这些做法是对亚马逊的经营模式具有生存威胁性质的，因此必须迅速果断地采取行动。亚马逊的人力资源负责人强调指出："如果有坏人滥用我们的系统，我们就必须迅速采取行动，其中包括解雇员工、终止卖方账户、删除评论、扣留资金、采取法律行动并与执法部门开展合作。"[9]

尽管需要采取果断行动，但解雇员工是一项有难度的任务，需要格外小心和关注细节。员工起诉雇主的意愿在增强，再加上工作场所中的暴力行为达到前所未有的程度，这些都使得解雇员工不仅有更多的人身危险并且在法律上也变得很复杂。

从危险的角度来说，最近的一些数据表明，每年都会有 2.5 万多例职业袭击性伤害的案例发生，而做出这种伤害性攻击的员工往往声称自己所承受的压力将他们推向了崩溃的边缘。[10]例如，2019 年，一名曾经在位于伊利诺伊州奥罗拉市的一家工厂工作多年的员工，在被解雇 15 年之后回到工厂开枪打死了 5 名同事，还打伤了 5 名警察，以报复他认为自己当年得到的不公平待遇。警察局长克里斯汀·齐曼（Kristen Ziman）指出："我讨厌使用'典型工作场所射击'这样一个词，这让我感到很痛苦，但事实就是如此。"[11]将"典型"一词附加到一种谋杀类型上去是很可悲的，但这确实揭示了这种问题发生的普遍程度。[12]

首先，解雇员工涉及对公司产生重大影响的一些法律方面的问题。从历史上看，在没有订立明确的书面合同的情况下，企业和员工双方有可能随时终止雇佣关系。而终止雇佣关系可以是"理由正当的"，也可以是"没有任何理由的"，还有可能"没有什么好理由"。长期以来，这种政策称为**自由雇佣主义**（employment-at-will doctrine）。然而，随着时光流逝，这种自由雇佣主义已经受到严重侵蚀。现在，一些被解雇的员工有时会起诉雇用他们的企业，说企业对他们实施了非法解雇。

典型的非法解雇起诉案件通常要证明存在以下两种情况之一：一是企业解雇员工的行

为违反了他们之间的某种隐性契约（也就是说，企业的行为是不公平的）；二是企业的解雇行为违反了公共政策的规定（也就是说，员工是因为拒绝做违法的、不道德的或不安全的事情才遭到解雇的）。例如，2014 年 7 月，美国联合航空公司从旧金山飞往香港的航班几乎就要起飞了，机组人员发现在飞机上出现了威胁性的涂鸦。机组人员拒绝让飞机起飞，除非是再对飞机进行一次新的全面的安全检查，然而，不想延误飞行时间的公司当局拒绝机组的要求，表示飞机已经被检查过一次了，他们不会再去做第二次检查。机组成员坚持自己的立场，最终航班被取消了，但随后全体机组人员因不服从公司要求而遭到解雇。公司的这种做法显然会被认定为非法解雇，因为机组人员显然是在拒绝做一件存在安全隐患的事情。[13]

在另一个广为人知的案例中，为莱博智软件公司（Lionbridge Software）——微软的一家分包商——工作的大量合同制员工提起了非法解雇诉讼，因为当这些员工组建了工会之后，他们的工作就被全部取消了。这些员工辩称，公司正是由于他们成立了一个合法的集体谈判单位而对他们进行报复，但这家公司却辩称裁员是劳动力需求减少造成的。然而，有证据表明，在莱博智软件公司解雇这些员工前后，该公司向微软收取的可计费工作小时数量没有发生变化，该公司最终决定在 2018 年与这些员工进行庭外和解，具体金额未公开。[14]

如果被解雇者是某个受保护群体的一员，则非法解雇诉讼也可能会被作为侵犯民权的案件起诉。例如，在 2015 年时，麦当劳的 10 名非洲裔美国员工发起了对该公司的诉讼，称他们因自己的种族而遭到解雇。他们引用了麦当劳的一家连锁加盟店经理所说的一句话，即他"需要将这些穷鬼们从店里赶出去"。麦当劳无意为这位经理辩护，但试图辩称这是员工与麦当劳的"特许加盟者"（即当地的门店经理）而不是"特许经营者"（即公司实体）之间的问题。美国国家劳资关系委员会并不这样看，最终做出对该公司不利的裁决。[15]

受保护群体的数量很大，其中包括少数族裔、女性、年龄较大的劳动者（40 岁以上）、LGBTQ 群体成员、残疾劳动者（包括肥胖者）、爆料者、提起工伤索赔的人以及高加索人（如果把逆向歧视诉讼也算上的话）。正如阿尔斯通和伯德律师事务所（Alston and Bird）的辩护律师丽莎·卡西利（Lisa Cassilly）指出的那样："很难找到没有能力证明自己属于被保护群体的人。"[16]这就意味着几乎在任何情况下，因业绩不佳被解雇的人都有可能提出自己是歧视的受害者。

毫不奇怪，这种情况会导致诉讼案件数量的增加。尽管有研究表明，原告通常会输掉一场非法解雇诉讼案，但解决诉讼案件需要付出的高昂费用也会使一些雇主不愿解雇员工，即使他们的绩效表现确实不行。在这种情况发生时，雇主对于在短期内不打官司的强调就变成了与开发一支有竞争力的员工队伍以及实现公司成长这种长期需求之间的冲突。举个极端的例子，由于过去未能监控员工在工作中的法律和道德规范问题，从而导致员工对客户实施欺诈，富国银行受到了政府监管机构的严厉惩罚，这些监管机构对富国银行的规模设定了严格的上限。这导致这家银行关闭了 5 000 多家分支机构，并且未来的增长也受到严格限制。事实上，在首次报告存在欺诈之后的数年中，这家银行的一些区域经理仍因为未能对员工的非法活动进行有效监管而被解雇。[17]

面对这种两难境地，很多企业采取的对策之一是，先对低绩效员工忍受较长的一段时间，在此期间做好详细的书面记录，从而为它们以后可能采取的解雇等行动提供证据支持。在这种情况下，人力资源部门的专业人员常常会指责各级主管人员没有做好与员工存在的绩效问题有关的详细记录，而各级主管人员又常常反过来指责人力资源部的人是"胆小鬼"——他们似乎永远觉得这些主管人员提供的证据不足。此外，留下那些低绩效员工对人力资源部的人员每天所做的工作并没有什么影响，但是对直接主管人员来说完全不同，他们不得不眼睁睁地看着其他员工的士气被这些低绩效员工一点点地消磨掉。实际上，对于一个团队而言，没有什么比不同的员工在付出的努力和实现的绩效方面存在巨大差异更具有破坏性了。

例如，金伯利-克拉克曾经被认为是一个实施终身雇佣制的家长式组织。但是，与某些个人相关的绩效问题变得越来越严重，已经严重损害了公司的盈利性。一位在该公司工作了 30 年的老员工指出："我们都在谈论最好的团队才是产生不同结果的最重要影响因素，但我们没有能够对这一过程提供支持的流程。"2015 年，重新强调绩效管理的做法帮助金伯利-克拉克公司留住了 95% 的高绩效员工，同时解雇了 45% 的绩效不佳或绩效不稳定的员工。[18]

另一种值得商榷的对策是采用解雇之外的其他一些惩罚措施，从而迫使员工自己离开企业。这通常发生在以下情况下：由于人力资源部门拒绝解雇某位员工，感到沮丧的直接主管人员只好通过其他方式来惩罚这位员工。这种惩罚方式可能包括分配这位员工去做级别更低的工作，安排一个面积较小的办公室，或采取其他令人不快的对待方式。然而，采取这种做法的问题在于，它很可能会被认为是一种打击报复的行为，企业可能会因为这种行为而受到指控，即使最初的歧视诉讼已经被驳回。

第三种不可持续的对策就是，为了让员工放弃对企业的不当解雇提起诉讼的权利，在支付遣散费之外再额外向员工提供上万美元的补偿。也就是说，即使企业认为员工提起的诉讼缺乏正当理由和根据，但为了避免打官司，企业也可能会向被解雇员工支付高达 2 万美元甚至更高的补偿，使他们放弃提起诉讼的权利。这种对策的问题是，它会使所有的低绩效员工产生这样一种预期，即他们在离开企业时有资格得到补偿，而这种情况最终又会导致员工有动力去提起一些无聊的指控，使得本来就不可能获胜的诉讼案件的数量大增。正如辩护律师马克·迪希特（Mark Dichter）所说："我确实可以帮你设计出能够完全消除企业在雇佣方面遭受指控风险的人力资源政策，但这样做的话，到头来你们企业只能得到一支糟糕的员工队伍。说到底，最后还得你自己来经营企业。"[19]

在某些情况下，拥有一支糟糕的员工队伍的问题最终会被外部的力量解决掉。例如，沃伦·巴菲特（Warren Buffet）与一家名为 3G 资本（3G Capital）的私人股权公司联手收购番茄酱制造商亨氏公司（Heinz）时，该公司 90% 的高管团队成员被停职了不到一个月的时间。3G 资本公司最终对亨氏公司裁员 20%，一年后亨氏公司调整后的收益水平增长了 40%。尽管这看起来可能很残酷，但沃伦·巴菲特坦率地说："资本主义总是要求提高效率，而我对 3G 资本公司所做的这些事情确实需要表示敬意。"[20]

在某些文化中，对整个员工队伍进行这种彻底的改革要比在其他一些文化中更容易实现。正如你可以从"通过全球化开展竞争"专栏中看到的那样，旨在提高员工队伍灵活性的一些举措在法国实施时就遇到了在美国从未见过的那种抵制。

➔ 通过全球化开展竞争

灵活安全性：将法国劳工法转变成瑞典劳工法

"灵活安全性"（flexicurity）这个词是"灵活性"和"安全性"两个英文单词的尴尬组合。这个单词也体现出灵活性是与稳定性相互矛盾的一个概念，如果一个人的工作安全性不稳定，那么它从什么意义上说仍然是安全的呢？不管这是否属于一种矛盾，对于法国人来说，"灵活安全性"一词都会转化为一种战斗词汇，这场战斗正在巴黎街头日趋激烈地上演。尽管2018年12月在巴黎发生的一次暴力抗议活动是政府提高燃油税引发的，但这些抗议活动实际上是2017年9月爆发的抗议活动的一个延续，当时的法国总统埃马纽埃尔·马克龙（Emmanuel Macron）宣布对《特拉维夫法典》（Code de Travail）进行重大修改——这是法国已沿用数百年的一个古老的劳工法。

这部法国法典厚达3 000页，它阐明了法律强制赋予法国员工的安全保障条款。该法规限制了雇主解雇员工的权力，并且限制了雇主可以雇用的非全职员工的人数，但许多雇主认为，相对于许多欧洲邻国而言，这恰恰是法国经济增长遭遇的重大障碍。例如，法国的失业率几十年来一直处于10%的水平，是欧盟其他成员国的两倍。马克龙在竞选总统时承诺要重新修订这一法典，努力使法国变得更加"对雇主友好"和"以增长为导向"，而他达成这一目标所依赖的模式是基于斯堪的纳维亚风格的系统。这一同样被德国效仿的系统成功地实现了灵活性和安全性之间的平衡，它一方面赋予雇主面对产品市场变化时更大的应对自由度，另一方面要求雇主对员工进行更多的培训以确保劳动力队伍的能力总是能够与变化的市场保持匹配。

在这种模式下，从雇主这方面来说，他们不必直接与全国性工会再就工作条件和雇用水平的问题进行集体谈判，而是可以直接与自己的员工进行协商来达成双方之间的妥协。正如穆里尔·佩尼考（Muriel Penicaud）指出的那样："从最有效率同时也最接地气地满足员工和公司双方特定需要，从而达成最佳妥协的角度来说，公司本身就是一个创建社会标准的空间。"新的规则还对法院可以按照"非法解雇"案件提出的可能罚款做出了限制。这两项新规定的目的都是增强法国雇主雇用更多员工的动力，尤其是那些坚决将自己的用工人数控制在《特拉维夫法典》规定的50名员工这个上限以下的小公司。许多这样的小公司宁愿保持在较小的规模也不去扩大，即使面对产品需求的增加。

然而，从员工的角度来看，这些规则的改变是在对员工培训提供150亿欧元支持的承诺做出之前发生的。这就导致人们产生了这样一种印象，即原来的投资银行家马克龙正在出卖劳动者，并且正在将穷人的钱偷给富人。这就引发了从2017年一直延续到2018年的骚乱，这已经成为过去30年来最为猛烈的一次骚乱。值得一提的是，马克龙最终在2018年改变了主意，废除了燃油税，正因为如此，许多人现在开始认为，也许还会有机会重新修改在2017年制定的与工作有关的规则。正如巴黎政治学院经济学教授让-保罗·菲图西（Jean-Paul Fitoussi）所说的那样："现在是一种没有安全性的灵活性。"

讨论题

1. 与美国或中国相比，法国是怎样平衡劳动者的权利和雇主的业务增长的？

2. 对那些从事全职工作的劳动者提供支持的过程，会怎样限制失业者或刚进入劳动力队伍的人所能获得的机会？

3. 既然劳动者保护措施对法国经济产生了负面影响，为什么政府官员会仍然坚持执行这些政策？

资料来源：A. Nossiter, "Macron Takes on France's Labor Code, 100 Years in the Making," *The Wall Street Journal Online*, August 4, 2017; J. McAuley, "French Opposition Protests Macron's New Labor Laws," *The Wall Street Journal Online*, September 23, 2017; L. Alderman, "French Companies Have Newfound Freedom ... to Fire," *The Wall Street Journal Online*, January 23, 2018; N. Nossiter, "France Suspends Fuel Tax Increase That Spurred Violent Protests," *The Wall Street Journal Online*, December 4, 2018.

对绩效糟糕者的零容忍是成功的一个关键要素，特别是对于那些有大量工作需要做的新公司和小公司而言。例如，初创公司因在发展的早期阶段无情地解雇员工而变得臭名昭著，仅仅是在雇用员工三天之后就把他们解雇掉的情况也并不少见。一个面向企业的社交网站 Yammer 在开业的最初几年中就解雇了 30% 以上的员工。Yammer 的高级技术官亚当·皮索尼（Adam Pisoni）自豪地说："我们真的很擅长淘汰那些技能欠缺的人，同时在对新员工进行评价时我们绝对算得上很残酷地保持诚实。"[21]

在这个行业中，"快速失败"被视为一种美德，因为这种做法帮助员工从不适合他们的地方往前走，转移到真正适合他们的地方。例如，保罗·英格利希（Paul English）就被一家名为 NetCentric 的初创公司解雇了，这次经历使他回到了原来的程序员工作上。最终，他开办了自己的公司并且在后来以数百万美元的价格卖了出去。毫不奇怪，保罗·英格利希在他自己的初创公司对新员工采用的手段也同样毫不客气。对于那些绩效不佳的人，保罗·英格利希指出："你必须将肿瘤切掉。如果你无法修复它，你就必须摆脱它。"[22]

因容忍低绩效员工留在组织内而产生的损失不容小觑。很多企业引入了强制分布评价系统，从而能够系统地识别出哪些人属于低绩效员工，在必要的情况下，直接把这些低绩效员工解雇掉直接给公司带来 40% 左右的收益。[23] 不过，研究发现，随着时间的推移，这种强制分布评价系统能够带来的收益会越来越小，但这也说明了有多少组织失去了让每一位员工都达到高标准所需的纪律。[24] 由于在解雇员工方面存在重大的经济风险以及人身危险，因此我们很容易看到，为什么对于所有的组织来说，建立一种标准化、系统性的惩戒以及解雇方法是至关重要的。这种决策不能简单地交给管理人员或者基层主管人员。在接下来的内容中，我们将探讨有效的惩戒和解雇政策涉及的方方面面的问题。

9.2.1　公平原则

一种有效惩戒制度的关键在于让所有的员工，包括那些受到惩戒的人，都认为这种制度是公平的。在这种情况下，需要对三种特定类型的公正或公平概念进行管理。第一种公平是结果公平，有时也称分配公平，它主要考虑两个方面的因素：一是一个人相对于自己的投入所获得的结果，二是这一比率与其他参照对象的同种比率之间的比较。这种类型的公平并不要求每个人都得到均等对待，而只是要求一个人相对于另一个人的结果之比与他们之间的投入之比成正比。事实上，正如这里的"通过环境、社会和公司治理实践开展竞争"专栏所示，即使对于个人而言可能产生非常明显的不均等，但个人仍然有可能不会产生很强烈的不公平感。

➡ 通过环境、社会和公司治理实践开展竞争

平等、均等和高管薪酬：什么样的比率是"公平"的？

许多人都对美国中产阶级的萎缩以及收入最高的 1‰ 人群与其他人群之间的财富不均等现象日益加剧而感到担忧。这个国家到底可以承受多大的不均等？一旦达到了某个点，这种不均等会导致把美国各部分人群团结在一起的那种社会契约变得不可持续吗？对于那些存在这种担忧的人来说，2018 年真是令人大开眼界的一年，因为这是首次要求大公司必须公开报告首席执行官的薪酬与员工的薪酬中位值之比。这项要求源于 2010 年颁布的《多德-弗兰克法案》（Dodd-Frank Act），这一法案是在 2008 年的金融危机发生之后通过的。其目的是帮助股东理解在危机期间曝光的美国大公司高管的薪酬管理实践，并对其提出挑战。很多美国人认为，这一天永远不会到来，2016 年选举的新议会一定会将这一法案废除掉。但事实并非如此。

从某些方面来看，实际结果确实证实了大家的担忧。事实证明，首席执行官薪酬与员工薪酬中位值之比平均接近 360:1，而员工的薪酬中位值大约为 4 万美元。当然，不同企业之间以及不同行业之间存在的差异是非常大的。玩具制造商美泰公司（Mattel）的薪酬差距在所有标准普尔 500 指数公司中是最高的，大约为 5 000:1。而另外一端，在所有标准普尔 500 指数公司中薪酬差距最小的伯克希尔·哈撒韦公司（Berkshire Hathaway Inc.），同一薪酬比率仅为 2:1，尽管其首席执行官沃伦·巴菲特有着传奇地位。具有讽刺意味的是，有些公司的首席执行官尽管因为表现很差而必须被解雇，但是他们在这个薪酬比率的衡量指标上存在的差异是最大的。甚至还包括授予这些高管人员的金额平均达到 5 000 万美元的金色降落伞。

另外，要想比较各个公司之间的这一比率，简直就有点儿像是把苹果与橘子进行比较。美泰公司是一家非常大的制造业公司，已经将大部分劳动力转移到工资水平较低的第三世界国家。伯克希尔·哈撒韦公司是一家控股公司，它实际上并不生产任何东西。此外，人力资源战略也非常重要。将低工资的工作外包给其他美国公司，可以提高本公司员工的薪酬中位值，从而降低本公司的这一薪酬比率。在低工资国家开展离岸经营业务的公司可以将员工薪酬中位值降低，从而导致这一比率被显著提高。

无论如何，尽管有些人预计在这些数据发布之后会产生广泛的负面反应（类似于 2011 年的"占领华尔街"运动），但实际上，公众的反应非常平静。也许在将来将这两个数字并排比较时，由于一边的薪酬比率变得越来越小，另外一边变得越来越大，可能会引起公众的强烈抗议。事实上，正如一家大型投资公司研究总监里奇·克莱顿（Rich Clayton）指出的那样，在将来，"当美国人看到公司的利润和首席执行官的薪水一起年年增长，而普通员工的薪酬中位值却不动时，人们最终是会感到沮丧的。那就会积聚到需要打破某些东西的一个点上"。鉴于资本主义已经融入美国文化的基因之中，未来可能还有很长的路要走。

讨论题

1. 尽管高管薪酬与员工薪酬中位值之比反映了不均等情况的存在，但这一概念为什么并没有充分反映出本书中讨论的结果公平、程序公平和互动公平的情况？

2. 为什么正是由于没有能够充分反映出对公平进行判断的这些方面，才导致许多人对与较大的薪酬比率作斗争保持沉默？

资料来源：J. McGregor, "As Companies Reveal Gigantic CEO-to-Worker Pay Ratios, Some Worry How Low-Paid Workers Might Take the News," *The Washington Post*, February 1, 2018; T. Francis and V. Furhmans, "Are You Underpaid? In a First, U. S. Firms Reveal How Much They Pay Workers," *Wall Street Journal*, March 12, 2018; D. Hembree, "CEO Pay Skyrockets To 361 Times That of the Average Worker," *Forbes.com*, May 22, 2018; A. Melin. "Workers of the World Shrug," *Bloomberg Businessweek*, August 27, 2018.

当涉及解雇决定时，结果公平就显得至关重要，这是因为被解雇的人需要面对的这些可怕后果必须具有以下两个方面的特征：一是相对于他们的行为（即投入）来说，这些后果是具有合理性的；二是与犯有同样过错的其他人受到的对待相比是具有一致性的。因此，如果员工认为自己没有做错事，或者认为自己虽然做错了事但其他做同样事情的人并没有被解雇，那么就会导致员工产生结果不公平的感知。

当一个人不仅失去当前的工作，同时又没有办法到其他地方找到一份类似的工作时，他们的这种不公平感知就会变得更加强烈。例如，很多雇主越来越多地要求拟雇用员工在其接受雇用的文件中签署竞业禁止条款。竞业禁止条款意味着，一旦员工被解雇或自愿离职，则不能到同一行业中的其他公司去寻找新的工作。通常情况下，这类条款是针对高薪岗位的，例如高层管理人员或高级技术人员，他们由于职位的缘故可以获取有关公司战略或技术方面的关键专有知识。一般情况下，这种合同是在两个强势力量之间通过共同谈判达成的，因而通常被认为是公平的。

但是，现如今，这种竞业禁止合同已经被强加给低薪的入门级员工，这些员工几乎没有谈判力，存在明显的权力不对等。例如，吉米·约翰公司（Jimmy John's）是一家无处不在的三明治生产商，它将签署一项竞业禁止条款作为一个标准的商业惯例，要求所有的员工都签署。尽管该公司从未试图阻止那些拿着最低工资的员工将自己的全部知识都带到Blimpie 公司或者其他任何一家连锁店，但仅凭它要求员工签订这一条款的事实本身就使许多观察人士感到不平衡和不公平。[25]

通常，如果某位员工被起诉，而竞业禁止合同所要保护的并不是专有信息、商业秘密或版权，则法院很少会对诉讼得出支持性结论。正如一位法律专家指出的那样："你不能仅仅是不希望员工离职就让其签署竞业禁止合同。"[26]实际上，美国一些州最近通过了使竞业禁止合同不需要得到执行的法律。例如，加利福尼亚州的立法者就认为，硅谷等地的员工从一个雇主跳槽到另一个雇主那里去的能力实际上刺激了创造力，强调了本州作为一个整体的竞争优势。因此，给这些员工以自由才是符合本州最大利益的。[27]

结果公平的关注点是最终结果，而程序公平和互动公平关注的则是手段。如果在制定和执行某种会对员工产生不利影响的决策时，采取的方法和程序被员工视为是公平的，那么，与他们认为决策的方法和程序不公平时的情况相比，员工做出的反应很可能更积极一些。**程序公平**（procedural justice）的关注点是决定员工得到的那些结果的方法。表 9-1 详细列出了六条用来判断人们认为是否存在程序公平的标准。即使将一位被解雇者面临的所有负面效应都考虑在内，只要做出解雇决定的程序是具有一致性的、没有偏见的、准确的、可修正的、有代表性的以及符合道德规范要求的，被解雇的人就很可能以一种心平气和的态度来接受这一决策。当员工认可决策程序时，他就不会觉得单单是对他自己不公平，这种情况将有助于维持他对作为一个整体的这种系统的信任感，即使他可能会对这个系统得出的某项具体决定仍然有所不满。

表 9-1　程序公平的六大决定因素

1. 一致性。在不同的时间以及对不同的人都采用一致的程序。
2. 抑制偏见。执行程序的人对最终结果没有个人偏好，或者对当事人不存在先入为主的个人偏见。
3. 信息准确性。程序建立在被人们视为真实的信息基础之上。
4. 可修正。在程序中应当有一种内在保护机制，允许当事人就程序中的错误或低劣决策提出申诉。
5. 代表性。程序应当让所有可能受该决策影响的群体或利益相关群体（同事、客户、所有者）都了解，其中也包括被解雇的员工。
6. 道德性。因为解雇程序可能会涉及侵犯个人隐私或欺诈问题，所以解雇程序应当与当前的道德标准相吻合。

　　在这六个因素中，最重要的是抑制偏见和信息准确性，主观判断可能会导致偏见意味着在很多事例中，企业不能仅仅采取简单的上级评估方式。[28]为了保证它们的决定是正确的，很多企业会在必要时雇用私家侦探来收集客观的信息。例如，佛罗里达州一家医院的一名员工称其因为流感三天不能上班，医院对此表示怀疑，因此雇用私家侦探来调查这件事。事实上，这位女员工这三天并没有生病，而是去了环球影城主题公园，侦探找到了她在三辆不同的过山车上的照片（那里一般会给玩过山车的人拍照，借此售卖），同时还有她志愿参加动物保护活动的录像，上面标有时间和日期。不用说，这位员工被解雇了。[29]

　　程序公平涉及决策是如何做出的，而**互动公平**（interactional justice）则是指在结果执行过程中发生的人际关系的性质。例如，在很多有记录的案例中，企业在通知员工被解雇之后，会立刻让保安将他们快速带离公司的办公大楼，他们的个人物品则被随意地塞在一个纸箱里。这种做法不仅剥夺了一个人的工作，同时还剥夺了他们的个人尊严。其他员工如果正好看见了公司对自己同事的这种所作所为，他们的组织承诺水平从那一天开始就会大幅下降。表 9-2 列举了互动公平的四个决定因素。如果公司对解雇决策进行了充分解释，并且以一种微妙的、细致周到的、充满人情味的方式执行解雇决策，被解雇员工因失去工作而产生的怨愤就很可能得到释放。

表 9-2　互动公平的四个决定因素

1. 解释。强调决策的程序公平性以说明决策的合理性。
2. 社会敏感性。尊重当事人并维护其尊严。
3. 细心周到。倾听一个人的意见。
4. 移情。理解一个人的感受。

　　所有的解雇决定均应通过结果公平、程序公平和互动公平的测试，尤其是当雇主经常需要解雇员工时，有的雇主在招募新员工时甚至会为自己的这种做法打广告。例如，奈飞就公开声明本公司的文化是一种经常开人的文化，并且鼓励各个级别的员工都要在其他员工绩效不佳或未能达到公司的绩效标准要求时，坦诚地相互提供反馈（有些人可能会说这是很残酷的）。

　　奈飞的价值陈述被称为"留任者测试"，它要求每个人都能够为自己为什么要留下某个员工做出辩护。然后，当员工被解雇时，公司会做一个群体干预，即让与这位可能被解雇的人共事的一群人聚在一起，讨论他们为什么认为解雇这个人是公平的或不公平的，以及每个人都需要从这件事情中学到些什么。显然，这并不是一种适合所有人的文化，但奈飞在价值观方面是非常前沿且透明的。[30]优步也是如此，但正如你在"诚信行动"专栏中看到的那样，优步的文化价值观最终使它陷入了困境，最终被取消了。

➡ 诚信行动

优步的文化变革：价值观（和人事政策）的变化

优步的创始人和前首席执行官特拉维斯·卡兰尼克（Travis Kalanick）创建了一家在400 多个城市开展业务的市值高达 750 亿美元的公司。该公司拥有 1.1 万名员工以及数百万名分布在世界各地的汽车驾驶员。此外，隐藏在该公司的乘用车共享平台背后的基本理念还从根本上改变了整个运输行业，激发了无数的模仿者和竞争者。卡兰尼克将公司的成功归因于四大核心价值观：让建设者去建设；永远保持活力；精英管理和脚踏实地；原则性对抗。这些价值观被认为对公司的经营起到了很大作用，直到后来，他们发现这些价值观没用了。

优步走下坡路源于一位女性工程师兼博客作者，她曾在一家名为 Sarah Fowler 的公司工作。Fowler 公司详细介绍了她在优步经历的一系列性骚扰事件，其中包括她向人力资源部报告过，但由于施害者是一位高绩效员工而被拒绝的事情。由于许多其他雇主报告了自己公司发生的一些恐怖事件，这种事情迅速发酵。这其中就包括卡兰尼克本人口头辱骂一位驾驶员的视频帖子，一份关于"灰球"计划的书面描述指出该计划的目的就是避免为政府官员、在工作中过量饮酒者、参加失控性异地聚会者等此类人提供服务，其中还提到了上级领导和向他们汇报工作的女下属之间的"浪漫"关系，甚至还提到了公司掩盖了一桩在印度发生的强奸事件。一位行业分析师总结道："在虐待员工、合同司机和竞争对手，欺骗当地执法机关、税收机构和其他政府机构等方面，没有任何其他公司在发生法律诉讼以及出现令人头痛和尴尬的曝光方面能与优步相提并论。"

情况变得如此糟糕，以至于到了 2017 年，优步董事会聘请美国前司法部长埃里克·霍尔德（Eric Holder）对公司犯下的所有错误进行了检查。霍尔德的调查历时 14 周，分析了员工向人力资源部门提交的 200 多项投诉（对其中的许多投诉，公司从未采取任何行动），同时还对公司现在和过去的员工以及汽车司机做了访谈。最终的调查报告促使公司解雇了 20 名高层管理人员，卡兰尼克本人也辞去了首席执行官一职。该报告列出了公司为了培育更符合道德和更具包容性的组织氛围而必须取消或采取的 40 种具体做法。最尖锐的一点是，该报告建议公司抛弃四大核心价值观陈述，因为根据霍尔德的观点，"这些价值观被用来证明一些不当行为的合理性"。

这些建议是在 6 月 13 日召开的一次公司会议上提出的，人力资源部副总裁丽莎·霍恩西（Lisa Hornsy）在会上介绍了新的公司价值观："做正确的事。"她说："虽然变革不会在一夜之间就完成，但我们承诺与我们的员工、乘客以及汽车驾驶员重建信任关系。"然而，令人遗憾的是，就在这一次会议上，一位董事会成员因为发表了性别歧视的声明而被迫辞职。霍恩西本人也因为在 2018 年 9 月发表"种族歧视性评论"并试图掩盖公司受到的种族歧视指控而被罢免职务。很显然，乘用车共享公司的文化变革仍然在进行之中。

讨论题

1. 你认为价值陈述对员工的日常行为会产生多大的影响？

2. 你认为在不将现有员工从组织中分离出去的情况下，有可能进行重大文化变革吗？如果不能，要想进行大规模的变革，需要将多大比例的员工换掉？

资料来源：M. Isaac，"Uber Embraces Major Reforms as Travis Kalanick，the CEO Step's Away，" *The New York Times Online*，June 13，2017；R. Stross，"Why Companies Like Uber Get Away with Bad Behavior，" *The New York Times Online*，June 13，2017；M. Isaac and S. Chira，"David Bonderman Resigns from Uber after Sexist Remark，" *The New York Times Online*，June 13，2017；G. Bensinger，"How Uber's Cultural Overhaul Was Tested by Complaints Against Top Deal Maker，" *The Wall Street Journal Online*，September 26，2018.

9.2.2 逐级惩戒和建设性争议解决程序

除了在一些极端情况下，一般不应在员工第一次出现过失时就将其解雇。相反，解雇建议应当在系统的惩戒计划执行完毕之后才提出来。有效的惩戒计划有两个核心构成要素：一是文件（包括具体的书面工作规则和职位描述，这些文件应当在实施惩戒之前准备好）；二是逐级惩罚措施。因此，如表9-3所示，惩戒措施应当以逐渐加大力度的方式来执行，并且这些惩戒措施一定要事先详细阐明。

表9-3 逐级惩戒计划示例

犯错频率	组织做出的反应	文件记载
第一次犯错	非正式口头警告	展示证据
第二次犯错	正式书面警告	文件存档
第三次犯错	第二次正式警告，并威胁可能会临时停职	文件存档
第四次犯错	临时停职并发出最后通牒	文件存档
第五次犯错	解雇（保留申请仲裁的权利）	文件存档

惩戒可以从向第一次违反政策或犯错误的员工提出非正式警告开始，如果再犯则予以书面警告。有些时候，员工再次犯错有可能会导致临时停职。公司在将一位员工临时停职之前，可能就已经想给他发最后通牒，从而让其知道，如果再犯错误就会被解雇。先给予临时停职的做法，可能会导致处理问题的进程迟缓到让人无法忍受的地步，也可能不符合一个人想尽快对犯错误的人实施惩罚的情感需要。但是到最后，当存在问题的员工真的被解雇时，这些人即使想证明公司解雇他们的理由是不充分的，其机会也会因此而大大减少。

在惩戒过程中的任何一个时点，个人或者组织都有可能希望通过引入外部的第三方来帮助解决分歧或者冲突。作为最后的手段，员工可能会利用法律系统来解决这类冲突。但是，为了避免出现这种情况，越来越多的公司现在开始采取**建设性争议解决程序**（alternative dispute resolution，ADR），即以一种及时、富有建设性以及更具成本有效性的方式来解决冲突的做法。建设性争议解决程序可以采取多种形式，但总的来说，这种程序通常包含如表 9-4 所示的四个阶段。每一个阶段都反映出吸收不同的人在更大范围内介入争议解决这样一种思路，其目的是希望在争议的前期阶段尽快把冲突解决掉。然而，这种争议处理程序的最后一个步骤可能包括约束性仲裁，即接受仲裁的双方都同意一点：在必要的情况下，由一个中立的第三方提出解决争议的办法。

表 9-4 建设性争议解决程序的几个阶段

阶段 1：公开协商 冲突双方（比如直接上级与下属员工）试图通过协商方式共同达成争议解决办法。如果协商未果，则进入阶段 2。
阶段 2：同事审查 由组织中与争议双方处于同一等级的代表组成听证小组，听取双方对案件的看法，并帮助当事双方达成解决冲突的办法。如未能达成一致，则进入阶段 3。
阶段 3：调解 由来自组织外部的一个中立的第三方听取案件汇报，并试图通过非约束性程序帮助冲突双方达成解决冲突的办法。如调解未果，则进入阶段 4。
阶段 4：仲裁 由来自组织外部的专业仲裁人员听取案件汇报，并通过单方面发布争议解决办法或提出惩罚条件来解决冲突。大多数仲裁员都是经验丰富的劳工问题方面的律师或退休法官。

使用建设性争议解决程序的雇主数量已迅速增长。在 2012 年时，只有 16% 的雇主要求员工签署文件放弃起诉雇主的合法权益，转而采用建设性争议解决程序，但到 2014 年，这一比例就高达 43%。出现这种趋势的部分原因在于 2011 年美国最高法院做出的一项裁决，即在雇用员工之前要求员工签署文件接受建设性争议解决程序的做法是合法的。在做出此裁决之前，许多低级别的法院都撤消了建设性争议解决程序做出的裁决，这就意味着未能将争议解决在法庭之外，而只不过是在法定程序之中又增加了一道程序而已。最高法院则取消了这一程序，裁定员工可以自愿签署这种协议。这样，员工就需要接受建设性争议解决程序所做出的裁决的约束，因为他们如果不签署这份文件就不可能被雇用。这使建设性争议解决程序变得对雇主非常有吸引力。在 2011—2014 年，与集体诉讼相关的费用大幅度下降了 1.5 亿美元左右。[31]

但是，进入 2018 年之后，随着 MeToo 运动的开展，建设性争议解决程序的热度开始下降。在很多案件中，雇主都运用强制性的建设性争议解决程序，再加上保密协议（NDA），来迫使受害者保持沉默，而对施害者提供保护——这种情况正如我们在关于谷歌的开篇案例中看到的那样。因此，一些人质疑强制性的建设性争议解决程序，因为它缺乏透明度，并且会被强势一方（以及作为执行者的人力资源部门）利用，使受害者无法行使自己的法定权利。[32]

9.2.3 员工援助和健康修炼计划

导致很多组织考虑解雇一位员工的原因大都与毒品或酒精滥用有关。在这些情况下，组织的惩戒和解雇方案也应当将员工援助计划纳入其中。由于这些方案在各类组织中越来越普及，因此我们在这里对它们加以详细介绍。

员工援助计划（employee assistance program，EAP）是一种企业各级管理人员或员工可以利用的以专业化方式解决各种问题的服务项目。员工援助计划的种类多样，但大多数具有相同的性质。首先，这些计划通常以企业发布正式文件（如员工手册）的形式确认下来。然后，公司对管理人员（有时还包括工会代表）进行培训，教会大家如何让那些怀疑自己存在健康问题的员工去接受这种服务。同时，公司也会对员工进行培训，使他们在必要时知道如何利用这一服务体系。

尽管最初是为了应对非法药物的使用，但许多员工援助计划开始越来越多地面对因使用处方药（尤其是止痛药）而出问题的员工。虽然非法药物检测结果呈阳性的员工所占的比例从 1988 年的 14％稳定地下降至 2013 年的 3％，然而，仅在 2005—2013 年，因服用奥施康定（Oxycontin）和维柯丁（Vicodin）等止痛药而呈现阳性检测结果的员工比率就上升了 175％。[33]对于白人男性劳动者来说，这个问题尤为严重。最近的一项研究表明，在该类人群中有 11％的人处于失业状态但没有去找工作，并且其中有大约一半的人每天都要服用止痛药。更糟糕的是，那些还在上班的人报告说自己服用止痛药的情况跟那些没上班的人是相似的。

很显然，那些服用处方药的劳动者因为仍然受到处方药的影响，很可能会对其他员工或顾客构成安全威胁。因此，许多组织都对许多处方药实行零容忍的政策，正如它们对待非法药物的政策一样严格。[34]此外，即使服用止痛药在公司开展经营的某个国家或地区是合法的，但在另外一个国家或地区也有可能是非法的。例如，2015 年，丰田最高级别的女性管理人员朱莉·汉普（Julie Hamp）就因拥有羟考酮（另一种强力止痛药）而被捕，并且被迫辞职，因为在日本服用这种药物是非法的。[35]

在某些州，除了考虑非法药物和处方药，员工援助计划还必须面对合法的非处方药。正如我们在第 5 章中指出的那样，美国的许多州都允许休闲性地吸食大麻。尽管州政府并不理会某人吸食这种毒品，但对于雇主来说，如果在一个安全敏感度很高的岗位上工作的员工出现了任何事故或犯有任何罪行，那么一旦员工在大麻检测中呈阳性，企业就会有麻烦。此外，与酒精还不一样，酒精检测仪当时就可以检测出一个人最近是否饮酒，但一个人吸食大麻几周后去做药物测试，检测结果仍然有可能是复阳性。因此，这是员工援助计划必须解决的问题。[36]

员工援助计划的有效性的关键在于如何在以下两个方面实现良好的平衡：一方面是收集有助于改善员工健康程度的信息的需要；另一方面是尊重员工隐私权的需要。很多员工担心企业收集的信息会对自己的职业发展构成危害，因此，雇主最好是让那些愿意信息保密的员工采取保密的做法，然后通过咨询和康复对他们提供支持。[37]但是，酗酒或吸毒成瘾的员工能够康复的比率远不到 100％，因此雇主仍然有义务监测他们的康复进展情况，以确保这些员工不会对他人构成安全威胁。例如，美国公平就业机会委员在 2014 年就裁定，如果一名员工参加了员工援助计划，并且正因酗酒而接受治疗，那么如果一位管理人员知道这一点，又看到此人在办公室的聚会中饮酒，则有义务向员工援助计划主管部门报告这种情况。这样做似乎是对隐私的一种侵犯，但还是需要在这种隐私权与其他员工在工作场所中的安全权之间进行权衡。[38]

员工援助计划所要应对的是因与健康相关而在工作中出现问题的员工，而员工健康修炼计划则是首先积极主动地致力于预防与健康相关的问题。企业 2018 年在医疗保健方面支出的成本大约为每名员工 2 万美元,这一成本一直在以每年 5％ 的幅度上涨。[39] 很显然,拥有一支健康的员工队伍是符合雇主利益的,这也正是员工健康修炼计划得以被引入的原因。

员工健康修炼计划的规模和种类是多种多样的,因此很难对其成本和有效性做出一般性的陈述。有些公司只是发放一些关于如何保持更好健康状态的小册子,并将其称为健康修炼计划。[40] 其他一些计划则是让员工使用 Fitbits 等可穿戴传感器持续性地监控个人的健康状况,提供公司赞助的一些健康设施和医务人员以对员工达到更好的健康状态提供支持。[41] 尽管这类自愿实施的健康修炼计划很受欢迎,但正如这里的“循证人力资源管理”专栏所示,人们对自愿性的健康修炼计划的有效性提出了质疑。

➡ 循证人力资源管理

在对一些公司实施的健康修炼计划所做的早期评估中,有证据表明,自愿干预手段确实有助于与员工健康相关的一些指标达到预期目标。但是,所有的早期研究都有一个特点,就是这些研究都不是真正地对员工进行随机分组的实验。相反,这些评估只是比较了那些自愿参加健康修炼计划的员工与那些在追踪的一段时间中没有自愿参加这种计划的员工。这种评估方式被称为准实验,这种研究设计被认为不如真正的实验可靠,因为这些自愿参与健康修炼计划的人很可能会由于各种原因与那些未能自愿参与者有所不同,而所有这些原因都有可能解释自愿参与这种计划的人员取得明显成功的理由。

关于这个主题的首次大规模真实实验于 2018 年在伊利诺伊州进行,研究结果对之前的一些结论提出了一些怀疑。在伊利诺伊州的研究中一共跟踪了 5 000 名员工,其中 1 500 人被分配到对照组,3 500 人被分配到了一项健康修炼计划之中,在这项计划中开设的培训班包括减肥、太极拳、戒烟、饮酒,同时针对员工在一些指标上实现的改善情况给予一定的经济激励。但是,在这 3 500 名员工中,只有一小部分人实际上真正参与了这项计划,这就使得研究者可以比较三类员工:一是对照组,二是自愿利用干预措施的这一组,三是没有利用该计划的非自愿参与者。

研究结果证实了许多人感到最担心的事情,即从去健身房、在健身房外跑步、心率和血压、医疗保健支出以及员工留任等几个方面来看,自愿参加该计划的这一组的绩效要强于对照组,而对照组的绩效又强于非自愿参与的那个小组。令人遗憾的是,当自愿利用该计划者和没有自愿利用该计划者两个小组被合并时,该计划对这个合并组产生的效果与对照组并没有显著差异。因此,这项研究表明,尽管健康修炼计划可以帮助某些人,但过去仅将自愿利用该计划者与非自愿利用该计划者进行比较的研究,极大地高估了该计划可能产生的积极作用。

资料来源:A. Fradera, "First Randomised-Controiied Trial of an Employee 'Wellness Program' Suggests They Are a Waste of Money," *Research Digest Online*,August 23,2018.

由于自愿参加的健康修炼计划的有效性是令人怀疑的,因此很多雇主有时会转向实施更具争议性的非自愿参与计划。例如,米其林轮胎公司(Michelin Tire Company)不仅从员工那里收集他们的健康相关数据，而且会惩罚那些未能达到健康目标的员工。米其林轮胎公司要求血压过高或腰围超过一定范围（男性 40 英寸，女性 35 英寸）的员工额外缴纳1 000 美元的医疗保健费用。对于一家将米其林人作为吉祥物的公司来说，这种做法似乎是不公平的，不过，Miracle-Gro 公司、CVS/Caremark 公司、霍尼韦尔公司以及通用电气公司等也对员工采取类似的惩罚。

所有这些公司都发现，人们对于遭受损失威胁所做出的反应，要比获得收益承诺所做出的反应强烈得多。这些公司为员工提供的鼓励他们变得更加健康的措施并没有起到作用。相比之下，惩罚性的计划却实实在在地引起了人们的注意。这些公司还发现，公司承担的大约 80％的医疗保健费用都花费在 20％的员工身上了，而花钱最多的 1％的人的花费竟然占到了医疗保健费用的 33％。针对这些特定的个人采取措施已经被证明是控制医疗保健成本的最有效率的方法，但是法律对雇主针对员工采取这种罚款措施的适用范围有一定的限制。[42]

关于员工健康修炼计划可以将员工推多远，一个主要决定因素是员工的健康对于他们有效完成工作的影响有多大。一般而言，如果将肥胖定义为体重指数（BMI）为 30 或更高，那么美国就会出现肥胖症流行。[43]在 1993—2012 年间，美国人的肥胖率翻了一番，对于某些组织来说，这种情况就会对它们的员工完成任务的能力构成威胁。例如，美国联邦航空管理局（FAA）在 2013 年通过了一项新的规则，要求体重指数为 40 或更高的任何商业或私人飞行员都必须接受睡眠专家的检查，以确认他们没有患上睡眠呼吸暂停症。睡眠呼吸暂停与人的肥胖程度高度相关，2012 年时，美国联邦航空管理局确认六起事故都是飞行员在驾驶舱内睡着了造成的。这包括一个广为人知的案例，一架飞往夏威夷的庞巴迪（Bombardier）支线飞机在与塔楼进行无线电通信 20 分钟之后，在过了原本应该降落的机场之后多飞了 30 英里。[44]

另一个高度关注肥胖的组织是美国联邦调查局（FBI）。2015 年，其局长发布了一项新的要求，即联邦调查局的每位员工每年都需要通过一次体型测试，如果未能通过测试，将会影响员工的年度绩效评价和晋升。曾几何时，美国联邦调查局的几乎所有成员都在追捕和逮捕罪犯的现场忙碌。但是，恐怖主义、网络安全和大规模欺诈等方面的威胁已将许多联邦调查局员工推回到办公室之中，他们在那里长时间与计算机为伴。这对该机构员工的肥胖率产生了可预测的影响。为解决这个问题，联邦调查局现在要求其员工能够在一分钟内不间断地完成 24 个俯卧撑以及 35 个仰卧起坐。它还要求自己的员工必须在不到一分钟的时间内冲刺 300 码，并且在 12 分钟内跑完一英里。[45]

9.2.4　重新谋职咨询

解雇员工的行为不仅会使被解雇者感到非常愤怒，而且会使他们陷入不知所措的境地，因为他们不知道接下来还会发生什么事情。如果被解雇者感到自己已经一无所有，并且也没有其他更好的地方可以去，那么，产生暴力冲突或者提起诉讼的可能性就会远远高于大部分公司愿意承受的程度。因此，许多公司都为被解雇者提供**重新谋职咨询**（out-placement counseling），这种服务主要是帮助被解雇员工顺利地实现从当前工作向其他工作的过渡。企业通过重新谋职项目提供的服务有很多类型，典型的内容包括职业发展咨询、求职帮助、简历修改、求职面试培训以及提供建立人际关系网络的机会等。这些计划越来越多地被转移到网上，一来因为成本低，二来因为现在的大多数求职活动都是在线上进行的。咨询人员与客户之间的面对面会谈已在很大程度上成为过去，被基于网页的各种工具取代。[46]

很多人对重新谋职的有效性提出批评，指出企业只关心避免陷入法律程序和产生不好的社会影响，而不关心帮助被解雇员工重新找到工作。很多公司提供的是一种放之四海而皆准的通用服务，这种服务提供的标准训练并没有考虑到员工和行业方面的特殊要求，简历模板服务向不同的员工提供相同的求职简历格式。确实，有证据表明，40％的员工没有接受这样的服务，30％的人在参加一两期之后便退出了。[47]但是，许多雇主仍然致力于实施这些计划，并且有证据支持企业从事这项活动。

具体来说，与那些没有提供此类服务的公司相比，提供了这种重新谋职服务的雇主可以将被原来的员工起诉的可能性降低10％。此外，大约有20％提供这种重新谋职服务的雇主报告说，在启动了此类计划之后，那些留在公司中的员工的离职率也出现了下降。那些提供此类员工帮助服务的公司在新员工招募成本方面也要低24％。最后，在裁员事件发生一年之后，38％的提供此类服务的企业员工满意度有所提高，而在那些没有提供此类服务的雇主中，只有14％的企业出现了员工满意度的提高。[48]由于所有这些方面的原因，有些公司甚至宣传自己有能力把在本公司失去工作的员工重新安排到其他公司的更好工作岗位上去。例如，甲骨文公司（Oracle）就在广告中宣称，有十多位在甲骨文公司没有足够发展空间的前高管，后来成为其他公司的首席执行官，这实际上强化了该公司作为职业发展的好地方的声誉。[49]

重新谋职咨询试图帮助人们认识到，失去工作并不意味着世界末日的到来，还存在其他的就业机会。比如，在20年前，当担任霍尼韦尔公司部门经理的约翰·莫格里奇（John Morgridge）被解雇时，他反而更加清醒地意识到，即使是在像霍尼韦尔这样一个官僚气十足的大公司，自己的自信以及对独立的需要也没有被磨灭。于是，莫格里奇凭个人能力创建了一个计算机网络产品制造公司——思科公司，现在，该公司的市值已经超过10亿美元。[50]尽管对于莫格里奇来说他被解雇的事实反而演绎成一个成功的故事，但对于解雇他的霍尼韦尔公司来说，让这样一位优秀的人才走掉，恰恰说明该公司丢掉了一个机会。留住那些能够为公司做出此类贡献的人是组织赢得并保持竞争优势的关键所在。下面我们就来讨论员工的保留问题。

9.3　自愿流动管理

在上一节，我们讨论的焦点是以一种保护公司竞争力的方式去帮助那些对组织目标的实现没有贡献的员工；我们同时还关注了如何帮助被解雇员工顺利地找到其他工作机会。在这一节，我们将关注分流公式的另一端，即如何防止那些被组织看重的员工离开企业（更严重的情况是加盟竞争对手）。研究表明，一家公司的一位技术员工离职给公司带来的平均经济成本超过公司向该职位支付的年薪成本的200％。这种成本主要源自雇用、融入、培训和学习曲线损失，更高的差错率，以及员工流失加重其他员工的工作负担而造成的负面影响等。[51]对于某些小企业而言，有些人的流失将会给公司造成巨大损失，以至于公司为员工购买人寿保险。[52]尽管如果员工仅仅是自己一个人离开，企业这样做其实也并没有多大好处，但确实强化了我们对这样一种情况的认识，这就是有些人力资本几乎是无法被替代的。

此外，一家有着经营成功声誉的公司很容易成为对外部其他公司而言有吸引力的窃取人才的对象。例如，因为苹果公司在市场上享有良好的声誉，所以该公司就必须持续努力做好留住有价值的人才的工作。仅仅在过去的几年中，特斯拉公司就从苹果公司雇走了150多名高管、设计师和工程师。特斯拉公司的竞争策略之一就是，软件在汽车价值中所占的比例已经从10％变成60％。因此，苹果员工的技能和方向就非常适合特斯拉的商业模式。[53]虽然这种雇用模式对特斯拉来说是个好消息，但对于苹果公司来说却是个坏消息，公司希望员工能够留在自己的工作岗位上。

例如，开市客（Costco）在整个零售行业中享有盛誉，因为它比大多数竞争对手都更善待员工。开市客向其许多领取时薪的员工支付的时薪超过每小时20美元，而行业的平均水平只有每小时12美元。开市客还为所有的员工提供公司付费的健康保险以及学费报销计划，这些计划使刚开始从最低层工作干起的那些员工能够在公司的职业发展阶梯上一步步向上。结果，这家零售企业的员工的自愿离职率非常低。在市场平均离职水平接近30％的这个竞争残酷的行业中，开市客员工的离职率不到5％。这对开市客的商业模式和战略规划有直接的好处。开市客强调商品低价，其80％的利润都来自会员费。尽管开市客的会员费比山姆会员商店（Sam's Club）的会员费高出20％，每年却有90％以上的客户续约，从而为公司提供了稳定且可靠的收入来源。该公司首席执行官克雷格·耶利内克（Craig Jelinek）指出："我们知道，从长远来看，努力将员工的离职率控制在最低水平上，同时将员工的生产率、组织承诺度和忠诚度提高到最高水平上，就能给公司带来更高的利润。如果你尊重消费者，同时也尊重员工，好事自然就会发生在你的身上。"[54]

员工可能会由于多种原因留在现在的工作岗位上，而雇主在为留住员工做出努力时，需要认识到这一点。例如，薪酬和工作保障性曾经是留住老一代员工的主要动力，但在今天却并非总是如此。证据似乎表明，年轻的员工更喜欢现金，而不是福利，他们通常更喜欢在有趣的、合作的并且能够提供大量即时反馈和发展机会的环境中工作。新一代员工可以为组织带来很多东西，其中包括他们的技术能力、种族多样化、社交相互性以及较强的合作意愿。

但是，千禧一代员工的年度自愿离职率往往高于前几代人，这使一些观察者得出这样的结论：他们缺乏耐心并且更有条件这样做。例如，根据最近的一项调查，投资银行业中的千禧一代员工仅仅在工作17个月后就离职了。[55]然而，正如一位经验丰富的经理指出的那样："如果他们觉得自己没有能够快速地为公司做出贡献，他们就不会留下来，但是如果你为他们提供了合适的环境，他们就会不分昼夜地一直干下去。"[56]下面我们将考察员工自愿离职的工作退出过程。我们会揭示出，工作满意度在此过程中会起到核心作用。

9.3.1 工作退出过程

工作退出是指不满意的员工为了避开某一特定的工作环境而采取的一系列行为。图9-1中的右侧展示了一个模型，这个模型将工作退出划分为三类行为：行为改变、身体性工作退出、心理性工作退出。

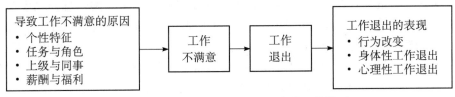

图 9 - 1　从工作不满意到工作退出的总体模型

我们将以一种渐进的方式阐述各种形式的工作退出，即假设只有当一个人在上一种行为中未能取得成功或者不可能实施上一种行为时，他才会采取下一种行为模式。这个**渐进退出**（progression of withdrawal）理论已经有很长的历史，并且拥有许多支持者。[57]那些对工作或者组织感到不满意的员工可能不会马上跳槽到另一家企业，在还没有等到合适的工作机会之前，他们很可能会采取临时性脱离组织（通过缺勤或迟到的方式实现）或者是从心理上脱离组织（通过降低工作投入度或者组织承诺度的方式实现）的做法。

确实，在人员离职过程的这个阶段，一个很好的预测指标是员工是否会融入组织文化，在这方面，可以将员工使用的语言作为证据。一项研究考察了 1 000 万封新员工的电子邮件，结果发现，那些取得良好发展并留在公司中的新员工很快就学会了老员工的语言模式，例如抱怨、表达积极情绪和个人形象等。而那些因为自愿性的或非自愿性的原因离职的员工，则倾向于保持他们在加入公司之前就形成的语言风格。[58]

另一些人则认为并不存在严格的渐进性，也就是说，工作退出中的任何一种行为都能补偿另一种行为，因此，哪一种行为模式最有可能使造成人们不满的那些来源得到缓解，人们就更倾向于选择哪一种行为。还有一些理论则认为，流动率是由持续累积的不满达到的总水平决定的，它只不过是由工作中某种单一破坏性的事件突然引发的。这些破坏性的事件要么会推动员工离职（比如，与上级或同事之间的争端），要么会拉动员工离职（比如，出现另外一个就业机会）。[59]这种模式关注的是"压死骆驼的最后一根稻草"是什么，但同时也与其他理论一样强调对工作不满意仅仅是导致员工流动发生的必要原因，但不是充分原因。然而，无论到底谁对谁错，各种工作退出行为之间显然是彼此密切相关的，并且这些行为之所以会出现，至少部分原因在于对工作不满意。[60]

行为改变

大家可能会估计到，员工对不满做出的第一反应很可能是试图改变产生不满的那些条件。当不满的员工试图推动公司的政策或上层人事安排有所改变时，很可能会导致管理者和下属之间出现对立甚至是冲突。尽管在一开始时这种冲突会让管理者感到是一种威胁，但是经过仔细观察之后，管理者就会发现，这实际上是让自己真正了解一个问题甚至是解决这个问题的好机会。在一位稳健、给予支持的领导的合理引导下，下层员工拥有表达的机会通常可以带来巨大的组织改进，也可以避免过高的员工流动率。[61]

即使是在没有工会的组织中，员工也可能通过**告密**（whistle-blowing）（即通过告知新闻媒体将争议公之于众）的方式来推动变革。告密者通常是那些心存不满的人，他们无力推动组织内部的变革，于是，对组织的承诺感或个人的挫败感会促使他们寻求组织外部力量的支持。例如，不管别人如何看待自己，爱德华·斯诺登（Edward Snowden）都认为自己正在做正确的事。由于担心美国国家安全局通过收集 1 000 多万次电话通话信息来监视美国公民之类的事件持续增多，他在 2013 年 6 月把自己掌握的信息公之于众。他觉得自己正在尽一个公民的职责，试图引起大家对当时在美国正在发生的关于"安全-隐私"之间的权衡问题的全国性辩论。他还知道自己所采取的行动的严重性，他指出："我知道我将为自己的行动而承受痛苦，但如果统治我所爱的这个世界的秘密法律、不平等的赦免以及不可抗拒的行政力量等能够在一瞬间被暴露出来，我也就感到很满意了。"[62]

在美国政府内部的许多人眼中，爱德华·斯诺登是一个叛徒。为了制止全球恐怖主义，处于这场争议的核心的通话监控计划仅仅是捕获关于谁在与谁通话的数据，而并不是这些通话中的具体内容。这一计划只是试图勾勒出全球恐怖分子的社交网络，而其中的一部分人生活在美国境内。这些数据可以被用于合法窃听电话，但从未有人非法窃听过公民的通话。但是，由于斯诺登将这一计划公之于众，他实际上使得那些恐怖分子发现了自己之前未意识到的危险，从而帮助他们实现避免自己被发现的目标。[63]爱德华·斯诺登到底是一位举报者，还是一个叛徒，将由历史决定，但对于遵守伦理道德的人来说，这个例子告诉我们，员工应当如何在两个方面的信任之间取得平衡：一方面是对雇主的信任，因为雇主是在员工自愿签署特定合同的基础上支付报酬让他从事特定工作；另一个方面是对员工居住的这个更大的社会的信任，社会要保护自己的公民免受流氓公司或政府部门的侵害。[64]

尽管这一类型的告密行为经常发生，但维基解密这种网站的出现为此类行动提供了更明显、更方便的途径。维基解密因搜集和发布政府和军队提供的信息而为人们所熟知，但是它也威胁到了像美国银行这样的私营企业。[65]由于 2010 年《多德-弗兰克法案》的颁布，这种类型的告密不断增加，该法案规定，为鼓励内部人的这种告密行为，政府会向那些帮助揭发非法行为的个人提供罚金的 30％作为奖励。[66]

身体性工作退出

如果工作条件无法改变，那么感到不满意的员工可能以离开工作岗位的方式来解决问题。如果不满仅仅是针对一个特定职位（比如，直接上级的不公平对待或者不舒适的工作条件导致不满），员工还可以采取内部流动的方式来解决问题。但如果员工不满意的根源是整个组织的政策（例如，缺乏就业保障或者薪酬水平低于市场标准等），员工就很可能会以向组织外部流动的方式来解决问题。正如我们之前提到的那样，员工流动率和组织绩效负相关，通常来说，更换员工是一件成本较高的事，尤其是那些技术岗位上绩效高的员工。[67]

另一种从身体角度离开自己不满意的工作的方式就是缺勤。尽管相对于离职而言，这种做法在经济方面的破坏性更小，但缺勤对于许多雇主尤其是小公司而言，仍然是成本很高的，因为在这些公司中通常很难找人来替代缺勤者。据估计，员工缺勤的直接成本大约占到薪酬总额的 2％。但是，缺勤还存在间接成本。例如，雇主可能需要支付替班员工或让其他员工加班干活的费用。此外，产量可能会减少，客户可能需要等待更长的时间才能得到服务。如果把这些间接成本也加入计算公式之中，则缺勤成本将接近薪酬总额的 4％。[68]

心理性工作退出

如果不满的员工无法改变自己面临的处境，或者不能使自己在身体上转移到其他工作岗位上去，他们可能会从心理上将自己与其所做的工作分割开来。虽然他们的身体还在工作岗位上，但他们的心思可能早就跑到别处去了。

这种心理上对工作的排斥有几种形式：第一，如果主要的不满来自工作本身，员工就会表现出低水平的工作投入度。**工作投入度**（job involvement）是指人们对自己所从事的工作的认同程度。那些不投入工作的人会把工作看成个人生活中的一个次要方面。第二种心理排斥形式是较低的组织承诺度，这种排斥形式往往发生在员工对整个组织不满时。**组织承诺度**（organizational commitment）是指员工认同组织并愿意为了组织的利益而努力工作的程度。那些感到自己受到企业不公平对待的员工往往会降低自己的组织承诺度以作为回应，只要外部有好机会就会马上离开企业。相反，工作投入度和对雇主的承诺度都比较高的员工所做的反应更有可能是大胆发声，说出自己的担忧，并且试图改变他们认为糟糕的那些情况。大多数告密者往往是对工作和组织具有较高承诺度的人，而不是一旦下班就会忘记工作的人。[69]

9.3.2　工作满意度与工作退出

正如我们在图 9-1 中看到的，隐藏在各种形式的工作退出背后的关键推动力都是**工作满意度**（job satisfaction）。我们把工作满意度界定为：人们因为感到自己从事的工作可以满足或者有助于满足自己的工作价值观而产生的一种愉悦感受。[70]这个定义反映了工作满意度的三个重要内容：第一，工作满意度是价值观的一个函数，而价值观可以界定为"一个人有意识或下意识想要得到的东西"。第二，这一定义强调了，在哪种东西的价值更高的问题上，不同的员工存在不同的认识，这一点对于判定员工的工作满意度的性质及其程度是至关重要的。一个人可能认为高薪酬比所有其他东西都更有价值，另一个人则可能认为旅游的机会最有价值，还有一些人则认为能够待在某一地理区域内最有价值。工作满意度的第三个重要方面是感知。一个人的感知可能并不能全面准确地反映现实情况，即使是面对相同的处境，不同的人也会产生不同的看法。

不仅如此，人们的感知还常常会受到参照系的强烈影响。**参照系**（frame of reference）是指能够用来与其他点进行比较从而帮助人们找到某种意义的一个标准点。例如，一位护士可能会将自己的薪资与其他护士的薪资加以比较，她的满意度就来源于这一比较所产生的结果，而不是来自薪资本身。一位女护士的平均年薪略高于 5.5 万美元，这是一个比较正常的薪酬水平，她可能对自己的薪酬一直挺满意的，直到她了解到，跟她从事相同工作的男护士的薪酬比她要高，他们的年薪略高于 6.5 万美元。[71]

在获得工商管理硕士学位的人当中，男女两性之间也存在类似的"薪酬差距"。根据对过去八年中获得工商管理硕士学位的 1.2 万多人所做的一项调查，有证据表明，同样获得了该学位的男性和女性的起薪接近相同的水平，女性大约为 9.8 万美元，男性大约为 10.5 万美元。然而，在八年之后，两者之间的薪酬差距扩大了，男性的年薪大约为 17.5 万美元，而女性只有 14 万美元。然而，由于男性和女性从事工作的行业存在差异（男性在金融行业从事工作的人更多），工作性质也存在差异（例如，调查显示，男性平均管理着 5 名下属，而女性平均管理着 3 名下属），很难知道这种薪酬差距是否产生自性别偏见。

但是对于某些女性来说，这仍然是一个令人很难接受的社会比较。[72]

这样的参照系有很大的影响，因而很多公司都想采用对每个人的薪资加以保密的做法来减少这种比较所产生的影响。然而，随着工作越来越需要合作并且以团队为导向，薪资水平的透明度越来越高，甚至团队成员也要参与薪资水平的确定。因此，在很多企业中，要想平衡团队成员对薪资的知情权和保护个人隐私之间的矛盾，同时平衡员工的这种知情权与企业需要减少因团队成员对他们的相对价值感到不满而产生的冲突之间的矛盾，变得越来越困难。[73]

9.3.3　工作不满意的来源

人和组织的许多方面都有可能导致员工产生不满。管理者和人力资源管理专业人员必须清醒地意识到这一点，这是因为，它们是提高员工的工作满意度和弱化工作退出的一个重要杠杆。

不安全的工作条件

我们在本章的前面讨论了企业在帮助员工保持身体健康方面扮演的角色，即企业可以通过员工援助计划来解决员工遇到的一些特殊问题，比如吸毒和酗酒。显而易见，既然企业对员工在工作之外可能会遭受的风险都如此关心，它们就应当更为重视员工在工作中所面临的各种风险。

当然，每一位员工都有获得安全工作条件的权利。在本章中，我们还需要重新讨论这个话题。这是因为，对工作安全问题进行评估的不仅仅是职业安全和健康管理局，组织自己的员工对工作条件的感知及反应也会对员工的满意度、保留率以及企业的竞争优势产生影响，而这就不仅仅是满足法律要求的问题了。也就是说，如果求职者或任职者认为他们的健康或生命安全会因为工作而受到威胁，这家企业就很难吸引和留住员工。

尽管不是所有的职位都存在安全风险，但是相当多的职位所从事工作的性质使对员工的安全感知进行管理显得至关重要。[74]这些职位包括渔船操作工、伐木工人、飞行员或客舱服务员、结构金属工、垃圾清运工、出租车司机或汽车司机，等等，在这些职位上工作的人被认为最容易遭遇死亡事故。事实上，仅在我们罗列出的这些职位上每年就有近1 000人死亡。另一些职位尽管很少会造成任职者死亡，但是在这些职位上发生非死亡事故的概率比较高。这一类职位涉及餐饮机构、医院、疗养院、便利店以及长途货运行业。另外，还有一些职位之所以存在安全隐患，主要是因为员工会暴露在有化学物品的环境中，有可能会患上职业病。

最后，一些职位之所以存在安全风险，仅仅是因为工作时间长和压力大。最近的几起航空事故都是因为在夜间工作的空中交通指挥员在长时间工作后睡着了，这引起了人们对此类安全风险的广泛关注。例如，在一个案例中，一位空中交通指挥员在前一天只睡了两个小时，这是空美航空公司（ComAir）191航班在肯塔基州列克星敦市发生事故的主要原因。[75]通常来讲，在夜间从事工作与人的生理机能相违背，会破坏一个人的自然生理规律，反过来导致一系列的生理问题。因此，那些在职位描述中将夜晚从事工作作为一项要求的职位都需要将夜间工作视为一个安全问题。[76]

在试图管理海外机构时，对员工提供保护并确保他们的安全是一项特别有挑战性的工作。例如，2013 年，像 H&M 公司、盖璞公司和 Zara 公司这样一些处于时装行业的企业，被指责需要对 1 000 多名服装生产工人的死亡负责，这些工人在孟加拉国工作时，由于破旧建筑倒塌而丧生。在那场灾难发生之后，西方的很多公司发誓帮助孟加拉国提升其工作设施的安全性。然而在三年之后，在被确认并不安全的 1 600 座建筑物中，有 80％的建筑仍然并未修整。劳工活动家科尔·吉尔（Kohl Gill）指出："尽管人们对此给予了极大的关注，但令人惊讶的却是取得的进展甚微。"[77]

人格特征

因为不满意是一种最终会驻留在人们心中的情绪，所以，毫不奇怪，许多研究这种情绪性结果的人都把注意力放在个体差异方面。例如，**消极情感**（negative affectivity）是一个描述某种人格维度的词，这种人格维度反映了不同的人在对生活的某一方面或所有方面感到满意的程度上存在普遍差异。消极情感比较明显的人往往具有较为显著的令人厌烦的坏心境，其中包括在各种背景下（即工作环境和非工作环境中）表现出来的愤怒、轻蔑、羞耻、内疚、恐惧以及神经质。这些人往往将注意力集中在自己和他人的一些负面特征上。即使是在面对通常能够提高他人满意度的组织干预措施，比如提高薪酬水平时，他们也倾向于持一种消极态度。

所有这些都表明，总有一些人会将他们的低满意度带到工作中去。因此，无论组织采取什么样的措施或者管理人员怎样做，这些人都不会感到满意。相反，有研究表明，积极的人倾向于更加努力地工作，对组织的承诺度更高，薪酬水平和晋升频率也更高。[78]正如在任何其他事情上一样，我们不可能从一件好事中得到太多的东西，如果一个工作小组都是由积极性高的人组成的，他们通常会过于乐观，对于在计划或项目中可能出现什么问题不会进行足够的批判性思考。因此，在团队的组成方面，有意设定一个"魔鬼代言人"可能是很有价值的。[79]

就这些性格和工作满意度之间的关系所做的研究表明，作为一种提高员工整体工作满意度水平的手段，人员甄选非常重要。如果由于像负面情感或核心自我评价这样一些个性特征在一个人身上是相对稳定的，因而一个人的工作满意度在不同时间和不同职位上也是相对稳定的，这就表明一个人的工作满意度即使出现短暂的变化，也是很难持续的，因为随着时间的推移，他们总是会回到自己的那种特质或适应水平上去。因此，一些企业在甄选求职者时会尝试针对这种情况进行筛选。

任务与角色

作为工作不满意的一个预警器，没有什么比工作任务的性质本身更为有效的了。一项工作任务的许多方面都与工作不满意联系在一起。目前已经形成了几种将工作特征与员工做出的反应联系在一起的较为完善的理论，而且得到了广泛的验证。我们在第 3 章中讨论了其中几种理论。在这一节中，我们将主要讨论工作任务中会对工作满意度产生影响的三个重要因素：任务复杂性、工作时间地点的灵活度、员工在完成任务时带来的价值增值。

除了少数特殊情况，在任务复杂性和工作满意度之间存在很强的正相关关系。也就是说，那些对任职者来说没有任何脑力挑战的单调的重复性工作带来的烦闷和压抑，会导致员工感到沮丧和不满。[80]

减少工作不满的主要方法之一是职位丰富化。**职位丰富化**（job enrichment）是指能够增加一个人所从事工作的复杂程度以及意义的各种方法。正如这一概念本身表达出来的意思一样，它直接针对的是那些由于本质上具有重复性或者工作范围较窄而显得单调乏味或令人厌烦的职位。许多职位丰富化计划都以我们在第 3 章中讨论过的职位特征理论为基础。另一个以工作任务为基础的减少工作不满的方法是职位轮换。**职位轮换**（job rotation）是指在一定的时期内系统地将一个人从一个职位转移到另一个职位上去的过程。尽管员工可能感到自己无法长期忍受某一特定职位存在的那些令人不满意的方面，但如果让他们在短期内从事这样一些工作，他们还是可以忍受的。

职位轮换的作用并不仅仅是简单地让大家去分担某个职位的某些不令人满意的方面。它可以增加员工从事的工作的复杂性，并为员工提供有价值的在职交叉培训，从而使员工了解许多不同的职位。这样就可以造就一支更为灵活的员工队伍，同时还能增强员工对组织为履行其使命必须完成的其他工作任务的兴趣。例如，沃尔玛最近推出了一项名为 Upskilling 的新计划，该计划通过将工作轮换和工作丰富化相结合的方式，力图将低等级的员工开发成为中层经理。[81]

由于员工的非工作角色往往会在一定程度上溢出并影响他们的工作角色，反之亦然，影响员工满意度和保留率的第二个关键方面是工作时间安排的灵活程度。例如，一些公司允许员工至少可以在家中工作一定比例的时间。这有助于提高那些不得不长途通勤的员工的效率，同时降低他们的购房成本。但是，由于员工在工作中需要一定的创造力和彼此协作，因此，许多公司最近又对这类政策做了一些调整，因为它们认为，面对面的互动对于创新至关重要。具有讽刺意味的是，IBM 是最早让员工在家工作的公司之一，但在一次重大调整过程中，公司决定耗资 7.5 亿美元兴建一个办公场所，想要强调真正的团队合作而不是虚拟的合作。[82]

当然，更糟糕的是，本来就僵化的工作时间安排还不可预测，这是零售业或酒店业中许多人对工作感到不满的主要根源。[83]员工很讨厌被临时通知去上班，尤其是在周末。而事实上，快餐行业的福乐鸡公司（Chick-fil-A）的核心价值观之一就是周日不营业，这样就确保员工可以在这一天与家人和朋友共度。这帮助该公司将每年的员工离职率维持在 4％的水平上，而该行业的平均年度员工离职率为 150％。[84]尽管人们可能担心该公司周日不上班造成的营业损失是否会抵消掉留住员工的价值，但公司人力资源部门的员工指出，公司有大批忠诚度很高的客户，他们早已习惯了在一周的其他时间里满足自己的需求——因此公司实际上避免了任何损失。[85]尽管并非所有的企业都可以奢侈到在周日关门一天，但正如这里的"通过科技开展竞争"专栏显示的那样，有一些新的应用程序可以帮助员工实现一定程度的工作时间安排可预测性。

➡ 通过科技开展竞争

技术通过可预测工作时间安排解决可预测难题

从雇主的角度来说，手头没有足够多的员工能满足用人高峰的要求是很糟糕的，比这更糟糕的则是在用人需求低谷的时候却有一大批员工闲在那里无所事事。因此，雇主希望自己能够拥有对员工招之即来、挥之即去的灵活性。当然，对员工来说，因为没活儿可干而被雇主早早打发回家是很糟糕的事情，而比这个更糟糕的则是临时被雇主找回去上班，从而导致个人的所有计划被打乱。过去，在劳动力过剩情况下，雇主在争夺工作时间安排灵活性方面往往占据上风，但由于两个方面的原因，这种情况已经发生了变化。

第一，普遍存在的劳动力短缺——特别是在零售或酒店等行业——已经将力量的平衡转移到了劳动者方面。例如，根据美国劳工统计局的数据，2017年的零售业有75万多个职位空缺没人填补，比上一年增加了10万个，比2018年的预期减少了10万个。帮助员工重新谋职的 Challenger，Gray & Christmas 公司的副总裁亚当·查林杰（Adam Challenger）指出："一场针对零售人才的战争将会爆发"，而那些不能满足员工对工作时间安排可预测性需要的公司是不大可能赢得这场战争的。

第二，一波新的法规正在获得通过，这使得雇主在严格定义的参数范围之外进行员工的工作时间调度变成非法的。例如，纽约、旧金山和西雅图等城市已经通过了新的法律，保证员工在工作时间安排方面享有更高的可预测性。这些法律规定，雇主必须提前7～14天公布工作时间安排表，公布之后如果想要更改，则需要向受影响的任何员工提供一定的奖金。这些法律还规定了在班次之间的固定休息时间以及对"开门和关门"（即安排同一个人按顺序负责经营场所的开门和关门）所做的限制。

幸运的是，许多公司都采用了新的技术来帮助优化雇主和员工在工作时间安排方面的共同需求。例如，2018年，沃尔玛在其4 500家位于美国的商店中推出了一项新的计划，以确保员工在13个星期内的上班时间是完全相同的。这种技术使用大数据分析的方式，根据过去的历史数据确定每个商店中需要的准确人员配备水平。然后，再将这组人员配备要求与对员工个人希望上班的时间进行调查的结果相匹配。该程序会生成工作时间安排计划，并将其发送给员工，员工可以通过访问这个移动应用程序在13周的时间内，根据个人需要的变化直接进行彼此之间的交易。这一程序使那些想要延长工作时间以增加他们在可用的时间安排表中所占份额的人，与其他想要减少工作时间的员工进行交易变得更加容易。这个程序还通过消除计划外的、临时性的用工帮助沃尔玛准确地预测劳动力成本。尽管对该程序的作用还在进行评估，但在员工满意度和离职率方面获得的早期结果都表明该计划取得了积极的成果，在采用这种技术的商店中，员工离职率下降了10%。

讨论题

1. 劳动力供求方面的变化会通过哪些方式刺激新技术的发展？

2. 除了零售业，还有哪些其他行业可能对这里描述的技术感兴趣？为什么？

资料来源：M. Hanbury, "People Don't Want to Work at Stores like Target and Macy's and Its Creating a Huge Problem for the Industry," *Business Insider*, September 23, 2018; C. Blanchard, "Predictive Scheduling: What to Expect," *Workforce*, April, 2018; S. Nassauer, "In the Battle for Workers, WalMart Promises Steadier Schedules," *The Wall Street Journal Online*, November 13, 2018.

很多公司还可以通过家庭友好政策帮助员工做好他们的多角色管理。这些政策可以包括有关日托、老年护理、工作共享、远程办公以及延长产假和陪产假等方面的内容。但是，在提供产假和陪产假方面，美国大多数雇主的表现远不及世界其他地区的雇主。尽管

《家庭和医疗休假法》要求雇主给予生完孩子后的父母 12 周时间的假期，但这是非带薪假期，许多员工在不带薪的情况下无力休这么长时间的假（尤其是在刚生完孩子的时候）。从国际排名的角度来看，美国与利比里亚、巴布亚新几内亚和苏里南并列，是不提供新生儿父母带薪假期的四个国家。[86]

许多美国公司都不需要通过政府施压来改善员工的工作与生活之间的平衡。[87]特别是在投资银行领域，很多雇主都正在响应千禧一代员工队伍的需要，这些人似乎并不愿意通过每周工作 80 小时来获得丰厚的经济回报。[88]事实上，从 2007 年到 2015 年，进入投资银行业的商学院毕业生比例已经从 13％下降到了 4％，而到硅谷去工作的毕业生在同期的比例却从 7％上升到了 17％。[89]

到目前为止，从产生满意度的角度来说，工作的最为重要的方面是与员工的核心价值观产生有意义的关联的程度。**亲社会动机**（prosocial motivation）一词通常被明确用来表示人们在多大程度上愿意帮助他人。当人们认为自己的工作对其他人具有重要影响时，他们愿意工作更长的时间。当一个人认识到自己的工作会对从自己的服务中受益的人（例如客户）产生积极影响时，也会激发出这种动机。相反，当一个人的社会需要受到挫败时，他往往会做出消极的反应，并以自欺欺人的方式驱使人们远离他。[90]

除了亲社会动机，工作可能对人们也是有意义的，因为他们觉得工作给了他们一种生活的目标感。在这种情况下，完成的确切工作任务本身甚至可能无关紧要。相反，所有的一切都取决于工作产生的结果。例如，对工作意义进行广泛研究的迈克尔·普拉特（Michael Pratt）经常讲述一个寓言故事：对在同一地方工作的砌墙工人询问他们在干什么。第一个工人叹了口气，垂头丧气地说道："我就是把一块砖头放在另一块砖头上去而已。"第二个工人的回答有所不同，他说："我用一个小时赚六便士的工钱啊。"第三个工人却兴奋地回答说："我正在建造一座大教堂！"这三名工人都在从事相同的工作，但是其中一个人从工作中找到了意义，而其他两个人则没有，因此他们的工作满意度肯定是不一样的。[91]

上级与同事

在一个组织内部，对员工的工作满意度产生影响的两个最重要群体是同事和上级主管人员。员工可能会由于下列两种原因之一而对其上级和同事感到满意。

第一，员工可能会将自己的上级主管人员视为一种"温暖的力量"——当上级真正关心员工并且尊重他们的时候。当人们处于一种总体而言属于文明、礼貌的文化之中时，大家会感到自己的尊严和价值比他们为工作做出的贡献更受重视。而粗暴无礼则会带来压力，有研究表明，受到恶劣对待的人是很难专注于工作任务的，相反，他们会更多地考虑自己所受到的糟糕对待以及通过哪些途径能够让自己找回平衡。[92]他们也极有可能会选择离开，在有些情况下，甚至会大批离开。例如，一家名为 Tanium 的软件公司就有十多名高层管理人员因为不满首席执行官奥利安·欣达维（Orion Hindawi）滥用监督权而选择立即辞职。这些人包括公司总裁以及负责市场营销、财务会计、运营以及金融等事务的高层管理人员，这基本上是在战略的层面导致公司关门了。[93]

第二，员工也可能会因为上级主管人员能够支持和帮助自己实现目标而对他们感到满意。也就是说，尽管有热情的上级和同事是一件好事情，同样关键的是这些人在帮助员工及其团队达成使命方面是"胜任的"。实际上，当员工需要在温暖但能力不足的领导者与冷漠但有能力的领导者之间做出选择时，70％的人会选择后者。[94]不过，既温暖又有能力的组合显然是最好的，在那些既能对员工提供支持同时又很有能力的领导手下工作时，员工不仅会工作更长的时间，而且愿意接受报酬的延迟，因为他们相信自己的辛勤工作最终一定能给自己带来回报。

然而，领导者和各级主管人员并不是造成各种员工问题的唯一根源，在很多情况下，同事或团队成员的不文明行为会对一个人的工作满意度产生更加严重的负面影响。例如，2017 年的一项调查表明，有 20％的受访者报告称自己曾在工作中受到同事欺负。[95]工作场所欺凌被界定为由一位或多位作恶者在工作中通过威胁、侮辱以及恐吓等谩骂和冒犯的行为，对同事实施的损害受害员工健康的一种持续性虐待，这种虐待会阻碍员工完成工作。这与上司滥用权力不一样，因为这种行为会随着工作的完成而结束，而同事欺凌则是持续不断的。尽管很多高中学校都制定了禁止欺凌的条款，但企业不会对此作出规定，这些恃强凌弱者也不会停止欺凌。[96]

由于支持性的环境可以降低员工对工作的不满意程度，因此许多组织都在努力培育工作之中以及工作之外的团队（比如，通过垒球或保龄球俱乐部组建团队）。这种做法是基于以下思想，即通过齐心协力的努力可以增强团队的凝聚力以及对团队中的每一位成员的支持力度。虽然任何一个组织的管理层都无法确保每一位情绪低落的员工能与别人交上朋友，但它却使员工之间的相互交往变得更容易——交往是建立友谊与和谐关系的一个必要条件。

薪酬与福利

我们不应低估任职者、工作本身以及任职者周围的人对一位员工的工作满意度产生的影响，然而对于大多数人来说，工作是他们最主要的收入来源和经济保障。同时，薪酬还是一个人在组织内部以及在整个社会上的地位的一种象征。因此，对于很多人而言，与组织中其他人的薪酬相比，或者与在其他组织中承担类似职位的人的薪酬相比，他们的薪酬所处的相对位置可能比他们获得的薪酬水平本身更为重要。例如，当微软女员工发现有数据表明，女员工的薪酬比从事相同工作的男性员工低大约 10％的时候，她们对微软提起了集体诉讼。[97]

对于有些人来说，薪酬是自我价值的一种反映，所以在谈到员工留任问题时，员工对薪酬的满意度起着至关重要的作用。[98]事实上，正是由于薪酬和福利所起的作用如此之大，我们才不得不在本书后面用大量篇幅讨论这一问题。在本章中，我们将主要讨论与薪酬满意有关的两方面问题（薪酬水平以及福利）以及在组织内部如何评价。至于解决相关问题的方法，我们会在本书的后续内容中加以讨论。

薪酬满意的一个主要维度涉及本人的薪酬水平与市场薪酬水平相比处于何种位置。在留住员工的问题上，如果一家公司的员工被其他公司挖走，常常是因为其他公司承诺支付更高水平的薪酬。事实上，一项面向已经离职的高绩效员工所做的调查显示，70％的员工都将其他企业能够支付更高水平的薪酬作为自己的离职原因，而只有 33％的员工选择了其他企业可以为自己提供更好的机会。但具有讽刺意味的是，当对这些离职员工的上级管理人员进行调查时，68％的人都将能够获得更好的机会作为员工离职的主要原因，而只有

45％的管理人员认为员工离职的主要原因是其他企业支付了更高水平的薪酬，这表明管理者和被管理者在员工流动问题上存在观点的分歧。[99]

随着近期劳动力市场开始紧缩，许多雇主都意识到，为了阻止员工流失，有必要提高薪酬水平。[100]即使是像沃尔玛这种将整个业务模式都建立在降低成本基础之上的公司，都在 2015 年时将其许多员工的工资提高到了每小时 10 美元，远远高于法定最低工资水平，其目的就是留住最有经验的员工，从而减少雇用和培训新员工的需要。沃尔玛还启动了一项计划，允许员工在发薪日之前就能拿到自己已经可以获得的部分工资。[101]发起此次加薪的公司首席执行官道格·麦克米隆（Doug McMillon）指出："我们希望员工关心公司并且与公司紧密联系在一起。"[102]这并非孤立的案例，来自美国的数据显示，在 2016—2017年，工资水平增长了大约 3％。[103]

福利在一个人的总薪酬中所占的比重很大，因此，对福利的满意度也是总体薪酬满意度的另一个重要维度。然而，由于许多员工难以确切地了解自己获得的全部福利的真实货币价值，因此对很多人来说，这一维度的重要性可能就不像薪酬那样突出。企业为了从福利支出中获得竞争优势，非常关键的一点是，不仅要确保福利对于员工而言非常重要，而且要注意保持福利与组织战略方向之间的联系。

例如，星巴克希望吸引聪明且受过教育的员工，但又雇不起大学毕业生。因此，星巴克启动了一项学费报销计划，通过该计划为在亚利桑那州立大学攻读学士学位的员工付费。在过去的四年中，该计划的成本大约为每位员工 4.5 万美元，但该公司认为这是吸引和留住适合本公司业务模式的那些员工的一种好方法。[104]另外一种广受欢迎的福利则是帮助新员工还清他们过去因为接受教育而欠下的债务。[105]

9.3.4 测量与监控工作满意度

大多数组织都试图通过员工自报告方式来衡量他们的工作满意度。关于现有的许多工作满意度测量方法的信度和效度数据已经很多了，同时，使用这些测量方法的公司得到的数据也很多，这就为我们在不同公司之间进行比较提供了方便。如果企业希望对其员工的工作满意度进行评价，那么从编制工作满意度评价量表入手无疑是最好的做法。然而，如果企业试图自行设计供本公司使用的工作满意度评价量表，就会像一个试图"重新发明车轮"的人一样愚蠢。当然，在有些情况下，企业确实希望衡量员工对本组织特有的工作各方面的满意度（比如，与其他保健计划相比，对某一特定保健计划的满意度），这时企业倒是有可能需要创建自己的衡量工具，但这只是一种例外，而不是常规情况。

一种得到广泛使用的标准化的工作满意度测量方法是工作描述指标法（Job Descriptive Index，JDI）。工作描述指标法强调工作满意度的各个方面：工作本身、薪酬、晋升机会、直接上级以及同事。表 9-5 给出了从工作描述指标法测量问卷中选取的几个问项。还有一些工作满意度评价量表试图得到构成工作满意度的更为具体的各方面信息。例如，虽然我们刚才提到的工作描述指标法评价了员工对薪酬的满意度，但它并没有将薪酬划分成几个不同的维度。[106]薪酬满意度问卷（Pay Satisfaction Questionnaire，PSQ）集中考察了在薪酬的各个维度（即薪酬水平、福利、薪酬结构以及加薪等）上员工的满意度。因此，这种评价方法能够就员工对薪酬的哪些方面最满意或最不满意给出更为详细的信息。[107]

表9-5 一张标准化的工作满意度评价量表的问项样本

导引：想一想你目前从事的工作。它在大多数情况下是什么样子？请在下面的每一个词前面的空格中填写以下三个符号之一：

___Y___ 代表"是"，如果这个词正确地描述了你的工作，就填写这个符号。

___N___ 代表"否"，如果这个词没有正确地描述你的工作，就填写这个符号。

___?___ 如果你感到不确定，就填写这个符号。

工作本身	薪酬	晋升机会
＿＿一般	＿＿低于我应得到的	＿＿没有晋升机会
＿＿满意	＿＿很高	＿＿晋升政策不公平
＿＿很满意	＿＿缺乏保障性	＿＿以能力为基础

直接上级	同事
＿＿不友好	＿＿聪明
＿＿工作好时给予表扬	＿＿负责
＿＿没有给予足够的监督指导	＿＿令人讨厌

资料来源：W. K. Balzar, D. C. Smith, D. E. Kravitz, S. E. Lovell, K. B. Paul, B. A. Reilly, and C. E. Reilly, *Users Manual for the Job Descriptive Index（JDI）*（Bowling Green, OH: Bowling Green State University, 1990）.

尽管满意度调查曾经是一年一度的事情，但越来越多的技术手段为企业和各级管理人员创造了获得更快速的反馈的机会。快速调查（pulse surveys）是一家公司希望持续关注的关于一组特定问题（甚至可能只有一道题）的非常简短的问卷，这种调查可以每天或每周做一次。[108]这种快速调查的目的是在问题发展过程之中尽快发现它们，而不是等到年底，问题已经发展到不可收拾的地步再去进行调查。此外，这些调查的目的还包括避免因长期记忆问题导致一年一度的调查出现价值下降情况。通常情况下，这些调查都是匿名的，其目的是减少员工对于发表意见的恐惧感，并且很多组织都会努力在员工发表意见之后立即采取可以看到的行动。[109]

9.3.5 调查-反馈干预法

不论你采用哪一种工作满意度测量方法，也无论你测量满意度的多少个方面，一项系统性、持续性的员工调查与研究计划都应该成为某种人力资源管理战略的至关重要的组成部分之一。这样做的第一个原因是，它使公司能够对一段时间内员工的工作满意度发展趋势进行监控，从而在员工自愿流动迹象出现之前就加以阻止。在全美国范围内，此类从时间序列角度对美国劳动者的工作满意度所做的趋势调查数据显示，在2017年时，美国劳动者工作满意度达到了自2005年以来的最高水平。根据这一调查，有51%的美国劳动者表示对工作总体感到满意。但是当涉及工作中的各项具体要素时，在满意度方面就存在很大的差异了，比如，只有30%的人表示对晋升机会感到满意。[110]

在综合考虑此类问题的情况下，图9-2展示了一家假设的公司在2013年、2015年和2017年时，员工满意度的各个不同方面的平均水平。正如图中表明的，随着时间的流逝，该公司员工对公司中的晋升机会的满意度有所下降，而对同事的满意度则有所提高。如果在该公司的高绩效员工中存在晋升机会满意度与自愿离职之间的强相关关系的话，那么，这种晋升满意度下降的情况就对这个组织构成了某种威胁，很可能需要通过第8章中讨论过的某些员工开发技术来做出应对。

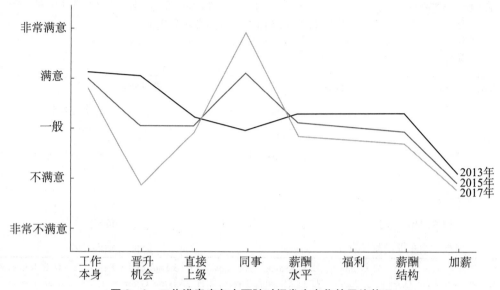

图9-2 工作满意度各方面随时间发生变化的平均状况

持续不断地进行员工满意度调查的第二个原因是，它能够为一项政策（比如，引入一套新的绩效评价体系）或人事变动（比如，一位新的首席执行官到任）对员工态度产生的影响提供一种实证性的评价方法。图9-3就显示了一个假设的组织在实施企业兼并的一年前后，员工对工作的各个方面的总体满意度。通过对这一趋势变动图进行分析，我们可以清楚地看到，自完成兼并以来，员工对直接上级以及薪酬结构的满意度大幅下降，不仅如此，这方面的员工满意度下降并没有因为其他方面的满意度上升而得到弥补。这说明这家公司可能需要对各级主管人员进行培训（就像我们在第6章中讨论过的那样），或者是改变它的职位评价系统（就像我们将要在第10章中讨论的那样）。

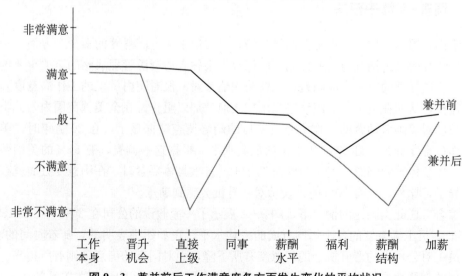

图9-3 兼并前后工作满意度各方面发生变化的平均状况

这种效果的真实例子可以从全食超市（Whole Foods）的员工体验中看到。全食超市这家零售企业在被亚马逊收购之后，员工的工作满意度大幅度下降，特别是薪酬满意度方面。亚马逊取消了全食超市一直实施的面向全体员工的利润分配计划，推出了一项仅适用于高管的新的利润分享计划。这件事促使员工在 2018 年推动组建了一个集体谈判单位，并且对其一般原则做了申明，员工对在薪资方面出现的任何变化都高度敏感，而目前的变化导致大家与过去的薪酬相比受到了损失。[111]

第三，当企业将这些员工满意度调查与工作描述指标问卷或薪酬满意度问卷等标准化问卷结合在一起使用时，就可以根据这些维度将本公司与同行业的其他公司进行比较。比如，图 9-4 就显示了某一假设的公司在工作满意度的各个方面得到的总体评价，同时还显示了它与行业平均水平进行对比的情况。再重复一下，如果我们找到了一个公司在工作满意度方面（比如，对总体的薪酬水平）与整个行业之间存在的主要差距，这个公司就可以在自己的员工大量流向竞争对手之前做出反应，尽快修改公司政策。

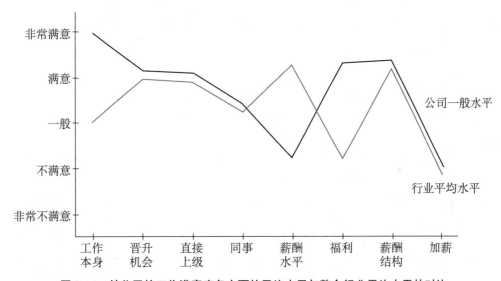

图 9-4 某公司的工作满意度各方面的平均水平与整个行业平均水平的对比

如图 9-4 所示，与同行业相比，这家公司的员工对薪酬水平的满意度比较低，但是它在这方面的不足却被员工对该公司提供的高于行业平均水平的福利以及工作本身的较高满意度抵消掉了。正如我们在第 5 章 "甄选与配置" 中看到的，一个组织可能想利用这一信息来系统地对求职者进行甄选。也就是说，如果公司选择那些对工作本身的性质和福利最感兴趣的求职者，同时拒绝那些仅仅关心薪酬水平的求职者，则个人与组织之间的匹配有可能达到最佳。

在组织内部，系统的调查计划还可以用来考察每个单位与从所有单位中提炼出来的能够作为基准的最佳实践之间存在的差异。比如，图 9-5 就显示了一家假设的公司所属的几个地区事业部的员工平均满意度。该图表明，在这几个地区事业部中，有一个地区事业部的员工对加薪的满意度比其他事业部员工更高。如果在整个公司中分配给几个事业部的加薪总额是相同的，这就暗示了中西部地区事业部的加薪方法或者在加薪方面与员工进行的沟通是其他事业部应当学习的。

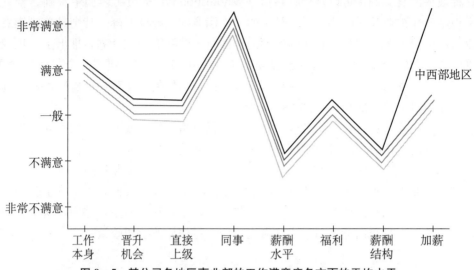

图 9-5　某公司各地区事业部的工作满意度各方面的平均水平

最后，虽然这一节的内容针对的是对当前员工所做的调查，但是任何战略性的留住员工的政策都要考虑对那些即将离开企业的员工进行调查。与即将离开公司的员工进行离职面谈，对于发现导致企业员工流失的因素是非常有价值的。在离职面谈开展得比较好的情况下，这一过程能够揭示出员工离开企业的真实原因。例如，最近的离职面谈表明有两种类型的员工会选择离开企业——一种人离职是因为得不到足够的工作时间，另一种人离职是因为工作时间太长。这看起来似乎是讽刺性的、违反常理的，但是考虑到现在的工作不断地分化为两种形式——按小时领取工资和领取固定薪资，从这方面来看这确实说得通。也就是说，企业对领取小时工资的员工是按工作时间付费，因此企业肯定会限制他们的工作时间，而不愿意为多出来的工作时间付费（相当于平时工资的 1.5 倍）。除此之外，为了不支付这些人的强制性医疗保险，企业还会将他们工作时数限制在 30 小时以内。[112]这样，许多领取小时工资的员工就得不到充足的工作时间。[113]与之相反，领取固定薪资的员工由于薪资水平是固定的，因此必须工作很长时间，甚至在晚上和周末都要加班。很多员工像上紧发条一样不断地工作，要么没有假期，要么在假期的时候还要工作。[114]很明显，如果可以很好地解决在这两种人身上分别存在的劳动力需求过度和劳动力需求不足的问题，则所有人都可以受益，而这种情况存在显示了在薪资和薪资结构方面存在的一些普遍规则——这是我们在下一章中将要谈到的。

小　结

本章讨论了与员工的离职与留任有关的一些问题。非自愿流动反映了组织方面提出的离职，这种情况常常发生在员工本人仍然愿意留在组织中并作为组织一员的时候。自愿离职反映的是员工个人提出的分流，这种情况常常发生在组织希望该员工继续保持组织成员身份的时候。组织可以通过对分流过程进行战略管理来获取竞争优势，即通过战略管理达到这样一种效果：非自愿流动以一种不会招致报复行为的方式展开，而高绩效者的自愿流动则保持在最低水平上。将组织的惩戒决策或者解雇决策带来的遭到报复的风险降到最低的做法之一是：在执行这些决策时，以一种使员工尽可能感觉到程序公平和互动公平的方式来进行。通过衡量和监控员工对工作和组织的各个重要方面的满意度，根据调查反映出来的问题提出相应的解决办法，组织的自愿流动率就会降到最低水平。

讨论题

1. 在本章中描述的惩戒和解雇程序是非常系统的，但完成速度会比较缓慢。你认为是否存在某些可以导致当事人立即被解雇的过错？如果存在的话，当你被指控存在非法解雇行为时，你将如何向法官证明公司行为的公正性？

2. 人们通常认为，组织出现人员流动不是一种好现象，许多组织花了大量的时间和财力来降低人员流动率。在什么情况下，人员流动率的上升可能恰恰是组织需要的？一方面，解雇员工是一件很难的事情；另一方面，组织应当采取什么样的政策才能促使绩效优秀的员工留下来，而让绩效较差的员工自愿流动出去？

3. 提高员工满意度的三种主要方法是职位丰富化、职位轮换以及角色分析。这三种方法之间的主要区别是什么？在什么情况下，其中的一种方法会优于其他方法？

4. 如果丢掉工作的压力和工作中的不满导致员工在工作中出现了一些问题，那么人力资源管理者有哪些权力和责任来帮助员工克服这些问题？介入这一领域究竟是对个人隐私的一种侵犯，还是仅仅表现为企业的一种慈善主义、利他主义行为，或者说只是出于保护公司投资的需要而采取的一种谨慎的经济措施？

5. 请说明运用公开出版的、标准化的员工态度调查问卷的优点。企业是否需要为进行此类调查而自行开发测量工具？一个组织到什么地方能够学习这种问卷的设计方法？

开篇案例分析

员工离职与留任：谷歌的经验教训

对任何一个组织履行使命的能力产生影响的最关键因素是在离职问题上，哪些人走掉，哪些人会留下来。在本章开篇关于谷歌的案例中，我们看到了一个组织管理存在不当行为的员工的方式会怎样影响其他员工，这些员工还不局限于那些不当行为的受害者。组织需要提前制定适当的政策，一方面使那些绩效低下或不道德的员工能够顺顺当当地离开（非自愿离职），另一方面又不能让那些有价值的贡献者离职困难或者成本很高（自愿离职）。因此，对员工流动的管理就可以成为通过人力资源管理获得竞争优势的一个重要来源。事实上，对员工流动进行管理的水平直接决定了很多公司是能够持续生存，还是会走向破产。

问题

1. 从哪些方面来说，谷歌面临的这种组织危机在有些情况下反而使其更容易管理员工的非自愿性流动？从哪些方面来说，谷歌面临的这种组织危机会使其更难以管理自愿离职？

2. 员工态度调查在保持员工的忠诚和工作热情方面能起到什么作用？如果想要通过员工调查获取准确信息，会遇到哪些挑战？员工调查过程在哪些情况下不仅不能对公司在这方面的努力提供帮助，反而造成损害？

注　释

第 IV 篇

人力资源的薪酬

第 10 章 薪酬结构决策

第 11 章 绩效薪酬

第 **10** 章
薪酬结构决策

学习目标

在阅读完本章后，你应当能够：

1. 列举出在薪酬管理方面需做出的主要决策及相关概念。
2. 描述在管理员工的薪酬时需要用到的一些重要管理工具。
3. 解释竞争性劳动力市场和产品市场在薪酬决策中起到的重要作用。
4. 说明薪酬管理中的沟通等过程性问题的重要意义。
5. 论述在薪酬结构设计方面的一些新发展。
6. 说明从国际的角度来看美国在薪酬方面处在怎样的位置上。
7. 说明在高层管理人员薪酬方面存在争议的各种原因。
8. 描述在薪酬管理方面涉及的一些政府管制。

◥ 进入企业世界

失业率下降，员工薪酬上升：通过争抢员工实施战略

沃尔玛、亚马逊、星巴克、CVS 和许多其他零售商有什么共同点？面对自 1969 年以来出现的全国最低失业率（3.9％）——美国 2010 年时的全国失业率还高达 9.6％，它们都不得不提高薪酬水平来应对日益激烈的竞争。要想知道在如此之低的失业率下到底有多少员工换工作，可以先看一下 2010 年时的情况，当时的失业率是 9.6％，美国雇主想要雇用的总人数为 4 730 万，而它们失去的员工则达到 4 630 万。而在 2018 年时，失业率为3.9％，雇主雇用了 6 800 万名员工，同时失去了 6 560 万名员工。换言之，员工离开雇主的速度比八年前快了 42％，这迫使雇主以类似的速度加快雇用员工的步伐。在这种"过热"的劳动力市场上竞争所需支付的薪酬增加涉及小时工资的提高。例如，CVS 将其最低小时工资从 9 美元涨到了 11 美元。开市客将自己的最低工资提高到每小时 14 美元。塔吉特（Target）的最低小时工资现在是 12 美元，并且还计划在一年内将最低工资水平提高到 15 美元。沃尔玛的最低工资已经提高到了 11 美元，公司高管还指出，自己和团队会"每隔两周时间审查一次在商店中工作的员工的工资，以确保公司的薪酬在开展业务经营的各个市场上都是具有竞争力的"。不过，雇主也通过增加福利来提高工作的吸引力。例如，沃尔玛将全职员工的带薪产假从原来的 6~8 周，只支付一半工资，调整为时间增加

到 10 周，同时支付全部工资。此外，沃尔玛还将首次向刚做父亲或未生育母亲的全职员工提供带薪休假（为期 6 周，支付全薪）。需要与沃尔玛争抢员工的 CVS 将为全职员工提供 4 周的带薪育儿假，并且冻结员工在来年需要交纳的医疗保险费用。CVS 估计，它提供的工资和福利加在一起将会使公司每年向员工额外提供的报酬高达 4.25 亿美元。尽管当前对员工的竞争变得更加激烈，但雇主仍在尽自己最大的努力防止这些增加的报酬转变为固定成本。例如，沃尔玛将会给每名员工支付从几百美元到 1 000 美元的年终奖，仅此一项估计给公司带来 4 亿美元的成本。不过，与工资和福利的增加不同，这些奖金不会成为未来基本薪酬的一个组成部分，即如果在未来几年中，雇用和保留员工的竞争变得不那么激烈了，这笔支出是可以缩减甚至终止的。正如一家员工配置公司的一位高管人员罗伯特·哈夫（Robert Half）所说的那样："很多公司仍然不愿意将基本薪酬上调太多。员工要想从公司里拿走这笔钱，要比拿走奖金难得多。"最后，很多雇主都正在寻求提高效率，即在支付了高薪酬的情况下，员工能干更多的或质量更高的工作。沃尔玛最初之所以提高薪酬水平，其主要原因在于公司的薪酬没有高到能够吸引和留住公司为提供特定的客户体验而需要的那些员工的程度，这些客户体验是沃尔玛成功地实施战略所必需的。很多雇主对员工薪酬上涨做出的另外一种反应是用技术替代员工（即将某些工作自动化）。沃尔玛在自己的码头上就正在使用更多的自动化技术和更少的员工来卸载卡车以及完成相关的库存控制。星巴克和麦当劳等公司也正在用售货亭代替传统的收银员。

资料来源：C. Rugaber and A. D'Innocenzio, "U. S. Retailers Hope Higher Pay Will Buy More Efficient Workers," *AP News*, December 29, 2018, www. apnews. com；T. -P. Chen and E. Morath, "Firms Choose Bonusesover Raises," *Wall Street Journal*, September 19, 2018；S. Terlep, "CVS to Raise Starting Wage," *Wall Street Journal*, February 9, 2018；N. Irwin, "How Did Walmart Get Cleaner Stores and Higher Sales? It Paid Its People More," *New York Times*, October 15, 2016；N. Bomey, "Walmart Boosts Minimum Wage to \$11, Hands out Bonuses up to \$1 000 for Hourly Workers," *USA Today*, January 11, 2018；E. Morath, "Wages Rise as Hiring Accelerates," *Wall Street Journal*, November 3/4, 2018；S. Nassauer, "Costco to Raise Starting Wage to \$14 an Hour：Retail Chain Is Latest to Boost Pay in Attempt to Attract and Maintain Workers," *Wall Street Journal*, January 11, 2019.

■ 10.1 本章介绍

　　从企业的角度来看，薪酬是推动企业战略目标实现的一个强有力工具。首先，薪酬对员工的态度和行为有着重要影响。它不仅会影响被吸引到企业中来（并留在企业中）的员工的类型，而且能成为一种使员工的个人利益与更为广泛的企业利益保持一致的有力工具。在本章开篇案例中，我们看到几家零售企业在一个低失业率的劳动力市场上通过提高工资争抢员工的情况。像沃尔玛这样的公司还通过增加福利（例如带薪育儿假）来吸引和留住员工。沃尔玛在几年前还决定通过提高薪酬水平来吸引更多的能够帮助公司执行经营战略（包括创造理想的客户体验）的员工。薪酬还可以成为使当前员工的利益与更宽泛的组织利益之间保持一致的强大驱动因素（我们将在第 11 章中更全面地讨论这个问题）。其次，员工薪酬是一项具有代表性的重要组织成本，因此需要给予特别关注。如表 10-1 所示，总薪酬成本（包括现金和福利）占经营收入的比例因具体行业的不同而有差异，为18%~44%，各行业的平均比例为 30%。表 10-1 也提供了一些组织的总薪酬成本占营业收入的比例。比如，在 HCA 医疗健康公司（HCA Healthcare Inc.），这一比例为 46％，与医疗健康行业的平均水平即 44％ 相似。在高盛这家金融服务公司，这一比例为 38％。我们还看到了在不同行业之间这一比例是存在差异的。西南航空公司的总薪酬与营业收入之间的百分比要高于美国联合航空公司。波士顿红袜队（Boston Red Sox）的这一比例，要高于纽约扬基队（New York Yankees）和密尔沃基酿酒者队（Milwaukee Brewers）。最后，威斯康星大学麦迪逊分校的这一比例为 42％。这些关于各种组织的这一比例的大多数例子都说明了这样一种情况，即有价值的人力资本——无论是医生和护士、投资银行家、投手和游击手，还是教授和科学家——都是产品的核心要素以及组织竞争的重要手段。薪酬成本在航空公司的收入中所占的百分比较低，因为航空公司在资本（例如飞机）上的投资很大。

表 10-1 总薪酬成本占营业收入的百分比，取行业中位数

总薪酬/营业收入	
产业领域	
医疗健康	44％[a]
制造/工程	21％[a]
公用事业	18％[a]
所有行业	30％[b]
组织机构	
HCA 医疗健康公司	46％
西南航空公司	35％
美国联合航空公司	28％
高盛	38％
密尔沃基酿酒者队	49％
波士顿红袜队	55％
纽约扬基队	33％
威斯康星大学麦迪逊分校	42％

注：a 基于 2016 年 11 月的报告，b 基于 2015 年 11 月的报告。

资料来源：Southwest Airlines. Form 10-Q. October 30，2018；HCA Healthcare, Inc. Form 10-K. February 23，2018. www. SEC. gov；Goldman Sachs. 10-Q. November 2，2018. www. SEC. gov；United Airlines. 10-Q. October 17，2018. www. sec. gov；Data Digest FY 2018. University of Wisconsin-Madison 2017—2018 Data Digest，p. 75 and p. 78；Spotrac. MLB Team Cash Tracker. www. spotrac. com；The Business of Baseball. Forbes. www. Forbes. com；PwC，*Trends in HR Effectiveness：With Excerpts from 2016 PwC Saratoga Benchmarks*，November 2016，http://www. pwc. com/us/en/hrmanagement/publications/assets/pwc-trends-in-hr-effectiveness-final. pdf；PwC，*Trends in HR Effectiveness：With Excerpts from 2015 PwC Saratoga Benchmarks*，November 2015，http://www. pwc. com/us/en/hr-management/publications/assets/pwc-trends-in-the-workforce-2015. pdf.

对于沃尔玛和其他公司（例如，西南航空公司，以及在某种程度上的美国联合航空公司）来说，通过保持低价格竞争客户的传统已经转化为向员工支付低工资，只是当遭遇了来自劳动力市场的竞争压力（正如我们在本章开篇案例中看到的那样，也可能还有其他一些压力来源）变得足够大的情况下才会提高工资，就像现在出现的这种经济增长而失业率

低的情况。但是，正如沃尔玛意识到的那样，通过将工资和员工人数保持在较低的水平来控制成本很可能会妨碍经营战略的执行（例如，通过破坏客户体验），从而导致收入和利润的下降。[1]经济周期意味着经济活动和劳动力市场竞争最终会放缓。当这些公司面临的外部压力放缓时，它们通常会通过减少可能的员工人数或降低某些可变薪酬部分〔例如，利润分享奖金或对 401（k）退休计划的缴费〕来降低人工成本。但是，每家公司都应该提前计划如何建立一支高效的员工队伍，并在对产品的需求再次上升时做好准备。例如，当丰田因销售缓慢而暂停在美国工厂的汽车组装时，并未解雇工人。它确实提供了一项自愿性买断计划，根据该计划，签约工人可获得 10 周的薪水加上每工作一年额外获得 2 周薪水的补偿。那些每周工作 36 小时而不是 40 小时的员工重新分配了他们的时间以接受更多的培训，并寻找降低成本的新方法。

　　从员工的角度来看，与工资、薪资以及其他劳动报酬有关的政策会对他们的总收入进而对生活水平产生很大的影响。对于员工而言，无论是绝对薪酬水平还是自己与他人相比较的薪酬公平性都十分重要。薪酬收入还常常被视为地位和成功的标志。员工在评价他们与企业之间的关系紧密程度时，会把企业的薪酬决策作为一个非常重要的考虑因素。因此，企业在制定薪酬决策时必须十分谨慎和仔细，同时还要与员工进行充分的沟通。

　　总薪酬（total compensation）包括现金报酬（基本薪酬、绩效奖励、奖金、股票期权和其他激励措施）和福利（如医疗保险、带薪休假、失业保险）。在这一章中，我们专门考察薪酬水平问题。在第 11 章中，我们将说明绩效奖励和激励的问题。总报酬（total rewards）、总回报（total returns）和激励物（inducements）这些概念不仅包含总薪酬，还包含其他与雇佣关系有关的一些（非货币性）报酬（有趣的或令人满意的工作、好的同事、发展的机会以及认可等）。这些非货币性报酬在第 3 章、第 4 章和第 9 章都有讨论。一个组织必须决定自己的总报酬战略在多大程度上依赖货币性报酬（薪酬）以及使用什么样的薪酬组合。

　　薪酬水平决策可以划分为两个主要的领域：薪酬结构和个人薪酬。在本章中，我们主要讨论**薪酬结构**（pay structure）问题，它包括薪酬水平和职位结构两个方面的问题。在这里，我们把**薪酬水平**（pay level）定义为一家企业的所有职位的平均薪酬（其中包括工资、薪资和奖金）。**职位结构**（job structure）是指一家企业的各类职位之间的相对薪酬水平。现在，让我们以在两家企业中都有的两个相同职位为例来加以说明。在甲企业中，职位 A 和职位 B 的年平均薪酬分别是 4 万美元和 6 万美元。而在乙企业中，它们的年平均薪酬分别是 4.5 万美元和 5.5 万美元。这里，甲企业和乙企业的薪酬水平是相同的（都是 5 万美元），但它们的职位结构（即相对薪酬水平）却是不同的。

　　薪酬水平和职位结构都是企业的重要特性，它们反映了针对职位而不是针对某位员工做出的薪酬决策。本章关注的主要内容是：企业为什么要把薪酬决策与职位联系起来以及它们之间是如何联系的。在第 11 章中，我们将深入职位内部，探讨可以用哪些不同的方法来决定单个员工的薪酬以及这些决定薪酬的方法分别有哪些优点与不足。

　　为什么在建立薪酬结构时要把注意力放在职位上？随着一家企业的员工人数不断增加，该企业需要做出的人力资源管理决策也就越来越多。比如在确定薪酬的时候，人力资源部门必须首先根据企业的内外部情况以及个人之间的公平性（我们在后面会给出定义）要求，同时考虑到企业的成本状况，为每位员工分配一个可以接受的薪酬水平。虽说每一位员工都是独一无二的，需要对他们进行某种程度的个性化处理，但是如果把情况类似的员工（例如处于相似职位上的人）的待遇加以标准化，那么无疑会给薪酬管理和薪酬决策的可操作性和公平性带来极大的便利。因此，薪酬政策往往与特定的职位联系在一起，而不是完全与每个员工的特殊情况联系在一起。

■ 10.2　公平理论与公正

在讨论薪酬决策产生的后果时，牢牢记住一件事情是非常有用的，这就是员工常常通过与其他人的对比来评价自己的薪酬。公平理论指出这样一个道理：人们是通过与他人得到的对待进行对比对自己得到的公平对待程度进行评价的。[2]公平并不意味着平均。付给两位贡献（公平理论中的投入）不同的员工同等报酬，可能会被认为是不公平的，特别是对在组织中做出更大贡献的员工而言。根据这个理论，一个人（p）会把他感知到的个人收益 O（例如薪酬、福利、工作条件等）和个人投入 I（例如努力、能力和经验等）之比，与作为参照对象的其他人（o）的同一比率进行比较。

$$O_p/I_p <, >, 或 = O_o/I_o?$$

如果 p 的比率（O_p/I_p）小于其他人的比率（O_o/I_o），那么因报酬不足而导致的不公平问题就产生了。如果 p 的比率较大，则报酬过高型不公平就产生了。不过，有证据表明，这种类型的不公平很少会产生，也不大可能一直持续下去，这是因为 p 这个人往往会通过主动低估自己得到的收益或者是高估自己的投入（例如自我价值），以使上述报酬过高型不公平现象在其心目中趋于合理化。[3]

p 所做的对比会产生何种结果取决于他是否认为自己得到了公平的对待。如果 p 认为自己受到了公平的对待，那么这个人的态度或者行为就不会发生什么变化。相反，如果 p 认为自己受到了不公平的对待，他就会想办法去恢复公平。但是，他为恢复公平而采取的一些方法可能对生产率不利，这种情况包括：（1）减少个人投入（例如工作不再那么卖力）；（2）增加个人收益（例如偷窃）；（3）远离产生不公平的地方（例如离开企业或者拒绝与自己认为所获报酬过高的员工共事或合作）。

公平理论对薪酬管理工作的主要启示之一是：员工在很大程度上是通过与他人获得的薪酬进行对比来评价自己的薪酬的，并且他们的工作态度和工作行为都会受到这种比较活动的影响。让我们来看一下棒球手亚历克斯·罗德里格斯（Alex Rodriguez）（后来效力于纽约扬基队）在数年前与得州游骑兵棒球队签订的一份合同。其中的一项条款规定，在合同的前几年，与大联盟各主要球队中的任何一位棒球手相比，他的基本薪酬必须至少高出200万美元。另一项条款是，如果罗德里格斯在合同后几年的基本薪酬不比大联盟各棒球队中任何一个位置上的队员的基本薪酬高出100万美元以上，那么他有权不参加任何赛季的比赛，即他可以自由离开得州游骑兵棒球队。这种将罗德里格斯的薪酬与其他球员的薪酬绑在一起的合同条款就是根据相对条件来确定薪酬的一个非常好的例子。

公平理论的另一个含义是：员工的感知是决定他们本人会得出何种评价结果的重要因素。即使一家公司的管理人员认为，与其他公司相比，自己员工得到的薪酬水平已经很不错了，也并不意味着员工也是这样认为的。员工可能掌握着不同的信息，或者是在进行比较时与管理层有不同的参照标准。例如，最近丰田汽车公司设定了一个行动目标，即不再将美国汽车行业的工资水平作为参照标准，而是将每家工厂所在地的通行工资水平（通常更低一些）作为参照标准。然而，丰田汽车公司也承认，这样做面临的挑战就是"如何对团队成员和管理者进行教育……从而使他们能够理解和接受（这种）转变"。

在制定薪酬水平和职位结构决策时，员工所做的两类社会比较应当引起关注（见表10-2）。第一是外部公平性比较。薪酬的外部公平性比较主要集中在其他企业中承担大体相同职位的员工所获得的薪酬水平上。这种比较的结果不仅会影响一位求职者是否接受某家企业提供的工作，而且会影响企业的现有员工做出另外一种决策，即到底是继续留在本企业，还是到其他企业去工作（参见第4章和第9章的内容）。一家企业对薪酬水平的选择会影响员工的外部薪酬比较及其结果。而市场薪酬调查正是一家企业在选择薪酬水平时经常用到的一种重要的管理工具。

表 10-2　薪酬结构的基本概念及其产生的后果

薪酬结构决策的内容	管理工具	员工薪酬比较的焦点	公平感知产生的后果
薪酬水平	市场薪酬调查	外部公平性	员工向外部流动（高质量员工的吸引和保留问题）；劳动力成本；员工的态度
职位结构	职位评价	内部公平性	员工的内部流动（晋升、调动、职位轮换）；员工之间的合作；员工的态度

第二是内部公平性比较。薪酬的内部公平性比较主要集中在对一家企业内不同职位之间的薪酬对比上。员工常常把自己的薪酬与比自己职位级别低的、级别相同的（但是可能属于不同技能领域或不同产品事业部）以及比自己级别高的员工获得的薪酬水平加以对比。这种比较可能会影响员工的总体工作态度，他们愿意调动到组织内部其他职位上去工作的程度，他们愿意得到晋升的程度，他们在不同的职位、不同的职能领域和不同的产品群之间开展合作的倾向，以及他们对企业的承诺度。企业在职位结构方面做出的选择会影响员工的内部比较结果，从而进一步影响这种内部比较结果带来的后果。[4]职位评价则是企业在设计职位结构时经常用到的一种重要的管理工具。

此外，员工还会与那些在企业内与他们担任同样职位的其他人进行薪酬的内部公平性比较。这种比较与第11章的内容有很大的关系，我们在下一章中将主要讨论如何用薪酬来认可员工个人对企业的贡献以及不同员工对企业贡献的差异。

下面我们把注意力转向这样几个问题：薪酬水平以及薪酬结构的选择和确定方法；这些方法产生的结果；对薪酬决策非常有帮助的两种管理工具——市场薪酬调查与职位评价。

■ 10.3　设计薪酬水平

10.3.1　市场压力

在决定向员工支付何种水平的薪酬时，任何一家企业都会面临两个重要的竞争性市场挑战：产品市场竞争和劳动力市场竞争。[5]

产品市场竞争

首先，一家企业必须能够在产品市场上进行有效的竞争。换言之，它们必须能够把自己的产品和服务推销出去，并且确保产品和服务的销售数量和销售价格能够为企业的投资带来充分的回报。各企业之间的竞争表现在多个维度（例如质量、服务等）上，但价格是其中最重要的竞争领域之一。价格的一个重要影响因素就是生产成本。

如果与产品市场上的竞争者相比，一家企业的劳动力成本较高，它就不得不在与别人提供的产品质量类似的情况下，为自己的产品制定更高的平均价格。举例来说，如果劳动力成本在 A 公司和 B 公司的收益中都占 30％ 的比重，但是 A 公司的劳动力成本要比 B 公司高出 20％，那么我们将会看到，A 公司的产品价格会比 B 公司高出 6％（0.3×0.2）。从某种程度上说，A 公司的产品价格较高必然会导致其一部分业务被产品价格较低的竞争对手（例如 B 公司）抢去。最近在汽车行业，从各汽车装配厂每小时的劳动力成本（其中包括退休员工和在职员工的各种福利，比如医疗保险等）来看，美国的三大汽车公司［即克莱斯勒汽车公司（Chrysler）、通用汽车公司和福特汽车公司］的平均劳动力成本为每小时 75 美元，而在美国经营的丰田汽车公司和本田汽车公司则为每小时 52 美元。由于平均而言，装配一辆车大约需要 30 小时，所以美国三大汽车公司装配一辆汽车的劳动力成本为 30×75＝2 250 美元，而丰田和本田的劳动力成本只有 30×52＝1 560 美元，劳动力成本方面的劣势必须被出众的汽车质量、性能等弥补才能使美国三大汽车公司获得盈利。而克莱斯勒汽车公司和通用汽车公司的破产表明这是不可能做到的。最近，三大汽车巨头都降低了自己的劳动力成本，克莱斯勒公司为每小时 47 美元，通用汽车公司为每小时 55 美元，福特公司为每小时 57 美元，这主要是通过以较低的工资雇用新员工，同时降低福利成本的方式实现的。[6]这是一个重大变化，现在这三家公司的人工成本已经接近本田公司和丰田公司（当前）的每小时大约 52 美元了。其结果是三大汽车公司变得更加有竞争力，它们的财务表现也得到了大幅改善。在美国经营的丰田汽车公司由于出现了不可避免的劳动队伍老化以及随之而来的医疗保险和退休福利的增加，劳动力成本不断升高。从某种意义上来说，丰田汽车公司陷入了与美国三大汽车公司相同的生命周期。

与之相反，一家新开办的工厂，比如美国田纳西州查特努加市的大众汽车公司的工厂，其最初的劳动力成本只有每小时 27 美元。[7]每小时 27 美元的价格使得在美国田纳西州建一个大众公司的帕萨特汽车生产厂比在德国建一个同样的工厂更便宜，而德国的劳动力成本达到每小时 100 美元（造成这种劳动力成本差异的主要原因是欧元相对于美元的强势）。对查特努加市大众汽车公司工厂劳动力成本的最近一次估计为每小时 38 美元。[8]正是因为劳动力成本方面的节约（在零件、运输等方面花费更低），大众汽车公司可以把一辆帕萨特汽车的价格从 2.8 万美元（当它在德国本土制造时）降到 2 万美元（当它在美国田纳西州制造时）。正如我们在本章开篇案例中所见，美国制造业的劳动力成本似乎变得更有竞争力。然而，墨西哥的劳动力成本更低（在世界其他一些地区，劳动力成本甚至比墨西哥更低）。奥迪、本田、马自达和日产等汽车公司都已经宣布要开办新的北美工厂，只不过是在墨西哥。直到最近，一家汽车公司（中国公司持有的沃尔沃）才宣布计划在美国南卡罗来纳州建立新工厂，这是多年来的第一次。南卡罗来纳州的工会化率是美国各州中最低的。[9]

劳动力成本直接影响了汽车的价格。因此，产品市场上的竞争就为劳动力成本以及薪酬规定了一个上限。当劳动力成本在总成本中所占的比重较大、产品需求受价格变化的影响较大时（也就是说，当产品需求富有弹性时），这个上限的约束性就会变得更强。除非更高的劳动效率或更令人满意的产品特性允许企业收取更高的价格，从而弥补过高的劳动力成本，否则，要在一个竞争性的产品市场上维持这么高的开销是很困难的。正如我们所说，大众汽车公司通过在美国生产来降低帕萨特的价格，因为这里的劳动力成本低于德国，同时也低于那些美国竞争者。对更低劳动力成本的追求是一个持续的过程。当很多企业都将生产转移到低工资国家的时候，那里的工资最终也会提高，这有时会导致这些企业不得不再次将生产转移到其他工资更低的国家。

那么，到底哪些因素构成了劳动力成本呢？劳动力成本的一个重要组成部分是每位员工的平均成本。这种成本不仅包括企业的直接成本（例如工资、薪资和奖金），还包括企业的间接成本（例如健康保险、社会保障以及失业保险等）。劳动力成本的第二个重要组成部分是企业的人员使用水平（即雇用的员工人数）。因此，毫不奇怪，那些在财务上陷入困境的企业常常会试图通过削减上述两大劳动力成本组成部分中的一项或两项来降低成本。裁员、停止雇用、薪酬冻结以及与员工分摊福利成本等都是用来提高企业在产品市场上的竞争力的最常见途径。控制劳动力成本的另一种方法是用资本代替劳动力（即用自动化或技术代替员工），正如这里的"通过科技开展竞争"专栏中的亚马逊所做的那样。

➡ **通过科技开展竞争**

自动化、技术与员工需求

劳动力成本是许多公司的主要成本支出，它是每位员工的成本（工资和福利）×员工人数的函数。因此，企业不仅必须持续性地决定向每位员工支付多少工资，同时还要决定雇用多少名员工。但这些决策涉及的一个因素是技术的可获得性。劳动力（员工）和资本（例如计算机、机械、机器人和自动化等技术）既可以是生产中的相互补充者，也可能成为相互替代者。如果两者是互补的，则在生产中使用更多的资本就要求使用更多的劳动力。如果两者是相互替代的，那么在生产中使用更多的资本就要求使用更少的劳动力（即更少的员工）。

当劳动力和资本是相互替代的时候，劳动力价格的上升以及（或）资本成本的下降通常会导致在生产中使用更少的员工。不过，需要指出的是，即使是在劳动力在生产中的作用相对于资本而言有所下降的时候，随着生产效率的提高和产品价格的下降，产品需求的增加仍然有可能导致至少某些类型的员工人数有所增加（称为规模效应）。有些公司之所以在劳动力成本高的国家扩大了生产，是因为它们通过使用更多的机器人和自动化设备来减少使用的员工人数，从而能够控制成本。

让我们来看一看亚马逊的情况。亚马逊每年都会在感恩节后的大型假日购物季雇用许多季节性员工，但现在已经不像过去雇用那么多了。亚马逊在2014年的假日购物季雇用了大约8万名季节性员工，在2015年的假日购物季则雇用了更多的季节性员工（10万人），因为其年度销售额增长了20%。然而，尽管亚马逊的销售额仍然在持续增长（自2015年以来每年大约增长32%），同时其在2018年的销售额（2 210亿美元）是2015年销售额（1 070 亿美元）的两倍以上，但你猜一猜它在 2018 年的假日购物季雇用了多少名季节性员工？是 2015 年的两倍或大约 20 万人？完全不是。尽管 2018 年的销售额是 2015 年的两倍多，但亚马逊在 2018 年的假日购物季仅仅雇用了 10 万名季节性员工，与 2015 年相同。

解释这一现象的部分答案在于自动化。仅仅在美国国内，亚马逊就有 25 万名全年性员工和 10 万名季节性员工。它刚刚将其支付的最低工资水平提高到了每小时 15 美元。如果全年性员工平均每人每年工作 1 500 小时，而季节性员工平均每年工作 180 小时，那么，即使每位员工每小时挣到的工资仅仅为 15 美元（我们知道事实并非如此，因此这是一个非常低的估计值），该公司的工资成本就将会是 15 美元×（1 500×250 000＋180×100 000）＝59 亿美元。当然，正如我们将会看到的那样，至少对于全年性员工来说，公司每支付他们 1 美元的工资，还需要通过员工福利（比如健康保险等）再额外增加大约 0.40 美元。这将使该公司的总劳动力成本达到 82.5 亿美元。亚马逊已经做出决定，它不希望自己的人工成本与工资水平的增加或销售额的增加成比例增长。

自动化是有助于打破上述两者之间连接的一种策略（当然，机器人不会给企业带来劳动关系难题——至少到现在还没有）。2012 年，亚马逊以 7.75 亿美元的价格收购了机器人公司 Kiva Systems。到 2014 年年底，亚马逊已经开始在其仓库中使用机器人了。这些机器人可以完成分拣、拣选、包装以及运输物品等各种传统的仓储任务，据说能够在 15 分钟内完成人工需要 60 分钟才能完成的工作。随着亚马逊在更多的仓库中采用这些机器人系统，它为满足其产品的销售需求不断增长而雇用的员工人数就更少了。

其他一些零售企业为了降低人工成本和提高效率，也正在努力使工作实现自动化。企业如果不这样做，竞争对手的成本就会比它低，从而能够以更低的价格提供产品和服务。在数字经济时代中，客户可以非常快速地从质量和价格方面对产品进行比较，无法在价格上竞争的公司就会遇到越来越多的麻烦。很少有什么办法能够阻碍客户的有效价格发现以及购买了。

零售业的另外一个巨头沃尔玛是亚马逊的主要竞争对手，沃尔玛也在寻求通过实现自动化来提高效率和更好地争夺客户。该公司为了增强自己的电子商务能力，已经在一些重大技术和相关投资方面做了大量投入，但同时也在用机器人技术来使工作变得自动化以及降低人工成本。例如，与亚马逊的做法类似，沃尔玛在自己的商店中所做的投资也包括自动扫描机器人，还包括为客户提供的无收银人员的结账服务。沃尔玛最近还收购了亚马逊的竞争对手 Jet.com，这一做法是沃尔玛重新把自己改组为一家数字公司的大战略的一个组成部分——据说这种战略包括一项放弃使用"商店"一词的计划。

讨论题

1. 哪些因素会使企业更有可能用技术替代员工？

2. 技术是否必然导致对员工的需求降低？你能想到一些员工需求还没有减少甚至增加的例子吗？（提示：在出现汽车之前，人们是如何出行的？或者在出现计算机之前，人们是如何完成计算工作的？或者在出现亚马逊之前，人们是如何购物的？无论是在特定的公司中，还是在整个经济领域，这些技术的变化是如何影响就业的？）

3. 从消费者的角度来看是怎样的呢？你能否提供一些使你的生活变得更好（或更糟）的技术的例子？你通过亚马逊网站购物的感觉如何？

4. 自动化对员工是有利的还是不利的？在思考这一问题时，请考虑效率与收入增长之间以及收入增长与雇用人数增长之间的关系。

资料来源：S. Salinas, "Amazon Raises Minimum Wage to ＄15 for All US Employees," *CNBC.com*, October 2, 2018, A. Griswold, "Amazon Is Hiring Fewer Workers This Holiday Season, a Sign That Robots Are Replacing Them," *Quartz*, November 2, 2018; J. Dastin and A. Panchadar, "Amazon's Holiday Season Sales Outlook Misses Views; Shares Sink," *Reuters.com*, October 25, 2018; S. Nassauer, "Walmart Trims Management Jobs," *Wall Street Journal*, February 14, 2018; L. Hirsch, "Walmart Is Reportedly Planning to Cut over 1 000 Corporate Jobs," *CNBC.com*, January 12, 2018.

劳动力市场竞争

另一个重要的竞争性市场挑战是劳动力市场竞争。从本质上来讲，劳动力市场竞争是指一家企业为了同与本企业雇用类似员工的其他公司进行竞争而必须付出的代价。这些劳动力市场上的竞争者不仅包括生产类似产品的公司，还包括虽处在不同的产品市场上，但是雇用的员工类型相似的公司。如果一家企业在劳动力市场上不具有竞争力，它将无法吸引和保留足够数量和既定质量的员工。举例来说，即使一家计算机制造商支付给一位刚毕业的电子工程师的薪酬水平与其他计算机制造商相同，但如果汽车制造商和劳动力市场上的其他竞争者向这类劳动者提供的薪酬水平每年要高出 5 000 美元，这家计算机公司仍然有可能无法雇用到足够数量的高质量电子工程师。因此，劳动力市场竞争为企业的薪酬水平确定了一个下限。

10.3.2 作为一种资源的员工

由于企业不得不在劳动力市场上进行竞争，因此它们不能仅仅把自己的员工视为一种成本，还应把他们看成一种资源。企业对这种资源进行了投资，就有望从中获得可观的价值回报。[10] 尽管控制成本对企业在产品市场上的竞争力有直接影响，但如果以员工的生产率和质量为代价降低成本，企业的竞争力就会大打折扣。劳动力成本比竞争对手高并不一定是一件坏事，因为如果你拥有一支最优秀和效率最高的员工队伍，你就能够生产出数量更多、质量更好的产品（见之前沃尔玛的例子）。最近，一些企业已经认识到帮助员工的重要性，尤其是那些薪水较低、财务没有保障（或称"财务不稳定"）的员工。下面的"通过环境、社会和公司治理实践开展竞争"专栏解释了帮助员工更好地处理财务不稳定性的社会和商业案例。

➡ 通过环境、社会和公司治理实践开展竞争

降低员工的财务不稳定性

在每个月中，有 5 000 多万处于工作状态的美国人都面临着收入撑不到月底的困境。只要没有任何意外发生，也还勉强过得去。但是，他们没有多余的钱来应对一些预料之外的开销，其中包括医疗、家庭、汽车方面的花钱需要以及其他方面的一些不可预见的日常费用。他们中的很多人都没有其他途径得到钱，只能求助于成本高昂的贷款以及（或）利率很高的"发薪日贷款"——而这些很可能使他们陷入无法摆脱的财务危机之中。因此，

在美国已经有这样的报道："与有关健康、工作或家庭方面的担忧相比，与金钱相关的担忧是一种更为普遍的压力来源"，并且"大多数美国人……都拿不出 400 美元的积蓄来应对可能出现的紧急情况"。还有证据表明，这种财务不稳定状况可能会对员工在工作场所的绩效产生不利影响。

那么，企业可以做些什么呢？当然，提供更高的工资是一种解决方案。但企业也可以通过帮助员工实现工作和家庭平衡的计划以及健康修炼计划来激励员工为可能出现的紧急情况节省出足够的钱来。

雇主与银行合作推出的产品之一是名为 SalaryFinance 的一项短期分期付款信贷计划。个人 FICO 信用评分只有 500 分的借款人需要支付 12% 的年利率。而相比之下，信用评分如此之低的一个人如果去借"发薪日贷款"，则利率会高达 200%。该领域的另一产品是PayActiv。这一计划为员工提供了他们已获得但尚未领取的那些工资的提前领取权。它只需要员工每个月支付 5 美元的注册费，无论他们的个人信用评分情况如何，而"发薪日贷款"的费用通常达到 35 美元。PayActiv 的这种经营模式是可行的，因为借出款项的偿还是自动从员工未来的工资中直接抵扣过来的，这样就可以最大限度地减少员工无法向 PayActiv 偿还贷款的风险。

哈佛大学肯尼迪学院的研究人员估计，这样的计划会将员工流动率降低 19%，甚至更多，这大概是因为如果企业没有通过提供此类计划来减少员工的财务不稳定状况，则员工通常是不愿去为它们工作的。研究者指出，在像塔吉特这样的公司中，因为员工流动，每年产生的成本总额大约为 5.67 亿美元，或者每位员工每次流动的成本为 3 300 美元。公司注意到，即使只是将员工流动率降低 5%，企业因此可节省的成本也高达每年 2 800 万美元。

沃尔玛是 PayActiv 的主要用户之一。在最近的四个月中，共有 8 万名沃尔玛员工使用 PayActiv 从他们的工资中预支了 3 000 万美元。在运行良好的情况下，这些由雇主赞助的计划不仅能降低它们自己的员工流动成本，还会显著改善低收入员工的生活质量，帮助他们避免陷入几乎无法逃脱的财务状况恶化的泥潭。

讨论题

1. 财务不稳定的风险有多普遍？财务不稳定会随着时间的推移对个人产生哪些方面的影响？

2. 如果你经历过财务不稳定状况，并且愿意分享自己的经验，请描述你的经历所带来的影响。

3. 从组织的角度来看，为什么要采取措施帮助员工降低财务不稳定？

资料来源：T. Baker and S. Kumar, "A Better Alternative to Payday Loans," *Wall Street Journal*, May 14, 2018; J. Meuris and C. Leana, "The Price of Financial Precarity: Organizational Costs of Employees' Financial Concerns," *Organization Science*, 29 (2018), pp. 398 - 417; J. Meuris and C. R. Leana, "The High Cost of Low Wages: Economic Scarcity Effects in Organizations," *Research in Organizational Behavior*, 35 (2015), pp. 143 - 158; A. Tergensen, "Workers School in Money: More Firms Pay Workers to Shore Up Their Finances through Education, Cutting Debt," *Wall Street Journal*, February 21, 2018.

企业鼓励员工表现出自己期望看到的行为，同时抑制他们表现出自己不希望看到的行为，在实现这个目的方面，薪酬政策和薪酬方案是企业可以使用的最重要的人力资源管理工具之一。因此，在对这种工具进行评价时，成本就不应当成为唯一的评价标准，同时还应当关注它们产生的收益，即它们是如何吸引、保留以及激励一支高质量的员工队伍的。例如，如果 A 公司的每位员工创造的平均收益比 B 公司员工高出 20%，那么 A 公司支付给员工的平均薪酬比 B 公司高出 10% 就不是一件什么要紧的事情了。

10.3.3　决定支付多高水平的薪酬

在确定薪酬水平的时候，虽然企业会受到来自外部劳动力市场和产品市场的双重压力，但它们仍然有一定的选择余地。[11]这个选择余地的大小取决于企业面临的特定竞争环境。在选择余地较大的情况下，企业需要做出的一个重要的战略性决策就是：到底是将本企业的薪酬水平定得高于市场平均薪酬水平，还是恰好与市场水平相同或稍低一些。将企业薪酬水平定得高于市场平均水平有一个好处，这就是它使企业能够吸引和留住一流的高素质人才，这又会进一步帮助企业得到一支非常有效且生产率较高的员工队伍。然而，这种战略也有缺点，这就是它会导致企业成本的增加。[12]请看一看这里对开市客（较高的工资水平）与沃尔玛（较低的工资水平）所做的"循证人力资源管理"比较。

➡ 循证人力资源管理

沃尔玛因高度关注（有时可以说是痴迷于）成本控制而闻名，这样它才能为客户提供较低价格的商品，从而使其他零售商难以与其竞争。但是，正如开篇案例中提到的那样，沃尔玛似乎基于一些衡量指标提供的证据发现，在过去，它的人工成本控制之路可能走得太远了，以至于员工队伍的质量和动力都下降了，最后则会损害客户体验、销售额以及利润。这些证据来自公司的内部数据。外部的标杆比较数据也指出了类似的情况。尽管沃尔玛在美国顾客满意度指数排名中处于同类型企业（百货商店和折扣店）的最后一位（总共有 20 家同类公司），但它的得分已经从几年前的 66 分提高到最近的 71 分。正如我们在开篇案例中看到的，沃尔玛最近已经采取一些措施提高了员工的薪酬水平，希望借此在失业率低的情况下更好地争抢来一些员工，而这对于沃尔玛执行其经营战略至关重要。沃尔玛的经营战略继续侧重于控制成本，但同时也关注提高改善客户体验。

与沃尔玛相反，开市客在美国的客户满意度指数排名中，在同类公司即百货商店和折扣店中排名第一。自 2006 年以来，只有两年的时间让同类公司中的另一家公司（即诺德斯特龙）排在开市客的前面。造成这种差异的部分原因可能是，开市客在传统上就采取了与沃尔玛不同的战略，即支付更高的工资并为员工提供更多的健康保险，要求员工支付更少的健康保险费用，并且向员工的退休计划中缴纳更多的费用。正如我们看到的，沃尔玛最近将自己的最低工资水平提高到了每小时 11 美元。开市客的最低工资是每小时 14 美元。

一些主要的零售企业每年的员工流动率高达 100%，与此相关的成本（雇用、新员工入职、培训以及替换员工等的成本）加起来很高。多年来，沃尔玛一直被认为属于这种员工流动率很高的公司。相比之下，开市客的员工离职率就要低得多。詹姆斯·辛尼格（James Sinegal）于 1983 年创建了开市客，他声称，开市客的战略就是"支付在所有零售企业中最高的工资"，他说这一战略有助于将公司的员工流失率控制在 7%，而根据他的说法，"其他零售商的员工离职率高达 60%~70%"。开市客的高薪方法使其总是跻身《福布斯》杂志评选的美国最佳雇主排行榜的前 5 名。我们知道，当员工需要与客户面对面提供服务时，满意和快乐的员工有助于使客户感到满意和开心。它还降低了员工的流动率，从而降低了雇用、更换、培训以及客户服务损失等方面的成本。

总之，沃尔玛主要从产品成本方面进行竞争，而以更高价格提供产品的开市客则主要从客户服务方面进行竞争。在这两种情况下，不同的经营战略会转化为不同的人力资源战略，其中包括薪酬战略。反过来，这又会导致在评估其人力资源管理战略和薪酬战略的有效性时，不同的企业会强调不同的衡量指标或证据。

资料来源：S. Nassauer, "Costco to Raise Starting Wage to ＄14 an Hour：Retail Chain Is Latest to Boost Pay in Attempt to Attract and Maintain Workers," *Wall Street Journal*, January 11, 2019; J. Calfas, "This Company Has the Best Pay and Benefits, According to Employees," *Money Magazine*, February 27, 2018, Time. com/money, http://time. com/money/5177506/best-company-to-work-indeed/; D. Brown, "Costco, Google and T-Mobile Ranked as Best Large Companies to Work for This Year," *USA Today*, December 10, 2018; T. Relihan, "How Costco's Obsession with Culture Drove Success. Ideas Made to Matter," *MIT Management Sloan School*, May 11, 2018, https://mitsloan. mit. edu/ideas-made-to-matter/how-costcos-obsession-culture-drove-success; *American Customer Satisfaction Index*, http://www. theacsi. org.

那么，向员工支付较高水平的薪酬所带来的利益，在什么情况下会超过它带来的较高成本呢？根据**效率工资理论**（efficiency wage theory），支付高水平薪酬的收益能够超过成本的情况之一是，企业的技术或结构高度依赖高技能员工。举例来说，那些强调分散化决策的企业通常需要具有较多才干的员工。支付较高水平薪酬的做法在另一种情况下也是有利可图的，这就是当一家企业难以考察和监督员工的工作绩效时。在这种情况下，企业希望通过提供高于市场水平的薪酬激励员工在工作中付出最大的努力。效率工资理论的含义在于，如果在当前企业中得到的薪酬水平比在其他任何企业中可能获得的薪酬水平都高，则员工不愿意消极怠工，因为他们想保住这份待遇优厚的工作。[13] 有趣的是，有些公司（例如 Zappos、亚马逊等）已经明确这样一个观点，即如果员工本来在其他地方工作更适合，但仅仅因为钱留下来，那么给他们支付费用让其离开反而是一种有意义的做法。[14]

10.3.4 市场薪酬调查

为了争夺人才，很多企业都采取了**标杆比较**（benchmarking）的做法，即将自己的管理实践与竞争对手进行比较。在薪酬管理中，针对产品市场和劳动力市场上的竞争对手进行的标杆比较往往都是通过一次或多次薪酬调查完成的。这种薪酬调查能够提供本企业的竞争对手向其员工支付的薪酬水平方面的信息。

在进行薪酬调查之前，首先需要回答以下几个重要问题[15]：

1. 薪酬调查应当包括哪些企业？从理想情况来看，它们通常应当包括企业在劳动力市场和产品市场上的关键竞争对手。

2. 薪酬调查应当包括哪些职位？由于薪酬调查通常只针对一组职位样本展开，因此在选择被调查的职位时，一定要使这些职位在层次、职能领域以及所处的产品市场等方面都具有一定的代表性。同时，被选取出来的这些职位在不同企业中的工作内容有足够的相似性。

3. 如果多次薪酬调查是有用的，那么怎样对薪酬数据进行加权和合并呢？由于不同的薪酬调查常常是专门针对某些特定类型的员工群体（劳动力市场）或产品市场，因此企业不得不将在多次调查中得到的不同薪酬水平数据进行加权，然后合并到一起。这样，企业在确定自己的薪酬水平时就必须做出一个决定，即应当给从劳动力市场和产品市场上的多家竞争者那里得来的薪酬水平数据分别赋予多大的权重。

有几个方面的因素会影响企业将来自多次薪酬调查的结果合并在一起的方式。[16] 在以下几种情况下，着眼于劳动力成本的产品市场比较应当被赋予更大的权重：（1）劳动力成本在总成本中所占的比重较大；（2）产品需求富有弹性（产品的需求数量随产品价格的变动而变动）；（3）劳动力供给缺乏弹性；（4）劳动力具有的技能专门适用于某种特定的产品市场（并且这种情况还会继续下去）。与此相反，当以下情况出现时，劳动力市场比较就会显得更重要一些：（1）吸引和留住高质量的员工十分困难；（2）员工离职后招募替代者的成本（管理费用、工作中断等造成的损失）非常高。

正如上述讨论指出的，了解其他企业的薪酬状况只不过是整个薪酬水平决策过程的一部分内容。还有必要弄清楚的另外一点是，这些企业是如何通过对员工的投资获益的。为了搞清楚这一点，一些企业对收益与员工人数之比以及收益与劳动力成本之比等诸如此类的比率进行了考察。前一种比率包括员工成本中的人数因素，但不包括每位员工的平均成本。而第二种比率则包括了上述两个方面的内容。需要注意的是，在对不同企业的这些比率进行比较时一定要谨慎行事。例如，不同的行业依赖的劳动力和资本资源是存在差异的。因此，将一家石油公司的收益与劳动力成本之比（资本密集型企业的这一比率通常都较高）与一家医院的同一比率（劳动力密集型企业的这一比率通常都较低）进行对比，就如同将苹果与橘子进行对比一样。但在一个行业内部去做这种对比可能就十分有用。除了收益，其他一些投资收益数据包括产品质量、客户满意度、潜在的劳动力质量（例如，平均受教育水平和技能水平）等。

薪酬区间

如前所述，获得单一的"通行薪酬水平"是一项比较复杂的工作，它包括大量的主观决策——这种决策既是一种艺术，又是一门科学。一旦企业选定了一种市场薪酬水平，该如何将这种薪酬水平落实到企业的薪酬结构之中呢？典型的做法——尤其对于白领类职位来说——就是把市场薪酬水平设定为与企业内部某个职位等级或某个薪酬等级（我们将在后面讨论）相对应的一个薪酬区间的中位值。在进行市场薪酬调查时，有些企业常常会收集关于最高薪酬水平和最低薪酬水平方面的数据。**薪酬区间**（rate ranges）的存在使企业在确定个人薪酬水平（在下一章讨论这个问题）时能够将不同的员工在工作绩效、资历、培训等方面的差别通过薪酬体现出来。而对于某些蓝领类职位来说，特别是受到集体谈判合同约束的那些职位，在同一种职位上工作的所有员工获得的可能是单一的薪酬水平。

关键职位和非关键职位

在进行薪酬调查时，有必要在关键职位（或者称基准职位）和非关键职位这两种不同类型的职位之间进行区分。**关键职位**（key jobs）有着相对稳定的工作内容，也许更为重要的一点是这些职位在许多企业中都存在。因此，在市场薪酬调查中就有可能获得与它们有关的薪酬数据。不过，需要指出的是，为了避免过多的管理负担，企业可能不会去收集关于所有这些职位的薪酬数据。与关键职位相反，**非关键职位**（nonkey jobs）是指尽管对企业来说较为重要，但属于本企业特有的那些职位类型。根据这个定义，企业就不能通过市场薪酬调查来对非关键职位进行直接的价值评判或价值对比。所以，在确定薪酬的过程中，非关键职位往往需要区别对待。

10.3.5　建立职位结构

尽管我们一直在讨论的这些薪酬外部比较都很重要，但是员工也会通过一些内部比较来对他们的薪酬状况做出评价。举例来说，一位市场营销副总裁可能期望得到与一位信息技术副总裁大致相当的薪酬收入，因为他们在企业中处于相同的级别，承担的责任大小比较相似，同时对企业经营业绩产生的影响也较为类似。职位结构可以定义为：根据上述这些类型的内部比较确定下来的企业各种职位之间的相对价值。现在我们就来讨论怎样确定职位的相对价值。

职位评价

要想衡量某一职位的价值，典型的方法之一是完成一种被称为**职位评价**（job evaluation）的管理程序。一套职位评价系统包括两个组成部分：一个是报酬要素；另一个是根据这些报酬要素对企业的重要性程度给所有报酬要素设置的权重分配方案。简单地说，**报酬要素**（compensable factor）是指企业认为有价值且愿意为之支付报酬的一些重要的职位特征。这些职位特征包括职位所承担的工作内容的复杂性、工作条件、要求达到的受教育程度、要求具备的工作经验、需要承担的责任大小等。绝大多数职位评价系统都采用几个报酬要素。职位分析（我们在第 3 章中讨论过）提供了与职位特征有关的一些描述性信息，而职位评价过程则要为这些报酬要素确定相应的价值。

职位评价的分数可以通过多种途径产生，但是通常情况下，它需要许多人来共同完成。为了得出职位评价的等级，企业通常需要建立一个职位评价委员会。虽然对职位进行评价的方法多种多样，但应用最广泛的职位评价方法却是要素计点法，这种方法能够给每一种报酬要素赋予一个职位评价点数。[17]

要素计点法

在给每一个职位都包含的各种报酬要素分别赋值以后，职位评价者常常还要使用一个权重分配方案来说明每一种报酬要素对企业的不同重要程度。权重可以通过两种途径产生：第一种途径是预先设定好一个权重分配方案，这就意味着根据专家对每一种报酬要素重要性的判断来分配权重；第二种途径是运用经验性方法确定不同报酬要素的权重，即根据每一种报酬要素在劳动力市场上的薪酬水平决定过程中具有的重要性来给它们分配权重。（为达此目的，经常会用到多元回归分析等统计方法。）简单起见，我们假设在下面的例子中提及的每一种报酬要素的权重都是事先确定的，并且每一种报酬要素的权重都相同。也就是说，可以把在每一种报酬要素上得到的评价分数简单相加。

表 10-3 展示了一个包括三个报酬要素的职位评价系统，该系统被运用到三种不同的职位上。需要注意的是，这些职位在工作经验、受教育程度以及工作复杂性等方面各不相同。将每一种职位包含的这三种报酬要素获得的点数进行加总，就可以对这三种职位在企业内部的相对价值做出评价。从某种意义上说，计算机程序员这种职位的价值比计算机操作员职位的价值要高 41%（155/110-1），而系统分析员职位的价值则比计算机操作员职位的价值高 91%（210/110-1）。无论每一种职位的薪酬被确定在何种水平上（这取决于企业的标杆及企业的竞争战略），我们都可以看到，上述三种职位之间的薪酬差距总会接近上述比例。不过，在通过内部职位评价得到的职位价值与通过外部薪酬调查获得的职位价值之间很有可能会出现差异。

表 10-3　三要素职位评价系统举例

职位名称	报酬要素			总计
	工作经验	受教育程度	工作复杂性	
计算机操作员	40	30	40	110
计算机程序员	40	50	65	155
系统分析员	65	60	85	210

10.3.6　建立薪酬结构

表 10-4 举的这个例子中一共有 15 种职位，其中有 10 种是关键职位，这些关键职位的薪酬调查数据和职位评价数据都已经有了。但是对于其余的 5 种非关键职位，只有职位评价数据而没有薪酬调查数据。需要注意的是，为了简便起见，我们仅仅采用从两次薪酬调查中获得的数据，并且将第二次调查获得的数据的权重设定为第一次调查数据的两倍。同样出于简单处理的需要，在我们的例子中使用了单一的薪酬结构。而在实际中，很多企业往往针对不同的职位族（如事务类职位族、技术类职位族、专业类职位族）或不同的产品部门设计出多种不同的薪酬结构。

表 10-4　职位评价数据与薪酬调查数据

职位	是否为关键职位	职位名称	职位评价点数	市场薪酬调查数据1（S1）（美元）	市场薪酬调查数据2（S2）（美元）	市场薪酬调查数据整合（2/3×S1+1/3×S2）（美元）
A	是	计算机技术	110	3 219	2 770	3 070
B	是	工程技术（一级）	115	3 530	3 053	3 370
C	是	程序员	155	4 666	4 142	4 491
D	否	工业工程师	165	—	—	—
E	否	薪酬分析师	170	—	—	—
F	是	财务会计	190	5 781	4 958	5 507
G	是	系统分析员	210	6 840	6 166	6 614
H	否	人事总监	225			

续表

职位	是否为关键职位	职位名称	职位评价点数	市场薪酬调查数据 1 (S1)（美元）	市场薪酬调查数据 2 (S2)（美元）	市场薪酬调查数据整合(2/3×S1+1/3×S2)（美元）
I	是	软件工程师	245	7 971	7 210	7 717
J	是	系统分析师（高级）	255	8 328	6 832	7 829
K	是	财务经理	270	9 389	9 043	9 274
L	是	电气工程师（高级）	275	8 794	7 670	8 419
M	否	财务总监	315	—	—	—
N	是	工程总监	320	11 242	10 515	11 000
O	否	首席科学家	330	—	—	—

资料来源：Adapted from S. Rynes, B. Gerhart, G. T. Milkovich, and J. Boudreau, *Current Compensation Professional Institute* (Scottsdale, AZ: American Compensation Association, 1988); G. T. Milkovich and B. Gerhart, *Cases in Compensation*, Version 11. 1e (2013). Reprinted with permission.

那么，如何通过将表 10-4 中的数据合并在一起来建立一个薪酬结构呢？首先，必须认识到，在进行薪酬决策时应同时将内部比较和外部比较的因素考虑进去。然而，因为通过内部比较和外部比较得到的薪酬结构并不一定完全一致，所以企业必须在两者之间仔细地加以平衡。研究表明，在建立薪酬结构时，不同的企业对内部比较数据和外部比较数据的偏重程度可能有着非常大的差别。[18]

根据企业对内部比较数据和外部比较数据的偏重程度不同，至少可以划分出以下三种薪酬水平确定方法。[19]

市场调查数据

对外部比较数据（即市场调查薪酬数据）重视程度最高的一种做法是：对尽可能多的关键职位进行市场调查，然后直接把企业的薪酬结构建立在这种市场调查数据基础之上。例如，表 10-5 中的职位 A 的薪酬水平将会是 3 070 美元，职位 B 的薪酬水平为 3 370 美元，职位 C 的薪酬水平为 4 491 美元。但是没有关于非关键职位（职位 D、职位 E、职位 H、职位 M 和职位 O）的薪酬调查信息，因此，我们必须采取不同的做法。基本的做法是，我们可以在关键职位（既能得到这些职位的评价数据，又能得到它们的市场调查薪酬数据）的基础上建立一条**市场薪酬政策线**（pay policy line）。如图 10-1 所示，这些数据可以散点的方式绘制在一个与它们的匹配程度最好的那条线周边。这条线可以通过一种统计程序（回归分析）得到。通过将表 10-4 中的"市场薪酬调查数据整合"这一列中的数据与"职位评价点数"这一列中的数据进行回归（仅使用没有数据缺失的那些行中的数据），得出以下公式：

$$-1\ 058\ \text{美元} + 36.30\ \text{美元} \times \text{职位评价点数}$$

换句话说，要想估计某个职位的月薪数据（依靠根据关键职位的薪酬数据确定下来的薪酬政策线），只要把该职位得到的评价点数代入上述公式就可以了。因此，职位 M 这一非关键职位的预期月薪将会为：$-1\ 058\ \text{美元} + 36.30\ \text{美元} \times 315 = 10\ 377$ 美元。

表 10-5 根据不同的方法得出的各种职位的月薪中值

职位	是否为关键职位	职位名称	职位评价点数	(1) 市场薪酬调查数据＋薪酬政策线决定法（美元）	(2) 薪酬政策线（美元）	(3) 薪酬等级（美元）
A	是	计算机技术	110	3 070	2 936	3 480
B	是	工程技术（一级）	115	3 370	3 117	3 480
C	是	程序员	155	4 491	4 570	5 296
D	否	工业工程师	165	4 933	4 933	5 296
E	否	薪酬分析师	170	5 114	5 114	5 296
F	是	财务会计	190	5 507	5 840	5 296
G	是	系统分析员	210	6 614	6 566	7 110
H	否	人事总监	225	7 110	7 110	7 110
I	是	软件工程师	245	7 717	7 837	7 110
J	是	系统分析师（高级）	255	7 828	8 200	8 926
K	是	财务经理	270	9 274	8 744	8 926
L	是	电气工程师（高级）	275	8 419	8 926	8 926
M	否	财务总监	315	10 377	10 377	10 741
N	是	工程总监	320	11 000	10 560	10 741
O	否	首席科学家	330	10 922	10 922	10 741

资料来源：Adapted from S. Rynes, B. Gerhart, G. T. Milkovich, and J. Boudreau, *Current Compensation Professional Institute* (Scottsdale, AZ: American Compensation Association, 1988); G. T. Milkovich and B. Gerhart, *Cases in Compensation*, Version 11. 1e (2013). Reprinted with permission.

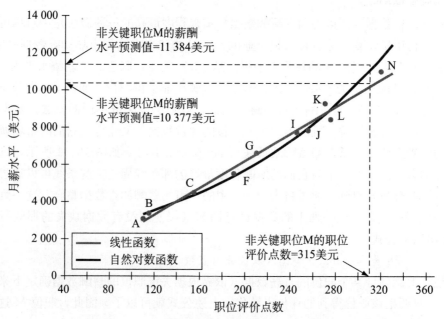

图 10-1 线性函数和自然对数函数的薪酬政策线

如图 10-1 所示，并非一定要用一条直线来拟合职位评价和薪酬调查得到的数据。在有些情况下，一种能够为较高级别的职位提供递增性货币报酬的薪酬结构，可能与企业希望达到的目标或者外部劳动力市场上的情况更为一致。比如，如果较高级别职位对企业的价值特别大，并且能够担任这些职位的人才稀少，那么非线性的薪酬政策线可能对企业更为合适。图 10-1 中的曲线函数是通过与上述相同的方式获得的，除了在将薪酬调查数据对职位评价点数进行回归之前首先取了自然对数。然后，再将预测出来的月薪转换成美元（例如，使用 Excel 工具中的 EXP 函数）。使用这种方法得出的方程式如下：

薪酬水平的自然对数 = 7.446 美元 +（0.006×职位评价点数）

薪酬政策线

第二种将外部比较信息和内部比较信息结合起来的薪酬确定方法是，利用薪酬政策线获得关键职位和非关键职位的薪酬水平。这种方法与第一种方法的区别在于，它不再直接把市场薪酬水平用于关键职位的薪酬水平决策。这就在更大程度上给薪酬结构带来了内部一致性，因为所有职位的薪酬都与职位评价点数挂起钩来。

薪酬等级

第三种方法是将职位划分成为数不多的薪酬类别或**薪酬等级**（pay grades）。例如，表 10-6（同时也请参见表 10-5 中的最后一列）就展示了一种可能的薪酬结构，即五个等级的薪酬结构。在同一薪酬等级中的每个职位都将处在相同的薪酬浮动区间之内（即拥有相同的薪酬中位值、最低值以及最高值）。这种方法的优点是，它能够减轻给几百（甚至上千）种不同职位分别确定不同薪酬水平而产生的管理负担。此外，它还使得企业在将员工从一种职位调到另一种职位上时具有更大的灵活性，比如，在将员工从职位评价点数为230 点的某个职位调整到评价点数为 215 点的另一个职位上时，企业可能就不需要关注薪酬水平的调整。在完全以单个职位为基础的薪酬制度中可能会出现的一些降级情况，在以职位等级为基础的薪酬制度中也许就不成问题了。需要记住的是，在较高的职位等级上，**薪酬区间跨度**（range spread）（最低薪酬水平与最高薪酬水平之间的差距）会大一些，这主要是因为绩效差异对较高级别职位应当得到的薪酬水平产生的影响更大一些（见图10-2）。

表 10-6　薪酬等级结构举例

薪酬等级	职位评价点数的范围		月薪变动区间（美元）		
	最低	最高	最低值	中位值	最高值
1	100	150	2 784	3 480	4 176
2	150	200	4 237	5 296	6 354
3	200	250	5 688	7 110	8 533
4	250	300	7 141	8 926	10 710
5	300	350	8 592	10 741	12 906

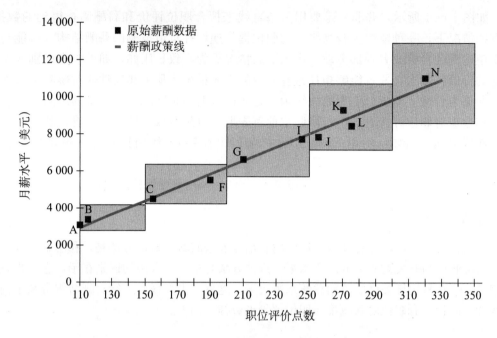

图 10-2　薪酬等级结构举例

采用薪酬等级的不足之处在于，有些职位会因此而产生报酬不足的问题，另一些职位又会因此而产生报酬过剩的问题。比如，假定职位 C 和职位 F 都处在相同的薪酬等级之中（薪酬等级 2）。在某一薪酬等级制度下，职位 C 的月薪中位值为 5 296 美元，与根据其他两种薪酬确定方法得出的月薪水平相比，职位 C 现在的月薪水平要高出 700～800 美元。显然，这会导致较高的人工成本，从而使企业在产品市场上的竞争遇到潜在的困难。另一方面，与通过其他两种薪酬确定方法得出的月薪水平相比，职位 F 在目前的薪酬等级制度下得到的月薪却低了 200～500 美元。如果是这样，企业就会发现自己要想在劳动力市场上进行竞争的困难比较大。

10.3.7　市场薪酬调查与职位评价之间的矛盾

从表 10-5 中举出的例子可以看出，市场薪酬调查的结果与职位评价的结果从总体上来说是相当接近的。但两者不一致的情况也经常存在，即对于有些职位来说，通过市场调查得到的平均薪酬水平要明显高于或低于通过薪酬政策线确定的薪酬水平。在表 10-5 中最为贴切的一个例子是职位 L，这种职位的市场调查薪酬水平大大低于通过薪酬政策线确定的薪酬标准。一种较为合理的解释是，由于能从事这种职位的劳动力的供给相对来说较为丰富，因此吸引和留住这些劳动者所需要的薪酬水平就会低于按照职位评价结果给它们设定的薪酬水平。另一种不一致的情况发生在某种职位的市场调查薪酬水平远远高于薪酬政策线确定的薪酬水平（例如职位 K）的时候。与上述情况类似，这很可能反映了劳动力供给和劳动力需求之间的关系，不同的是，在这个例子中，供求对比状况导致薪酬水平被抬高。

那么，应当如何解决这种内部公平与外部公平之间的冲突？结果又会如何呢？我们在前面举出的市场营销副总裁与信息技术副总裁的例子，也许能够帮助我们描述需要做出的这种选择。市场营销副总裁职位在职位评价中得到的点数与信息技术副总裁职位得到的点数可能是相同的，但是市场薪酬调查结果表明，可能是由于信息技术副总裁的市场供给比市场营销副总裁要紧俏一些，因此市场营销副总裁的市场薪酬水平要低于信息技术副总裁的市场薪酬水平。那么，企业到底是应当根据市场调查的结果（外部比较结果）来确定他们的薪酬水平，还是根据职位评价的结果（内部比较结果）来确定薪酬水平？

如果强调内部比较结果，那么就意味着向两个副总裁支付的薪酬水平必须相等。然而这样一来，就会出现这样一种情况：要么是市场营销副总裁得到了"超额"的薪酬支付，要么是信息技术副总裁得到了"减额"的薪酬支付。前一种情况会推动劳动力成本的上升（产品市场问题），后一种情况则会给吸引和留住高素质的信息技术副总裁带来困难（劳动力市场问题）。

另一个需要考虑的问题与企业的战略有关。在有些企业（例如百事和耐克等）中，市场营销职能是成功的关键。因此，即使市场营销副总裁在劳动力市场上的薪酬水平低于信息技术副总裁的薪酬水平，企业也会选择在市场营销副总裁市场上充当薪酬领袖（比如，将薪酬水平定位在市场的第 90 分位上），而对于信息技术副总裁一职则支付与市场相一致的薪酬水平（比如，将该职位的薪酬水平定位在市场的第 50 分位上）。换句话说，在设计薪酬结构的时候，需要仔细考虑在实现企业目标的过程中，哪种职位对于迎接严峻的环境挑战以及抓住机遇更重要一些。[20]

那么，强调外部比较结果又是怎样一种情况呢？这种做法会产生两个潜在的问题。第一，市场营销副总裁可能感到不满意，因为他认为自己承担的职位与信息技术副总裁承担的职位处于同一级别，两者承担的责任也类似，所以最终获得的薪酬水平也应当是类似的。第二，这种做法会让员工在不同部门的副总裁职位之间进行轮换（比如，作为一种对员工进行培训和开发的工具）变得较为困难，因为从信息技术副总裁的职位来到市场营销副总裁的职位就意味着被降职了。

对于这种两难处境，并没有一个完全正确的解决方法。因此，每一家企业都必须确定哪些目标对于它们来说是最基本的，从而选择相应的战略。但是，随着时间的推移，情况已经发生了转变，大多数组织现在都更加注重外部比较或市场定价，这可能是因为随着时间推移，竞争的压力变得越来越大。[21]

10.3.8　监督薪酬成本

薪酬结构通过多种途径影响企业的薪酬成本。最为明显的是，薪酬结构锁定的薪酬水平会对薪酬成本产生直接的影响。然而这只是问题的一部分，因为尽管薪酬结构代表了企业的薪酬政策取向，但实际情况却可能与这种政策取向并不一致。我们以前面提到的薪酬等级结构为例，从表 10-7 中可以看到，一级职位的月薪区间中位值为 3 480 美元，而二级职位的月薪区间中位值为 5 296 美元。现在，让我们来看一看表 10-7 中的单个员工的一组数据示例。体现实际薪酬与预期支付薪酬之间对比关系的一种常用指数是**比较比率**（compa-ratio），其计算公式如下：

$$薪酬等级的比较比率 = \frac{该薪酬等级的实际平均薪酬}{该薪酬等级的区间中位值}$$

表 10 - 7 两个薪酬等级之间的比较比率

员工	职位	月薪水平（美元）	月薪中位值（美元）	员工比较比率
	一级			
1	一级工程技术人员	3 690	3 480	1.06
2	一级计算机程序员	3 306	3 480	0.95
3	一级工程技术人员	4 037	3 480	1.16
4	一级工程技术人员	3 862	3 480	1.11
				均值 1.07
	二级			
5	二级计算机程序员	6 250	5 296	1.18
6	会计师	6 037	5 296	1.14
7	会计师	5 878	5 296	1.11
				均值 1.15

比较比率可以帮助企业判断员工的实际薪酬水平与薪酬政策之间的一致性程度如何。比较比率低于 1.00，说明实际薪酬水平落后于薪酬政策要求达到的薪酬水平；比较比率高于 1.00，说明实际薪酬水平（和实际成本）超过了薪酬政策规定的薪酬水平。尽管可以用多种正当的理由来说明比较比率偏离 1.00 是合理的，但作为管理人员，还是应当考虑现有的薪酬结构是否正在导致企业的成本失去控制。

10.3.9 全球化、地理区域和薪酬结构

如图 10 - 3 所示，无论是从薪酬水平来看，还是从职位的相对价值来看，不同的国家之间在市场薪酬结构方面存在的差距还很大。与美国和德国的城市相比，中国、印度和墨西哥的城市劳动力市场提供的总体薪酬水平要低得多，而且对技能、教育和晋升提供的报酬也低得多。对于在全球各地从事经营活动的企业来说，这种差距就形成了一个两难选择。比如，对一位被派往北京工作的德国工程师，到底是应当根据德国的薪酬水平支付报酬，还是应当根据中国的薪酬水平支付报酬？如果是根据德国的薪酬水平支付报酬，那么与这位工程师一起在北京工作的当地同事就会感到不公平。如果采用中国的市场薪酬水平支付薪酬，则德国工程师不会愿意接受外派任务。现实中的典型情况是，外派人员的薪酬和福利（比如住房补贴、税收均等化）与其在母国的报酬水平紧密相连。不过，这种联系逐渐变得松散，它更多地取决于外派职位本身的性质以及外派的时间长度。[22]

美国的大部分公司都制定了正式或非正式的根据不同地理区域提供不同薪酬的政策。[23]有意造成这种薪酬水平差异的目的在于，防止那些在国内生活费用较高的地区工作的员工得到不公平的待遇。例如，薪酬网（Salary.com）的数据表明，纽约市的生活费用指数比威斯康星州麦迪逊市高出 83%。因此，一位在麦迪逊市能拿到 50 000 美元年薪的员工，如果要到纽约去工作且仍然保持相同的购买力水平，其年薪就必须超过 91 500 美

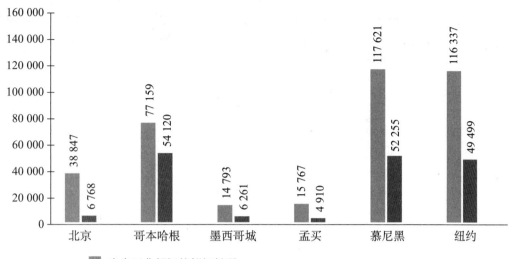

图 10 - 3　六个国际城市的分职业净收入（美元）

资料来源：UBS，"Price and Earnings 2018，" Zurich，Switzerland.

元。而达到这种目的的最常用办法就是将员工在薪酬结构中的位置向上移动来补偿其较高的生活成本。然而，这种做法的缺点在于，一旦该地区的生活费用下降，或者员工被调到生活费水平较低的地区，企业有时很难将员工的薪酬水平再降下来。正因为如此，一些企业倾向于向异地派遣人员支付临时性的补贴，这种补贴会随着当地生活费用或者员工所派往地区的变化而有所改变，或者自动取消。

10.4　过程的重要性：参与和沟通

在薪酬管理中，下面这种简单的想法会受到批评："只要能够开发出正确的技术，就一定能够找到正确的答案。"[24]事实上，任何一种薪酬决策——无论是薪酬决策的技术优点，还是其理论基础——都很少能够做到让组织中的不同员工群体一眼就看明白。当然，当企业需要改变薪酬管理实践，从而重新确定哪一种薪酬方案或薪酬方案组合最适合企业的时候，这种清晰性就显得非常重要；让员工知道这种薪酬决策是如何做出的以及企业通过何种方式与员工就薪酬决策问题进行沟通，同样十分重要。[25]

10.4.1　参与

薪酬决策过程中的员工参与可以采取多种形式。比如，员工可以组成一个任务小组向企业推荐某种薪酬方案或者是提出设计意见。企业还可以请员工任务小组就薪酬方案进行沟通，并且解释其基本原理。在进行职位评价以及执行在下一章将要讨论的许多薪酬方案的情况下，这一点显得尤其重要。然而迄今为止，由于某些显而易见的原因，企业员工在薪酬水平决策中的参与还是非常少的。

有一点非常重要，这就是在参与的问题上，需要把受到薪酬政策影响的人与那些必须执行薪酬政策的人区分开来。管理人员就处于后一种群体之中（他们常常也处于前一种群体之中）。正像在其他人力资源管理领域中一样，直线经理通常要负责薪酬政策的执行工作，因此，他们对薪酬管理实践改革的参与是非常必要的。

10.4.2 沟通

有一项研究很好地说明了沟通的重要性，这项研究专门考察了组织是如何就降薪问题与员工进行沟通的，以及这种沟通方式对员工盗窃率和他们感受到的公平程度产生的影响。[26]在这项研究中，有两家企业的总体薪酬水平都被削减了15%。第三家企业的总体薪酬水平则保持不变，因此，这家企业被作为控制组。在两家削减薪酬水平的企业中，降薪信息会以不同的方式通报给员工。在"充分解释"降薪组中，管理人员提供了大量的信息向员工解释降薪的原因，同时向员工表示了深深的歉意。而在"未充分解释"降薪组中，情况却相反，企业向员工提供的信息非常少，并且也没有表达自己的歉意。控制组的薪酬水平则没有变化（因而也就没有必要进行解释）。

控制组和两个降薪组在一开始时的盗窃率和员工感受到的公平程度都是相同的。在降薪以后，"充分解释"降薪组的盗窃率比控制组的盗窃率高了54%。而在"未充分解释"的条件下，降薪组的盗窃率比控制组高了141%。从这些数据可以看出，沟通对员工的态度和行为产生了较大的独立影响。

沟通还有可能产生其他一些重要影响。比如，我们知道，影响员工态度的不仅仅是实际的薪酬水平，还有薪酬比较标准。[27]在双重薪酬计划中，在相同职位上工作的员工领取的却是两种不同水平的薪酬——取决于他们被雇用时间的早晚。此外，薪酬水平较低的员工通常没有机会被提升到能够获得较高水平薪酬的职位上去。依常识来看，大家一般会认为薪酬水平较低的员工的不满意度会更高，但情况并非必然如此。实际上，一项由彼得·卡佩利（Peter Cappelli）和彼得·谢勒（Peter Sherer）所做的研究发现，低薪酬员工的满意度比所有员工的平均满意度要高。[28]显然，那些薪酬水平较低的人与那些薪酬水平较高的人采用的比较标准不同（前者通常比后者要低）。薪酬水平较低的员工通常把自己的工作与失业者或者是他们力图避免从事的那些低薪酬职位进行比较。结果，尽管他们得到的薪酬水平比处于相同职位的其他人要低，但是他们对自己当前的工作更为满意。这一发现并不意味着双重薪酬计划就可以被组织员工接受。然而，这一结论对公平理论提供了支持，因为它关注到了员工将自己得到的薪酬与其他职位上的薪酬进行比较的方式，指出了管理人员需要把这一点考虑在内。由于员工越来越容易接触到各种薪酬调查信息，这就有可能导致员工做出更多的薪酬比较，从而产生对有效沟通的更大需求。

管理人员在薪酬沟通方面扮演着最关键的角色，因为他们每天都要与员工进行互动。[29]因此，他们必须准备好如何向员工解释企业把薪酬结构设计为某种形式的原因，同时还需要做出这样一种判断，即企业是否需要对薪酬结构做出某种调整。所有企业都面临的一个问题是：什么时候需要根据某一职位的工作内容变化对其薪酬级别做出重新调整。如果一位员工承担的工作职责增加了，那么他常常会要求管理人员帮助自己获得相应的加薪。

10.5　当前面临的薪酬挑战

10.5.1　职位薪酬结构面临的问题

本章采用的这种根据职位以及与之相关的工作职责来建立薪酬结构的方法在实践中是得到最为广泛运用的一种方式。然而，以职位为基础的薪酬结构本身有许多局限性。[30] 第一，这种方法有可能鼓励官僚主义的滋生。职位描述向任职者明确指出了他们应当担负哪些责任，同时也以隐含的方式告诉任职者对哪些事情不用负责。尽管这为管理人员进行绩效评价和控制提供了方便，但它同时也使员工缺乏灵活性和主动性。"我为什么要做那件事？我的职位说明书中并没有规定我必须完成那项工作。"第二，这种薪酬结构的官僚主义性质强化了自上而下的决策和信息传递机制，同时还强化了地位的差别，这种局面显然不利于发挥那些最接近生产一线的员工的知识和技能优势。第三，编制以及更新职位描述和职位评价的官僚主义程序可能会成为变革的一个障碍，因为根据这种程序的要求，从整体上更新职位描述可能要花费大量的时间和成本。第四，以职位为基础的薪酬结构可能没有对它期望看到的那些行为提供报酬。这种情况在一个快速变化的环境中出现的可能性尤其大，因为在这种环境中，昨天的知识、技能和能力对于今天和明天的需要来说可能没有太大帮助。第五，对职位等级和地位差别的强调会鼓励员工采取有利于得到晋升的行为，而不鼓励员工进行横向流动，因为员工不愿意接受那些不带有晋升性质反而显得有点儿被降级意味的职位。

10.5.2　针对职位薪酬结构存在的问题采取的对策

压缩薪酬等级数量与薪酬宽带

针对职位薪酬结构产生的种种问题，有些企业采取了**压缩薪酬等级数量**（delayering）的做法，或通过减少职位等级的数量使企业在工作安排和绩效加薪方面具有更大的灵活性。比如，普惠过去将从初级职位到中层管理职位之间的所有职位划分为 3 000 种，分别编写职位描述，并且将这些职位划分为 11 个薪酬等级。而现在，该公司将职位压缩为几百种，同时只划定了 6 个薪酬等级。[31] 这种将职位归并到区间跨度较大的薪酬等级之中的做法又称为**薪酬宽带**（broad bands）。表 10 - 8 表明了薪酬宽带是如何对较小的职位样本起作用的。

表 10 - 8　薪酬宽带示例

传统薪酬结构		宽带薪酬结构	
职位等级	职位名称	宽带	职位名称
10	高级工程师	5	高级会计师
8	二级会计师	4	会计师
6	一级会计师		

　　IBM 大大削弱了薪酬系统的官僚性质，从原来的 5 000 种职位和 24 个薪酬等级精简为 1 200 种职位和 10 个薪酬等级。在每一个薪酬宽带内部，管理人员有更大的自由度来决定如何针对高绩效者提供报酬和选择能够吸引人才的在市场上有竞争力的薪酬水平。

　　薪酬等级数量压缩和薪酬宽带产生的一个后果是晋升机会的减少。企业这时就需要考虑应当向员工提供哪些其他手段作为对晋升的一种替代。此外，由于在各个薪酬宽带内部还存在一些相互有所区别的职位类型，因此，新的薪酬等级结构带来的变化可能并不像它表面上看起来那样大。这些方面的区别很容易像在旧体系下一样成为不同职位之间的一道鸿沟。在最高薪酬水平和最低薪酬水平之间存在较大跨度的宽带薪酬结构可能会导致预算控制被削弱，劳动力成本上升。另外，较大的区间跨度会使管理者用较高的薪酬水平对高绩效员工给予认可。它同时还能使组织针对员工的学习活动提供相应的报酬。

向个人支付薪酬：针对技能、知识和胜任能力支付薪酬

　　企业针对职位薪酬结构产生的问题做出的第二个相关反应是，从把薪酬与职位联系在一起转向以技能或知识等个人特征为基础来确定薪酬结构。[32]基于胜任能力的薪酬类似于技能或知识薪酬，但常常被认为是适用于受劳工法豁免的那些员工（比如管理人员）的薪酬计划。这种薪酬计划的一个基本理念是，如果你希望员工学习更多的技能，并且在他们承担的职位上更加富有灵活性，你就应当以能够推动他们朝这个方向努力的方式来支付薪酬。（参见第 6 章中关于技能薪酬制度对培训的启示的讨论。）然而，根据杰拉尔德·莱德福（Gerald Ledford）的说法，这种做法是一种"根本性的背离"，这是因为，企业现在向员工支付的薪酬已经变成"对他们能够运用的技能支付的报酬，而不是对他们在某个时间点正在从事的工作支付的报酬"。[33]

　　技能薪酬（skill-based pay）制度看起来非常适应技术变革所带来的技能持续扩大化和深化的趋势。[34]的确，研究表明，在技能薪酬制度下，劳动力的灵活性得到了显著的提高。[25]比如，在生产环境中，企业可能期望工人不仅会操作机器，还要承担起一定的机器维修保养、解决问题、质量控制甚至修改计算机程序的职责。[36]丰田汽车公司在几年前就总结道："没有任何一位处于生产线工人级别之上的专家（质量检查员、管理人员以及一线监督人员等）可以为小汽车带来价值增值。不仅如此……生产线上的工人还能更好地履行专家承担的大部分职能，因为他们对生产线上的各种条件非常熟悉。"[37]

　　换言之，技能薪酬的一个重要的潜在优势在于，它在增加员工的灵活性方面能够起到很大的作用，而员工的灵活性反过来又为把决策权分散到那些最了解情况的员工身上提供了方便。它还为精简员工的层级提供了机会，这是因为，由于员工流动或者缺勤而留下的职位空缺可以由那些掌握了多种技能的现有员工来填补。[38]此外，在不同的产品要求有不同的制造流程，或者劳动力供给短缺或其他原因导致企业需要做出适应性或灵活性反应的情况下——这是许多新的所谓先进制造环境（比如灵活制造、即时系统等）具有的典型特征——多技能员工就变得非常重要。[39]从更一般的角度来说，许多人还指出，技能薪酬计划有利于在企业中创造一种学习的气氛，提高员工的适应能力，并且为员工提供一个用更开阔的视野认识企业运营方式的机会。这些变化对更好地利用员工的知识和想法都是有利的。与上述优势相一致，一项现场研究发现，一家制造业工厂采用技能薪酬计划之后，出现了产品质量改善以及劳动力成本下降的情况。[40]

当然，技能薪酬计划和能力薪酬计划同样存在一些潜在的缺点。[41]第一，尽管这种薪酬计划有可能强化员工获得技能的行为，但企业可能会发现，自己将面临如何有效利用这些技能的挑战。如果这种薪酬计划没有经过仔细的规划，它就有可能造成大量新的劳动力成本只能带来很少回报的情况。换言之，如果员工的技能发生变化，企业的职位设计就必须以同样的速度进行变革，只有这样才能充分利用员工的这种技能优势。第二，如果薪酬增长完全建立在技能基础之上，就可能出现这样一种情况：一旦员工过快地掌握了所有的技能，在技能发展方面出现"到顶"的情况，他们就没有薪酬增长的空间了。（当然，这种问题在职位薪酬制度下同样有可能出现。）第三，具有某种讽刺意味的是，技能薪酬计划可能会带来一个大的官僚机构——而这本来是职位薪酬计划所受到的批评。企业需要建立各种培训计划，必须对技能加以描述、衡量，还要分别给它们赋予一定的货币价值。为了鉴定员工是否确实掌握了某种技能，企业还必须建立起资格认证体系。第四，就像在职位薪酬计划下有可能面临市场薪酬水平数据不足这种挑战一样，几乎没有人知道如何为不同的技能组合（相对于职位）进行市场定价。除非以技能为基础的薪酬计划已经得到普遍实施，否则，要想从其他企业获得可以进行比较的数据是非常困难的。

10.5.3　美国的劳动力具有竞争力吗？

我们常常听到有人说，美国的劳动力成本太高了，美国的企业无法与其他国家的企业进行有效的竞争。我们在表 10-9 中列出了美国制造业生产工人的平均每小时劳动力成本（现金和福利）、其他一些发达工业化国家和地区以及新兴工业化国家和地区的同类数据。这里的"通过全球化开展竞争"专栏提供了一些公司最近所做的关于生产地点决策的例子，这些决策似乎已经受到劳动力成本因素的重大影响。

表 10-9　按年份和地区的制造业生产工人每小时的
平均劳动力成本（现金和福利）

单位：美元

	1985 年	1990 年	1995 年	2000 年	2005 年	2010 年	2015 年	2016 年
发达工业化国家/地区								
加拿大	10.95	15.95	16.10	16.04	26.81	34.60	30.94	30.08
捷克				2.83	7.28	11.61	10.29	10.71
德国	9.57	21.53	30.26	23.38	38.18	43.83	42.42	43.18
日本	6.43	12.64	23.82	22.27	25.56	31.75	23.60	26.46
美国	13.01	14.91	17.19	19.76	29.74	34.81	37.71	39.03
新兴工业化国家/地区								
巴西				4.38	5.05	11.08	7.97	7.98
中国					0.83	1.98	4.93	5.37
韩国	1.25	3.82	7.29	8.19	15.13	17.73	22.68	22.98
墨西哥	1.60	1.80	1.51	2.08	5.36	6.14	5.90	3.91

资料来源：Data from 1985—2010 are from the Bureau of Labor Statistics，U. S. Department of Labor，"International Comparisons of Hourly Compensation Costs in Manufacturing," various years. Data from post-2010 are from the Conference Board，"International Comparisons of Hourly Compensation Costs in Manufacturing，2016," February 16，2018.

➡ 通过全球化开展竞争

到哪里去生产？劳动力成本与汽车行业

如表10-9所示，各国之间的平均小时劳动力成本（工资和福利）是差异很大的。汽车生产企业在竞争激烈的产品市场上运营，尤其是在产品市场已经实现全球化的情况下。例如，在美国，客户只能购买由美国公司出售并且在美国制造的汽车的那些日子，已经一去不复返了。现在，美国公司越来越多地在其他国家（例如墨西哥）制造汽车，而且在美国销售的汽车也很可能是由外国公司在美国制造（例如在肯塔基州的乔治敦生产的丰田汽车）的。实际上，外国汽车生产商在美国本土生产的汽车比美国自己的汽车生产商生产的汽车更多。

那么，这些汽车制造公司是如何决定到哪里去生产汽车的呢？正如我们在本章中讨论的，影响因素有很多，其中包括劳动力的受教育情况、技能、生产率以及当地与客户的接近程度等。但是，劳动力成本仍然是一个主要考虑因素。如果你看一下下面的这张表，就可以对分布在欧洲、北美洲和亚洲的各个国家之间的（每小时）劳动力成本情况做一个对比了。在每个地区都既有劳动力成本低的国家，也有劳动力成本高的国家。

	劳动力成本（美元/每小时）2005年	产量（百万）2005年	产量（百万）2017年	产量变化（%）2005—2017年
欧洲				
德国	38.18	5.76	5.65	−2
捷克	7.28	0.60	1.42	137
北美洲				
美国	29.74	11.95	11.19	−6
加拿大	26.81	2.69	2.67	−1
墨西哥	5.36	1.68	4.07	142
亚洲				
日本	25.56	10.80	9.69	−10
中国	0.83	5.72	29.02	407

你能猜得出来从2005年开始，哪些国家的汽车产量在增长，哪些国家没有增长吗？没错，在捷克（137%）、墨西哥（142%）和中国（407%）等劳动力成本较低的国家，汽车产量增长了。相反，在劳动力成本高的国家，例如德国（−2%）、美国（−6%）、加拿大（−1%）以及日本（−10%），汽车产量不仅没有增长，实际上在一定程度上还萎缩了。同样，在北美建立或宣布在北美建立的新的汽车制造厂最近出现在墨西哥。（《北美自由贸易协定》及其新版本在其中发挥了作用。）即使最近确实有一个例外，有一家新的工厂建在了美国境内，也是选址在美国南部 [例如，在南卡罗来纳州设厂的宝马汽车公司和沃尔沃汽车公司，在亚拉巴马州设厂的戴姆勒-奔驰汽车公司（Daimler Benz），在肯塔基州和亚拉巴马州设厂的丰田汽车公司，在田纳西州设厂的大众汽车公司]，这些地方不仅

劳动力成本普遍较低，而且具有另外一种成本优势，即在美国南部没有任何工会能够成功地在工厂中成立工会组织——而一旦工会取得成功，企业的工资和福利成本一定会上升。

成立了工会的美国汽车公司产量有扩大的趋势，部分原因在于在 2015 年顺利完成的集体合同谈判中，参加工会的工人（面对企业发出的继续将汽车生产转移到劳动力成本更低的其他地方的威胁）同意降低工资和福利成本。总而言之，尽管决定在何处生产的不只是劳动力成本这一个因素，但它仍然是此类决定的一个主导因素。

最后，让我们来看看很多人都认为独一无二的汽车企业特斯拉。与传统汽车公司一样，特斯拉也面临着国际竞争，因而必须控制或降低其劳动力成本，否则就将冒着无法以有竞争力的价格出售汽车的风险。因此，特斯拉最近宣布将会裁员 7%，涉及大约 3 150 名员工。一种估计是，特斯拉的生产工人的小时工资大约为 21 美元，这就意味着年薪大约为 4.4 万美元。另外一种估计值要高得多，据说与汽车生产关联度最高的特斯拉员工每年可获得大约 8 万美元的现金薪酬。这一估值较高的原因有很多：其中不仅包括生产工人，还包括薪酬更高的其他一些类型的员工，例如工程师。此外，薪酬中还包括奖金和加班工资。

让我们以 6 万美元作为每位工人的人工成本，这还不包括诸如健康保险之类的福利成本。员工的工资每增加 1 美元，福利将会平均增加 0.40 美元。因此，我们可以得到这样的结论，即 6 万美元×1.40 ＝8.4 万美元/员工。一旦考虑到精简劳动力的费用（例如，任何类型的遣散费、政府根据从失业保险中领取保险的公司前员工人数设定的失业保险税的税率上调），特斯拉预计每年可以节省的费用达到 3 150 人×8.4 万美元＝2.646 亿美元。考虑到特斯拉的报告显示，在最近的 12 个月中，其营业收入为负数：亏损 5.355 亿美元。因此，这里的问题就是，特斯拉在通过裁员大幅度降低其成本的情况下，是否能够继续获得相同的或更高的经营收入。该公司负责人埃隆·马斯克在写给员工的电子邮件中（已发布在特斯拉的博客上）描述了公司面临的这一挑战："看一看我们的使命，加速可持续运输和能源时代的到来，这对于整个地球上的生命都是至关重要的，为此，我们面临着极其艰巨的挑战：使我们的汽车、电池和太阳能产品与化石燃料相比更具成本竞争力……我们需要吸引更多有能力负担我们的车辆购置费用的客户。此外，我们需要继续向 Model 3 的低价品种迈进。"他继续说，"由于上述原因，我很遗憾地告诉大家，我们别无选择，只能将全日制工作的员工人数减少大约 7%（我们去年的人数增长了 30%，这超过了我们的承受能力），只保留了最为关键的临时性员工和承包商。特斯拉必须做出这种成本削减，同时还要提高 Model 3 的生产率，并且在未来的几个月内进行许多制造工程方面的改造。更高的产量和更多的制造设计改进，对于保证特斯拉达到规模经济——要求以 3.5 万美元的价格制造标准行驶里程（220 英里）和标准内饰的 Model 3 车型——以及能够继续存活下去是非常关键的。除此之外，我们没有其他选择。"

讨论题

1. 在确定一家公司到哪里去生产汽车时，劳动力成本的重要性有多高？

2. 在做出关于生产地点的决策时，公司还会考虑劳动力成本以外的哪些因素？各公司之间是否存在一定的差异？如果是，那么哪些因素可以解释公司之间的这些差异？例如，通用汽车和特斯拉做出的决定会是相同的还是不同的？

3. 在什么情况下一家公司在确定生产地点时，最有可能强调低劳动力成本，而不是其他方面的因素？产品性质是一个考虑因素吗？这些公司会让一些产品更适合大众市场，而让另外一些产品更具客户定制特征吗？

资料来源：A. Roberts and J. J. Stoll, "Toyota Plant Puts Foreign Car Makers on Path to Pass Detroit in U. S. Production," *Wall Street Journal*, January 1, 2018; J. Kirby, "USMCA, the NewTrade Deal between the US, Canada, and Mexico, Explained: NAFTA Gets an Upgrade with New Provisions on Autos, Dairy, and More," *VOX*, October 2, 2018, VOX. com; R. W. Howard, "UAW Grows Strike Fund, Membership as Workers Head into Wage Talks," *Detroit Free Press*, December 10, 2018; E. Musk. "Company Update," *Tesha Blog*. January 18, 2019, https://www. tesla. com/blog/tesla-company-update?redirect=no; E. Kosak, "Peekingbehind Tesla's Labor Curtain," *CleanTechnical*, July 11, 2018, cleantechnical. com; L. Hansen, "Tesla Worker: Long Hours, Low Pay and Unsafe Conditions,"*The Mercury News*, February 9, 2017, www. mercurynews. com; M. Snider; "Tesla to Cut Workforce by 7 percent, Increase Model 3 Production at Lower Prices," *USA TODAY*, January 18, 2019; U. S. Securities and Exchange Commission, "Form 10-Q, Tesla Inc. ," November 2, 2018, www. sec. com.

正如我们在第4章和本章中所介绍的，很多企业（包括苹果公司）在决定在哪里完成生产活动时，仍会对劳动力成本和其他一些因素进行监控。如果仅仅从成本这一方面考虑问题，那么将许多生产活动从像德国这样的国家迁到其他国家——尤其是那些新兴工业化国家——也许是合适的。然而这种说法正确吗？实际并不尽然，因为我们需要考虑的因素有多个。

国家间劳动力成本差异的不稳定性

第一，需要记住的一点是，各国的相对劳动力成本在不同的时间里是非常不稳定的。例如，如表10-9所示，在1985年时，美国的劳动力成本比德国（西德）高36%。但是到了1990年，情况发生了逆转，德国的劳动力成本已经比美国高出44%，并且持续升高。这难道是德国的雇主在美国雇主努力限制薪酬增长的同时却突然变得更慷慨了？不完全是。由于我们的数据是以美元表示的，因此货币的汇率会对此类比较造成一些影响，而且这些汇率经常会逐年大幅波动。例如，在1985年时，德国的劳动力成本只有美国的74%，当时的美元的价值相当于2.94德国马克。但是到了1990年，美元对德国的汇率为1.62马克。如果1990年的汇率仍然保持在1:2.94，则德国的平均小时工资就是11.80美元，大约为1990年美国平均小时工资的80%，而不是实际的21.53美元或相当于美国平均小时工资的144%。

无论如何，相对于德国这样一些国家而言，美国的劳动力成本直至现在都还是比较便宜的；这也就部分地解释了为什么宝马公司、奔驰公司和大众公司会分别做出在美国的南卡罗来纳州、亚拉巴马州和田纳西州建厂的决定，因为这些地方的劳动力成本比德国要低很多。靠近美国大市场以及实现货币对冲是其他方面的一些因素。如前所述，最近，德国汽车制造商（以及其他国家的一些汽车制造商）由于这些方面的原因以及墨西哥劳动力成本低廉的缘故，在北美建立了新的工厂。最后，我们从表10-9中可以看到，2010—2015年，许多国家的劳动力成本似乎都有所下降。但在许多情况下，这同样是由于劳动力成本是以美元计算的，并且存在汇率的不断波动，而不是以当地货币计算的劳动力成本确实出现了下降。例如，2010年，1加元的价值为0.97美元，但到了2015年，1加元的价值仅为0.78美元，其价值下降了大约20%。因此，在以加元表示时（使用未在表格中显示的

Conference Board 的数据），加拿大以当地货币计算的劳动力成本从 2010 年的 35.46 加元增至 2015 年的 39.58 加元，增长了大约 12%。[42]

在世界的另一端，富士康（鸿海精密工业）主要在中国的工厂组装 iPhone 等苹果产品，该公司拥有约 100 万名员工，其中在深圳的龙华和观澜拥有 20 多万名员工。据说富士康正在考虑在美国投资 70 亿美元建厂［为夏普（Sharp）供应显示面板］，这将创造大量的就业机会。[43]（事实证明，富士康选择了在威斯康星州进行这项新的投资。）但据估计，在中国深圳组装 iPhone 的劳动力成本不到在美国工厂组装时所需成本的 1/4。[44]有人估计两边的劳动力成本相差更大，与表 10-9 中所示的差异更为一致。[45]此外，苹果产品的供应链（由拥有类似较低劳动力成本的供应商组成）也都在亚洲。因此，将苹果产品生产的任何一个重要部分转移到美国将会面临很大的挑战。最有可能发生生产地点转移的情况是运输成本很高（例如显示面板的运输成本与 iPhone 相比）、出现政治压力和（或）至少是针对在这些市场上生产的某些产品加征关税。

技能水平

第二，不同国家的劳动力之间在劳动力质量和生产率方面存在很大的差别。在对像美国这样的工业化国家和像墨西哥这样的发展中国家的劳动力成本进行比较时，这是一个应当注意到的非常重要的因素。比如，美国公民的高中毕业率为 77%，而墨西哥只有 44%。[46]这样，较低的劳动力成本只不过是对劳动力队伍的平均技能水平较低的一种反映而已。因此，在低劳动力成本国家中，某些种类的技术型劳动力可能更不容易找到。另外，任何企业都需要得到足够数量的技术型员工来完成各项经营活动。有些企业发现，较低的劳动力成本未必能够实现较高的质量。

如我们所见，许多汽车制造商选择了在墨西哥建立新工厂来服务于北美市场。在欧洲，像波兰、斯洛伐克和捷克这样一些国家都是熟练工人很多，但劳动力成本却低于德国，这样就会导致这些国家的汽车产量增加，并且可以成为企业在本国制定更多生产规则时可以用来讨价还价的筹码。

生产率

第三，与一国的劳动力竞争力最直接相关的一个数据是生产率与单位劳动力成本之比，这一数据的含义是在工作中耗费的每一小时带来的生产率除以小时劳动力成本。对生产率进行衡量的指标之一是根据购买力差异进行调整以后的人均国内生产总值（或经济总产值）。如果用这一指标来衡量，那么美国的情况是最好的（见图 10-4）。较低的劳动力成本和较高的生产率相结合，至少就平均情况而言，使得美国的单位劳动力成本比日本和西欧更低。

非劳动力方面的考虑

第四，关于将某种生产活动放到某地完成的任何决策，都不可能仅仅考虑劳动力一个方面的因素。比如，假定 A 国的平均每小时劳动力成本为 15 美元，B 国的平均每小时劳动力成本仅为 10 美元，再假定两国的劳动力成本占各自总经营成本的比重都为 30%，且

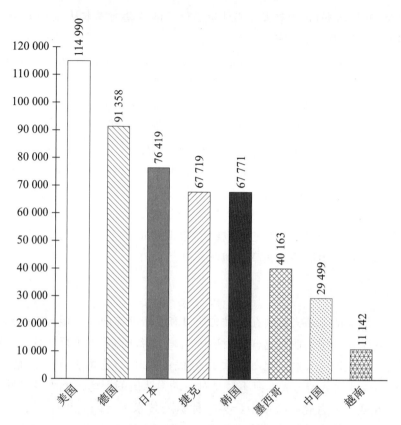

图 10-4　2011 年人均国内生产总值（GDP），根据购买力差异进行调整（美元）

资料来源：International Labor Organization，"Output per Worker（GDP constant 2011 international ＄ in PPP），"March 27，2019，www.ilo.org/ilostat.

非劳动力经营成本的水平大体相同。那么，A 国的总经营成本就有可能是 65 美元（50＋15），而 B 国的总经营成本则有可能是 60 美元（50＋10）。这样，尽管 B 国的劳动力成本比 A 国的劳动力成本低 33％，但是其总经营成本仅仅比 A 国低 7.7％。这种差距可能还不足以弥补两国在劳动力技能、生产率、消费者等待时间、交通成本、税收以及其他方面的成本差异。此外，许多产品——尤其是高科技产品（比如电子元器件）——的直接劳动力成本在总成本中所占的比重通常只有 5％或更少。这样，劳动力成本对产品的价格竞争力所产生的影响可能就不太显著。[47]

事实上，在决定把生产活动放到哪里去完成的时候，越来越多的企业更重视非劳动力因素。接近消费者才是更为重要的决定因素。当使生产活动越来越贴近设计团队时，产品的开发速度可能会越来越快。当生产设施远在地球另一端时，企业要想对客户的需要做出快速的反应（比如生产定制的替换零件）就会变得比较困难。通过采用零库存这样一些生产方法，企业的库存水平可以大规模削减，不过这就要求供应商在地理位置上与企业十分接近。前面"通过全球化开展竞争"专栏中提供了一个例子来说明，包括劳动力成本在内的这些考虑因素是怎样对像特斯拉这样一些自认为与众不同的公司产生影响的。

另外，一些公司正在积极地开展外包工作（其中包括专业型或知识型员工所承担的那些工作），主要目的在于降低劳动力成本。比如，一些金融服务公司像高盛公司和花旗集团都在印度以更低的薪酬水平雇用大量员工从事统计和研究工作。[48]再如，IBM 开始把海外数以千计的程序设计工作转移到像中国这样的国家，在中国的每小时成本只有 12.50 美元，而在美国则要 56 美元，仅此一项每年就可以节省 1 亿多美元。[49]在某些情况下，很多在海外使用廉价劳动力的公司已经意识到自己支付的薪酬太低了，因而需要支付超过必要水平的薪酬才能吸引和留住足够多的员工。例如，在几年以前，包括 H&M 公司和 Zara 公司在内的一些欧洲服装零售商给柬埔寨总理写信，承诺向柬埔寨的服装供应商提供更高的价格，以便它们能够给自己的员工支付更多的工资。在这种情况下，服装行业的工资增长了 50％以上。[50]

10.5.4　高层管理人员的薪酬

企业高层管理人员的薪酬问题在各种新闻报道中引起了广泛的关注。一方面，人们对这一问题的关注已经超出了其应当受到重视的程度。这是因为高层管理人员在企业中毕竟为数很少，他们的薪酬在企业的劳动力总成本中所占的比重也非常小。另一方面，高层管理人员对企业绩效的影响力远远超出了一般员工，因此与他们的薪酬有关的决策是非常关键的。不过这些决策也可能是象征性的。在 2007—2008 年的金融危机中，作为不良资产救助项目的参与方之一，美国政府认为，对那些接受政府紧急援助资金的公司高管人员的薪酬进行管制是恰当的。

高层管理人员还能够帮助企业确定组织的基调或文化。比如，如果高层管理人员的薪酬看上去与企业的绩效没有什么关系，即使企业的经营状况很差，他们也能拿很高的薪酬，那么员工就有可能不理解：为什么自己的一部分薪酬反而要与企业的经营状况挂钩，从而承受一定的风险和波动（不仅有上升，还有下降）。

那么，高层管理人员得到的薪酬到底有多少？表 10-10 提供了一些数据。以各种股票计划的形式体现出来的长期薪酬已经成为公司首席执行官薪酬的一个主要组成部分。这就意味着首席执行官的薪酬是随着股票市场的变化而变动的（参见"标准普尔 500 指数变化"一栏）。表 10-11 表明，有些企业的首席执行官获得的薪酬要高于表 10-10 中列举的平均薪酬水平。

表 10-10　首席执行官获得的薪酬

年份	首席执行官薪酬						首席执行官年薪变化（%）	标准普尔 500 指数变化（%）	员工薪酬（美元）*	首席执行官薪酬与员工薪酬之比**
	薪资（美元）	奖金（美元）	薪资加奖金（美元）	股票期权（美元）	股票授予（美元）***	总薪酬（美元）				
2017	110 万	200 万	310 万	110 万	560 万	1 190 万	3	19	40 393	295
2016	110 万	200 万	310 万	110 万	550 万	1 150 万	11	12	38 088	302
2015	110 万	200 万	310 万	110 万	510 万	1 040 万	1	1	37 186	280
2014	110 万	210 万	320 万	120 万	470 万	1 030 万	1	14	36 455	283

续表

年份	首席执行官薪酬						首席执行官年薪变化（%）	标准普尔500指数变化（%）	员工薪酬（美元）*	首席执行官薪酬与员工薪酬之比**
	薪资（美元）	奖金（美元）	薪资加奖金（美元）	股票期权（美元）	股票授予（美元）***	总薪酬（美元）				
2013	110万	200万	310万	140万	420万	1 020万	11	32	35 555	287
2012	110万	190万	290万	130万	380万	920万	4	16	34 519	269
2011	110万	200万	300万	170万	330万	890万	****	2	33 800	263
2010			300万	300万	250万	850万	−29	15	33 119	258
2009			300万	330万	580万	1 210万	−14	26	32 093	377
2008			360万	360万	690万	1 410万	−18	−37	31 617	446
2007			400万	490万	820万	1 710万	34	5	30 682	558
2006			380万	240万	650万	1 270万	3	16	29 529	431
2005			370万	210万	660万	1 240万	—	—	28 305	438
2000			290万	450万	700万	1 430万	—	—	25 013	573
1995			200万	70万	70万	330万	—	—	20 804	160
1990			160万	30万	70万	260万	—	—	18 187	144

*员工薪酬（年度）数据来自私营非农产业中的生产类和非管理类员工的劳动收入调查数据。U. S. Bureau of Labor Statistics, *Employment & Earnings Online*, *Establishment Data from the Current Employment Statistics Survey* (CES), National, Table B-8a, https://www. bls. gov/opub/ee/archive. htm. The December average weekly earnings number is multiplied by 52 to obtain worker pay（annual）.

**首席执行官薪酬与领取小时工资的员工薪酬之比。

***到2010年，"其他"薪酬都包含在这一类别中。在大多数情况下，股票授予的价值占这类薪酬中的大部分。

****由于总薪酬的定义从平均值改为中位值，因此未计算。

注：到2010年，薪资加奖金、股票奖励和股票期权这三类薪酬的平均值加起来等于平均总薪酬。自2011年起，由于在公司损益表的薪酬汇总表中报告的某些薪酬类别（非股权激励计划薪酬、养老金价值变化和非限定性递延薪酬收入、所有其他薪酬）被排除在外，同时开始使用薪酬中位值，因此不再将各类薪酬汇总为总薪酬。

资料来源：Through 2010, CEO pay data are *averages* from *Forbes* magazine. Through 1999（1995 here），*Forbes* data pertain to the 800 largest companies. Beginning with year 2000 through 2010，*Forbes* data pertain to the 500 largest U. S. companies（S&P 500）. Beginning in 2011, CEO pay data pertain to the 500 largest U. S. companies（S&P 500）and are *medians*（versus averages）from Equilar，*CEO Pay Trends*（*multiple years*），https://www. meridiancp. com/wp-content/uploads/Equilar-CEO-Pay-Trends-Report. pdf.

表 10-11　薪酬水平最高的首席执行官　　　　　　　　　　　　单位：美元

	总薪酬
陈福阳（Hock E. Tan）[博通公司（Broadcom）]	1.03亿
弗兰克·比西尼亚诺（Frank J. Bisignano）[第一资讯公司（First Data）]	1.02亿
迈克尔·拉皮诺（Michael Rapino）（Live Nation Entertainment 公司）	7 100万

如表 10-10 所示，薪酬水平最高的高管人员的薪酬大约相当于普通员工薪酬的 300 倍。（这一比率在某些较早的年份中要高得更多，这通常是因为在那些年中，用来对首席执行官的薪酬进行衡量的指标是平均薪酬而并非中位值。而首席执行官的平均薪酬始终高

于其薪酬中位值。）美国的这一比率要高于世界其他较大的经济体（中国、日本、德国、英国）。[51]但是，这种比较通常并没有考虑这样一个事实，即美国的首席执行官所领导的公司往往比其他国家的那些首席执行官所领导的企业规模更大。而规模更大的公司往往支付的薪酬也更高。

美国企业高层管理人员与一般制造业工人之间如此大的薪酬差距被认为引起了"信任的鸿沟"——在员工的心目中已经形成这样一种思维定式：对高层管理人员的动机不信任，对他们的能力表示怀疑，同时对他们获得的薪酬水平感到愤恨。如果这些企业高层管理人员拿到的薪酬水平如此之高，而企业同时却在执行解雇计划或者其他人员削减计划，上述问题就变得更为突出。员工可能会问："如果公司需要削减成本，那么为什么不削减高层管理人员的薪酬，而是削减我们的？"[52]这个问题实际上是经济困难时期的一种公平感知问题。事实上，一项研究报告指出，在高层管理人员和普通员工之间薪酬差距较大的企业中，客户满意度也较低，人们对这种情况所做的推测是，这可能是因为员工会把自己的这种不平等感受传递到客户关系之中。[53]也许还有一个更为重要的问题，这就是企业的高层管理人员是怎样拿到这些薪酬的（比如是不是基于绩效），而不是他们最终拿了多少。这正是我们在下一章要继续讨论的一个问题。

■ 10.6　与员工的薪酬有关的法律法规

我们在这里讨论公平就业机会以及最低工资、加班工资和通行工资等方面的问题。我们还将在第 11 章中讨论对高管人员的薪酬所做的规定。

10.6.1　公平就业机会

公平就业机会（EEO）方面的法律法规（比如《民权法案》第七章）禁止企业在薪酬等就业结果方面根据劳动者的性别和种族等实行差别对待，除非企业有充分的理由能够对其行为做出合理的解释（比如，薪酬差距是工作绩效方面的差别导致的）。除了法律法规方面的压力，企业还必须准备迎接劳动力市场和人口结构等现实因素变化所带来的挑战。在这方面，至少有两种发展趋势与公平就业机会有直接联系。[54]第一，女性劳动力在劳动力队伍中所占的比重从 1960 年的 33％上升到了 2013 年的 47％。第二，1960—2013 年，白人在劳动力队伍中所占的比重从原来的 90％下降到了 78％。其中，白人男子在美国劳动力队伍中所占的比重为 43％，并且这一比重可能还会继续下降，这就使对与薪酬有关的公平就业机会问题给予关注，对于企业来说变得愈发重要了。

那么，在薪酬决定方面是否存在公平对待的问题？一般情况下，比较普遍的压力主要集中在原始的总薪酬比率方面。比如，在所有从事全日制工作的劳动者当中，女性劳动者与男性劳动者的薪酬收入中位值之比为 0.80，黑人劳动者与白人劳动者的薪酬收入中位值之比为 0.80，西班牙裔和拉美裔劳动者与白人劳动者的薪酬收入中位值之比为 0.75。[55]尽管从总体上来说，在过去的二三十年间，这些百分比的数值都已经上升，但显著的性别和种族差别仍然存在。[56]相比之下，亚裔美国人的收入要比白人高出 17％。在高层管理人员中，女性似乎比男性收入要少，部分原因在于女性获得绩效薪酬（如股票和相关奖金）的机会更少。[57]

然而，原始总薪酬比率的作用是有限的，这是因为薪酬收入中的有些差别是不同的劳动者群体在一些合法因素上存在差异造成的，比如受教育程度、劳动力市场经验以及职业等。尽管在对这些差异因素进行调整以后，性别和种族之间的薪酬收入差异有所减小，但是显著的差异依然存在。除了少数例外情况，这种调整通常很难解释在原始总薪酬方面存在的 1/2 以上的差异。[58]

那么，薪酬决定中的哪些方面能够说明实际存在的这种薪酬收入差距呢？就女性的情况而言，可能的解释是，她们承担的职位的价值被低估了。另一种解释则建立在"拥挤"假设基础之上，即由于历史原因，女性劳动者被严格限定在少数职业当中。因此，这些职业中的劳动力供给远远超出劳动力需求，结果导致这些职业的薪酬水平比较低。如果事实果真如此，那么市场薪酬调查只会使这种状况延续下去。

可比价值（comparable worth）（或同工同酬）是倡导解决女性职位的价值被低估问题的一种公共政策。这种政策的意图不仅是为职责内容相同的职位争取相同的薪酬（已经由 1963 年《公平薪酬法》强制实行），同时还要为价值相等的职位争取相同的报酬。通常情况下，职位评价是用来衡量职位价值的。表 10 - 12 中列举的数据是在美国华盛顿州最早的可比价值案件当中出现的，用来寻找基于内部比较（职位评价）与基于外部比较（市场薪酬调查）进行价值比较的方法。[59] 在这个例子中，两种衡量办法之间存在着较大的差别。内部比较表明女性职位的价值被低估了，而外部比较却没有为这种说法提供太多的支持。比如，尽管从业护士的职位获得了 173 的职位评价点数，卡车司机职位获得了 97 的职位评价点数，但是卡车司机的市场薪酬水平（即华盛顿州的企业支付的薪酬水平）是每月 1 493 美元，而从业护士每个月的薪酬却只有 1 030 美元。卡车司机得到的薪酬比薪酬政策线预测水平多出 26.6%，从业护士的薪酬水平却只有薪酬政策线预测水平的 75.3%。根据职位评价点数，从业护士的价值要高出市场 78.3%（173/97 － 1），而不是低了 31.0%（1－1 030/1 493）。

表 10 - 12　职位评价点数、市场通行月薪酬水平以及女性任职者在该职位中所占的比例

基准职位名称	职位评价点数	市场薪酬水平（美元）	市场薪酬水平相当于预测薪酬水平的百分比（%）	女性任职者所占的百分比（%）
仓库工人	97	1 286	109.1	15.4
卡车司机	97	1 493	126.6	13.6
从业护士	173	1 030	75.3	89.5
维修木工	197	1 707	118.9	2.3
民用工程师	287	1 885	116.0	0.0
注册护士	348	1 368	76.3	92.2
高级计算机程序分析员	384	2 080	113.1	17.8

注：预测的薪酬水平是根据市场通行薪酬水平对职位评价点数回归之后得到的，其公式为：2.43 美元×职位评价点数＋936.19，$r=0.77$。

如果不考虑市场因素而仅仅依据职位评价结果来确定职位的价值，则这种做法存在的

潜在问题之一在于，职位评价程序从来都不是为了确定职位的价值而设计的。[60]正如我们在前面已经证实的，它们的主要用处在于帮助企业获得市场薪酬政策线，然后再把这种政策线运用到那些无法取得市场薪酬数据的非关键职位上去。换言之，职位评价通常用来帮助企业运用市场薪酬政策，而不是服务于另一种恰恰相反的目的，即在确定薪酬时用职位评价结果来替代市场薪酬政策线。

就像所有的法律和规章制度一样，大家同样关心公平就业机会的规定是否会对市场力量构成阻碍，因为根据经济学的基本理论，市场力量为价格的确定以及把人员分配到不同的职位上去提供了一种最有效的手段。从理论上说，偏离对市场力量的依赖会导致有些职位的薪酬过多，而有些职位的薪酬过少，这种情况最终又会导致在前一类职位上出现劳动力供给过剩，在后一类职位上出现劳动力供给不足的问题。此外，一些经验证据还表明，可比价值政策对私营部门中的女性劳动者的相对薪酬收入不会产生太大的影响。[61]这种政策的局限之一就是，它仅仅针对企业一个方面，但是忽视了男性劳动者和女性劳动者通常倾向于为不同类型的企业工作这一事实。[62]考虑到企业之间的分割是造成男性和女性之间薪酬收入差距的主要原因，可比价值政策就不会是有效的。换言之，只要性别之间的薪酬差别是男性和女性根据不同的薪酬水平选择在不同的企业中工作造成的，那么可比价值政策所能产生的影响就会非常小。

也许最为重要的一点是，尽管采用市场薪酬水平会存在一些潜在的问题，但是法院的裁定却一直认为，在可比价值诉讼中，采用通行市场薪酬水平的做法是可以接受的一种辩护理由。[63]这种规定的理性基础在于，企业必须面对劳动力市场和产品市场上的竞争。薪酬支付水平比市场薪酬水平更高或更低都会导致企业陷入不利的境地。因此，在美国的私营部门中，实际上并不存在强制性的可比价值立法。

另外，20 世纪 90 年代早期，美国几乎一半以上的州都开始或者完成了对公共部门员工薪酬进行的可比价值调整。另外，加拿大的安大略省在 1988 年规定，在公共部门和私营部门都要强制执行可比价值政策。此外，尽管可比价值在美国私营部门并没有得到强制执行，但是负责执行 11246 号政令的美国劳工部（联邦合同执行程序办公室）在 2006 年开始实施的新标准和指南禁止企业根据性别和种族实施"系统性的薪酬歧视"。所谓"系统性的薪酬歧视"是指这样一种情况："在考虑到影响薪酬的合法因素，比如受教育程度、工作经验、工作绩效、生产率以及工作时间等之后，情况相似的员工在薪酬方面依然存在统计上显著的差异（通过回归分析来确定）。"[64]此外，2009 年通过的《莉莉·莱德贝特公平薪酬法》（Lilly Ledbetter Fair Pay Act）意味着企业在如下情况下依然可能面临索赔：歧视性的薪酬决策（例如加薪幅度过小）是在过去做出的，但是其效果（低薪酬）到当前阶段依然存在。

还有一些研究工作关注的焦点则是女性的薪酬在什么时候或在哪个阶段开始落后于男性。当调查了福利和奖励性薪酬（不仅仅是基本薪资）之后可以发现，男性和女性之间的薪酬收入差距进一步扩大了。还有一些其他证据表明，女性在一开始被雇用时得到的薪酬水平就低于男性，但是随着她们被持续雇用一段时间，她们的相对薪酬状况会有所改善。[65]对这种现象的一种解释是：当实际的工作绩效（而不仅仅是求职者的一些笼统的资格信息）被纳入薪酬决策之中时，女性受到不公平对待的可能性会更小。如果事实果真如此，政策的注意力就应当更多地放在确保求职者和新员工得到公平对待方面。[66]另外，人们确信，在一些企业中确实存在"玻璃天花板"现象，在这种情况下，女性员工和少数族裔员工尽管可以晋升到接近高层管理职位的较高管理层级上去，但他们却永远不可能获得这些高层管理职位（相关内容见第 8 章）。但是，在许多情况下，女性之所以在以前的工作中得到的薪资水平较低，主要是因为雇主通常都会在雇用员工的时候询问求职者以前的工作收入。因此，正如这里的"诚信行动"专栏描述的那样，一些公司已经要求自己的招募官停止向求职者询问他们的历史工资情况，并且有些州和地区现在已经禁止向求职者提问此类问题。

➡ 诚信行动

让询问求职者的过往薪资成为过去

亚马逊和美国银行等企业均表示，它们已经要求招募官不要向求职者询问他们在现在或以前的工作上获得的薪资或福利情况。例如，在美国银行，招募官所接受的培训就包括该银行为每个职位确定的薪资范围或薪资等级方面的信息。如果求职者能够符合某个职位的要求，则他就能获得与这个职位相对应的薪资。

越来越多的州政府和地方政府通过法律禁止企业询问求职者的过往薪资。据统计，美国全国共有 12 项州一级的禁令和 10 项地方性禁令。例如，自 2018 年 1 月 1 日起，加利福尼亚州禁止私营部门和公共部门的雇主试图去了解求职者的薪资历史，并且，如果求职者自愿告知历史薪资水平，也禁止雇主在确定雇用的情况下，使用这种信息来制定此人的薪资水平。另外，雇主则被要求向求职者提供与特定职位有关的薪资信息。

不能询问求职者的历史薪资记录的理由是什么呢？从一定程度上来说，求职者当前得到的薪资可能反映出对某些特定人口群体（例如女性）的歧视，而根据过去的薪资水平来决定劳动者的未来薪资的做法则可能会使这种歧视长期存在下去。相反，与之相比能够更好地达成薪酬公平性的替代方法则是，尽可能客观地对求职者的资质进行评价，然后再根据他们的这些资质情况——而不是过去的雇主针对这些资质支付的薪资——将新员工划入正确的薪资范围以及特定薪资范围中某个正确的位置。

当然，并非所有的人都赞同这种不去询问求职者的历史薪资的想法。例如，一项以首席人力资源官为对象所做的调查就发现，65％的人认为这对于改善薪酬公平性没有太大的用处。但是，这些受访者中有 65％的人报告说，他们所在的组织将会受到有关此问题的新立法的影响。很重要的一点是，必须注意到，有些州的立法导向是不同的。例如，密歇根州和威斯康星州都颁布了禁止限制企业询问求职者的历史薪资的禁令。换句话说，在这些州中，雇主可能不受询问求职者历史薪资这方面规定的限制。如前所述，仍然有一些雇主决定自愿禁止其招募官询问求职者的薪资历史，希望一方面实现更好的薪酬公平，另一方面也是想在薪酬公平性问题方面履行对未来员工的承诺，而这种做法很可能会使这些公司对某些潜在员工更具吸引力，同时也可能有助于留住现有员工。

讨论题

1. 从求职的角度来看，你是否希望禁止雇主询问你的历史薪资记录方面的问题？请将你的想法与班上其他人的想法做一个比较。

2. 从雇主的角度来看，禁止询问求职者的历史薪资信息的利弊是什么？在确定员工薪资的过程中，是否可以采取一些措施取代历史薪资信息所能起到的作用？这些措施是什么？

资料来源："Salary History Bans：A Running List of States and Localities That Have Outawed Pay History Questions,"*HRDive*，January 10，2019，www.hrdive.com；K. Gee，"Salary History Loses Impact on Hiring,"*Wall Street Journal*，April 19，2018；S. Milligan，"Salary History Bans Could Reshape Pay Negotiations,"*HR News*，February 16，2018，www.shrm.org；Korn Ferry，"Korn Ferry Executive Survey：New Laws Forbidding Questions on Salary History Likely Changes the Game for Most Employers,"November 14，2017，www.kornferry.com.

然而，在不同的企业中，女性的薪酬收入在何处开始低于男性却有可能是不一样的。比如，女性员工或者其他受保护群体员工之所以在获得晋升机会方面受到不公平对待，很可能是因为他们在接触非正式人际网络方面受到阻碍。而较少的晋升机会反过来又反映在较低的薪酬水平上。有人建议，应当制订导师指导计划来确保女性员工或少数族裔员工能够接触到非正式的人际网络。事实上，一项研究发现，这种导师指导计划对男性员工和女性员工的薪酬水平都有显著的积极影响，女性员工从这种导师指导计划中得到的好处（以百分比形式来衡量）要大于男性。[67]

10.6.2 最低工资、加班工资以及通行工资立法

1938 年颁布的美国《**公平劳工标准法**》（Fair Labor Standards Act，FLSA）为各种职位确定了**最低工资**（minimum wage），新的最低工资标准为每小时 7.25 美元。美国各州的法律有可能提高最低工资标准。《公平劳工标准法》还允许一种被称为准最低培训工资的存在，这种工资大约是最低工资的 85%，它只允许企业向大多数不满 20 岁的年轻员工支付这种工资，并且最长时间不得超过 90 天。

如果员工的周工作时间超过 40 小时，《公平劳工标准法》还要求企业给超出 40 小时的每一个小时支付相当于员工正常工资水平 1.5 倍的加班工资。这里的小时工资水平不仅包括基本工资，还包括奖金和计件工资等其他工资形式。《公平劳工标准法》要求，如果是企业"要求或允许"员工完成每周 40 小时以上的工作，那么无论这些工作是否在工作场所完成，也无论企业是明令员工这样去做，还是期望员工这样去做，企业都必须对超出正常工作小时数的每一个小时支付加班工资。如果企业知道员工正在加班，但是既没有阻止他们加班，也没有向他们支付 1.5 倍的工资，企业就违反了《公平劳工标准法》。一家百货商店就曾经因为"鼓励"员工在工作时间之外给顾客写感谢信，但没有对他们完成的这些工作支付工资而被起诉。尽管公司否认它曾经鼓励员工在工作时间之外做这种工作，但它还是与控方达成了庭外和解，最终向自己在三年多的时间里雇用的大约 8.5 万名销售代表支付了 1 500 万～3 000 万美元的欠薪（加上 750 万美元的法律诉讼费）。[68]

技术有助于创造共享经济。只需触摸一下智能手机，你就可以从优步公司租车或从汉迪公司请来管家帮你打扫房间或完成一些修理工作。但是，技术也暴露出与雇佣问题相关的法律中存在的一些空白，给劳动者和公司都带来了一些挑战。因为这些劳动者通常是以独立承包商的面貌而非员工的身份出现的，所以他们实际上不在标准的雇佣法律的管辖范围之中。有好几家共享经济公司都面临劳动者提起的法律诉讼，劳动者声称自己应当被视为公司的员工，因此应当受到《公平劳工标准法》关于加班费和最低工资等方面的规定的

保护。尽管优步公司自己的研究报告称，其司机的平均工资为每小时19美元，但这是在扣除各种费用之前的收入。这些司机，尤其是那些每小时收入（总收入）不足19美元的司机，净工资收入可能未达到（联邦政府规定的）最低工资水平即每小时7.25美元，这还是在他们自己提供车辆并支付了相关费用——包括车辆折旧——的情况下。[69]

高层管理人员、专业人员、行政管理人员以及从事销售外勤工作的人员属于《公平劳工标准法》规定的**豁免性员工**（exempt），即他们不在《公平劳工标准法》的管辖范围之内。非豁免职位包括大多数小时制工作。所有符合豁免性员工（除了外勤营销人员）条件要求的人，均要求薪酬不低于每周684美元（或每年35 568美元）。[70]

这些职位承担的责任也与非豁免职位有所不同。比如，在确定一位员工是否属于可以得到豁免的高层管理人员时，要用到包括是否监督两位或两位以上员工的工作、是否有权雇用和解雇人员（或者员工提供的建议是否会得到充分的考虑），以及员工的主要职责是不是管理企业、企业内的相关部门或企业所属分支机构等标准。关于这些标准的界定，美国劳工部就业标准管理局的工资和工时处以及一些地方机构可以提供相关的信息。（豁免的情况并不适用于警察、消防人员、医护人员以及急救人员。）

另外两项立法——1931年的《戴维斯-培根法案》（Davis-Bacon Act）和1936年的《沃尔什-希利公共合同法案》（Walsh-Healy Public Contracts Act）——还要求美国联邦政府的承包商向员工支付的工资不得低于当地的通行工资水平。《戴维斯-培根法案》所覆盖的范围包括得到2 000美元以上政府合同的建筑工程承包商。一般情况下，通行工资水平建立在相关的工会合同基础之上，之所以如此，部分原因在于法律要求企业在确定市场通行工资水平时，只要使用地方劳动力中30%的人员薪酬水平就可以了。《沃尔什-希利公共合同法案》则管辖从美国联邦政府获得1万美元及以上合同的所有政府承包商。

最后，企业在确定在其工作场所中工作的某个人到底是员工还是独立承包商时，必须十分谨慎。

小　结

公平理论意味着社会比较对于员工如何评价他们的薪酬起着非常重要的作用。员工会对薪酬进行外部比较，即将他们自己的薪酬与他们认为的其他员工得到的薪酬加以比较。这种比较对员工的工作态度和保留可能会产生一定的影响。员工还会对他们实际得到的薪酬与他们认为企业中其他人得到的薪酬进行内部比较。这些类型的薪酬比较对员工在企业内部的流动、合作以及工作态度（比如组织承诺）也会产生一定的影响。在关于高层管理人员的薪酬问题上，内部比较有着重要地位，争论的焦点在于，高层管理人员与低薪酬员工之间的薪酬比率问题。

在管理薪酬结构中的薪酬水平以及职位结构这两大要素时，薪酬调查和职位评价是得到广泛运用的两大管理工具，它们会对员工的社会比较产生影响。薪酬调查还使企业能够将自己的劳动力成本与其他企业的劳动力成本进行对比以及定位。全球化日益促使企业在劳动力成本和生产率两个方面都变得更加具有竞争力。薪酬结构的性质在许多企业中正在经历一场根本性的变革。变化之一是减少薪酬等级，从而降低劳动力成本和削弱官僚主义；变化之二是有些企业从根据范围狭窄的职位向员工支付薪酬，转变成为员工界定范围更大的工作职责，同时对他们学习必备技能的行为提供薪酬激励。如何设计、制订、执行一项新的薪酬方案以及如何对其进行沟通同样是非常重要的。

讨论题

1. 假如企业要求你根据竞争对手的薪酬支付情况，对本企业现行薪酬结构的合理性进行评价，你会把本企业与哪些企业进行比较？本企业的薪酬结构为什么与竞争企业有所不同？一种与本企业的竞争对手不一样的薪酬结构会带来什么样的后果？

2. 假定高层管理者已经认定他们企业中的官僚主义气息太浓，职位层级过多，阻碍了企业进行有效的竞争。现在，企业要求你提出一种对传统的以职位为基础的薪酬方案进行创新性变革的新型员工薪酬制度，并且把这种新的薪酬制度的优点和缺点一一列举出来。

3. 如果在问题 2 中提到的那些变革得以实行，那么哪些类型的所谓过程问题需要考虑到？公平理论在哪些方面有助于理解员工对薪酬结构的变化可能做出的反应？

4. 高层管理人员的薪酬水平合理吗？为什么？

5. 假如你所在的公司正计划建设一家新的制造工厂，却没有确定把工厂设在哪里。在选择在哪个国家（或州）建立这家新工厂的时候，你应当考虑哪些方面的因素？

6. 假如要求你对一家企业的薪酬结构进行评价，看看它对女性员工和少数族裔员工是不是公平，你将通过做哪些事情来回答这一问题？

开篇案例分析

薪酬水平、劳动力成本与薪酬战略

本章开篇描述了一些企业近期开始提升它们的薪酬或福利水平。薪酬成本对所有企业都很重要，对那些依靠价格优势在产品市场上进行竞争的企业（例如沃尔玛）尤其如此。近年来，随着经济的复苏和增长以及失业率下降，劳动力市场的竞争日趋激烈。企业需要提供更高的薪酬水平以在劳动力市场上进行竞争，不增加薪酬将使招聘和留住所需的高素质劳动力变得更加困难。在沃尔玛的案例中，劳动力市场竞争、更好地执行业务战略（包括改善客户体验，这需要更高素质的员工）等对提升薪酬水平的决定起到了推动作用。本章我们还看到了汽车制造商等公司如何将相对劳动力成本作为工厂选址的重要参考因素。薪酬水平和薪酬结构不仅影响劳动力成本，还影响劳动力质量以及员工的公平感知，从而对组织战略的成功实施产生影响。不同的薪酬结构在为组织提供灵活性以及鼓励员工学习和提高生产率方面发挥了重要作用。

问题

1. 我们在本章中讨论的这几家公司对本公司的薪酬水平和薪酬结构做了哪些方面的调整来支持经营战略的执行？

2. 为了更好地实现薪酬结构和经营战略之间的匹配，还有哪些公司模仿了本章中讨论的这几家公司的薪酬结构调整方式？

注　释

第 11 章
绩效薪酬

学习目标

在阅读完本章后，你应当能够：

1. 论述薪酬是如何对个体员工产生影响的，列举能够解释薪酬对员工产生影响的三种理论。

2. 描述用来认可员工对组织成功做出的贡献的几种基本薪酬方案。

3. 列举各种薪酬方案的优点和缺点。

4. 说明组织如何将奖励计划与平衡计分卡相结合。

5. 讨论与高层管理人员的绩效薪酬有关的各种问题。

6. 解释薪酬管理中一些重要的过程性问题比如沟通等。

7. 列举在将薪酬战略与组织战略进行匹配时需要考虑的主要因素。

进入企业世界

雇主加薪但仍然盯紧固定成本：劳动力市场紧张的挑战

根据美国劳工统计局的《雇用成本指数》，在去年，私营企业雇主的工资和福利成本（平均每位员工）共计增长了 2.9%。近年来，美国的失业率一直徘徊在 2.0% 左右，比 2009 年时的低点即 1.3% 的失业率高了一些，但那一年的美国失业率后来达到了 25 年来的最高点即 10%。相比之下，2019 年的失业率平均低于 4%，是 49 年来的最低水平，而在进入 2020 年的时候，美国失业率也一直保持在较低的水平上。薪酬的增长——尽管只是适度增长——在一定程度上反映出了我们在第 10 章中讨论过的劳动力市场紧张的状况，这里的劳动力市场紧张是以 3.9% 的失业率这一形式表现出来的。通过成本分解可以发现，工资和薪金增长了 3.1%，福利增长了 2.5%。在 2017 年和 2018 年之前，上一次的薪酬成本上升发生在 2007 年，当时上升了 3.0%。

怡安咨询公司（Aon）根据一项面向大公司的调查结果报告称，今年的绩效加薪幅度平均应该接近 3%。许多公司还发了奖金，特别是那些薪酬水平本来就高的员工，如白领经理人员和专业类人员。预计这些将会占到薪资的将近 13%。怡安咨询公司的肯·阿博施（Ken Abosch）指出，鉴于经济强劲发展以及对员工竞争的加剧，基本薪资没有出现较大幅度的增长是"有点违反直觉的"。他认为，"这表明很多组织都承受着控制固定成本的压力"。如果业务出现下滑，那么采用奖金这种可变薪资形式就可以在未来的几年中更有效地控制成本。或者，正如威斯康星大学麦迪逊分校的巴里·格哈特（Barry Gerhart）指出的那样："如果你把钱以薪资的形式发了，那么这些钱就会成为他们的固定收入。如果你以奖金的形式发，人们就会明白自己必须在第二年重新去赚这些钱。"正如我们在第10章中看到的那样，即使是正处于成长阶段的公司——无论是在现在，还是在未来——也会注重控制（有时甚至是降低）其劳动力成本。有时，它们是通过自动化实现的，有时则是通过减少对劳动力的使用来实现的。有时（比如像在很多汽车公司中那样），企业会在多年中将薪酬转变为利润分享，这就意味着只有在利润丰厚的情况下，公司才需要承担有些劳动力成本。正如阿博施观察到的那样，很多公司通常都会采取某种奖金的形式，这些奖金可能与利润有关，但也可能与其他一些因素（比如个人绩效）有关。

然而，正如我们在第10章中看到的那样，紧张的劳动力市场似乎确实导致了至少一部分公司开始采取阿博施形容的那种"更符合直觉的做法"：它们提高了员工的固定薪酬（即工资和薪金）。正如我们将在本章中看到的，委托代理理论甚至逻辑都告诉我们，员工更喜欢确定的收入（例如工资和薪金），而不是那些不确定的收入（例如奖金这样一些可变薪酬形式，因为这些薪酬可能取决于利润或其他一些可变的结果）。例如，作为将最低工资水平提高到15美元（参见第10章）这一政策的一部分，亚马逊取消了仓储类员工和其他领取小时工资的员工的月度奖金和股票奖励——这些都是可变薪资的一些形式。亚马逊给出的理由是："因为（薪酬）不再是以奖励为基础的了，现在变得更加直接和可预测。"（同样，当你看到委托代理理论时，请记住这一点。）一位评论员指出："在紧张的劳动力市场上，与那些需要数年才能变现的股票期权相比，新员工立即能够领到的那些水平更高的（固定）小时工资是一种更好的招募手段，尤其是对于那些员工流动率很高的仓储行业而言。"另一位评论员也得出类似的结论："它们可能意识到了，人们大概不会为了获得股票期权来申请一份在仓库中从事的工作。"

总而言之，美国劳动力市场出现的一种长期结构性变化是，雇主会努力控制固定劳动力成本，以避免在日后的某些时候，当其利润水平支撑高薪酬的能力下降时受困其中。然而，当前这种历史性的紧张劳动力市场状况带来了一种反周期性（短期）的压力，这使得员工竞争变得更加激烈。不同的雇主可能正在基于自己的经营状况就如何平衡这些压力做出各自不同的决定。

资料来源：U. S. Bureau of Labor Statistics, U. S. Department of Labor, *Employment Cost Index Summary*，October 31, 2018; www. bls. gov; S. Soper, "Amazon Warehouse Workers Lose Bonuses, Stock Awards for Raises," *Bloomberg*, October 3, 2018, Bloomberg.com; J. McGregor, "Holding Out Hope for a Bigger Raise or Bonus in 2017?" *Washington Post*, September 27, 2016; J. McGregor, "Why Many Companies Are Giving Bonuses—not Raises—after the New Tax Cuts," *Washington Post*, January 18, 2018; T. -P. Chen and E. Morath, "Firms Choose Bonuses over Raises," *Wall Street Journal*, September 19, 2018.

■ 11.1　本章介绍

正如本章开篇案例中描述的那样，很多组织都必须支付具有竞争力的薪资和福利，只有这样才能在劳动力市场中竞争，而劳动力市场最近因失业率下降而趋于紧张。但与此同时，很多组织又必须控制劳动力成本（这会影响产品的价格），只有这样才能在产品市场上开展竞争。很多企业还学会了在承担固定劳动力成本时要格外小心，尽管有些公司（例如亚马逊）已经决定，鉴于当前的劳动力市场形势，必须暂停为达成上述目标所做的努力。

第 10 章讨论了针对不同的职位设计薪酬水平的问题。在本章中，我们着重讨论针对个体员工设定薪酬的问题。我们考察了如何运用薪酬来认可和回报员工为组织的成功所做出的贡献。员工的薪酬并不仅仅取决于他们所担任的职位。相反，绩效（包括个人、团队或组织的绩效）、资历、技能等方面的差异也会被作为区分员工薪资的基础。[1]在某些情况下，这部分可能会涉及大量的薪酬。

在对能够认可员工贡献的各种薪酬方案进行评价时，可能会产生以下几个关键问题：首先，每一种薪酬方案的成本如何？其次，对每一种薪酬方案进行投资产生的预期收益（比如它们对员工的态度和行为产生的影响）如何？再次，这种薪酬方案与企业的人力资源战略以及总体经营战略是否匹配？最后，薪酬方案可能会产生怎样的意想不到的不良后果？例如，薪酬方案是否会鼓励管理者和员工更加关注某些目标（诸如短期销售额），而不是其他一些目标（比如客户服务、长期客户满意度和长期销售额）？

企业在决定如何支付薪酬方面有着较大的自主权，与我们在上一章中讨论的薪酬水平决策相比，企业在决定薪酬支付方式方面的自主权显得更为突出。同样的企业薪酬水平（或者"薪酬蛋糕"）可以用不同的方式在员工之间进行分配（或"切割"）。无论每一位员工得到的份额是根据个人绩效、企业利润、资历来分配的，还是根据其他要素来分配的（"如何"决定薪酬），蛋糕的总规模（从而给企业带来的成本以及需要支付"多少"薪酬）可能保持不变。

除了成本差异，不同的薪酬方案还会在生产率和投资收益方面产生差别极大的结果。事实上，一项研究对 150 家企业进行了考察，试图搞清楚它们是如何支付薪酬的以及支付的薪酬水平是多少，结果发现，不同的企业在薪酬支付方式上存在的差异最大，企业在薪酬支付方式方面的差异还会导致企业间利润水平的差异。[2]

■ 11.2　薪酬如何影响员工个人

薪酬计划通常用于推动、指引或者控制员工的行为。我们将薪酬计划（通常强调的是绩效薪酬计划）对当前员工产生的影响称为**激励效应**（incentive effect）。[3]（稍后，我们将介绍分类效应的概念，即薪酬将会如何通过影响劳动力队伍的构成进而影响员工的行为。）第 10 章中描述的公平理论也与这里的讨论有关。大多数员工都把他们自己的薪酬与其他人进行比较，尤其是与那些承担相同职位的人进行比较。不公平的感知可能会导致员工努力采取相应的行动以重塑公平。然而，令人遗憾的是，在员工这类谋求心理平衡的行为中，有些行为（比如辞职、减少努力或者缺乏合作精神）对企业可能是不利的。

另外还有三种理论有助于解释薪酬对员工产生的影响：强化理论、期望理论和委托代理理论。

11.2.1 强化理论

桑代克（E. L. Thorndike）的效果律指出，一种能够得到报酬的反应更有可能在未来重复发生。这一定律对于薪酬管理的意义是：员工的高水平绩效如果能够得到货币奖励，他们就更有可能在将来达到较高的绩效水平。同样道理，一定高水平的绩效没有得到奖励，则这种高绩效在未来出现的可能性就不会太大。这种理论强调了一个人获得奖励这样一种实际经历所具有的重要性。

11.2.2 期望理论

尽管**期望理论**（expectancy theory）也聚焦报酬和行为之间的联系方面，但它强调的是预期的（而不是实际获得的）报酬。换言之，它集中分析激励效果。行为（工作绩效）可以被描述为能力和动机的一个函数。而动机又被假设为期望值、工具性和效价的一个函数。不同的薪酬制度会因它们对这些动机因素的影响不同而有所区别。总的来说，其中最主要的因素是工具性，即人们认为在行为与薪酬之间存在的联系。薪酬结果的效价在不同的薪酬制度中应当保持不变。期望值（人们认为在努力和绩效之间存在的联系）与员工甄选、职位设计和培训之间的关系，往往比它与薪酬制度之间的关系更密切一些。（一个可能的例外是技能薪酬，这种薪酬制度直接影响员工培训，进而影响员工的期望感知。）

内在动机和外在动机

期望理论暗含这样一层含义，即通过提高与绩效挂钩的报酬会有助于增强员工的工作动机并提高他们的绩效水平，但有些人运用认知评价理论（后来称为社会决定理论）对这种假设提出了质疑，这种观点认为，金钱类报酬可能会增强员工的外在动机，但会降低他们的内在动机。外在动机取决于由外部力量控制的那些报酬（比如薪酬、福利），而内在动机则取决于通过工作本身自然产生的那些报酬（比如做自己感兴趣的工作）。[4]换言之，这种观点关注的是，以付钱的方式让一个孩子去读书可能会削弱孩子对阅读的兴趣（内在动机），将来如果没有金钱激励，孩子去读书的可能性就会很小。

尽管货币激励在某些场合（比如在教育中）可能会削弱内在动机，但也有证据表明，这种效应在大多数以货币报酬为准则的工作场合中是很小的，而且可能并不非常相关。[5]现场研究发现，当外部激励机制到位时，内在动机实际上更高，而不是更低。外在激励可能不会对工作场所的内在动机产生不利影响的一个原因是劳动力市场的分类过程（不久将讨论），该过程会随着时间的推移使人们找到符合他们偏好的工作，包括奖励偏好（例如内在的和外在的激励因素）。[6]此外，有证据表明，激励薪酬对绩效有显著的积极影响，这既是内在动机又是外在动机的函数。[7]对组织中的创造力（一种被认为越来越重要的组织能力）进行研究的学者提出了一种修正的模型，其中绩效工资可以与创造力的内在动机产生积极的协同作用。[8]因此，虽然金钱激励并非激励行为的唯一有效方法，货币报酬也并不能总解决动机问题，但在大多数工作环境中，金钱奖励似乎并不会产生损害内在动机的很大风险。[9]而且，正如我们看到的，尽管绩效薪酬有风险，但如果不将其用于回报过去的绩效，可能会有更大的风险。

11.2.3 委托代理理论

这里的委托代理理论重点关注的是，一个组织的不同利益相关者在利益和目标方面不一致的情况，以及员工薪酬可以通过哪些方式来使他们的利益和目标保持一致。我们在这里对委托代理理论进行一些较为深入的探讨，因为它给我们设计薪酬带来了十分有用的启示。

现代企业的一个重要特征是所有权与管理权（或控制权）的分离。在早期资本主义时期，企业的所有者和管理者通常是合二为一的，而在今天，除了一些例外情况（大多数属于小公司），大多数企业的股东都脱离了企业的日常经营活动。尽管这种分离有着极大的优势（比如金融资本流动和投资风险多元化等），但是它同时产生了代理成本问题——**委托人**（principal）（比如企业所有者）和他们的**代理人**（agent）（比如企业管理者）之间的利益可能不再是一致的。对于代理人或者管理者来说是最好的一些事情，对于所有者来说却未必是最好的。

导致代理成本产生的因素有两个：第一，委托人和代理人可能有不同的目标（目标不一致性）。第二，在代理人追求和达成目标的程度方面，委托人掌握的信息没有代理人全面（信息不对称性）。

在管理人员的薪酬问题上存在三种类型的代理成本。[10]第一，尽管股东追求的是个人财富最大化，但管理层很有可能总是把钱花在使自己能够享受特权（比如公司专机）或者"建立个人帝国"（不会给企业带来任何附加值，但是有助于提高管理者个人声望或薪酬的一些做法）等方面。第二，管理人员和股东在对待风险的态度上可能存在分歧。股东比管理者（他们的主要收入来源可能就是他们的本职工作）更容易分散自己的投资（从而分散他们的风险），因此，一般情况下管理人员都是风险规避型的人。他们不大愿意去做一些潜在回报可能很高的项目或收购。这还意味着管理人员倾向于使他们自己得到的薪酬承受相对较低的风险（比如，强调基本薪酬，弱化具有不确定性的奖金或其他激励手段）。事实上，研究表明，在管理者控制的企业中，管理人员的薪酬通常都是按照这种方式设计的。[11]第三，决策着眼的时期可能是不同的。比如，如果管理者更换企业的频率比所有者变更所有权的频率还要快的话，管理人员可能更愿意实现短期绩效（和薪酬）的最大化，而这种目标的实现可能是以牺牲企业的长期成功为代价的。

委托代理理论在分析以及设计非管理人员的薪酬制度方面也很有价值。在这种情况下，利益的分歧存在于管理人员（现在扮演的是委托人的角色）和他们的员工（现在扮演的是代理人的角色）之间。

无论是在设计管理人员的薪酬制度时，还是在设计非管理人员的薪酬制度时，一个关键问题是："这种代理成本如何最小化？"委托代理理论指出，委托人必须选择一种使代理人的利益与委托人本人的利益一致（也就是说，降低代理成本）的合约计划。这种合约可以划分为行为导向型合约（比如绩效加薪）和结果导向型合约（比如股票期权、利润分享、佣金等）。[12]绩效薪酬计划中的"绩效"，包括以结果为导向的合约，除了可以采用最常见的财务成果的形式，还可以采取很多其他形式（例如股票、利润以及销售成果等）。例如，在这里的"通过环境、社会和公司治理实践开展竞争"专栏中，需要被激励的绩效就是为支持气候行动而需要达成的（更低的）碳排放量。

➡ 通过环境、社会和公司治理实践开展竞争

荷兰皇家壳牌石油公司的碳排放目标（及其激励措施）

荷兰皇家壳牌石油公司（Royal Dutch Shell，以下简称"壳牌公司"）宣布公司计划制定详细的短期（3～5年）碳排放目标，并且将每年对该目标加以修订，从而达成在这方面的长期目标。壳牌公司将把排放控制成功作为决定高管薪酬的一个因素。尽管挪威石油公司 Equinor ASA（前身为挪威国家石油公司）已经采取了这样的做法，但壳牌公司仍是最大的石油公司中第一家将碳排放控制与高管薪酬挂钩的。

去年，投资者批评壳牌公司只制定了一项到 2050 年将其二氧化碳排放量减少一半的长期"雄心壮志"，但没有实际的约束性目标。壳牌公司的新计划包括与 300 多家管理着 30 万亿美元资产的投资者签署一项名为"气候行动 100＋"的联合声明。来自英杰华投资集团公司（Aviva Investors）的戴维·卡明（David Cumming）将这一结果描述为"这是他们所谓的 ESG（环境、社会和公司治理）投资的力量正在日益增强的证据。"

在该协议达成之际，（许多）国家的政府在波兰举行会议，讨论如何完善《巴黎气候协定》（Paris Climate Agreement）的规则。英国国教会（Church of England）是另外一个极力推动上述行动的投资机构，它的一位发言人表示，与壳牌公司达成的协议显示了"将机构投资者的长期利益与壳牌公司希望处于能源转型前沿的意愿有效结合所带来的好处"。还有人观察到，随着政府采取措施减少碳排放，投资者越来越关注与他们投资化石燃料公司相关的各种风险。

例如，中国是表示可能会禁止使用内燃机的九个国家之一。如果美国的加利福尼亚州是一个独立国家，它将成为世界第五大经济体，该州的排放标准比其他州更为严格，其立法机构有一项法案旨在到 2040 年前停止在加利福尼亚州制造和注册新的汽油车。当然，有些法案已经被通知了，有些还没有。然而，从广义上讲，投资者似乎预见到了一些重要的风险，除非这些公司都像壳牌那样做出改变。

讨论题

1. 为什么荷兰皇家壳牌石油公司决定激励达成碳排放目标？因为公司关心环境，还是因为这种做法对公司经营有利，还是说由于受到来自利益相关者的压力？（是否有必要从这三种原因中选出一个？）

2. 你是否认为其他公司也会做出类似的决定？哪些公司会，为什么？你是否会建议它们采取与荷兰皇家壳牌石油公司使用的激励措施类似的方式来进行激励？为了鼓励这些行为，你还有其他建议吗？

资料来源：A. Stewart, "More Firms Move to Reprice Options," *Wall Street Journal*, September 13, 2016.

初看上去，结果导向型合约似乎很明显是一种最优选择。例如，如果利润很高，则薪酬也会高起来。如果利润下降，那么薪酬水平也就随之下降。公司的利益和员工的利益就一致起来。然而，这种合约的一个重大缺陷在于，它增加了代理人的风险。由于代理人本

身是风险规避型的，他们有可能要求委托人向他们支付较高的薪酬（一种补偿性薪酬）以弥补他们承担的这种较高风险。[13]因此，必须考虑风险和激励之间的权衡。结果导向型合约通常是高管人员薪酬的主要组成部分。[14]

行为导向型合约没有把风险转移给代理人，因而它不要求委托人提供补偿性薪酬。然而，委托人必须能够应对前面提到的信息不对称问题，并且能够以较低的成本来监督代理人的行为。此外，委托人还必须在监督（如增加更多的管理者）和获取信息方面进行投资，或者是对合约本身进行某种设计，以使薪酬至少部分与结果联系起来。[15]

那么，企业应当采用哪种类型的合约呢？这部分地取决于以下几个因素[16]：

● 风险规避。代理人的风险规避倾向使他们接受结果导向型合约的可能性较小。

● 结果不确定性。利润是反映结果的指标之一。然而，由于存在实际利润水平可能较低的风险，因此代理人不大愿意让自己的薪酬与利润联系在一起，他们更偏好行为导向型合约。

● 工作程式化。由于工作变得越来越不那么程式化（即不是那么常规化），因此监督会越来越困难，这样采用结果导向型合约的可能性就会增大。[17]

● 工作结果可衡量性。当工作的结果更加具有可衡量性时，实行结果导向型合约的可能性就会增大。[18]

● 支付能力。由于存在风险溢价，因此结果导向型合约带来了更高的薪酬成本。

● 传统习惯。使用（或不使用）结果导向型合约的传统或习惯，会使实施这种合约更加容易（或更加不容易）。

总之，强化理论、期望理论、委托代理理论都集中分析了这样一个事实，即行为和报酬之间的关系会影响人的行为。不过，委托代理理论对薪酬管理尤其有价值，因为它强调了风险和报酬之间的相互替代关系，当企业考虑采用浮动型薪酬计划时，应当对这种相互替代关系给予特别的注意，因为这种薪酬计划的风险可能非常大。

■ 11.3　薪酬的分类效应将会如何影响劳动力队伍的构成

通常认为，用薪酬来认可员工对企业做出的贡献实际上是影响企业现有员工的行为和态度的一种方式，而薪酬水平和福利已经被看成是影响所谓的组织公民行为——关于是否加入或者继续留在某个组织中的各种决策——的一种方式。不仅如此，人们越来越清晰地认识到，个人薪酬方案还会影响一家企业的员工队伍的性质及其构成。[19]比如，那些将薪酬与绩效联系起来的企业有可能比那些不这么做的企业更容易吸引到绩效更优秀的员工。类似的效应在连续任职年限方面也是存在的。[20]在员工队伍构成上的这种效应有时被认为是一种**分类效应**（sorting effect）。

将这一分析进行下去，不同的薪酬制度会吸引具有不同人格特点和价值观的人。[21]那些将薪酬与个人绩效联系起来的企业特别能够吸引奉行个人主义的员工；而那些更为重视团队报酬的企业则更有可能吸引信仰集体主义的员工。这意味着薪酬方案的设计需要针对企业的经营战略和人力资源战略仔细地加以协调。无论是在美国还是在其他国家，企业都越发追求在薪酬和绩效之间建立起更为紧密的联系。

■ 11.4 绩效薪酬方案

11.4.1 绩效以及薪酬的差异化

许多组织都试图基于员工的绩效在薪酬方面区别对待（即创造一种薪酬离散），特别是那些个人绩效对组织绩效而言更为重要的职位（例如更高层级的职位）。[22]一些证据表明，高绩效者给组织带来的价值远远超出他们的同事。[23]如果真是如此，通过向高绩效者支付让他们认为公平的薪酬（请参见第 10 章）激励他们（即实现积极的激励效应）以及吸引和留住他们（即实现积极的分类效应）就显得越来越重要。有些传统观点认为，在某些情况下（例如在团队、集体文化以及创造力或创新至关重要的背景下），不建议对员工进行区别对待。但很多证据并不支持这种简单化的主张，实际上，即使是在这些情况下，基于员工个人的绩效差别提供差异性的薪酬同样有助于组织的成功。[24]可以说，员工会高度关注为什么不同的员工会得到不同的薪酬以及这些薪酬差异的公平程序如何，他们对公平的看法会驱动他们的行为。在这里，重要的是记住一点，公平和均等并不是同一件事。高绩效者会期望获得更高的薪酬，他们会认为这样的结果比与低绩效者得到相同的薪酬更为公平。[25]多大的薪酬差异是合理的则取决于在特定的情况下，员工之间的相互依赖程度以及合作程度。[26]正如这里的"通过科技开展竞争"专栏指出的那样，另一个考虑因素是如何在采用绩效薪酬的情况下有效地利用技术。

➡ 通过科技开展竞争

金融服务公司转向社交媒体和自动化

我们知道在财富或资产管理领域正在发生一场革命，这就是在 20 世纪 70 年代由先锋集团（Vanguard）的约翰·博格尔（John Bogle）发明的被动型（相对于主动管理型）共同基金和投资策略。这使得投资者为寻求财富或投资管理而需要支付的费用大大减少，并且使先锋集团在多年中成为这一行业中最大的一家公司。

被动型共同基金的发展仍然在引发变化。就在最近，财富管理公司联博控股公司（AllianceBernstein Holding LLP）董事海蒂·梅塞尔（Heidi Messer）就向其首席执行官彼得·克劳斯（Peter Kraus）提出了建议，即被动投资仍然是一个"低成本破坏者"。她看到了有的行业被一些能够在价格上击败传统公司的"精通技术"的新公司摧毁。现在，该公司首席执行官克劳斯已经跳槽去了一家名为 Aperture 的新公司，并且接受她的建议，在这家新公司追求一种新的概念：只有当公司的资产经理比竞争对手能够带给客户更高的回报时，才能向客户收取比竞争对手更高的费用。这里的一个重要含义是，Aperture 公司的资产经理所获得的薪酬也将取决于他们的绩效，即他们为客户带来的投资回报。

接着，这项计划又向前更进了一步。Aperture 公司不仅看资产经理的短期绩效，同时还看他们在五年中的绩效情况。如果在这个更长的时间范围内，公司发现资产经理的长期绩效并不足以支撑他们已经拿到手的奖金，则该计划准备从资产经理手里重新"收回"部分奖金。因此，短期和长期的绩效都会对资产经理的薪酬有决定作用。绩效不佳的资产经理将会被减薪，并可能为此选择离职。该计划中需要使用的技术部分表现在，公司会使用社交媒体和移动平台将绩效最佳的资产经理推为明星，让投资者包括小投资者能够更容易找到他们。技术手段不仅可以用来宣传到这类明星经理处进行投资的机会，而且可以用比过去更有效率和更有利可图的方式获得没有太多钱进行投资的客户。

要想了解技术手段如何影响金融服务行业的另外一个组成部分即银行，可以考虑一下美国银行的例子。2007 年，美国银行拥有大约 30.5 万名员工，而在（名义）收入基本保持不变的情况下，该银行如今只有 20 万名员工。这主要归功于该银行向利用人工智能和机器人流程自动化以及能够实现云数据存储和应用的整合数据中心等技术的转变。美国银行首席执行官布莱恩·莫伊尼汉（Brian Moynihan）指出，该银行已经尽可能避免去裁员，这一战略成功的关键在于银行意识到了仅仅员工的自然流失——每年达到员工队伍的 10%——就可以在缩减劳动力队伍方面发挥很大作用。

全球最大的资产管理公司贝莱德公司（BlackRock Inc.）在做出投资选择时，已经越来越多地依赖机器人（计算机模型），而更少地依赖资产经理。这里的原因在于，只有越来越少的证据表明，资产经理可以比计算机模型获得更好的回报。而与此同时，雇用资产经理的成本却是巨大的。此外，贝莱德公司的客户越来越多地要求降低投资管理费，因为他们认为管理费与自己得到的投资回报不成比例。因此，正像 Aperture 公司一样，贝莱德公司也必须对此做出回应。低成本的被动型投资（例如指数共同基金）是一种对许多客户都有吸引力的富有竞争力的投资模型，贝莱德公司可以用更多的技术和更少的人来为客户提供这种模型。

讨论题

1. 在案例中的这种情况下，社交媒体如何能够为企业提供充分利用其明星员工的绩效的机会？另外，它对企业的客户服务定价会产生何种影响？

2. 最近几十年出现的向低成本被动型投资的转移，如何有助于解释这些金融服务公司采用自动化的情况出现增长？

资料来源：J. Baer, "Fund to Cut Pay for Market Laggards," *Wall Street Journal*, September 21, 2018, www. wsj.com；S. Krouse, "BlackRock Shake-Up Favors Computers over Humans," *Wall Street Journal*, March 29, 2017；H. Son, "Bank of America CEO Moynihan Says He Cut Jobs Equal to the Workforce of Delta Air Lines," *CNBC*, October 16, 2018. CNBC.com.

11.4.2 区分度与激励强度：承诺与风险

设计绩效薪酬计划的一个关键决策涉及激励的强度即绩效和薪酬之间挂钩的紧密度问题（即我们对绩效以及薪酬的区分度有多大）。例如，如果我的绩效提高（或降低）了 20%，我的薪酬将提高（或降低）多少？薪酬变化越大，则激励强度越高。与那些必须运用更为主观的以行为为基础的方法进行绩效评价（比如绩效评价等级）的职位（如人力资源管理和财务管理类职位）相比，可以运用较为客观的以结果为依据的指标进行绩效评价的职位（比如销售人员、高层管理人员、股票经纪人、投资银行家、投资组合经理、信贷审批人员），激励强度往往更高。通常情况下，在衡量方式较为主观的情况下在薪酬方面差异巨大往往会导致外界的质疑。

一个重要原则是：激励的强度越高，员工的动机就越强，而员工的动机越强，则出现预料之外的、组织不想看到的结果的可能性也会越大。[27]例如，我们可以把汽车修理店经理的薪酬与销售额挂钩，这很有可能会带来更高的销售额。我们当然希望更高的销售额来自在客户服务方面的高效率和创新，但我们也必须意识到，高销售额还有可能来自对客户汽车上那些原本不需要修理的地方进行修理。同理，基于抵押贷款带来的收入给抵押贷款审批人员支付薪酬也能产生更多的收入，企业同样希望自己的收入来自优秀的客户服务，但在这种时候却可能存在这样一种风险，即信贷人员把贷款给了那些根本没有能力偿还的人，从而成为银行在未来的一个隐患。类似地，我们还可以基于学生在标准化考试中得到的成绩向老师支付部分薪酬，但需要采取一定的措施防止出现另外一种情况，即可以预见到至少有一些老师会寻找教学手段之外的其他提高学生分数的方式。如果一家金融机构的高层管理人员相信，政府认为公司已经到了"大而不倒"的地步，则他们很可能愿意冒更大的投资风险（对政府而言，"承担过度的风险"就意味着如果风险变得太高，就必须为这些公司提供援助；对股东而言，则意味着一旦公司破产，自己就会遭受重大损失）。如果公司高管人员不像股东一样面临遭受损失的风险，企业面临的风险就会更高。我们在本章中将会看到绩效薪酬方案的其他一些风险以及公司和管制部门为避免这些风险发生而采取的各种步骤（比如设置奖金上限、薪酬追回条款以及平衡计分卡等）。

有一个例子是关于大众汽车的。大众汽车公司被发现在自己的汽车上安装了一个软件，这个软件在发动机被测试排放量的时候能有所感知，同时（暂时性）将排放量降低至可以通过测试的水平。但在实际驾驶的条件下，大众汽车的柴油发动机排放量高达法定限值的40倍。大众汽车在市场营销活动中强调自己的柴油发动机是性能与环境效益结合的奇迹，尽管事实并非如此。在《大众2018战略》中，公司制订了以超过通用汽车公司和丰田公司成为全球最大的汽车制造商为目标的增长计划，而大众汽车的这一营销运动又是该计划的一个重要组成部分。大众汽车公司的员工都承受着从上面层层传递下来的巨大压力，为实现这一增长目标（以及保住工作），不得不去做任何需要他们去做的事情。这很显然也包括工程师"愿意因欺骗公众而犯罪"。由于这一丑闻，大众汽车公司被提起多项法律诉讼。大众汽车公司已经与那些因发现自己的车辆不合规而提起民事诉讼的驾驶员达成了民事和解。这是美国有史以来规模最大的一个集体诉讼和解案。迄今为止，和解成本已高达数十亿美元。为了避免将来再出现此类问题，同时平息投资者对大众汽车公司的高管获得巨额奖金（尽管他们在引发此次丑闻以及给公司造成损失方面有很大责任）的强烈不满，大众汽车公司正在改变其高管薪酬的支付方式。如果公司未完成某些财务目标，则不再向高管人员支付任何奖金。基本薪酬上调30%，但高管人员可领取的基本薪酬和奖金总额被限定为最高不超过1 000万美元，其他董事会成员的薪酬则不得超过550万美元。而且公司将第一次让高管获得公司股票，其目的大概是使他们的利益与股东的利益更好地保持一致。而这种以股票形式提供的薪酬并不设置上限。因此，如果股东挣的钱多，那么公司的高管也就同样可以挣更多的钱。[28]

另一个例子体现在"诚信行动"专栏的案例中。诺华公司（Novartis）修改了其销售人员的薪酬支付方式，使销售人员仅仅实现销售目标还不够。现在，薪酬还取决于员工实现这些目标的方式。听到绩效薪酬可能引发问题的故事时，我们可能会倾向于选择激励程度不那么强的方式来避免出现此类问题。在某些情况下，这种做法可能是明智的。但也必须注意，不要过多地弱化激励强度，否则很可能会因为对高绩效的奖励度太小而无法起到激励员工的作用。如果竞争对手提供了激励强度高的绩效薪酬，你们公司的绩效优秀者很可能会决定跑到人家那里去工作（即负面分类效应）。因此，正如我们已经指出的那样，存在另外一种风险，这就是过度削弱激励强度或者弱化绩效薪酬。

➡ 诚信行动

诺华公司改变付薪方式：与是否实现目标和怎样实现目标都有关系

诺华公司面临着一个与不道德的销售实践有关的诚信问题。诺华是一家提供药物、药品和眼部护理产品的卫生健康类公司，目前，该公司正在改变其销售人员的薪酬。根据已经被调整过并实施了两年的这套薪酬制度，奖金（也称为浮动薪酬）被限制在不超过员工总薪酬的 35％ 这样一个水平上。

诺华公司的总法律顾问表示，公司所做的这种调整主要是为了阻止不道德的销售行为。这种改革是在韩国和美国发生的贿赂丑闻或法律诉讼被解决之后的结果。例如，它通过达成和解来解决销售人员通过贿赂医疗保健专业人员增加销售的指控。此外，还有新闻报道说，诺华公司还向时任美国总统唐纳德·特朗普的前律师迈克尔·科恩（Michael Cohen）支付 120 万美元，希望能够对影响诺华公司的政策和法律施加自己的影响。

而在未来，诺华公司将会根据员工的价值观和行为用一个三分尺度对他们进行等级评价。等级 3 表示行为堪称模范，等级 2 表示行为符合预期。员工如果想要获得奖金，就必须在评价中得到 2 或 3 的评级。如果员工达不到这样的评级，则会面临公司采取的其他一些行动，其中包括被解雇的可能性。因此，公司对优秀的销售业绩仍然会提供激励和奖金回报（不超过某一限度），但前提是员工必须以正确的方式实现销售。诺华公司的总法律顾问报告说，自从实施新的薪酬计划以来，关于不道德行为的报告数量下降了 39％。

诺华还采取了其他一些措施来改善员工的行为道德，其中包括设立一个新的岗位，即首席道德与合规官，这个岗位的任职者会在公司的高管委员会中任职。此外，诺华还修订了自己的五项战略优先任务，其中包括"信任和声誉"以及"文化转型"。它通过新的数据分析来帮助公司对员工遵守道德标准（和调查程序）的情况进行监控，并且采取了一些措施来改变其文化，鼓励员工更多地提供自下而上的反馈。

讨论题

1. 是什么原因引起了诺华公司的丑闻？你可以从中推断出该公司以前的薪酬战略是何种性质的以及它在丑闻中可能起到了何种作用？

2. 看一下诺华公司修订后的薪酬战略。你认为这种新的薪酬战略取得成功的可能性如何？你对该公司在其他方面进行改革有什么建议吗？请加以解释。

资料来源：Novartis AG Investor Relations, "ESG Investor Call, Investor Presentation," September 17, 2018, www.novartis.com; A. Kanski, "Novartis Revises Bonus Structure to Promote Ethical Behavior," *MM&M*, September 21, 2018; J. Miller, "Novartis Links Bonuses to Ethics in Bid to Rebuild Reputation," *Reuters*, September 17, 2018, www.reuters.com.

11.4.3 绩效薪酬类型：概述

表 11-1 根据三个维度对用来认可员工贡献的薪酬计划进行了分类。第一，绩效薪酬方案根据绩效奖励支出是否会成为基本薪酬的一部分（绩效加薪以及技能薪酬），是一种固定成本还是一种可变成本而有所不同。第二，某些绩效薪酬方案（绩效加薪和绩效奖金）主要使用主观性指标来衡量绩效，而另一些绩效薪酬方案（例如奖励性薪酬）则会依靠更为客观的绩效衡量指标。第三，绩效是在个人层面衡量（例如绩效加薪），还是在单位层面衡量（收益分享计划），或者是在组织层面衡量（利润分享、股权）。

表 11-1 认可员工贡献的绩效薪酬方案

设计特征	绩效加薪	绩效奖金	奖励性薪酬	利润分享	股票所有权	收益分享	技能薪酬
固定（成为基本薪酬的一部分）还是浮动	固定的	浮动的（奖金）	浮动的（奖金）	浮动的（奖金）	浮动的（股权变化）	浮动的（奖金）	固定的
绩效衡量指标（主观性的还是客观性的）	主观性的（通常是上级的评价）	主观性的（通常是上级的评价），但高级职位可能包括一些客观性指标	客观性的（比如生产率）	客观性的（利润）	客观性的（股票价格或收益）	客观性的（比如生产率、安全性、返工情况、客户满意度等）	客观性和（或）主观性的（在获得相关技能认证时）
绩效衡量指标（个人的还是集体的）	个人的	个人的，但高级职位可能包括部门和（或）组织的成果	个人的	集体的（组织的）	集体的（组织的）	集体的（部门的）	个人的

在对员工支付薪酬方面，一个组织不必仅选其中一种方案。相反，将多种方案组合在一起往往是最佳解决方案。[29]例如，一种薪酬方案可能有助于促进团队合作，但并不足以激发员工的主动性。另一种方案则恰恰相反。如果把两种方案结合使用，或许能够达到某种平衡。这种对多个目标的平衡，再加上对组织战略和人力资源战略的配合，就可以帮助组织提高达成绩效薪酬方案预期效果的可能性，同时减少不想要的后果和问题出现的可能性。[30]我们将在本章后面讨论的平衡计分卡是一种可以用来平衡各种目标的结构化方法的例子。一个基本原则是，我们关心财务结果，也关心财务结果是如何实现的，还关心应当如何通过使用、跟踪和影响那些非财务指标来在未来达成更好的财务结果。因此，它也有助于避免过多地关注短期绩效。[31]

绩效加薪（与绩效奖金）

在传统的**绩效加薪**（merit pay）方案中，每年的基本薪酬增长通常都与绩效评价等级挂钩。（请参阅第 7 章。）几乎在所有的组织中都存在某种类型的绩效加薪方案。[32]在有些情况下，一些企业转向支付奖金，而不是采用在基本薪酬基础上根据绩效加薪的做法。绩效加薪或**绩效奖金**（merit bonus）这种浮动薪酬形式之所以得到广泛的运用，原因之一就在于它能够界定各种各样的绩效维度，并且针对这些绩效维度提供报酬（以表 11-2 为例）。正是由于绩效加薪方案在企业界无处不在，因此我们在这里用较大的篇幅来讨论绩效加薪问题。[33]

表 11-2 绩效维度示例

1. 工作知识
2. 主动性
3. 判断力
4. 激发和开发他人的能力
5. 人际关系和团队合作能力
6. 工作产出结果

基本特征 许多绩效加薪方案都逐渐形成了**绩效加薪矩阵**（merit increase grid）。正如表 11-3 所示，薪酬增长的幅度和频率取决于两个因素：第一个因素是个人的绩效评价结果（因为绩效水平较高的员工应当得到更高的薪酬）；第二个因素是个人在薪酬区间中所处的位置（也就是个人的实际薪酬水平与市场薪酬水平之间的比较比率）。比如，一位员工的绩效评价等级是超出期望，比较比率为 120，那么他能获得的加薪幅度大约是 3%。而另一位绩效评价等级同样是超出期望，但比较比率为 85 的员工，就能够获得 7% 的加薪。（记住，这张表中的总薪酬上升幅度会受到通货膨胀率的影响。）引入比较比率的一个目的是控制薪酬成本，同时维持薪酬结构的完整性。如果一个比较比率为 120 的员工得到了 7% 的加薪，他的薪酬很快就会超过公司薪酬区间的最高值。如果不根据比较比率进行控制，还有可能导致那些年复一年在同一职位上工作的员工的薪酬成本出现失控性增长。相反，一些组织通过评估员工薪酬目前所处的位置以及它们应该处的位置来确定特定的薪酬水平。现在让我们来看一看表 11-4。对于一位绩效评价结果连续达到最高等级的员工，应当按照市场薪酬水平的 111%～120% 来支付薪酬（也就是说，比较比率应当为 111：120）。如果这位员工目前的薪酬水平距离上述水平相差很远，就有必要通过较大的加薪幅度和较快的加薪频率来把这位员工的薪酬提升到正确的位置上。另外，如果员工已经处在正确的位置上，就只需要对其提供较小幅度的加薪。在后一种情况下，薪酬增长的主要目标是将这位员工的薪酬水平维持在目标比较比率上。

表 11-3 绩效加薪矩阵

绩效评价等级	建议绩效加薪百分比（%）		
	比较比率[a]		
	80%～90%	**91%～110%**	**111%～120%**
超出期望	7%	5%	3%
达到期望	4%	3%	2%
低于期望	2%	0%	0%

a. 员工薪酬或薪酬范围中值。

表 11 - 4　绩效评价等级与目标比较比率

绩效评价等级	目标比较比率
超出期望	111：120
达到期望	91：110
低于期望	低于 91

为了控制薪酬成本，还需要对另一项要素给予特别的关注，这就是绩效评价等级的分布（见第 7 章）。在许多企业中，60%～70% 的员工处在级别最高的两个（一共有 4～5 个）绩效评价等级之中。[34] 这就意味着大量的薪酬成本增长是因为大多数员工的薪酬最终都要超过薪酬区间中值——从而导致比较比率超过 100。为了避免这种情况的出现，有些企业对于多大比例的员工能够落入某一绩效评价等级提供一条指导线，通常对能够进入前两个绩效评价等级的员工在员工总人数中所占的比例加以限制。这些指导线的强制性各有不同，既有真正意义上的指导性规定，也有严格要求评价者必须强制执行的硬性规定。[35]

总的来说，绩效加薪方案具有下列特征：第一，它注重对个人绩效差异的评定。它假定这种绩效差异反映了个人在能力和工作动机方面的差异。其潜在含义是，制度约束对绩效的影响实际上并不显著。第二，关于个人绩效的大多数信息都是由直接上级收集到的。采用同级评价和下级评价的做法还比较少，即使是在使用了同级评价和下级评价的企业中，这两种评价也不如直接上级评价的分量重。[36] 第三，在这种方案中有一种将薪酬增长与绩效评价结果联系起来的政策。[37] 第四，在这种方案中，反馈频率可能不是很高，通常在每年的正式绩效评价阶段才会出现。第五，反馈大部分是单向的，即由直接上级向下属员工反馈。

对传统绩效加薪方案的批评　对绩效加薪方案的批评早已存在。比如，全面质量管理运动的领导人爱德华兹·戴明（W. Edwards Deming）就指出，对个人绩效进行评价是不公平的，因为"人与人之间存在的明显绩效差异几乎都是由他们身处其中的那些工作系统本身制造出来的，而不是由人们自己制造出来的"。[38] 工作系统要素包括同事、工作、原材料、设备、客户、管理、监督以及环境条件等。这些系统要素在很大程度上超出员工个人的控制能力范围，相反，它们属于管理层的职责范围。因此，戴明认为，绩效评价事实上是"摸彩票的结果"。[39] 尽管这对于一些工作而言是正确的，但对于其他工作（律师、顾问、投资银行家、运动员、销售人员、经理），个人绩效存在显著差异。[40]

戴明还指出，绩效加薪过于关注个人的绩效，这对团队工作是不利的："每个人都在拼命往前赶，或者是为了个人的利益而去抢夺自己的救生工具。企业必然是最终的受害者。"[41] 举个例子来说，如果对采购部门的员工进行绩效评价的依据就是他们谈下来的合同数量，那么他们对原材料的质量就不会那么在乎，即使在生产中已经出现了质量问题。

戴明提出的解决办法是削弱个人绩效和薪酬之间的联系。这种方法反映了一种希望不要过于强调个人贡献的想法。那么，这种变化可能带来什么样的后果呢？可能出现的一种情况是，那些具有个人成就导向的员工很少会被吸引到企业里来并留在企业中。一项关于连续任职年限的研究发现，对于高绩效员工来说，薪酬增长和个人绩效之间的关系会随着时间的延长逐渐弱化。结果，在企业失去的员工中，高绩效员工所占的比例往往比低绩效员工所占的比例更大。[42] 换言之，对个人绩效强调不够有可能会使企业中留下来的都是绩效平平者或者绩效较差者。[43]

因此，尽管我们应当注意到戴明所说的那种过多强调个人绩效的不利影响，但是还必须注意，不要用一类问题去代替另一类问题。相反，我们需要在个人目标和群体目标之间找到一种适当的平衡。至少应当对绩效评价和强制分布型绩效评价系统加以谨慎考虑，以免它们导致过度的个人主义行为以及竞争性行为。[44]

对绩效加薪制度的另一种批评意见集中在它对绩效进行衡量的方式上。如果绩效评价的结果不被员工视为是公平的和准确的，整个绩效加薪制度就有可能会崩溃。绩效评价在提高精确性时会遇到一个潜在障碍，这就是它几乎完全依靠直接上级提供绩效评价结果，尽管被评价者的同事、下级以及客户（包括内部客户和外部客户）对其绩效的了解程度往往与直接上级一样全面，甚至更加全面。360°绩效反馈法（我们在第 8 章中讨论过）就是从上述各个方面收集绩效反馈信息的一种方法。然而到目前为止，很多组织依然只是将从多渠道收集到的这些信息主要用于开发目的，而不愿意用于薪酬决策。[45]

总的来说，在绩效加薪和绩效薪酬方案的管理中，确定薪酬的过程十分重要，包括沟通、明确组织的期望和可信度或公平性。[46]无论在什么情况下进行报酬分配，员工都会根据以下两个维度来对其公平性进行评价：分配公平性（根据他们自己获得的报酬数量做出评价）和程序公平性（根据报酬的决定过程做出评价）。[47]我们在表 11 - 5 中列举了在程序公平或公正性方面包括的一些最重要的内容。这些内容表明，员工希望看到清楚的、明确的以及具有连续性的绩效标准；希望得到参与的机会；希望有人能够就他们的绩效与他们进行讨论；希望有机会对他们认为不正确的任何决策提出申诉等。

表 11 - 5 绩效加薪决策中的程序公平示例

员工认为，自己的上级在对自己的绩效进行评价时：
1. 是诚实的，有道德的，力图保证公平的。
2. 考虑了员工在工作中的投入。
3. 采用的评价标准是一致的。
4. 提供了反馈。
5. 花了些时间了解员工的工作职责和绩效，其中包括超出员工控制的那些因素。
6. 在做出绩效加薪决策之后，愿意与员工讨论决策是如何做出的（以及/或者接受员工提出的申诉），同时与员工一道制订面向未来的开发行动计划。

资料来源：Adapted from R. Folger and M. A. Konovsky, "Effects of Procedural and Distributive Justice on Reactions to Pay Raise Decisions," *Academy of Management Journal* 32 (1989), p. 115.

对绩效加薪提出的最根本性批评也许是这种薪酬制度压根儿就没有真正存在过。在大多数情况下，高绩效者并没有比绩效中等者甚至绩效较差者拿到更高的薪酬。[48]例如，请看一下表 11 - 6 中来自世界薪酬协会（WorldatWork）的一项调查的数据。它表明，高绩效者的基本薪酬平均提高了 4.8%，而绩效一般者的基本薪酬平均提高了 2.6%。按照年薪 5 万美元计算，两者每年相差 1 100 美元，或每周 21.15 美元（税前）。绩效加薪方案的批评者指出，这种较小的薪酬差距并不足以影响员工的行为或者态度。事实也正如表 11 - 7 所示，许多员工并不相信较高的绩效能够获得回报。除非员工认为这样的回报是有意义的，否则，它们所能够产生的影响也不太可能有什么意义。[49]至于这种观点在高绩效、中绩效和低绩效者之间是否存在差异，则并不清楚。

表 11 - 6　绩效评价等级分布以及作为绩效的一个函数的平均基本薪酬增长幅度（美国）

绩效评价等级	员工总人数的百分比	平均基本薪酬增长幅度
优秀	8%	4.8%
良好	28%	3.7%
一般	57%	2.6%
差	6%	1.1%
较差	2%	0.2%

注：基于五级薪酬制度的公司。

资料来源：Mercer，*2017/2018 US Compensation Planning Survey*，www. mercer. com.

表 11 - 7　员工对薪酬和绩效的认知

员工的认知	赞同者百分比
当我的工作干得很好时，我的绩效得到了报酬	40%
我们公司在将薪酬与绩效匹配方面做了很多工作	46%

资料来源：Mercer，*What's Working™ Surrey*，*United States*，www. mercer. com.

　　实际上，薪酬的较小差异会随着时间的推移累积成较大的差异。如果在长达 30 年的时间里，按照 5 万美元的起薪，每年连续获得 4.8%（相对于 2.6%）的增长幅度，则在终身职业生涯中大概可以转化为 100 万美元（税前）的差异（假设折现率为 2.5%，净现值大约为 60 万美元）。然而，至于员工是否会从这个角度想问题就不得而知了。[50] 但是即使他们不这么想，也没有什么可以阻止企业通过设计一项沟通计划使员工明白，看上去不算大的薪酬差距可能会随着时间的延长而演变成很大的薪酬差距。

　　如果上面刚刚描述的这种累积效应会造成一种既得权利心理，它也可以被看成是一种缺陷。在这里，我们关注的是，在员工的职业生涯早期提供的较大绩效加薪幅度会永远成为员工基本薪酬的一部分。由于它成为一种不再需要员工每年努力去争取获得的既得利益，因此对于企业来说，这种成本会随着时间的延长变得越来越高，不仅超出员工的实际绩效，还会超出企业的盈利能力能够承受的极限。因此，作为传统绩效加薪方案的替代物而出现的绩效奖金（不会成为基本薪酬一部分的绩效奖励）就被越来越多的企业采用。事实上，当前，绩效奖金（见表 11 - 8）和基于绩效的加薪在工资中所占的比例大约一样。绩效奖金为高绩效提供的回报可以与绩效加薪为高绩效提供的回报累加起来。初步证据表明，绩效奖金可能会产生更大的积极影响（与传统的绩效加薪相比）。[51] 如果这个结果被证明在各个组织中都是可靠的，再加上绩效奖金所具有的控制固定成本的优点，就很容易解释为什么有那么多的组织会采用绩效奖金。从高绩效的角度来说，绩效奖金带来的回报超过了绩效加薪。

表 11 - 8　绩效奖金相当于薪资的百分比，按不同类型的员工划分

领取小时工资的非豁免类员工	领取薪资的非豁免类员工	领取薪资的豁免类员工
6.2%	7.1%	13.0%

资料来源：K. Abosch，"The Shifting Landscape of Variable Pay,"*Workspan*，April 2017，pp. 6042 - 47.

最后，高绩效员工更有可能得到晋升（到薪酬水平更高的职位上去），也更有可能在其他雇主那里得到高薪机会。的确，这也是员工在其整个职业生涯中增加薪资（以及包括奖金和股权计划在内的整体劳动力收入）的主要途径，而不是通过在同一工作岗位上得到加薪来实现。[52]除非认为员工主要是由于其他方面的因素（机会、资历）使自己的职位和薪酬水平随着时间的推移而上升，否则在长期中，员工的薪酬差异在很大程度上都是由绩效差异决定的。组织可以就所有这些方面的因素与员工进行沟通，以帮助他们理解高绩效能够获得的报酬。而且员工的绩效水平越高，越有可能保住这份工作（及其薪酬）。[53]

个人奖励计划

正如绩效加薪一样，个人奖励计划也是对个人绩效提供报酬的一种制度，但是它与绩效加薪存在两个方面的不同。第一，企业支付给员工的奖金不会自动累加到员工的基本薪酬之中。员工可以持续不断地获得这种奖励，并且能够重新获得。第二，个人奖励计划对于员工的奖励通常以实物产出（比如说所生产的水龙头数量）为基础，而不是以主观的绩效评价结果为基础。个人奖励计划具有大幅提高绩效的潜在作用。洛克（Ed Locke）和他的同事发现，货币性奖励在一般情况下能够使生产性产出提高30%左右——这比他们研究的其他任何一种激励手段带来的产出提高幅度都大。[54]

然而，无论如何，最纯粹的个人奖励计划相对来说已经很少见了，在美国所有的员工中，参与个人奖励计划的人数仅仅占到大约7%，而在销售类职位以外的员工中，这一比例只有不到4%。实际上，个人奖励计划在各种研究（以及大众媒体）中获得的关注度与这种计划在工作场所中（有限的）存在情况是不成比例的，尤其是相对于绩效加薪而言。[55]为什么会是这样呢？第一，严格来讲，大多数职位（例如很多管理人员和专业人员的岗位）都没有可以得到客观衡量的产出指标。相反，它们大多涉及所谓的知识型工作。这些岗位可能有也可能没有其他一些可用的客观性绩效衡量指标（例如财务类和/或运营类的指标），而个人奖励计划往往需要用到这样一些指标。平衡计分卡很好地说明了对管理人员可用的一些客观的绩效结果是什么样的。第二，即使可以找到能够进行客观衡量的产出指标，在实际进行衡量时可能遇到的潜在管理问题（例如制定和维持可接受的绩效标准等）也常常会很棘手。[56]第三，个人奖励计划可以很好地激励员工去做能让他们得到报酬的那些事情，但不会激励他们去做得不到报酬的那些事情。（例如，一张 Dilbert 的卡通图片就展示了这样一种情况，当员工听说公司会对他们发现和修复的每一处软件小错误而向他们支付报酬的时候，他们当场就开始庆祝起来。其中的含义就是，他们会故意将一些错误写入软件之中，然后再修复，从而从公司赚尽可能多的钱。）第四，顾名思义，个人奖励计划如果以最纯粹和最简单的方式加以使用，则通常不会与团队工作方式相匹配。第五，这种计划可能与鼓励员工获得多种技能以及主动解决问题的目标不一致，因为学习新技能通常要求员工放慢甚至停止生产。如果根据生产量给员工支付薪酬，他们很可能会不容易放慢脚步或停止生产。第六，有些个人奖励计划在设计不当的情况下，会以牺牲质量或客户服务为代价来对产量加以奖励。第七，特别是对于低薪员工来说，因为存在很多员工个人无法控制的因素，所以像激励性薪酬这样一些浮动薪酬计划有可能会使员工得不到足够的回报，对这种风险的管理难度很大，因而有可能破坏激励作用，或者是带来企业不希望出现的一些后果，例如利用制度本身的缺陷保护自己的收入。

因此，尽管个人奖励计划具有潜在的优势，并且实际上可以产生巨大的积极影响，但除非在设计的时候能够避免在此处列举的各种潜在陷阱，否则它们就不可能为建设一支灵活的、积极的、注重质量的以及能够解决问题的劳动力队伍做出自己的贡献。[57] 而将一些不太容易进行客观衡量的目标纳入个人奖励计划之中是解决这一问题的出路之一。

利润分享和股票所有权

利润分享 如果在一条连续的线段中，一端是完全的个人薪酬方案，处于另一端的就是利润分享计划和股票所有权计划。在**利润分享**（profit sharing）计划中，薪酬支付的依据是对组织绩效进行衡量的某种指标（利润）达到的水平，并且这种薪酬支付不会成为基本薪酬的一个组成部分。利润分享有两个方面的潜在优势：一方面，它能够鼓励员工更多地像所有者一样去思考问题，从而以一种更为开阔的视野考虑需要做哪些事情才能使企业变得更加有效。因此，个人奖励计划鼓励的那种狭隘的自私自利行为（同样有可能出现在绩效加薪计划中）在这里就不会成为问题。相反，在利润分享计划中，员工的合作精神和组织成员的归属感会得到增强。另一方面，由于根据利润分享计划支付的那部分报酬不会进入员工个人的基本薪酬，因此，企业的劳动力成本在经营困难时期会自动降低，而在经营状况良好时，企业和员工可以分享财富。这样，企业在困难时期就不必过于依赖解雇员工来渡过难关了。[58]

那么，利润分享是否真的会促使组织绩效水平提高呢？事实上，这方面的证据并不确切。尽管一直以来很多人对利润分享计划与利润之间的关联性持一种支持的观点，但还是有不少人对两者之间存在的因果关系的方向提出了许多疑问。[59] 比如，尽管福特汽车公司、克莱斯勒汽车公司以及通用汽车公司在与美国汽车工人联合会订立的集体合同中都有利润分享计划（见表11-9中的通用汽车公司与美国汽车工人联合会签订的该计划条款），但在原来的利润分享计划之下，福特汽车公司的每位工人每年能够分享到的平均利润水平为4 000美元，而在通用汽车公司和克莱斯勒汽车公司，每位工人每年能够分享到的平均利润水平却分别为550美元和8 000美元。在这三家汽车公司的利润分享计划都极其类似的情况下，利润分享计划似乎不大可能使福特汽车公司和克莱斯勒汽车公司的盈利水平更高一些（通过影响员工的动机）。相反，它可能只说明了，克莱斯勒汽车公司由于其他方面的某些原因（如更好的汽车）赚到了更高的利润，从而导致其拥有更高的利润分享水平。

表11-9 通用汽车公司与美国汽车工人联合会订立的合同中包括的利润分享计划

利润 （10亿美元）			最高利润分享额 （美元）	利润 （10亿美元）			最高利润分享额 （美元）
—	<	1.25	0	2.25	<	2.50	2 250
1.25	<	1.50	1 250	2.50	<	2.75	2 500
1.50	<	1.75	1 500	2.75	<	3.00	2 750
1.75	<	2.00	1 750	3.00	<	3.25	3 000
2.00	<	2.25	2 000	3.25	<	3.50	3 250

续表

利润 (10 亿美元)			最高利润分享额 (美元)	利润 (10 亿美元)			最高利润分享额 (美元)
3.50	<	3.75	3 500	7.75	<	8.00	7 750
3.75	<	4.00	3 750	8.00	<	8.25	8 000
4.00	<	4.25	4 000	8.25	<	8.50	8 250
4.25	<	4.50	4 250	8.50	<	8.75	8 500
4.50	<	4.75	4 500	8.75	<	9.00	8 750
4.75	<	5.00	4 750	9.00	<	9.25	9 000
5.00	<	5.25	5 000	9.25	<	9.50	9 250
5.25	<	5.50	5 250	9.50	<	9.75	9 500
5.50	<	5.75	5 500	9.75	<	10.00	9 750
5.75	<	6.00	5 750	10.00	<	10.25	10 000
6.00	<	6.25	6 000	10.25	<	10.50	10 250
6.25	<	6.50	6 250	10.50	<	10.75	10 500
6.50	<	6.75	6 500	10.75	<	11.00	10 750
6.75	<	7.00	6 750	11.00	<	11.25	11 000
7.00	<	7.25	7 000	11.25	<	11.50	11 250
7.25	<	7.50	7 250	11.50	<	11.75	11 500
7.50	<	7.75	7 500	11.75	<	12.00	11 750
					>	=12.0	继续[a]

注：每年工作时间达到 1 850 小时或更多小时数的员工得到最高利润分享额。工作时间少于这一数量的其他员工根据他们工作的小时数获得按比例分配的利润分享额。利润是指仅在北美获得的营业收入（息税前的数额）。

a 自 2019 年起，在利润超过 120 亿美元以后，利润每增加 10 亿美元，利润分享额度将继续增加 1 000 美元。而在 2019 年之前，利润分享额度的上限为 12 000 美元。

资料来源：Contract Summary：Hourly Workers, *UAW*, 2015, 2019, https：//uaw. org/app/uploads/2015/10/64171 _ UAW-GM-Hourly-Highlights-Revp-11-final. pdf.

这个例子还有助于说明利润分享计划的其他一些重大缺陷。为什么在通用汽车公司工作的工人得到的利润分享水平只有在克莱斯勒公司从事相同类型工作的工人的 1/15？这是因为在克莱斯勒公司工作的美国汽车工人联合会成员当年的绩效水平比他们在通用汽车公司工作的同行高 15 倍吗？可能不是。相反，工人更倾向于把高层管理者在产品种类、生产流程、产品定价以及市场营销等方面做出的决策视为影响利润的更重要的因素。这样，除了高层管理者（有时可能还包括一些中层管理人员），大多数员工都不大可能看到在自己的行为和本人通过利润分享计划能够获得的报酬之间存在某种较密切的联系。这就意味着，员工的绩效动机在利润分享计划下发生变化的程度可能很小。这与期望理论是一致的，即动机取决于行为和有价值的结果——比如薪酬（工具性感知）——之间联系的紧密程度。

导致利润分享计划的激励作用被削弱的另一个要素，就是大多数利润分享计划都属于延期型。尽管在大中型私营企业中大约有 16% 的全日制员工参加了某种类型的利润分享计划，但是在这些员工中，只有大约 1％（即在参加利润分享计划的所有员工中，大约只占 6％）参加的是能够在当期获得利润分享支付的现金利润分享计划。[60]

利润分享计划不仅可能实现不了强化绩效激励的目标，一旦员工知道了在企业经营不利时期这种计划根本就无法给他们带来任何好处，他们还很有可能会做出一些负面的反应。[61]首先，他们可能觉得自己不应该受到惩罚，因为他们已经很好地完成了自己的工作。其他的那些因素是他们无法控制的，他们为什么要因此而受到惩罚呢？其次，对于那些年薪达 8 万美元的管理人员而言可能只算很"小"的风险性薪酬，对于每年只能挣到 1.5 万或 2 万美元的员工来说，可能就是一大笔钱了。因此，利润分享在理论上的优势——它使劳动力成本成为可变成本，并且与企业的支付能力在很大程度上保持一致——并非总是能够实现。需要注意的是，在遭受财务压力并且面临严重的长期竞争性挑战的公司中，通过利润分享计划使劳动力成本变得更具可变性（其中包括下降）可能更可行一些。这方面的一个例子就是汽车工业。汽车公司最近的绩效非常好，这已经使得员工得到了高额的利润分享。但是，正如我们看到的那样，近些年来，给员工加薪（成为固定成本）的汽车制造商非常少。

让我们来看一看杜邦公司（Du Pont）光纤事业部的一个例子，该事业部制订了一个将员工的部分薪酬与事业部的利润联系在一起的薪酬计划。[62]该计划实行以后，除非光纤事业部能够百分之百地达到预定的利润目标（在上一年利润的基础上增加 4％），否则该部门员工的基本薪酬会比在公司其他部门工作的同类员工低大约 4％。这样，对于该部门的员工来说，就面临一种报酬下降的风险。不过，报酬大幅上升的机会同样是存在的：如果该事业部不仅百分之百地达到利润目标而且有所超出，那么该事业部的员工就能获得比其他部门员工更高的薪酬。比如，如果该部门达到了利润目标的 150％（也就是说，利润比上年增长了 6％），那么这一事业部的员工将获得比其他事业部员工高出 12％的收入。

最初，该计划运行良好。利润目标果然超额完成，光纤事业部员工比其他部门员工所得的薪酬稍高一些。但是在第二年，该事业部的利润就下降了 26％，显然，利润目标没有达到。员工不仅没有得到利润分享奖金，他们拿到的薪酬反而比其他部门的同类员工低 4％。这时员工就不把利润分享计划看成是一件好事情了。根据员工的反映，杜邦公司的管理层最终决定取消该计划，重新恢复包括固定基本薪酬在内的薪酬制度，而不再有任何浮动（或风险）部分。从委托代理理论的角度来看，出现这种结果也许就不足为奇了，这种理论表明，要想让员工承担的风险有所增加，就必须事先采用某种方式对他们进行补偿。

针对上述情况，有些企业采取的一种解决方法是，将利润分享计划设计成一种只有薪酬上升而没有薪酬下降风险的机制。在这种情况下，当企业引进一种利润分享计划的时候，员工的基本薪酬不会被削减。因此，当利润较高时，员工能够分享收益，但是当利润下降时，他们不会受到惩罚。然而，这种计划大大削弱了人们眼中利润分享计划的一个重要优势：在经营滑坡时降低劳动力成本。在经营上升时期，企业的劳动力成本则会上升。由于这种计划所产生的绩效收益令人怀疑，因此实行利润分享计划的企业可能要承担这样一种风险，即劳动力成本上升了，但企业在这种投资上所获得的收益却很小。

总而言之，尽管利润分享计划作为薪酬体系的一个组成部分可能是有用的（比如，强化员工对更大范围内的企业目标的认同），但它可能还需要用其他一些薪酬计划加以补充，尤其是在大公司里，这些薪酬计划要将薪酬与个人或团队能够控制（或"拥有"）的成果紧密联系起来。此外，利润分享计划还有一种造成员工抵触情绪和产生较高劳动力成本的危险，这取决于计划本身是如何设计的。然而，跳出对激励作用的担忧，利润分享计划的主要优势在于使劳动力成本变得更有弹性，特别是在销售额和利润下降的时候。

股票所有权（包括股票期权）　最新数据显示，目前大约有 2 000 万美国人持有其所在公司的股票。[63]股票所有权计划与利润分享计划在某些关键方面极为类似。比如，鼓励员工对企业的整体成功更为关注。事实上，在员工拥有所有权的情况下，这种关注程度可能更高。同时，与利润分享计划一样，组织规模越大，股票所有权计划对员工的激励作用就越小。不过，因为员工可能在实际出售自己的股票（通常是在离开企业时）之前并没有意识到自己获得了任何经济收益，所以薪酬和绩效之间的联系可能不像在利润分享计划下那样明显。因此，根据强化理论的观点（强调实际获得的报酬），股票所有权计划的绩效激励水平可能非常低。[64]

实现员工所有权的方式之一是采取**股票期权**（stock options）计划，这种计划为员工提供了一种按固定价格购买股票的机会。假定某公司的一位员工在 2014 年获得了按照每股 10 美元购买本公司股票的权利，并且股票价格到 2021 年将会达到每股 30 美元。再假定员工到 2021 年有权以每股 10 美元的价格来购买股票（也就是说，"行使"他们的股票期权），则员工到那时将股票再卖出去的话，就能够获得净收益。然而，如果公司股票的价格到 2021 年跌到了每股 8 美元，员工就不会从中获得任何收益。因此，员工会被鼓励按照对企业有利的方式来采取行动。

股票期权计划通常用于较大型企业的高层管理人员。最近，在很多企业中似乎存在这样一种趋势，即将享受股票期权计划的资格进一步扩大到企业下一层级员工。[65]事实上，许多企业，包括百事、默克、麦当劳、沃尔玛以及宝洁等，都已经将股票期权计划推广到全体员工。在信息行业快速发展的企业中，这种范围广泛的股票期权计划已经非常流行，像微软和思科这样的公司都将自己的成长和成功极大地归因于这些股票期权计划。一些研究结果还表明，在一家企业中，有资格享受像股票期权计划等这样一些长期激励计划的中高层管理人员所占的比例越大，企业的绩效水平就越高，这与委托代理理论关注的主题是一致的，即如何鼓励管理人员像所有者那样去考虑问题。[66]不过，有一个问题到目前为止还不是太清楚，这就是上述研究所得出的结论对于处于组织较低层级上的员工是否同样成立，尤其是在大公司里，这些员工很少有机会对企业的整体绩效产生影响。股票期权的另一个问题是，在考虑到成本的情况下，企业高管和员工是否真正看重股票期权的价值。[67]

股票期权计划的黄金时代可能已经过去了，投资者早就对员工股票期权计划一直享有的税收优惠提出了质疑。2004 年，美国财务会计准则委员会颁发了 SFAS 123R 号会计准则，这是一个里程碑式的转变，因为它要求公司在自己的财务报表中体现出股票期权产生的费用，这样就减少了报告的净利润，并且这种收入的减少在有些情况下表现得尤其明显。微软决定取消股票期权计划，转而实行实际股票授予计划。该公司的这种做法主要是出于对新出台的会计准则的回应，同时也是承认这样一个事实，即微软的股票价格不可能再达到以前那种增长速度了，这就使得股票期权在招募、留住以及激励员工方面不再那么有效。很多公司似乎都在全面取消股票期权，尤其是取消那些非高层管理人员手中的期权。

那些继续采用广泛股票期权的公司在员工激励方面遇到了一些困难，因为这些公司大多经历了股票价格的大幅下跌。比如，谷歌的股价从 2007 年的 741 美元降至 2009 年的 306 美元，这使许多员工的股票期权泡汤了（即股价低于期权价格或行权价格），这意味着员工不能从行使股票期权中获得任何利益。谷歌对此做出的回应是提供一个股票交换计划，让员工归还他们泡了汤的期权，换回行权价格与当前股价一样（更低）的新期权，以期再次鼓舞并留住员工。[68] 作为另一个基于股票的薪酬计划带来挑战的例子，在首次公开发行股票之后，脸书和 Zynga 公司的非管理层员工所经历的公司股票和股票期权价值的下降估计达到 72 亿美元和 14 亿美元。[69]（在过了几年之后，现在来看，他们的情况已经变得一切正常了！）

员工股票所有权计划（employee stock ownership plan，ESOP）是一种企业在组织内部向员工提供公司股票的所有权计划，它是运用得最为普遍的一种员工所有权形式。在美国，参与这种计划的员工已经从 1980 年的 400 万人上升到 2013 年的 1 400 万人以上。[70] 如果将不属于员工股票所有权计划的股票期权、股票购买和基于股票的退休计划都考虑在内，估计有 2 800 万美国员工拥有他们公司的一部分，控制大约 8% 的美国公司股票。在证券交易所上市的日本公司中，大多数公司制订了员工股票所有权计划，与那些没有实行员工股票所有权计划的公司相比，这些公司的平均生产率要高一些。[71] 员工股票所有权计划也带来了一些独特的问题。从不利的一面来看，这种计划可能会给员工带来很大的风险。根据法律规定，一项员工股票所有权计划必须将资产的 51% 投资于公司的股票，这样就会导致投资风险无法实现多元化（在有些情况下，风险根本就无法分散）。结果，当员工为了拯救自己的工作而不得不购买财务状况不佳的公司股票时，或者是当员工股票所有权计划用于对养老基金的缴款时，企业一旦经营不善，员工就可能面临严重经济困难。[72] 然而，员工担心的问题不止这些，因为正如委托代理理论表明的那样，员工可能会要求企业支付较高的薪酬来补偿他们承担的这类风险的上升。

员工股票所有权计划对于企业来说可能是有吸引力的，因为它具有税收和财务方面的优点，并且能够成为抵制接管的一种手段（在员工所有者会对管理层保持友好这样一种假设之下）。员工股票所有权计划还赋予员工对证券进行表决的权利（如果在一个国家的证券交易所登记的话）。[73] 同样，尽管员工在某些决策中必须达到一定程度的参与是一种强制性的要求，但是在实行员工股票所有权计划的不同企业中，员工对企业决策的总体参与程度却存在很大差异。一些研究发现，在员工有较高程度参与的情况下，所有权产生的积极影响会更大一些。[74] 这也许是因为"员工从心理上能够感受到自己在企业中的所有者身份"。[75]

然而，总体而言，元分析证据表明，员工股票所有权计划和企业绩效之间只是存在很小的正向关系。[76]

收益分享、群体奖励与团队奖励

收益分享　收益分享（gainsharing）为企业和员工共享生产率收益提供了一种必要的

手段。尽管人们经常把收益分享计划与利润分享计划混为一谈，但这两种计划在两个关键方面存在差异。第一，收益分享计划并不使用组织层次上的绩效衡量指标（利润）作为确定报酬的依据，相反，它衡量的对象是某一群体或某一工厂的绩效——员工显然更容易把这些方面的绩效看成是他们自己能够控制的。第二，收益分享计划的报酬支付频率要比利润分享计划更高，而且不属于延期型。从某种意义上来说，收益分享计划想要做的实际上是同时吸收两种不同类型薪酬计划的优点：既有像利润分享计划等以组织绩效为导向的薪酬计划所具有的优点，也有像绩效加薪以及个人奖励计划等以个人绩效为导向的薪酬计划所具有的优点。与利润分享计划一样，收益分享计划也鼓励员工努力实现比个人绩效导向的薪酬计划范围更大的目标。但与利润分享计划不同的是，收益分享计划能够在更大程度上像个人奖励计划那样对员工进行激励，因为员工对它采用的绩效衡量指标具有更大的可控制性，同时它还有着较高的报酬支付频率。很多研究表明，收益分享有助于提升绩效。[77]

斯坎伦计划是收益分享计划的一种类型［它由约瑟夫·斯坎伦（Joseph N. Scanlon）于 20 世纪 30 年代设计而成，斯坎伦当时是位于俄亥俄州曼斯菲尔德市的帝国钢铁与马口铁工厂（Empire Steel and Tin Plant）的一位地方工会主席］，该计划规定，如果工厂的劳动力成本占产品销售额的比率能够保持在某一既定标准之下，则员工（以及组织）都可以获得货币奖励。表 11-10 展示的是一个修订过的（即增加了劳动力成本以外的其他成本）斯坎伦计划。因为在第一阶段和第二阶段的实际成本（1 700 000 美元）比计划成本（1 870 000 美元）要低，所以获得了 170 000 美元的收益。公司获得成本节约收益的 50%，员工获得成本节约收益的剩下 50%，不过，在应当由员工分享的份额中会有一部分奖金被储备起来，以防下个月出现实际成本超出计划成本的情况（正如表 11-10 描述的那样）。

表 11-10 收益分享计划（修订后的斯坎伦计划）报告示例 单位：美元

项目	第一和第二阶段的平均值	第二和第三阶段的平均值
1. 销售额	2 000 000	2 000 000
2. 库存变动和在制品	200 000	200 000
3. 产品销售价值	2 200 000	2 200 000
4. 可列支成本（85%×第 3 项）	1 870 000	1 870 000
5. 实际成本	1 700 000	1 880 000
6. 收益（第 4 项—第 5 项）	170 000	(10 000)
7. 员工股份（第 6 项的 50%）	85 000	(5 000)
8. 月储备金（第 7 项的 20%）*	17 000	(5 000)
9. 可分配奖金（第 7 项—第 8 项）	68 000	0
10. 公司分配份额（第 6 项的 50%）	85 000	(5 000)
11. 参与分配的薪酬总额	264 000	264 000
12. 奖金占薪酬总额的比例（第 9 项÷第 11 项）	26%	0

续表

项目	第一和第二阶段的平均值	第二和第三阶段的平均值
13. 月储备金（第8项）	17 000	（5 000）
14. 上期末储备金	0	17 000
15. 年末储备金	17 000	12 000

* 如果没有奖金，则为第7项的100%。

资料来源：From *Gainsharing and Goalsharing：Aligning Pay and Strategic Goals*，by K. Mericle and D. O. Kim. Reproduced with permission of Greenwood Publishing Group via Copyright Clearance Center.

像斯坎伦计划这样的收益分享计划以及更一般意义上的绩效奖励计划通常不仅仅包括货币奖励一个方面的内容。这些计划常常还会强调通过组建团队以及形成提案建议制度来利用员工掌握的知识促进生产过程的完善。[78]那么，企业需要具备哪些方面的条件才能保证收益分享计划取得成功呢？很多人为此提出了大量的建议。大家通常都会提到的一些内容包括：（1）管理层的承诺；（2）存在变革的需要或者大家对进行持续的组织改善有着强烈的共识；（3）管理层能够接受并鼓励员工参与；（4）高度的合作与交流；（5）员工能够得到就业保障；（6）企业和员工能够共享生产率和成本方面的信息；（7）设定目标；（8）各方均承诺积极参与这一变革和改善过程；（9）企业和员工在绩效标准和计算公式方面能够达成一致，这种标准和公式应当是容易理解的、看上去是公平的，并且与管理层的目标之间存在紧密的联系。[79]

群体奖励与团队奖励　收益分享计划一般是在整个工厂范围内进行的，而群体奖励计划与团队奖励计划却常常会深入范围更小的工作群体之中。[80]群体奖励计划（像个人奖励计划一样）倾向于根据实物产出对绩效进行衡量，而团队奖励计划可能会使用范围更宽的绩效衡量指标（比如成本节约、成功设计出产品、按时完成工作任务等）。与个人奖励计划一样，这些计划也存在一些缺点。首先，员工个人之间的竞争可能会被削弱，但是这种情况有可能会被员工群体或团队之间的竞争取代。其次，与我们先前讨论的薪酬会影响劳动力队伍构成的观点一致，任何无法充分识别个人绩效差异的计划都会产生打击高绩效者的积极性或失去他们的风险。最后，与任何一种奖励计划一样，绩效衡量标准的制定过程必须让员工认为是公平的，必须注意在这些标准中不能漏掉像质量这样一些比较重要的绩效维度。

平衡计分卡

正如我们在前面讨论的，任何一种薪酬方案都有其优缺点。因此，一些企业不是简单地选取一种薪酬计划加以实施，而是设计一种与企业自身的特殊情况十分贴切的薪酬方案组合。排他性地依赖绩效加薪或者个人奖励计划的做法有可能会对员工产生较强的工作激励，同时也有可能产生让企业无法接受的较高程度的个人主义行为和竞争行为，导致员工忽视更大范围的工厂目标或企业目标。过于依赖利润分享计划和收益分享计划，虽然可能有助于改善员工之间的合作以及提高他们对工厂或企业整体利益的关注，但也有可能将对员工个人的激励降到企业不可接受的水平。而一种将绩效加薪、收益分享计划、利润分享计划结合起来的特定薪酬方案组合，却有助于在上述这几个绩效领域中都产生令企业满意的结果。

谋求在多种目标之间达成平衡的方法之一便是平衡计分卡法（见第 1 章），卡普兰和诺顿将其描述为这样一种方法：它不仅有利于企业"跟踪财务绩效，还能够帮助企业监控自己在培育和获取未来发展所需的能力以及无形资产方面取得的进展"。[81]

表 11 - 11 描述了一家期望在经营绩效的几个关键方面都能够实现改善的制造企业是如何运用各种绩效评价指标的。我们在后面还将很快看到泰尼特保健公司（Tenet Health-care）使用的平衡计分卡。

表 11 - 11　运用平衡计分卡实施奖励的相关概念描述

绩效评价指标	奖励方案				
	目标奖金（美元）	绩效水平	目标奖金百分比（%）	实际绩效（%）	实得奖金（美元）
财务指标 ● 资本收益率	100	>20% 16%～20% 12%～16% <12%	150 100 50 0	18%	100
客户指标 ● 退货率	40	<1/1 000 1/999～1/900 1/899～1/800 >1/800	150 100 50 0	1/876	20
内部流程指标 ● 生产周期缩短率（%）	30	>9% 6%～9% 3%～6% 0～3%	150 100 50 0	11%	45
创新与学习指标 ● 员工自愿流动率	30	<5% 5%～8% 8%～12%	150 100 50	7%	30
总计	200				195

资料来源：F. C. McKenzie and M. P. Shilling, "Avoiding Performance Traps: Ensuring Effective Incentive Design and Implementation," *Compensation and Benefits Review*, July-August 1998, pp. 57 - 65. *Compensation and Benefits Review by American Management Association*. Reproduced with permission of Sage Publications, Inc. via Copyright Clearance Center.

■ 11.5　管理人员和高层管理人员的薪酬

企业最高领导者以及高层管理人员是一个对企业绩效有着很大影响力的群体，在战略上具有重要意义，因此，对他们的薪酬——包括在劳动力市场上的竞争性——应当给予更多的关注。[82] 在上一章中，我们讨论了这些人的薪酬大致处在一种什么样的水平上。在这里，我们集中考察他们的薪酬水平是如何确定的。

商业杂志如《福布斯》和《彭博商业周刊》（*Bloomberg Businessweek*）经常发布年薪

最高和最低的企业高层管理人员名单，引起了人们对高管薪酬的关注。在这方面存在的主要问题似乎是：在有些企业，无论当年的盈利状况如何或者股票市场的绩效是好是坏，高层管理人员每年都能拿到很高的年薪。比如，一项研究表明，股东的财富每变化1 000美元，首席执行官的薪酬只会变化 3.25 美元。对这种关系的一种可能解释是："高层管理人员的薪酬实际上与公司业绩无关。"后来的研究表明，大多数公司的情况并非如此。[83]

那么，怎样才能将高层管理人员的薪酬与组织业绩联系起来呢？从委托代理理论的观点出发，所有者（股东）的目标是鼓励代理人（管理人员和高层管理者）以最有利于所有者利益的方式来行事。这就意味着在代理人的薪酬构成中，固定薪酬（比如基本薪酬）所占的比重应当较小，而以结果为导向的"合同"——将高层管理人员的一部分薪酬与企业的盈利水平或者股市业绩挂钩——所占的比重应当较大。[84]在中高层管理人员中，企业普遍运用中短期奖金和长期激励计划来鼓励他们追求短期以及长期的企业绩效目标。事实上，高管薪酬的大部分来自限制性股票、股票期权以及其他形式的长期报酬。将薪酬放在这样一个"危险"的境地能起到很好的激励作用。然而，委托代理理论认为风险性薪酬过低就会弱化激励效果，但风险性薪酬太高也会产生问题，如果高管人员在公司资产方面承担很大风险的话。[85]最近在银行和抵押贷款业出现的问题就是这方面的一个例子。

那么，企业运用这种绩效薪酬计划的程度如何？这些计划的实施结果又是怎样的呢？研究显示，企业在运用长期激励计划和短期激励计划方面的差异是非常大的。此项研究进一步发现，在中高层管理人员中运用这些计划的程度越高，企业随后的盈利水平也就越高。如表 11 - 12 所示，在很大程度上依靠短期奖金和长期激励（相对于基本薪酬而言）支付管理层薪酬的做法带来了企业资产收益的巨大改善。[86]对于高层管理人员而言，将他们的薪酬与他们过去实现的股东回报保持一致的做法，会促使他们关心未来的股东回报。[87]

表 11 - 12　管理人员薪酬与企业资产收益之间的关系

奖金/基本薪酬之比（%）	估计的资产收益		
	有资格享受长期激励计划的管理人员所占的比例（%）	百分比（%）	金额[a]（亿美元）
10	28	5.2	2.50
20	28	5.6	2.69
10	48	5.9	2.83
20	48	7.1	3.41

a. 以《财富》500 强企业在 1990 年的平均资产为基础。

资料来源：B. Gerhart and G. T. Milkovich, "Organizational Differences in Managerial Compensation and Financial Performance," *Academy of Management Journal* 33 (1990), pp. 663 - 91.

我们在前面已经看到了怎样运用平衡计分卡法确定制造业员工的薪酬。事实上，在设计高层管理人员的薪酬时，这种方法同样是有用的。表 11 - 13 显示的是如何在平衡股东、客户以及员工三个方面目标的前提下选择绩效衡量指标。财务结果被视为一个滞后指标，它只能告诉大家企业在过去做得好不好，而像泰尼特保健公司在表 11 - 13 中所使用的客户指标和员工指标则属于先导指标，可以告诉大家一家公司的未来财务状况会如何。很重要的一点是，需要在每一家公司中开展实证研究，以验证这些以及其他一些先导指标是否与财务绩效存在有效的联系。[88]

表 11 - 13　泰尼特保健公司高管人员的平衡计分卡

目标	具体指标	描述	权重
财务类指标			
成本	收入		60%
	现金流		15%
增长	本院住院人数		2%
	本院门诊人员		2%
运营类指标			
质量	CMS 总体星级	医疗保险服务中心（The Centers for Medicare and Medicaid Services）给各家医院做的看护质量评级	2%
	AHRQ 安全文化调查	员工对病人安全氛围的感知［美国医疗保健研究与质量局（AHRQ）所做的一项调查］	2%
	泰尼特保健公司质量综合指数	院内感染再入院道德指数	2%
服务	住院病人满意度	病人满意度（由泰尼特保健公司进行调查）	5%
	医师净推荐分数	医生敬业度和忠诚度（由泰尼特保健公司进行调查）	5%
员工	员工流动率	解除雇佣合同员工所占百分比	5%

资料来源：2018 Notice of Annual Meeting and Proxy Statement，Tenet Healthcare Corporation，www.tenethealth.com.

正如我们在全球金融危机中看到的那样，仅仅关注（激进的）财务目标，而不考虑这些财务目标是如何实现的，就会增加高管人员和其他员工为实现这些目标而冒过大风险以及（或者）从事不道德行为的危险。随着时间的推移，这些行为在长期中可能会对公司造成极大的伤害。在花旗集团针对其前 50 名高管人员使用的平衡计分卡中，财务目标（盈利性、费用管理、资本运用、风险控制）的权重为 70%，（短期）非财务目标（制定战略方向、具有强大的风险控制和人事管理能力、强化与包括股东在内的外部利益相关者之间的关系）的权重为 30%。绩效的最高得分为 100 分，而最低得分为 -40 分。花旗集团希望将薪酬激励机制与宽口径的绩效目标挂钩，而不仅仅是跟过去的财务目标挂钩，以在未来一段时间里达成更好的财务绩效，同时以一种更低的风险实现这一目标。没有人愿意再次经历金融业的崩溃，而这些做法是避免再次出现这种情况的计划的一部分。同样，正如我们在前面看到的，大众汽车公司为了应对一次重大（且代价高昂）的丑闻，同时希望避免将来再次发生同样的事情，也在最近改变了向高管人员支付薪酬的方式。其他的一些例子还包括诺华公司的案例（请参阅前面的"诚信行动"专栏）。

最后，来自监管机构和股东的压力要求将薪酬和绩效更好地挂钩。美国证券交易委员会（SEC）要求公司报告本公司中薪酬水平最高的五位高管的薪酬以及公司在五年内相对于竞争对手的绩效表现。2006 年，美国证券交易委员会又增加了一些附加条款，要求企业更详细地披露高管人员享受的特权以及退休福利的价值。2010 年，美国签署了《多德-弗兰克法案》。尽管该法案的重点主要放在了金融机构身上，但也通过在《证券交易法》中增加了第 14A 条对上市公司提出了新的要求。[89] 例如，它要求股东"对于薪酬有发言权"，这就意味着他们有对高管薪酬计划进行（不被约束的）投票的权利。该法案还要求公司披露高层管理人员与普通员工的薪酬之比。这些公司在监管机构和投资者的压力之下，也越来越多地制定了这样一些政策，即一旦在后来发现这些高管通过从事对公司和经济不利的行为获得了薪酬的增加，就可以收回（即取回）已经发给高管的报酬。

许多国家的监管机构还试图限制奖金支付的规模，以期削弱从事过度冒险等行为的动机，而这种行为过去被证明是有害的。[90] TIAA-CREF 和 CalPERS 等大型退休基金投资者已提出准则，以更好地确保董事会在制定高管薪酬决策时以股东的最大利益行事，而不是依赖管理层。表 11-14 显示了一些与董事独立于管理层有关的治理实践（《多德-弗兰克法案》有类似规定）。董事会治理实践的更详细分析如下。[91] 未来面临风险时，董事会很可能需要采取重大行动来表明其独立于管理层的能力，其中可能包括罢免首席执行官。

表 11-14　保持董事会独立及实施有效治理的指导方针

1. 独立董事占大多数：一个最基本的要求是，董事会中的独立董事应该占大多数。董事会应当坚持实现独立董事在董事会中占绝大部分。
2. 独立的高管人员会议：独立董事应当定期（至少每年一次）召开没有首席执行官参加的高管人员会议。独立董事长或者担任领导（或主持）角色的独立董事应当主持这种会议。
3. 独立董事的定义：每一家公司都应当披露其年度委托代理书，表明公司董事会是如何界定"独立"一词的。
4. 独立董事长：董事会应当由一位独立董事领导。公司首席执行官以及同类高管人员只能在有限情况下担任联合董事长，在这些情况下，董事会必须在委托代理材料上提供书面声明来澄清为什么联合董事长对股东的利益是最有利的。同时，董事会还需要任命一位独立董事来履行委托代理材料中要求的那些职责。
5. 检查董事长和首席执行官职位的分离情况：在选举了一位新的首席执行官的情况下，董事会应当重新考察"首席执行官"和"董事长"两个职位的传统组合情况。
6. 退休首席执行官的董事会角色：一般而言，从一家公司退休的首席执行官不应该继续在该公司董事会中担任职务，至少应当禁止他们在董事会的任何一个委员会中任职。
7. 董事会与管理层的接触：董事会应当有一个既定的程序保证所有的董事会成员都能够接触到公司的高层管理人员。
8. 独立的董事会各委员会：执行审计、董事任命、高管人员薪酬决定等职能的董事会下设的各委员会都应当由独立董事担任委员。
9. 董事会监管：整个董事会代表股东对管理层进行监管。一旦董事会决定成立法律要求之外的其他委员会（例如执行委员会），这些委员会的职责及其成员就应当充分披露。
10. 董事会资源：董事会应当通过各个委员会获得充分的资源，以提供独立的咨询建议，或者是获得使自己能够代表股东有效履行监管职责的其他各种工具。

资料来源：The California Public Employees Retirement System, "Global Principles of Accountable Corporate Governance," August 18, 2008, updated November 14, 2011, www.iccr.org.

■ 11.6　薪酬管理过程与背景问题

在第 10 章中，我们讨论了像沟通和员工参与这样一些过程性问题的重要性。在本章前面，我们讨论了公平的重要性，其中包括分配公平和程序公平。无论是在不同的企业之间还是在同一家企业内部，我们都可以发现，对这些过程性问题的处理方式存在相当大的差异，这说明企业在薪酬管理的这些方面具有很大的自由度。[92]因此，这可能恰恰成为企业将自己与竞争对手区分开来的另一个重要战略机会。

11.6.1　员工参与决策

现在让我们来考虑一下员工参与决策问题及其可能产生的潜在后果。员工对薪酬政策设计和执行的参与往往与较高的薪酬满意度和工作满意度联系在一起，这可能是因为当员工有机会参与时，他们对薪酬政策的理解更清楚，同时对这些政策有着更强的认同感。[93]

那么，这种参与对生产率的影响是什么？委托代理理论为我们提供了一些思路。委托人在向代理人授予决策权时会产生一种代理成本，因为员工可能不会按照最有利于高层管理者利益的方式来行事。此外，代理人越多，监督成本就会越高。[94]所有这些结论都表明，授权决策的成本可能非常高。

但是，委托代理理论认为，如果让员工来进行监督，则成本会更低，而效率却更高，因为他们更了解工作现场以及同事的行为，而他们的上级却并没有那么清楚。因此，好的薪酬管理系统应当鼓励自我监督和同事之间的相互监督。[95]研究者还指出，在鼓励形成这种有利的监督机制的过程中，有两个因素十分重要，这就是货币奖励（委托代理理论中所说的以结果为导向的"合同"）以及培育信任与合作的环境。这种环境反过来又对员工就业保障、群体凝聚力以及员工个人权利发挥作用，换言之，要尊重员工并且对他们有一种认同感。[96]

无论如何，一项对多个组织的调查发现，只有 11% 的员工总是或经常参与薪酬设计团队。管理者的参与情况要好一些，但仍然是少数（参与比例为 32%）。[97]

11.6.2　沟通

另一个比较重要的过程性问题是沟通。[98]早些时候，我们曾经在绩效加薪中谈到沟通的重要性，它的重要性既表现在程序公平方面，也表现在它是一种有助于绩效薪酬计划的影响得到最大限度发挥的有效手段。[99]更笼统地说，薪酬制度的任何一个方面的改变都有可能引起员工的关注。建立在不良或不完全信息基础之上的谣言和种种猜测是一个与薪酬管理相伴的问题，部分原因在于薪酬对员工的经济保障性和生活状况有重大的影响。因此，企业在做出任何变化之前，非常关键的一点是必须找到一种最好的方式来告诉员工改变薪酬的原因是什么。有些企业主要依靠首席执行官的讲话录像来向员工传达企业做出重大变革的理由，有时还使用含有薪酬方案的印刷小册子和（或）网站。还有些企业则召开由焦点小组参加的会议，通过与一小部分员工的面谈来获取反馈信息，以便在以后的沟通过程中引起人们对相关问题的重视。然而，大多数有关薪酬的沟通基本上还是采用与上级进行个人谈话的方式，这种方式仍然胜过公司网站、邮件、与人力资源部门的谈话等方式。[100]

11.6.3 薪酬与过程：纠缠效应

前面的讨论实际上是将员工参与这样一些过程性问题当成有利于薪酬方案取得成功的因素。然而，至少有一位评论家指出，过程性因素在决定员工绩效方面还扮演着另一种角色，这种角色甚至更为重要：

> 员工参与显然有助于使薪酬方案……运转得更好——这种情况也会使企业本身受益……种种情况表明，改变对待员工的方式比改变向他们支付薪酬的方式更有可能促进生产率的提高。[101]

这种说法提出了一个涉及面更宽的问题：与其他人力资源管理实践相比，薪酬决策自身的重要性到底有多大？尽管努力解开紧紧纠缠在一起的各种人力资源管理活动的尝试未必会有特别大的用处，但强调下面这样一种人力资源管理理念是十分重要的：任何一种人力资源管理方案，即使是像薪酬管理这样一些非常有分量的方案，也不可能独立发挥作用。

现在让我们来看一看收益分享计划。正如前面所描述的，薪酬通常仅仅是这样一种报酬计划的一个组成部分（见表 11-10）。那么，那些非薪酬组成部分的重要性到底有多大？[102]一方面，有充分的证据表明，几乎完全依赖货币奖励的收益分享计划能够对生产率产生巨大的影响[103]；另一方面，一项对一家汽车配件工厂的研究发现，如果在收益分享薪酬激励计划中增加一项员工参与的内容（每个月与管理层见一次面，就收益分享计划以及提高生产率的途径与管理层进行讨论），就能推动生产率进一步提高。在一项相关研究中，当研究人员询问员工哪些因素（比如提案制度）会激励他们积极从事员工参与活动时，从员工的回答中不难看出，获得货币奖励的愿望要比一系列其他非薪酬要素的重要性低得多，其中最为强烈的是这样一种愿望：能够影响和控制完成自己承担的工作的方式。[104]还有研究报告说，企业的生产率和盈利水平除了因受益于像收益分享这样一些货币奖励计划而得到提高，还能通过员工参与决策得到进一步的改善。[105]

■ 11.7　企业战略与薪酬战略：匹配问题

尽管我们重点关注的是不同的绩效薪酬计划产生的总体性或平均（积极）效应[106]，但从薪酬战略与组织战略相匹配的角度思考一下也是很有用的。[107]举一个吃药的例子，如果不考虑病症和诊断的结果就盲目地采取一种治疗方式，那么这种做法显然是愚蠢的。在选择一种薪酬制度时，企业必须考虑如何有效地使其融合到企业的整体经营战略中去。让我们再考虑一下表 11-12 中列举的一些发现。就平均情况而言，如果将可变薪酬所占比重不到一半的薪酬战略转变为可变薪酬所占比重超过一半的薪酬战略，可能会导致企业的资产收益上升近两个百分点（从 5.2% 上升到 7.1%）。但是在有些企业中，资产收益上升的幅度可能会小一些。事实上，在有些企业中，甚至出现了可变薪酬比重增大反而导致资产收益下降的情形。而在另一些企业中，则出现可变薪酬的比重上升带来的资产收益上升幅度超过 2 个百分点的情况。很显然，如果能够明确指出在哪些情况下可变薪酬会产生增加收益的作用，而在哪些情况下无法产生这种作用，无疑具有重大意义。传统观点有时认为，包括薪酬在内的管理实践的选择取决于国家（以及/或国家的文化）。但每个组织都必须决定如何最好地参与全球经济的竞争，而这有时需要偏离一个国家的文化规范，正如这里的"通过全球化开展竞争"专栏中谈到的那样。

➡ 通过全球化开展竞争

日本公司的重心从资历转向绩效：有些日本人甚至开始跳槽了

在日本传统的雇佣体系中，资历是决定员工薪酬的主要因素。绩效在日本没有像在美国那样受重视。在过去十年中，日本的经济增长率在世界最大的一些经济体（美国、中国、德国、法国、英国）中是排在最后的。因此，一个好的想法或许是，看一看经济增长表现更好的其他国家的那些公司是如何向员工支付薪酬的，然后看看哪些做法可以在日本公司中运用。这也是日本前首相安倍晋三制定的提高公司效率计划的一部分，这一计划的目的是希望日本实现更大的经济增长和工资增长。

重新审视日本传统的基于资历的管理实践所面临的另外一个压力在于，现在每 100 名求职者面临着 158 个工作岗位，这种情况达到了 44 年来的最高纪录。失业率也非常低，只有 2.5%。过去日本许多公司直接从大学毕业生中雇用员工，企业和员工双方都认为员工应当在公司中工作一辈子，同时应当按照员工的年资支付薪酬，而现在，换工作和针对绩效支付薪酬也变得越来越普遍了。很多公司越来越多地去挖其他公司的员工。例如，换工作的人已经达到创纪录的 30%，而到新雇主那里得到加薪的幅度也达到 10% 或 10% 以上。一些日本公司在过去的几年中一直在寻求转向，更强调绩效。包括丰田、日立、索尼（Sony）和松下（Panasonic）等在内的一些公司正在对此做出新的承诺，其目的是不仅要提高绩效在确定员工薪酬中的重要性，还要提高工作职责在其中的重要性。这种变化可能主要是从年轻员工身上开始的，因为很多公司不愿意改变与年龄更大、资历更长的员工之间形成的已经被接受的那种雇佣关系性质。

这些公司除了为当前的员工提供更强的绩效激励措施，还希望在招募年轻员工方面能够获得优势，年轻员工不喜欢到等他们年纪大了才能赚到更多钱的公司去工作，他们希望，如果能证明他们给公司做出的贡献是有价值的，那么，最好是现在就有机会得到很高的薪酬。

最近，丰田公司在一条火车线路上张贴了招募海报，这条火车线路的乘坐者包括许多在富士通（Fujitsu）、NEC 以及东芝（Toshiba）等公司的研究机构工作的工程师，丰田公司希望能说服这些人跳槽到本公司来工作。宣传海报写着："相比硅谷的工程师，我们更想要 Nambu 沿线地区的工程师。"另一家经营时装的网站 Zozotown 通过刊登广告招募了 7 位"天才"，并且表示将分别向他们支付 100 万美元。该公司技术部门的一位高管指出，像谷歌和苹果等外国公司对于能够"给经营带来重大影响的"（即达成出色绩效的）员工会提供更高的报酬。

需要明确的是，与英国或美国这样的国家相比，日本员工换工作的情况仍然不是那么普遍。但至少有一些日本公司正在朝这个方向发展。跳槽的情况也取决于不同的年龄组。

瀚纳仕日本公司（Hays Japan）所做的一项调查显示，在40～45岁的员工中，跳槽的比例不到10%，而在35岁以下的员工中，有一半以上的人已经换过工作了。这似乎表明广泛的变革正在发生。

讨论题

1. 针对资历而不是绩效支付薪酬可能会存在什么问题？

2. 为什么日本首相会对公司支付薪酬的方式感兴趣？

3. 如果你正在根据资历支付薪酬的公司和根据绩效支付薪酬的公司之间进行选择，你会选择哪一家？20年之后呢？如果你是一位日本人且在日本国内工作呢？你还会做出相同的选择吗？请解释你的答案。

资料来源：M. Fujikawa, "Japan's Job-for-Life Culture Fades," *Wall Street Journal*, April 12, 2018; U. Dresser, "Money Motivates in Japan, Too—Hays Salary Guide 2018," *Japan Industry News*, February 22, 2018, www.japan-industrynews.com; M. Oi, "Japan Seeks Alternatives to Its Pay System," *BBC News*, *Japan*, March 22, 2016; K. Inagaki, "Japan Inc Shuns Seniority in Favour of Merit-Based Pay," *Financial Times*, January 27, 2015; Y. Hagiwara and C. Trudell, "Toyota Plans Overhaul to Seniority-Based Pay," *Bloomberg*.*com*, January 26, 2015.

当然，正如本章和第10章建议的那样，某些最佳实践可能对所有的或至少大多数组织都有用处。回到我们的医学比喻，大家达成的科学共识似乎是，某些行为（例如锻炼和良好的营养等）有利健康，而其他一些行为（例如吸烟、吸毒、酗酒）则会危害健康。因此，在薪酬战略方面也同样可能会有一些最佳实践。这方面的一些例子包括：选择一种能够平衡企业在产品市场和劳动力市场上进行竞争的能力的薪酬水平，为获得正向激励和分类效应而根据绩效支付薪酬，同时关注分配公平（例如公平理论）和程序公平问题，以及注意遵守管制要求，等等。

回到如何解决匹配问题上来，可以回想一下我们在第2章中曾经讨论过的方向性经营战略问题，其中的两种战略是增长战略（内部增长或外部增长）和集中战略。那么，对于追求成长战略的企业和追求集中战略的企业来说，薪酬战略应当有何不同？表11-15提供了一些可能的匹配。一般情况下，成长战略强调创新、风险承担以及新市场开发，因此它往往与强调和员工共同分担风险的薪酬战略联系在一起，同时使员工有机会通过分享企业的未来成功而在将来获得较高的收入。[108]这就意味着企业需要采用的薪酬方案应当是在短期中提供相对较低的固定薪酬，同时实行奖金或股票期权等计划，使员工在长期中能够得到慷慨的回报。股票期权计划因被苹果、微软以及其他一些硅谷公司采用而被描述为一种"建造硅谷"的薪酬方案。[109]在这些公司取得成功以后，公司中从高层管理人员到秘书的所有人都能够成为百万富翁——如果他们拥有公司股票的话。成长型企业同样被认为能够从削弱薪酬管理的官僚主义中获益，即在薪酬决策中进一步分权，提高薪酬系统的灵活性，认可员工个人的技能，而不是受制于职位分类或等级分类系统。另外，以集中为导向的企业需要的是一种极为不同的薪酬管理系统，因为这种企业的增长率较低、员工队伍较稳定，所以对薪酬决策中的一致性和标准化要求较高。我们在前面讲过，微软已经取消了股票期权，改为实行股票授予，部分原因在于微软不再处于高速发展的黄金期。

表 11 - 15 薪酬战略与企业战略的匹配

薪酬战略维度	企业战略	
	集中战略	成长战略
风险分担（可变薪酬）	低	高
时间导向	短期	长期
薪酬水平（短期）	高于市场水平	低于市场水平
薪酬水平（长期潜力）	低于市场水平	高于市场水平
福利水平	高于市场水平	低于市场水平
薪酬决策集中度	集中化	分散化
薪酬分析单位	职位	技能

资料来源：L. R. Gomez-Mejia and D. B. Balkin, *Compensation, Organizational Strategy, and Firm Performance* (Cincinnati, OH: South-Western, 1992), Appendix 4b; and L. R. Gomez-Mejia, P. Berrone, and M. Franco-Santos, *Compensation and Organizational Performance* (Armonk, NY: M. E. Sharpe 2010), Appendix 3.2.

小 结

本章考察的重点是用于认可员工对企业的成功所做贡献的那些薪酬方案的设计与管理问题。这些薪酬方案在将薪酬与员工个人绩效、群体绩效或者企业绩效联系在一起方面存在很大的差别。通常情况下，企业不需要非得在一种薪酬方案和另一种薪酬方案之间做出选择，而是要在不同的薪酬组合方案之间进行选择，以努力寻求在个人目标、群体目标以及企业目标之间的平衡。

基本薪酬、奖金以及其他类型的薪酬对员工的生活水平都有重要影响。这有两个方面的重要含义。第一，薪酬是一种强有力的激励工具。一种有效的薪酬战略能够对企业的成功产生巨大的推动作用。相反，一种低劣的薪酬战略则可能产生极大的破坏性。第二，薪酬的重要性意味着员工非常关心薪酬决策过程的公平性。一个反复强调的问题是，必须以一种使员工理解其基本原理并认为它们公平的方式来解释和管理薪酬方案。

企业在经营战略和人力资源战略方面是存在差别的，这一事实表明，最为有效的薪酬战略在不同的企业中可能是不同的。尽管标杆薪酬方案可能会为互相竞争的企业提供信息，但是在有些企业取得成功的薪酬方案，在另一家企业却未必能够取得成功。平衡计分卡指出了企业需要确定自己的关键目标是什么，然后再运用薪酬来对这些目标的实现提供支持。

讨论题

1. 假如为了更有效地展开竞争，你所在的企业正在考虑利用利润分享计划提高员工的努力程度，并且鼓励他们像企业所有者一样去思考问题。这种计划的潜在优点和缺点是什么？利润分享计划对各种类型的员工能够产生相同的作用吗？组织的规模是一个重要的考虑因素吗？为什么？企业还应当考虑运用其他哪些薪酬方案？

2. 收益分享计划常常用在制造业工作场所中，也可以用于服务型组织中，应当如何为医院、银行、保险公司以及其他一些机构设计用于收益分享计划的绩效标准？

3. 假定你所在的企业有两个业务单元：一个是历史较为悠久的老单元，它生产某种在价格上具有竞争优势的产品，这个单位的技术创新水平不是太高；另一个单元刚刚开始组建，甚至连产品还没有，但它正在努力开发一种用来测试毒品对人体危害的新技术，这种技术将通过仿真模拟而不是耗时很长的医疗试验进行测试。你会建议两个单元使用相同的薪酬方案来认可员工对企业的贡献吗？为什么？

4. 在本章中，我们看到了许多公司如何朝着绩效薪酬的方向转变的例子。你认为这些公司的变革有意义吗？它们的新的薪酬战略有哪些潜在的优点或缺陷？

开篇案例分析

绩效薪酬：平衡目标（和风险）

在本章中，我们讨论了不同类型的奖励计划或绩效薪酬计划的潜在优点和缺点。我们看到，薪酬计划既可能产生预期的效果，也有可能产生预料不到的后果。我们同样看到，一些组织因为迟迟没有意识到薪酬计划中存在的问题而付出了巨大代价，最终迫不得已才做出改变。要想设计良好的绩效薪酬战略，通常需要企业平衡不同薪酬方案的优点和缺点，同时减少各种不良后果出现的机会。薪酬战略在很大程度上取决于组织或其所属部门追求的战略和既定目标。在本章的开篇我们了解到，很多公司都在致力于将薪酬与绩效结合起来，同时降低固定劳动力成本。

问题

1. 金钱真的能激励人吗？请运用本章中讨论的理论和案例来回答这个问题。

2. 想一想你过去担任的某个职位。请针对这个职位设计一项奖励计划，你的这个计划的潜在优缺点各是什么？如果你把自己的钱也投入这家公司，你还会采用这项计划吗？

注 释

第 V 篇

人力资源管理的特殊主题

第 12 章　全球性人力资源管理

第 13 章　战略性人力资源职能管理

第 12 章

全球性人力资源管理

学习目标

在阅读完本章后，你应当能够：

1. 说明最近发生的导致很多公司向国际市场扩张的主要变化。
2. 阐述对国际市场上的人力资源管理影响最大的四个因素。
3. 列举国际员工的几种不同类型。
4. 说明全球参与的四种不同层次以及在每一层次上面临的人力资源管理问题。
5. 阐明企业用哪些方法来管理外派管理人员的甄选、培训、薪酬以及重新融入问题。

◤ 进入企业世界

改变离岸游戏

多年以来，许多公司都因为中国的劳动力成本低而将大部分制造业务转移到中国。但是，自从特朗普政府威胁要对从中国进口到美国的多种商品加征关税，很多公司都在重新安排自己的供应链。不是把所有的运营都放在中国，而是寻求到几个不同国家去开办工厂，以减少因过多将生产集中在一个国家而带来的政治和经济方面的风险。

例如，雪人控股有限公司（Yeti Holdings Inc.）（雪人保温杯和雪橇产品制造商）一直在减少对中国的依赖，同时在菲律宾建设更多的生产设施，以实现其供应链的现代化。当发现自己的某些产品被列入了加征关税的目标清单时，它能够通过简单地将其部分在中国生产的产品转移到菲律宾来减轻可能产生的负面影响。尽管这样做需要花的时间更长且成本很高，但这种转变被认为还是值得的。

随着市场变得更加全球化，许多公司已经在建设自己的全球供应链，在全球范围内完成采购和制造工作。随着《北美自由贸易协定》的通过，墨西哥成为很多汽车制造商建设工厂的一个主要目标，因为与那些属于美国汽车工人联合会（UAW）成员的工人相比，墨西哥工人在劳动力成本方面无疑具有极大的优势。此外，在墨西哥组装的产品不仅可以运往美国，还可以运往世界各地。事实上，通用汽车公司在北美市场上获得了创纪录的高额利润，而这使加入美国汽车工人联合会的工人通过利润分享计划获得了 1.2 万美元的收益。通用汽车公司在墨西哥组装了大约 20% 的高利润卡车，直到最近，该公司还计划将其多功能运动汽车的生产也转移到墨西哥，以进一步降低成本和增加利润。

然而，唐纳德·特朗普当选美国总统，又给这些计划带来了一些波折。为了避免美国公司将生产转移到国外，特朗普提议对从墨西哥运到美国的所有产品征收高达35％的边境税。据估计，即使是较为适度的20％的关税，也将会抹去通用汽车公司在该地区活动的1/4的利润。

资料来源：J. Stoll and M. Colias, "Mexico Is Key Cog in GM's Profit Machine," *Wall Street Journal*，February 8, 2017，https://www.wsj.com/articles/gm-says-it-supports-tax-reform-but-border-tax-is-complicated-1486473480.

12.1 本章介绍

企业的竞争环境正在快速朝全球化方向发展。越来越多的公司通过向海外出售产品、在其他国家建立工厂以及与外国公司缔结联盟等方式进入国际市场。早在20世纪80年代中期，世界排名前100的企业中有61家将总部设在美国，到2004年，这一数字已下降至35家，表12-1中展示了2018年全球最大的25家公司，其中只有12家公司的总部位于美国，亚洲有7家，欧洲有6家。从表中可以看出，虽然通用汽车公司曾经在全球市场上占据主导地位，但大众、丰田和戴姆勒等公司在2018年的销售额都超过了通用汽车公司。

表12-1 2018年《财富》500强排行榜中的前25名企业

排名	公司名称	收入（百万美元）
1	沃尔玛	500 343
2	国家电网	348 903
3	中国石化集团	326 953
4	中国石油	326 008
5	荷兰皇家壳牌	311 870
6	丰田汽车	265 172
7	大众汽车	260 028
8	英国石油	244 582
9	埃克森美孚	244 363
10	伯克希尔·哈撒韦公司	242 137
11	苹果	229 234
12	三星电子	211 940
13	麦克森	208 357
14	嘉能可	205 476
15	联合健康集团	201 159
16	戴姆勒	185 235
17	CVS健康	184 765
18	亚马逊	184 765

续表

排名	公司名称	收入（百万美元）
19	Exor 集团	177 866
20	美国电话电报公司	161 677
21	通用汽车	160 546
22	福特汽车	156 776
23	中国建筑	156 071
24	鸿海精密工业	154 699
25	美国卓尔根	153 144

资料来源：From *Fortune*，2018，Time Inc.

现在，大多数组织都在全球经济中运营。美国企业正在进入国际市场，而外国公司也在进入美国市场。此外，跨国并购的数量［例如默克公司和先灵葆雅制药公司（Schering-Plough）的合并，纽约证券交易所和德意志交易所的合并等］也在上升。实际上，在 2018 年的前三个季度中，全球并购总额达到 3.3 万亿美元，已经成为历史上最高的并购金额。

那么，隐藏在这种全球化扩张趋势背后的是一些什么样的推动因素呢？很简单，企业都在谋求竞争优势，而通过多种途径进行国际扩张有可能为企业提供这种优势。首先，这些国家都是拥有大量潜在消费者的新兴市场。对于那些生产能力不能得到充分发挥的企业来说，这些新兴市场为它们提供了一个增加销售额和利润的渠道。其次，许多公司现在都在其他国家设立生产厂，以便通过利用这些国家成本低廉的劳动力完成技术水平相对较低的工作来获利。比如，许多美国和墨西哥联营的工厂（坐落于墨西哥境内并且雇用墨西哥劳动力的外资工厂）所使用的低技术劳动力在成本方面要比美国劳动力低很多。2016 年，墨西哥制造业的平均小时工资为 3.91 美元，而美国为 39.03 美元。[1] 再次，通信技术和信息技术的高速发展使全球各地的工作能够更为迅速、高效且有效地完成。在印度，最好的大学毕业生的平均工资是每小时 2 美元，而在美国则要达到每小时 12～18 美元，相比之下，在印度的公司就能够以较低的成本雇用到最佳的员工（从而更好地完成工作）。另外，由于时差问题，印度白天的时候美国是夜晚，因此，在美国做的一些工作可以在晚间转交到印度的员工手上，从而实现每周 7 天、每天 24 小时的全天候工作流程。[2]

尽管这一过程将工作岗位从美国转移到了海外，但技术进步可能会使工作机会消失成为一种全球现象。

然而，决定是否进入国外市场以及是否在其他国家建立工厂或机构却不是一件简单的事情，许多人力资源管理问题都会随之浮出水面。

本章要讨论的就是，如果企业想在一个全球竞争的世界中获得竞争优势，必须注意哪些人力资源管理问题。本章要讲述的并不是关于国际人力资源管理的内容（即企业为了跨越国际边界管理人力资源而采取的各种人力资源管理政策和方案）。[3] 相反，本章将集中讨论这样一个问题：在国际化背景中，企业要想战略性地管理人力资源，必须注意强调哪些关键因素。我们将讨论在过去几年中出现的导致企业经营的国际化性质进一步加强的一些重要事件。接下来，我们还将找出在国际化背景中对于人力资源管理最为重要的一些因素。这几个方面的问题实际上代表了企业能够赢得竞争优势的唯一机会。

■ 12.2　当前的全球变革

最近发生的一些社会和政治变革加速了国际竞争。这些变革产生的影响是深刻的，也是长远的。目前的许多变革还处于发展变化之中。在这一节，我们将讨论哪几个方面的发展趋势要求企业必须通过在全球经济中有效地管理人力资源来赢得竞争优势。

12.2.1　欧洲联盟和"英国脱欧"

欧洲国家独立管理自己的经济已经有很多年了。由于这些国家之间存在紧密的地理联系，它们的经济也彼此联系在一起。这就给国际经营带来了一系列难题。比如，一个国家（如法国）的各项规章制度很可能与其他国家（如德国）完全不同。有鉴于此，大多数欧洲国家都同意加入于 1992 年通过《马斯特里赫特条约》成立的欧洲联盟。欧洲联盟（EU）是大多数欧洲国家的一个联盟，这些国家同意与其他欧洲国家开展自由贸易，而对贸易的管制则由一个被称为欧洲委员会（EC）的监督机构来执行。在欧盟中，各成员国的法律规章越来越趋于统一，尽管完全的统一尚未达成。假定欧盟继续朝着各成员国之间的自由贸易这一大方向前进，欧洲就会变成世界上最大的自由市场之一。此外，从 1999 年开始，欧盟各成员国开始使用一种共同的货币——欧元，这就将欧盟各成员国的经济命运更加紧密地联系在一起。除了以前的 15 个欧盟成员国，2004 年 5 月 1 日，又有 12 个国家——保加利亚、塞浦路斯、捷克、爱沙尼亚、匈牙利、拉脱维亚、立陶宛、马耳他、波兰、罗马尼亚、斯洛伐克和斯洛文尼亚——加入了欧盟，进一步扩大了欧盟覆盖的经济区。2013 年，克罗地亚被视为欧盟"准许加入"的国家，冰岛、北马其顿、黑山、塞尔维亚和土耳其都是欧盟的候选国家。

"英国脱欧"源于英国选民中的微弱多数，他们不希望在很大程度上受到来自比利时布鲁塞尔的官僚机构的控制。但许多观察家预测，至少在短期内，脱欧将对英国经济产生负面影响。

12.2.2　《美国-墨西哥-加拿大贸易协定》

《北美自由贸易协定》是加拿大、美国和墨西哥共同签订的一个协定，它创造了一个比欧洲经济共同体还大的自由市场。美国和加拿大自 1989 年开始已经签订了一个自由贸易协定，而《北美自由贸易协定》把墨西哥也吸收到这一联盟中来。该协定的主要促成因素是墨西哥，因为该国越来越愿意开放本国的市场和各种设施，以促进本国经济的发展。[4]美墨联营工厂就是这种进程的一个实例。此外，《北美自由贸易协定》的成员国开始扩展到其他一些拉丁美洲国家，比如智利。

《北美自由贸易协定》已经使美国在墨西哥的投资增加，因为墨西哥拥有大量低成本、低技术的劳动力。这对美国的就业产生了两个方面的影响：第一，许多低技能的工作被转移到了南方，那些缺乏高技能的美国公民的就业机会因此减少了；第二，增加了那些拥有高技能的美国公民的就业机会。[5]

　　然而，唐纳德·特朗普的当选改变了这项协议的性质。特朗普认为，这项协议的达成有利于加拿大和墨西哥的利益，却损害了美国的利益。因此，他的团队就一项新的《美国-墨西哥-加拿大贸易协定》（USMCTA）进行了谈判。特朗普政府声称，新协议将会为美国工人创造一个更加公平的竞争环境；将使美国农民受益；将保护美国的知识产权；将促进数字贸易、反腐败和良好的监管实践。然而，因为该协议的生效时间不够长，所以尚无法确定确切的结果。

12.2.3　亚洲的经济增长

　　对于许多企业来说，另一个具有重要经济影响的全球市场在亚洲。尽管日本成为一支主导性经济力量已经长达 20 多年的时间，但是最近，新加坡、马来西亚等一些国家和地区也已经成为举足轻重的经济力量。此外，拥有超过 10 亿人口并且正在向外国投资者开放市场的中国，也是一个巨大的、潜在的商品市场。事实上，一些观察家预测，中国经济将很快超过美国。

　　这些方面的变化——欧盟、英国脱欧、《北美自由贸易协定》、亚洲的经济增长等——都是推动企业在全球经济中进行竞争的例子。这些方面的发展带来的是新的开放市场以及在历史上不曾见到的新的技术和劳动力源泉。然而，当前这个国际竞争日益加剧的时代，反过来又强化了企业通过在全球市场上有效地管理人力资源谋取竞争优势的需要。这就要求企业理解可能对各种人力资源管理实践和方法的有效性产生决定性作用的一些因素。

12.3　影响全球市场人力资源管理的因素

　　那些进入国际市场的公司必须认识到，它们面临的这些市场并不是它们母国市场的一种简单翻版。对于不同的国家来说，影响本国对外商投资者的吸引力大小的因素是多种多样的。这些方面的差异决定了在国外某一地区建立工厂的经济可行性，并且对经营中的人力资源管理有着尤为强烈的影响。国际管理领域的研究者发现，在全球市场上有一系列因素会对人力资源管理产生影响，不过，我们在这里只集中讨论四个方面的因素，如图 12-1 所示，分别是文化、教育-人力资本、政治-法律制度以及经济制度。[6]这里的"通过全球化开展竞争"专栏描述了亚马逊面临的诚信问题。

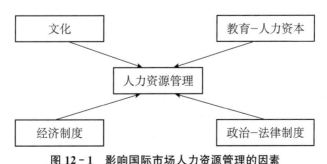

图 12-1　影响国际市场人力资源管理的因素

➡ 通过全球化开展竞争

亚马逊面临诚信问题

很多公司向国际扩张的一个原因是为了摆脱本国经济增长速度放缓的影响，同时在快速增长地区获取一些可能的利润。已经成为世界上最有价值公司之一的亚马逊就是这方面的一个例子。它成功地让商家通过亚马逊的网站销售自己的产品，现在已经有 200 多万商家在网站上销售了 5.5 亿美元的商品。如果你曾经在亚马逊上购物，你可能就知道了，它的优点之一是你能查看其他客户是如何评价某种商品的，并且你会相信这些评论是准确的。此外，当你搜索一种产品时，你会看到产品的订单可以基于许多标准进行筛选，其中包括经审核过的质量认证、销售数字以及点击率等。因此，所有这些信息对于希望将自己的商品定位在第一页上的卖家来说都是有价值的。

然而，亚马逊最近发现，一些员工一直在向商家销售数据和商品访问权限。一些亚马逊的员工可以访问一些用户的电子邮件地址并能够删除一些评论。有些经纪人会找到亚马逊的员工，付钱让他们删掉那些负面的评论。每删除一条这样的负面评论，经纪人会向卖家收取 300 美元的费用，因为每次至少删除五条评论，所以至少会向商家收取 1 500 美元的费用。这些员工还可以将负面评论者的电子邮件地址销售给卖家，以便卖家在联系到他们之后，通过提供免费商品或折扣商品请他们修改或删除原来的评论。最后，这些经纪人还会向商家提供其他方面的一些信息，比如在搜索中使用的关键字、销售量以及客户的购买习惯等。

亚马逊明确表示，自己的员工和商家的这种行为是不可接受的，公司惩罚了一些被抓住存在这方面问题的员工。公司还指出，它还会对违反规则的商家采取法律行动。然而，随着网站上的竞争日益激烈，这些商家越来越有理由与这些经纪人进行合作。

讨论题

1. 亚马逊应该如何处理那些被发现销售信息的员工？
2. 亚马逊应该如何处理那些被发现购买信息的卖家？

资料来源：J. Emont, L. Stevens, and R. McMillan, "Amazon Investigates Employees Leaking Data for Bribes," *Wall Street Journal*, September 16, 2018, https://www. wsj. com/articles/amazon-investigates-employeesleaking-data-for-bribes-1537106401,（accessed Jan 19, 2019）.

12.3.1　文化

到目前为止，对国际人力资源管理影响最大的因素是企业设立分支机构的那些国家的文化。文化被界定为"一个社会的全体成员共享的一整套重要假设（这种假设通常不是用文字表述出来的）"。[7]这些假设包括关于世界的信仰是什么，这些关于世界的信仰是如何起作用的，以及有哪些理想值得人们为之奋斗，等等。[8]

文化之所以对人力资源管理非常重要，原因有二：第一，文化常常决定着其他三个方面的因素。首先，文化在很大程度上可以影响一国的法律，因为法律常常是针对文化中界定的对与错而制定的行为规范。其次，文化还会影响人力资本，因为如果教育在文化中被赋予极高的价值，该社会的成员就会努力增加他们的人力资本。最后，正如我们在后面要讨论的，文化和经济制度之间有着非常紧密的联系。[9]

　　然而，对于人力资源管理来说，文化之所以非常重要，最主要的原因在于它常常决定了各种人力资源管理实践的有效性。如果到了一个与美国有着不同信仰和价值观的文化环境之中，在美国非常有效的人力资源管理实践可能就不那么有效了。[10]比如，美国公司非常依赖对个人所做的绩效评价，因此员工的报酬是与个人绩效捆绑在一起的。可是在日本，企业期望员工个人的愿望和理想服从于一个大的群体。因此，在日本的企业中，那种以个人为基础的绩效评价制度和奖励制度几乎是无效的，事实上，在日本企业中也确实很难见到这种类型的制度。[11]

　　在本节中，我们会讨论一个力图将不同文化间的差异加以区分的模型，这一模型同时说明了为什么文化会对人力资源管理产生深刻的影响。

霍夫斯泰德的文化维度

　　在一项关于文化的经典研究中，吉尔特·霍夫斯泰德（Geert Hofstede）找到了四个能够将各种不同的文化加以分类的维度。[12]在后来的一项研究中，他又增加了第五个有助于确定文化特征的维度。[13]我们在表 12-2 中列举了 9 个主要国家或地区在这五个维度上的相对分数。**个人主义—集体主义**（individualism - collectivism）维度描述了在一个社会中，一个人与其他人之间的关系强度——一个人在社会上采取行动时，他作为独立的个体而不是群体成员采取行动的程度。在个人主义文化中，比如美国、英国、荷兰，社会希望人们关心自己及其直系家庭成员的利益，同时个人应当自立，而不要总是期望获得某一群体的保护。可是在集体主义文化环境中，比如哥伦比亚、巴基斯坦等国家或地区，社会期望人们能够关心一个较大的社区的利益，同时这一社区也会在个人需要的时候对他们提供保护。

表 12-2　9 个不同国家或地区在五个文化维度上的得分

国家/地区	权力距离 （PD）	个人主义 （ID）	男性化 （MA）	不确定性规避 （UA）	长期取向 （LT）
美国	40Lª	91H	62H	46L	29L
德国	35L	67H	66H	65M	31M
日本	54M	45M	95H	92H	80H
法国	68H	71H	43M	86H	30ᵇL
荷兰	38L	80H	14L	53M	44M
印度尼西亚	78H	14L	46M	48L	25ᵇL
西非	77H	20L	46M	54M	16L
俄罗斯	95ᵇH	50ᵇM	40ᵇL	90ᵇH	10ᵇL
中国	80ᵇH	20ᵇL	50ᵇM	60ᵇM	118H

　　a. H 代表得分最高的 1/3 的国家或地区；M 代表得分位于中间的 1/3 的国家或地区；L 代表得分最低的 1/3 的国家或地区（前四个维度是根据 53 个国家或地区的排名得到的；第五个维度是根据 23 个国家或地区的排名得到的）。

　　b. 表示预测值。

　　资料来源：From Geert Hofstede, "Cultural Constraints in Management Theories," *Academy of Management Executive*, February 1993, Vol. 7, No. 1, p. 91. Reproduced with permission of Academy of Management, via Copyright Clearance Center.

第二个维度是**权力距离**（power distance），这一维度关心的是一种文化如何处理层级权力关系，尤其是权力的不平等分配问题。它描述了一种权力在人们之间分配的不平等程度，这种不平等程度被人们认为是正常的。那些具有较小权力距离的文化——比如丹麦和以色列的文化——都在尽可能地降低权力和财富分配的不平等程度。而在那些有着较大权力距离的文化，比如印度和菲律宾的文化中，社会则在努力维持权力和财富分配已有的不平等程度。

权力距离的不同常常会导致来自不同文化背景的人之间产生不理解和冲突。比如，在墨西哥和日本，总是要强调对个人头衔的称呼（比如，称史密斯绅士和史密斯先生）。而美国人则希望通过直呼其名来缩小权力距离。虽然在美国直呼其名很普遍甚至比较推崇，但是在其他文化背景下显得比较失礼，是一种不尊重对方的表现。

第三个维度是**不确定性规避**（uncertainty avoidance），它描述了一种文化是如何对待未来并不具有完全可预测性这样一个事实的。它被定义为相对于非结构性的处境而言，一种文化中的人们对结构性或稳定性的处境的偏好程度。有些文化——比如新加坡和牙买加的文化——就具有非常弱的不确定性规避倾向。在这种文化中，人们能够接受这种不确定性，并且认为每一天都存在不确定性。在这些文化中成长起来的人通常比较容易与他人相处，同时也比较容易接受不同的观点。而在其他一些文化，比如希腊和葡萄牙的文化中，人们通过技术、法律和宗教来获得社会保障。因此，这些文化就为一个人应当如何采取行动提供了比较明晰的规则。

第四个维度是**男性化—女性化**（masculinity-femininity dimension），它描述了一个社会内部不同性别的人之间的角色划分程度。在男性化文化中，比如德国和日本，传统上被认为属于男性价值观的那些东西——比如炫耀、达成某种可见的成就、挣钱等——会渗透到整个社会之中。而在女性化文化中，比如瑞典和挪威的文化，则推崇在传统上被认为属于女性的那些价值观，比如将人与人之间的关系置于金钱之上、帮助他人、保护环境等。这些文化比较强调服务、对弱者的关爱以及团结。

最后一个也就是第五个维度是从远东哲学中引入的，称为**长期取向—短期取向**（long-term-short-term orientation）。长期取向性较强的文化着眼于未来，并且比较看重一些在当前未必能立即带来收益的东西，比如节俭（储蓄）和坚持。霍夫斯泰德发现，许多远东国家，比如日本和中国，都具有一种长期取向。他还发现，美国、俄罗斯和西非存在短期取向。这些文化的着眼点是过去和现在，并且推崇的是尊重传统以及承担社会责任。

当前出现的日本人对美国管理实践的批评，就显示出双方在长期取向—短期取向方面的差异。日本管理者在传统上表现出一种长期取向性，他们往往要制订5～10年的计划。这就引发了他们对在传统上更重视短期取向的美国管理者的批评，因为后者的计划常常是由季度计划或年度计划构成的。

这五个维度有助于我们了解在管理来自不同文化背景的员工时可能会遇到哪些潜在问题。下面我们将探讨这些文化维度是怎样影响各种人力资源管理实践的可接受性以及效用大小的。不过，需要指出的非常重要的一点是，在一家企业决定是否进入某一特定国家时，这些文化方面的差异可能有着非常深刻的影响。霍夫斯泰德在研究中得到的一个有趣的发现是，文化会对一个国家的经济状况产生影响。他发现，那些具有较强个人主义文化的国家更富裕一些，而具有较大权力距离的集体主义国家都比较贫穷。[14] 文化似乎通过推广个人工作伦理以及鼓励个人增加人力资本投资对一国的经济状况产生影响。

文化对人力资源管理的影响

文化对人的管理方式有着重要的影响。正如我们在后面将要讨论的，文化会对一国的教育-人力资本、政治-法律制度以及经济制度产生强烈的影响。正如霍夫斯泰德发现的那样，文化还可以通过推广某种会促进或抑制经济增长的价值观而给一国的经济状况带来深刻的影响。

然而，对于我们这里的讨论更为重要的是，文化特征会影响管理人员在与下属打交道时采取的方式以及人们对各种人力资源管理实践的适当性持有的看法。首先，不同的文化之间在以下这些事情上会存在很大的差异：下属期望上级如何领导自己；决策是如何在各管理层级内部得到贯彻的；（最为重要的是）什么东西会对个人产生激励。比如，在德国，管理人员是通过证明自己的技术实力得到自己的位置的，因此，员工等着管理人员给大家分派工作任务，同时解决各种技术难题。再如，在荷兰，管理者则需要尽量寻求各方意见的一致性，并且必须做好广泛的意见交流和利益平衡工作。[15] 很显然，对于在不同国家中挑选和培训管理者的工作来说，这些管理方法具有极为不同的影响。

其次，文化还会对人力资源管理实践的适当性产生极大的影响。比如，正如我们在前面讨论过的，一种文化推崇个人主义或集体主义的程度会影响以个人为导向的人力资源管理制度的有效性。在美国，企业常常把甄选制度的重点放在对求职者的个人技术能力进行判断方面，不够重视求职者个人的社会能力。而在一种集体主义文化中，企业往往更多地评价一个人如何作为一个工作团队的成员来完成工作任务。

文化通常还会影响员工如何对工作环境做出评价。一项颇为有趣的研究对印度（集体主义文化）和美国（个人主义文化）的客户服务中心员工进行了比较。研究发现，在美国，个人与职位的匹配对员工流动率有较为重要的影响，与之相比，在印度，个人与组织的匹配、与团体的匹配对员工流动率有着更深刻的影响。[16]

类似地，文化还可以对企业的薪酬制度产生影响。个人主义文化——像美国的那种文化——常常产生一种现象，即在同一组织内部，收入最高者和收入最低者之间有着较大的收入差距，高收入者得到的薪酬常常是低收入者的 200 倍。而集体主义文化则在总体上保持一种较为扁平的薪酬结构，收入最高者的薪酬一般只是收入最低者的 20 倍左右。

文化差异还会影响一个组织的沟通与协调过程。与个人主义文化相比，集体主义文化以及那些专制倾向不太强的文化对集体决策以及参与性管理实践通常有着更高的评价。当一个在个人主义文化中成长起来的人必须与那些在集体主义文化中成长起来的人紧密配合才能完成工作时，沟通问题和冲突就会出现。在许多组织中都出现了诸多强调"文化多元化"的计划，这些计划的核心目的在于促使大家理解其他人的文化，从而能够更好地与他们进行沟通。这里的"循证人力资源管理"专栏讨论了此类计划的有效性。

➡ 循证人力资源管理

尽管国家文化很重要，但研究表明，其重要性可能被夸大了，特别是在公司的员工管理方面。有些研究者对霍夫斯泰德最初的工作进行了重新审查，结果发现，除了国家间的差异，在一个国家内部也存在着极大的文化差异。他们进一步发现，在一个国家内部的不同组织之间的文化差异甚至要大于国家之间的差异。他们的研究结果表明，尽管人们不能忽视国家文化，但也不能认为仅仅基于某种国家文化就断定某些人力资源实践可能没有效果。一个国家内具有不同文化背景的人们将会被吸引到与其个人的价值体系（而不是国家文化）更为匹配的组织中去。

此外，许多观察者建议，高绩效工作系统（HPWS）的有效性取决于文化或制度方面的约束，因此在表现出高权力距离或高集体主义的文化中，高绩效工作系统可能会无效。但是，一项元分析表明，在所有各种文化中，高绩效工作系统对公司绩效的影响都是积极的，并且与预期的情况正相反（如果有的话），在那些被相关文化假设认为产生的影响更小的文化中，高绩效工作系统产生的正面影响反而更大。

因此，关于文化对确定人力资源管理实践的有效性所具有的重要性，很多人得出的结论要么是夸大其词了，要么就是完全错误的。

资料来源：T. Rable, M. Jayasinghe, B. Gerhart, and T. Kuhlmann, "A Meta-Analysis of Country Differences in the High-Performance Work System-Business Performance Relationship: The Roles of National Culture and Managerial Discretion," *Journal of Applied Psychology* 99, no. 6 (2014), pp. 1011-41; B. Gerhart and M. Fang, "National Culture and Human Resource Management Assumptions and Evidence," *International Journal of Human Resource Management* 16, no. 6 (June 2005), pp. 971-86.

12.3.2 教育-人力资本

在向国外市场进行扩张的任何一个决策中，一个重要的考虑因素是在这个国家发现和维持一支高素质员工队伍的潜力如何。因此，一国的人力资本资源可能会成为一个重要的人力资源管理问题。人力资本是指个人的生产能力，也就是具有经济价值的知识、技能以及经验的总和。[17]

一国的人力资本取决于多种变量。其中一个非常重要的变量是劳动力的受教育机会。比如在荷兰，政府的学校教育基金制度允许学生一直上到研究生毕业而不用付学费。[18]相反，一些第三世界国家——比如尼加拉瓜和海地——则因为缺乏对教育的投资而只有很低的人力资本储备水平。

一国的人力资本状况可能会深刻地影响外国公司进入该国市场的愿望和行动。人力资本存量较低的国家只能吸引那些对技能要求很低，并且愿意支付的工资水平也很低的企业。这就可以很好地解释为什么美国企业愿意将已经被工会化的低技能、高工资的制造业和一些流水线工作转移到墨西哥去，原因很明显，它们在墨西哥能够以非常低的工资获得低技能的工人。类似地，日本也将本国的一些低技能工作转移到别的国家，同时只在国内维持高技能工作。[19]像墨西哥这样一些只有相对较低人力资本存量的国家，对于那些主要由高技能职位构成的企业通常不会有什么吸引力。

对于那些创造高技能工作的外商投资者来说，具有较高人力资本存量的国家是非常有吸引力的。比如在爱尔兰，25%以上的 18 岁青年人上大学，这一比率远远高于欧洲其他国家。此外，爱尔兰的经济只能为其 350 万人口提供 110 万个工作岗位。较高的教育水平、良好的职业道德以及较高的失业率，使该国对外国企业非常具有吸引力，因为在这种情况下，爱尔兰人的生产率很高而流动率却很低。美国大都会人寿保险公司（Met Life）

在爱尔兰专门建立了一个雇用爱尔兰员工分析医疗保险索赔申请的机构。结果该公司发现，爱尔兰较高的人力资本水平以及良好的职业道德为公司带来了强大的竞争优势，因此，公司准备把原来在美国经营的一些业务也转移到爱尔兰。同样，正如前面所讨论的，印度新毕业的技术类员工的技能水平要比美国的同类员工高。另外，因为这类工作在印度并不多，所以印度员工的态度更好一些。[20]

这里的"通过科技开展竞争"专栏讨论了技术是怎样在改变着工作要求的，它使人们既需要具备技术能力，又需要具备创造力。

➡ 通过科技开展竞争

对复合技能的需要

大多数大学生上大学的目的都是获得毕业后工作所需的那些技能。在此期间，他们会学习一些人际交往方面和技术方面的能力。在我们今天生活的这个快速变化的技术环境中，一个需要回答的问题是：哪些能力对于明天的工作来说是很重要的？

从事劳动力市场分析的 Burning Glass Technologies 公司最新发布的一份报告表明，在未来增长最快、薪酬最高的那些工作都需要任职者具有创造性思维和技术方面的能力。该研究通过分析数以百万计的工作来确定员工需要努力获得哪些方面的能力。毫不奇怪，需要使用数字技术的数据分析或设计方面的工作出现了很多，因此，企业也会去寻找那些能够创新地思考如何使用数据并创造性地开发解决方案的员工。

他们开发了"混合工作"一词来描述既需要硬技能又需要软技能的那些工作，并指出，未来的工作可能需要工程和销售或者数据科学以及市场营销等方面的能力。该公司首席执行官马特·西格尔曼（Matt Sigelman）说："未来的工作不仅仅需要某一种能力，而是必须具备多方面的能力。"

讨论题

1. "混合工作"对于大学教育学生的方式意味着什么？
2. "混合工作"对于你管理自己职业生涯的方式意味着什么？

资料来源：L. Weber, "The 'Hybrid' Skills That Tomorrow's Jobs Will Require," *Wall Street Journal*, January 22, 2019, https://www. wsj. com/articles/the-hybrid-skills-that-tomorrows-jobs-will-require-11547994266.

12.3.3　政治-法律制度

一国的法律制度实施管制的程度对人力资源管理也会产生强烈的影响。政治-法律制度常常强制性地提出某些人力资源管理实践方面的要求，比如培训、薪酬、雇用、解雇以及裁员等。从大的方面来讲，法律制度是从相应的文化环境中产生的。因此，某一特定国家的法律常常反映了关于何种行为构成合法行为的社会规范。[21]许多国家允许（甚至期望）向决策者——无论是负责采购的员工还是政治人物——给予回报。但是，《反海外腐败法》禁止任何美国公司这样做，即使它们在其他国家也不允许采取这样的做法。

美国在消除工作场所歧视方面处于世界领先地位。由于反歧视在美国文化中有着重要的地位，所以美国还制定了相应的法律，比如，对企业的雇用和解雇实践有重大影响的公平就业机会方面的法律。另外，还通过了《公平劳工标准法》以及其他一些法律和规章制度，为各种各样的工作确定了最低工资标准。美国还有对工会和资方之间的集体谈判过程加以规范的规则。所有这些规则对美国企业的人力资源管理方式都产生了深刻的影响。

　　类似地，其他国家关于人力资源管理的一些法律法规也反映出这些国家的某些社会规范。比如在德国，员工在公司、工厂以及个人层次上具有法定的"共决"权。在公司层次上，一家企业的员工对会影响自己利益的那些重要的企业决策——比如较大的投资或者新的经营战略——具有直接的影响力。这种影响是通过将员工代表纳入监事会的方式来实现的。在工厂层次上，共决是通过工人理事会来实现的。这些工人理事会对公司的经济管理决策没有影响力，但可以在工时、工资支付办法、雇用以及岗位调整等人力资源管理政策方面产生影响。最后，在个人层次上，员工拥有契约权，比如，他们有权阅读自己的个人档案，有权得知自己的薪酬是怎样计算出来的，等等。[22]

　　欧洲经济共同体为政治-法律制度影响人力资源管理提供了另一个例子。1989年12月9日通过的《欧洲经济共同体宪章》为工人提供了一些基本的社会权利，其中包括流动的自由、选择职业的自由、获得公平报酬的权利、通过社会保障福利获得社会保护的权利、自由结社权和集体谈判权、男女公平对待权、获得安全和健康的工作环境的权利，等等。

　　法律制度通常要求公司必须做某些事情或遵守某些特定的指南。而政治制度则可能会鼓励公司以某些特定的方式行事，正如这里的"通过环境、社会和公司治理实践开展竞争"专栏中所描述的，企业在努力减少碳排放。

➡ **通过环境、社会和公司治理实践开展竞争**

公司针对环境挑战的解决方案

　　许多公司都在增加对可再生能源的利用，它们要么是真的很看重环境的价值，要么就是出于公共关系方面的需要。但是，在最大限度地利用绿色能源（例如风能和太阳能）方面，仍然存在许多障碍。

　　首先，能源市场因地区而异，特别是在企业购买能源的自由度方面。尽管公用事业公司可以基于多种来源来生产能源，但对于一家公司来说，通常不太可能从某个特定的来源——比如太阳能项目——去购买能源。

　　其次，技术方面的约束仍然存在，使企业难以完全转向绿色能源。例如，太阳能和风能都取决于本身也在变化之中的其他一些因素（例如日升日落以及风）。但是，企业是每时每刻都需要能源的。

　　不过，沃尔玛、通用汽车、谷歌和强生等公司已经成立了一个称为"可再生能源购买者联盟"的贸易协会，以帮助它们消除从碳向可再生能源转变的复杂过程可能遇到的各种障碍。大约200家公司和公共实体（城市和大学）已加入了该联盟。随着该联盟将从增加"需求方"压力的角度来促进使用更多的可再生能源，一些公司已经能够更好地实现从碳能源向可再生能源的转变。

　　例如，沃尔玛就凭借其规模优势组织了来自多种来源的可再生能源。沃尔玛的能源与战略分析总监史蒂夫·克里斯（Steve Chriss）表示，沃尔玛"非常希望公司能够尽可能清洁、可持续地运营。但我们也想以尽可能低的成本来运营。随着可再生能源成本的下降，我们认为，在大量的市场上，可再生能源将成为最佳的成本选择。这不仅是那些真正在乎环境的（公司）在做的特殊游戏，而且也是一家企业尽可能使用成本最低的能源的问题。"

讨论题

1. 你是否认为可再生能源购买者联盟能够成功地为使用更多和更好的可再生能源而向需求方施加压力？

2. 你认为这是个好主意吗？为什么？

资料来源：C. Domanoske, "Walmart, GM, and Google Among Companies Teaming Up to Buy More Solar and Wind," *National Public Radio*, March 28, 2019, https://www.npr.org/2019/03/28/707007584/companies-organize-to-make-it-easier-to-buy-renewable-energy.

12.3.4　经济制度

一国的经济制度会通过多种方式对人力资源管理产生影响。正如前面讨论的，一国的文化与其经济制度是紧密融合在一起的，并且这些制度为本国的人力资本开发提供了多方面的激励。在不付出较高成本的情况下，一个人很少有机会能够开发人力资本。（你也许能够看到在美国大学中出现的学费上涨的情况。）然而，那些在自己的人力资本方面进行投资，尤其是通过教育进行投资的人，确实比其他人更有能力获得货币报酬，这种情况为人们进行此类投资提供了更多的激励。在美国，个人之间的薪酬差别通常是对他们之间的人力资本差异的反映（即高技能员工能够比低技能员工获得更高水平的薪酬）。事实上，研究估计，一个人接受正规教育的年限每增加一年，其薪酬水平就会上升10％～16％。[23]

除了经济制度本身对人力资源管理的影响，经济制度的健康程度对人力资源管理也会产生重要的影响。比如，我们前面提到印度的劳动力成本较低。相对于发展中国家而言，在财富水平较高的发达国家，劳动力成本相对较高。尽管劳动力成本与一国或地区的人力资本有关，但如图12-2所示，两者之间又并非完全相关。此图提供了一个很好的例子来说明，在各个国家和地区的制造业工作岗位上，小时劳动力成本存在何种差异。

经济制度还会通过对总薪酬征税直接对人力资源管理产生影响。因此，图12-2显示的不同劳动力成本并不总是能够反映员工实际拿到手的薪酬水平。那些在其他国家从事经营活动的公司，不得不向外派管理人员提供具有竞争力的实际可支配薪酬，而不是有竞争力的总薪酬。人力资源管理会对那些影响外派管理人员的问题做出什么反应，我们将在下一章中进行更为详细的讨论。

经济制度方面的差异对薪酬制度可能会产生深刻的影响，对于那些希望开发国际性薪酬和报酬体系的全球化公司来说更是如此。这些公司的薪酬体系一方面需要适当控制成本，另一方面还要确保各个地方的分支机构在当地的人才争夺战中能够具有竞争力。最近的一项研究考察了薪酬经理是如何来设计这些薪酬体系的，结果表明，他们主要考虑下面一些因素：全球化公司的战略；当地的管制或政治背景；各种机构以及利益相关群体；当地的市场状况以及国民文化。这些全球化公司一方面努力学习在全球已经存在的一些最优秀的经营管理实践，另一方面会在这些最优实践与当地环境中存在的约束条件之间进行适当的平衡。[24]

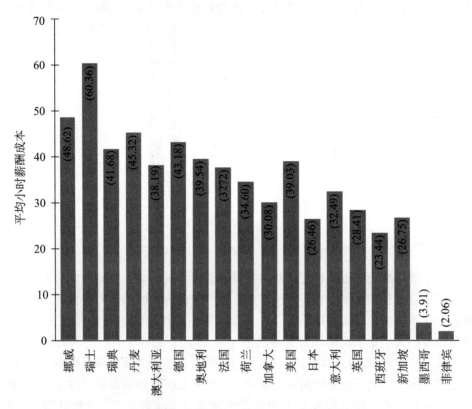

图 12－2　若干国家 2016 年的制造业平均小时薪酬成本（美元）

　　总而言之，每一个国家都有其独特的文化、人力资本、法律制度以及经济制度。对于必须建立起何种类型的人力资源管理系统才能适应这些特殊环境的要求来说，上述这些变量都有着直接的影响。这些方面的差异对一家公司产生影响的程度取决于该公司是如何参与到国际市场中来的。在下一节中，我们将讨论全球经营的一些概念以及全球参与的各种层次，尤其会考察这些差异性要素是如何发挥作用的。

■ 12.4　在全球背景下管理员工

12.4.1　国际员工的类型

　　在讨论全球参与的层次之前，我们需要区分母国、东道国以及第三国。**母国**（parent country）是指一家企业的公司总部所在的国家。比如，美国是通用汽车公司的母国。**东道国**（host country）是指母国的某一企业准备（或已经）落户的那个国家。这样，英国就成为通用汽车公司的一个东道国，因为通用汽车公司在那里设立了工厂。**第三国**（third country）则是指母国和东道国之外的其他国家，一家企业可能已经在这个国家落了户，也可能还没有在该国落户。

　　员工的类型也存在很大差别。**外派人员**（expatriate）通常是指那些被位于一国境内的某家公司派遣到另一个国家从事经营管理活动的人。随着经营全球化趋势的加剧，越来越有必要对这些外派员工的类型加以区分。**母国员工**（parent-country nationals，PCNs）是指那些在母国出生和居住的员工。**东道国员工**（host-country nationals，HCNs）是指在东道国出生和居住的员工，与母国本土员工相对应。最后，**第三国员工**（third-country nationals，TCNs）是指在母国和东道国之外的其他国家出生和成长的那些员工。因此，一位在巴西出生和成长的员工在受雇于一家美国企业之后，如果被派往泰国去管理一家企业，则该员工就可以被视为第三国员工。

研究表明，不同国家使用不同类型的国际员工的方式有所不同。一项研究揭示出，日本跨国企业的人力资源管理政策与实践要比欧洲或美国跨国企业的同类政策与实践显示出更为强烈的民族优越感（比如，日本跨国企业倾向于更多地使用从本国外派出去的管理人员，而不是使用当地的东道国人员）。该项研究还发现，具有民族优越感的人力资源管理实践往往与更多的人力资源管理问题联系在一起。[25]

12.4.2　全球参与的不同层次

我们常常听到一些公司被称为"跨国公司"或"国际公司"。然而，重要的是要理解不同企业在国际市场上的不同参与层次。这一点之所以非常重要，是因为随着一家公司对国际贸易的参与程度越来越高，企业中就会出现各种类型的人力资源管理问题。在本节中，我们将考察南希·阿德勒（Nancy Adler）对企业可以选择的各种全球参与层次所做的分类。[26]图 12-3 中描绘的就是这些不同层次的全球参与类型。

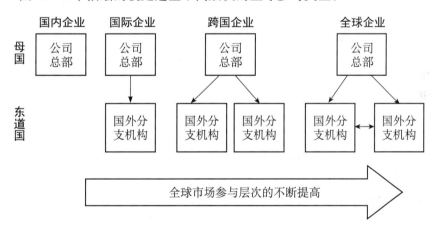

图 12-3　全球参与的几个层次

国内企业

大多数公司一开始都是在国内市场上开展经营活动的。比如，一位企业家可能发现某种产品在美国市场上有需求，于是他就筹集资本建立工厂，从而生产出能够满足某一利基市场需要的产品或服务数量。要想实现这一目标，这位企业家就必须招募生产过程需要的各类人员，雇用他们，然后对他们进行培训，同时还要支付报酬。通常情况下，这些人往往来自当地劳动力市场。甄选和培训计划的重点通常在于使员工掌握履行相关工作职责所要求的技术能力以及一定程度的人际关系能力。此外，由于这种企业常常只需要面对一种劳动力市场，因此，决定各种职位的市场薪酬水平的任务相对来说比较容易完成。

随着产品的知名度不断上升，企业的所有者可能会选择在国内其他地区新建工厂，以降低因产品远距离运输所带来的成本。在决定在哪里建厂时，企业所有者必须考虑当地劳动力市场的吸引力。一国的不同地区之间可能存在极为不同的文化，而潜在员工的工作伦理与这种文化的吻合程度就决定了该地区对他们是否具有吸引力。类似地，由于教育制度的差异，不同地区的人力资本也会存在差别。最后，不同地方的薪酬水平也会存在差别。美国经济在过去10年中经历了一个将工作从北部各州向处于阳光地带的南部各州转移的过程，其原因恰恰在于，北部各州的工会力量比较强大，劳动力成本较高，而南部各州的劳动力成本以及工会化程度都较低。

遗憾的是，即使是国内企业也会面临文化多元化的问题。比如在美国，女性和少数族裔在劳动力队伍中的人数越来越多。这些劳动者群体是带着与传统的白人男性完全不同的世界观进入工作场所中的。因此，我们可以看到，即使是只在一国从事生产经营活动的企业，也越发强调建立对文化多元化进行管理的体系，尽管与那些跨国企业遇到的文化多元化相比，这种文化多元化程度要稍低一些。[27]

在最近的一次对于文化多元化对多文化工作团队运作的影响的元分析中，斯塔尔（Stahl）等人发现文化多元化会通过增加任务过程中的冲突和减少社会整合来阻碍工作进程；但是，文化多元化能通过提高创造性和满意度来推动工作进程。[28]

很重要的一点是要注意，只在国内运营的公司所面临的是一种非常相似的文化、教育或人力资本、政治、法律和经济环境，尽管在不同的州和国内不同地理区域中可能也能观察到一些差异。

国际企业

随着更多的竞争者进入国内市场，企业开始面临失去市场份额的可能。这就要求企业必须进入国际市场，一开始可能只是做产品的出口，到最后可能就需要在其他国家设立生产厂。参与国际竞争的决策会引发大量的人力资源管理问题。所有关于建厂的难题都进一步增加了。这是因为，企业还必须考虑某一特定地区的环境是否能够保证自己获得充分的人力资源，同时，自己是否能够成功地管理这些人力资源。

现在，企业面临的这个环境在文化、人力资本、政治-法律制度以及经济制度等方面与企业过去熟悉的那种环境已经完全不同了。比如，获得人力资本的可能性是一个至关重要的因素，美国和其他国家之间的人力资本差异要比美国各州之间的人力资本差异大得多。

一国的法律制度也可能会带来一些人力资源管理方面的难题。比如，法国有相对较高的最低工资水平，而这会导致劳动力成本的上涨。另外，法律法规使解雇员工和裁员困难重重。在德国，法律要求企业必须为员工提供能够影响企业管理的机会。那些在其他国家建立工厂的企业都必须使自己的人力资源管理实践遵守东道国的法律规定。这就要求在企业中必须有这样一些专家，他们不仅要熟悉该国与人力资源管理有关的法律要求，同时还要了解应当如何运用，这通常要求企业必须雇用一位或多位东道国员工。事实上，有些国家的法律直接规定外商企业在当地的分支机构必须雇用一定比例的东道国员工。

最后，文化的因素也必须加以考虑。鉴于东道国文化与母国文化之间存在巨大的差异，冲突、沟通问题以及员工士气问题等都有可能发生。外派管理人员必须经过培训，学会辨别文化差异，同时必须能够充分灵活地让自己的管理风格适应东道国的文化。这就要求企业必须进行认真的筛选，从而辨别哪些人适合被派到新的环境中去工作，同时还必须对外派者进行大量的培训，以确保他们在面临文化震荡时不会产生灾难性的后果。

跨国企业

国际企业是指在其他国家建立了一个或几个分支机构的企业，但是当它们同时在多个国家中建立分支机构，并且力图通过利用不同国家能够提供的较低生产成本和销售成本来获利的时候，它们就变成跨国企业。较低的生产成本是通过把生产从成本较高的地方转移到成本较低的地方来实现的。比如，一些主要的美国汽车制造商在全世界都有自己的生产厂。不仅如此，它们还在继续将生产从美国向墨西哥的美墨联营工厂转移，因为美国的工会已经为其工会成员赢得了较高的工资，而墨西哥的工资水平还非常低。类似地，这些公司通过在中欧和东欧国家（如波兰、匈牙利、斯洛伐克）建厂来生产和组装专门在欧洲市场上销售的汽车，从而降低销售和劳动力成本。

跨国企业面临的人力资源管理问题与国际企业面临的问题是类似的，只不过问题更大一些罢了。因为跨国企业所要考虑的不仅仅是一国或两国的文化、人力资本、法律以及经济制度方面的差异，它要考虑的是一系列国家之间在这些方面的差异。这种情况就扩大了跨国企业在以下方面的需要：挑选出能够在不同的地方从事工作的管理人员；对他们进行必要的培训；向他们提供灵活的薪酬体系以适应不同国家和地区在市场薪酬水平、税制以及生活成本等方面的差异。

跨国公司现在还雇用了许多"内派员工"——在公司总部工作的来自不同国家的管理者。这就要求企业能够将这些来自不同文化背景的管理者融入母公司的文化当中。此外，跨国公司还从非母国的其他国家选派管理人员到另一个国家工作。比如，一位为美国公司工作的来自苏格兰的管理者，可能会被安排到南非的一家企业去开展经营活动。这种做法进一步扩大了跨文化培训的需要，因为只有这样，才能向管理者提供与来自不同文化背景的员工进行交往时所必需的一些管理技巧。

全球企业

许多研究者现在提出第四种国际市场一体化层次，即全球企业。全球企业的竞争是一种尽可能以最低的成本提供最高水准、最优质的产品和服务的竞争。跨国企业所做的是力图生产出能够在全世界销售的相同的产品，而全球企业则越来越强调生产的灵活性以及通过大量的定制产品来满足特殊顾客的需要。跨国公司通常将在一个国家开设工厂作为进入该国市场或降低成本的一种手段，因而它们需要应对不同国家之间存在的各种差异。而全球企业选择建厂的依据则是高效、灵活地生产产品或服务的能力以及努力通过文化差异来实现协作。

这就创造了一种鼓励灵活生产的人力资源管理制度（从而也带来了大量的人力资源管理问题）。这些公司对文化、人力资本、政治-法律制度以及经济制度进行前瞻性的考虑，然后再决定在哪些国家或地区设厂能够获得竞争优势。全球企业在世界各地有多个总部，结果就形成了强调决策分散化的组织结构，其官僚层级的性质也就不那么明显了。这就要求此类企业的人力资源管理系统能够在招募、开发、保留以及使用具备跨国管理能力的中高层管理人员方面发挥重要的作用。

跨国人力资源管理系统的特点包括三个方面。[29] **跨国视野**（transnational scope）是指人力资源方面的决策必须从全球的角度而不仅仅是从一国或一个地区的角度做出。这就产生了在统一化需要（确保所有员工得到公平对待）和灵活性需要（满足不同国家中员工的不同需要）之间进行平衡的要求。**跨国人员代表性**（transnational representation）反映了一家公司的管理队伍是由来自多国的人员组成的。全球参与并不要求每一个国家在公司的管理层中都有自己的管理人员代表。然而，这是企业具备下一个特征的前提条件。**跨国决策过程**（transnational process）是指公司在计划和决策过程中吸收来自不同文化背景的管理者代表及其思想的程度。这一特征使与不同文化相联系的多元化观点和知识得以被吸收，从而提高了决策的质量。

对于希望实现文化协同的全球企业来说，这三个特征是必须具备的。一个成功的全球企业并不是简单地将外国人一股脑地纳入自己的组织，它需要的管理人员必须能够平等对待来自其他文化的管理者。这种文化协同目标可以通过这样一种途径来实现，即把甄选、培训、绩效评价以及薪酬制度结合在一起促使管理者具有一种全球化视野，而不是狭隘的本地化倾向。然而，一项针对美国和加拿大的 50 家公司所做的调查发现，与规划系统和组织结构相比，全球企业的人力资源管理系统在跨国视野、跨国人员代表性和跨国决策过程三个方面的全球化程度都远远地落在了后面。[30]

总之，企业进入国际市场导致大量人力资源管理问题，企业想要赢得竞争优势，就必须重视这些问题。一旦企业做出到全球舞台进行竞争的选择，它就必须想办法管理那些被派往国外的员工（外派员工和第三国员工）。这就要求企业从仅仅关注东道国的文化、人力资本、政治-法律以及经济等影响因素，转向寻找对外派员工进行管理的途径。企业必须建立甄选系统来识别能够在新的文化中适应工作的管理人员。这些管理人员必须接受培训，以了解这些新文化具有的重要特征以及相关的政治-法律制度和经济制度。最后，这些管理人员得到的报酬还必须能够弥补他们及其家人从原来的生活环境迁往一个完全不同的新环境时可能产生的各种成本。下面我们着重来看一看外派人员的管理问题。

12.4.3　管理全球市场中的外派人员

我们已经概述了会对人力资源管理产生影响的全球市场上宏观层面上的要素。这些要素会影响一家公司最终是否决定在某一国家设立工厂或分支机构。此外，如果一家公司确实在某一国家建立了工厂，那么，这些要素就会对该公司采取的人力资源管理实践产生较大的影响。不过，在过去几年中，让许多公司真切感受到的却是与外派管理人员的甄选、培训、薪酬以及重新融入母公司等有关的一系列难题。

美国外贸理事会（National Foreign Trade Council，NFTC）最近的一项调查表明，已有 25 万美国人被派到国外，而且这一数字还在增加。另外，根据该理事会的估算，外派人员一次重新安置的费用平均为 6 万美元。[31] 因此，在外派管理人员方面做出正确的安排对企业盈利的重要性不可低估。外派管理人员的年均薪酬总额接近 25 万美元[32]，而那些不成功的外派工作者（比如提前返回母公司的人）带来的成本也有将近 10 万美元。[33] 在被派往海外的所有美国员工中，有 15%～40% 的人是提前返回的。然而，更多的近期研究则表明，这个数字现在低一些。针对一些欧洲跨国公司的研究表明，大部分欧洲跨国公司外派失败的比例大约为 5％。尽管大家公认美国跨国公司的外派失败比例偏高，但如果说这一数字高达 15％～40％，还是让人有点儿难以置信。[34]

下面我们将讨论与管理外派人员有关的一些主要问题。这些问题涵盖了外派管理人员的甄选、培训与开发、薪酬以及文化再适应等方面。

外派管理人员的甄选

管理外派管理人员的主要问题之一是，企业需要确定公司中的哪些人最有能力在一个不同的文化环境中完成工作任务。外派管理人员必须具备经营领域的技术能力，否则他就不会获得下属的尊重。然而，许多公司在决定将谁派往国外工作时，往往会将技术能力作为唯一变量，尽管完成这些工作的外派管理人员事实上应当具备多种不同的能力。[35]

根据 Brookfield 全球配置服务公司在 2016 年发布的《全球流动趋势报告》，几乎 80％的公司未就国际任务候选人的适应性做出正式的评估，只有 20％的公司让候选人对自己的适应性做了自我评估。此外，还有 48％的受访者不确定本公司的外派人员流失率是否高于其他员工的流失率。

一位成功的外派管理者必须对所到国家或地区的文化规范非常敏感，具有完全可以适应这些规范的灵活性，同时能够承受不可避免的文化震荡所带来的冲击。此外，外派管理人员的家庭也必须具有类似的适应新文化的能力。这些适应性技能可以划分为三类[36]：(1) 自我维度（一位管理者能够维持积极的自我形象以及良好的心理状况的能力）；(2) 关系维度（与当地居民培养关系时所需具备的能力）；(3) 洞察维度（一位管理者为了能够精细地觉察和评价东道国的环境而需要具备的能力）。一项关于国际外派人员的研究发现，外派管理人员认为，有五个方面的因素对于他们来说最重要，依重要性从高到低排列，分别是家庭状况、灵活性和适应能力、工作知识和工作动机、建立关系的能力，以及超越文化差异的开放性。[37] 表 12-3 中列举的是在评价潜在外派管理人员是否具备适应新文化环境的能力时需要考虑的一系列因素以及可以提出的一些问题。

表 12-3　针对外派工作候选人的一些评价题目

动机
- 候选人选择出国工作的原因是什么及兴趣有多大？
- 候选人对在海外工作和生活有现实性的认识吗？
- 候选人的配偶对其到海外工作的态度是什么？

健康状况
- 候选人或其家庭成员是否存在可能会影响其成功完成海外任务的某种健康问题？

语言能力
- 候选人是否有可能学习一种新语言？
- 候选人的配偶是否有能力学习一种新语言？

家庭方面的考虑
- 候选人的家庭在美国不同城市或地区之间进行了多少次搬迁？曾经遇到过什么问题吗？
- 候选人的配偶向海外迁移的目的是什么？
- 候选人家庭中有几个孩子，他们的年龄是多大？所有的孩子都会跟候选人一起搬迁到海外去吗？
- 离婚或潜在的离婚可能性或家庭成员的死亡等情况，是否会对这个家庭的和谐产生负面影响？
- 候选人存在可预见的任何调整难题吗？其家庭是否随同移居海外？

机智主动性

- 候选人是独立做出决定的并且能够坚持自己的决定吗？
- 无论在外国的商业环境中会遇到什么样的挑战，候选人都有能力运用各种可能的人力资源和相关设施来实现目标以及达成积极的结果吗？
- 候选人能否在没有明确的职责和权限的情况下开展业务？
- 候选人能否向当地的管理人员和员工解释公司的目标及其使命？
- 候选人是否具有足够的自律和自信去处理各种复杂的问题？
- 候选人能否在没有正常通信和支持服务的情况下在国外有效地开展业务？

适应性

- 候选人的合作性如何？对他人意见的开放性如何？会做出妥协吗？
- 候选人会如何对新环境做出反应？会努力理解和欣赏文化差异吗？
- 候选人如何应对建设性的或其他类型的批评？
- 候选人是否能与外国同事建立和发展关系？
- 候选人在处理问题时是否表现得有耐心，是否有韧性，从而能够在遭受挫折后继续前进？

职业生涯规划

- 候选人是否把外派任务看得跟临时出国旅行不一样？
- 海外工作任务是否与公司规划的候选人的职业发展相符？
- 候选人对公司的总体态度是什么？
- 候选人有任何历史或迹象表明其存在人际关系问题吗？

财务问题

- 候选人最近是否存在可能会影响其完成海外任务的任何财务和（或）法律方面的问题（例如购房或购车以及上大学的学费等）？
- 候选人及其家庭到海外去生活会给其带来不当的经济压力吗？

资料来源：P. Caligiuri, *Cultural Agility: Building a Pipeline of Successful Global Professionals* (San Francisco: Jossey-Bass, 2012); P. Caligiuri, D. Lepak, and J. Bonache, *Managing the Global Workforce* (West Sussex, United Kingdom: John Wiley & Sons, 2010); M. Shaffer, D. Harrison, H. Gregersen, S. Black, and L. Ferzandi, "You Can Take It with You: Individual Differences and Expatriate Effectiveness," *Journal of Applied Psychology* 91 (2006), pp. 109 - 25; P. Caligiuri, "Developing Global Leaders," *Human Resource Management Review* 16 (2006), pp. 219 - 28; P. Caligiuri, M. Hyland, A. Joshi, and A. Bross, "Testing a Theoretical Model for Examining the Relationship between Family Adjustment and Expatriates' Work Adjustment," *Journal of Applied Psychology* 83 (1998), pp. 598 - 614; David M. Noer, *Multinational People Management: A Guide for Organizations and Employees* (Arlington, VA: Bureau of National Affairs, 1975).

在外派文化中出现了一个新的概念——文化智能（cultural intelligence，CQ）。这个特质是指个体的跨文化适应能力，即在跨文化或多元文化背景中感知到可被接受的行为的能力。一系列研究表明，在国际高管的样本中，文化智能与文化适应和任务绩效有关。[38]

至于美国公司在进行正确的外派管理人员甄选方面做出过多少努力和尝试，目前的证据还非常少。一位研究者发现，在其调查过的企业中，只有5％的企业通过某些测试来确定外派管理人员候选人是否具备跨文化能力。[39]最近的一项研究揭示出，只有35％的企业从多位候选人中选拔外派管理人员，同时，这些企业在选拔过程中强调的仍然只是与工作相关的经验以及做出与工作有关决策的技能。[40]这些发现证明了美国企业需要提高它们的外派工作成功率，这令人感到惊讶。正如我们在第5章中讨论过的，对一个人的知识、技能以及能力进行评价的技术现在已经比较先进了。对于降低美国外派管理人员的失败率以及提高他们的生产率而言，这些甄选工具能够发挥的潜力似乎越来越大。例如，最近的研究表明"大五"人格维度能够很好地预测外派的成功率（回顾第5章所讲的内容）。比如，最近的一项研究区分了两种类型的外派成功，一种外派成功的衡量标准是，外派工作如期完成而没有被终止，另一种外派成功的衡量标准则是，上级管理人员对外派人员做出良好的评价。研究发现，随和性、情绪稳定性以及外向性等人格特点与终止外派工作的愿望之间成负相关关系（也就是说，他们愿意在外派中工作更长的时间），责任感则与管理者对外派人员做出的评价成正相关关系。[41]

关于外派管理人员甄选的最后一个问题是女性外派管理人员的使用问题。长期以来，美国企业一直认为，如果将女性管理人员外派到传统上不会将女性晋升到管理职位上去的那些国家（比如日本）工作，她们是很难获得成功的。然而，最近的证据表明事实并非如此。被苹果公司派驻中国香港办事处的管理人员罗宾·艾布拉姆斯（Robin Abrams）说，没有人在意"你是穿裤子还是穿裙子，只要你能够展示自己的核心胜任能力就行"。相反，有些女性管理人员相信，她们在一群男人中显露出来的新鲜面孔反而会增加她们在当地人面前的可信度。事实上，一些研究表明，无论一个国家的文化是否倾向于女性担任管理者，男性与女性在国际外派中的表现是旗鼓相当的。然而，如果是被外派到劳动力队伍中女性较少的国家中去，女性对自己适应这种环境的能力做出的评价就会较低。[42]也有研究表明，无论东道国的文化强度如何，女性外派人员都被认为是有实力的。[43]事实上，女性外派人员甚至能比她们的上级管理人员更强烈地感受到一点，这就是偏见并不会对女性员工取得成功的能力有所限制。[44]

外派管理人员的培训与开发

一旦选定准备向国外派驻的管理人员，接下去应当做的就是帮助这些管理人员为即将到来的工作做好充分准备。由于这些人已经具备相关的工作技能，有些企业就把对这些管理人员的开发活动主要集中在跨文化管理培训方面。一份对跨文化培训方面的文献所做的综述表明，跨文化培训对管理的有效性有很大的影响确实是有根据的。[45]即使如此，跨文化培训也很难普及。根据一项调查，在150家受访公司中，有69％的公司为其外派员工提供了与文化相关的培训。[46]

那么，在跨文化培训课程中到底应该强调哪些内容呢？这些课程的详细内容我们在第6章中已经讨论过了。不过，在这里需要指出的很重要的一点是，大多数课程的主要目的是努力使受训者对东道国的文化产生好感，从而确保这些外派管理人员将来能够采取正确的行动。[47]这就决定了跨文化培训必须强调与文化敏感性有关的几个方面的内容。首先，外派管理人员必须清楚自己的文化背景，尤其是东道国员工对自己的这种文化背景持一种什么样的看法。只有在准确了解母国文化的前提下，管理人员才能够通过修正自己的行为来强化自身文化中的那些有效特征，同时将可能产生功能性障碍的那些文化特征削弱到最低程度。[48]

其次，外派管理人员必须能够理解在新的工作环境中存在的文化的某些特殊方面。尽管文化是一种难以捉摸并且几乎看不见的现象，可是精明的外派管理者必须能够捕捉到这种文化，并且使自己的行为去适应它。这就要求外派管理人员必须能够识别出，在新文化背景下的商业会谈以及社会活动中，哪些行为方式以及哪些人际交往风格是可以接受的。

比如，德国人对会议准时性的重视程度就比拉丁美洲国家的人要高得多。表 12 - 4 列出了在不同的国家和地区中传递不同含义的一些肢体语言。

表 12 - 4 不同国家和地区的肢体语言

国家/地区	非言语信息
阿根廷	如果服务员用手指指着自己的头部，并用手指做旋转的姿势，不要以为他们忘了什么事——他们是在提醒你有电话找你。
孟加拉国	急着想上卫生间？请忍住。以去卫生间为理由离开餐桌被认为是一件十分不礼貌的事情。
玻利维亚	不要传递"无花果的信号"（大拇指从食指和中指之间伸出的动作），这是一个你必须小心的历史性手势——这种手势非常具有侮辱性。
保加利亚	保加利亚人用点头表示否定而不是肯定。要表达"肯定"的意思，保加利亚人的动作是摇头。
中国	东方文化信奉沉默是金，因此在与中国客户会面时，如果他们长时间保持沉默，你不必惊慌，那可能仅仅意味着他们是在认真考虑你的建议。
埃及	阿拉伯国家通常认为左手是不干净的。要用右手去接名片和欢迎他人，在吃饭的时候也只能用右手。
斐济	当拜访斐济人时，为表示敬意，站立的时候要手臂交叠放在背后。
法国	法国人不喜欢强有力的握手，更倾向于短暂、轻轻的握手和飞吻。如果你看到你的法国同事做出一种吹笛子的动作，那就意味着他觉得你不够真诚。
德国	德国人认为绕过大会议桌去和他人握手比较尴尬，他们用手指轻敲桌面的方式来表示欢迎。
希腊	对希腊同事慎用"OK"手势，因为这是指身体的一个部位。较安全的尝试是做出大拇指朝上的手势。然而，大拇指向下则是一种专用手势，当一位希腊驾驶员在高速公路上超你的车时会使用这一手势。
印度	在公共场合吹口哨要注意，这在印度被认为是一种无礼的举动。
日本	对于西方商务人士来说，日本是一个真正的雷区。他们经常会遇到的一种情况是日本人在吃面条时声音很大。不要将这种行为误会为不礼貌，事实上，在日本的文化中，这表示对食物的赞赏。
约旦	无论你肚子有多饿，通常的做法是首先拒绝主人前两次提出的邀请，到他们第三次提出邀请时才能接受。
黎巴嫩	眉毛痒？不要去挠它。舔小手指并用它来擦眉毛具有挑衅的意味。
马来西亚	如果你发现一个马来西亚人双手放在自己的臀部站在你面前，那么你一定是说错话了，因为这种做法表示十分愤怒。
墨西哥	墨西哥人非常注重触觉并经常做出一种十分奇怪的握手动作，即双方在手掌贴在一起之后，将自己的手向前滑动握住对方的大拇指。

续表

国家/地区	非言语信息
荷兰	荷兰人看起来是开放的,但是如果荷兰人轻按他们的胳膊肘下方,这意味着他们认为你不可靠。
巴基斯坦	公然地展示自己紧握的拳头是开战的意思。
菲律宾	"罗杰·摩尔"(Roger Moore)是一种很常见的欢迎方式——用快速地抖动眉毛替代握手的需要。
俄罗斯	俄罗斯人十分重视会面和欢迎时的触觉,通常是"熊抱"和直接亲吻嘴唇。不要把这一习惯带到附近的乌兹别克斯坦,你敢这样做,他们可能就会朝你开枪。
沙特阿拉伯	如果一个沙特阿拉伯男人在大街上拉着另一个男人的手,这表示他们相互尊重。
萨摩亚	当萨摩亚的主人给你递上一杯传统的饮料——卡瓦酒时,一定要在喝第一口之前向地面上洒几滴。
土耳其	在伊斯坦布尔开会的时候,小心不要靠在椅子上将自己的一只脚的底部指向在座的任何人。在土耳其,用脚的底部指向他人是一种极大的侮辱。

资料来源:K. Elkins and M. Nudelman, "The Shocking Differences in Basic Body Language Around the World," *Business Insider*, March 17, 2015, http://www. businessinsider. com/body-language-around-the-world-2015-3; R. Axtell, *Gestures: The Dos and Taboos of Body Language Around the World*, (New York: Wiley, 1991); P. Harris and R. Moran, *Managing Cultural Differences*, 3rd ed. (Houston, TX: Gulf Publishing, 1991); R. Linowes, "The Japanese Manager's Traumatic Entry into the United States: Understanding the American-Japanese Cultural Divide," *Academy of Management Executive* 7, no. 4 (1993), p. 26; D. Doke, "Perfect Strangers," *HR Magazine*, December 2004, pp. 62 – 68.

最后,外派管理人员还必须学会在新的文化中如何与人进行沟通。有些企业倾向于把会说东道国当地语言的人选定为外派管理人员,还有一些企业则为外派人员提供语言方面的培训。然而,大多数公司只是简单地假定东道国员工都是说母公司所在国的语言。尽管这种假设有可能是对的,但是这些国家的员工却很少能够非常流利地说母公司所在国的语言。因此,必须通过培训让外派管理人员学会在存在语言障碍的情况下与他人进行沟通。表 12-5 提供了一些跨越语言障碍进行沟通的小技巧。

表 12-5 外派人员需要适应的因素

工作环境(外派人员打交道的员工以及所处的文化和气候)
语言(外派人员进行有效沟通的能力)
工作或任务特征(外派人员的自由度、自主性以及工作完成方式的多样性)
休闲时间(从事体育运动、业余爱好和其他休闲活动的机会)
城市特征(居住地的污染、交通和美丽情况)
工作-生活平衡(在工作时间和与家人相处的时间之间做好平衡的能力)
居住区(居住区的大小和类型)
家庭生活(家庭团结和与伴侣的和谐)
当地友谊(与当地人建立起友谊的数量和深度)
与留守人员联系(与本国家人和朋友保持关系的能力)

资料来源:T. Hippler, P. Caligiuri, J. Johnson, and N. Baytalskaya, "The Development and Validation of a Theory-Based Expatriate Adjustment Scale," *International Journal of Human Resource Management* 25, 14 (2014), pp. 1938 – 59.

有效的跨文化培训还有助于缓解外派管理者在向新工作环境转变的过程中可能会产生的紧张感。它还有助于这些外派管理人员避免犯一些代价极高的错误，比如，一位外派管理人员曾经试图把两瓶白兰地带进卡塔尔这个伊斯兰国家。一旦这两瓶白兰地被海关发现，不仅这位外派管理人员会被驱逐出境，这家公司在该国也会成为不受欢迎的企业。[49]

外派管理人员的薪酬

外派人员管理中一个更为棘手的问题是如何确定他们的薪酬组合。正如我们在前面讨论过的，外派管理人员的年薪酬组合平均为 25 万美元，但是在这里，我们有必要对这种薪酬组合的细目进行考察。大多数企业通常都是用资产负债表法来确定外派管理人员的薪酬组合的总体水平。这种方法要求企业必须为外派管理人员建立这样一种薪酬组合：这种组合不仅能够使外派管理人员的薪酬与在母国同类职位上工作的其他员工的薪酬具有同等的购买力，同时还能极大地激励他们克服因居住地变换而导致的不便。购买力包括与外派工作安排有关的所有花费。这些费用包括产品和服务（比如食品、个人护理、服装、娱乐以及交通等），住房（主要住所），收入所得税（向联邦以及地方政府缴纳的个人所得税），储备金（比如储蓄、福利支付、养老金缴费等），货物运输和储存（与搬迁和/或个人物品的储存相关的成本支出）。一张典型的资产负债表如图 12-4 所示。

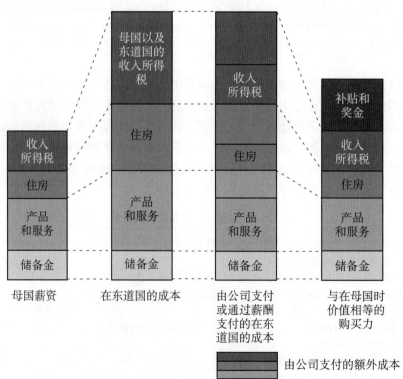

图 12-4　确定外派人员薪酬的资产负债表

资料来源：From C. Reynolds, "Compensation of Overseas Personnel," in J. J. Famulari, ed., *Handbook of Human Resource Administration*, 2nd ed., 1986. Copyright © 1986. Reproduced with permission of The McGraw-Hill Companies, Inc.

正如你在这幅图上能够看到的，员工一开始都会面临税收、住房、产品和服务以及储备金等方面的一系列成本支出。然而，在东道国工作的成本显然要高得多。因此，企业就必须弥补在本国工作的成本和在东道国工作的成本之间的差额，然后再向员工提供一定的补贴或激励，从而鼓励他们努力克服在一个陌生环境中工作和生活所必须面对的各种困难。

总薪酬体系是由四个方面的内容构成的。第一是基本薪酬。不过，确定外派人员的基本薪酬并不是一件容易的事情。两国之间汇率的波动有时会使企业提供的薪酬稍高一些，有时又稍低一些。此外，基本薪酬既可以基于母国的可比薪酬水平来确定，也可以根据东道国同一职位的市场通行薪酬水平来确定。企业向外派管理人员提供的薪酬通常会高于他们当前的薪酬水平，以此作为对这些人员接受外派工作的一种激励。

税收均等补贴是外派人员总薪酬体系中的第二个组成部分。这种补贴之所以必要，是因为在不同的高税收国家之间税制是不同的。[50]在大多数税收均等计划中，企业通常是首先扣除外派管理人员在母国必须缴纳的税收，然后为他们缴纳在东道国产生的额外税收。

外派人员总薪酬体系中的第三个组成部分是福利，这是薪酬方面的另一个难题。这个难题的大多数方面与福利的可转移性有关。比如，如果一位在美国向某养老金计划缴费的外派管理人员现在被派到另一个国家去工作，那么，在这个东道国是否存在一个新的养老金计划，或者企业是否应当允许其向母国的现有养老金计划继续缴费？美国的医疗健康保险制度是怎样的？企业如何保证外派员工处于相同的健康保险覆盖范围之内？比如，某公司就曾经遇到这样一种情况：由于在东道国和美国的健康保险计划之间存在差异，结果导致公司让外派员工飞回到美国来履行保险手续要比让他们在东道国参加保险支付的费用低得多。然而，医疗健康保险计划本身并不允许采用这种替代的方法。

最后，企业还常常向外派人员提供一定的补贴，以降低外派工作的不受欢迎性。生活成本补贴是为了弥补外派人员在东道国工作时产生的日常生活必需品成本与在母国工作时的差异而发放的一种补贴。例如，表12-6列举了几个国际化大城市生活成本的情况。住房补贴是为了确保外派管理人员在东道国能够享受与在母国时相同的生活水平而发放的一种补贴。教育补贴的目的是补偿外派管理人员为将自己的孩子送到用英语教学的私立学校去读书而产生的成本。安置补贴的目的是补偿外派管理人员为了向新的国家迁移而产生的所有实际成本，其中包括往返于新旧居住地之间的成本、临时生活费用、个人物品的运输与储存费用等。图12-5中描绘的就是某位外派管理人员的一份典型薪酬组合清单。

表 12-6　全球十大最贵城市（纽约＝100）

城市	世界生活成本（WCOL）指数	排名	排名变动（自 2016 年以来）
新加坡新加坡市	129	1	0
法国巴黎	126	2	0
挪威奥斯陆	124	3	0
瑞士苏黎世	121	4	0
澳大利亚悉尼	120	5	0
澳大利亚墨尔本	118	6	0
瑞士日内瓦	116	7	－1

续表

城市	世界生活成本（WCOL）指数	排名	排名变动（自 2016 年以来）
丹麦哥本哈根	115	8	2
中国香港	113	9	4
韩国首尔	113	9	6

资料来源：Economist Intelligence Unit（2015），"Worldwide Cost of Living 2016."www.eiu.com.

国际派遣成本估计

外派人员名称：	约翰·史密斯	母国：	美国
年薪：	165 888.00美元	母国居住城市/	伊利诺伊州
外派开始日期：	2019年4月1日	州/省：	莱克县
预计结束日期：	2022年3月31日	母国货币：	美元
政策：	开发任务	东道国：	墨西哥
外派家庭人数：	4	东道国城市/州/省：	墨西哥城
国内家庭人数		东道国货币：	墨西哥比索
（报税家庭）：	4	报告币种：	美元

年度 月份	第一年 2019 9	第二年 2020 12	第三年 2021 12	第四年 2022 3	结束后 2023 12	共计
基本薪酬						
基本薪资	124 416	174 182	182 892	48 009		529 499
年度奖励薪酬	31 104	43 546	45 723	12 002		132 375
员工福利	25 194	35 272	37 036	9 722		107 224
基本薪酬汇总	**180 714**	**253 000**	**265 651**	**69 733**		**769 098**
补贴						
生活成本补贴	511	681	681	170		2 043
住房补贴	45 076	60 102	60 102	15 025		180 305
煤电气补贴	4 109	5 478	5 478	1 370		16 435
位置（艰苦）补贴	18 662	26 127	27 434	7 201		79 424
离家补贴	7 930	7 930	7 930			23 790
抚养人教育补贴	31 999	26 911	26 911			85 821
母国汽车处置补贴	20 000					20 000
搬家杂项补贴	7 500					7 500
补贴汇总	**135 787**	**127 229**	**128 536**	**23 766**		**415 318**
搬迁成本						
启动外派成本						
找住房旅行成本	3 648					3 648
税务简报/入职培训	1 000					1 000
体检：员工	150					150
体检：家人	450					450
签证/移民：员工	1 958	1 230	1 230			4 418
签证/移民：家人	1 440	627	627			2 694
跨文化培训：员工	5 150					5 150
跨文化培训：孩子和家人	1 950					1 950
语言培训：员工	6 500					6 500
语言培训：家人	6 500					6 500

年度 月份	第一年 2019 9	第二年 2020 12	第三年 2021 12	第四年 2022 3	结束后 2023 12	共计
目的地服务	4 180					4 180
取消住房租约：母国	5 706					5 706
家庭用品运输：外派	18 112					18 112
家庭用品保险：外派	4 620					4 620
运输中的储存	1 050					1 050
到东道国的差旅：员工	1 167					1 167
到东道国的差旅：家庭	1 701					1 701
临时生活：住宿	7 111					7 111
临时生活：汽车和饮食	4 804					4 804
启动外派成本汇总	77 197	1 857	1 857			80 911
回归成本						
返回母国的差旅：员工				1 222		1 222
返回母国的差旅：家人				1 866		1 866
临时住宿：回归				12 499		12 499
临时生活：汽车和饮食：回归				7 628		7 628
启程服务				1 155		1 155
家庭用品运输：回归				19 923		19 923
家庭用品保险：回归				4 620		4 620
杂项搬迁补贴：回归				7 500		7 500
回归成本汇总				**56 413**		**56 413**
搬迁成本汇总	**77 197**	**1 857**	**1 857**	**56 413**		**137 324**
服务费						
搬迁服务商费用	3 920	3 300	3 300	2 140		12 660
报税服务费	10 000	10 000	10 000	10 000	10 000	50 000
服务费汇总	**13 920**	**13 300**	**13 300**	**12 140**	**10 000**	**62 660**
税收成本						
实际税后						
母国所得税	6 980		1 951	5 491		14 422
母国州税或省税	22 944	19 867	20 801	8 073	101	71 786
母国社会税	17 080	18 119	18 563	5 694	837	60 293
母国社会税：雇主负担部分	12 596	15 724	15 998	3 310	837	48 465
东道国所得税	170 598	174 010	180 617	50 606		575 831
东道国社会税	786	1 047	1 047	261		3 141
东道国社会税：雇主负担部分	4 889	6 513	6 513	1 624		19 539

年度 月份	第一年 2019 9	第二年 2020 12	第三年 2021 12	第四年 2022 3	结束后 2023 12	共计
实际税收汇总	235 873	235 280	245 490	75 059	1 775	793 477
假定税						
母国假定所得税	−19 328	−30 748	−33 305	−6 808		−90 189
母国假定州税或省税	−6 983	−10 337	−10 876	−2 415		−30 611
母国假定社会税	−8 322	−11 397	−11 555	−2 800		−34 074
假定税汇总	−34 633	−52 482	−55 736	−12 023		−154 874
税收成本汇总	201 240	182 798	189 754	63 036	1 775	638 603
成本汇总	608 858	578 184	599 098	225 088	11 775	2 023 003
减去基本薪酬						
基本薪酬	−180 714	−253 000	−265 651	−69 733		−769 098
基本薪酬汇总	−180 714	−253 000	−265 651	−69 733		−769 098
净增成本	428 144	325 184	333 447	155 355	11 775	1 253 905

图 12-5　国际派遣补贴表

资料来源：Courtesy of Tim Richmond，CHRO Abbvie.

在国外工作的美国外派人员的成本大约是美国本地员工的 3～4 倍。[51]此外，毕马威会计师事务所（KPMG LLP）2006 年全球外派政策与实践调查表明，大约有 38％的跨国公司海外派遣计划过于慷慨。[52]这两个事实结合在一起迫使全球性组织重新思考它们的税收均等战略和外派人员薪酬组合。

外派管理人员的文化再适应

外派人员管理中的最后一个重要问题涉及外派管理人员返回母国后的文化再适应过程。重新回到母国并不是一个简单的行为。这时产生的文化震荡是反向的。外派者发生了变化，公司也发生了变化，外派管理人员在海外工作期间，甚至其母国的文化也发生了变化。一项资料显示，60％～70％的外派管理人员不知道在自己返回母公司以后会得到怎样的职位，46％的外派管理人员回国后得到的工作在自主性和权力方面都比他们在国外时要差一截。[53]20％的外派人员在返回母公司之后想离开公司，这种情况潜在地使公司面临严重的士气问题和生产率问题。[54]事实上，根据大多数最近的估计，25％的外派管理人员在返回母公司之后的一年内都离开了原公司。[55]如果这些回国的人离开了公司，企业实际上是无法收回它们已经完成的大规模人力资本投资的。[56]

很多公司更加努力地帮助外派管理人员成功地度过文化再适应期。有两个方面的特征有利于外派人员完成这一文化再适应过程：一是沟通，二是认可。[57]沟通是指外派人员在国外的时候能够从国内得到信息，从而意识到国内发生变化的程度。外派人员在国外工作时与母公司的接触越频繁，当他重新回到国内时就会变得越主动、越有效，同时也更容易感到满意。认可是指外派人员在返回母国之后得到承认和欣赏的程度。相对于那些几乎被当成是"圈外人"的回国外派人员而言，那些能够得到同事和上级对其工作经历以及潜在贡献的认可的外派人员遇到的问题会少一些。鉴于很多公司对外派人员都进行了巨大的投资，并且将他们外派出去的目的就是让他们获得能够对公司有所帮助的国际化经历，因此，企业当然不愿意这些外派人员回国之后就流失。

最后，一家研究机构注意到，外派管理人员对外派工作的期望大小在决定他们的回国调整以及工作绩效中扮演着重要的角色。该研究发现，个人的工作期望（可能遇到的一些约束条件以及工作量和工作绩效标准方面的要求）和非工作期望（生活和住房条件等）都能够得到满足的外派管理人员完成回国调整的情况更好一些，同时工作绩效水平也更高一些。[58]孟山都公司就制订了完善的回任计划，这一计划在外派人员返回母国之前很早就开始启动了。该方案涉及向准备返回母国的外派人员提供这样一些信息：在返回母国以后可能会受到哪些潜在的文化震荡的冲击，家庭成员、朋友以及办公环境发生了哪些变化，等等。在这些外派管理人员返回母国几个月之后，负责管理外派人员的管理者会安排外派人员与几位同事召开一个"听取汇报"会议，以帮助外派管理人员解决各种疑难问题。孟山都公司相信，它的这项计划会帮助公司在国际外派任务中赢得竞争优势。[59]

总之，各种各样的人力资源实践都能够支持有效的外派工作。一般来讲，甄选系统必须严格地评估潜在外派人员的技能和人格特点，甚至还要关注一下这些候选人的配偶。对外派人员的培训需要在外派之前和外派过程之中进行，并且外派工作本身应该被视为一次职业开发经历。有效的报酬系统不仅包括薪酬和福利，在保持员工的报酬"完整性"甚至提供一些额外货币奖励的同时，还应该为他们提供职业开发和学习的机会。最后，在处理回任过程方面也要认真做好安排。[60]表 12 - 7 中总结了一些要点。

表 12 - 7　支持有效外派工作安排的人力资源管理实践

人员配备与甄选
- 就国际外派任务对于公司全球业务发展的价值进行沟通。
- 确保高潜质的员工走向国际。
- 通过提供短期外派工作增加有国际经验的员工人数。
- 招募在海外居住过或在海外接受过教育的员工。
- 将国际外派任务安排作为职业开发过程的一个组成部分。
- 鼓励积累早期的海外经验。
- 在员工外派工作期间创造学习机会。
- 将国际外派安排作为领导力开发的一种工具。

绩效评价和薪酬
- 依据员工在外派工作中扮演的角色进行有区别的绩效管理。
- 使奖励与外派工作目标保持一致。
- 依据外派人员的需要定制福利项目。
- 关注机会的公平而不是金钱。
- 强调奖励职业生涯而非短期成果。

外派和回任活动
- 在外派和回任工作安排的开始和结束时让员工家庭参加。
- 在外派员工与母国高层管理人员之间建立导师指导关系。
- 为员工的双重职业发展提供支持。
- 确保回任管理者有使用其在国际外派工作中学到的知识和技能的机会。

资料来源：From P. Evans, V. Pucik, and J. Barsoux, *The Global Challenge：Framework for International Human Resource Management*, 2002. Reproduced with permission of The McGraw-Hill Companies, Inc.

小 结

今天的企业比过去任何时候都越来越多地参与国际经营活动，并且这种趋势还会持续下去。最近的一些历史事件，比如，欧盟的建立、《北美自由贸易协定》以及亚洲的发展等，都加速了全球市场的发展进程。在全球市场上，企业必须拥有一流的人员才能进行成功的竞争。这就要求管理者必须意识到有许多因素——比如文化、人力资本、政治—法律制度、经济制度等——会对全球化背景下的人力资源管理产生影响。同时，它要求管理者知道在不同的国际市场参与层次上，这些因素到底是如何发挥作用的。最后，它要求管理者必须擅长建立能够最大限度地发挥所有人力资源有效性的人力资源管理制度，尤其是与外派人员的管理有关的各种人力资源制度。管理者不能低估有效的人力资源管理对于在当今全球市场上赢得竞争优势的重要性。

讨论题

1. 当前的哪些趋势和（或）事件（除了在本章一开始提到的那些因素）导致市场的国际化程度越来越高？

2. 根据霍夫斯泰德的理论（见表 12-2），美国的权力距离较小，个人主义程度较高，男性化社会程度较高，不确定性规避倾向较弱，长期取向较弱。而俄罗斯则属于另一种情况，其权力距离较大，个人主义程度一般，男性化社会程度较低，不确定性规避倾向较强，长期取向也较弱。随着许多美国公司到俄罗斯开展经营活动，美国有许多管理人员设法将自己的人力资源管理"嫁接"到俄罗斯去。你认为下面这些做法的可接受性以及有效性如何？为什么？第一，在人员甄选过程中对个人的能力进行综合评价；第二，以个人为基础的工作绩效评价制度；第三，合理化建议制度；第四，自我管理工作小组。

3. 本章指出，一国的政治-法律制度以及经济制度实际上反映了该国的文化特征。而东欧国家目前正在改变它们的政治-法律制度和经济制度。这种变化是不是由它们的文化带来的，还是说文化会对这些国家改变这些制度的能力产生一定的影响？为什么？

4. 想一想全球参与的几个不同层次。有哪些你所熟悉的公司分别代表着不同的全球市场参与水平？

5. 想象一下你现在要到另一个文化环境中去做某件事情（比如度假或者工作）。你将会面临的主要障碍是什么？你将如何对待这些障碍？这会是一个令人感到有压力的经历吗？为什么？企业如何才能帮助自己的外派员工消除这些压力？

6. 要想在当今这样一个全球化市场上成为一个有效的管理者，你应当具备哪些类型的技能？你认为自己可以从哪里获得这些技能？你需要什么样的培训课程和（或）实践机会？

开篇案例分析

供应链的挑战

本章开篇描述了很多公司在确定自己的全球制造、销售和分销中心的位置时，是怎样考虑各种因素的。尽管多年以来，企业似乎完全专注于在哪里可以获得最低的劳动力成本，但政治的动荡日益鼓励它们为获得更高的稳定性，而宁愿放弃一些低成本。随着世界变得越来越复杂，很多企业在决定到世界的哪个位置去开展经营活动之前都必须考虑多种因素。

问题

1. 尽管很多公司过去只考虑成本，但是它们现在也不得不考虑许多其他因素。你认为它们还需要考虑哪些其他方面的因素？

2. 你认为这些公司应该在多大程度上考虑一个国家在人权或环境责任方面的立场？这些企业怎样才能做到这一点？

注　释

第 13 章
战略性人力资源职能管理

学习目标

在阅读完本章后,你应当能够:

1. 描述人力资源管理在当今企业中所扮演的角色以及人力资源管理活动的类别。
2. 讨论人力资源职能部门如何定义其使命和市场。
3. 解释对人力资源管理实践的有效性进行评估的几种方法。
4. 解释人力资源管理职能的几种新结构。
5. 解释人力资源管理活动外包会如何提高人力资源服务交付的效率和有效性。
6. 说明怎样运用流程再造对人力资源管理实践进行审查和再设计。
7. 讨论可以用来提高人力资源管理的效率和有效性的新科技的种类。
8. 阐释高层人力资源管理者为了在公司中成为战略伙伴需要具备的胜任能力。

进入企业世界

重塑富国银行

富国银行需要一位新的首席执行官和一种新的文化。这家银行一直有着良好的声誉,并且在很大程度上避免了金融危机带来的各种负面影响。然而,这家银行却出现了"虚假账户"丑闻,公司的客户经理在发展新客户的高压之下,在客户不知情的情况下私自为他们开设账户。事情败露后,这家银行的声誉一落千丈,其前首席执行官约翰·斯顿普夫(John Stumpf)也在巨大的压力之下选择了辞职。蒂莫西·斯隆接替斯顿普夫出任富国银行的首席执行官,但是在仅仅上任两年之后,也选择了辞职。他上任后一直承受着来自华盛顿监管机构要求他尽快控制住事态的压力,而这也被认为是他辞职的原因之一,他表示:"在我看来,非常明显的一点就是,要想成功地将富国银行从现在的状态推向未来,最好是找到一位新的首席执行官和采用新的视角。"

目前,该银行董事会正在寻找一名银行外部人士来担任首席执行官一职,正如董事长伊丽莎白·杜克(Elizabeth Duke)告诉投资者的那样,这将是"完成富国银行转型的最有效方式"。

新的首席执行官同样将会面临巨大的挑战。富国银行的报酬制度为其客户经理带来了一种为自己谋利而并非为客户服务的压力。这种制度还培育出了一种只注重结果而不是满足客户需要的文化。因此，富国银行的下一任首席执行官必须能够运用人力资源管理职能来帮助其再次赢得客户和行业竞争对手的尊重。

资料来源：R. Ensign, "Wells Fargo CEO Tim Sloan Steps Down," *Wall Street Journal*，March 28, 2019, https://www. wsj. com/articles/help-wanted-wells-fargo-board-seeks-ceo-to-charm-washington-fix-bank-11553877969?mod＝hp _ lead _ pos7；R. Ensign, "Help Wanted：Wells Fargo Board Seeks CEO to Charm Washington, Fix Bank," *Wall Street Journal*，March 29, 2019, https://www. wsj. com/articles/help-wanted-wells-fargo-board-seeks-ceo-to-charm-washington-fix-bank-11553877969?mod＝hp _ lead _ pos7.

13.1　本章介绍

在本书各章中，我们都在强调人力资源管理实践如何有助于企业赢得竞争优势。我们明确了与以下内容有关的一些具体做法：管理内部和外部环境；对工作进行设计并且对工作成果进行衡量；人力资源的获取、开发和报酬。我们还讨论了当前最好的一些研究结果和管理实践，力图展示这些方面如何对一家公司的竞争优势做出自己的贡献。

正如我们在第1章中说过的，人力资源管理职能扮演的角色已经而且正在随着时间推移发生变化。就像我们在本章开篇案例中看到的，人力资源管理正处在一个十字路口上。尽管人力资源管理一开始是以一种纯粹的行政管理职能的面目出现的，但大多数企业的高层人力资源管理者现在已经把这种职能当成一种具有很强战略性的管理职能。然而，这种转变导致执行人力资源管理职能的人员实际具有的技能和能力与这种职能所面临的新要求之间出现了错位。事实上，所有一流公司中的人力资源管理职能都在经历一个重塑过程，其目的在于创造出一种既能够承担新的战略角色，同时又能够成功履行原有的各种职责的新型人力资源管理职能，这一转型趋势在全球范围内越来越流行。本章的主题正是如何管理这一过程。首先，我们将讨论人力资源管理职能承担的各种工作活动。然后，我们将考察如何建立以市场为导向或者以客户为导向的人力资源管理职能。接下来，我们会描述大多数人力资源管理职能目前的结构。最后，我们将探讨在对人力资源管理职能的有效性进行评价时可以使用哪些方法。

13.2　人力资源管理的各种活动

为了理解在人力资源管理领域正在发生的各种变化，我们必须首先理解人力资源管理各种活动的战略价值。对人力资源管理活动进行分类的方法之一可以参见图13-1。事务性活动（如福利管理、人事记录、员工服务等日常事务活动）只有较低的战略价值。绩效管理、培训、招募和甄选、薪酬管理以及员工关系等传统人力资源管理活动是人力资源管理职能的核心和具体内容。这些活动具有中度的战略价值，这是因为它们往往构成了能够确保战略得到贯彻执行的各种人力资源管理实践和制度。比如，人力资源管理的角色之一就是制定政策——规范销售人员在国外的销售行为。变革性人力资源管理活动则为企业培育了长期发展的能力以及适应性。这些方面的活动包括知识管理、管理技能开发、文化变革以及战略调整和战略更新。很显然，这些人力资源管理活动对企业的战略价值是最高的。

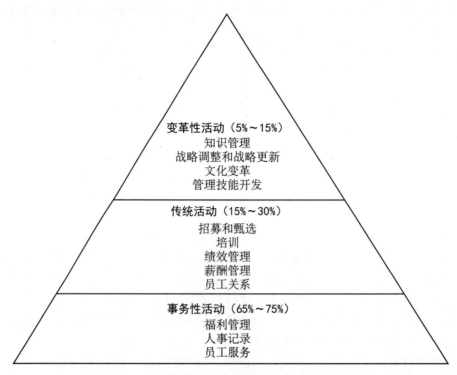

图 13-1　人力资源管理活动的种类及其所占时间的百分比

资料来源：P. Wright，G. McMahan，S. Snell，and B. Gerhart，*Strategic Human Resource Management*：*Building Human Capital and Organizational Capability*. Technical report. Cornell University，1998.

　　正如我们从图中可以看到的，大多数人力资源管理职能把大部分时间花在了日常的事务性活动上，在传统人力资源管理活动上花费的时间相对来说就少多了，至于在变革性人力资源管理活动上花费的时间更是少得可怜。然而，实际上，人力资源管理职能要想为企业增加附加值，就必须增加它们在传统和变革性人力资源管理活动方面付出的努力。为了做到这一点，企业的高层人力资源管理者必须做到以下几点：第一，为人力资源管理职能制定战略；第二，对人力资源管理职能在当前的有效性进行评价；第三，通过人力资源管理活动的再设计、再造以及外包来改善人力资源管理职能的效率和有效性。所有这些问题我们会在下面分别讲述。

13.3　人力资源管理职能的战略管理

　　由于人力资源管理职能扮演着不同的角色，需要完成不同的活动，因此，我们很容易看出，任何一种职能实际上都无法（或者不应当）有效地同时承担起所有这些角色和活动。尽管这是一个值得称赞的目标，但是由于面临时间、经费以及人员等方面的资源约束，企业的高层人力资源管理者必须做出一种战略选择，即将现有的资源分配到哪里以及如何分配，才最有利于企业的价值最大化。

　　本书第2章的内容集中对发生在组织层次上的总体战略管理过程进行解释，同时还讨论了人力资源管理在战略管理过程中起到的作用。人力资源管理已经被看成是企业的一个战略伙伴，它参与到企业的战略制订过程之中，并且通过制订和调整人力资源管理计划来帮助完成企业战略的贯彻和执行工作。然而，人力资源管理职能要想从定位上成为一种战略性职能，就必须把自己当成一个独立的经营单元，做好自己的战略管理工作以更有效地服务内部客户。

在这方面，最近在人力资源管理领域内部出现了一个与全面质量管理哲学一脉相承的新趋势，这就是企业的高层人力资源管理者应当采取一种以客户为导向的方法来履行人力资源管理职能。换言之，在企业层次上发生的战略规划过程，同样可以在人力资源管理职能内部进行。在一些比较先进的美国公司中，高层人力资源管理者已经开始把人力资源管理职能当成一个战略性的业务单元，并且试图根据它们的客户基础、客户需要以及满足客户需要的科技等来界定自己的业务（见图 13-2）。比如，固特异公司首席人力资源官乔·鲁奥科（Joe Ruocco）就鼓励公司人力资源部门采取以客户为中心的方法。如图 13-3 所示，公司将业务（直线客户）和员工（同事）作为主要客户，并通过具体事例说明了为满足客户需求可供使用的不同方法和流程。

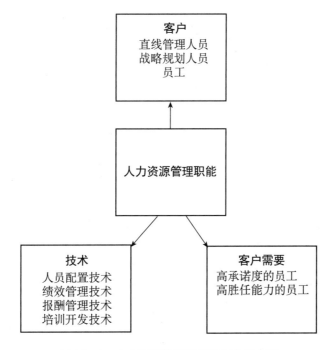

图 13-2　人力资源管理职能的客户导向观

以客户为导向是人力资源管理职能试图转变为战略性职能时发生的一个最为重要的变化。这种变化的第一步就是要确认谁是自己的客户。最明显的人力资源客户是那些需要得到人力资源服务的直线经理。此外，战略规划团队也是人力资源部门的一个客户，因为这个小组也需要对与人有关的业务问题加以确认、分析并且提供建议。员工也是人力资源部门的一个客户，这是因为，他们因雇佣关系的存在而获得的报酬是由人力资源部门确定并加以管理的。

此外，还必须确认人力资源部门的产品有哪些。直线经理希望获得组织承诺度较高的高质量员工。战略规划团队不仅需要获得战略规划过程所需的相关信息以及建议，同时

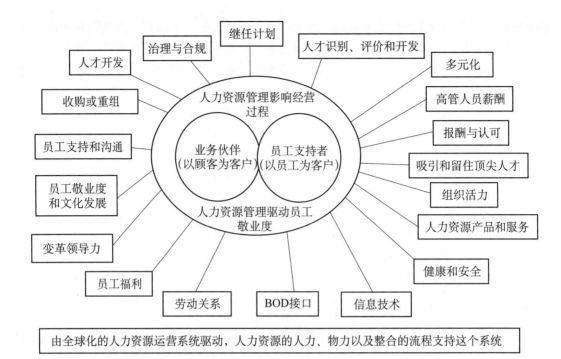

图 13-3 固特异公司以客户为中心的人力资源管理

资料来源：Courtesy of former Goodyear chief HR officer Joe Ruocco.

还需要在战略规划执行时获得人力资源管理方面的支持。员工则期望得到一整套具有连续性、充足性以及公平性的薪酬福利计划，同时希望得到公平的晋升。在西南航空公司，"与人有关的"部门坚持对所有离开该部门的客户进行调查，以衡量他们的需要在多大程度上得到了满足。

最后，人力资源部门需要通过哪些科技来满足客户的需要还会因要满足的客户需要本身的不同而有所变化。甄选系统需要确保所有被挑选出来的求职者都具有为组织带来价值增值所必需的知识、技能和能力。培训和开发系统则需要通过向员工提供发展的机会来确保他们不断增加自己的人力资本，从而为企业提供更高的价值，最终满足直线经理和员工双方的需要。绩效管理系统则需要向员工表明企业对他们的期望是什么，并且向直线经理和战略制定者保证员工的行为会与组织的目标相一致。最后，报酬系统需要给所有的客户（直线经理、战略规划人员以及员工）带来类似的收益。这些管理系统将向直线经理保证员工会运用他们的知识和技能来服务于组织的利益，它们还向战略规划人员提供相应的措施，以确保所有的员工都采取支持企业战略规划的行为。另外，报酬系统显然对员工的技能投资以及他们付出的努力提供了等价的回报。

■ 13.4 制定人力资源战略

13.4.1 基本流程

人力资源管理职能如何制定自己的人力资源战略？近期的一些研究关注的是人力资源

管理职能通过何种程序制定能够支持经营战略的人力资源战略。赖特（Wright）和他的同事通过对 20 家不同公司的案例进行研究，总结出了与制定经营战略的过程一致的通用人力资源战略制定方法。[1]

如图 13-4 所示，人力资源管理职能首先需要对环境进行考察，从而确定哪些发展趋势或事件会对组织产生深刻影响（例如未来的人才短缺、移民人口的增加、员工的老龄化等）。

图 13-4　确定人力资源战略的基本流程

然后，需要考察各种战略经营问题或需求。（例如，公司正在成长吗？公司要进行全球扩张吗？公司需要开发新科技吗？）例如，图 13-5 就展示了固特异公司的经营战略的重点。我们可以从这个例子中发现，该公司的一个非常清晰的战略重点就是吸引、激励和留住人才。

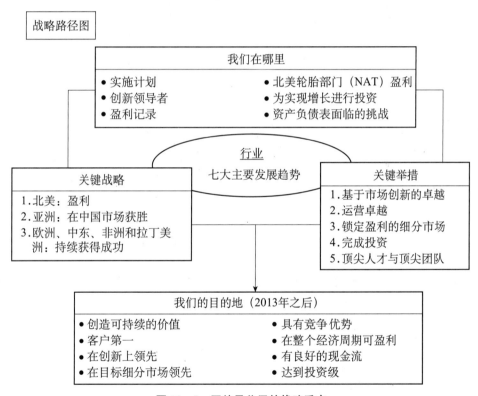

图 13-5　固特异公司的战略重点

从这些问题中可以发现，人力资源管理战略团队需要明确对于企业经营成功非常关键的那些特定的人员方面的问题（例如出现潜在的领导力真空、缺乏科技专长、缺乏员工队伍的多元化等）。所有这些信息都可以运用到人力资源战略的制定方面——人力资源战略提供了一份详细的计划来说明企业在人力资源方面需要优先完成的重点工作，以及需要制定或实施的程序、政策和流程，等等。最后，这种人力资源战略还需要传达给相关的各方，无论是人力资源管理职能内部的人员，还是职能外部的人员。让我们看一看图 13-6

中展示的固特异公司的人力资源战略，这一战略表明了该公司准备怎样在劳动力市场上区别于其他企业，同时还表明了人力资源战略力求解决哪些重点领域中的问题。

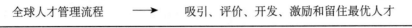

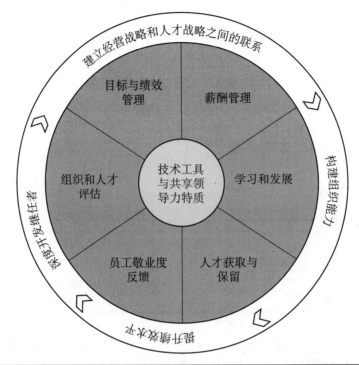

图 13-6　固特异公司的全球人才管理流程

因此，人力资源战略就是一个引导人力资源专员的框架，帮助他们理解可以从哪些地方以及如何对公司产生影响。在谷歌，四管齐下的人员运营战略包含：

1. "找到人才，发展人才，留住人才。"这句话是指找到最好的人为谷歌工作，让他们成长，开发他们的技能，想尽办法将他们留在谷歌。

2. "用户第一。"这同样也是谷歌公司的目标，表明人力资源部门怎样考虑人员运营的用户——谷歌其他的员工。

3. "在帮助其他人之前请先戴上自己的氧气面罩。"这个目标背后隐含的思想是：现在许多企业的人力资源部门为其他部门的员工服务，却忘了发展和提高部门内员工的能力。因为这样可能导致最好的、最有才能的人没通过本公司的招聘而成为别的公司人力资源部门的领导，最终损害了人力资源部门为组织其他部门服务的职能。

4. "故意留白的空间。"在谷歌的工作环境中，事情变化得非常快，这造成了很大的不确定性。不确定性导致员工较低的工作积极性和满意度，协作性较差，同事间竞争加剧，员工更容易离开公司。因此，"故意留白的空间"确认了谷歌内部和外部环境的动态性。[2]

13.4.2 直线高层管理人员的参与

这种通用人力资源战略制定流程为吸收直线高层管理人员通过若干途径参与人力资源战略的制定提供了可能。因为人力资源战略要解决经营方面的问题，所以，吸收那些负责企业经营的人员参与人力资源战略的制定过程，有助于为人力资源战略的制定提供更高质量的信息。吸收直线高层管理人员参与人力资源战略制定的途径有多种。首先，直线高层管理人员可以简单地提供一些信息，人力资源战略制定者可以通过对这些人进行调查或者访谈来了解企业面临的各种经营挑战以及采取的经营战略。其次，直线高层管理人员也可以成为人力资源战略制定团队中的一员。再次，一旦人力资源战略制定出来，这些直线高层管理人员还需要了解人力资源战略方面的一些信息。最后，直线高层管理人员可以对战略进行正式批准，实际上就是通过"签署"人力资源战略来确认这种战略能够为企业的经营战略提供充分的支持。在人力资源战略制定方面做得最好的企业会全面采用这四种参与方式，要求大量的高层管理人员提供各种信息，吸收一到两名高层管理者加入人力资源战略的制定团队，同时就人力资源战略与高层管理者进行广泛的沟通，最后促使企业的高层管理团队正式批准人力资源战略。

13.4.3 人力资源战略的特点

从图 13-7 中可以得知，制定人力资源战略的各种方法都会导致其与经营之间产生千丝万缕的联系。总的来说，这种联系可以划分为四类。

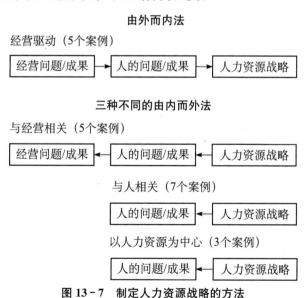

图 13-7 制定人力资源战略的方法

首先，在最基本的层面上，"以人力资源为中心"的人力资源管理职能确定的人的成果，更多地是从人力资源管理职能当前正在做什么的分析中得出的，而不是从这些人的成果与更大范围的企业经营如何联系在一起的分析中得出的。其次，"与人相关"的人力资源管理职能已经清晰地界定出所需完成的各种人力资源管理活动，然后再围绕各种人的问题及其成果而不是经营问题建立起这些活动之间的联系，并使它们保持内部一致。再次，

"与经营相关"的人力资源管理职能则以评估组织的人力资源管理当前正在做什么为起点，然后确定应该关注的人的重点成果是什么。在少数情况下，还会确定人的成果将会怎样转化为积极的经营成果。最后，"经营驱动"的人力资源管理职能则充分按照以下方式制定全面的人力资源战略，它一开始首先确定企业的主要经营需要和各种问题，然后考虑什么样的人能够与之相匹配以及人需要达成哪些必要的成果，最后再建立起能够满足这些需要的人力资源管理系统。比如，克罗格公司寻求发展一种新的在零售杂货店市场中竞争的战略，这就需要新的领导方式。图 13-8 展示了执行战略所需的领导力。更需要强调的是领导对人和结果的激情，而激情需要和这些更具体的胜任力互相补充。

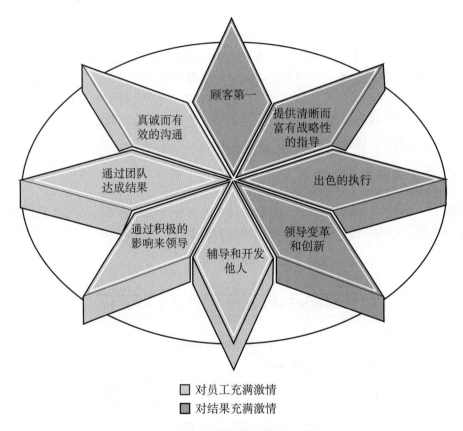

图 13-8 克罗格公司的领导力模型

资料来源：Courtesy of Kroger chief HR officer Katy Barclay.

人力资源战略必须帮助企业解决它们面临的足以决定其成败的各种经营问题。随着发现、吸引和留住人才成为一个关键问题，作为人力资源战略的一个组成部分的每一种人力资源管理职能实际上都需要强调这一点。

13.5 人力资源管理有效性的衡量

人力资源管理职能的战略决策过程要求决策者对现有人力资源管理职能的有效性进行有一个清楚的把握。这种信息为人力资源管理的程序、制度以及人力资源管理人员需要改善哪些技能的决策奠定了一个有力的基础。通常情况下，那些长期从事事务性活动的人力资源管理职能不仅缺乏开展高水准的传统人力资源管理活动所必需的各种制度、程序以及技能，而且不能对组织的变革做出贡献。这样，对人力资源管理职能的有效性进行诊断就能够为人力资源管理职能的战略性管理提供非常关键的信息。

此外，对人力资源管理职能的有效性进行衡量还能够产生以下几个方面的收益[3]：

● 推销人力资源管理职能。对人力资源管理职能的有效性进行评价本身向其他管理人员表明，人力资源管理职能确确实实关心企业的整体，并且正在努力为组织的经营、生产、营销以及其他职能提供支持。与人力资源管理有关的成本节约和收益等方面的信息向内部客户证明了人力资源管理实践确实为企业的利润做出了贡献。这些信息对人力资源管理职能获取额外的业务来说也是很有用的。

● 提供解释性证据。对人力资源管理职能的有效进性进行评价还有助于说明人力资源管理职能是否实现了它的目标并且有效地利用了它的预算。

通常情况下，我们可以用两种方法来对人力资源管理职能的有效性进行评价：一是审计法；二是分析法。

13.5.1 审计法

审计法（audit approach）的重点是审查人力资源管理职能的各领域产生的结果。这种方法通常会收集一些关键的指标，同时对客户的满意度进行衡量。表 13-1 列举了一些关键指标和对客户满意度进行衡量的例子，其中涉及人员招募与配置、公平就业机会、薪酬、福利、培训、员工评价与开发、安全、劳动关系以及继任计划等多方面的人力资源管理内容。与过去那个单纯依靠档案夹来整理信息的时代相比，电子化员工数据库和信息系统的建立使对这些关键的职能指标进行收集、存储和分析（本章后面将会更多地谈到这方面的问题）变得容易多了。

表 13-1 衡量人力资源管理职能有效性的关键指标及客户满意度衡量指标示例

关键指标	客户满意度衡量指标
人员招募与配置 填补职位空缺需要的平均天数 实际接受雇用人数和企业发放录取通知的总人数之比 少数族裔/女性求职者在求职者中所占比例与当地劳动力市场上同类比例的一致程度 人均招募成本 在每一职位族中雇用的员工的平均工作年限或受教育年限	对人员需要的预测 将高素质员工推荐给直线经理的时限 求职者受到的对待 终止雇佣关系的技巧 对劳动力市场条件变化的适应性
公平就业机会 卷入公平就业机会争议的员工占员工总人数的比例 根据公平就业机会法分类的各种少数族裔员工人数 少数族裔员工的流动率	公平就业机会争议的解决 人事部门为企业执行积极的反歧视行动计划提供的日常帮助 为寻找高素质的女性和少数族裔求职者而开展的积极的招募活动

续表

关键指标	客户满意度衡量指标
薪酬 人均绩效加薪幅度 提出重新划分薪酬等级的员工占员工总人数的比例 加班工时占正常工时的百分比 企业平均薪酬水平与所在社区平均薪酬水平之比	现有职位评价系统在安排薪酬等级和薪酬水平方面的公平性 薪酬水平在当地劳动力市场上的竞争力 薪酬和绩效之间的关系 员工对薪酬的满意度
福利 平均失业保险金 平均工伤保险金 每一美元薪酬对应的福利成本 病假薪酬在总薪酬中所占的比例	福利申请处理的及时性 福利政策执行的公平性和连续性 与员工进行的福利方面的沟通 在减少潜在的不必要的福利申请方面向直线管理者提供的帮助
培训 在每一职位族中参加培训项目的员工在该类员工总人数中所占的比例 得到学费报销的员工占员工总人数的比例 在每位员工身上支出的培训经费	培训项目满足员工以及企业需要的程度 将各种可能的培训机会告知员工 新员工入职培训的质量
员工评价与开发 绩效评价等级的分布 绩效评价表格具有恰当的心理测量特征	帮助员工发现自己的管理潜能 由人力资源部门主导的组织开发活动
继任计划 获得晋升的人员占员工总人数的比例 用内部候选人填补的和用外部候选人填补的职位空缺数之比	内部晋升的程度 在职业规划方面向员工提供的帮助或咨询服务
安全 事故发生频率和严重事故发生的比率 与每1 000美元薪酬总额相对应的安全支出 在每平方英尺的工厂区域内发生的安全损失（比如火灾、盗窃等）	为直线经理提供组织安全教育计划方面的帮助 为直线经理提供发现潜在安全隐患方面的帮助 为直线经理提供塑造良好工作环境（照明、清洁、供暖等）方面的帮助
劳动关系 因薪酬计划导致的劳动争议人数占员工总人数的比例 停工频率和持续时间 争议得到解决的比例	在处理劳动争议方面向直线经理提供的帮助 为在工厂中提倡和推动合作精神而付出的努力 为监控工厂中的员工关系氛围而付出的努力

续表

关键指标	客户满意度衡量指标
总体有效性 人力资源管理人员占员工总人数的比例 流动率 缺勤率 人均收益与人均成本的比率 每位员工的净收益	向管理层以及员工所提供信息的准确性和明确度 人力资源管理人员的胜任能力和经验 企业内其他部门和人力资源部门之间的工作关系

资料来源：Reprinted with permission. Excerpts from Chapter 15, "Evaluating Human Resource Effectiveness," pp. 187 - 222, by Anne S. Tsui and Luis R. Gomez-Mejia, from *Human Resource Management*：*Evolving Roles and Responsibilities*, edited by Lee Dyer. Copyright © 1988 by The Bureau of National Affairs, Inc., Washington, DC, 20037. To order BNA publications call toll free 1 - 800 - 960 - 1220.

　　我们在前面已经讨论过，作为战略管理过程的一个组成部分的人力资源管理职能怎样才能在更大程度上以客户为导向。如果人力资源管理职能确实以客户为导向，那么，对人力资源管理有效性进行考察的一个很重要的来源就是客户。正如企业常常对自己的外部客户进行调查，从而了解客户对本企业所提供的服务有何感受一样，企业的人力资源职能部门也可以针对它们的内部客户做一些这样的调查。

　　人力资源管理职能的一个非常重要的客户就是企业自己的员工。员工常常既直接与人力资源管理职能打交道（通过福利管理和薪酬管理等活动），又通过参与一些活动与人力资源管理职能间接打交道，比如接受绩效评价、获得加薪以及参加培训项目等。许多企业，如美国电话电报公司、摩托罗拉以及通用电气等，都利用正式的员工态度调查来对员工的感受进行调查，这时，员工就是企业各种人力资源管理计划和实践的使用者或客户。[4]然而，如果仅仅从员工这一个方面来对人力资源管理职能的有效性进行评价，就会产生很多问题。问题之一是：他们常常不是站在对企业有利的角度来回答问题，相反，他们常常是从如何对自己有利的角度来回答问题。比如，员工总是强调对自己的薪酬水平不满意（谁不愿意多拿点钱呢），但是，如果简单地提高整个员工队伍的薪酬水平，就会在劳动力成本方面把企业放在一个极为不利的位置上。

　　因此，许多企业把对直线高层管理者的调查作为对人力资源管理职能的有效性进行评价的另一种更好的方法。企业的直线高层管理者可以从战略的高度看到企业的人力资源管理系统与管理实践对员工以及企业的整体有效性是如何产生影响的。此外，这种做法还有利于明确企业的人力资源管理人员对其职能有效性的看法是否与从事直线管理的那些同事的看法一致。比如，一项以 14 家企业为对象进行的研究表明，尽管企业高层人力资源管理者和直线高层管理者对人力资源管理职能提供服务的相对有效性具有较为一致的看法——比如人员招募配置系统和培训系统分别是有效性最高和最低的两种人力资源服务，但他们在人力资源管理职能的绝对有效性水平方面却存在很大的分歧。如图 13-9 所示，人力资源管理人员对自己在不同角色方面的有效性所做的评价同样与直线管理者的评价相去甚远。此外，如图 13-10 所示，相对于人力资源管理对企业整体有效性做出的实际贡献而言，直线高层管理者对人力资源管理职能的有效性做出的评价显著偏低。[5]

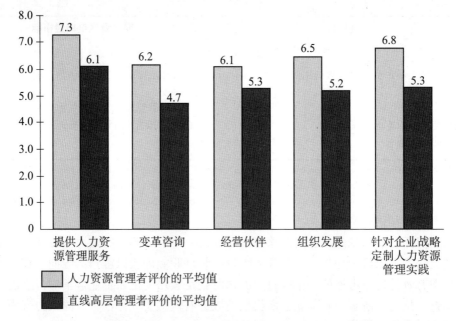

图 13 - 9　人力资源管理者和直线高层管理者对人力资源管理角色的有效性的评价

资料来源：P. Wright，G. McMahan，S. Snell，and B. Gerhart，"Comparing Line and HR Executives' Perceptions of HR Effectiveness：Services，Roles，and Contributions，" CAHRS（Center for Advanced Human Resource Studies）working paper 98 - 29，School of ILR，Cornell University，Ithaca，NY.

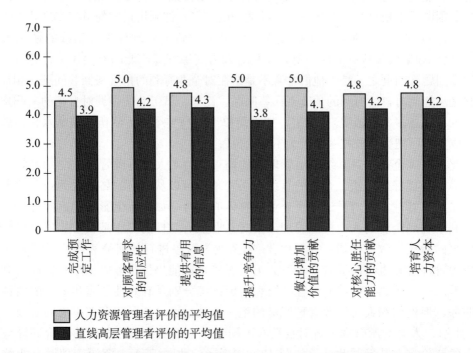

图 13 - 10　人力资源管理者和直线高层管理者对人力资源管理的贡献有效性的评价

资料来源：P. Wright，G. McMahan，S. Snell，and B. Gerhart，"Comparing Line and HR Executives' Perceptions of HR Effectiveness：Services，Roles，and Contributions，" CAHRS（Center for Advanced Human Resource Studies）working paper 98 - 29，School of ILR，Cornell University，Ithaca，NY.

13.5.2 分析法

分析法（analytic approach）的重点主要有三个：第一，考察某一特定的人力资源管理方案或实践（比如某一培训项目或某一新的薪酬制度）是否达到了既定的效果。第二，估计某项人力资源管理实践可能产生的经济成本和收益。第三，用分析性数据提升组织的有效性。比如，我们在第 6 章中讨论过企业如何确定某个培训项目对受训者的学习、行为以及结果产生的影响。对某个培训项目进行评价是明确该培训计划是否起作用的基本战略之一。通常情况下，在对该项培训计划的整体有效性进行评价时，我们感兴趣的是该计划带来变化的大小。

第二个基本战略是在把相关培训项目的所有成本都考虑在内的前提下，对该培训项目的货币价值进行评估。在运用这种战略时，我们并不关心它到底带来了多大的变化，而只是关心它的货币价值（成本和收益）如何。表 13-2 列举了各种成本-收益分析的类型。人力资源会计法试图为人力资源确定一个货币价值，就像为物力资源（比如工厂和设备）或经济资源（比如现金）进行定价一样。效用分析则试图预测员工的行为（比如缺勤、流动、工作绩效和药物滥用等）所产生的经济影响。

表 13-2 成本-收益分析的类型

人力资源会计法
- 薪酬资本化
- 预期薪酬支付的净现值
- 人力资产以及人力资本投资的收益

效用分析
- 流动成本
- 缺勤和病假成本
- 通过甄选方案获得的收益
- 积极的员工态度产生的效果
- 培训项目带来的财务收益

资料来源：Based on A. S. Tsui and L. R. Gomez-Mejia, "Evaluating HR Effectiveness," in *Human Resource Management*: *Evolving Roles and Responsibilities*, ed. L. Dyer（Washington，DC：Bureau of National Affairs，1988），pp. 1-196.

比如，员工健康修炼计划（wellness programs）是一种很普遍的人力资源管理项目，该项目的目的是通过降低员工患心脏病和癌症的风险来减少企业的医疗保健成本。一项研究评估了四种不同类型的员工健康修炼计划。在该项研究中，有一部分涉及对四种不同类型的员工健康修炼计划在三年中产生的成本和收益的估算。[6] 四种不同的员工健康修炼计划在四个不同的地点分别实施。在 A 处实施的计划主要是以提高员工的健康风险意识为目的（分发新资料、量血压、健康教育课堂等）。B 处则为员工建立增强身体适应力的设施。C 处一方面提高员工的健康风险意识，另一方面对存在健康风险的员工进行追踪。D 处不但向员工提供健康教育和进一步的咨询，同时还提倡体能竞赛，并发起与健康有关的一系列活动。表 13-3 显示了在 C 处和 D 处采取的员工健康修炼计划的有效性及其成本有效性。

表 13-3 针对可能导致心血管疾病发生的四种风险因素采取的
两项健康修炼计划的有效性及成本有效性对比

	C 处	D 处
每年在每位员工身上支出的直接项目成本（美元）	30.96	38.57
在各种心血管疾病发病风险[a] 中，风险得到适当降低或者病情复发危险得到预防的那些风险所占百分比	48%	51%
每年在每位员工身上支出的每一美元导致的上述风险降低或得到预防的百分比	1.55%	1.32%
降低每 1% 的风险或预防每 1% 的病情复发所花费的美元	0.65	0.76

a. 高血压、体重过高、抽烟以及缺乏锻炼。

资料来源：J. C. Erfurt, A. Foote, and M. A. Heirich, "The Cost-Effectiveness of Worksite Wellness Programs," *Personnel Psychology* 45（1992），p. 22.

与审计法相比，分析法的要求更高，因为它要求得到较为详细的统计数据，同时需要支出一定的经费。表 13-4 举例说明了成本-收益分析法的复杂程度。这张表描绘的是为评价一种专门用于初级计算机程序员甄选的新型测试的货币价值，评价者需要得到的各类信息。

表 13-4 为确定一项甄选测试的货币价值需要进行的分析举例

成本-收益信息

当前雇佣人数	4 404
离职人数	618
甄选出来的人数	618
平均在职年限	9.69 年

测试信息

求职者人数	1 236
每位求职者的测试成本	10 美元
总测试成本	12 360 美元
平均测试分数	0.80SD
测试效度	0.76
SD_Y（每年）[a]	10 413 美元

计算

数量＝平均在职年限×甄选出来的人数
　　＝9.69×618
　　＝5 988（人·年）

质量＝平均测试分数×测试效度×SD_Y
　　＝0.80×0.76×10 413
　　＝6 331（美元/年）

效用＝（数量×质量）－成本
　　＝（5 988×6 331）－12 360
　　＝3 790（万美元）

a. SD_Y＝工作绩效的一个标准差代表的货币价值。大约等于平均薪酬水平的 40%。

资料来源：From J. W. Boudreau, "Utility Analysis," in *Human Resource Management: Evolving Roles and Responsibilities*, ed. L. Dyer（Washington, DC: Bureau of National Affairs, 1988），p. 150; F. L. Schmidt, J. E. Hunter, R. C. McKenzie, and T. W. Muldrow, "Impact of Valid Selection Procedures on Work-Force Productivity," *Journal of Applied Psychology* 64（1979），pp. 609-26.

最后，人力资源分析法可以用于提升公司的有效性。比如，谷歌的人力资源分析法就揭示了员工的背景和能力与高绩效以及导致员工产生挫折感（员工感觉自己在公司中未受到重用）的首要原因之间是存在联系的。分析法还发现最理想的招募面试次数是 5 次，而不是以前的平均 10 次。

另外，该公司执行氧气项目的目的是开发优秀的管理者（叫这个名字是因为好的管理者就像氧气一样使公司富有生气）。人力资源分析团队基于管理者的任务绩效和人员管理绩效这两个维度，对团队管理者进行绩效管理打分，进行员工调查和其他一些数据分析，然后对他们进行分组。接下来，分析团队针对在两个维度上同时表现最好（和最差）的团队管理者进行双盲研究，从而确定了优秀管理者具备的 8 个重要行为特征。[7]

■ 13.6　提高人力资源管理的有效性

一旦企业的战略方向已经确定，并且对企业人力资源管理职能的有效性进行了评价，人力资源管理职能的领导者就可以着手探索如何提高人力资源管理职能在强化企业竞争力方面的有效性。现在让我们简要回顾图 13-1，该图描绘了人力资源管理职能包括的各种活动，而人力资源管理职能有效性的提高往往就集中在这一金字塔的两个方面。第一，在每一种人力资源管理活动内部，人力资源管理职能需要提高它在履行每一项活动时的效率和有效性。第二，人力资源管理还需要尽可能地减少事务性工作（以及某些传统工作）在自己的工作中所占的分量，从而把节约下来的时间和资源用于能够带来高附加值的变革性工作。组织结构（工作汇报关系）以及工作流程（通过业务外包和信息技术）的重新设计有利于上述两个方面目标的实现。图 13-11 描述了这样一种过程。

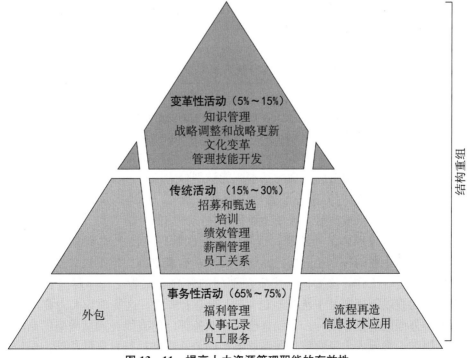

图 13-11　提高人力资源管理职能的有效性

13.6.1 通过结构重组提高人力资源管理的有效性

传统的人力资源管理职能是围绕员工配置、培训、薪酬、绩效评价以及劳动关系等人力资源管理的基本分支职能搭建起来的。在上述这些领域中，每一个领域都有一位主管负责向人力资源副总裁汇报工作，而人力资源副总裁常常又需要向负责财务和日常行政工作的副总裁汇报工作。然而，由于人力资源管理职能已经从战略层面对企业的有效性做出贡献，因此，高层人力资源管理者就必须成为高层管理团队中的一员（直接向首席执行官汇报工作），这样一来，人力资源管理职能的内部结构就必须做出重新安排。

比较常见的一种人力资源管理职能结构如图 13-12 所示。

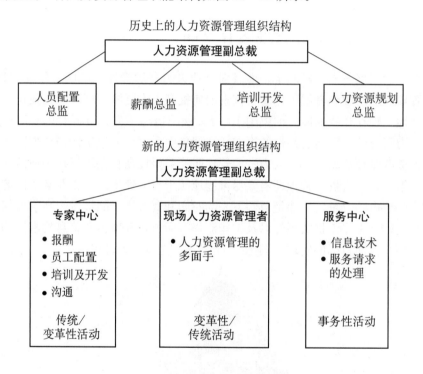

图 13-12 人力资源管理组织的新旧结构对比

资料来源：P. Wright, G. McMahan, S. Snell, and B. Gerhart, *Strategic Human Resource Management*：*Building Human Capital and Organizational Capability*. technical report (Ithaca, NY：Cornell University，1998).

从图中可以看到，人力资源管理的基本职能被划分为三个部分：专家中心、现场人力资源管理者以及服务中心。[8]专家中心通常由招募、甄选、培训以及薪酬等传统人力资源管理领域中的职能专家组成。这些人的主要任务是以顾问的身份参与开发适用于企业的各种高水平的人力资源管理体系和流程。现场人力资源管理者由人力资源管理的多面手组成，他们被分派到企业的各个业务部门。这些人常常有着双重工作汇报关系，既向业务部门的直线领导者报告工作，又要向人力资源部门的领导者报告工作（尽管在汇报工作方面，业务部门的直线管理者处于优先地位）。从理论上来讲，这些现场人力资源管理者应当承担起两个方面的责任：第一，帮助自己所在业务部门的直线经理从战略的高度来强化人的问题；第二，确保人力资源管理体系能够帮助企业贯彻执行自己的战略。最后，在服务中心工作的那些人的主要任务是确保日常的事务性工作能够在整个组织中有效完成。这些服务中心常常通过运用信息科技来为员工提供服务。比如，雪佛龙石油公司等企业都建立了电话服务中心，员工可以给这个中心打电话，服务中心的工作人员会回答员工的各种提问并对他们的要求做出处理，同时完成各种事务性的手续。

这种组织结构安排通过专业化改善了人力资源服务的提供过程。专家中心的员工可以不受事务性工作的干扰，专注于开发自己现有的职能性技能。现场人力资源管理者则可以集中精力来了解本业务部门的工作环境，而不需要竭力维护专业职能领域中的专门知识。最后，服务中心的员工可以把主要精力用于为各业务部门提供基本的人力资源管理服务。

13.6.2 通过外包提高人力资源管理的有效性

在人力资源管理职能内部进行结构重组和流程再造是一种从内部提高人力资源管理职能有效性的方法。事实上，高层人力资源管理者越来越多地探讨如何通过外包的途径提高本企业的人力资源管理系统、流程以及服务的有效性。**外包**（outsourcing）是指通过与外部的业务承包商签订合同，让它们来为企业提供某种产品或服务，而不是让自己的员工在本企业内部生产这种产品或服务。

那么，为什么企业的人力资源管理活动或服务需要外包呢？通常有以下几方面的原因：一是与企业在内部生产相比，外部伙伴能够以更低的成本来提供某种产品或服务；二是外部伙伴能够比企业更为有效地完成某项工作。事实上，一开始，企业就是出于效率方面的原因才寻求业务外包的。那么，为什么外部服务提供者比企业内部的员工能够更有效率地提供某种服务呢？原因在于，这些外部服务提供者通常是某一方面的专家，能够建立和培育起一整套普遍适用于多家企业的综合性专业知识、经验和技能。

比如，现在让我们来考察一家想为员工建立一套养老金制度的小规模企业的情况。为了向自己的员工提供这种服务，人力资源管理职能的执行者首先需要了解关于基本养老金的所有法律。因此，他就需要雇用一位具有管理养老金系统的专门知识和经验的人，因为只有这样才能确保员工的养老金得以足额缴纳，同时确保退休的员工能够得到适当的养老金。接下来，这家小公司还要再雇用一位养老金基金投资专家。如果该企业非常小，那么它的养老金基金业务需要花费的时间可能并不足以填满新雇用的这两个人的工作量（每周 80 个小时）。假定这两个人每周只需要用 20 小时来完成这项工作，这家小企业每周在这两位新雇用的员工身上浪费的时间就高达 60 小时。幸运的是，一家专门向多家企业提供养老金管理服务的公司可以用与上述小企业自己提供这种服务时相同的成本为其提供 20 小时的服务，这家公司同时还可以向其他三家企业提供同样的服务。因此，这家专业性公司收取的服务费用可能仅仅是这家小企业自己提供这种养老金管理服务时所需成本的 50%。在这 50% 的成本中，25%（20 小时）用于直接的薪酬支付，剩余的 25% 则是该专业公司的利润。在这里，这家小企业节约了 50% 的成本，专业服务提供者也获得了利润。

现在，让我们来考虑有效性方面的问题。由于外包业务的承接者同时为许多家企业提供服务，并且是专门从事养老金管理的公司，因此它的员工积累了运营养老金计划的丰富经验。他们可以从一家公司学习某种独一无二的创新性做法，然后再把学到的这种做法运用到另一家公司中去。此外，这家养老金管理公司可以更容易、更有效率地完成对自己员工的培训，因为所有这些人都会以同样的流程受到培训。最后，由于在长期中已经积累了大量的提供养老金服务的经验，因此该公司培养起来的这种提供养老金服务的能力，可能是两个人在该领域中工作 25 年都无法具备的。

那么，哪些服务正在被企业外包呢？企业主要把人力资源管理中的一些事务性工作外包出去，比如养老金和福利管理以及薪酬计算与发放等。不过，许多传统人力资源管理活动以及一些变革性人力资源管理活动也采取了外包的方式。

13.6.3　通过流程再造提高人力资源管理的有效性

除了结构重组，流程再造也能够促使人力资源管理职能更有效地提供人力资源服务。尽管流程再造常常需要运用信息科技，但信息科技的应用并不是流程再造的一个必要条件。因此，我们将首先讨论流程再造的一般问题，然后再来讨论有助于人力资源管理流程再造的一些信息科技的应用问题。

流程再造（reengineering）是指对关键的工作流程进行全方位的审查和重新设计，从而使这些工作流程的效率更高，能够提供更高质量的产品或服务。流程再造在确保新科技的优势得到实现方面起到的作用尤其重要。将新科技应用到一个低效率的流程之中，是不可能改善工作流程的效率或效果的。相反，只会因新科技的引进而导致产品或服务的成本上升。

流程再造可以用于对人力资源部门的职能和流程进行审查，也可以用于对某些特定的人力资源管理实践——比如职位设计或者绩效管理系统——进行审查。流程再造包括图 13-13 中描绘的四个步骤：确认需要再造的流程、理解流程、重新设计流程、执行新的流程。[9]

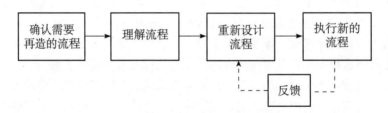

图 13-13　流程再造的程序

确认流程

首先，应当把控制流程或者在流程内部负责某些职能的管理人员（有时候称为"流程所有者"）找出来，然后要求他们成为流程再造工作小组的成员。在该小组成员中还应当包括处于流程之中的员工（以提供专家意见）、处于流程外部的员工以及那些能够见到流程结果的内部和外部客户。

理解流程

在评价一个流程时，需要考虑以下几个方面的情况：

● 各种工作是否可以合并在一起？

● 是否可以赋予员工更大的自主权？是否可以通过决策活动和控制活动的简化将其内置到流程之中？

- 流程中的每一个步骤是否都是必需的？
- 在流程中是否存在过多的数据、不必要的检查和控制？
- 有多少特殊事件或者例外情况需要处理？
- 流程中的所有步骤是否都是根据它们的自然顺序进行安排的？
- 什么是理想的结果？所有这些工作任务都是必需的吗？流程的价值是什么？

我们可以运用多种技术来了解流程。数据流程图（data-flow diagrams）对于显示数据在不同部门之间的流动是非常有用的。图 13 - 14 显示的是与薪酬数据有关的一个流程图以及制作一份薪酬单需要经过的一系列步骤。首先，关于员工和部门的信息会被送到总账。然后，根据从总账明细账得到的支付凭证签发薪酬支票。数据实体关系图（data-entity relationship diagrams）能够把在某一业务职能内部所使用的各种数据类型以及不同类型数据之间的关系显示出来。而在情景分析（scenario analysis）中，对现实问题的模拟会展现在数据的最终用户面前。它可以要求最终用户明确指出，一个信息系统怎样帮助他们应对所处的特殊情况，以及在与他们所处的特殊情况打交道时需要得到和维护哪些数据。调查法（surveys）以及焦点小组法（focus groups）则注意收集在某一职能领域中需要收集、使用以及存储的相关数据方面的信息，同时还包括时间要求以及信息加工要求等方面的信息。这些方法可能需要让最终用户对这样一个问题做出评价：在某一职能领域中，对某些特定的工作任务进行自动化处理的重要性、频率以及紧迫程度如何。比如，如果要采用一套求职者跟踪系统来保存求职者的工作经验方面的资料，这样做的紧迫程度到底有多高？成本-收益分析法（cost-benefit analysis）的主要内容是对使用和不使用自动化系统或计算机应用软件时产生的成本进行比较。在这种成本分析中应当包括人员、时间、材料以及经费等方面的数据。比如，软件和硬件方面的预期成本，人工、时间以及材料费用等。[10]

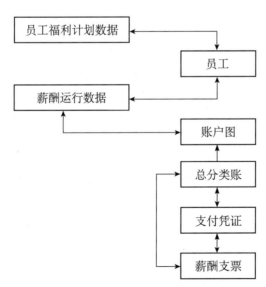

图 13 - 14 薪酬单管理方面的一张数据流程图

重新设计流程

在重新设计流程阶段，流程再造小组需要建立流程模型并对其进行测试，然后再决定如何将这种模型整合到组织之中。

执行新的流程

在将新的流程推广到整个企业之前，应当在一个有限的、可控的范围内对其进行测试。比如，邱博公司（J. M. Huber Corporation）是一家总部位于新泽西州的集团公司，其分支机构遍布美国各地，该公司就曾经通过流程再造避免把新的软件安置到低效率的流程当中。[11]人力资源部门的员工首先对现有的工作流程进行记录和研究，然后再提出一种改善工作流程效率的战略。此后，高层管理人员、中层管理人员以及人力资源部门的员工共同确定哪些流程是他们最希望加以改进的。最后他们认定，最关键的问题是要建立一个客户服务器系统，该系统将会比他们当前正在使用的大型主机更容易存储数据资料。另外，该系统还能够简化在存储数据时需要满足的许多条件，而原来的这些条件要求往往会放慢工作的节奏。邱博公司的人力资源部门付出的努力最终精简了书面记录维护职能，去掉了多余的工作步骤，使一些手工流程实现了自动化。这种全部实现自动化的客户服务器系统，允许员工通过一个与公司数据库相连的交互式语音应答系统来签订雇佣合同和更改福利信息。此外，管理人员更容易接触到员工的历史薪酬数据、职位描述以及其他一些资料。如果一位员工有资格获得加薪，而且其直接上级向公司提出了提高该员工薪酬的要求，同时这种要求获得了批准，那么该系统就会对这种情况进行处理（不需要由一位事务性职员来专门录入），最终的薪酬变动结果会很快在员工的薪酬单上显示出来。该公司的流程再造工作产生的结果令人印象深刻。再造后的流程使人力资源部门给其他部门提出的难题减少了42%，工作步骤精简了26%，工作量也减少了20%。尽管邱博公司为了使这套系统正常运转支出了高达100万美元的费用，但据估计，这项投资在五年之内就可以收回。

通过新科技——电子化人力资源管理——提高人力资源管理的有效性

20世纪90年代中期以来，随着人力资源管理职能在组织中扮演越来越具有战略性的角色，它面临的第一项重要任务就是减少事务性工作占用的时间，从而把更多的时间放在传统和变革性人力资源管理活动上。建设战略性人力资源管理职能要求将人们从大多数事务性工作中解脱出来，以有充足的时间开展战略性工作。因此，新科技的采用在使人力资源管理职能更具战略性的同时，也增加了人力资源管理职能对企业价值做出的贡献。[12]正如图13-11中列出的，许多人力资源管理活动的外包为减少这种日常事务提供了一种良好的机制。然而，当今出现的一个新发展趋势却是通过利用信息技术来处理这些工作任务。一开始，这种工作主要是通过开发和实施由人力资源部门操作的信息系统来实现的，最近，这种信息系统已经发展到允许员工使用这种信息技术来自我服务。比如，员工可以进入系统，到自己愿意参加的福利项目中去进行注册、修改，或者是通过该系统申请获得福利。显然，科技已经使人力资源管理得以从日常的事务性活动中解脱出来，转向执行更多的、更具有战略性的活动。

电子商务对速度的要求迫使人力资源管理职能去探索如何利用新的科技来实施传统性的和变革性的人力资源管理活动。尽管这并不意味着随着时间推移，所有的人力资源管理活动都会通过网络完成，但在目前仍然通过书面方式或面对面方式来完成的那些人力资源管理活动中，有相当多的部分都可以在不牺牲效率和影响有效性（甚至反而更有改善）的情况下通过网络完成。这种情况我们在图 13－15 中进行了展示。下面我们举几个例子加以说明。这里的"通过科技开展竞争"专栏描述了科技如何正在彻底改变许多组织的雇用过程。

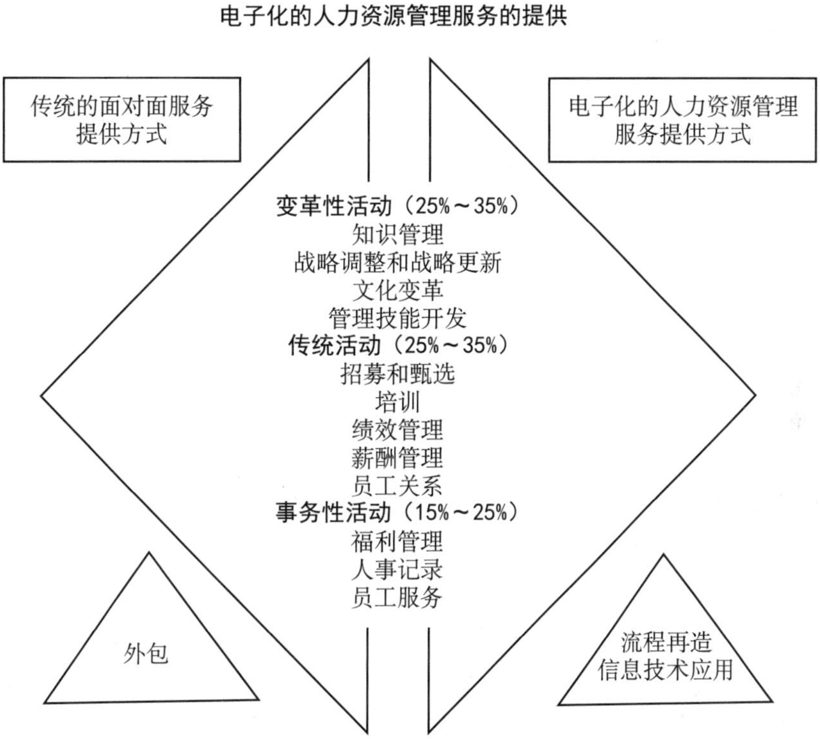

电子化的人力资源管理服务的提供

传统的面对面服务提供方式

电子化的人力资源管理服务提供方式

变革性活动（25%～35%）
知识管理
战略调整和战略更新
文化变革
管理技能开发
传统活动（25%～35%）
招募和甄选
培训
绩效管理
薪酬管理
员工关系
事务性活动（15%～25%）
福利管理
人事记录
员工服务

外包

流程再造
信息技术应用

图 13－15　人力资源管理服务方式的变化

➡ 通过科技开展竞争

现在负责雇用员工的是机器人

作为学生来说，你肯定会花点时间到学校的职业发展服务办公室，请工作人员为你找工作提供一些帮助。他们会帮助你设计简历，以展现你最为突出的那些特征。他们还会教你如何在面试中表现自己，让面试者认为你是有能力且干劲十足的潜在员工。但难以置信的是，在雇用科技方面取得的一些新进展可能会使所有这些方面的帮助都变得过时。

自动化被引入雇用过程的程度从一个方面就可以看出来，这就是几乎所有位列《财富》500 强的公司都在雇用过程中采用了某种形式的自动化手段。例如，电脑可以搜索某些关键词来从简历中挑出潜在的员工。或者是，某个机器人化身就可以对求职者进行事实上的面试。而这些只不过是冰山的一角。

假如你跟大多数大学生一样，有多个可以用来与自己的朋友进行交流的社交媒体账户。DeepSense 公司可以通过扫描你的社交媒体账户，利用一种得到科学验证的人格测试，在你根本不知情的情况下就完成人格特征评估。

或者，你可能学会了应该在面试中用哪些词汇，但你无法控制自己怎么去说。位于美国犹他州的 HireVue 公司就开发了一种基于人工智能的算法，这套算法可以基于在工作中绩效表现优秀的员工的特征，对求职者的语调、面部的微小表情以及运用的词汇群等进行评价。

当然，这并不意味着职业发展服务部门就不再有价值。但你应该知道的是，工作人员教给你的技能可能仅仅是组织对你进行评估的内容中的很小一部分。

讨论题

1. 你认为在雇用过程中使用这些新科技是一个好的做法吗？请解释你的回答。

2. 你认为在雇用过程中使用这些科技会存在潜在的偏见吗？对此，你认为应该做些什么？

资料来源：H. Schellmann and J. Bellini, "Artificial Intelligence: The Robots Are Now Hiring," *Wall Street Journal*, September 20, 2018, https://www.wsj.com/articles/artificial-intelligence-the-robots-are-now-hiring-moving-upstream-1537435820.

在当今这个被社交媒体主导的世界中，很多像谷歌这样的公司都在企业内部使用社交媒体。谷歌开发了一个名为"Grow"的内部平台，使谷歌人可以通过这个平台轻松地找到能在很大程度上满足个人需要和兴趣的学习机会、工作、一对一的建议以及其他一些有价值的资源。Grow 平台将海量的学习、开发和求职工具进行了一站式整合，供谷歌员工管理自己的开发活动并采取相关行动。它还会根据公司对员工的了解（例如角色、等级、所在的地理位置等）以及员工在这些工具中提供的数据（例如员工想要开发的技能等），向员工提供关于学习课程、就业机会、咨询顾问等方面的资源。毫不意外，由于谷歌人有着强大的搜索能力，因此，他们可以通过这一系统去搜索学习资源或自己感兴趣的工作。

Grow 在本质上是一个社交平台，每位谷歌人都可以对自己的资料进行个性化设计，并且使这些个人资料对其他人可见。图 13-16 展示了谷歌的员工配置和运营副总裁苏尼尔·钱德拉（Sunil Chandra）在 Grow 上定制的个人资料。正如我们看到的，谷歌人可以在个人资料中标注自己拥有的各种技能（例如咨询、员工管理以及钱德拉的教练辅导等）以及那些他们想要开发的技能（例如创新能力和优先事务处理能力）。在 Grow 上列出的各种技能有助于这一系统了解谷歌员工，从而向他们提供更具有个性化的工作建议。谷歌人也可以在资料中表明自己是否愿意就某项技能向他人提供一些有价值的建议。如果钱德拉在某个主题（比如领导力）上把自己标记为"技能咨询顾问"，他就将会出现在 Grow 的搜索结果中，其他谷歌人就可以浏览他的技能，并与他取得联系以寻求建议。他还可以选择另外一个名为"向其他谷歌人传授技能"的标签，这一标签就会将他连接到谷歌的g2g（即"谷歌人帮谷歌人"）项目之中，这个项目是谷歌的一个内部志愿教学网络，它使员工可以在各种不同的主题上向自己的同事传授技能。

如前所述，谷歌人还能够在 Grow 上列出自己希望开发的技能。他们最多能添加 10 种自己希望得到开发的技能，Grow 也将使用系统中的这些资源为谷歌人提供个性化的学习建议。为了帮助谷歌人学会使用这种功能，Grow 在网页的右侧列举了大量的技能（这些技能是通过多年研究挑选出来的，它们被证明能够帮助谷歌人成功地发挥自己的作用）。在钱德拉的这个案例中，他已经将所有网页上建议的技能直接添加到个人资料之中，这就

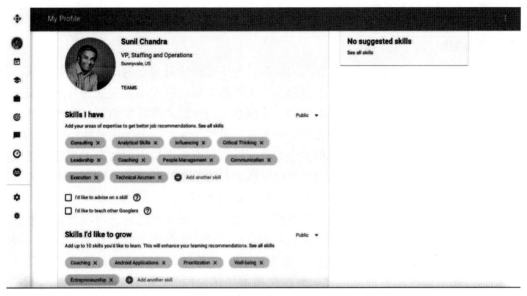

图 13 - 16　苏尼尔·钱德拉的个人主页

是为什么在其 Grow 网页上显示的是"无任何建议开发的技能"。在钱德拉的个人资料中还包括他的照片、职位名称、办公地点以及在谷歌内网上的一个员工页面链接，这些都可以帮助他的同事更好地了解他。

总而言之，Grow 上的这些个人资料可以让该系统很好地了解谷歌人的已有技能和期望开发的领域，并在这一过程中获得更好的学习和工作建议。它除了向谷歌人提供了大量的学习和开发资源，还帮助谷歌人与作为他们的顾问、导师或内部教师的同事建立起联系。

招募与甄选

传统的招募与甄选过程需要在实施招募活动的企业和求职者之间进行大量的面对面沟通，而这是一种很耗费人力的评价方式，同时还需要对管理决策过程进行有力的监控，以确保企业的雇用模式和雇用决策不违反政府法律法规的要求。然而，科技已经改变了这些招募过程。

例如，根据 kforce. com 公司掌握的 300 家美国公司的情况来看，去年，企业每雇用 8 次员工，就有一次是通过在线招募的形式完成的。IBM 的员工通过在线填写表格的方式具体说明本公司需要得到的员工招募服务，然后这些信息会被迅速传送给 14 家临时就业服务代理机构。在一个小时之内，这些就业服务代理机构就会向 IBM 提供可供其选择的求职者简历，这种做法使 IBM 的招募时间从 10 天缩短到 3 天，公司在这方面每年节约的成本大约为 300 万美元。

最后，科技还可以帮助企业监控雇用过程，从而使产生雇用歧视的可能性降到最低。举例来说，家得宝公司就被指控强迫女性求职者去做出纳工作，而将客户服务工作留给男性求职者。虽然家得宝公司并没有接受这种指控，但作为双方达成的双边协议内容之一，该公司需要借助科技手段，通过搜索求职者简历中的关键词来确定哪些人实际上具备他们并未申请的那些工作所需的技能。此外，科技还可以帮助管理人员在做出雇用决定之前面试具有多元化背景的各类候选人。

薪酬与报酬

很多组织的薪酬系统都反映了在人力资源管理中存在的最为普遍的一种官僚形式。尽管薪酬系统在吸引、激励、留住员工方面起着重要的作用，但大多数企业的薪酬系统是由很多僵化、费时且无效的各种程序构成的。这些企业的管理人员需要填写一些他们认为没用的表格，不去理会已经制定好的各种指导方针，对整个流程也表现出一种轻视的态度。

然而，如果利用好科技手段，很多企业都能够在耗费更少精力的情况下更好地达成薪酬目标。例如，许多绩效加薪计划或奖金计划所面临的一个问题在于，管理人员不愿意拉开被评价者的绩效差距，而是让每个人都得到类似的加薪。这样的做法使他们可以在绩效管理方面（绩效评价以及绩效审查）花费较少的时间，同时也能把自己可能面临的潜在冲突降到最低。但这样做的结果却是员工看不到自己的绩效和薪酬之间的联系，最终使得全体员工的工作积极性下降，而高绩效者的流动率却很高（或者低绩效者的流动率很低）。为了将这种不利情况减到最低限度，赛普拉斯半导体公司（Cypress Semiconductors）要求自己的管理者将公平和功绩这两个概念区分开来，同时搞清楚强制分布与这两个概念之间的关系。[13]举例来说，公平意味着在任何一个员工群体中，绩效最佳者的薪酬水平应当比那些绩效最差者的薪酬水平高50％，而绩效相同者则应当获得相近的薪酬。在绩效加薪方面，这意味着绩效最佳者的加薪幅度与绩效最差者的加薪幅度也应当至少达到7个百分点的差距（如果绩效等级最低的员工的加薪幅度为3％，则绩效等级最高的员工的加薪幅度至少应当达到10％）。如果将对员工的绩效评价和加薪都纳入薪酬体系之中，企业就可以对绩效评价过程进行监控，从而确保管理人员按照公司政策的要求对员工的绩效评价结果加以区分。

培训与开发

探索如何利用各种不同的培训手段（个人电脑、录像等）向员工提供培训并不是一个新概念。此外，许多公司都已经开始通过网络对员工提供培训。它们的经验表明，有些类型的培训通过互联网或局域网就能有效地完成，而有些培训项目却不能通过这种方式实施。例如，像IBM和戴尔这样的企业都很自豪地宣称自己开发出了针对部分员工的基于互联网的培训项目。

有趣的是，正是快速提供人力资源管理服务这一挑战将基于互联网的培训推到了显著的位置。在当今的竞争性环境中，企业不仅要为吸引和留住客户而竞争，还需要为吸引和留住有才能的员工而竞争。一家企业如何开发和对待现有的员工，将会在很大程度上决定该公司在未来是否能够达成自己想要的成果。来自速度方面的挑战、以项目为中心的要求以及快速的科技变化等共同形成的环境，都越来越使管理者不能再以一种让员工感到自己没有得到尊重或不受重视的方式去管理自己的员工。

这种情况就对很多公司提出了挑战，即为了使管理者将员工当成资产而不是商品，必须一方面对他们提供相应的激励，另一方面给他们提供相应的技能。下面让我们来看一下基于互联网的培训是如何为这方面的努力提供便利的。假设你受雇于一家名为Widget.com的业务快速增长同时工作节奏也很快的电子商务公司。周一早上，当你到公司上班时，你发现自己的邮箱中有一封带着一个附件或一个超链接且标有需优先处理记号的电子邮件。那么，这封邮件就是首席执行官在周一早上对你提出的一个挑战，而且你也知道计算机系统会对你进行跟踪，看你是否打开了这个附件或者超链接，同时是否完成了上级交代的任务。当你打开相关链接之后，你就会看到首席执行官的一段讲话影像，他会告诉你 Widget.com 公司的员工是怎样成为公司的竞争优势的，如果他们感到自己不受重视就会选择离开。因此，他向你提出的挑战就是，必须让你的员工感到他们在今天受到了重视。为做到这一点，在接下来的 10 分钟里，他会让你学习如何向下属员工表达对他们的欣赏。你会首先了解六个学习要点；然后你需要再观看一段录像，看录像中的人是如何贯彻这些要点的；接着你需要再复习一遍学习要点，还要参加一个小测验。最后，你就会看到首席执行官对你提出的最后一个挑战：在接下来的 15 分钟里，从你的下属员工中挑一个人，利用自己刚才学到的技巧表达你对这个人的欣赏。

　　请注意这一过程的优势所在。首先，它并不像大多数为期 3 天或 1 周的培训计划那样耗费时间。整个过程（培训以及在员工身上进行演示）不超过 30 分钟；你获得了新的技能；同时一名员工现在很可能对组织感到更加满意了。它向受训者传递了组织的真实价值或者必要的胜任能力，但是并不要求支付任何前往受训地点的交通费用。它也没有一下子将你淹没在大量的信息之中——这些信息多到你充其量可能只记住其中的 1/10。最后，它是一种主动的培训而不是被动的培训。公司在这种情况下不是等到看出你确实存在相关缺陷，然后再去着手进行调查和制订培训计划，而是直接将培训提供给你。

　　因此，科技至少可以使与某些技能或知识有关的培训和开发能够以更快的速度、更高的效率，同时可能更好的效果完成。它可以很快将培训和沟通结合在一起，从而对战略变化做出快速的反应。

　　创造和培养具有较高组织承诺度的员工对于当今的很多企业来说都是一个巨大的挑战。Monster.com 公司最近所做的一项调查发现，61％的美国人认为自己的工作负担过重，86％的美国人对自己的工作感到并不满意。[14] 这一调查表明，公司应该在监控组织承诺度方面采取相应的措施。为了做到这一点，企业就必须对员工的组织承诺度水平进行监控，发现不利于员工对组织忠诚的潜在障碍，然后通过做出快速反应来消除这些障碍。过去，员工态度调查是大多数企业完成上述管理活动的一个重要平台。

　　让我们看一下传统的员工态度调查。要想完成这些面向员工的调查，整个过程通常需要花费 4~6 周的时间；录入和分析数据又要花费 6~8 周的时间。接着，企业需要组建一个专门的小组解释调查结果，确定存在问题的主要领域，然后再组建多个专门的任务小组提出解决问题的建议，这一过程很容易再花去 4~6 个月的时间。此后，企业还要对是否实施专门任务小组提出的建议进行决策。最终，员工最快可能也要在调查结束的 12~18 个月之后才能够看到企业对他们关注的问题做出的反馈——在这种情况下，负责管理员工态度调查的管理者却不明白，为什么员工认为填写这些调查问卷完全是在浪费时间。

　　现在来看一下科技是如何缩短这一周期。E-pulse 软件代表了为创建近乎实时的调查平台所进行的尝试。它是由密歇根大学的特雷莎·韦尔伯恩教授（Theresa Welbourne）开发的一种可以升级的在线调查工具。通常情况下，这个软件会向员工提出与其工作感受有关的三个问题，但是用户可以通过就某些特定的问题增加一些问项，从员工那里收集反馈信息。这种调查全部都在网上进行，员工在网上填写完问卷，数据会被立即输入计算机进行处理。这个在过去大约需要 4 个月时间的过程，现在大概只需要 1 天就可以完成了。

接下来，企业就可以决定如何使用这些信息。例如，它可以将信息按照业务、工作地点或者工作单位等进行分解，并将相关信息传递给被选定分析单位的领导者。实际上，基层管理人员几乎立即就能够得到自己工作班组中员工的态度反馈，某一业务单元的总经理立即就能够了解到所属业务单元中员工的态度。在这种情况下，基层或中层管理人员能够立即做出反应，至少可以告诉大家，他已经意识到问题所在，并且会采取行动来解决这些问题。

尽管科技为更快速地提供人力资源管理服务提供了基础，但只有运用系统的方法才能确保人力资源管理服务做得更好，同时也更加智慧。例如，将信息传递给基层和中层管理人员的时间可能会大大缩短，但如果这些管理人员不具备良好的解决问题的能力和沟通能力，他们可能就会忽略这些信息，或者更糟糕的是，由于做出不恰当的反应而导致问题进一步恶化。正如我们在前面提到的培训问题，这种系统的方法要求企业必须打破传统的职能界限来提供整个组织层面的解决方案，而不是仅仅在某一职能领域内部有效的解决方案。因此，企业面临的挑战就在于，能否突破将科技看成一种万能灵药甚至是一种职能工具的局限，将其视为实现人力资源管理职能转型的催化剂。

■ 13.7 通过新科技——人力资源管理信息系统——提高人力资源管理的有效性

有几种新的科技可以帮助企业提高人力资源管理职能的有效性。**新科技**（new technologies）是指不曾使用的各种知识、程序以及设备在当前的应用。新科技通常涉及自动化，也就是说，用设备、信息处理或者两者之间的某种结合来替代人工操作。

在人力资源管理方面，新科技已经应用于三个较大的职能领域：日常事务处理、报告以及跟踪；决策支持系统；专家系统。[15] **日常事务处理**（transaction processing）是指在审查和记录人力资源管理决策与实践时需要用到的一些计算和运算。其中包括对员工工作地点调整、培训经费、课程注册等内容的记录以及制作政府要求的各种报告（比如公平就业机会一号报告，该报告要求企业向政府汇报，在本企业的各职位族中，不同种族和性别员工的分布状况如何）。**决策支持系统**（decision support systems）主要是用来帮助管理人员解决问题的。该系统中常常包括"如果……那么……"这样的句式，它使系统的使用者能够看到，如果假设或数据发生了变化，那么结果会怎样改变。举个例子来说，当企业需要根据不同的人员流动率或劳动力市场上具有某种特定技能的劳动力的供给量来决定需要雇用多少新员工时，决策支持系统能够给企业提供很大的帮助。**专家系统**（expert systems）是把在某一领域中具有较丰富专业知识和经验的人遵循的决策规则进行整合而形成的计算机系统。这一系统能够根据使用者提供的信息向他们提出行动建议。该系统建议使用者采取的行动，往往都是现实中的专家在类似的情形下（比如一位管理人员与一位求职者进行面谈时）可能会采取的行动。

人力资源管理领域的一个最新发展趋势是人工智能（AI）和聊天机器人。今天，大多数人力资源管理软件系统（如 WorkDay，PeopleSoft，Success Factors）都会收集大量与员工有关的信息。人工智能提供了一种挖掘这些信息并从中提取可能的最佳决策信息的机制。例如，人工智能系统可以用能消除偏见的方式为一个职位去搜寻、甄选和匹配候选人。

聊天机器人是基于计算机的沟通设计的，而传统上这些沟通都是由呼叫中心的员工完成的。例如，当员工进行比较棘手的福利申请程序时，聊天机器人就可以引导他们，并回答他们提出的任何问题。

预测性分析

在科技和数据方面的最新应用是预测性分析。在本章前面，我们讨论了人力资源部门如何通过跟踪某些指标或对内部客户进行调查来分析并评估自己的绩效。虽然这种回头看的方法可以帮助人力资源职能部门确定自己需要改进的领域，但最近的一些努力方向则是试图在问题发生之前就能找到它们。

预测性分析是指使用数据对未来的行动或结果进行预测。例如，许多科技公司不愿看到那些难以被他人取代的优秀员工离职。如果组织想要采取干预措施，那么，通过对数据的分析来找到一些有助于预测员工即将离职的指标显然对组织是有帮助的。例如，Adobe Systems 公司发现，员工存在离职愿望的一个非常强的预测因素就是员工开始在领英网站上更新其个人资料。谷歌也已经开发了一些复杂的算法去对若干变量进行跟踪，并运用这些算法来确定哪些员工很可能会离职。

好时公司（Hershey）最近将人工智能和预测性分析整合在一起，创建了一个可以提高员工保留率的系统。该系统通过把能够预测员工离职意向的各种变量进行汇编，创建了一个仪表板，显示出在组织中的哪些领域或职位类别中可能存在重大的员工离职风险。然后，针对这些领域或职位类别，对于在未来 6 个月中最有可能离职的员工进行排序。有了这些信息，该系统就可以联系这些员工的直接主管，就如何更好地吸引和留住这些员工提出建议。这里的"循证人力资源管理"专栏描述了研究人员为预测哪些员工可能会离开一家公司而开发的一种测量方法。

➡ 循证人力资源管理

预测性分析如何能帮助一家公司解决实际问题？没有哪一家公司愿意失去宝贵的高绩效员工，但员工递交辞呈的那一刻之前，公司往往并不知道哪些员工正在考虑离职。加德纳（Garder）、范伊德科（Van Iddekinge）和霍姆（Hom）等人最近所做的一项研究发现，员工往往会表现出一些能够预测他们会离职的行为。这项针对不同员工群体的广泛验证性研究发现，以下这些行为表明员工可能正在考虑离开一家公司：

1. 他们的工作效率比平时下降得比较多。
2. 他们不像平时那样表现得有团队精神。
3. 他们总是在考虑如何做更少的工作。
4. 他们不像平时那样对取悦自己的上级感兴趣。
5. 他们不像平时那样愿意接受需要较长时间才能完成的工作。
6. 他们的工作态度变得消极。
7. 他们的工作努力程度和工作动机不如平时。

8. 他们不像平时那样关注与工作相关的事情。

9. 他们比平时更频繁地表达对当前所做工作的不满。

10. 他们比平时更频繁地表达对直接上级的不满。

11. 他们比平时更频繁地出现下班时间提前的情况。

12. 他们对组织使命已经失去了热情。

13. 他们与客户打交道的兴趣不像平时那么高。

资料来源：T. M. Garder, C. H. Van Iddekinge, and P. W. Hom, "If You've Got Leavin' on Your Mind: The Identification and Validation of Pre-quitting Behaviors," *Journal of Management*. Published online August 29, 2016.

定制化服务

最后，科技能力和数据的大量增长使许多公司寻求针对员工在组织中的体验设计定制化的方案。过去，许多公司都实施了自助餐式的福利计划，允许员工选择自己最想要的福利项目。而今天，一些公司甚至允许员工定制他们自己的薪酬组合（例如，固定薪酬与可变薪酬的比例变小或变大，或者改变可变薪酬的类型，比如要奖金还是要股票）。此外，很多公司还会主动联系那些因为经历了一些生活事件变化而正在考虑改变福利计划的员工（例如，当员工把一个孩子列为福利受益人的时候，公司可以建议他们将资金投入人寿保险或教育储蓄账户之中）。在所有这些情况下，这些公司都并没有强迫员工做出改变，而是利用所掌握的员工信息去帮助员工更好地管理他们的工作和生活。

13.8 人力资源管理专业人员的未来

人力资源管理这个职业的发展前途似乎比过去更加光明。越来越多像微软这样的成功企业开始将顶层人力资源管理职位纳入公司的高层管理团体，并且让他们直接向首席执行官汇报工作。很多公司的首席执行官已经认识到自己的员工队伍在驱动公司竞争成功中的重要性。很多公司都需要在吸引、激励、留住最优秀的人才与尽可能地压低劳动力成本和管理成本之间寻求平衡。要想找到这种平衡，企业的人力资源领导者不仅要具备关于各种人力资源管理问题、工具、流程、科技等方面的深厚知识，同时还要有深入的业务知识。

对于一位初涉人力资源管理领域的读者来说，要让其阐述 20 年前或者是 10 年前的人力资源管理所扮演的角色与今天的角色之间存在多么大的差异似乎有点勉强。正如我们在前面所说的那样，传统的人力资源管理主要扮演的是行政管理角色——只是负责处理文件以及开发和管理招募、培训、绩效评价、薪酬和福利系统而已——这一切与公司的战略方向并无相关性。20 世纪 80 年代初，人力资源管理更多地扮演着一种单向联系的角色，即协助公司战略的执行。而在当前，战略制定者已经意识到人的问题的重要性，因此开始呼吁人力资源管理成为公司中"员工知识经验的源泉"。[16] 这就要求人力资源管理者不仅具备而且能够运用两类知识：一是员工怎样能够而且确实在帮助企业赢得竞争优势方面扮演重要的角色；二是哪些政策、方案以及管理实践有助于企业将员工转化为企业竞争优势的来源。这就要求今天的战略性高层人力资源管理者必须具备一套全新的胜任能力。[17]

将来，人力资源管理专业人员需要具备四项基本的胜任能力才能成为战略管理流程的合作伙伴。[18]首先，他们需要具备经营能力，即了解公司的经营并且能够理解公司的财务能力。这就要求他们能够基于可以得到的最准确的信息做出合乎逻辑的决策，以支持公司的战略规划。因为几乎在所有的公司中，决策有效性都必须根据它们创造的货币价值（美元）来进行评估，所以高层人力资源管理人员必须能够根据每一种方案在货币价值方面的影响完成成本和收益的计算。[19]此外，还需要对每一种方案的非货币影响有所考虑。高层人力资源管理人员必须充分认识到与人力资源管理实践有关的各种社会问题和伦理道德问题。

其次，人力资源管理专业人员还需要掌握最先进的人力资源管理实践所包含的"专业—科技知识"，这些知识涉及人员配置、开发、薪酬、组织设计和信息沟通等领域。新的甄选科技、绩效评价方法、培训方案、奖励计划等在不断地开发出来。其中的有些计划能够为组织提供价值，但也有不少像当前人力资源管理中的"万金油"一样花哨无用的东西。人力资源管理者必须对所谓的最新人力资源管理方案中提到的新科技进行严格评估，然后仅仅采用对公司有用的那些内容。下面的"通过全球化开展竞争"专栏介绍了宜家是如何进入印度的，并强调了在人员配置、开发、薪酬等方面对先进的技术技能的需要。

➡ 通过全球化开展竞争

宜家进入印度

宜家是全球廉价家具销售的领导者，但在过去几年里，它的增长渐渐放缓。为了加速增长，该公司决定全力以赴，试图在印度建立业务。这是该公司在印度的第二家合资企业，2007 年的第一次尝试以失败告终，当时该公司因以外资形式拥有零售商店而遇到了意想不到的重大监管障碍。但是，印度是世界人口大国，而且在过去的 6 年里，印度的家居用品市场增长了 90%，因此，该公司认为印度是其需要的成长市场。

要想进入印度市场，首先要了解印度的家居市场与以往有何不同。该公司的员工走访了1 000 多个家庭，以确定印度人是如何睡觉、休闲、吃饭和娱乐的。例如，在印度，餐桌不仅是吃饭的地方，也是讨论的地方，因此，他们意识到餐厅家具必须发挥更重要的作用。

其次，它需要让员工加快为客户服务的速度。该公司派遣了 75 名印度员工，帮助在英国谢菲尔德开设一家新的宜家门店，这帮助他们获得了开新店的经验。该公司还花了大量时间培训员工（其中 75 名是女性），以及通过班加罗尔在线市场 UrbanClap 来招聘组装家具的合同工。

最后，由于印度幅员辽阔，人们更习惯于小型零售店，因此宜家将开设一些大型零售店以及规模小得多的"卫星商店"。与过去进入新市场相比，它还将比过去更努力地进入在线市场。我们需要注意组织进入新市场的努力程度，因为这说明了为什么人力资源需要有效地确保组织能够获得、培训和激励他们需要的人。

讨论题

1. 你认为宜家能成功进入印度家居市场吗？请给出你的理由。

2. 你认为人力资源人员的哪些技能是确保这一成功所必需的？

资料来源：S. Chaudhuri and C. Abrams, "IKEA's Strategy in India: If We Build It, They Will Come," *Wall Street Journal*, July 23, 2018, https://www.wsj.com/articles/ikea-lets-some-take-diy-off-the-table-1532338200.

再次，他们必须精通变革流程的管理，诸如诊断问题、执行组织变革以及评价变革结果等。公司每一次对战略进行哪怕非常细微的调整，整个公司都必须随之发生变化。这些变化会导致那些必须执行新计划或新方案的员工产生冲突、抵制和困惑。高层人力资源管理者必须具有洞察细微变动从而确保变革成功的技能。事实上，一项对《财富》500 强公司的调查发现，87％的公司把组织发展或组织变革作为人力资源部门的职能之一。[20]

最后，人力资源管理专业人员还必须具备整合能力，也就是说，具有整合其他三项胜任能力来提升公司价值的能力。这就意味着尽管专业知识是必要的，但在做出决策时必须具有多面手的视野。也就是说，能够看到人力资源管理领域各职能之间应当如何相互匹配才能真正有效，同时认识到，人力资源管理各职能领域中任何一个组成部分发生变化，都有可能会要求其他职能领域随之发生变化。

谷歌通过"三个 1/3"人员配备模型来完成这种整合。模型包括以下三类具有优秀能力的人员：

1. 1/3 的传统人力资源管理人员——福利、薪酬、员工关系、学习和招募等领域的主题专家。他们的专业知识和情商是提供服务和执行各种计划的重要基础。

2. 1/3 的专业顾问——有管理咨询背景的高级战略专家，他们解决一些重大和非结构化的问题，并且在人的问题上引入深思熟虑的以经营为导向的方法。

3. 1/3 的分析专家——由硕士和博士组成，他们衡量、分析和深入探究与人员运营职能有关的所有工作，找到其中真正有价值的部分。他们勇于挑战一些看起来不可能完成的任务并进行不断的实验，以确保谷歌在人员运营方面像在产品方面一样富有创新性。

这个员工配置模型使得谷歌能够构建自己所需的技能基础，并整合多种多样的人员来建立世界一流的人力资源组织。[21]

■ 13.9　首席人力资源官的角色

我们在前面已经讨论了人力资源管理日益上升的重要性以及人力资源管理专业人员需要承担的新的战略角色，最后我们来讨论一下人力资源职能的领导者需要扮演的角色。首席人力资源官（CHRO）肩负着领导人力资源管理职能以及确保人力资源管理系统和流程为公司带来价值两项职责。直到最近，研究者才开始考察人力资源管理职能的领导者都在做些什么以及他们是如何影响公司经营的。

最近的一项调查明确了首席人力资源官必须在不同程度上扮演的七种角色，然后请《财富》150 强企业中的首席人力资源官指出他们在这几种角色上花费的时间有多少。正如在图 13-17 中可以看到的，首席人力资源官认为自己花费的时间排在第二位的（21％）是担任高层管理团队的**战略顾问**（strategic advisor）。这一角色涉及在决策制定过程中与高管团队成员分享自己掌握的关于人员方面的专业经验，以及如何实现公司的人力资本与战略相匹配。这也被经常认为是对公司影响最大的角色。一位首席人力资源官这样描述战略顾问这一角色的重要性：

> 人力资源管理非常关键，但它在整个公司的运行体系中只是一个工具。首先，要想真正对公司的成功产生影响，首席人力资源官必须具有广泛的可信度，而获得这种

可信度的方式则是对企业经营的各个方面都有很深的理解，足以在与每一位领导者讨论问题时带来经营方面的价值。这就意味着首席人力资源官必须对公司的经济、客户行为、产品、科技等有很深的理解，只有这样才能对企业在这些领域中的决策施加影响以及发挥作用。通过这种渠道产生的信任和信誉能够使首席人力资源官在如何管理员工以及制定公司的人才议程方面与"传统智慧"相抗衡。如果不能获得这一广泛的可信度，首席人力资源官也可以谈论人才问题，但要想在背景条件不充分的情况下做出正确的决策，恐怕就要冒风险了。其次，从首席执行官的角度来讲，最有用的东西莫过于将人的战略与公司运营的其他部分整合为一体。然而，真正能够将这些领域都整合到一起的唯一途径就是积极地参与范围更广泛的讨论。[22]

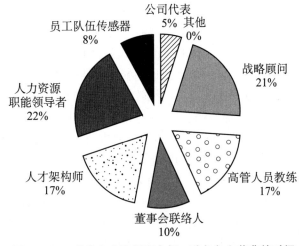

图 13-17　首席人力资源官在每一种角色上花费的时间

人才架构师（talent architect）也被首席人力资源官认为是自己花费了大量时间的角色（17%），同时也经常被认为是首席人力资源官对公司产生影响最大的角色之一。要想扮演好人才架构师的角色，首席人力资源官需要帮助高管团队认识到人才的重要性，确认企业在当前以及未来面临的人才缺口，然后制定一份人才议程。一位首席人力资源官是这样谈论人才架构师这一角色的重要性的：

> 如果能够使公司的高层管理团队专注于公司的战略性人才需要，就能够正确地识别公司存在的人才缺口以及未来的需求，这样就能为公司留出开发最优秀的人才以及设计适宜的体验式任务的时间。[23]

首席人力资源官在接受调查时说，他们在**咨询顾问/知心朋友/教练**（counselor/confidante/coach）这一角色上花费的时间与在人才架构师角色上花费的时间一样多（17%），而且很多首席人力资源官将这种角色视为他们可以施加最大影响的角色之一。这一角色看起来属于一种非常宽泛的角色，对于首席人力资源官而言，它包括的内容涉及从行为或绩效辅导到个人意见反馈等各个方面。或许是由于首席执行官承受的来自投资者和分析师的压力越来越大，首席人力资源官往往成为首席执行官最值得信赖的咨询顾问，他们可以向首席执行官提供一些个人建议，或者仅仅是倾听首席执行官面临的问题。有时首席执行官可能深陷困扰，而首席人力资源官可能是那一个为他指点迷津的人。关于首席人力资源官的这一角色，有这样一种切中要害的评论：

> 如果我把自己的工作做好了，我就是能够有效地将公司所有的网点连接起来的铜线。其中包括组织发展（OD）（有些人或许会将这一内容放到战略顾问的角色之中）、绩效顾问、关系建立、业务咨询以及人才获取和规划的各战略要素。[24]

通常，咨询顾问/知心朋友/教练的角色要求首席人力资源官对高级管理人员的沟通风格进行辅导，提醒高级管理人员信息在组织中可能会被下属误解。

人力资源职能领导者（leader of the HR function）是首席人力资源官花费时间最多，但并不被认为是产生影响最大的角色。这一角色主要是要确保人力资源管理职能中的各项活动和工作优先顺序能够与企业的经营需要保持一致，其内容通常包括与直接下属见面、给他们提供工作指导以及检查工作进度等。当首席人力资源官将自己的注意力转向为高管团队提供咨询和顾问服务时，他们就会越来越多地依赖直接下属设计和提供各种人力资源服务。

董事会联络人（liaison to the board of directors）的角色涉及首席人力资源官在与董事会打交道时参与的各项活动。其中包括讨论高管人员的薪酬、首席执行官的绩效、首席执行官的继任以及其他高管领导团队成员的绩效等方面的问题。这一角色虽然无法与战略顾问、人才架构师、咨询顾问/知心朋友/教练等角色相提并论，但其重要性在不断上升。

员工队伍传感器（workforce sensor）的角色要求首席人力资源官摸准员工群体的脉搏，识别任何与士气或工作动机等有关的问题。首席人力资源官并没有在这方面花费太多时间，只有很少人认为这一角色对企业的影响最大。

最后，首席人力资源官在一定程度上成为组织与外部——比如工会、非政府组织以及新闻媒体等——打交道时的脸面。在担任**公司代表**（representative of the firm）这一角色方面，他们花费的时间最少（见表13-5）。下面的"通过环境、社会和公司治理实践开展竞争"专栏描述了在最近的一项研究中首席人力资源官在环境、社会和公司治理问题中扮演的角色。

表13-5 首席人力资源官的角色

- 高管团队战略顾问——工作活动聚焦在公司的战略制定和战略实施方面。
- 咨询顾问/知心朋友/教练——工作活动聚焦于给团队成员提供咨询或帮助，或者是解决高管团队成员之间的人际冲突或政治冲突。
- 董事会联络人——做好参加董事会会议的准备，与董事会成员进行电话联系，出席董事会会议。
- 人才架构师——工作活动聚焦于培养和确认对于公司（当前和未来）至关重要的人力资本。
- 人力资源职能领导者——与人力资源管理团队成员一起开发、设计以及提供各种人力资源服务。
- 员工队伍传感器——工作活动聚焦于识别员工队伍的士气问题以及值得关注的问题。
- 公司代表——开展与外部利益相关者之间的一些活动，例如游说、向外部群体发表讲话等。

➡ **通过环境、社会和公司治理实践开展竞争**

首席人力资源官在环境、社会和公司治理中的作用

随着环境、社会和公司治理（ESG）问题对投资者、客户和员工的重要性日益提升，很多公司开始转变努力方向。过去关注的只是简单的企业社会责任（CSR），而现在则开

始关注如何产生更大的社会影响。

人力资源政策协会（HRPA）最近对首席人力资源官进行的一项调查显示，9%的首席人力资源官负责公司内领导环境、社会和公司治理方面的工作，一半以上的首席人力资源官是负责环境、社会和公司治理事务的多学科团队中的成员，1/3 的首席人力资源官经常向负责环境、社会和公司治理事务的高管提供意见。在环境、社会和公司治理事务中，首席人力资源官的角色更为突出，因为首席人力资源官的职责是负责沟通、企业公民或社群事务方面的报告——这是并不少见的一种情况。在随后的一份报告中，通过对首席人力资源官的多次采访结果进行总结发现，首席人力资源官在回应股东关于性别平等的提议方面也发挥着重要作用。他们还将投资者对环境、社会和公司治理问题的看法视为制定和沟通高管薪酬决策的一部分。

报告总结道："总的来说，公司对投资者的反馈是，投资者认为这是一个可以产生有价值信息的领域，可以通过环境、社会和公司治理实践开展竞争，使它们在市场上具有比较优势……最有效的公司似乎是将它们的目标、战略和文化以及选定的指标（大部分已经包括在它们的企业社会责任报告中）结合起来，以强调它们对环境、社会和公司治理以及企业社会责任问题的关注。"

讨论题

你认为首席人力资源官是深入参与环境、社会和公司治理问题的合适人选吗？为什么？

资料来源：Human Resources Policy Association，*ESG and the Role of the Chief Human Resources Officer*：*A Best Practices Study of How Corporations Are Linking Purpose*，*Strategy*，*Culture and Human Capital Issues*（Human Resources Policy Association，2019）.

人力资源管理承担的新战略角色面临着机遇与挑战并存的局面。一方面，人力资源管理有机会深刻地影响企业如何通过人来开展竞争；另一方面，伴随机遇而来的是严肃的责任和严格的问责。[25] 在未来的人力资源管理职能中，必须包括一批把自己视为经营者但恰巧是在人力资源管理职能领域中工作的人，而不是一批把自己视为人力资源管理者但恰巧是从事经营工作的人。

小　结

随着企业认识到人是竞争优势的一个真正来源，它们对人力资源管理职能的要求也就发生了变化。这就要求人力资源管理职能从仅仅关注一些日常行政事务活动转向更多地参与战略活动。事实上，根据最近的一项研究结果，64%的高层人力资源管理者指出，他们公司的人力资源管理职能正处在变革之中。[26] 人力资源管理职能的战略管理将会最终决定人力资源部门到底是转变为一个真正的战略伙伴，还是干脆被撤消。

在本章中，我们探讨了人力资源管理职能中的各种角色转变。今天的人力资源管理必须扮演行政管理专家、员工激励者、变革推动者以及战略伙伴的角色。人力资源管理职能必须为企业提供事务性的、传统的以及变革性的人力资源管理服务和活动，它不仅应当是有效率的，而且应当是有成效的。企业的高层人力资源管理者必须从战略的高度对人力资源管理职能进行管理，正如必须从战略的高度对企业进行管理一样。这就要求人力资源管理必须通过客户调查以及各种分析方法建立起一整套对人力资源管理职能的绩效进行评价的指标体系。这些衡量指标就为制订改善人力资源管理绩效的规划奠定了基础。企业可以通过建立新的职能结构、利用流程再造和信息技术以及实行外包等各种手段来改善人力资源管理的绩效。

讨论题

1. 为什么人力资源管理职能的角色和活动在过去的二三十年中发生了变化？是什么推动了这种变化的出现？你认为人力资源管理职能对此做出反应的有效性如何？

2. 如何才能将我们在第 2 章中讨论过的战略管理过程移植到人力资源管理职能的管理过程之中？

3. 你觉得为什么只有很少的企业肯花时间来评价自身人力资源管理实践的有效性？一家公司应当关注对本企业人力资源管理实践的评价吗？为什么？通过对人力资源管理职能的有效性做出评价，在人力资源管理职能领域中工作的人能得到怎样的收获？

4. 影像科技对于招募工作有怎样的用处？对培训呢？对福利管理呢？对绩效管理呢？

5. 假定你们公司的员工要想完成选择并注册福利计划的工作，就必须首先阅读沟通手册，然后填写申请加入福利计划的表格，最后再将它们送到相关的人力资源代表手中。在这种情况下，公司就需要雇用一位临时性的员工对大量表格进行处理。同时，还需要对福利登记表格进行核查、分类、打包，送去进行数据录入、打孔，然后再存档等。这一过程不仅耗时而且很容易出错。你会如何利用流程再造来使公司的福利登记工作变得效率更高，同时效果更好？

6. 有人说，将某种业务活动外包出去不是一种好的做法，因为这种活动不会再成为一种将本公司与竞争对手区别开来的手段。（由于所有的竞争对手都可以从相同的服务提供商那里购买相同的服务，因此它就不可能成为竞争优势的一个来源。）这种说法对吗？如果是对的，企业为什么还要把一些业务活动外包出去呢？

开篇案例分析

重振富国银行

很显然，富国银行面临着许多需要应对的挑战。它的员工已经失去了自豪感，文化也需要有所改变。它的声誉必须得到修复，必须重建客户信任。

富国银行走到这一步的事实表明，该银行的人力资源职能部门缺乏必要的技能、能力和（或）可信度。因此，重塑人力资源管理职能就成为重振富国银行行动中的一个组成部分。

问题

1. 根据你在本章中读到的内容，说明人力资源职能部门需要做些什么事情帮助重振富国银行。

2. 要想帮助富国银行完成这种转型，人力资源管理职能需要达到何种状态？

资料来源：R. Ensign，"Wells Fargo CEO Tim Sloan Steps Down,"*Wall Street Journal*，March 28，2019，https://www. wsj. com/articles/help-wanted-wells-fargo-board-seeks-ceo-to-charm-washington-fix-bank-11553877969? mod＝hp _ lead _ pos7；R. Ensign，"Help Wanted：Wells Fargo Board Seeks CEO to Charm Washington，Fix Bank,"*Wall Street Journal*，March 29，2019，https://www.wsj. com/articles/help-wanted-wells-fargo-board-seeks-ceo-to-charm-washington-fix-bank-11553877969?mod＝hp _ lead _ pos7.

注 释

图书在版编目（CIP）数据

人力资源管理：赢得竞争优势：第 12 版 /（美）雷蒙德·诺伊等著；刘昕译 . -- 北京：中国人民大学出版社，2023.10

（人力资源管理译丛）

ISBN 978-7-300-31954-4

Ⅰ.①人… Ⅱ.①雷… ②刘… Ⅲ.①人力资源管理 Ⅳ.①F241

中国国家版本馆 CIP 数据核字（2023）第 151636 号

人力资源管理译丛

人力资源管理：赢得竞争优势（第12版）

雷蒙德·诺伊

［美］　约翰·霍伦贝克

巴里·格哈特　　著

帕特里克·赖特

刘　昕　译

Renli Ziyuan Guanli：Yingde Jingzheng Youshi

出版发行	中国人民大学出版社
社　　址	北京中关村大街 31 号　　　　　　　　**邮政编码**　100080
电　　话	010 - 62511242（总编室）　　　　　　010 - 62511770（质管部）
	010 - 82501766（邮购部）　　　　　　010 - 62514148（门市部）
	010 - 62515195（发行公司）　　　　　010 - 62515275（盗版举报）
网　　址	http://www.crup.com.cn
经　　销	新华书店
印　　刷	涿州市星河印刷有限公司
开　　本	787 mm×1092 mm　1/16　　　　　　**版　　次**　2023 年 10 月第 1 版
印　　张	33.75 插页 1　　　　　　　　　　　　**印　　次**　2023 年 10 月第 1 次印刷
字　　数	792 000　　　　　　　　　　　　　　**定　　价**　98.00 元

教师反馈表

麦格劳-希尔教育集团（McGraw-Hill Education）是全球领先的教育资源与数字化解决方案提供商。为了更好地提供教学服务，提升教学质量，麦格劳-希尔教师服务中心于2003年在京成立。在您确认将本书作为指定教材后，请填好以下表格并经系主任签字盖章后返回我们（或联系我们索要电子版），我们将免费向您提供相应的教学辅助资源。如果您需要订购或参阅本书的英文原版，我们也将竭诚为您服务。

★ 基本信息					
姓		名		性别	
学校		院系			
职称		职务			
办公电话		家庭电话			
手机		电子邮箱			
通信地址及邮编					

★ 课程信息					
主讲课程－1		课程性质		学生年级	
学生人数		授课语言		学时数	
开课日期		学期数		教材决策者	
教材名称、作者、出版社					

★ 教师需求及建议			
提供配套教学课件（请注明作者/书名/版次）			
推荐教材（请注明感兴趣领域或相关信息）			
其他需求			
意见和建议（图书和服务）			
是否需要最新图书信息	是、否	系主任签字/盖章	
是否有翻译意愿	是、否		

 Higher Education

教师服务热线：800-810-1936
教师服务信箱：instructorchina@mheducation.com
网址：www.mheducation.com

麦格劳-希尔教育教师服务中心
地址：北京市东城区北三环东路 36 号环球贸易中心
A 座 702 室教师服务中心   100013
电话：010-57997618/57997600
传真：010 59575582

中国人民大学出版社　管理分社

教师教学服务说明

　　中国人民大学出版社管理分社以出版工商管理和公共管理类精品图书为宗旨。为更好地服务一线教师，我们着力建设了一批数字化、立体化的网络教学资源。教师可以通过以下方式获得免费下载教学资源的权限：

★ 在中国人民大学出版社网站 www.crup.com.cn 进行注册，注册后进入"会员中心"，在左侧点击"我的教师认证"，填写相关信息，提交后等待审核。我们将在一个工作日内为您开通相关资源的下载权限。

★ 如您急需教学资源或需要其他帮助，请加入教师 QQ 群或在工作时间与我们联络。

中国人民大学出版社　管理分社

🔔 **教师 QQ 群：** 648333426（工商管理）　114970332（财会）　648117133（公共管理）
　　　教师群仅限教师加入，入群请备注（学校＋姓名）

☎ **联系电话：** 010-62515735，62515987，62515782，82501048，62514760

✉ **电子邮箱：** glcbfs@crup.com.cn

📍 **通讯地址：** 北京市海淀区中关村大街甲 59 号文化大厦 1501 室（100872）

管理书社

人大社财会

公共管理与政治学悦读坊